Lebe
iSh
guet
BRudR

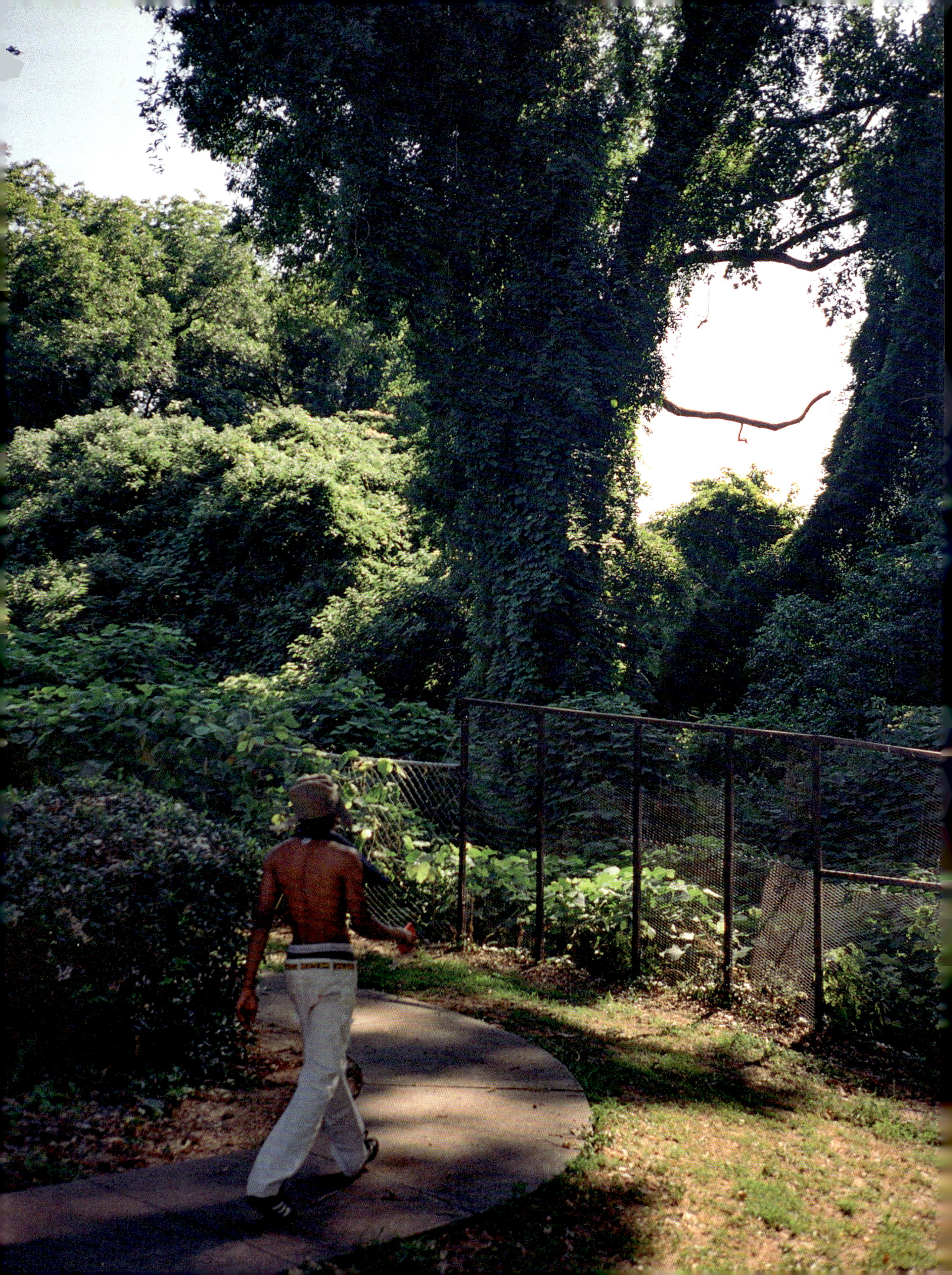

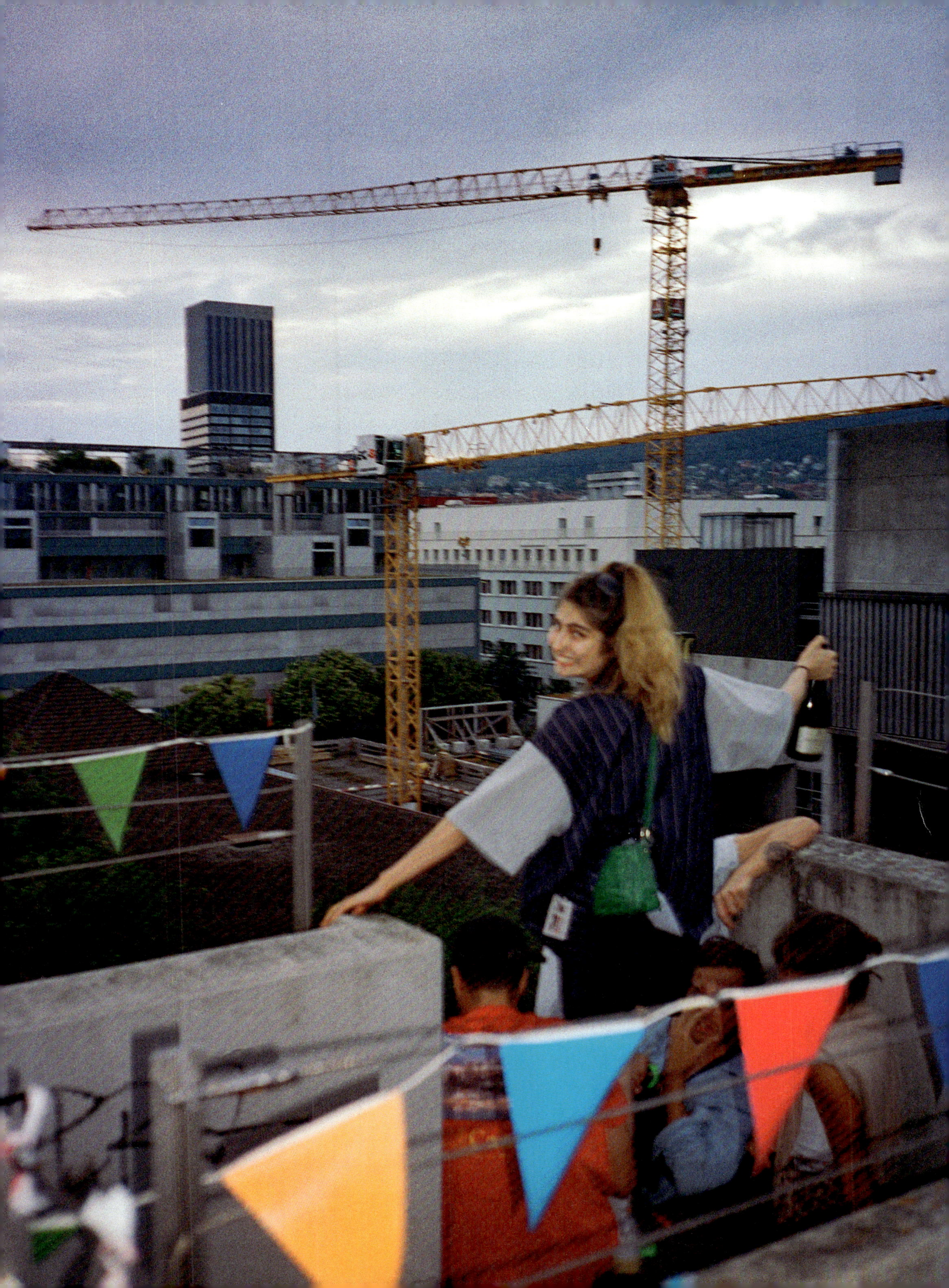

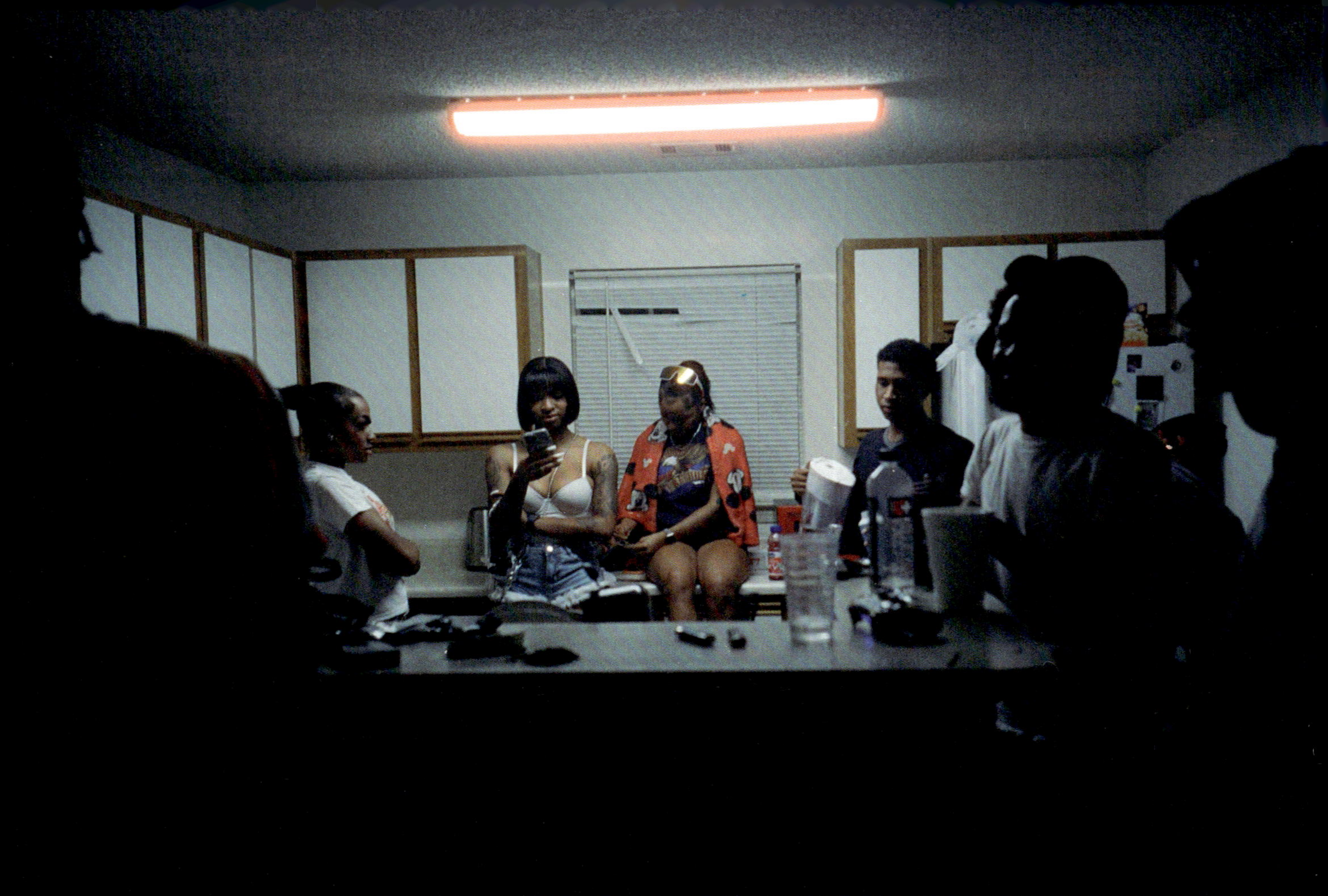

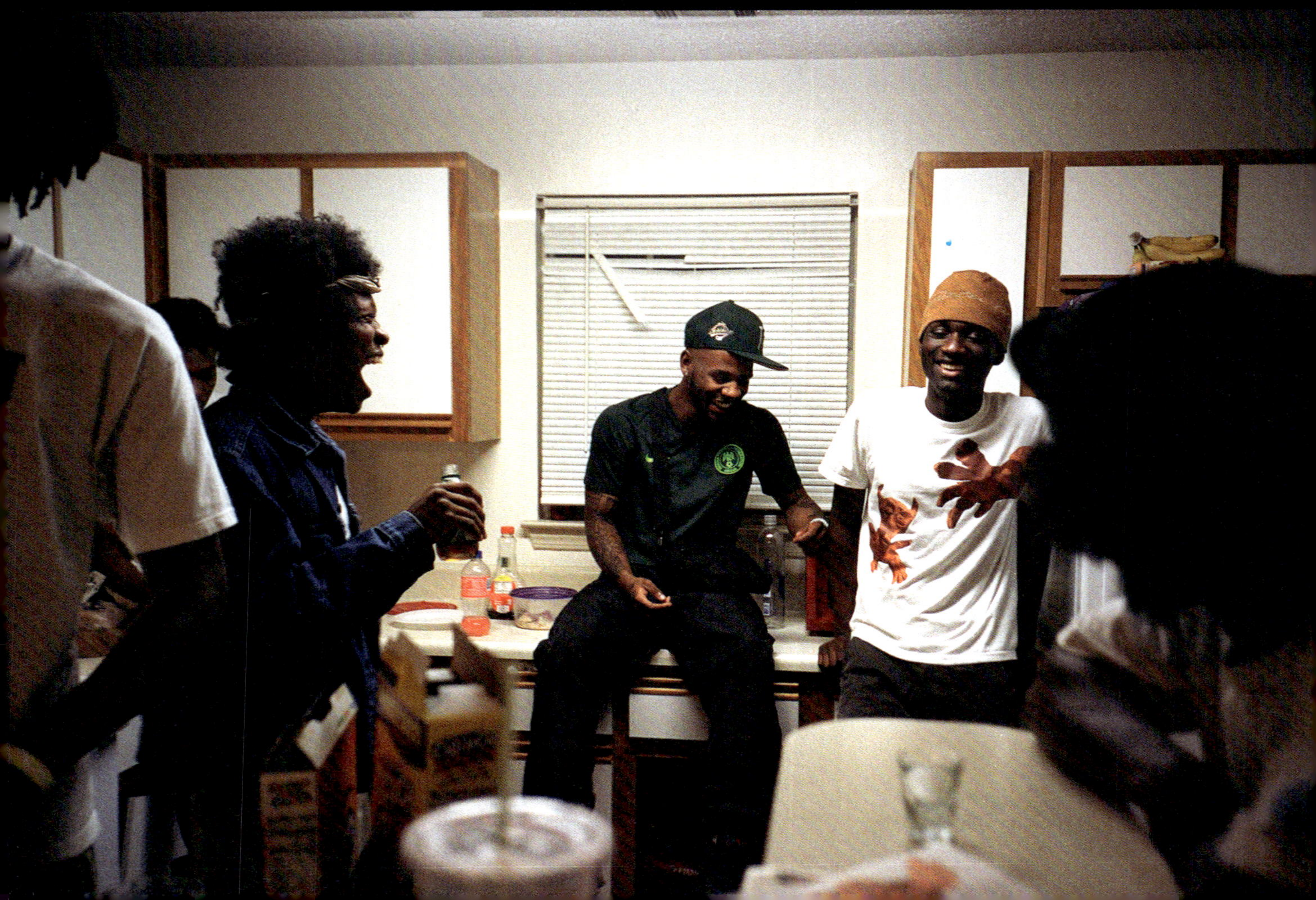

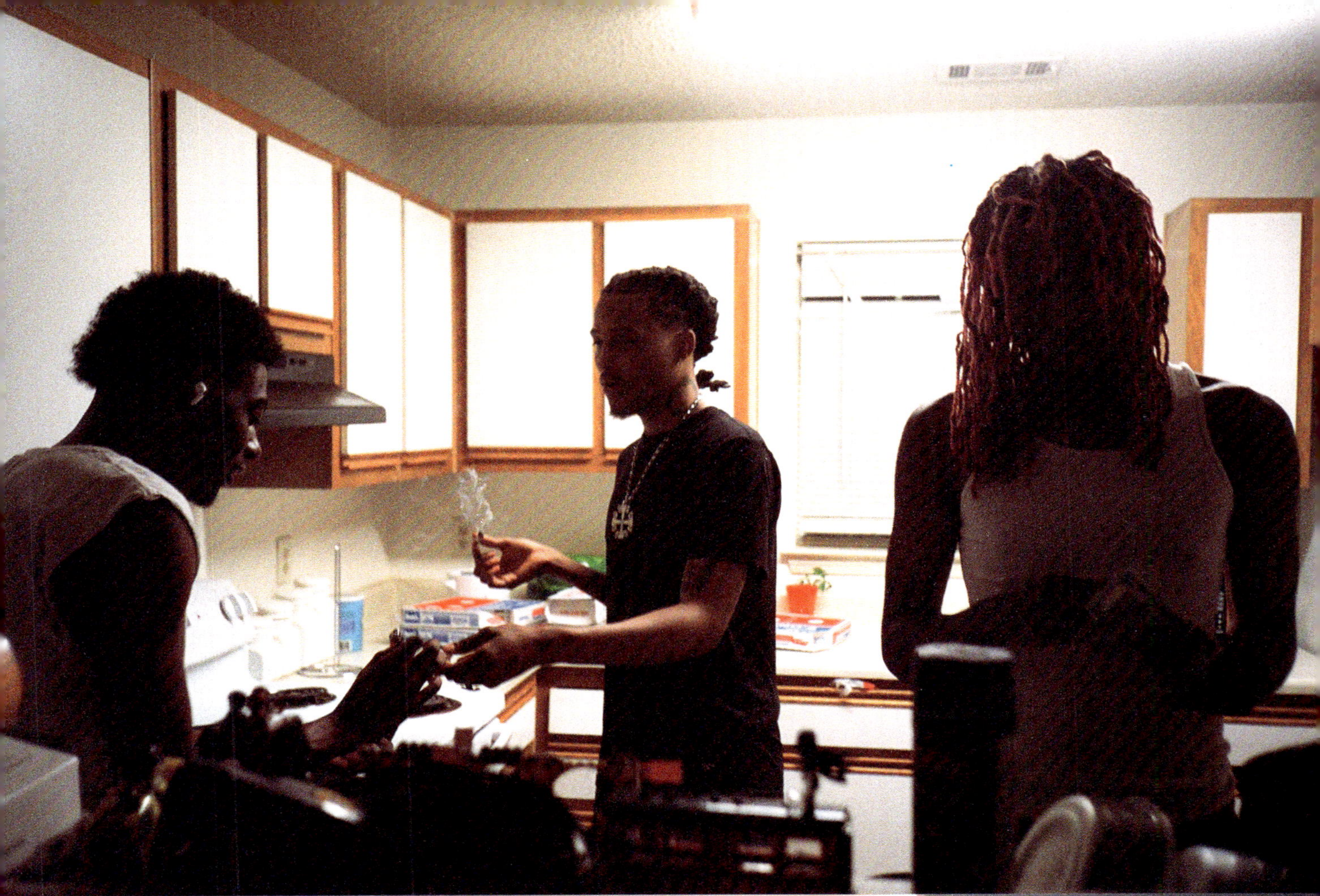

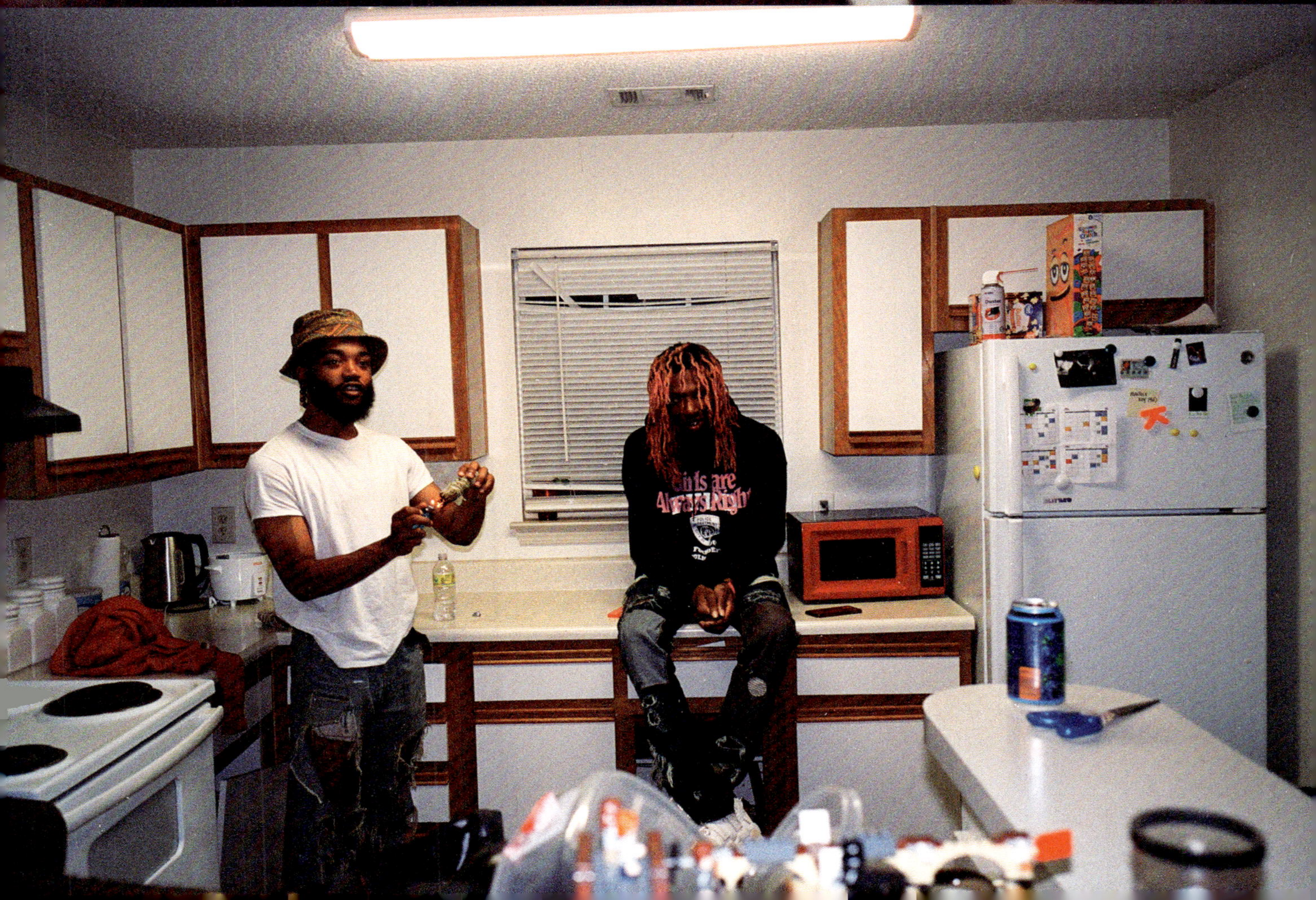
Girls are Always Right

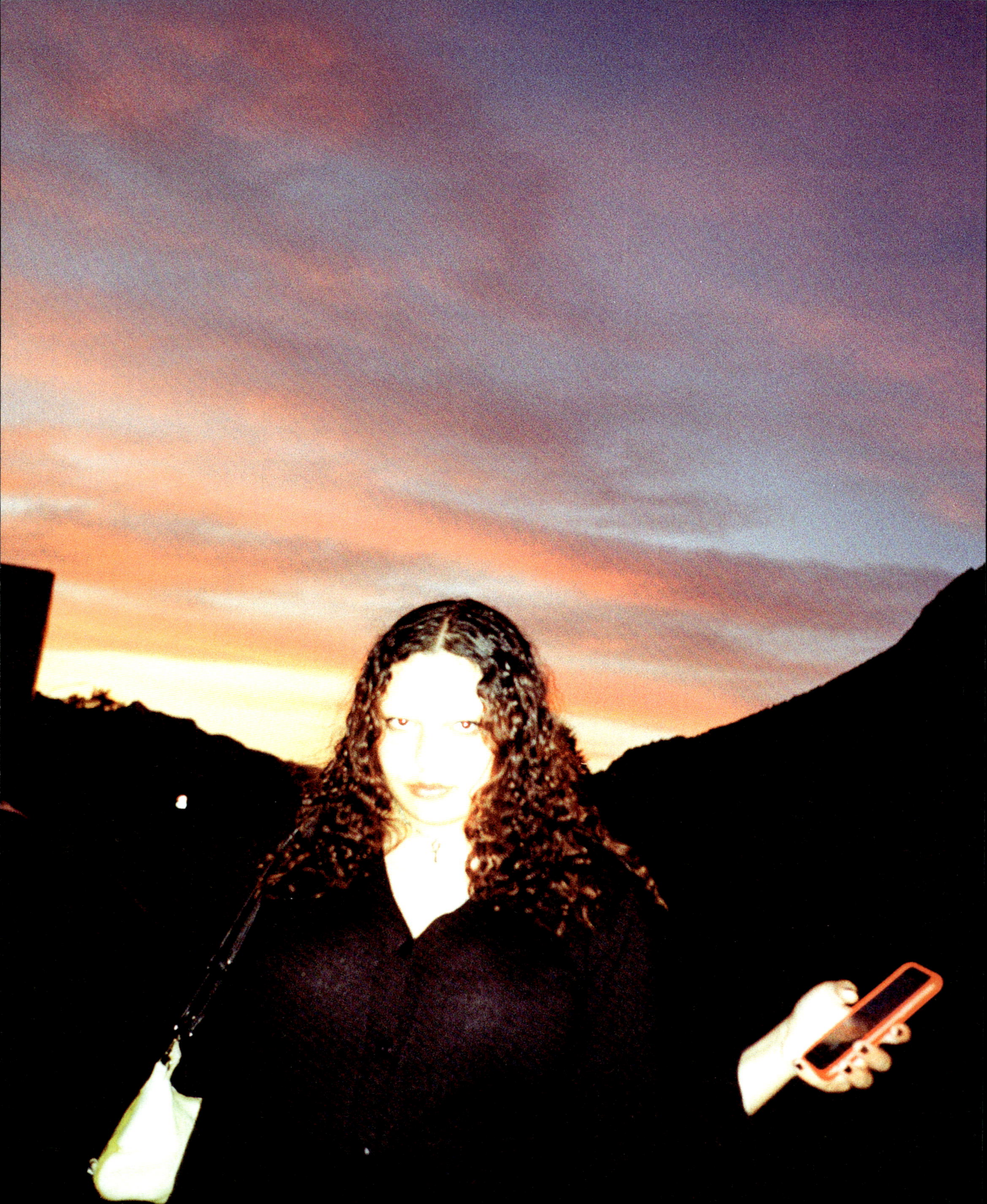

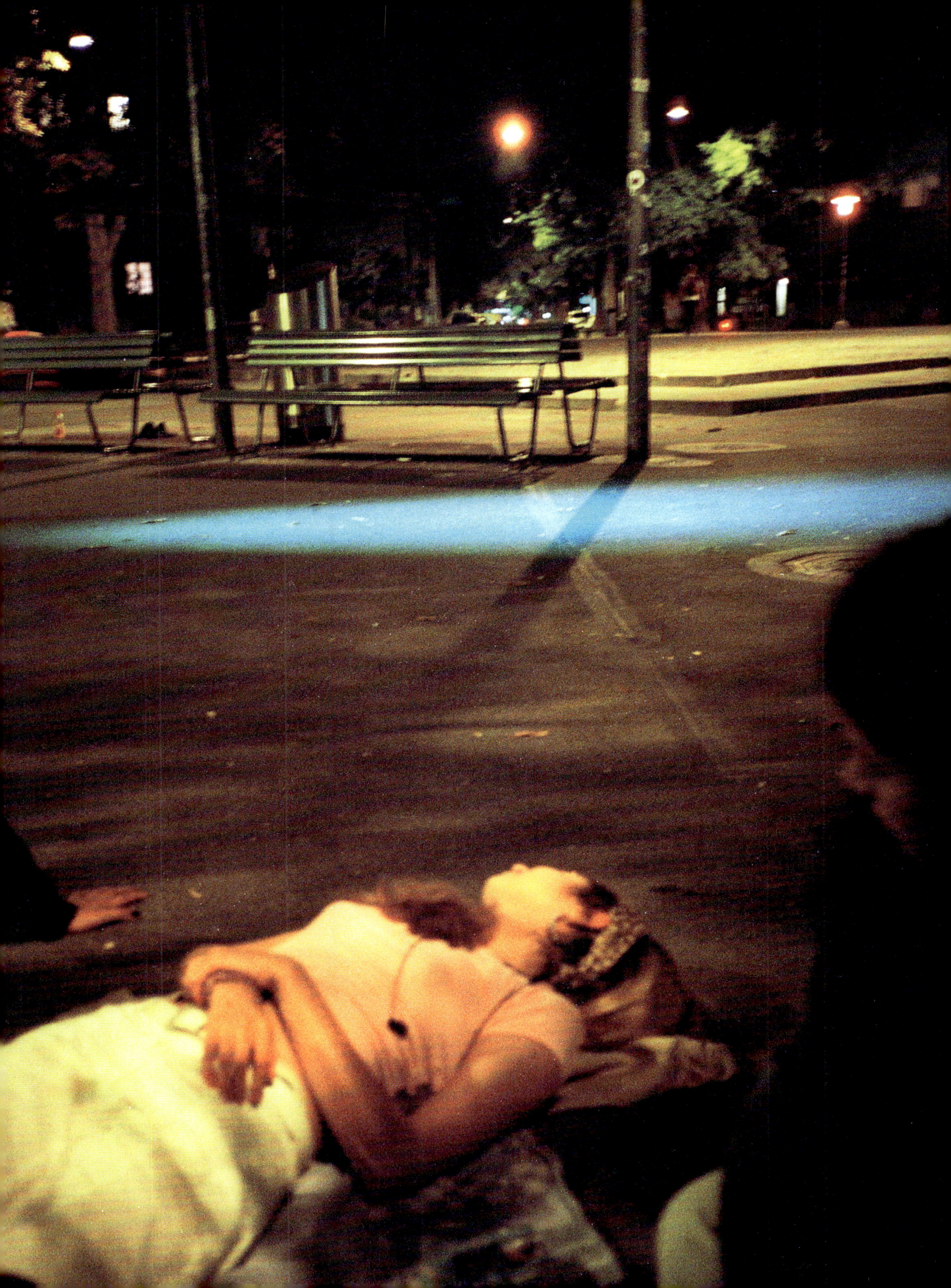

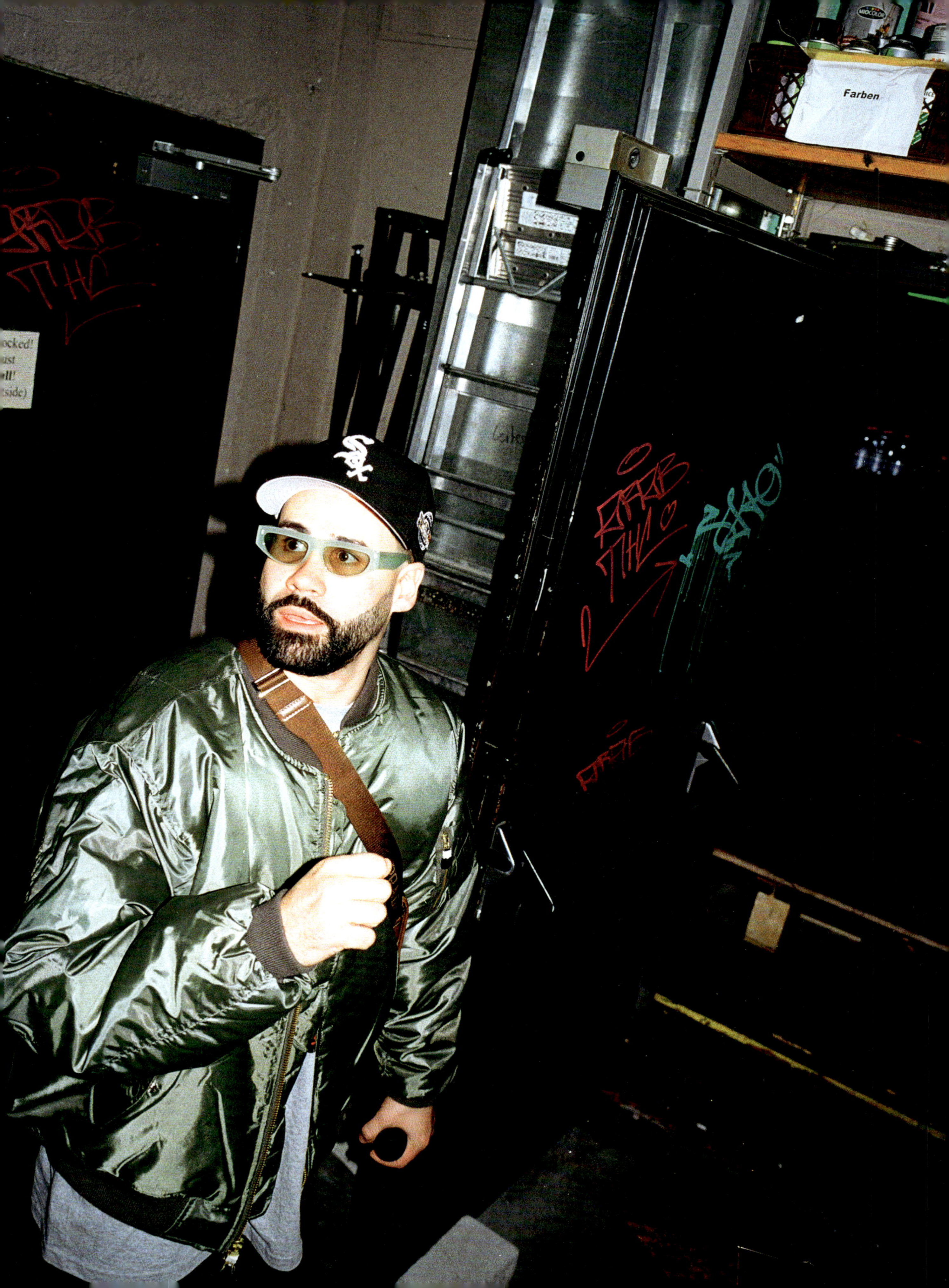
Farben

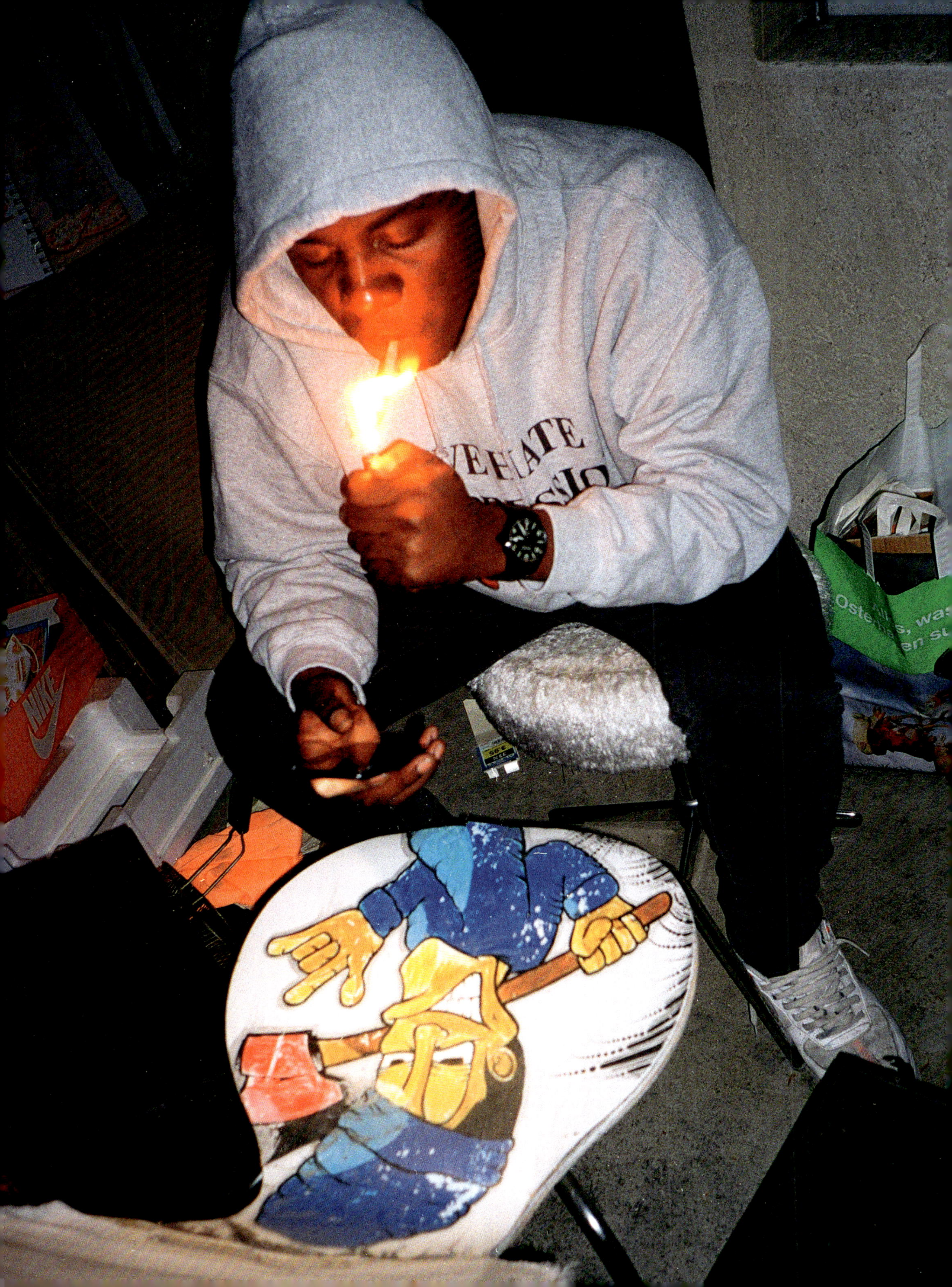
NIKE

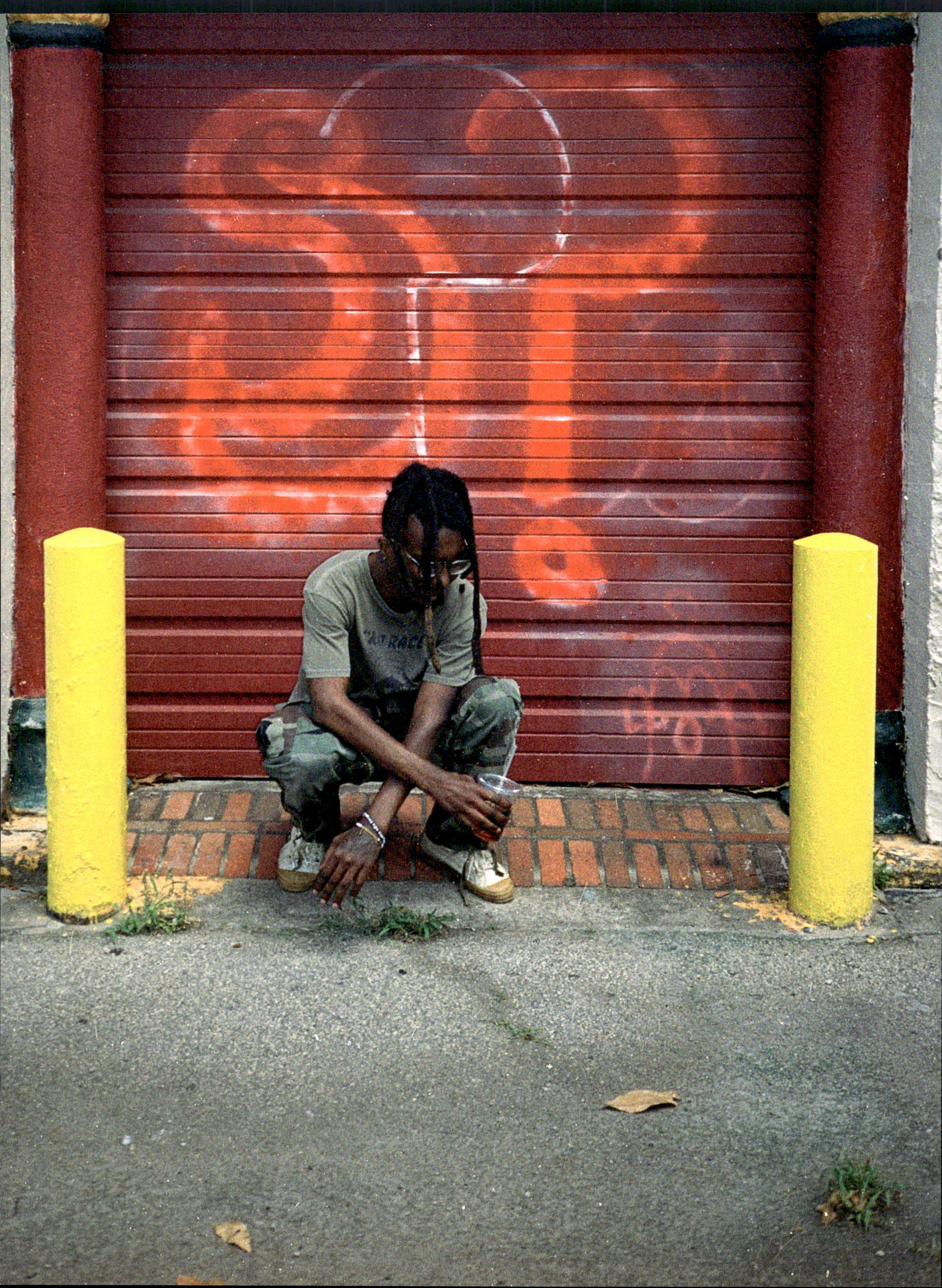

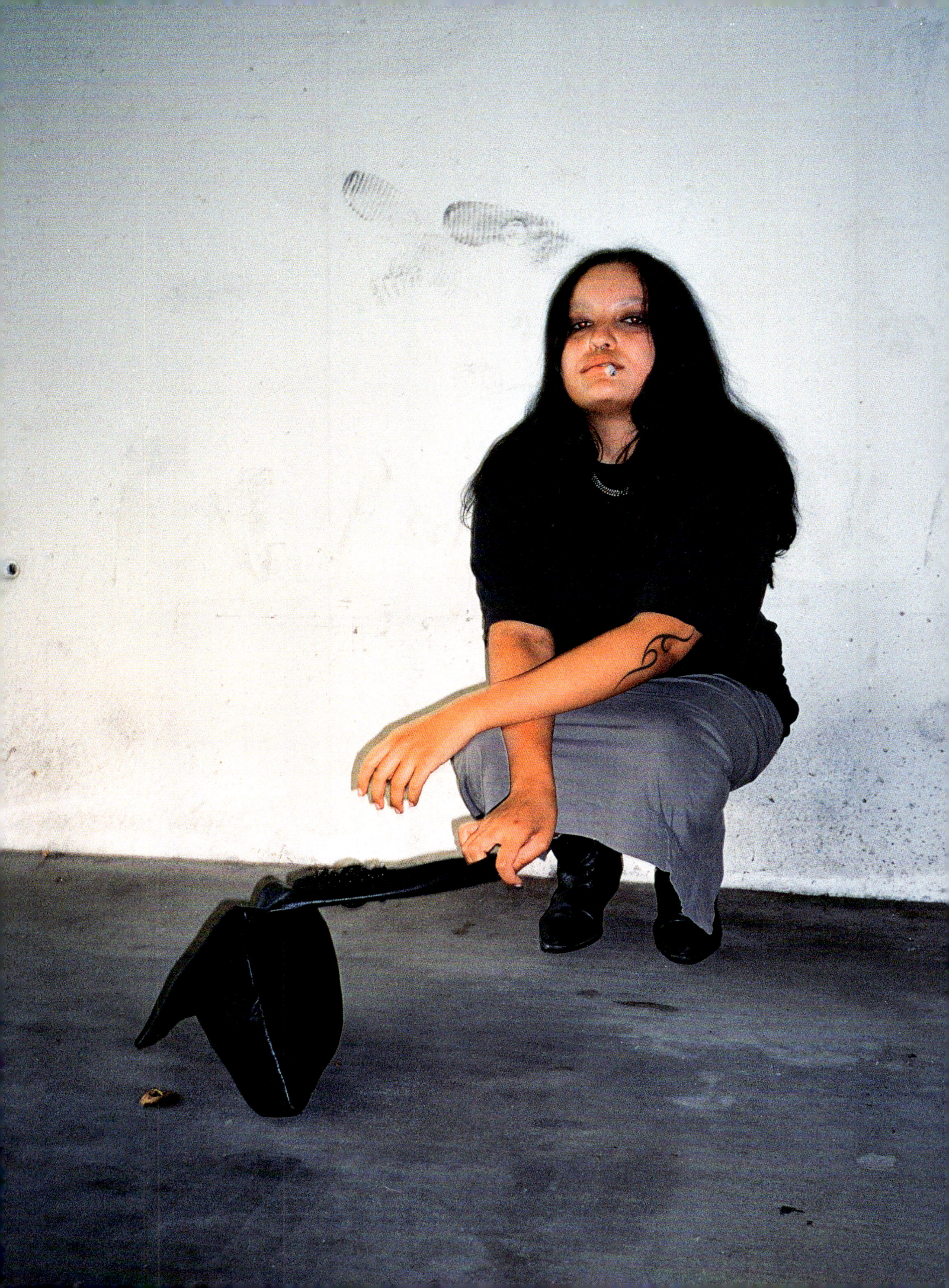

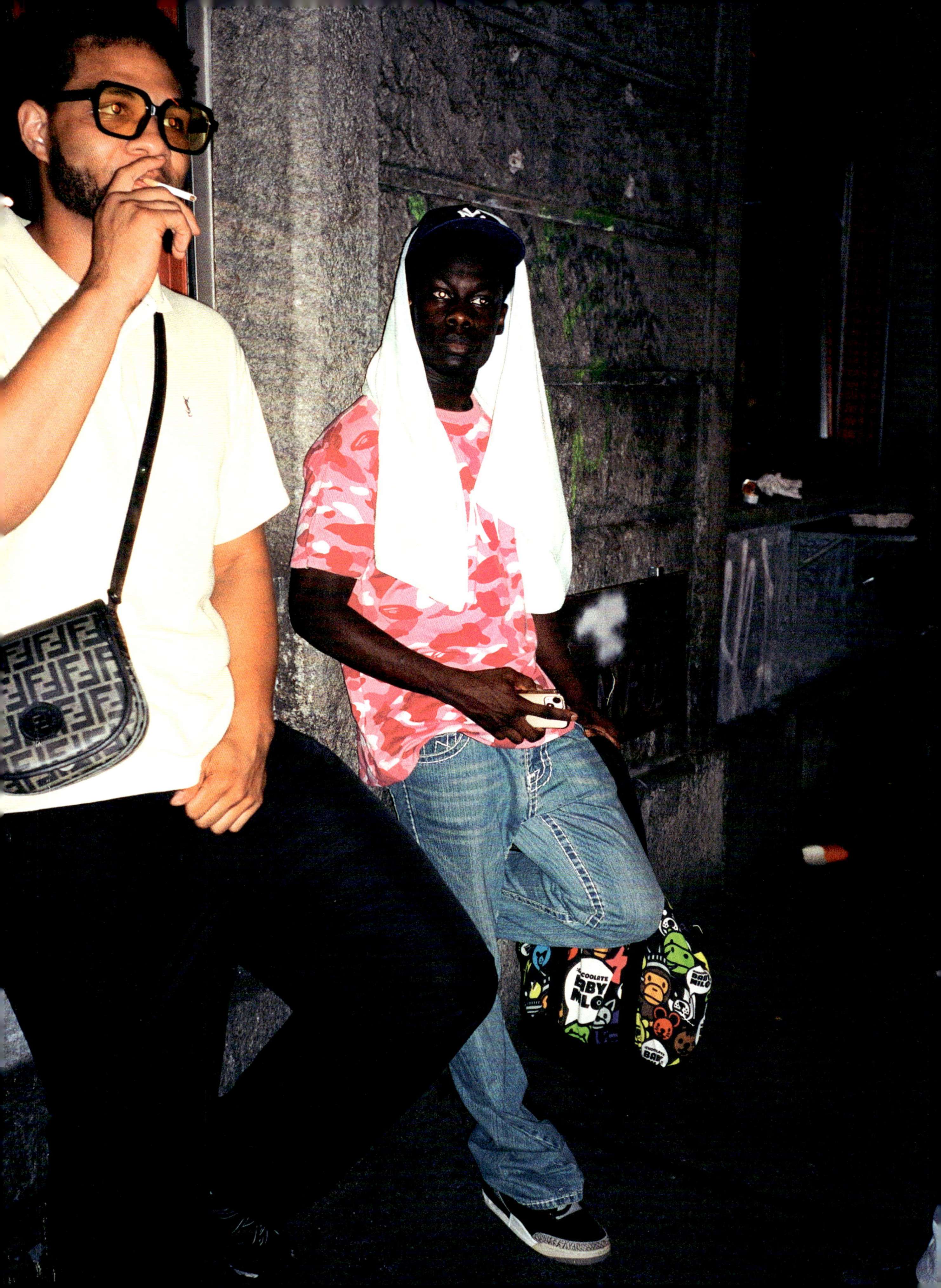

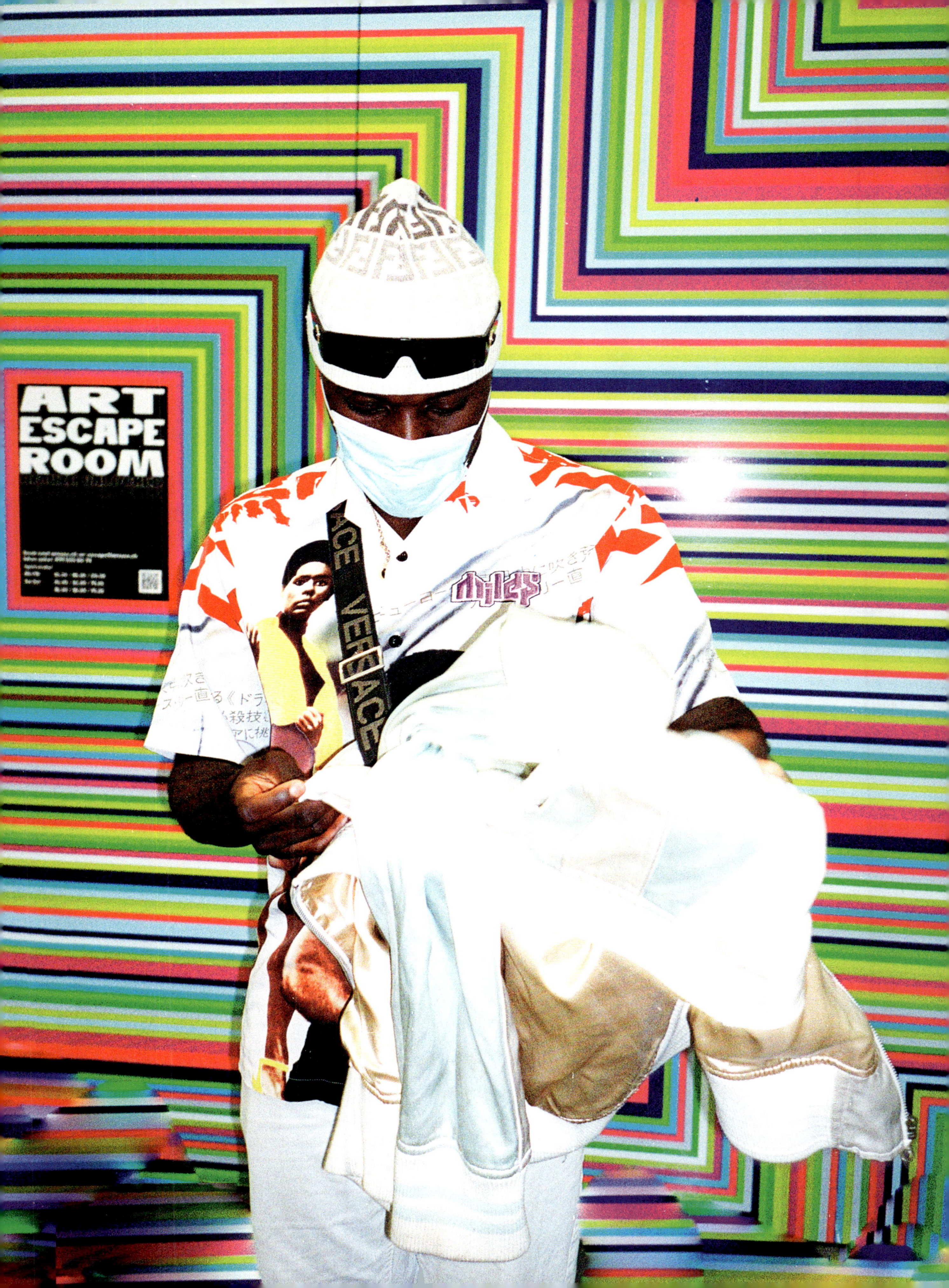
ART
ESCAPE
ROOM
ACE VERSACE

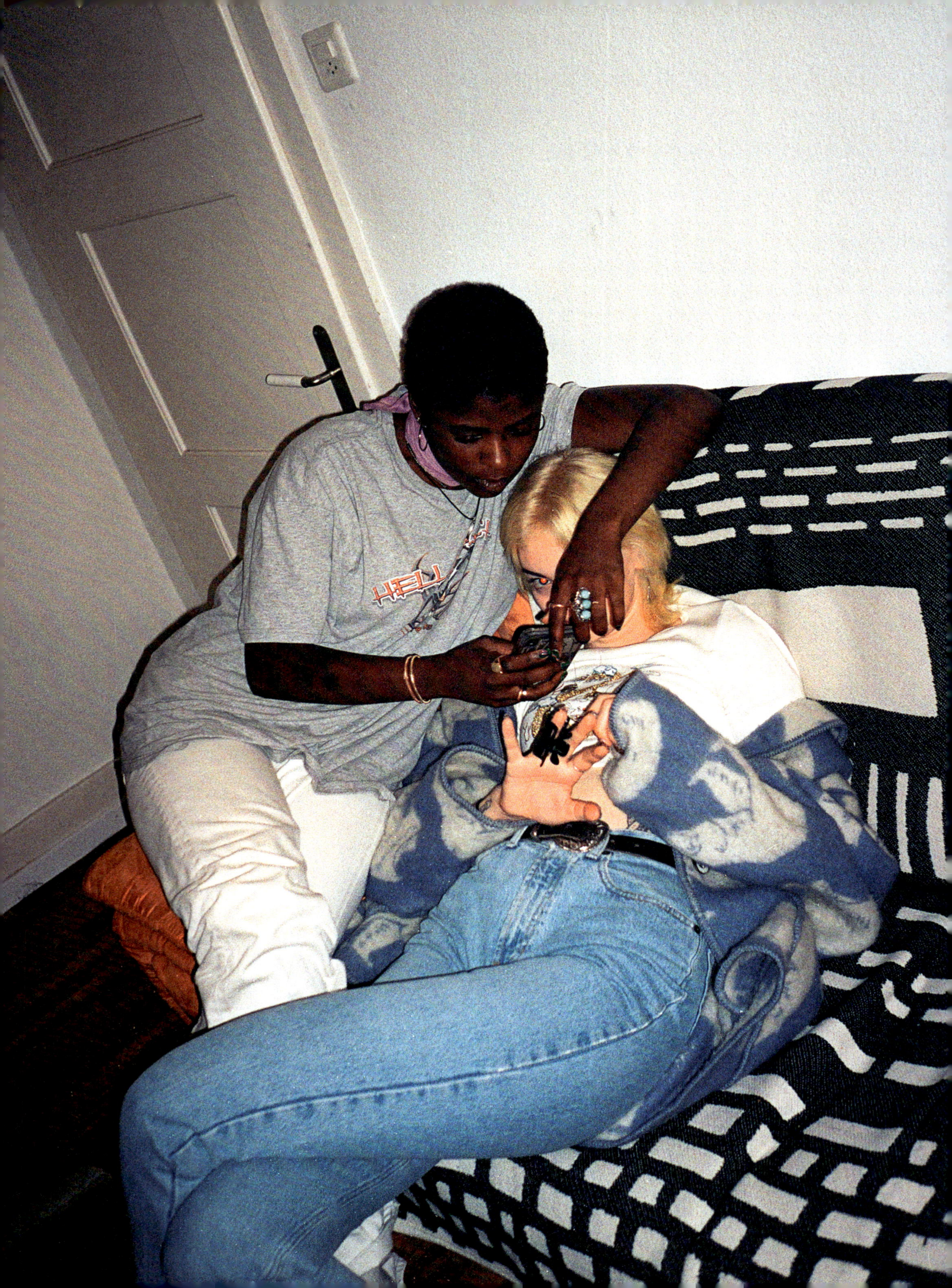
HELL

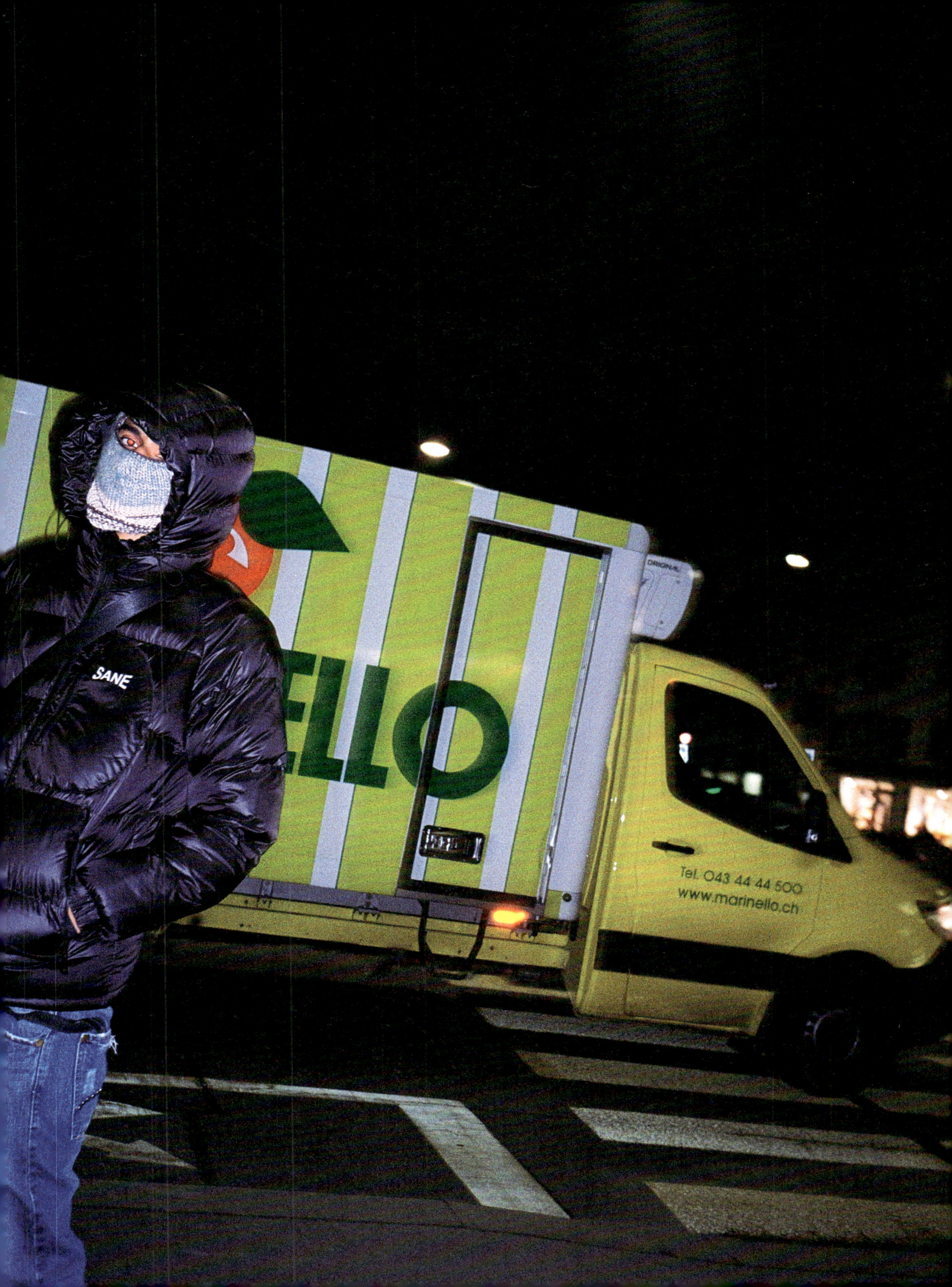
SANE
ELLO
Tel. 043 44 44 500
www.marinello.ch

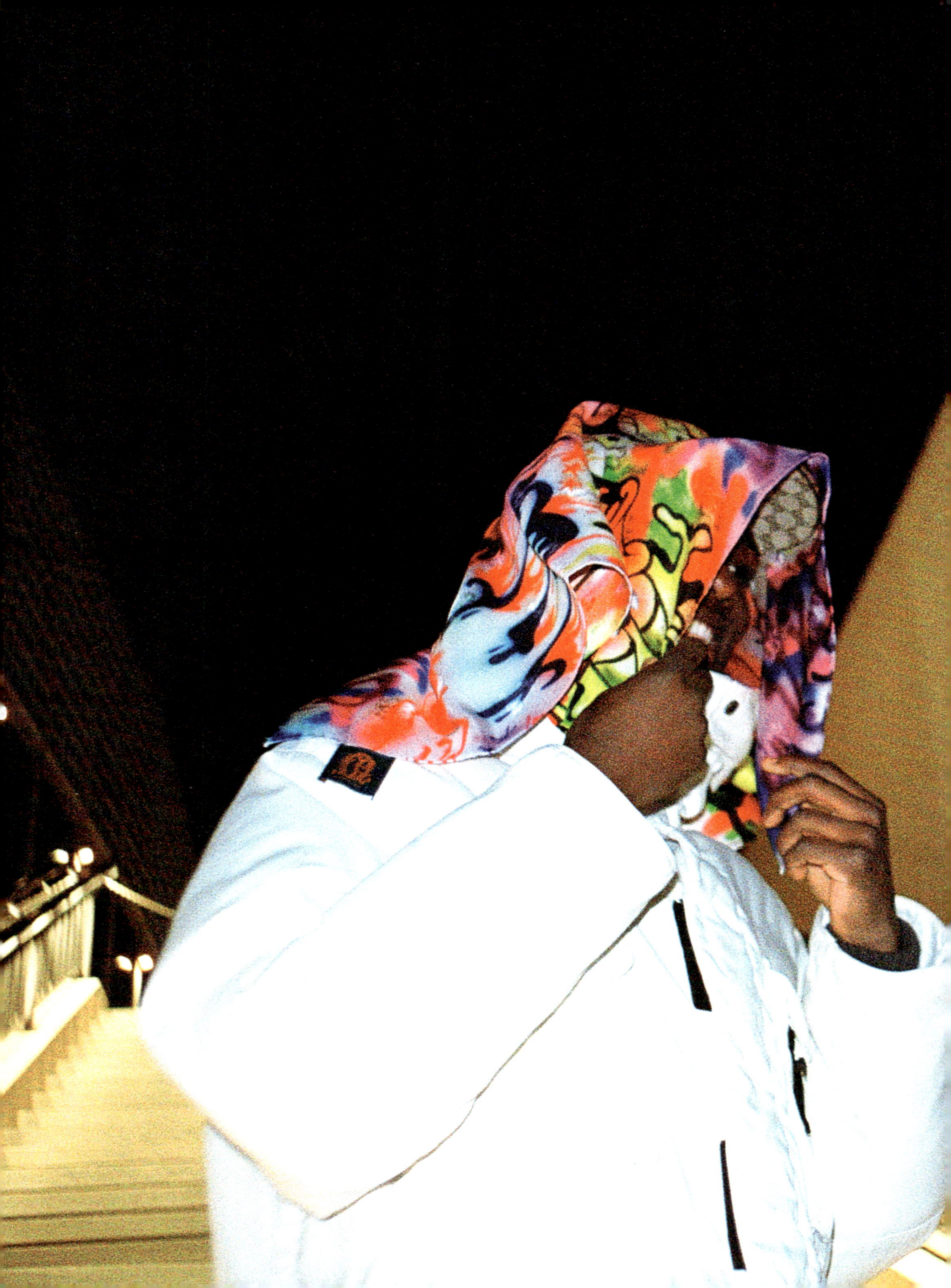

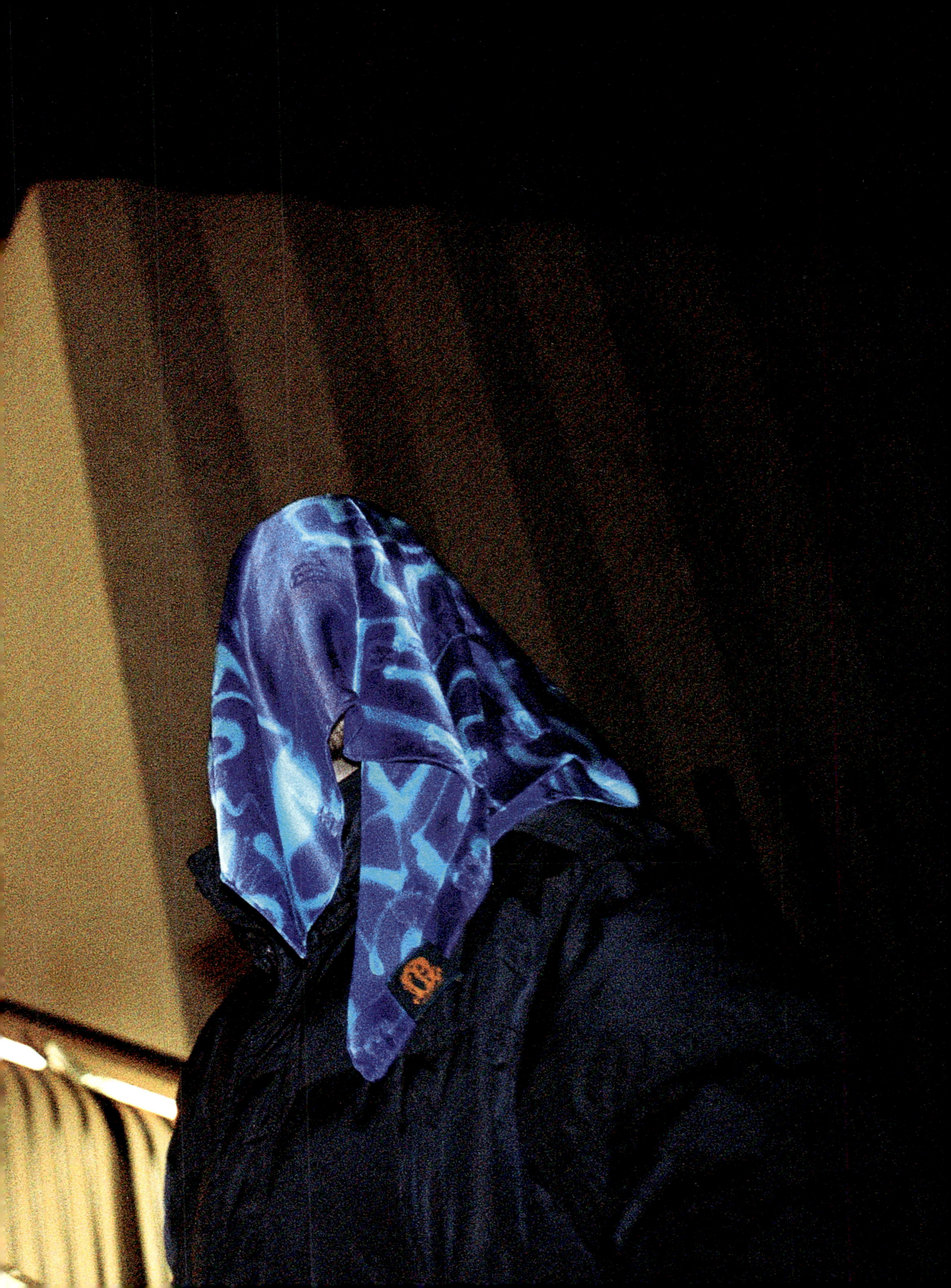

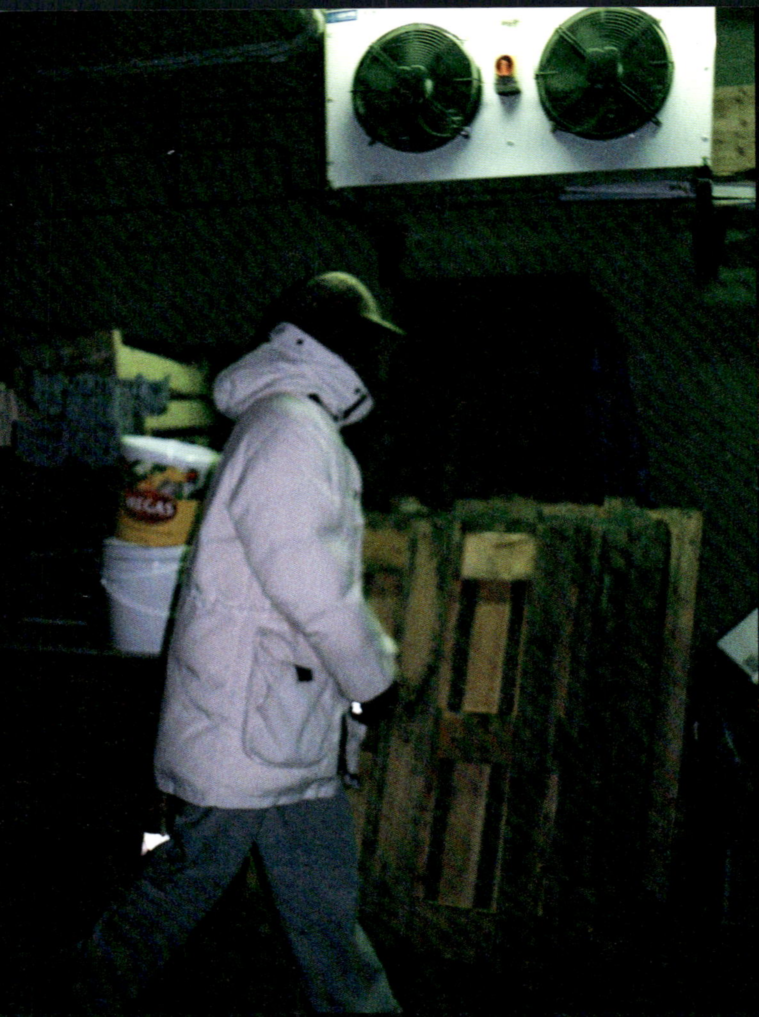

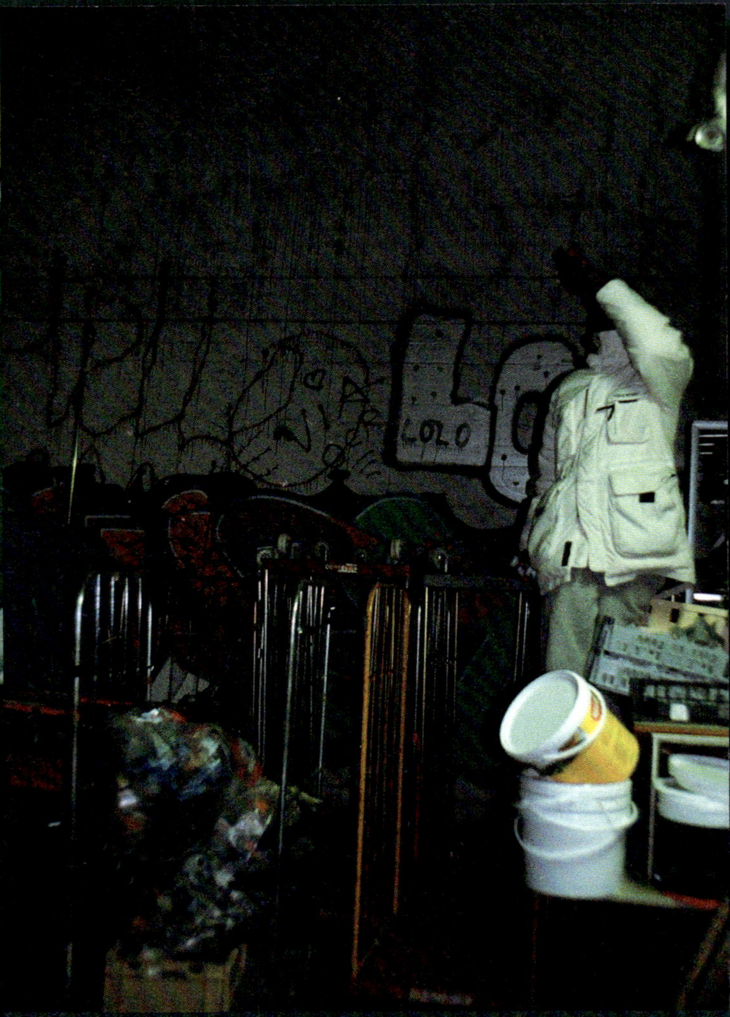
LOLO

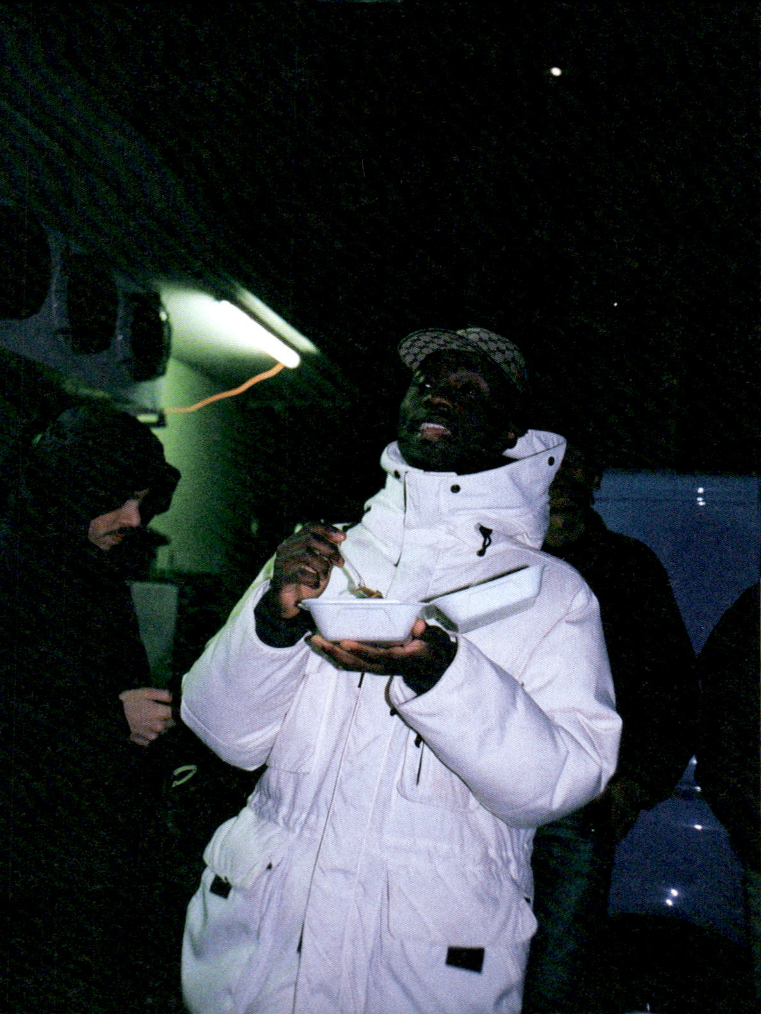

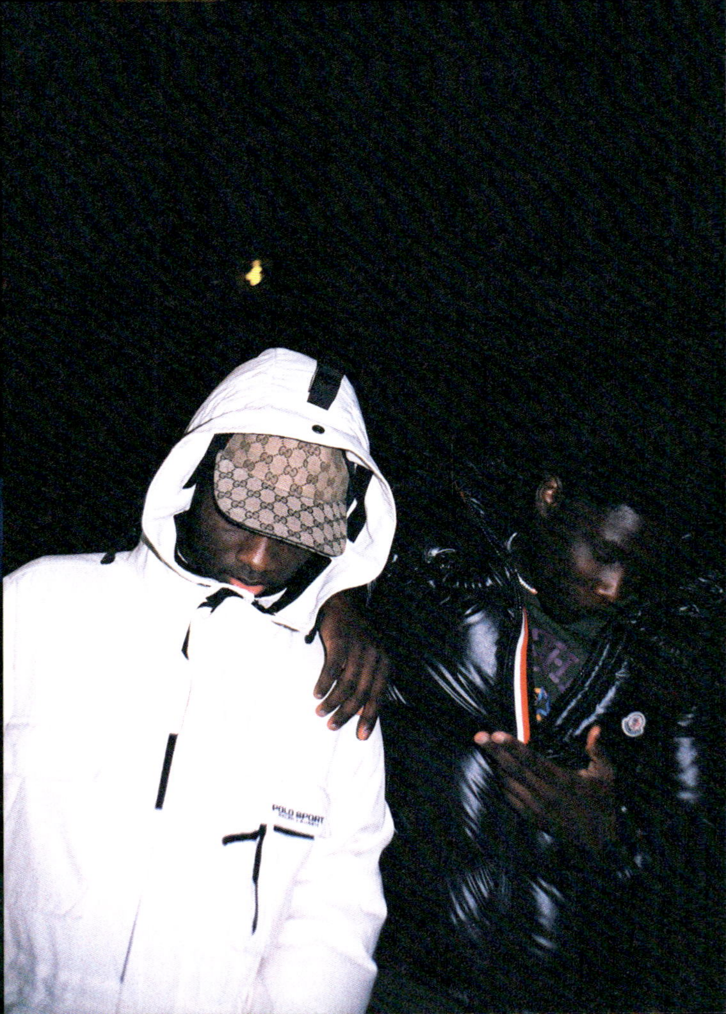
POLO SPORT

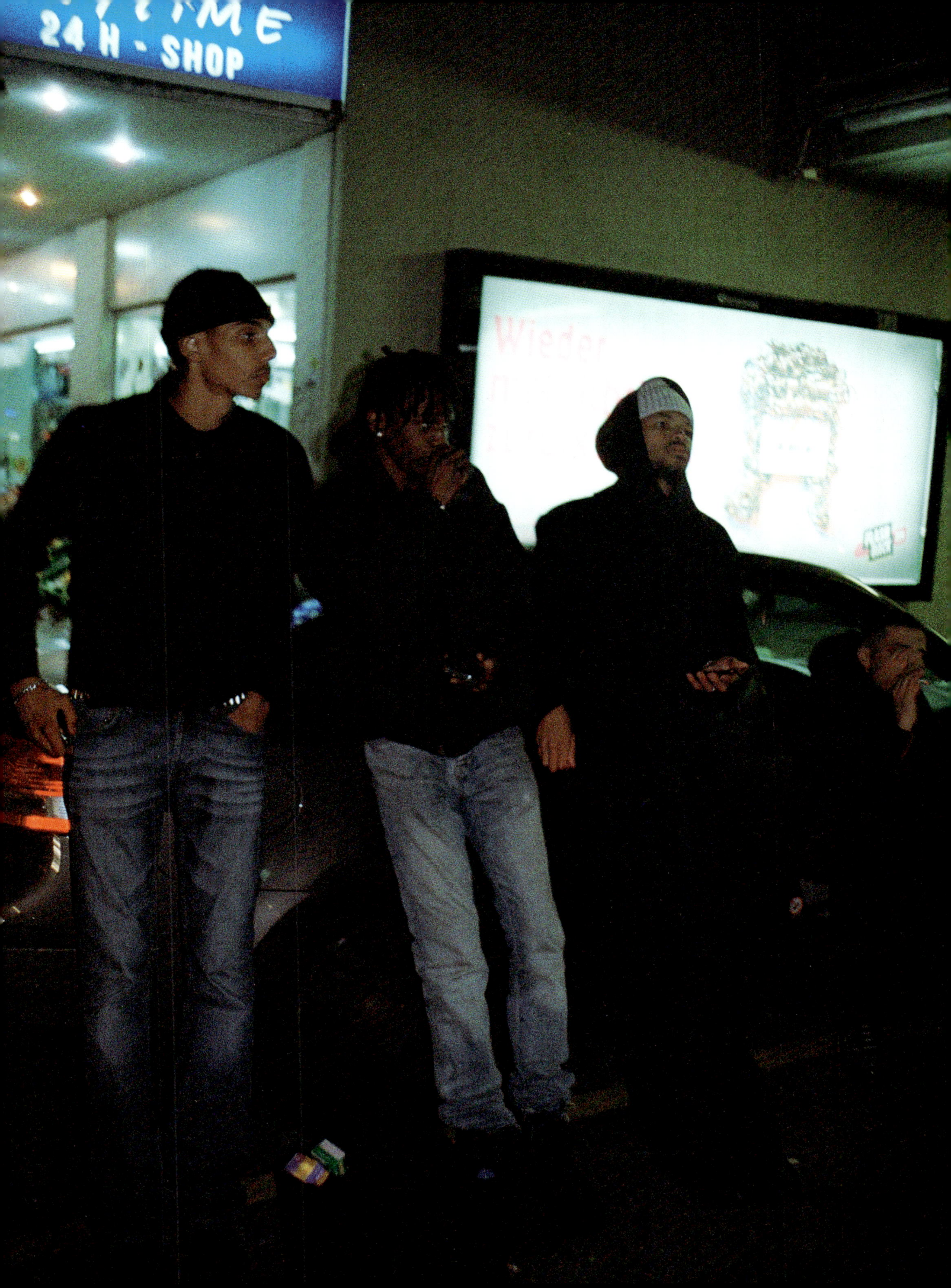
24 H - SHOP
Wieder

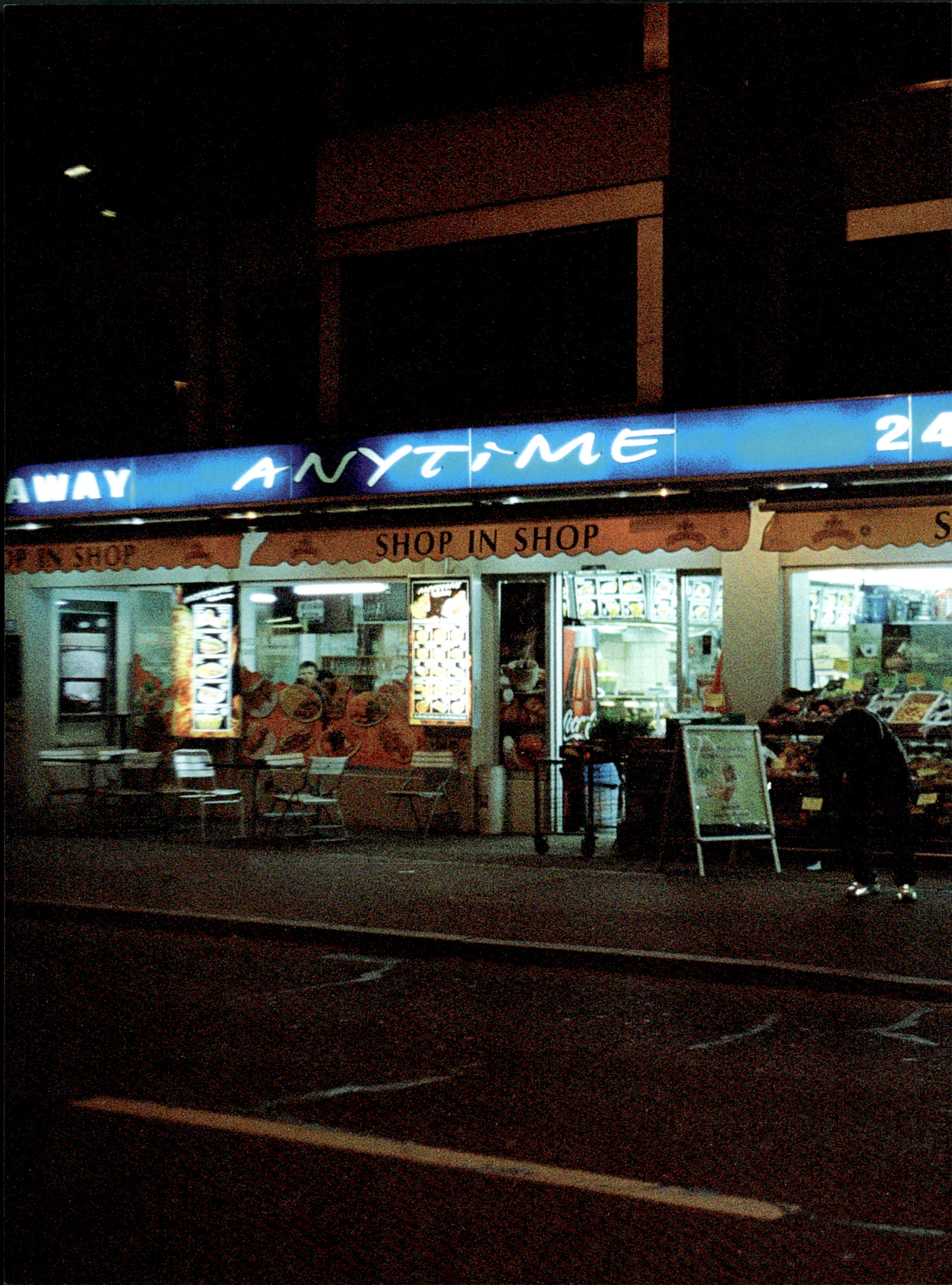
AWAY
ANYTIME
24
SHOP IN SHOP
P IN SHOP

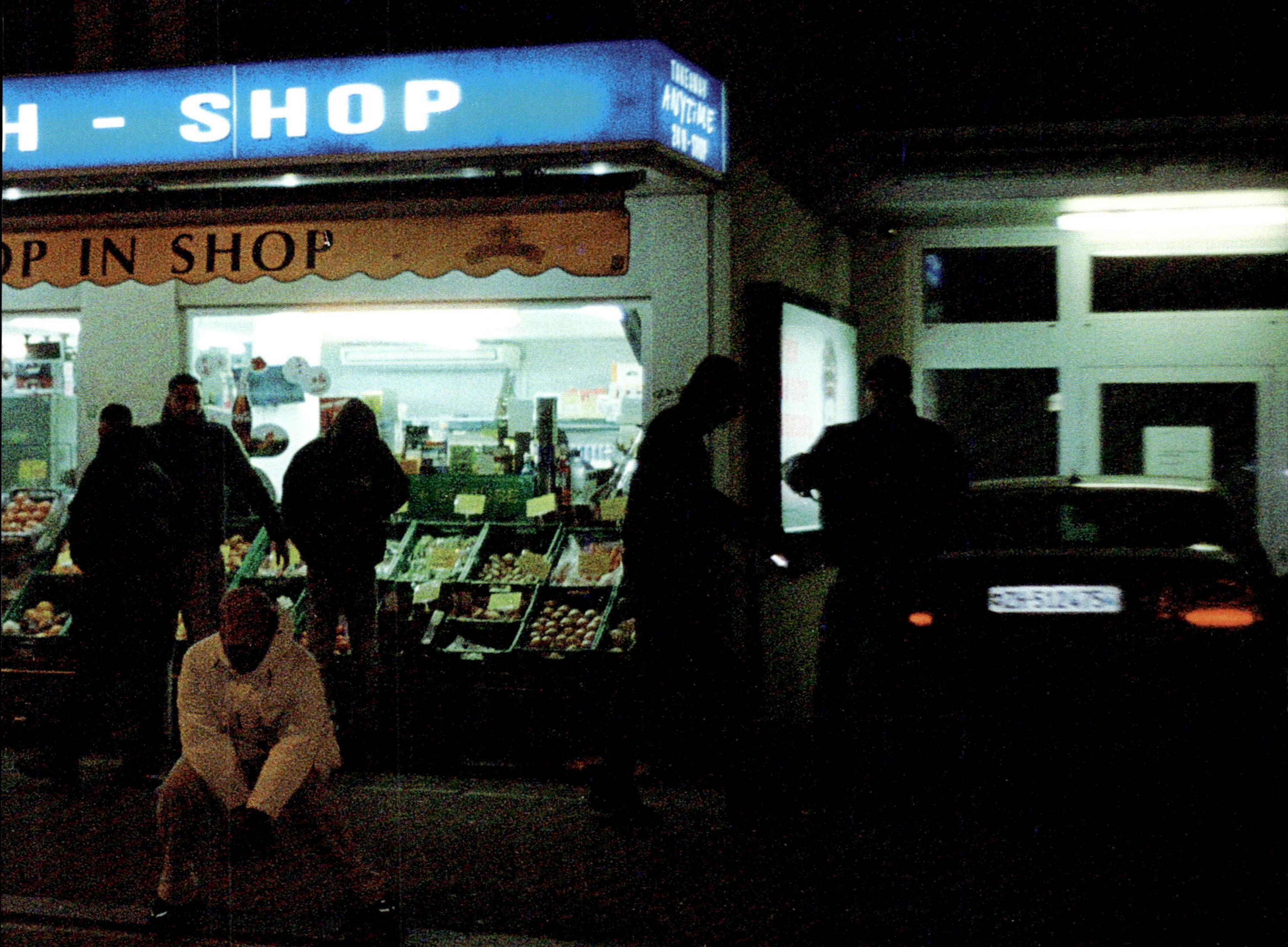

H - SHOP
OP IN SHOP

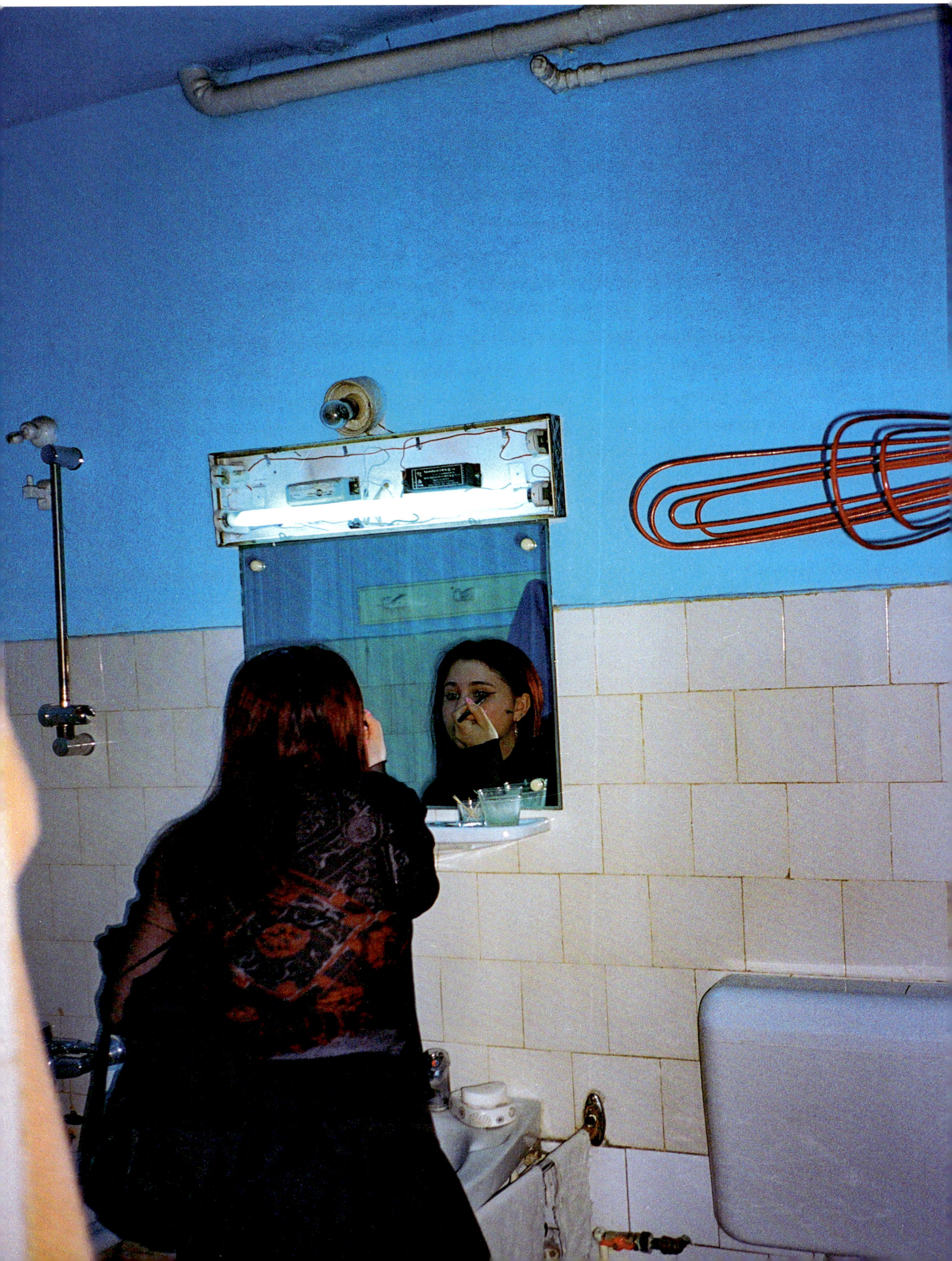

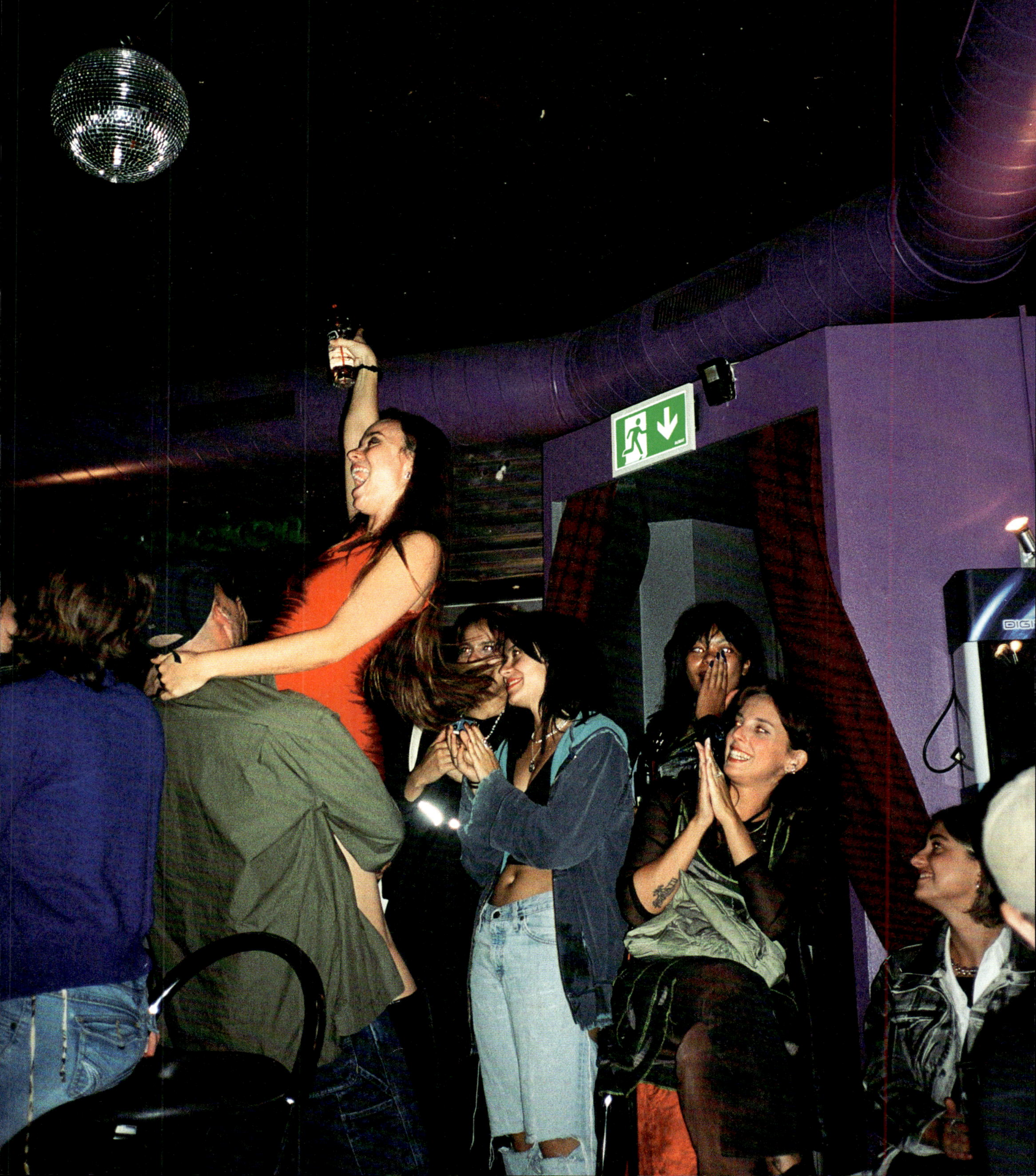

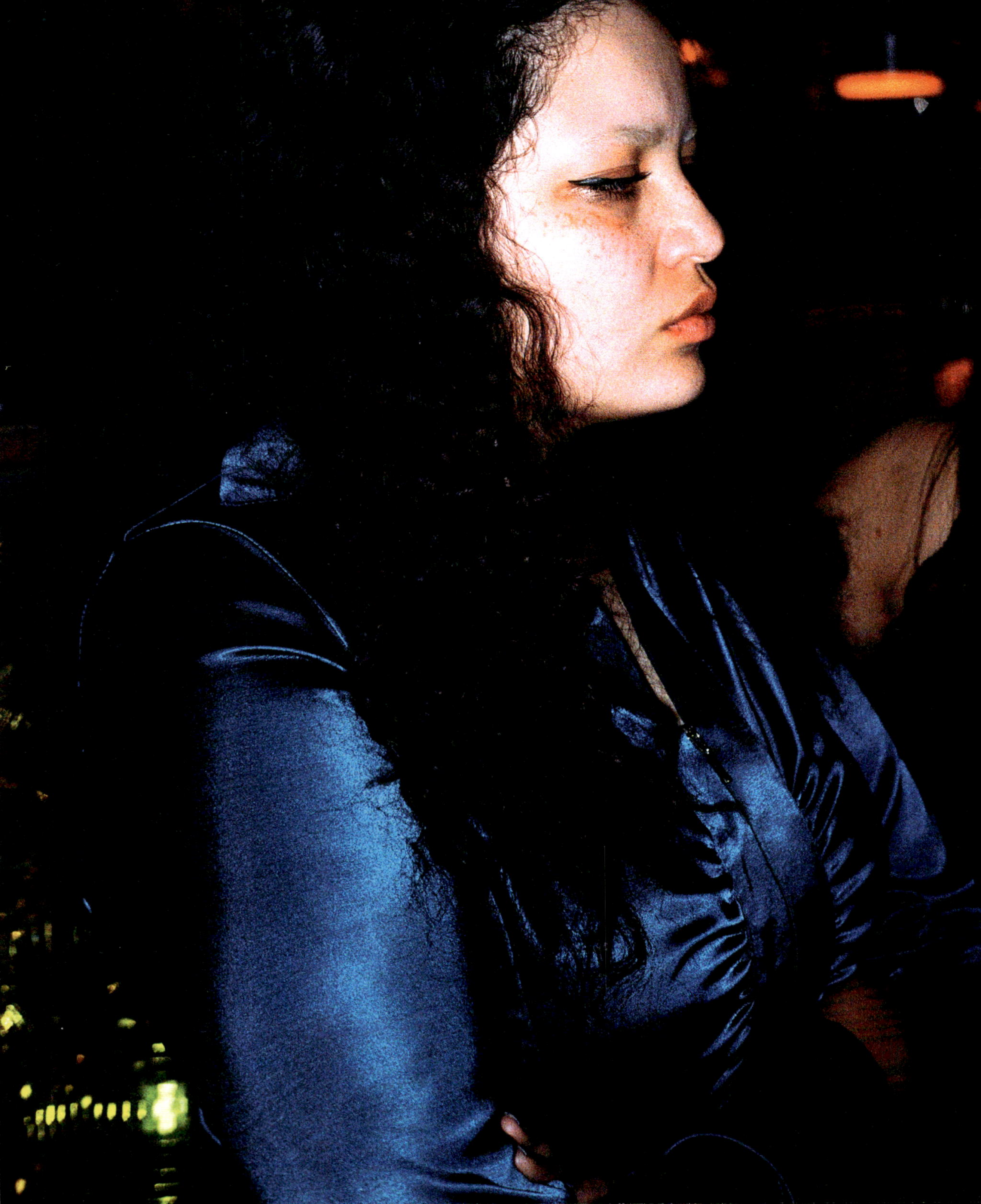

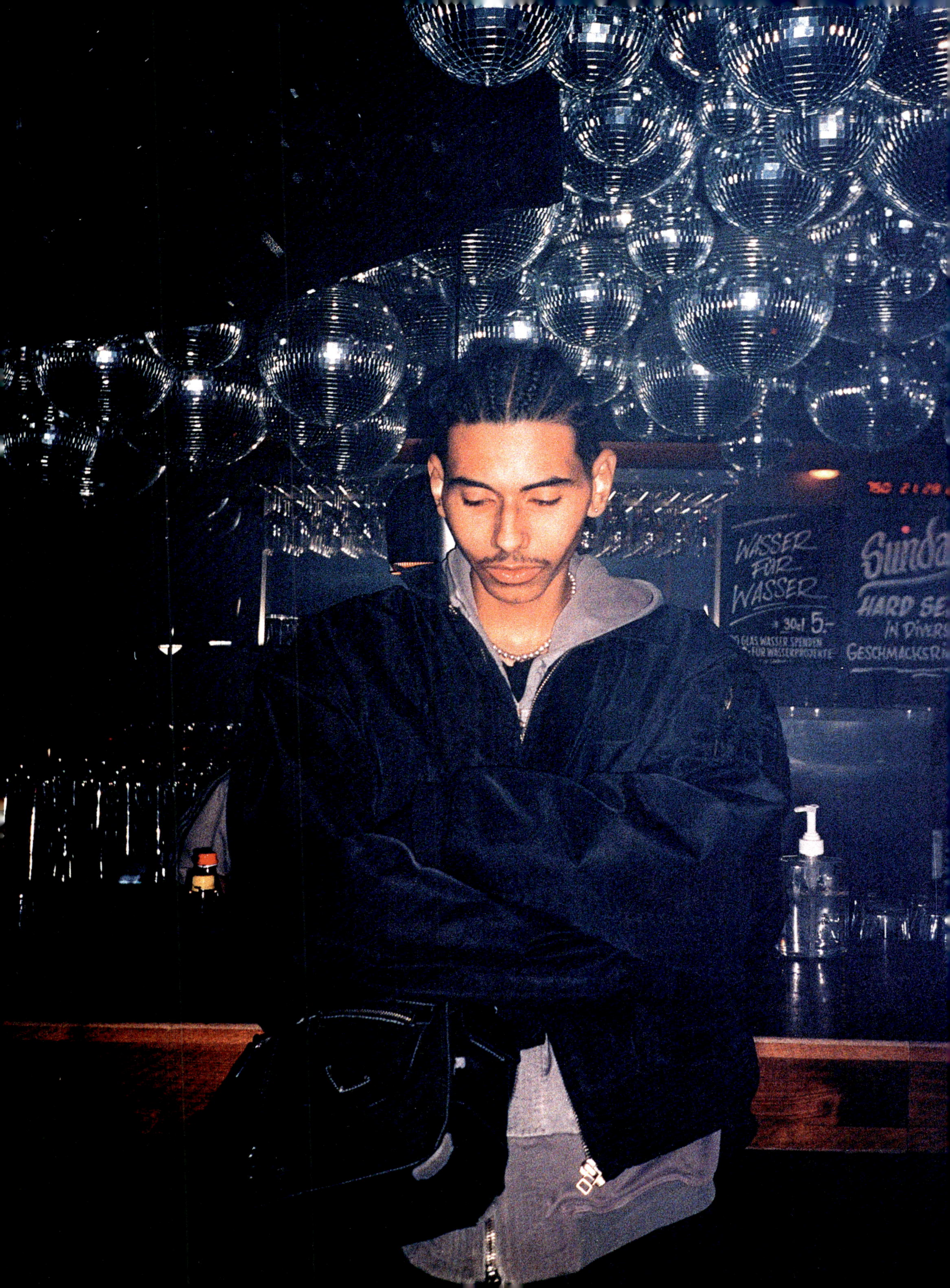
WASSER FÜR WASSER
30cl 5.-
GLAS WASSER SPENDEN
FÜR WASSERPROJEKTE

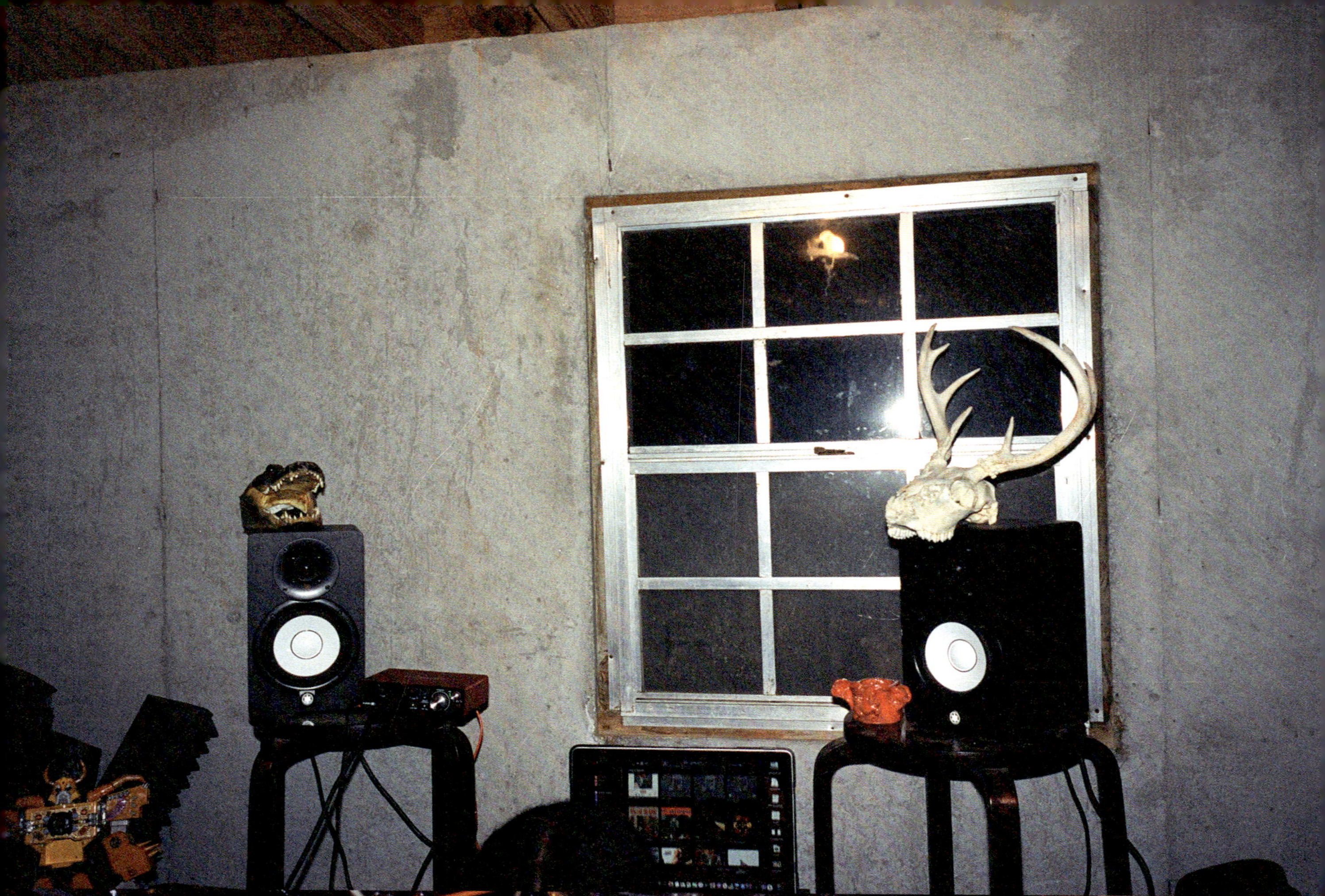

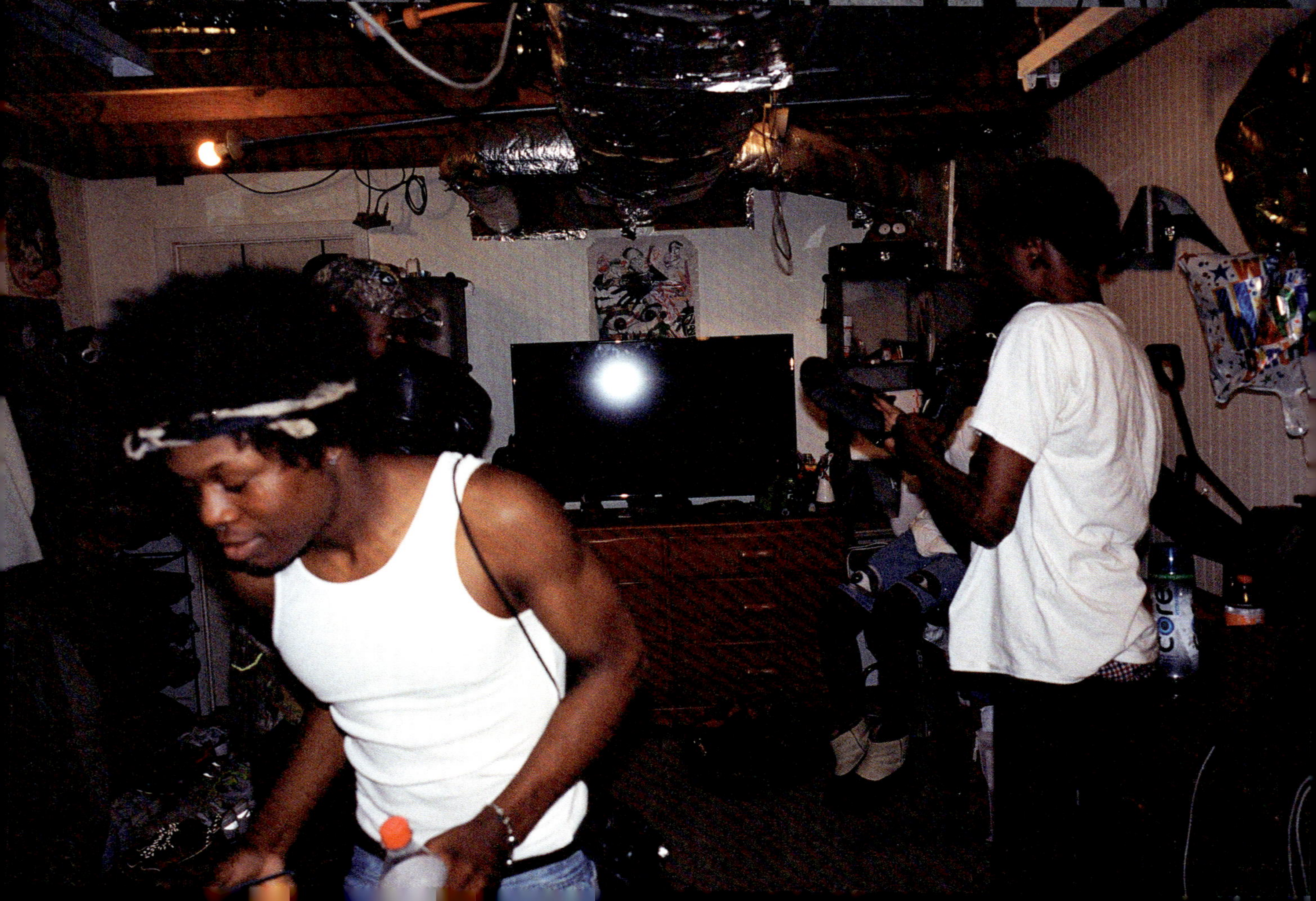

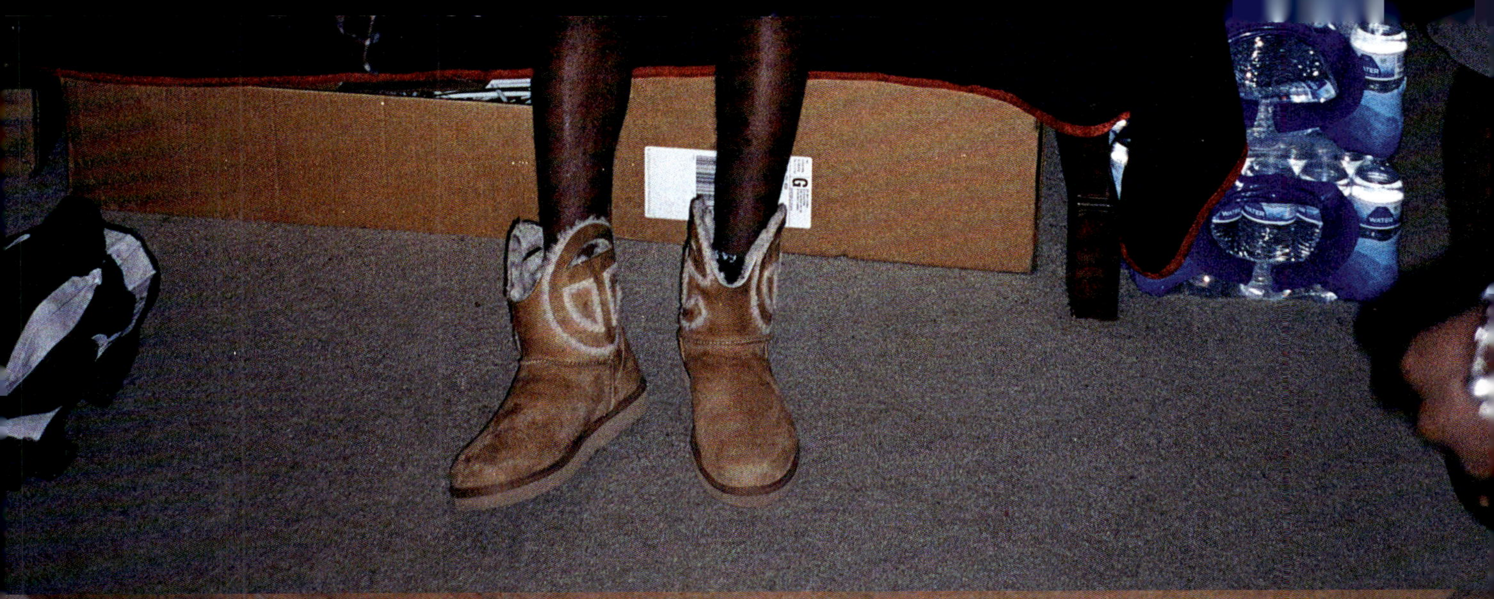

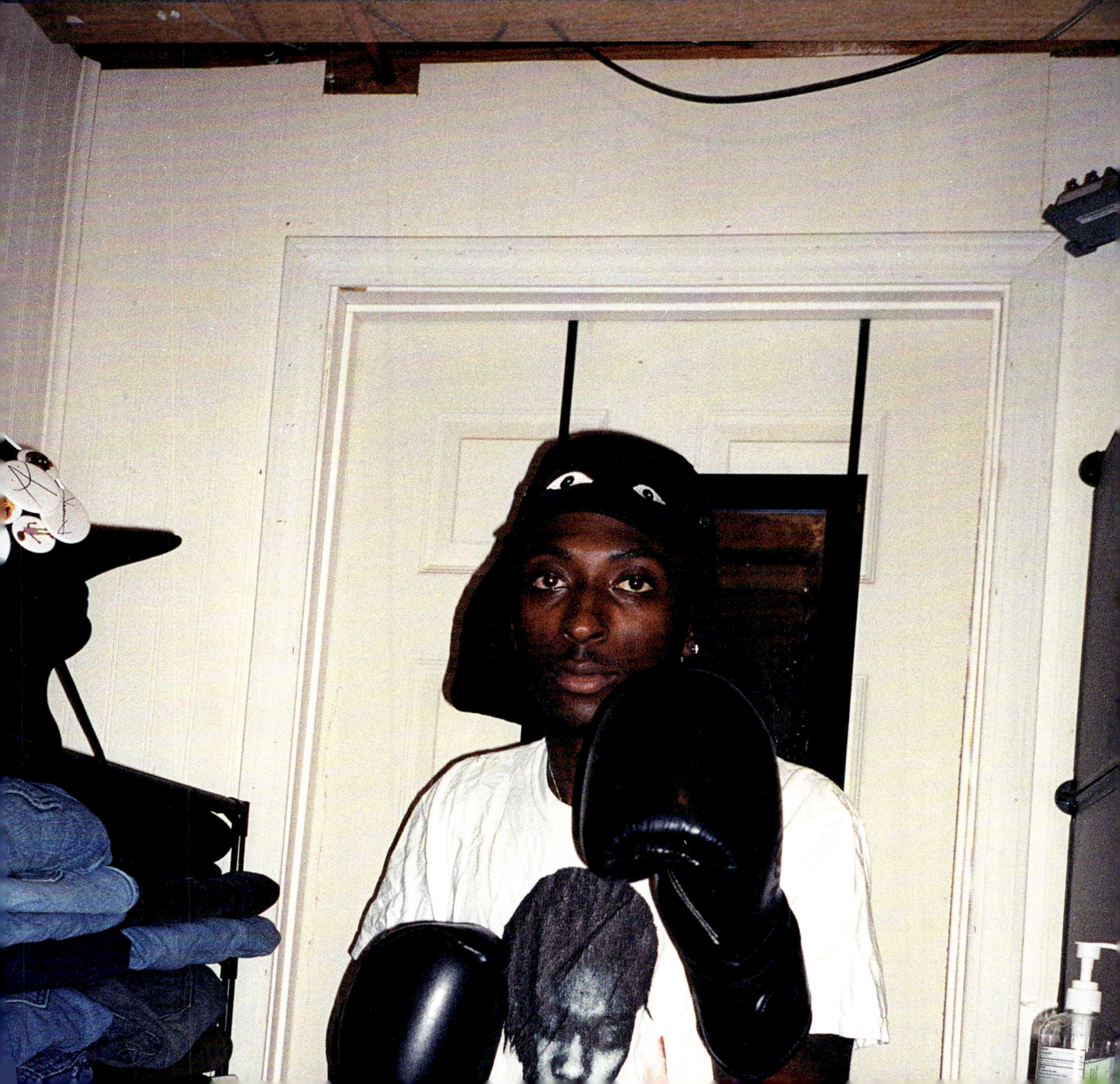

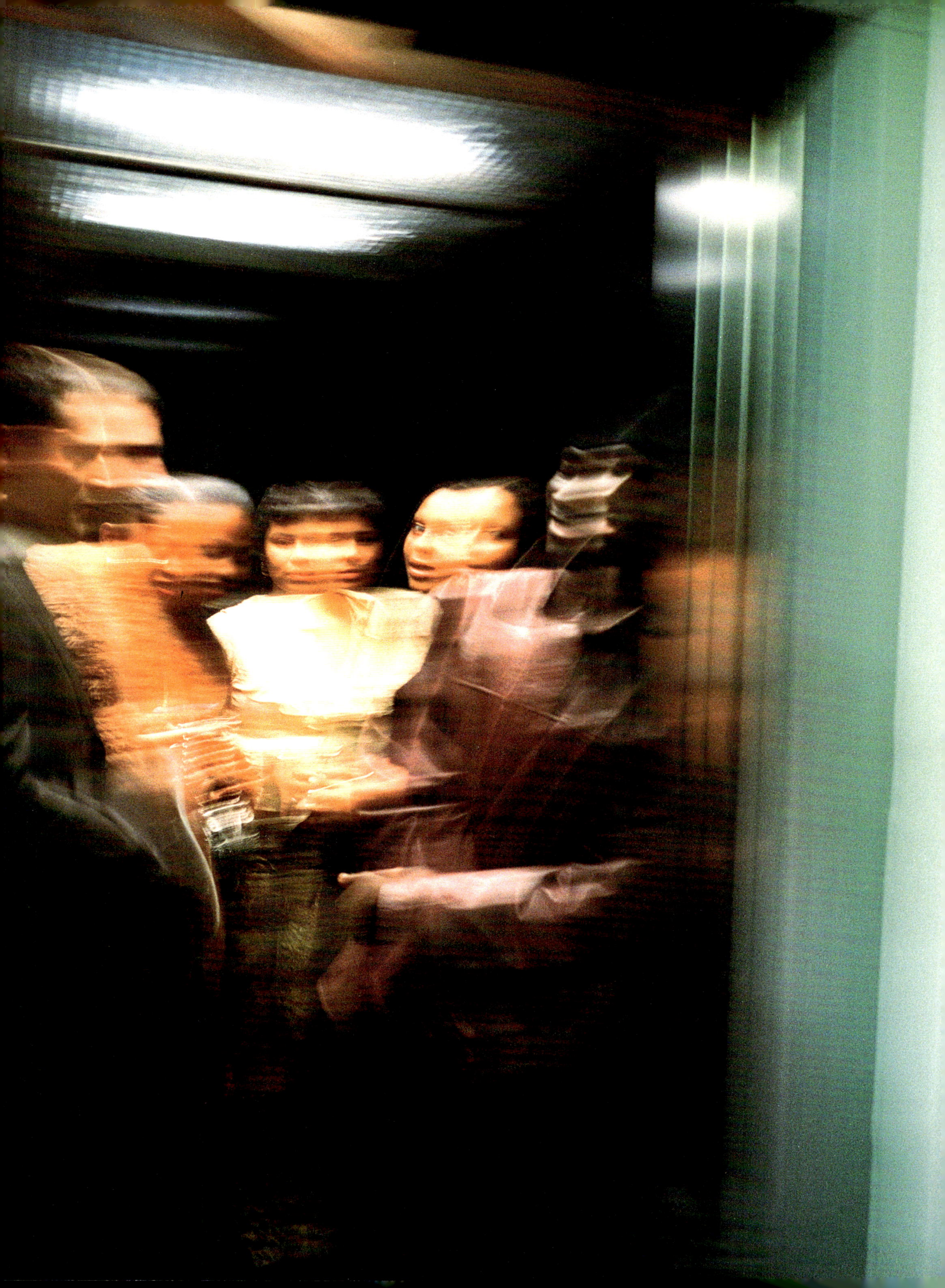

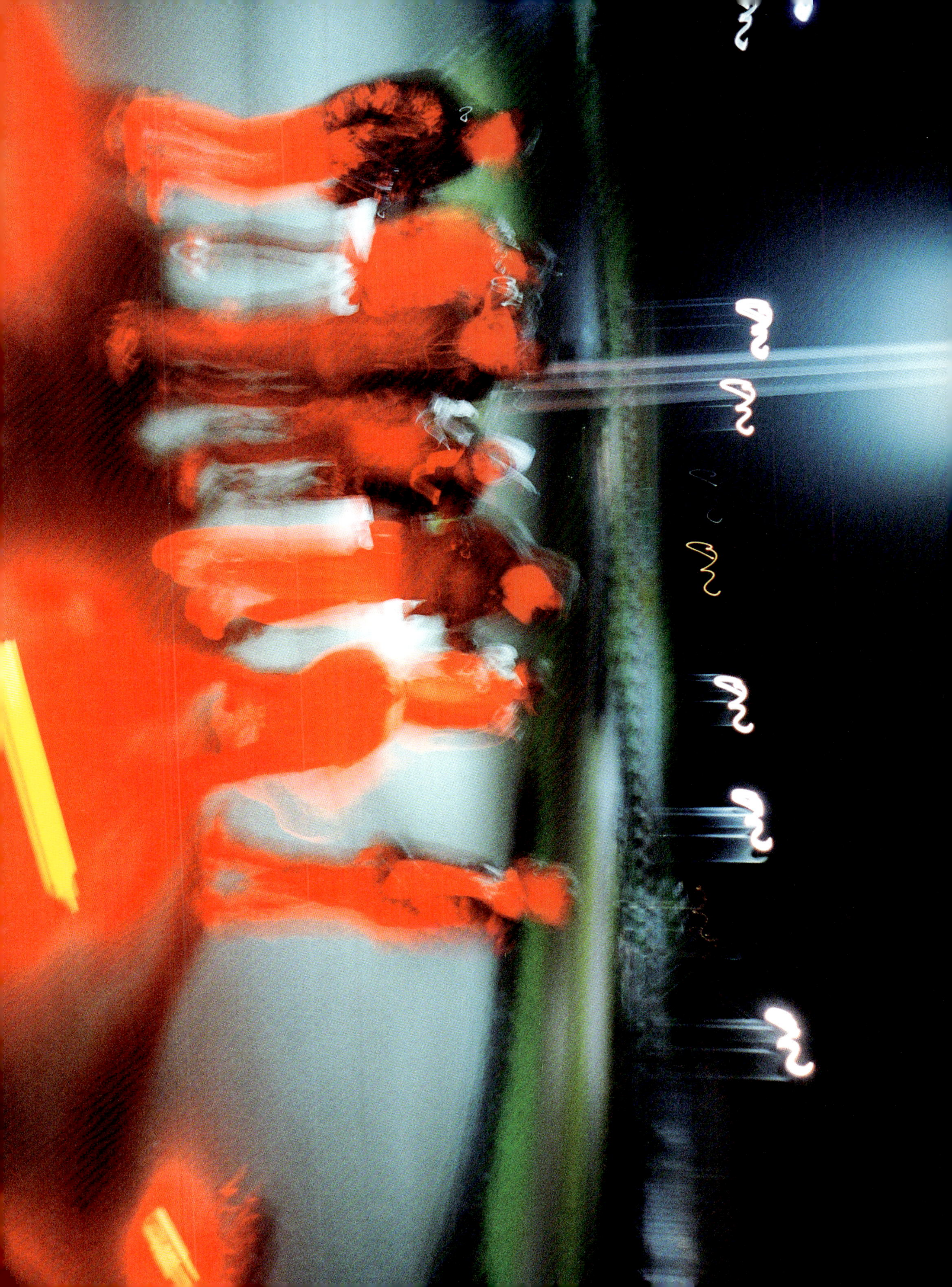

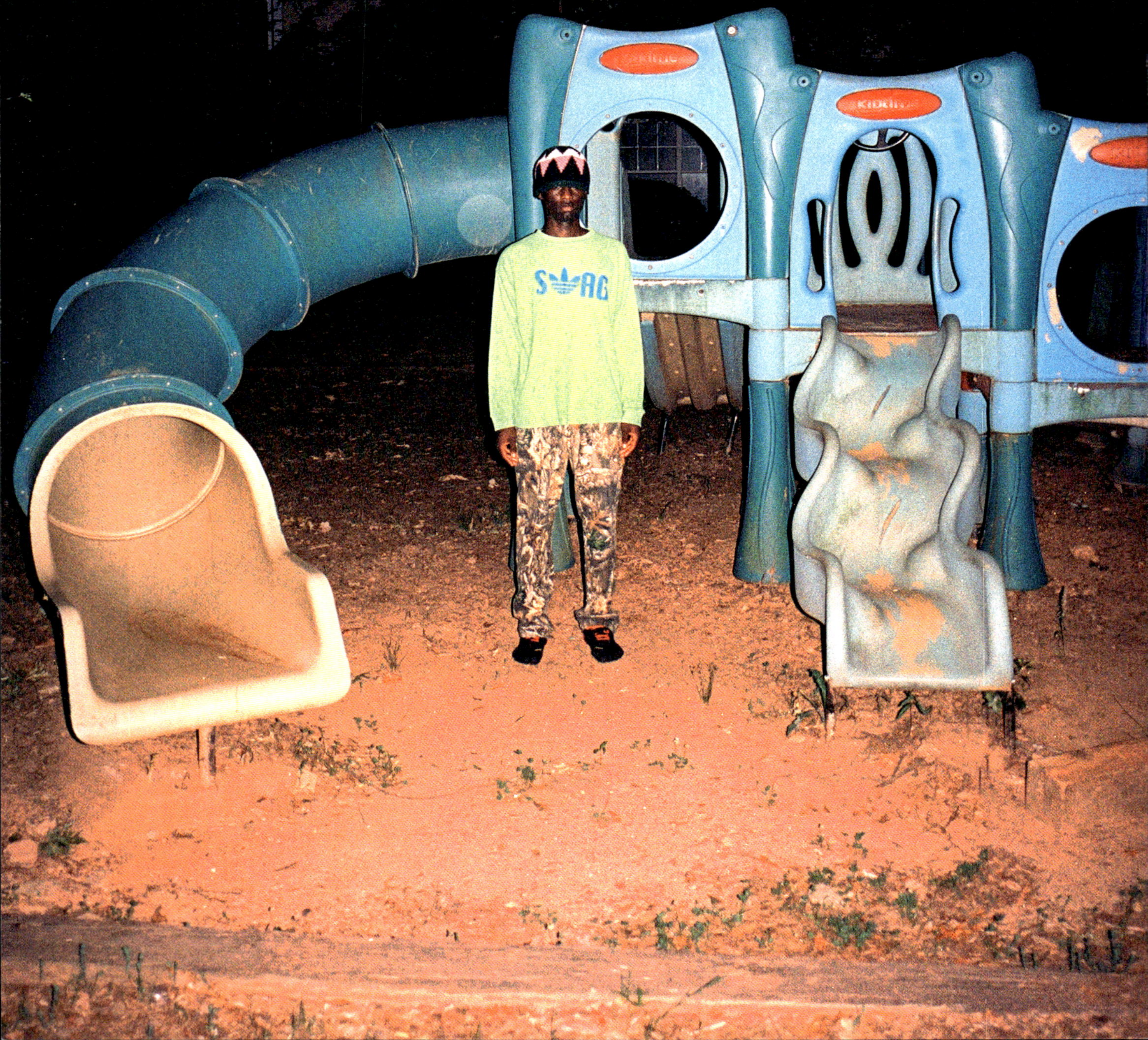

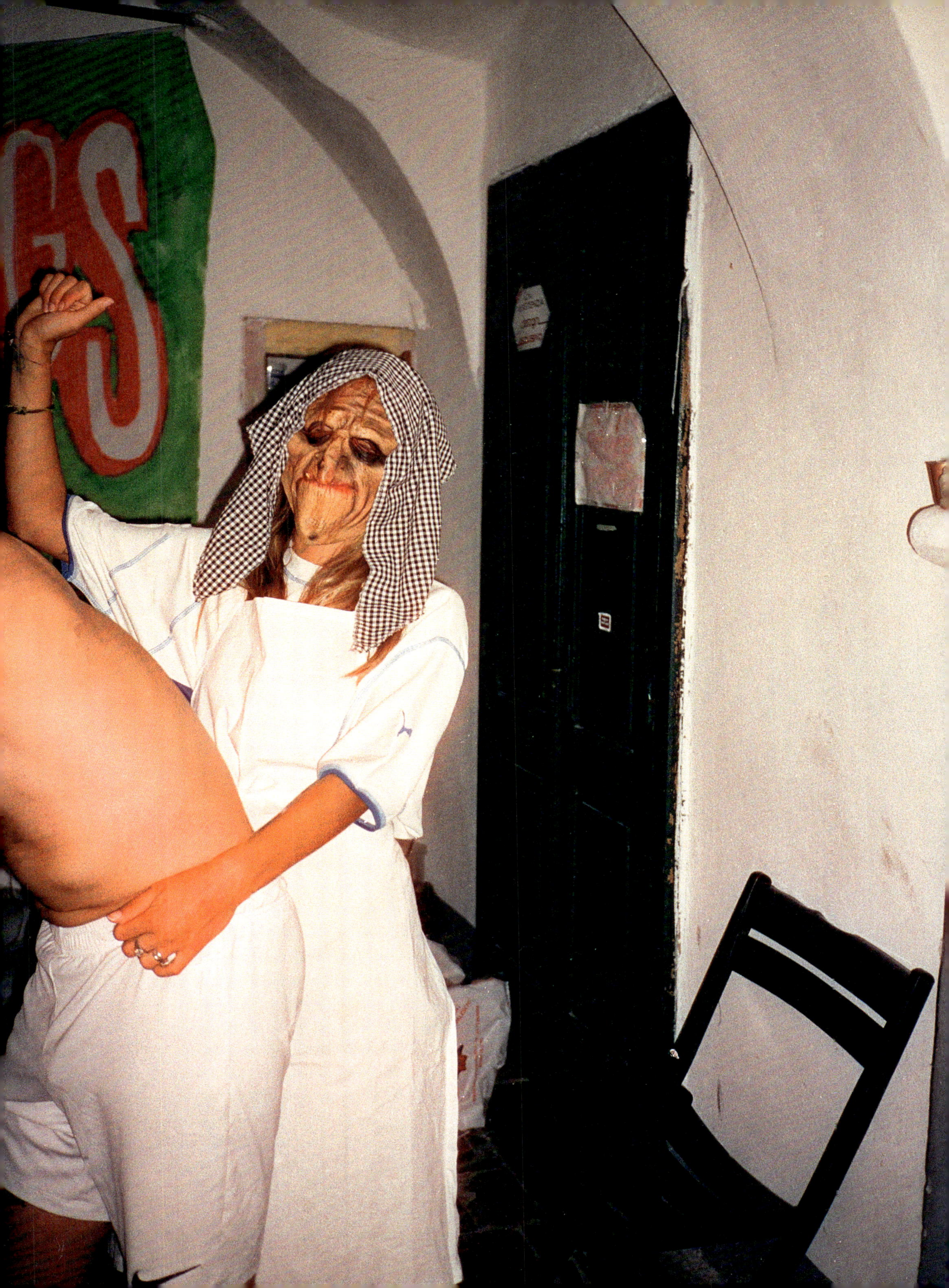

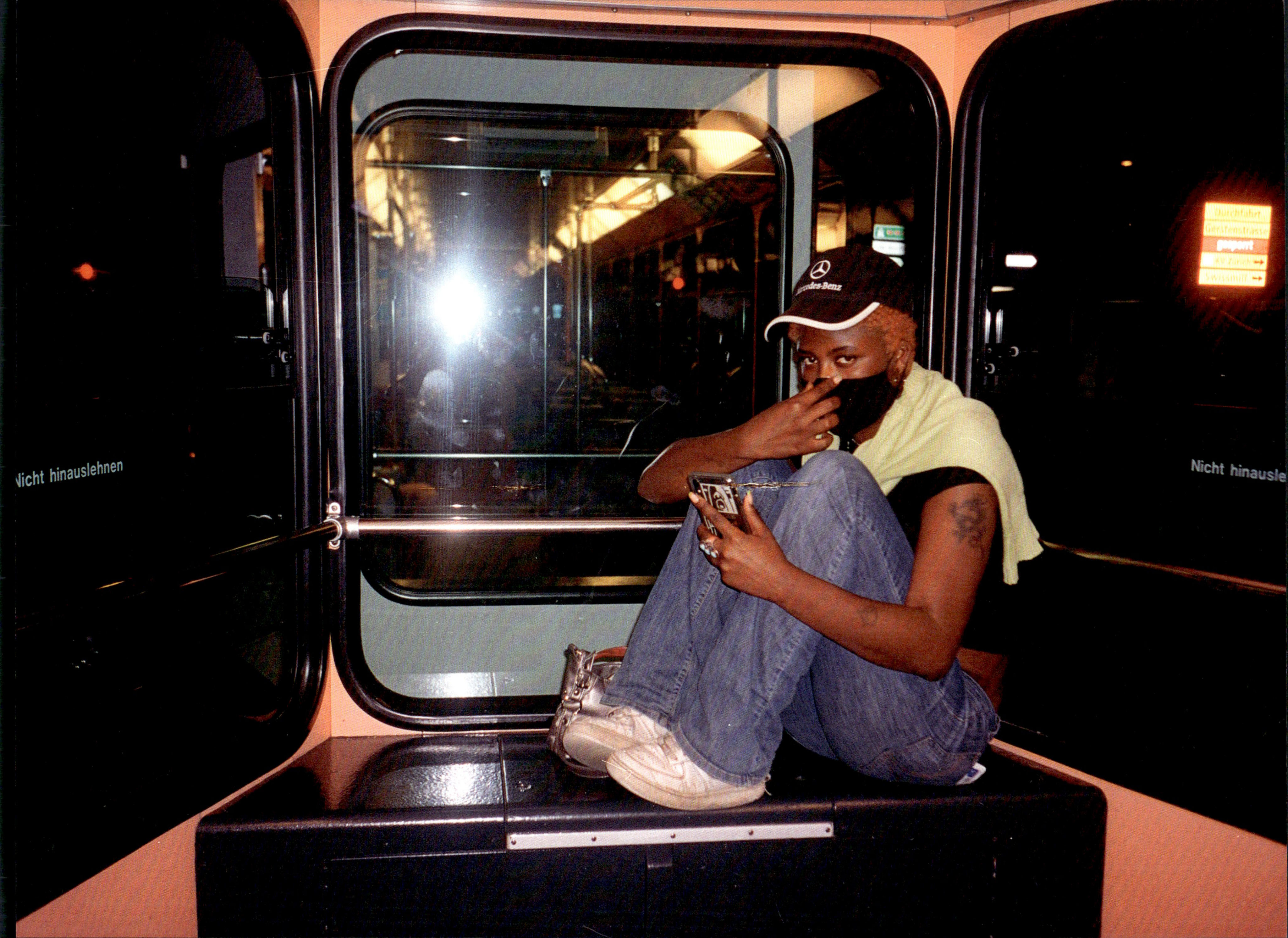
Nicht hinauslehnen
Durchfahrt
Gerstenstrasse
Nicht hinausle

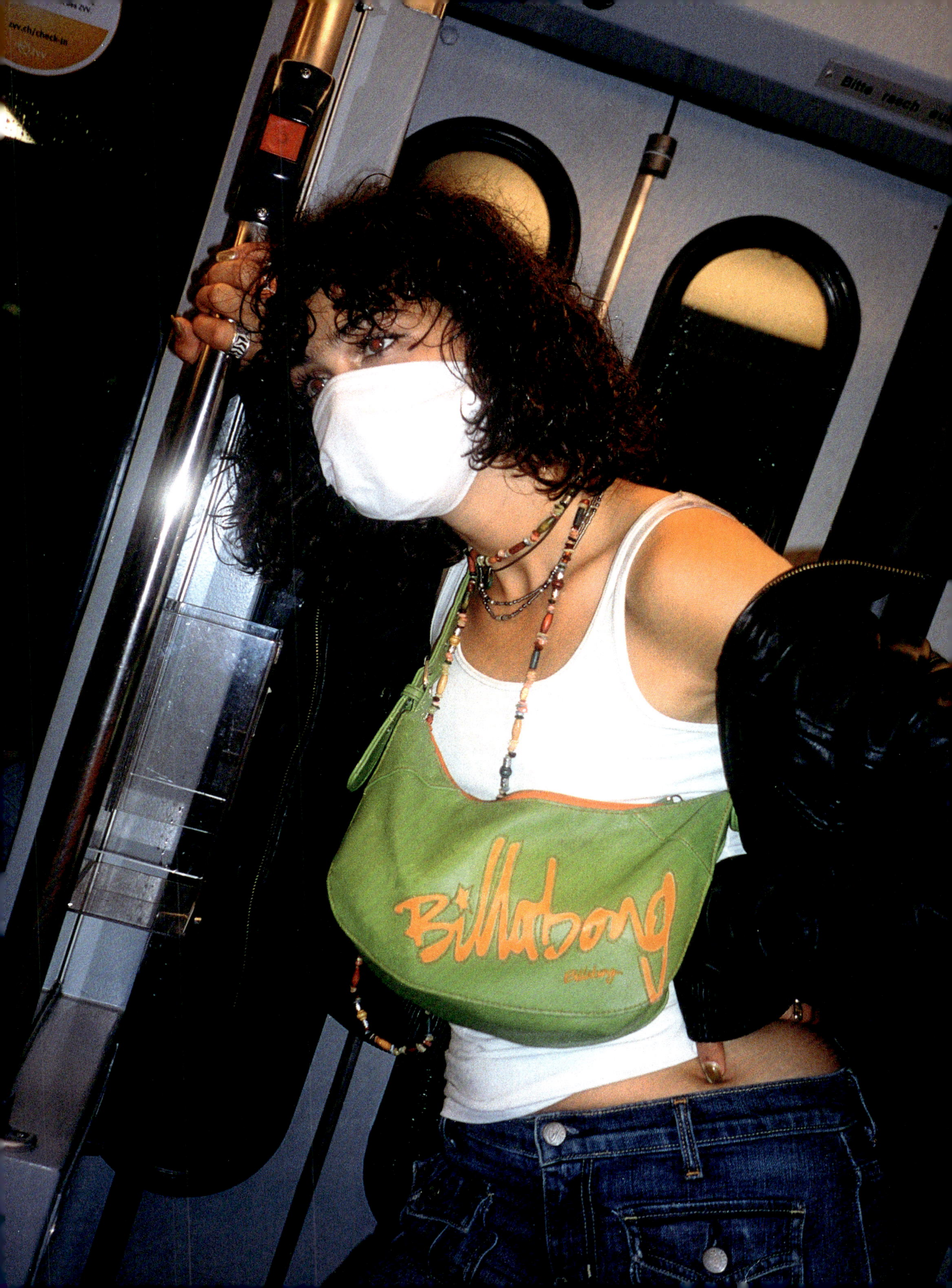
zvv.ch/check-in
Bitte rasch au
Billabong
Billabong

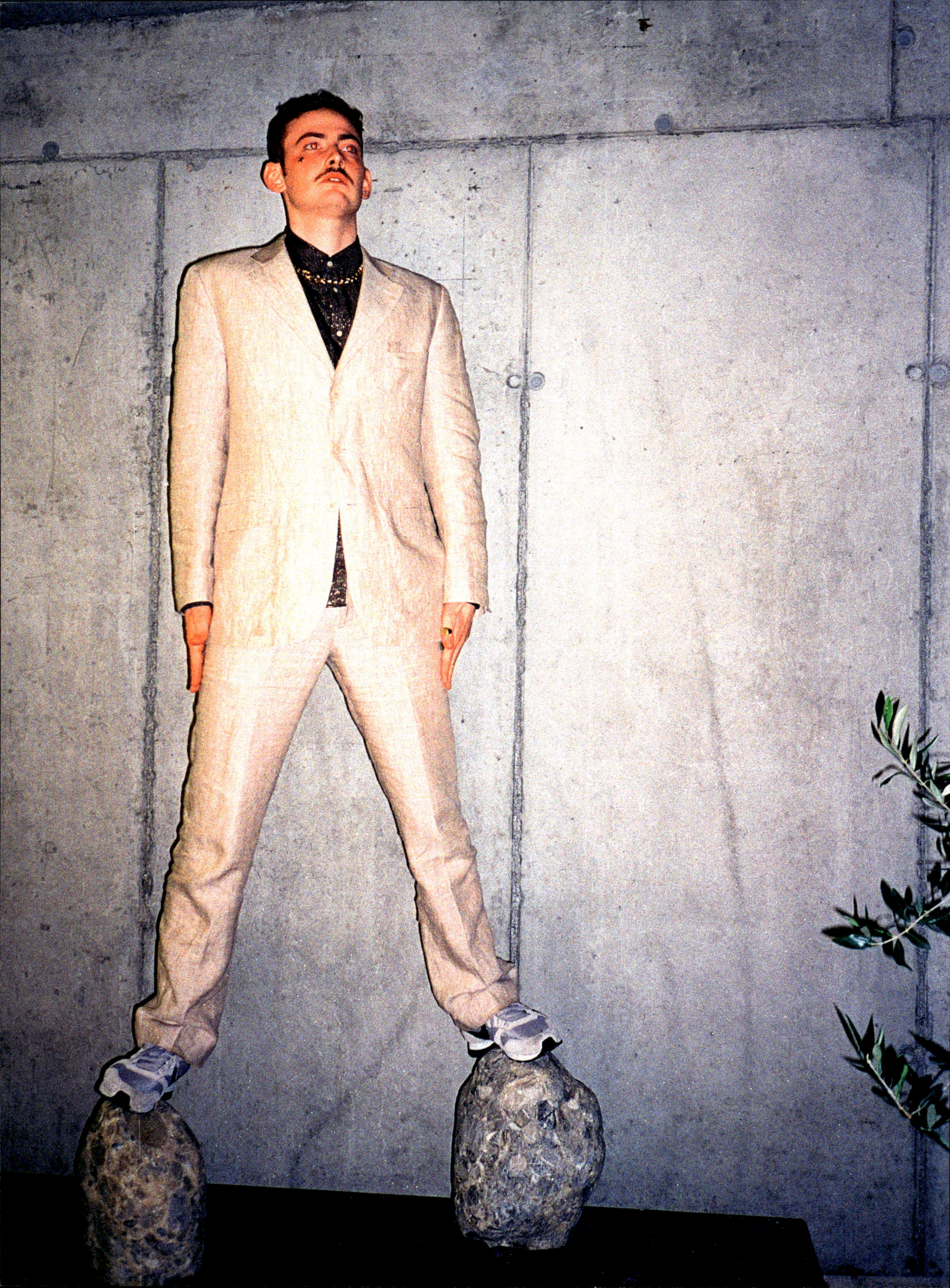

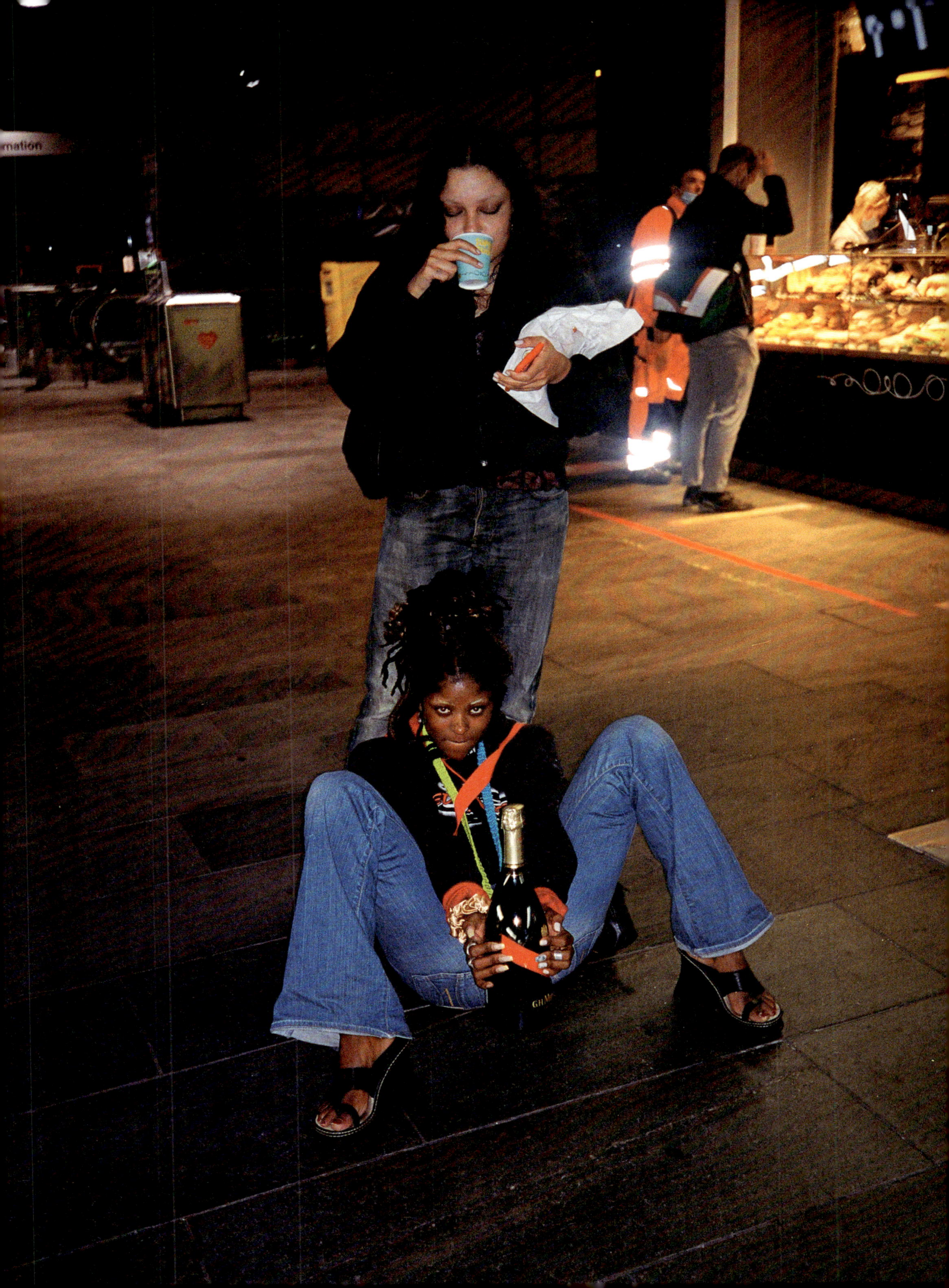

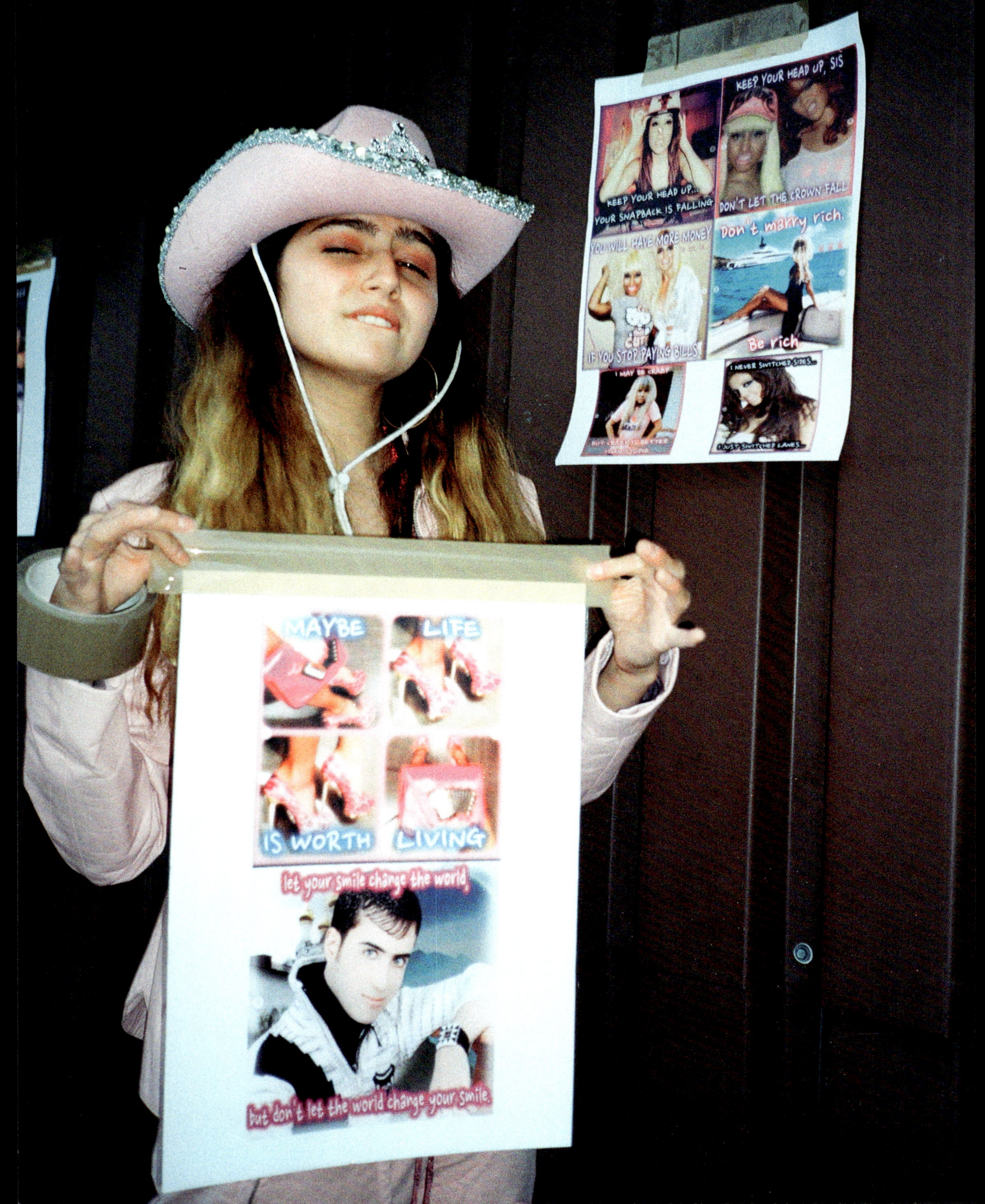
KEEP YOUR HEAD UP, SIS
KEEP YOUR HEAD UP...
YOUR SNAPBACK IS FALLING
DON'T LET THE CROWN FALL
YOU WILL HAVE MORE MONEY
IF YOU STOP PAYING BILLS!
Don't marry rich.
Be rich
I NEVER SWITCHED SIDES...
I JUST SWITCHED LANES...
MAYBE
LIFE
IS WORTH
LIVING
let your smile change the world,
but don't let the world change your smile.

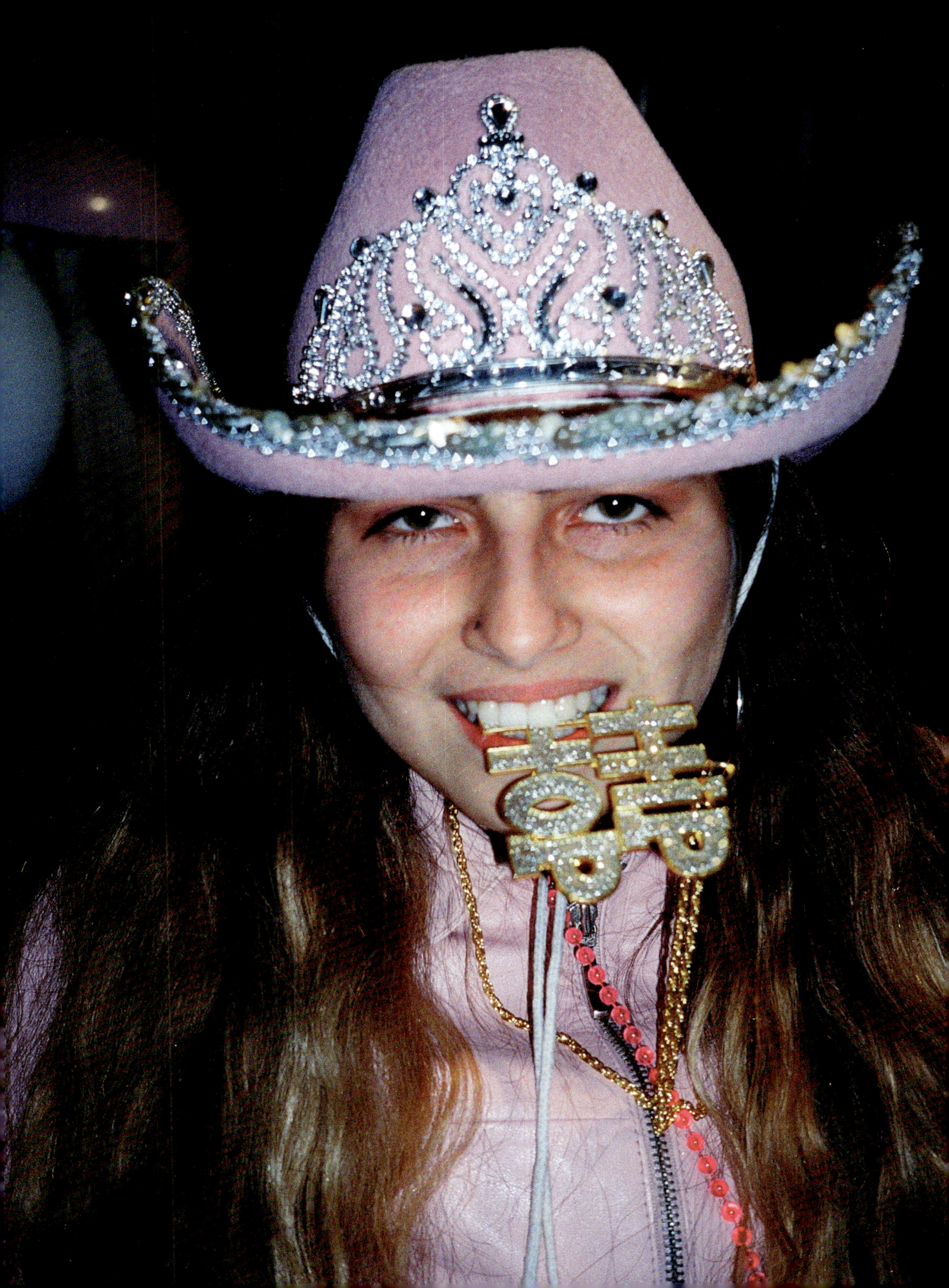

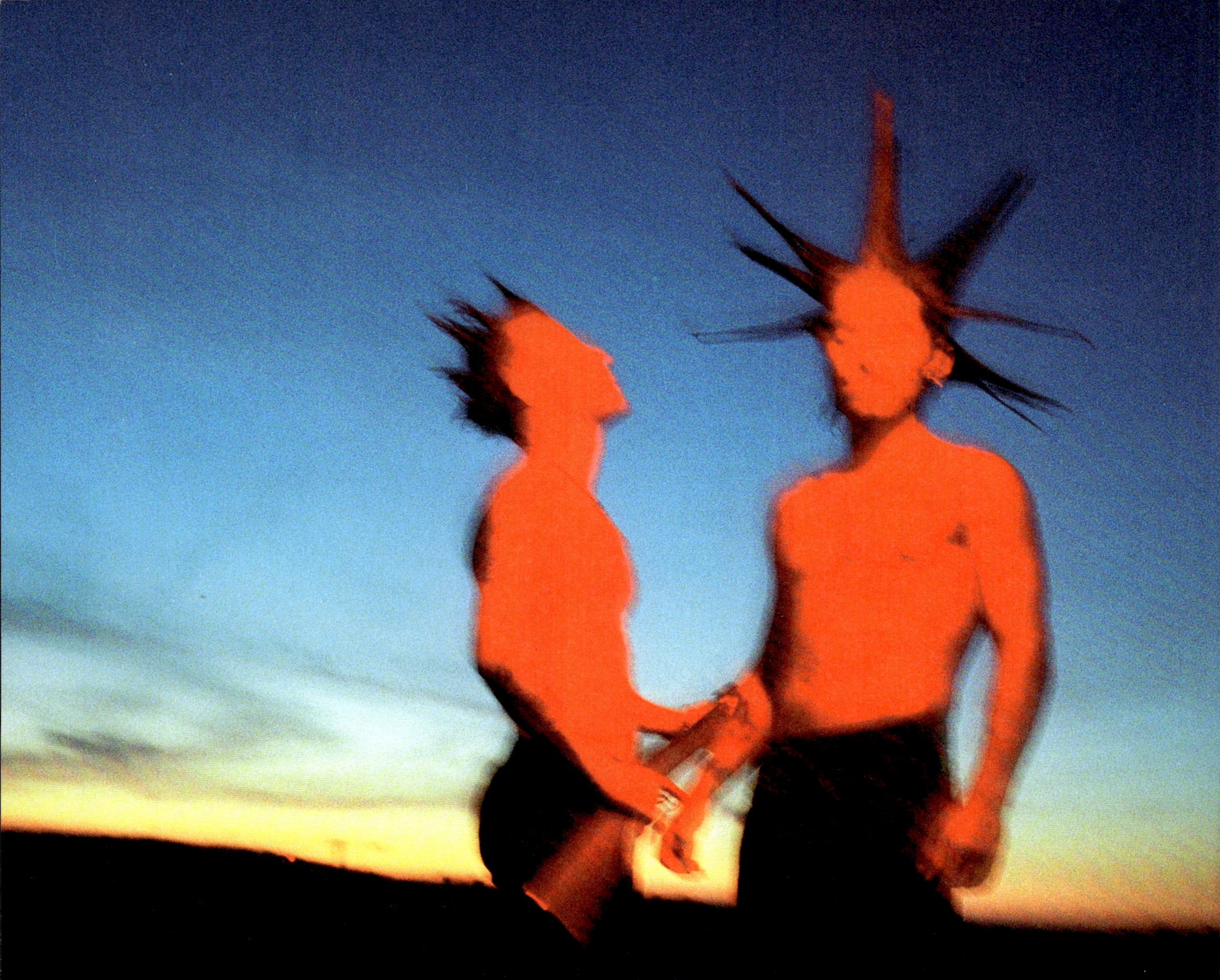

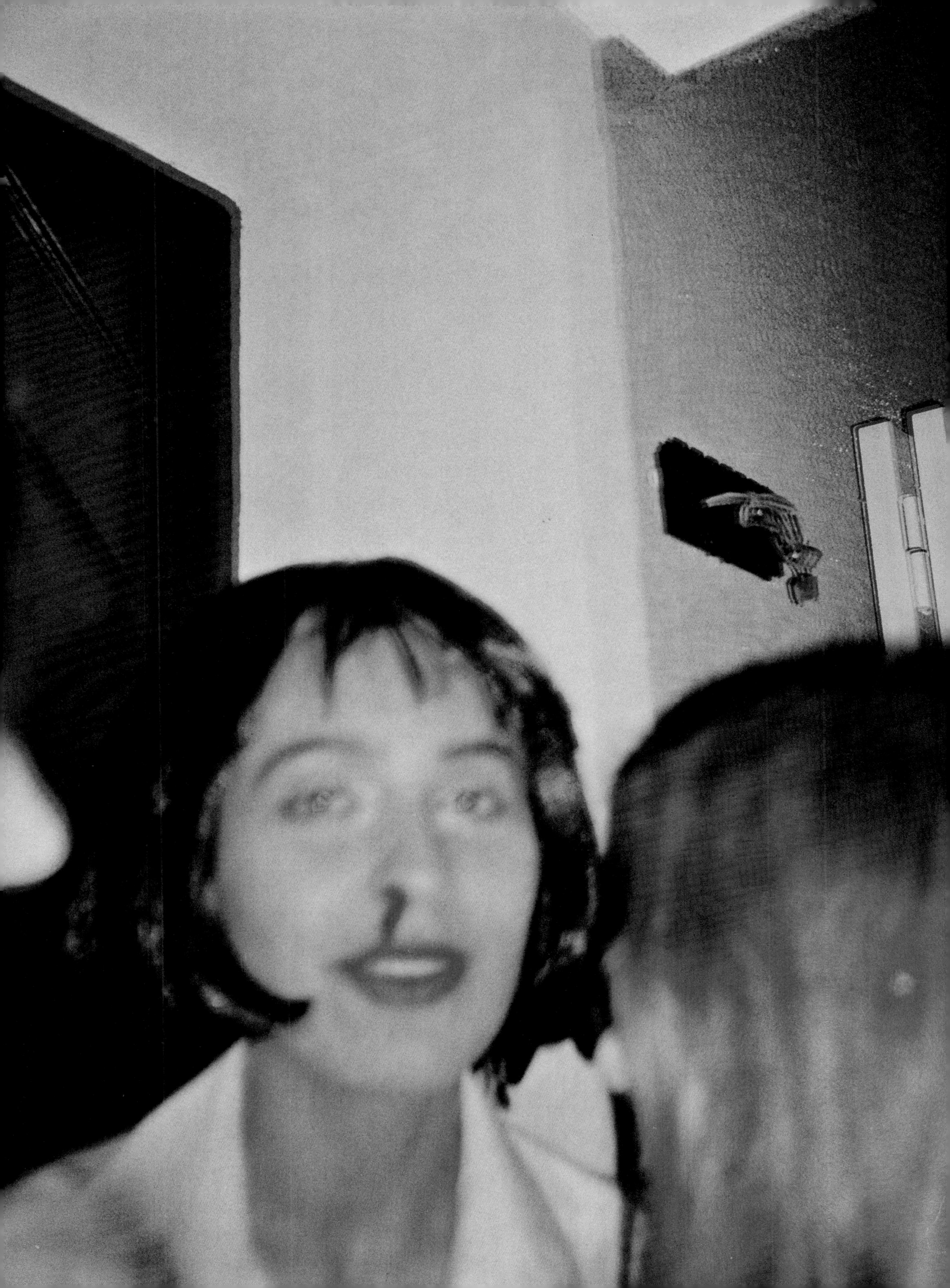

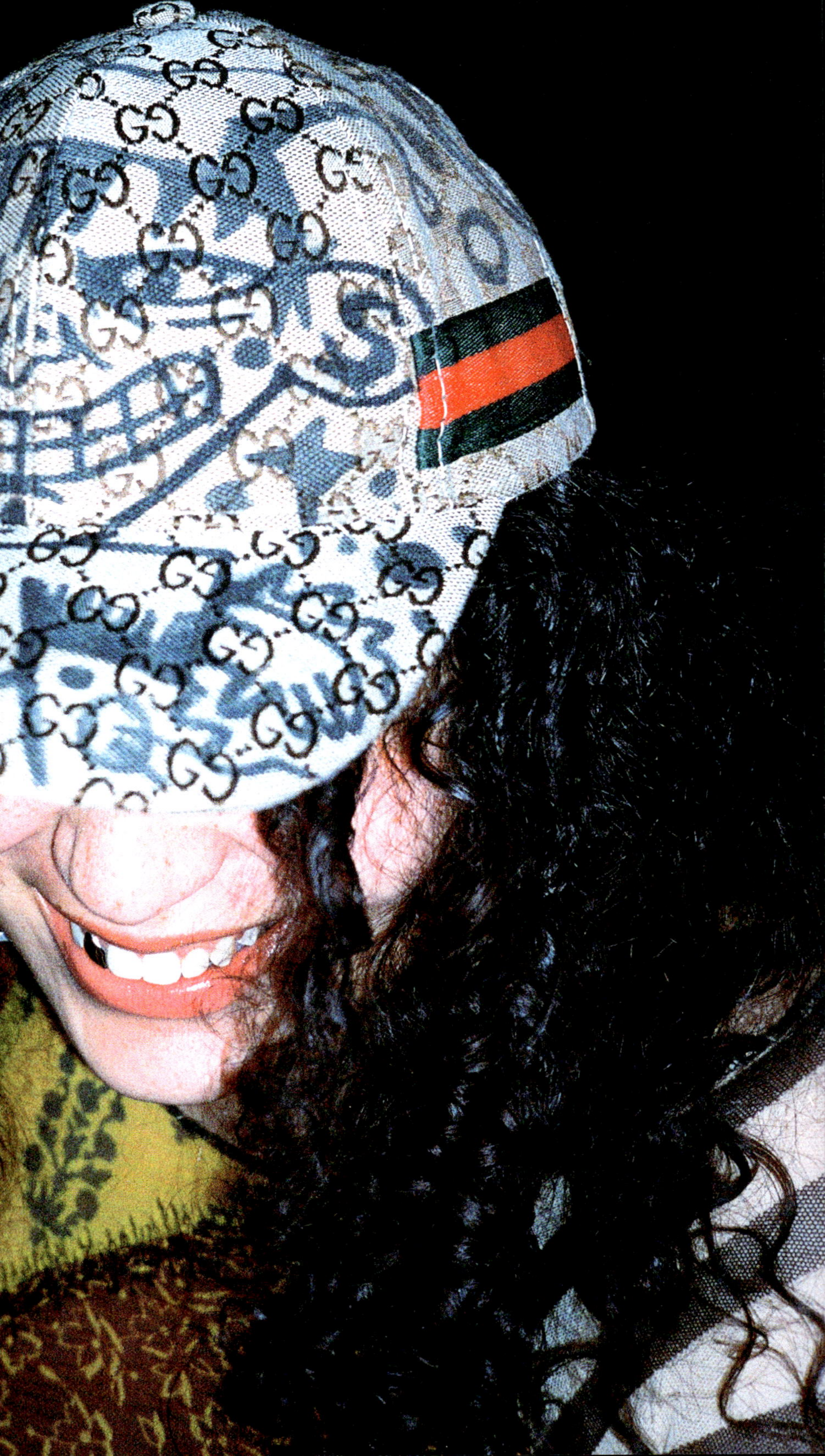

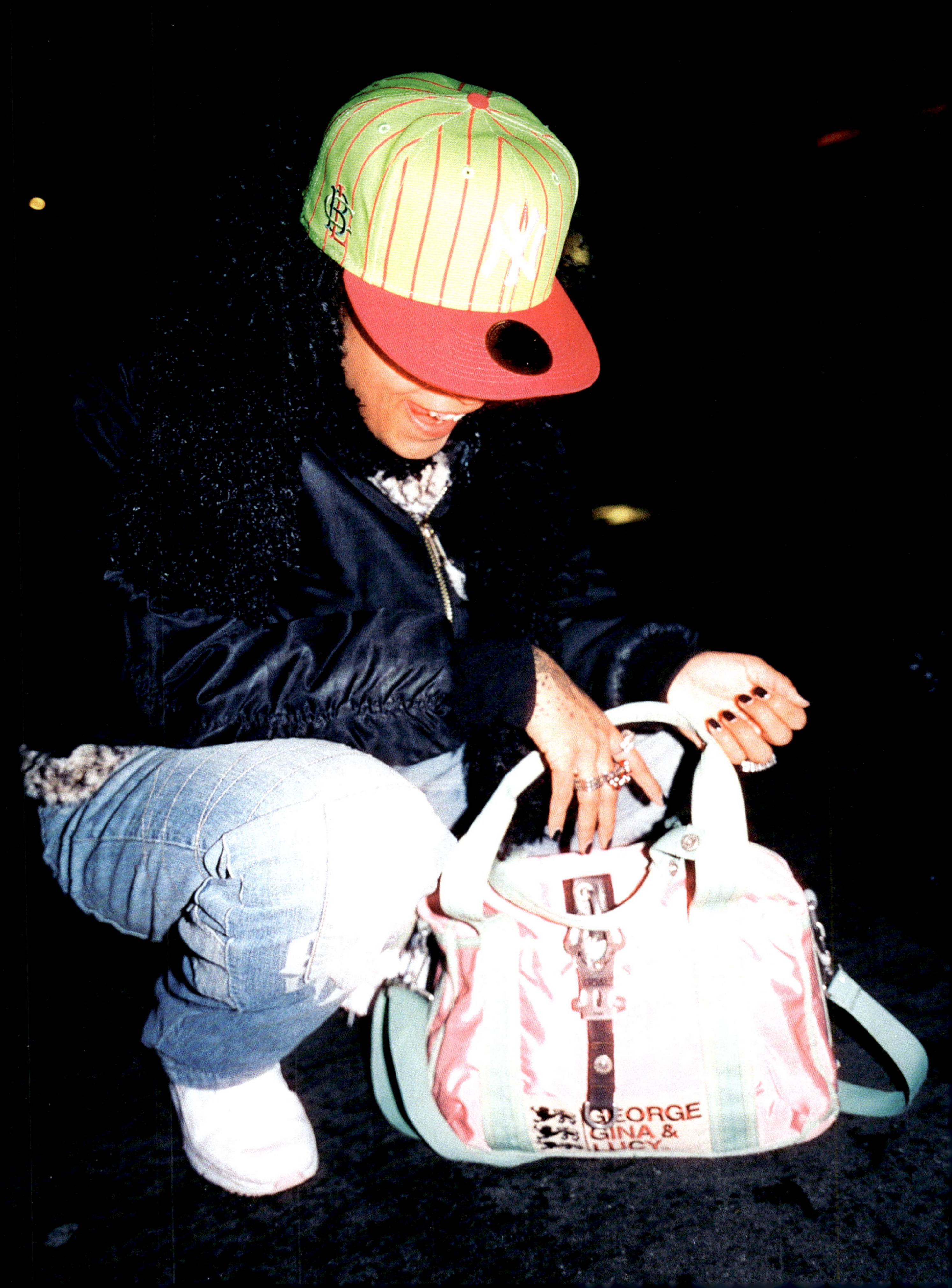
GEORGE
GINA &

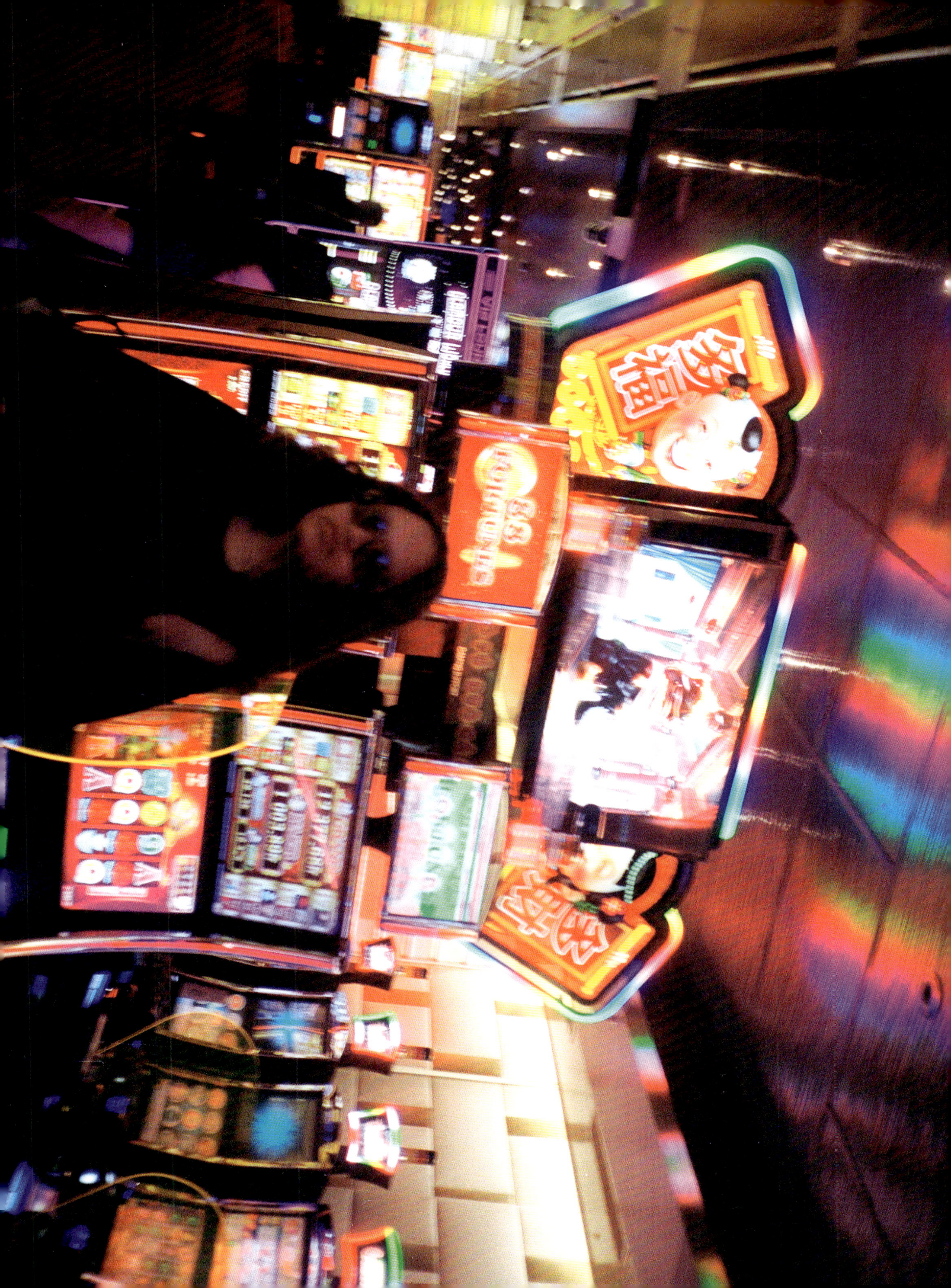
88 FORTUNES

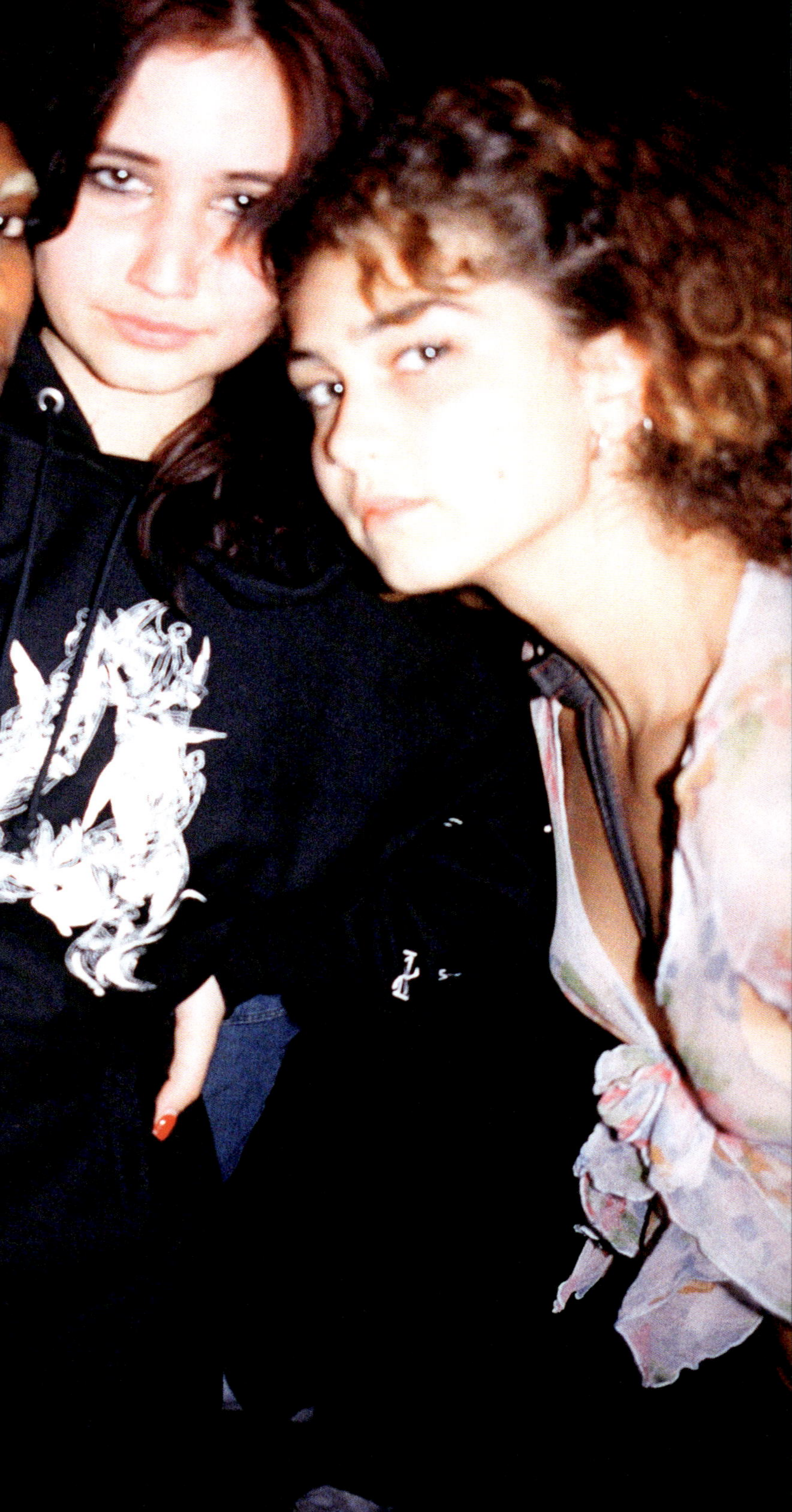

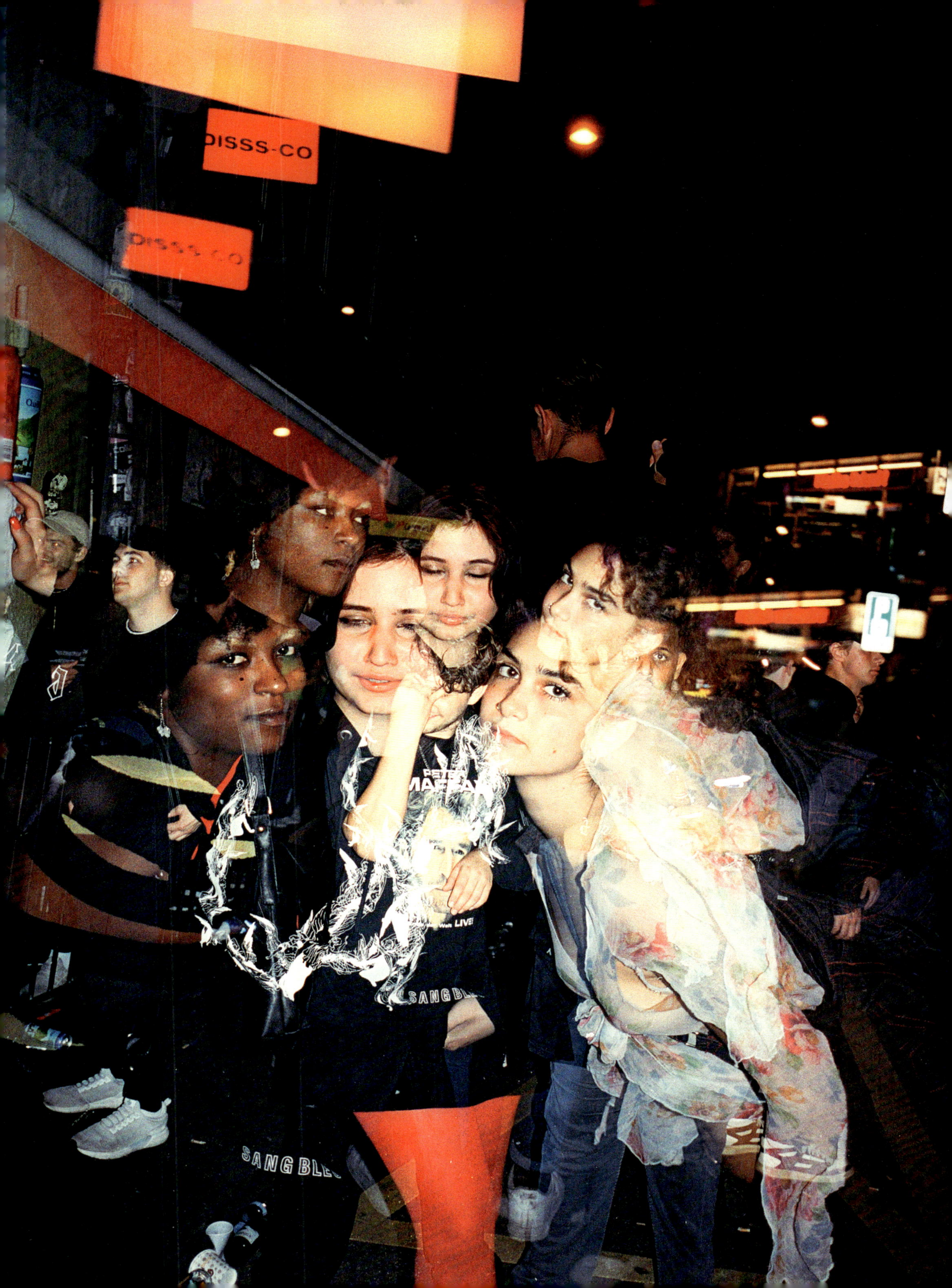
DISSS-CO
DISSS-CO
SANGBLEU

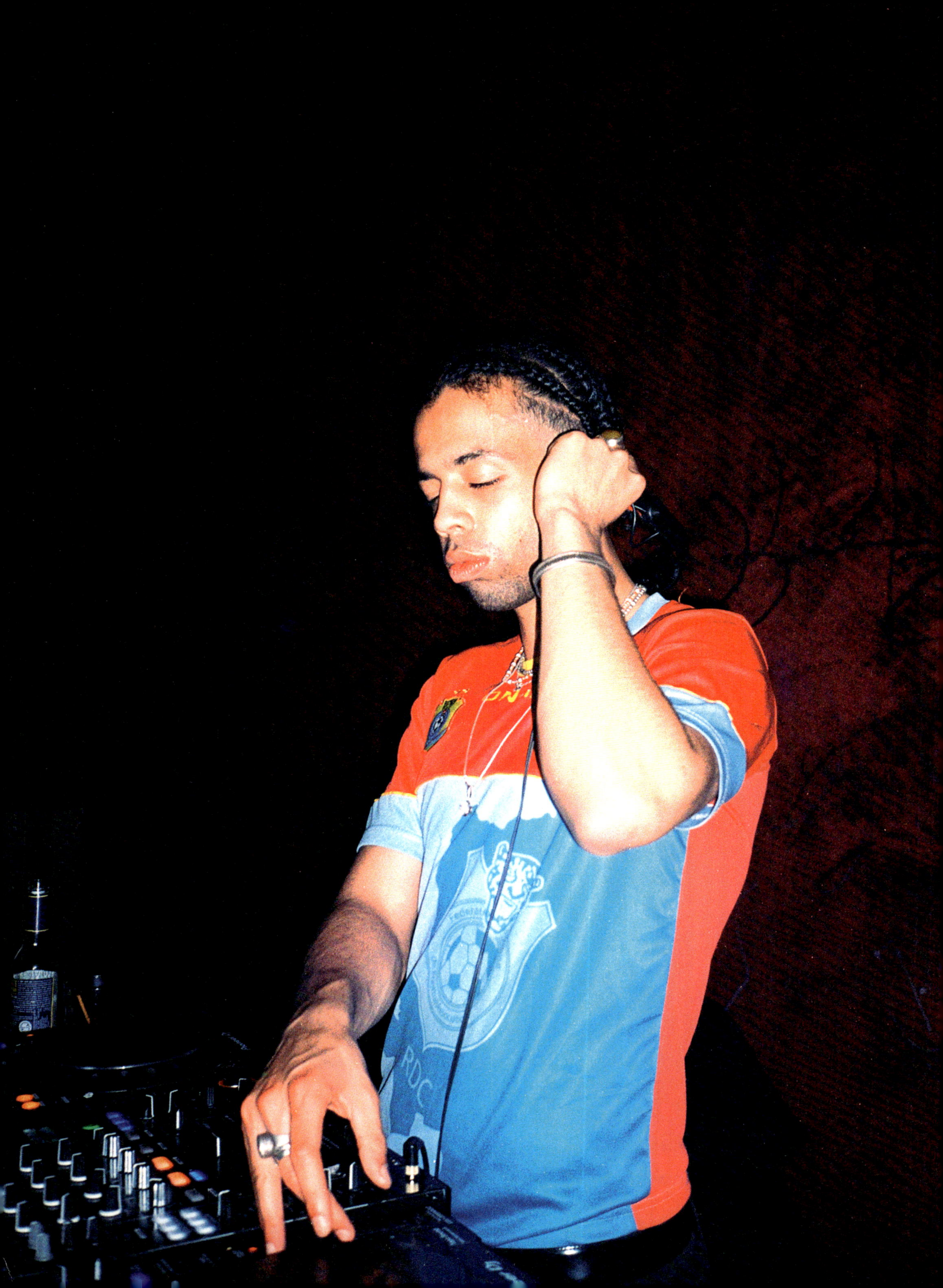
RDC

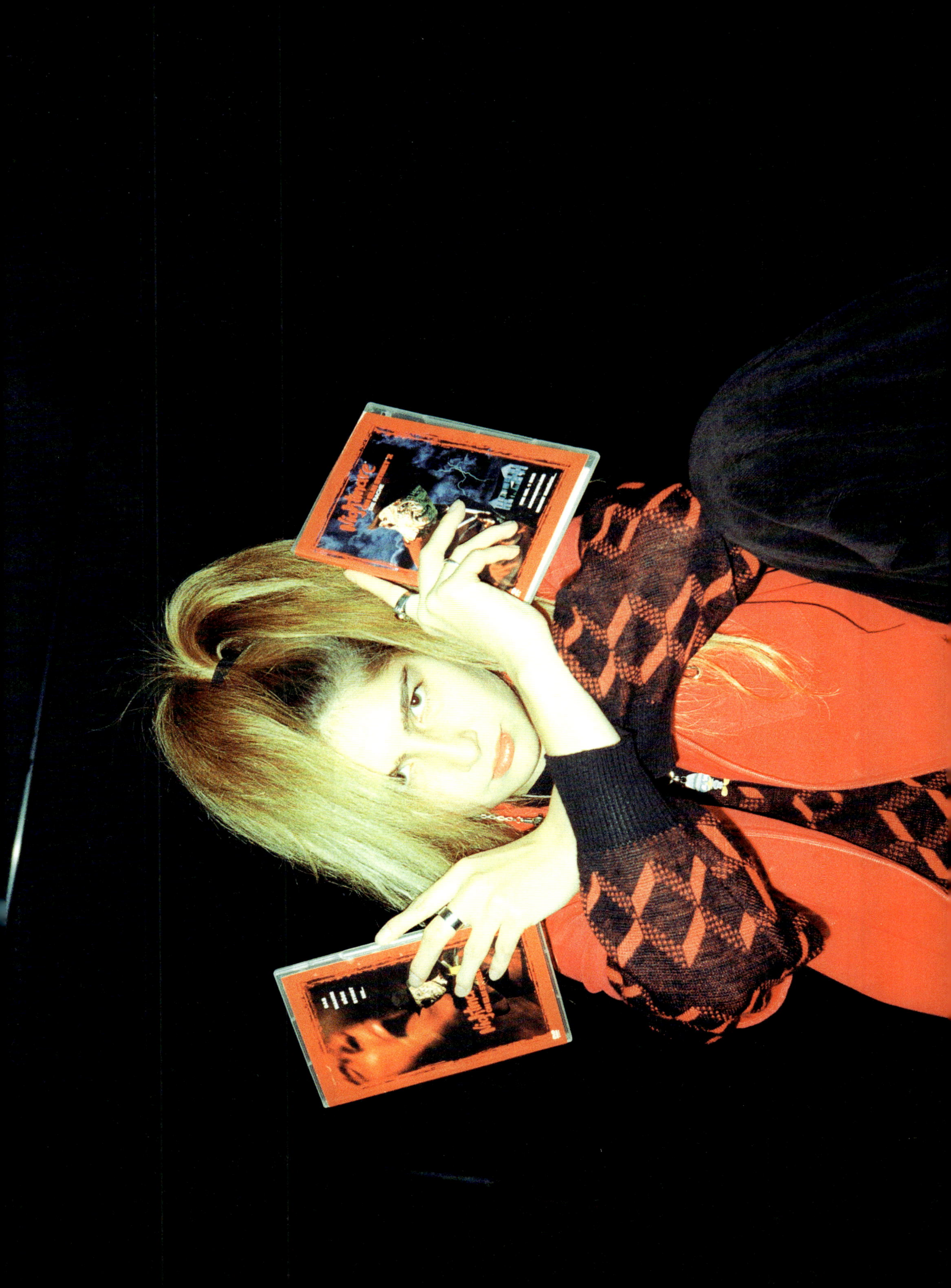

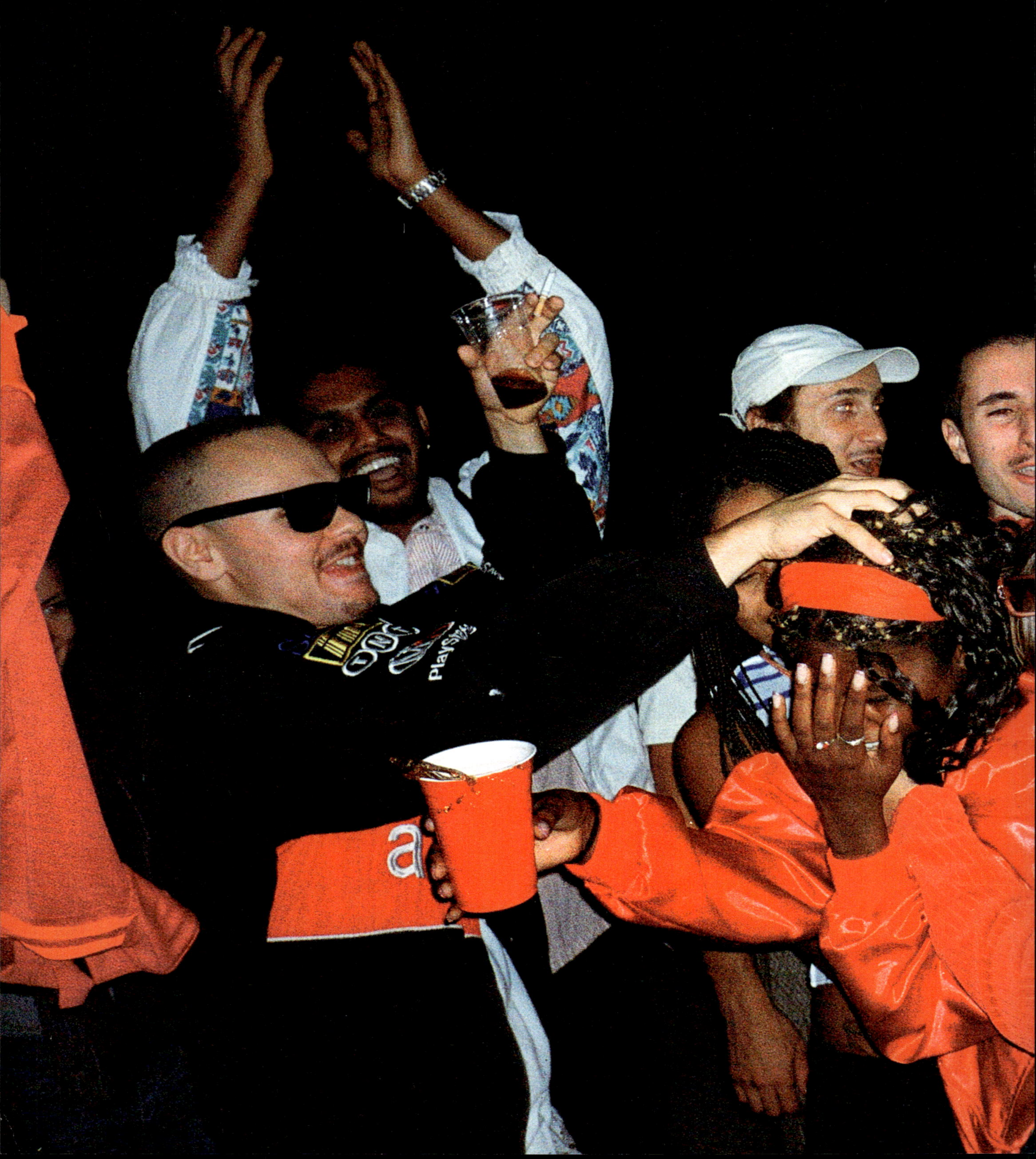

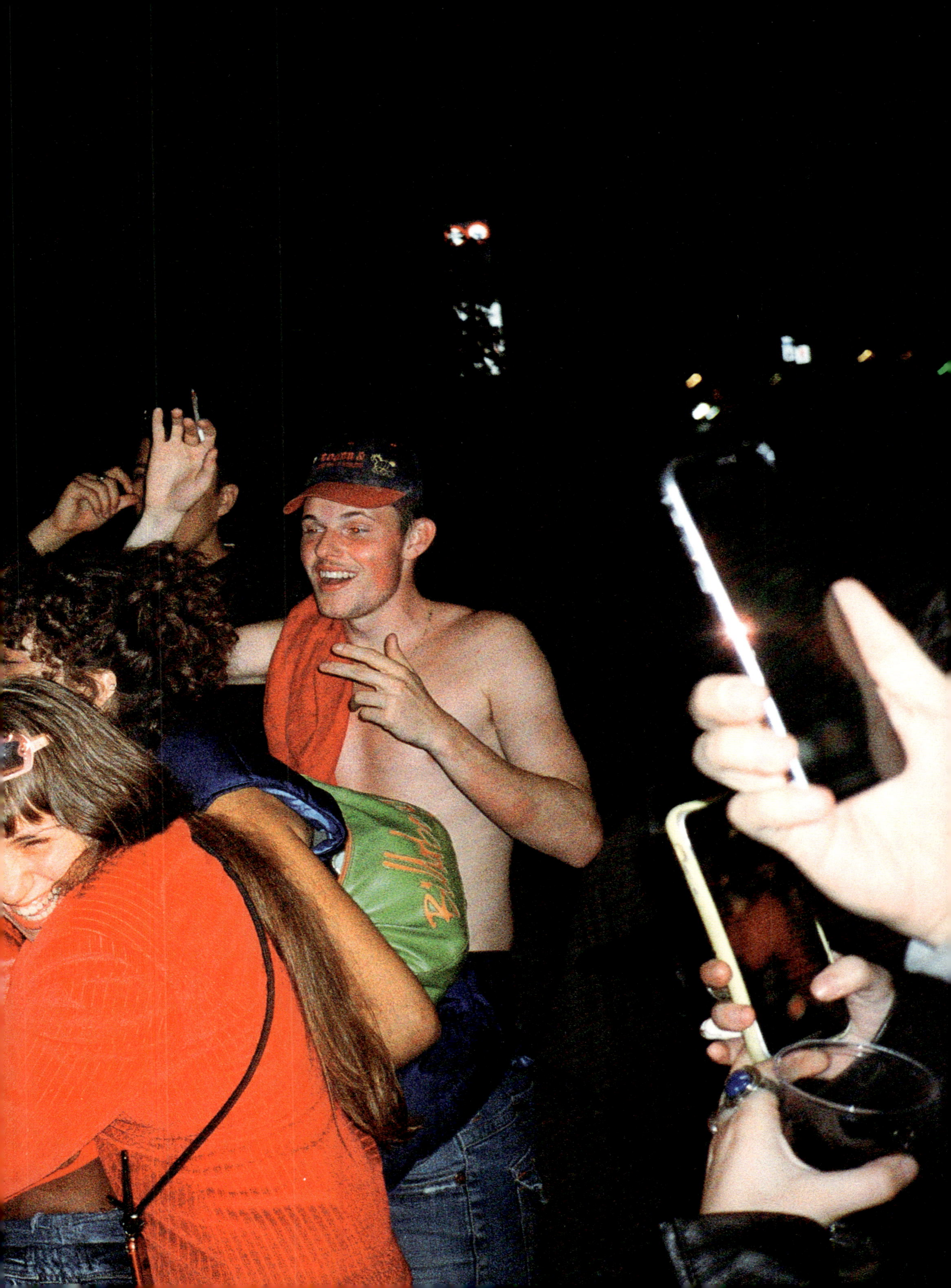

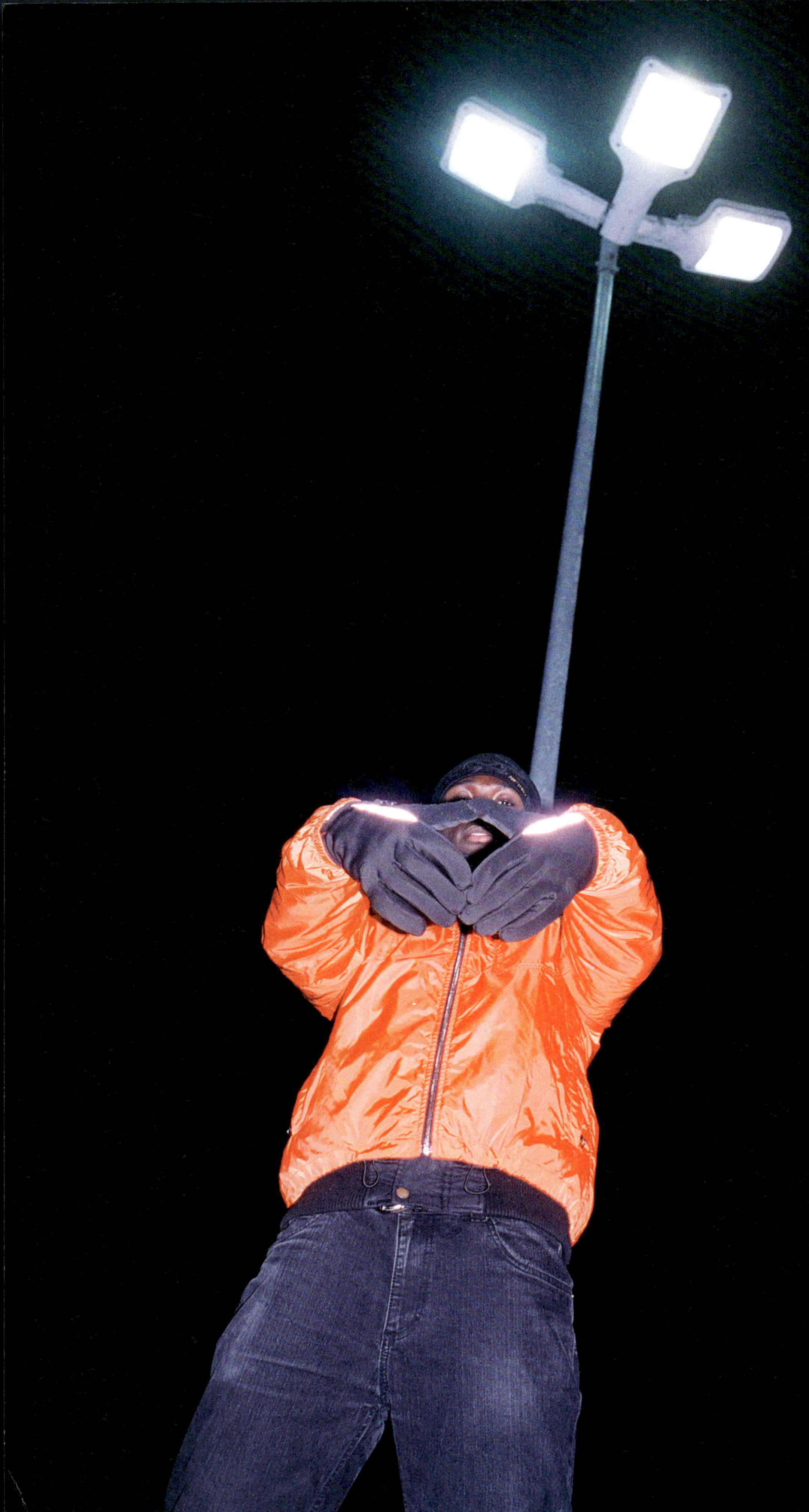

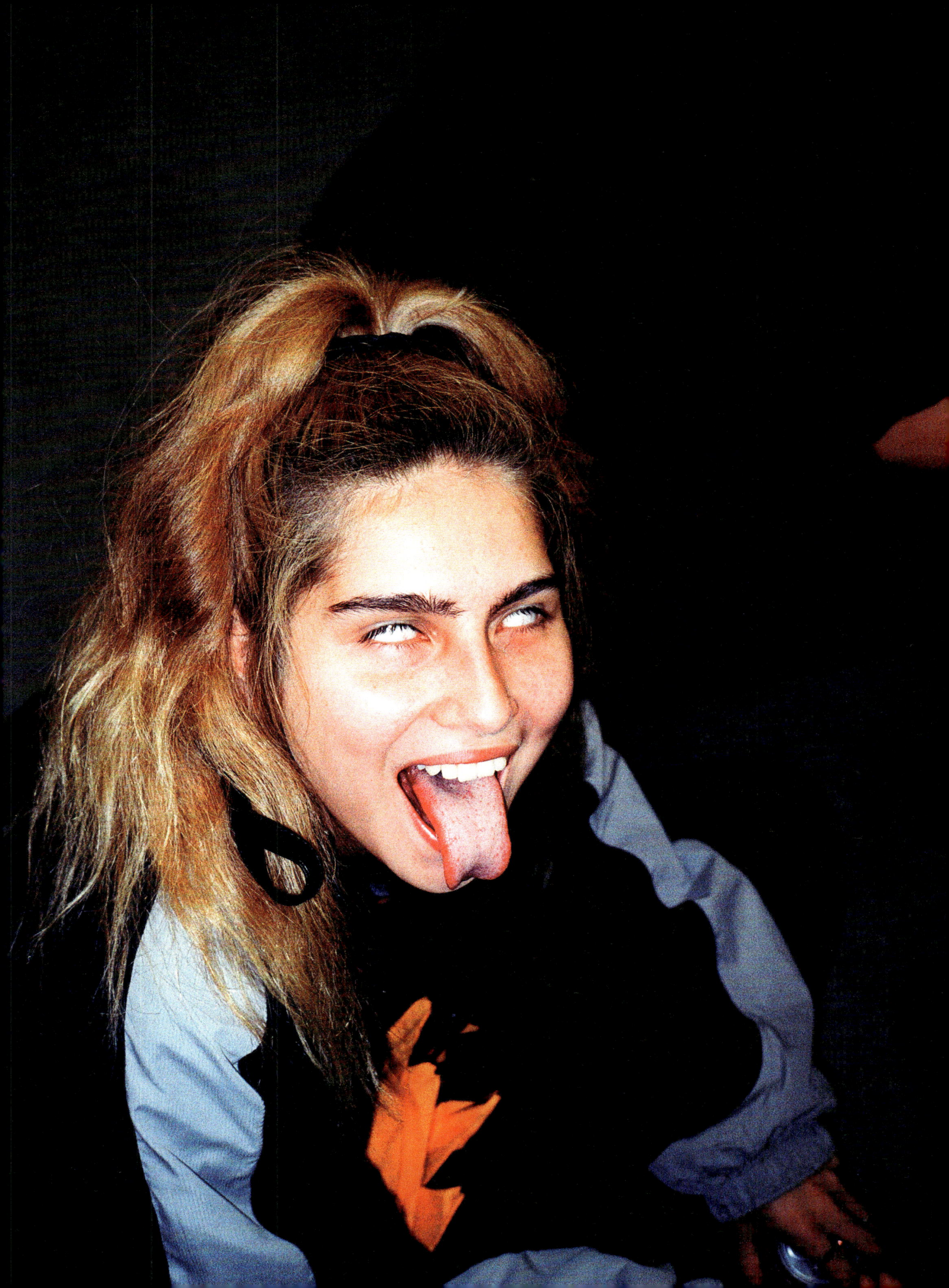

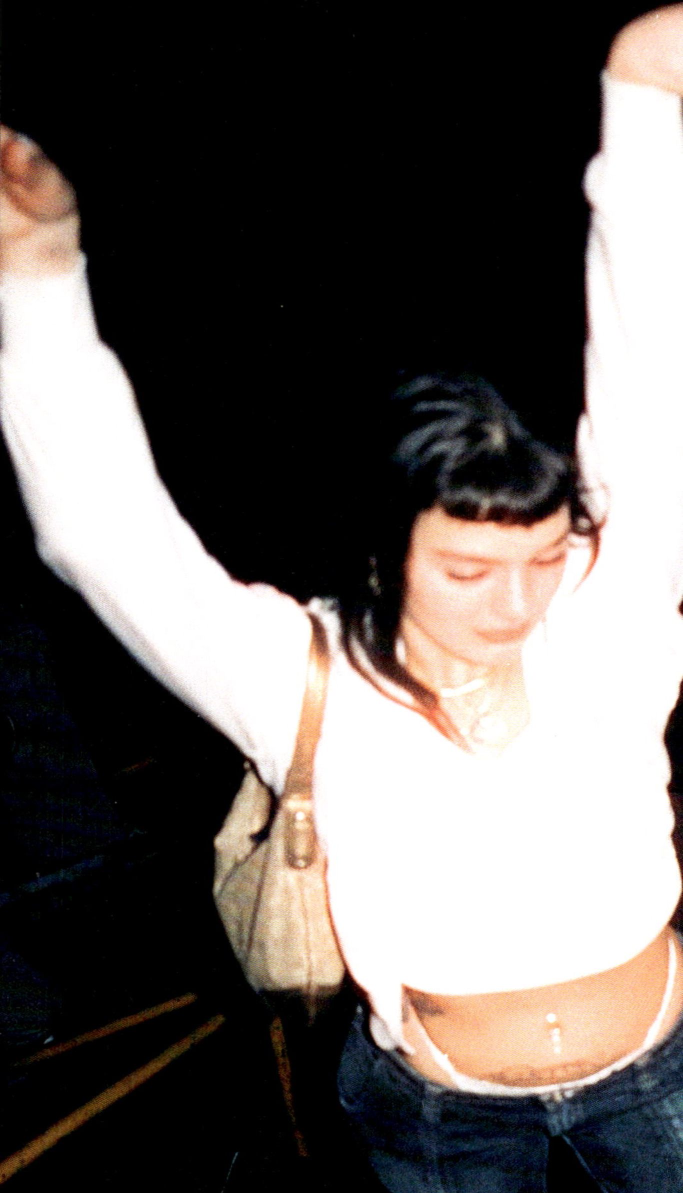

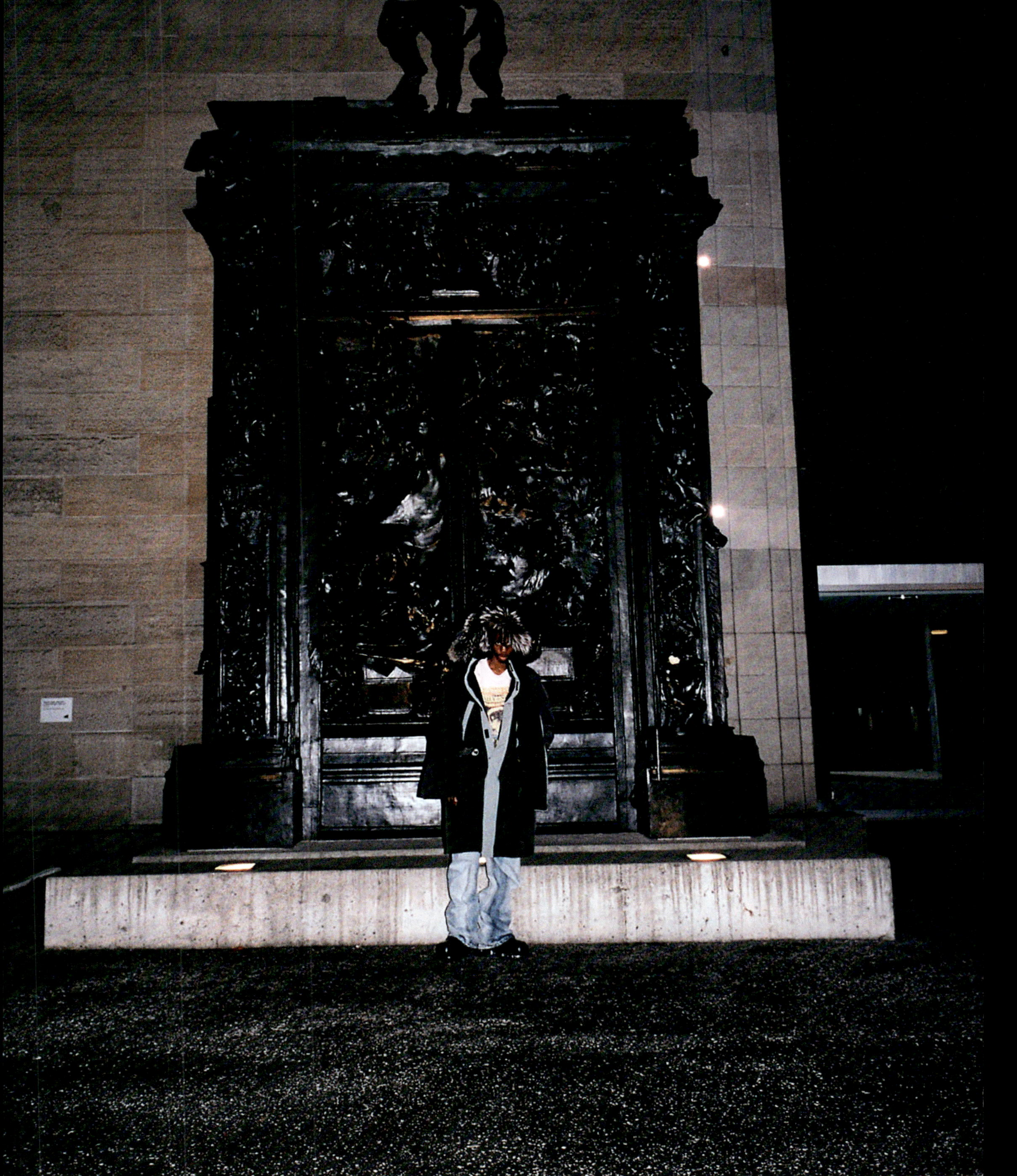

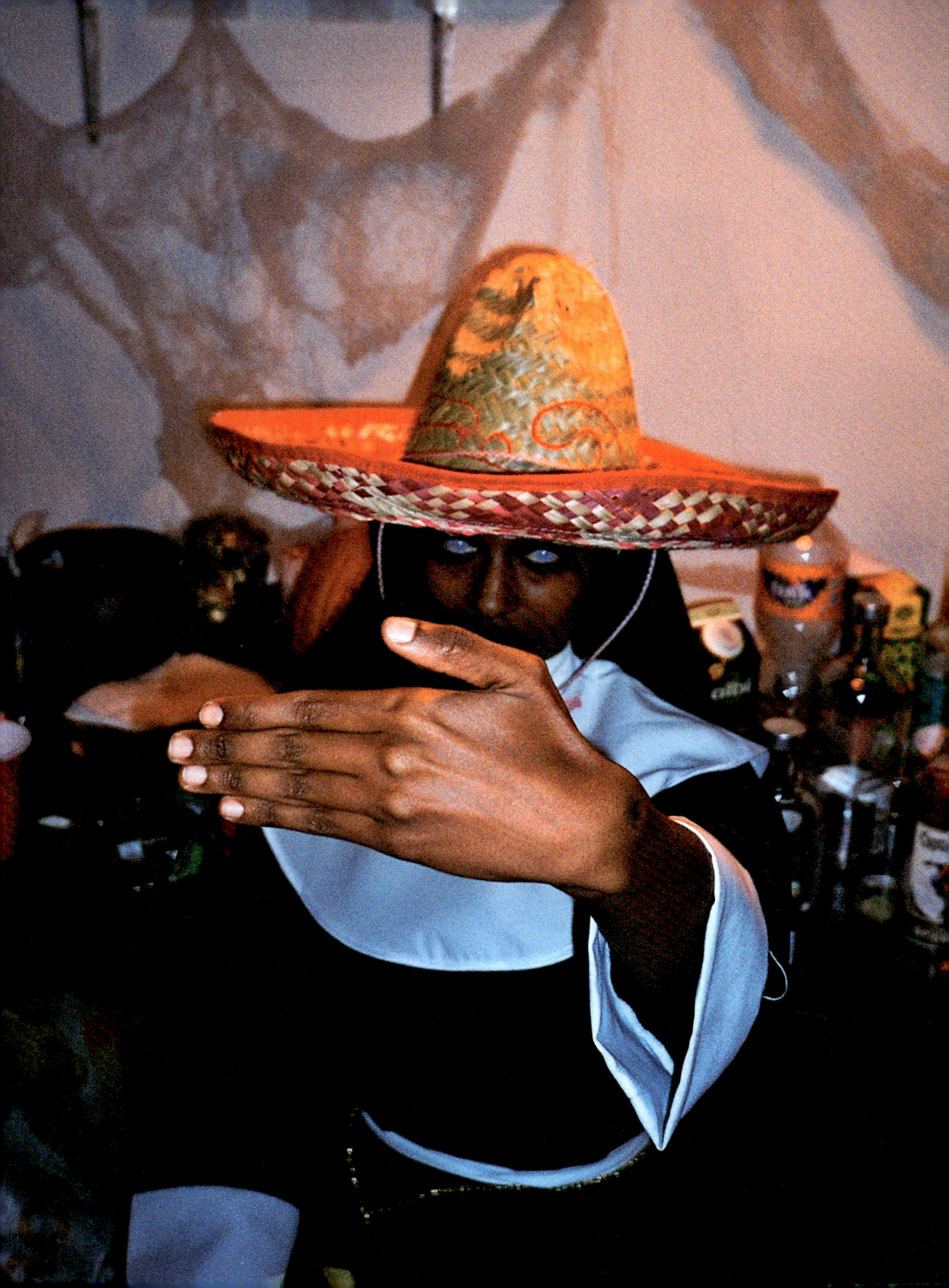

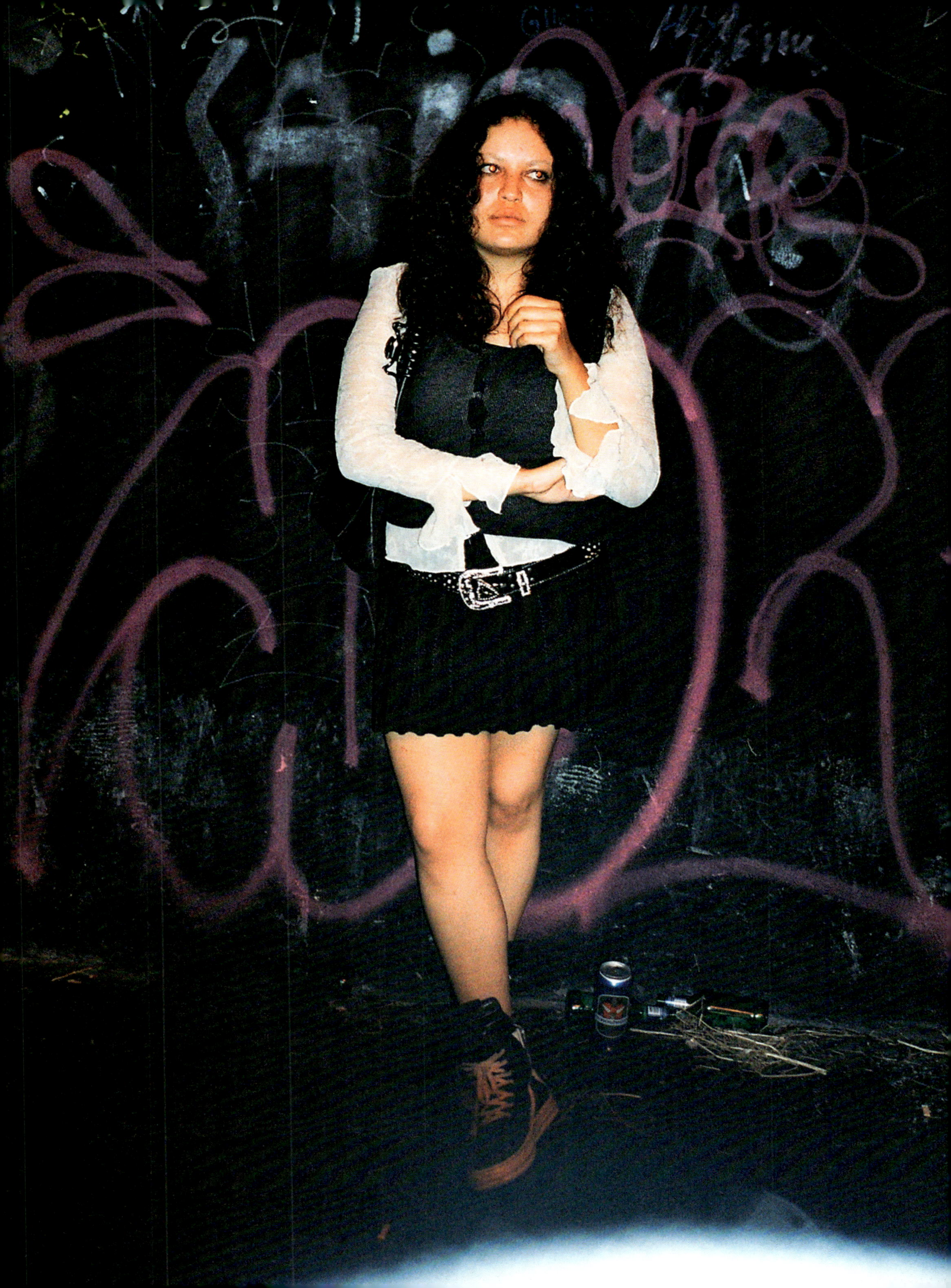

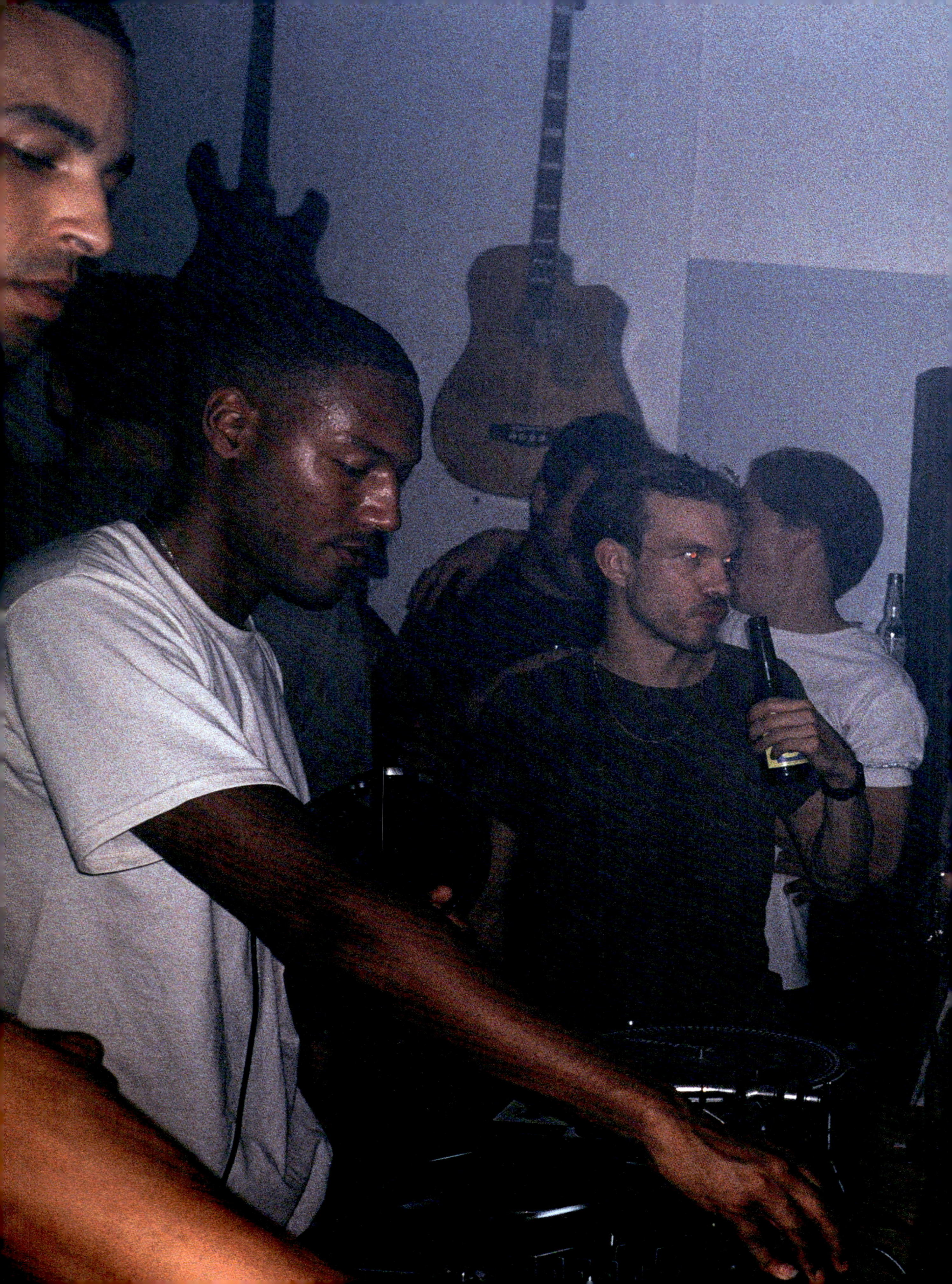

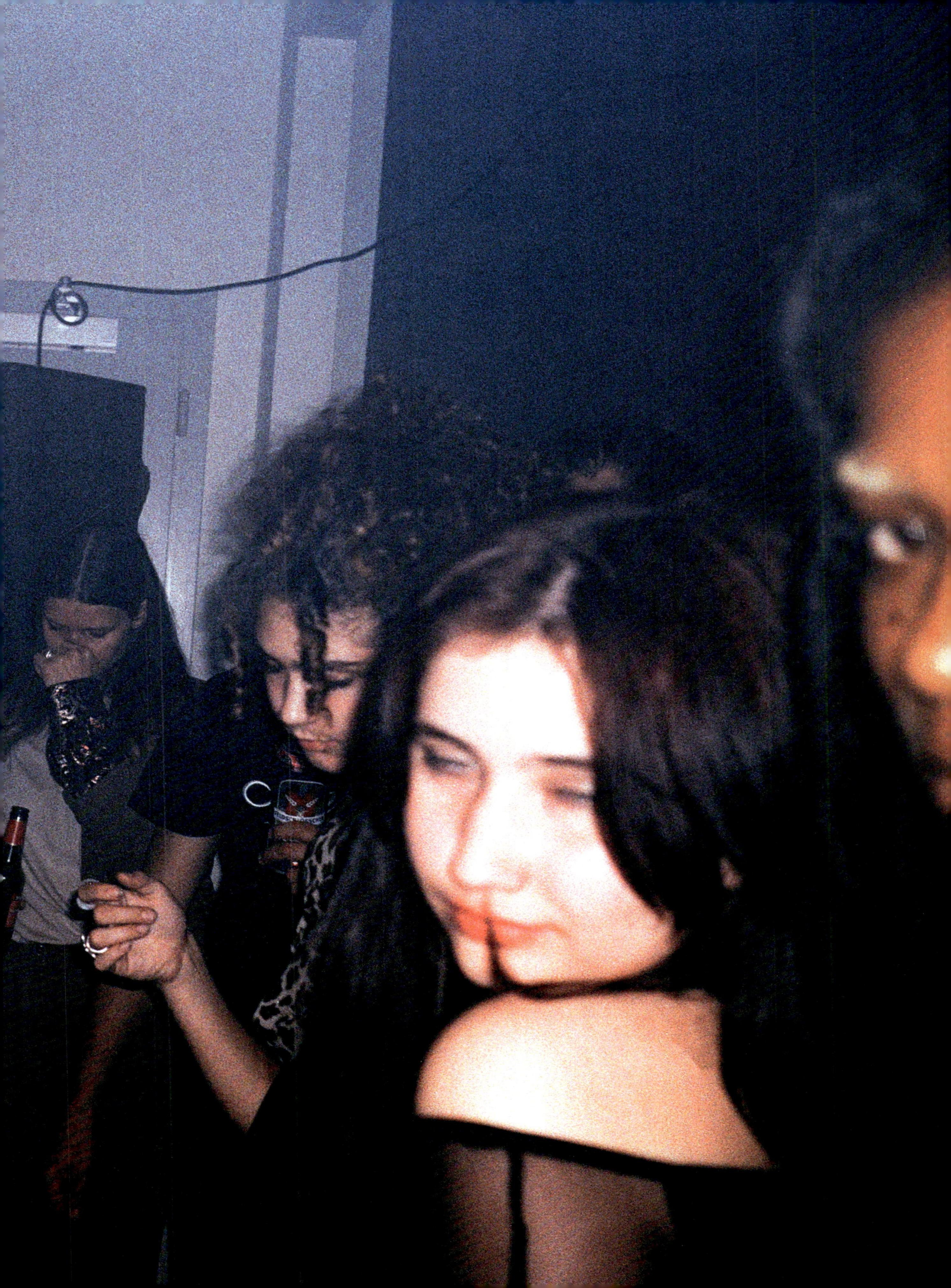

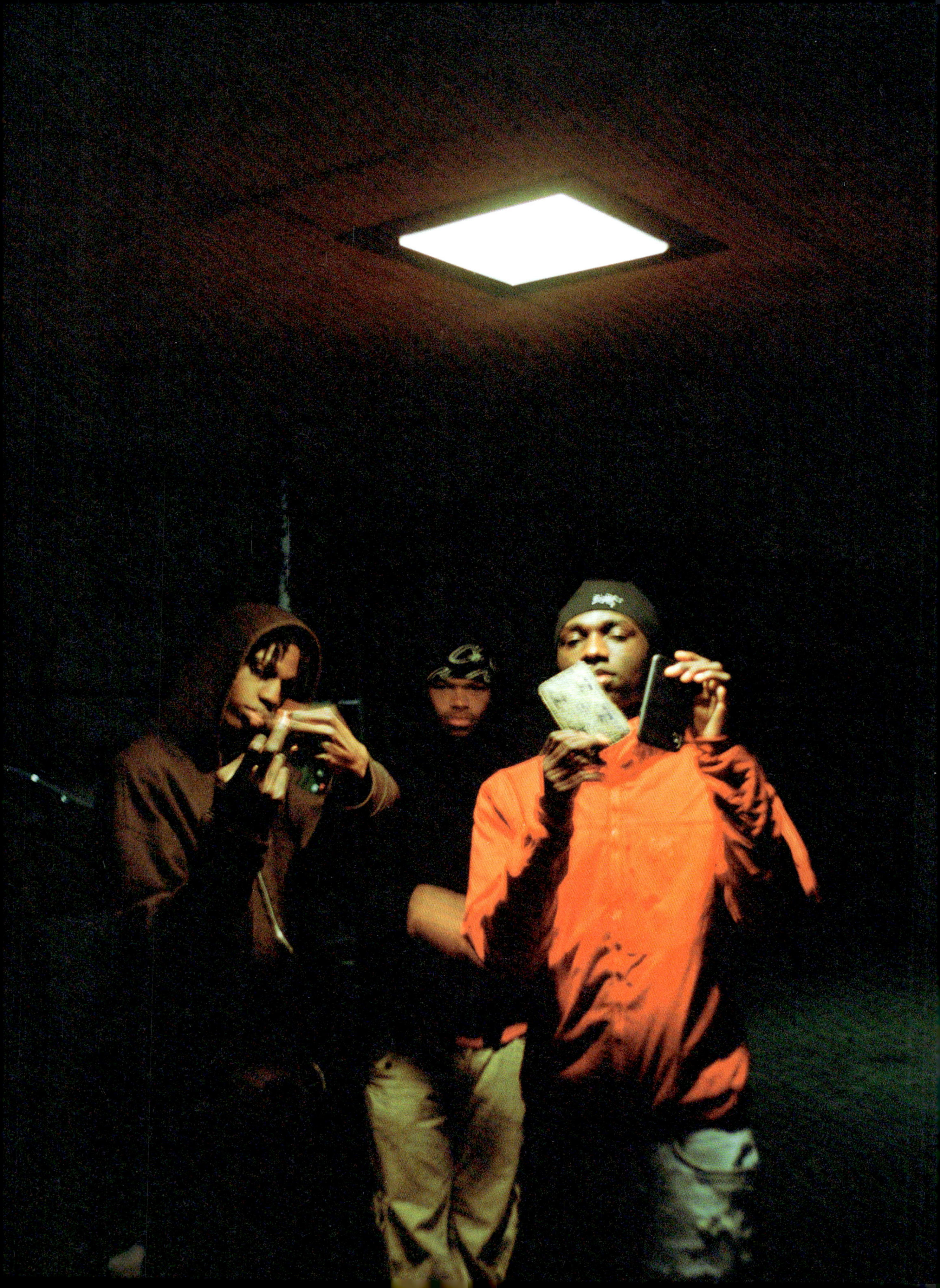

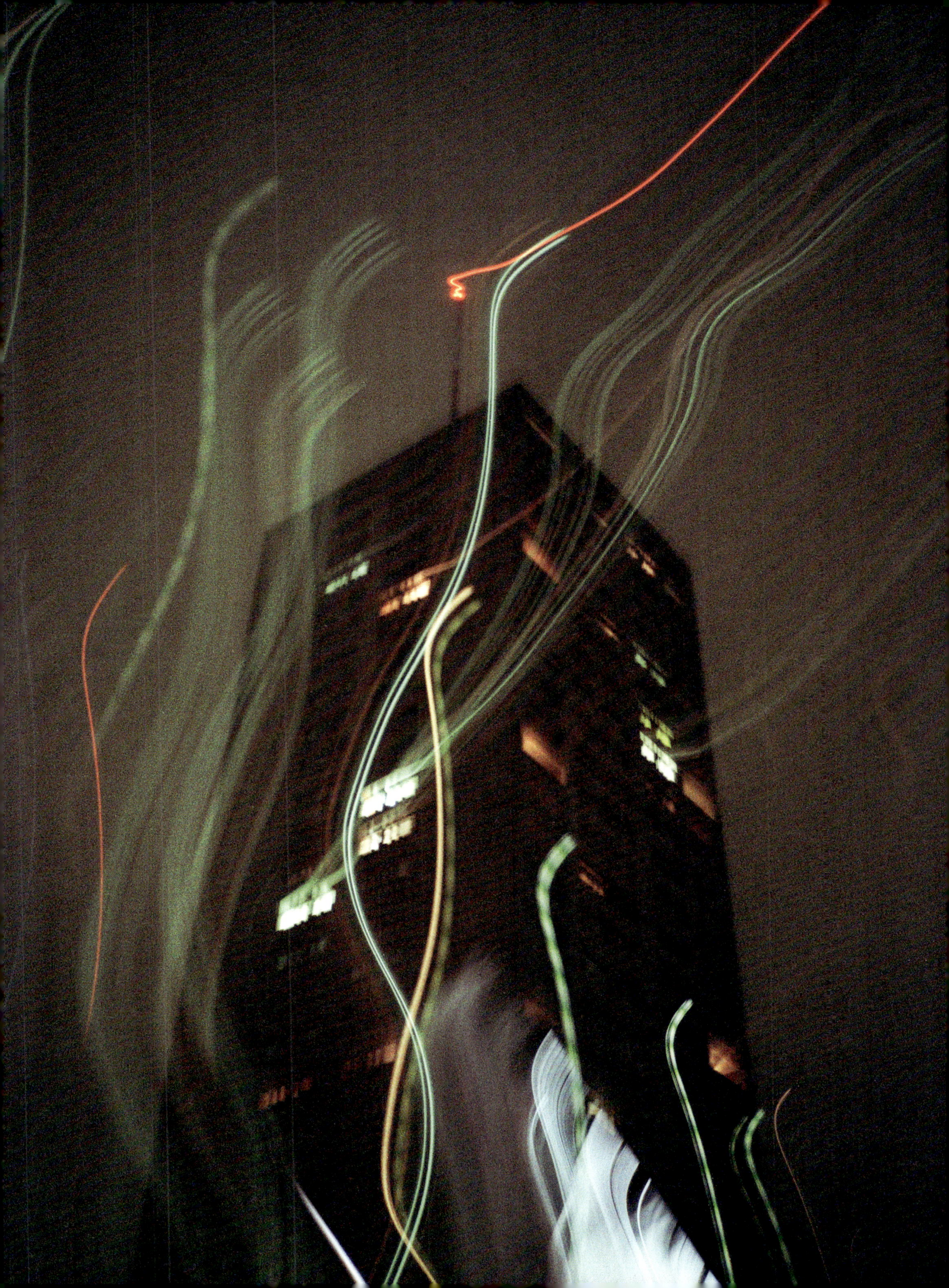

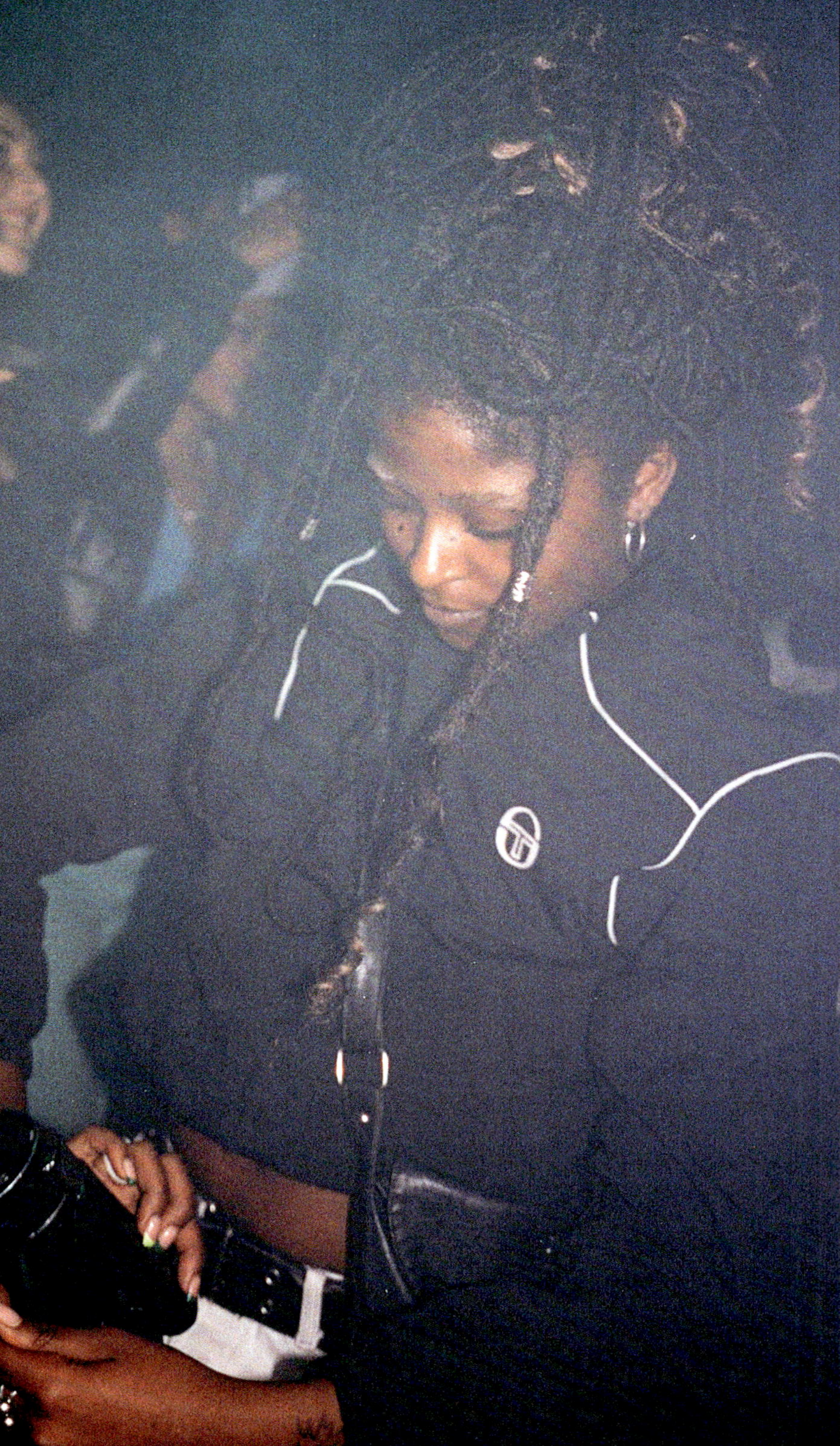

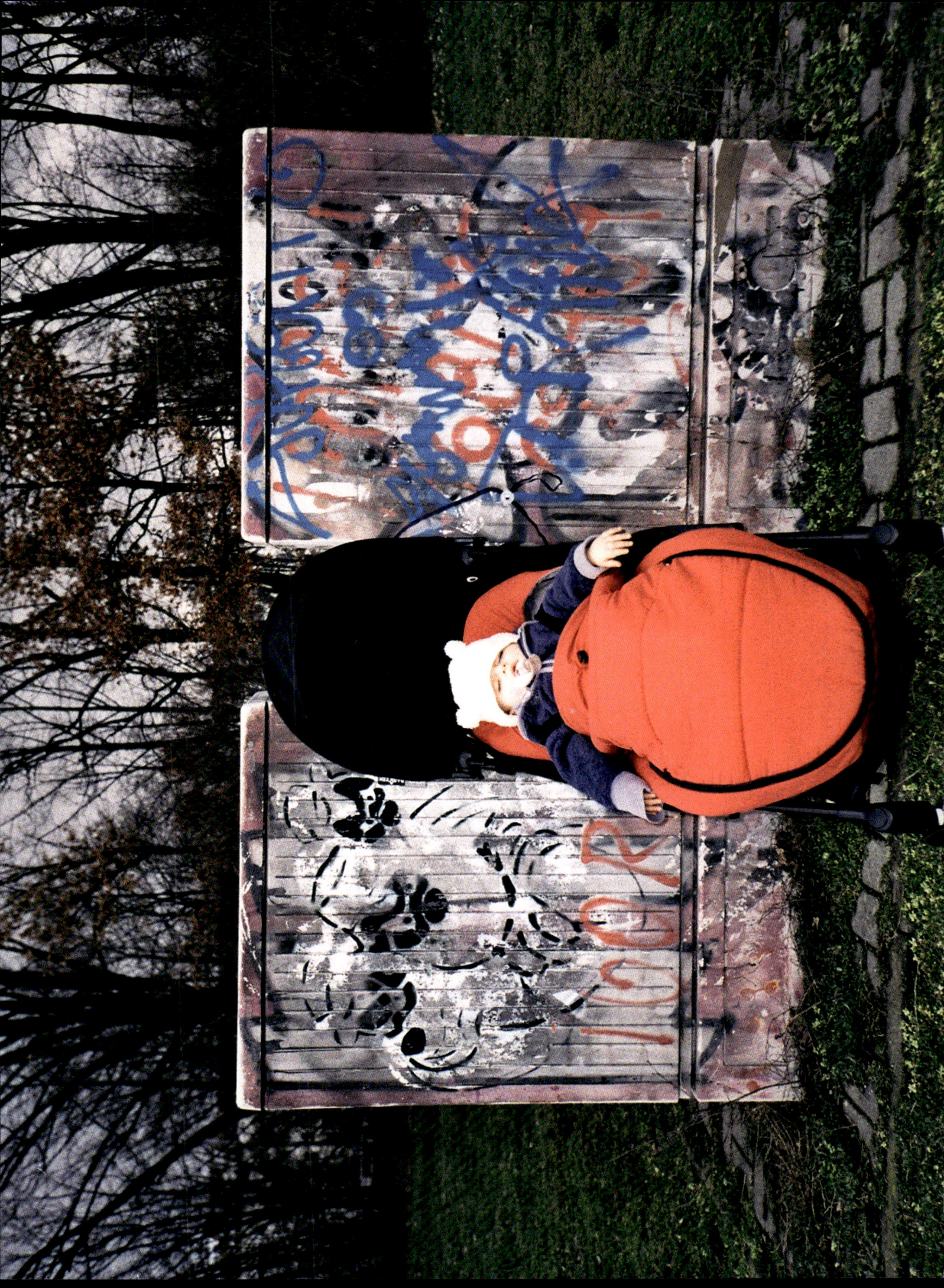

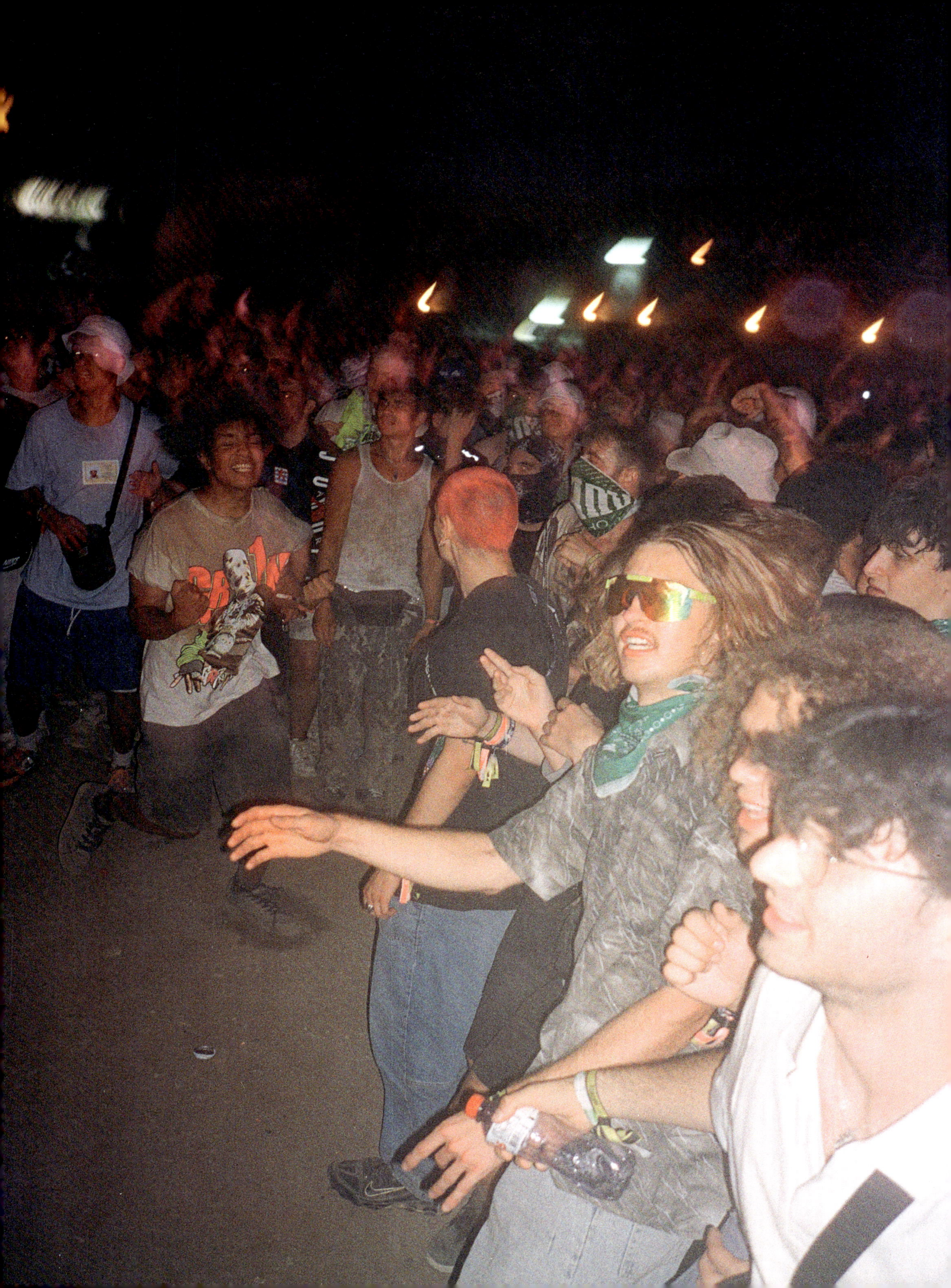

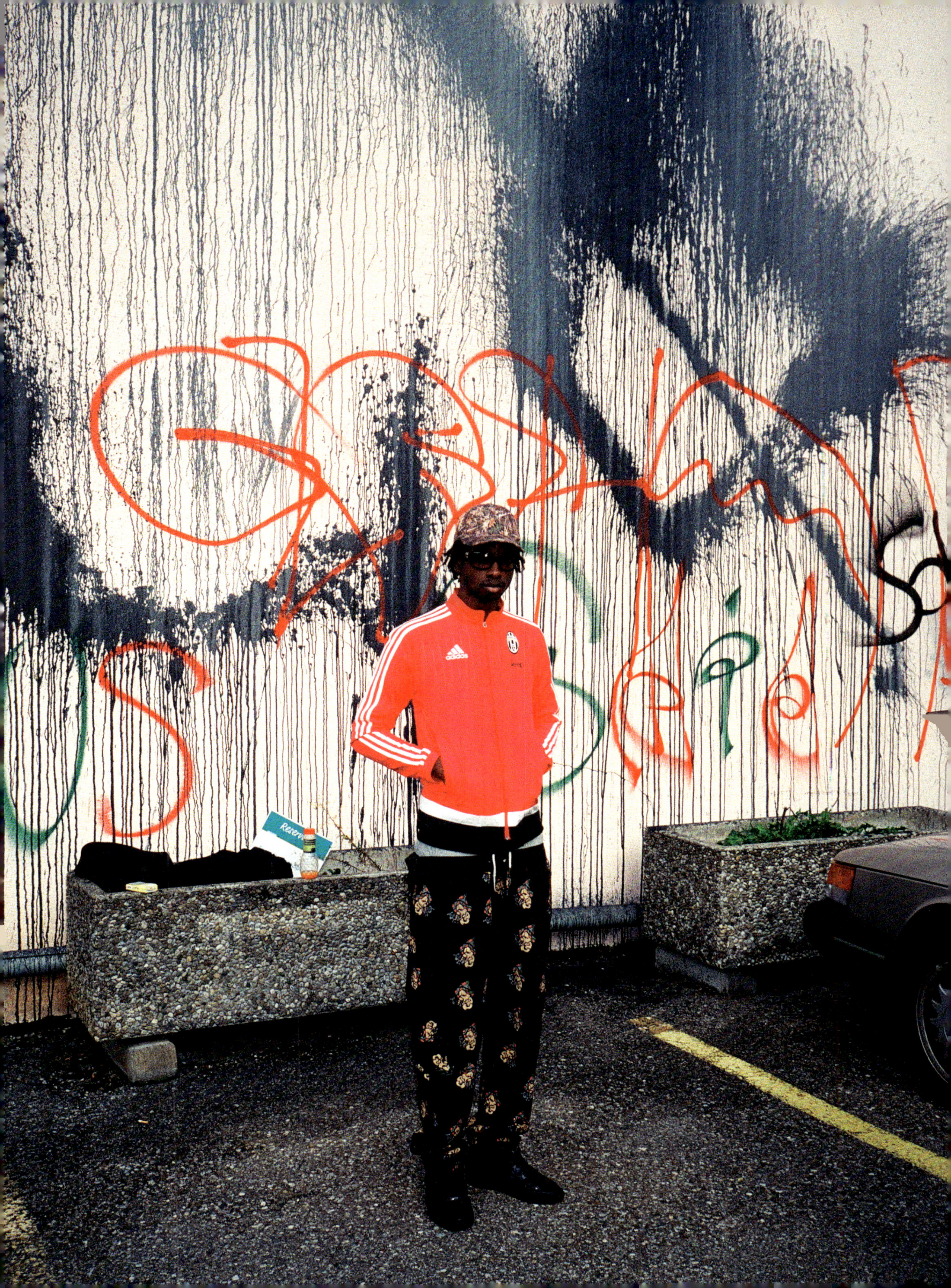

Brahms - Str.
Bildhaueratelier funebris Jü

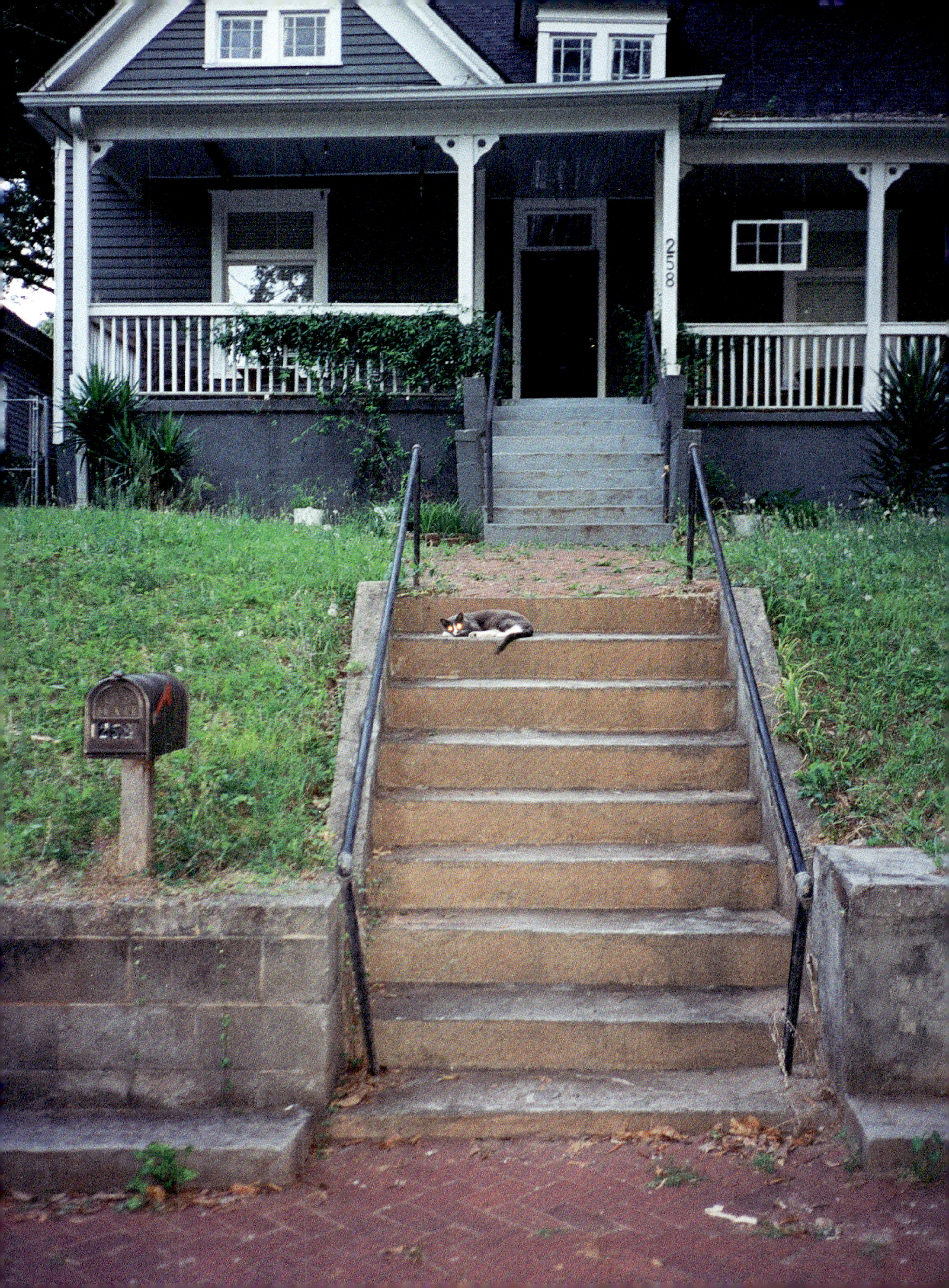
258

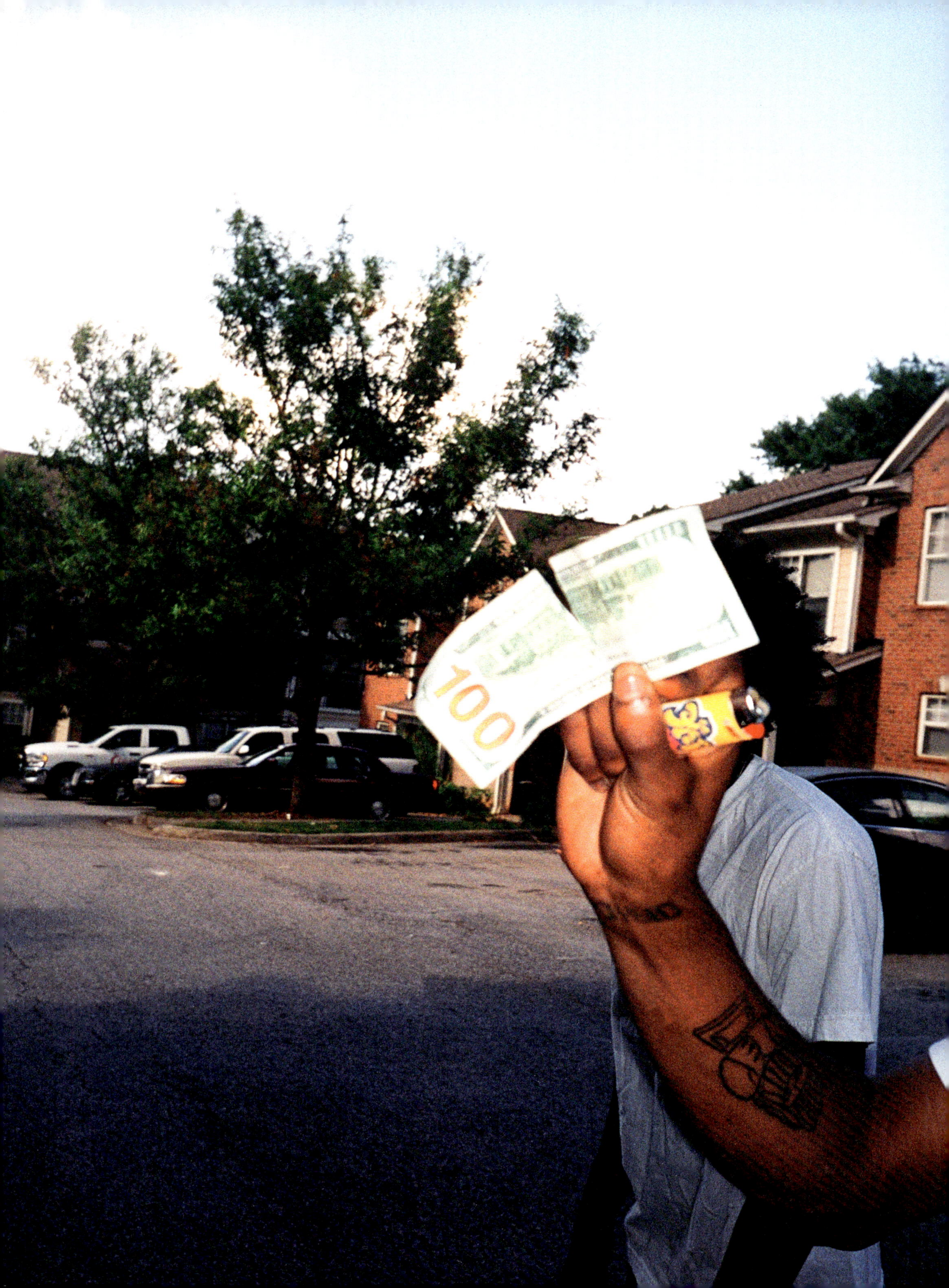
100

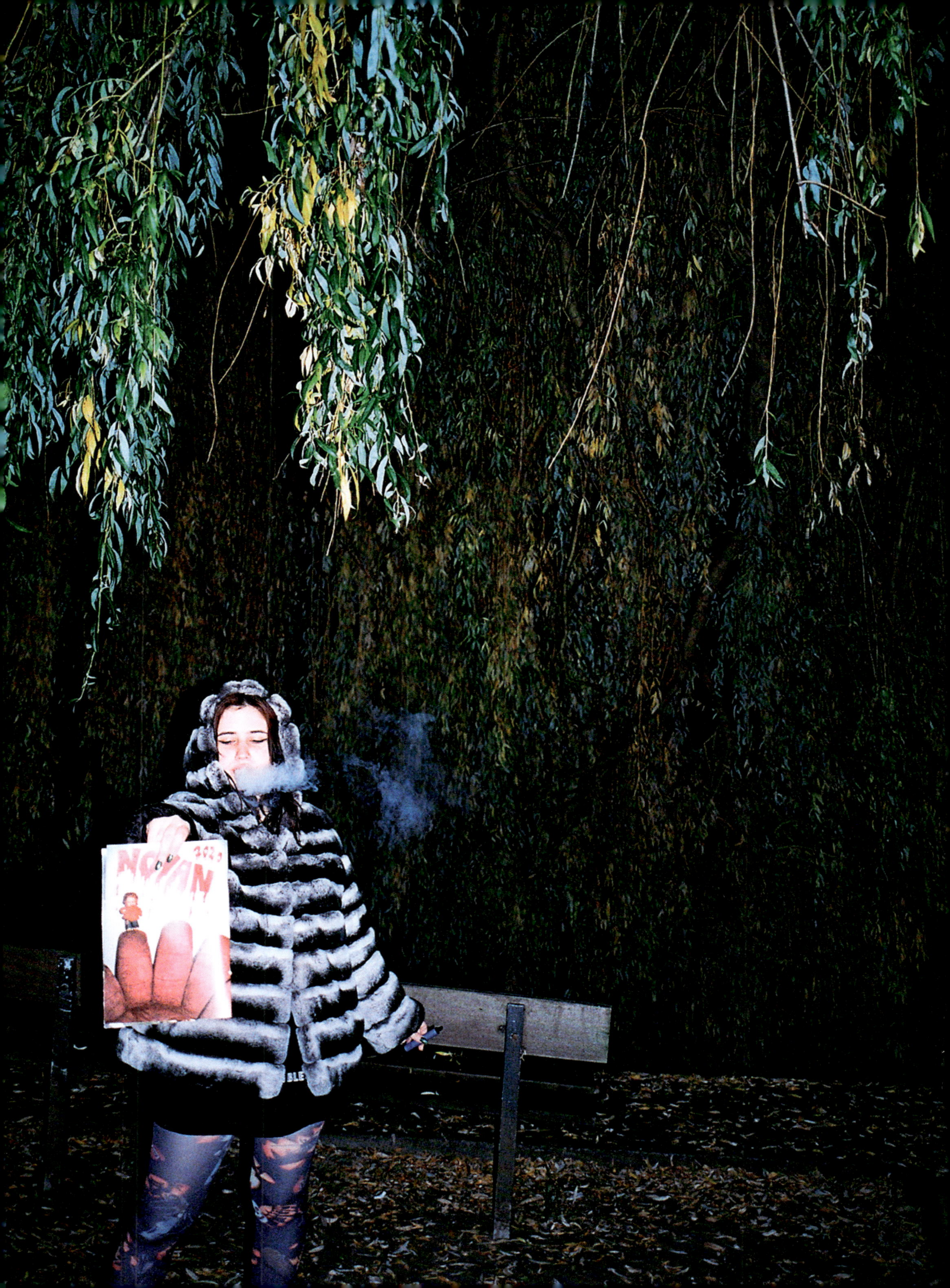

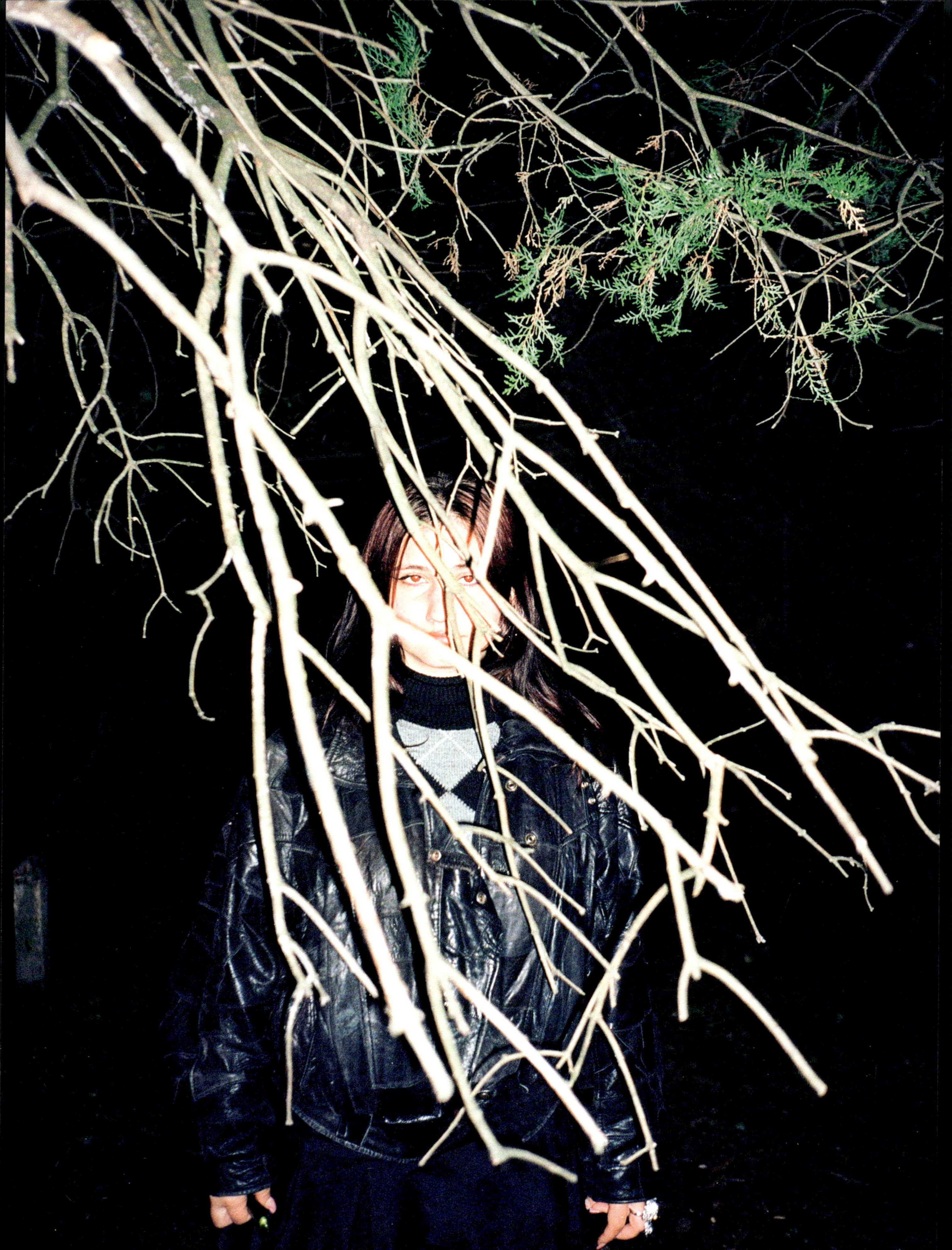

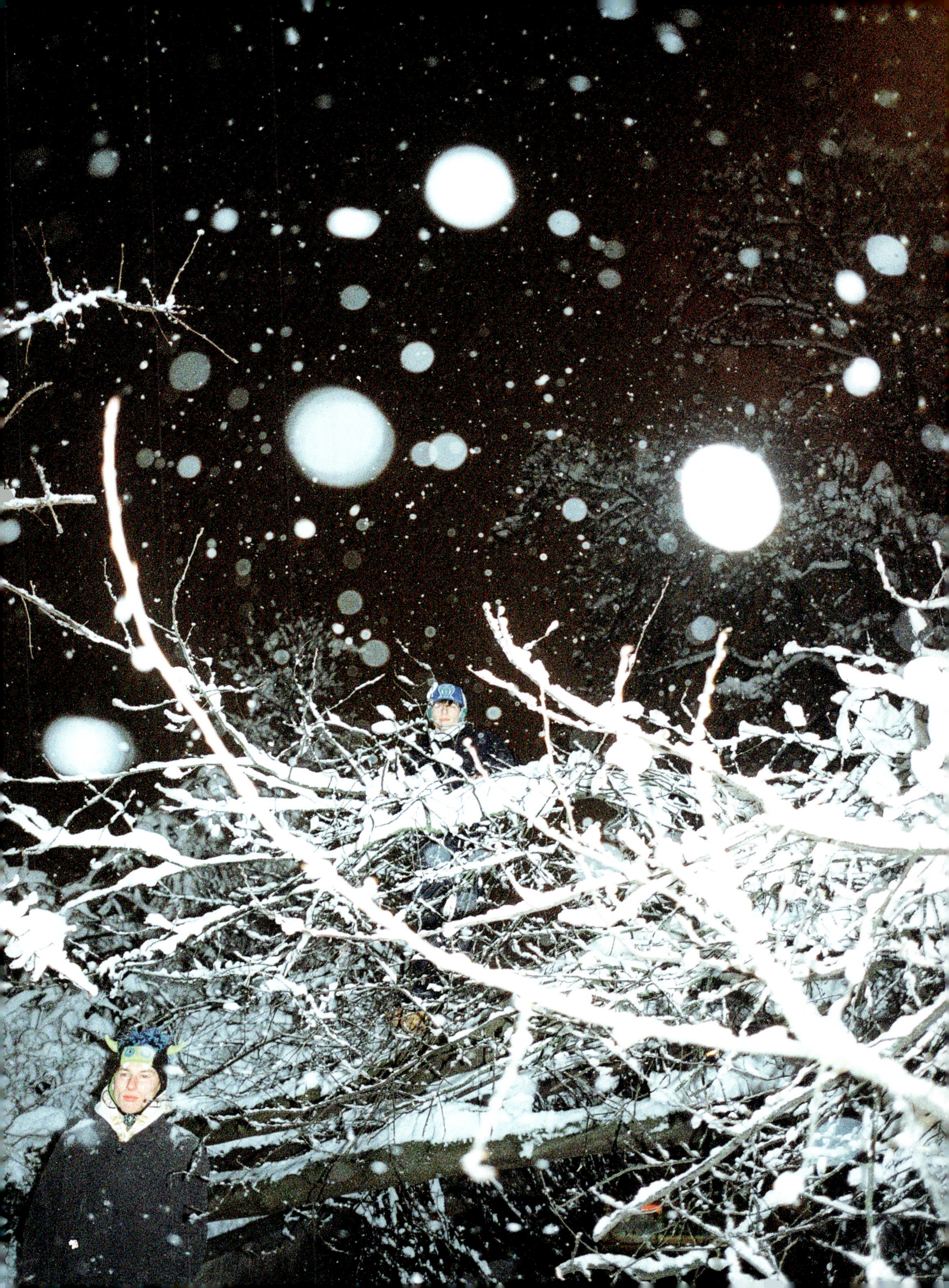

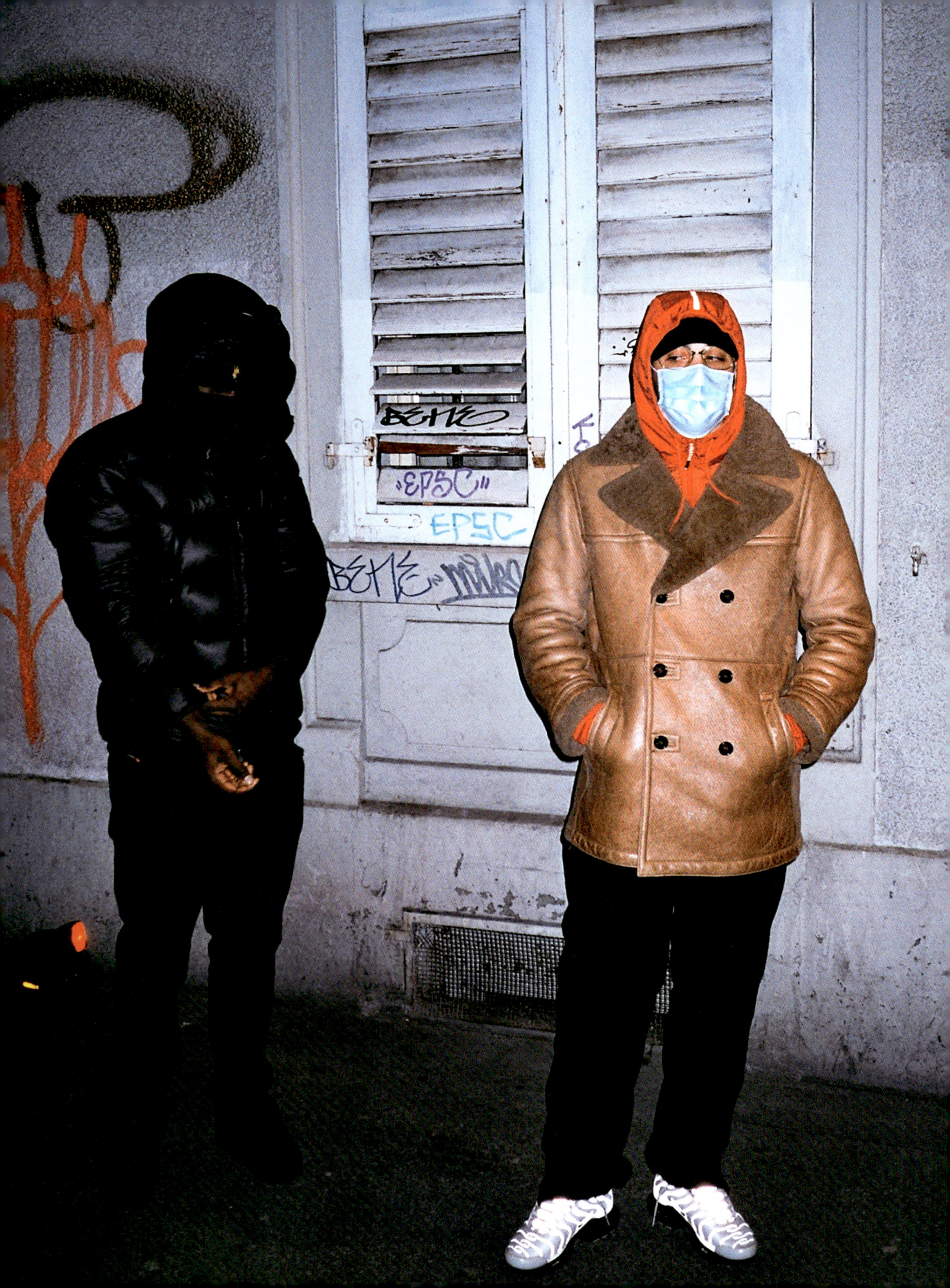
"EPSC"
EPSC

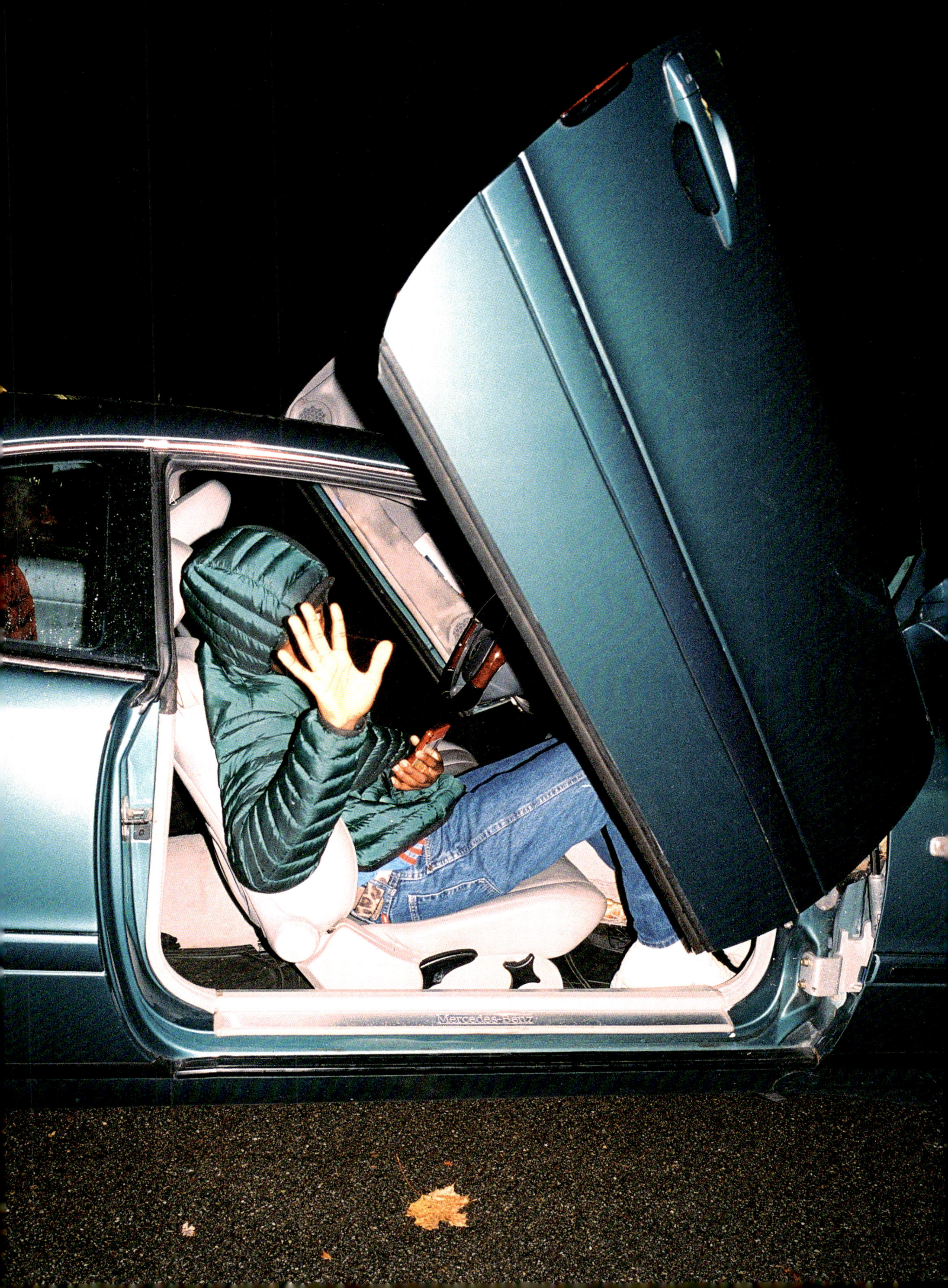
Mercedes-Benz

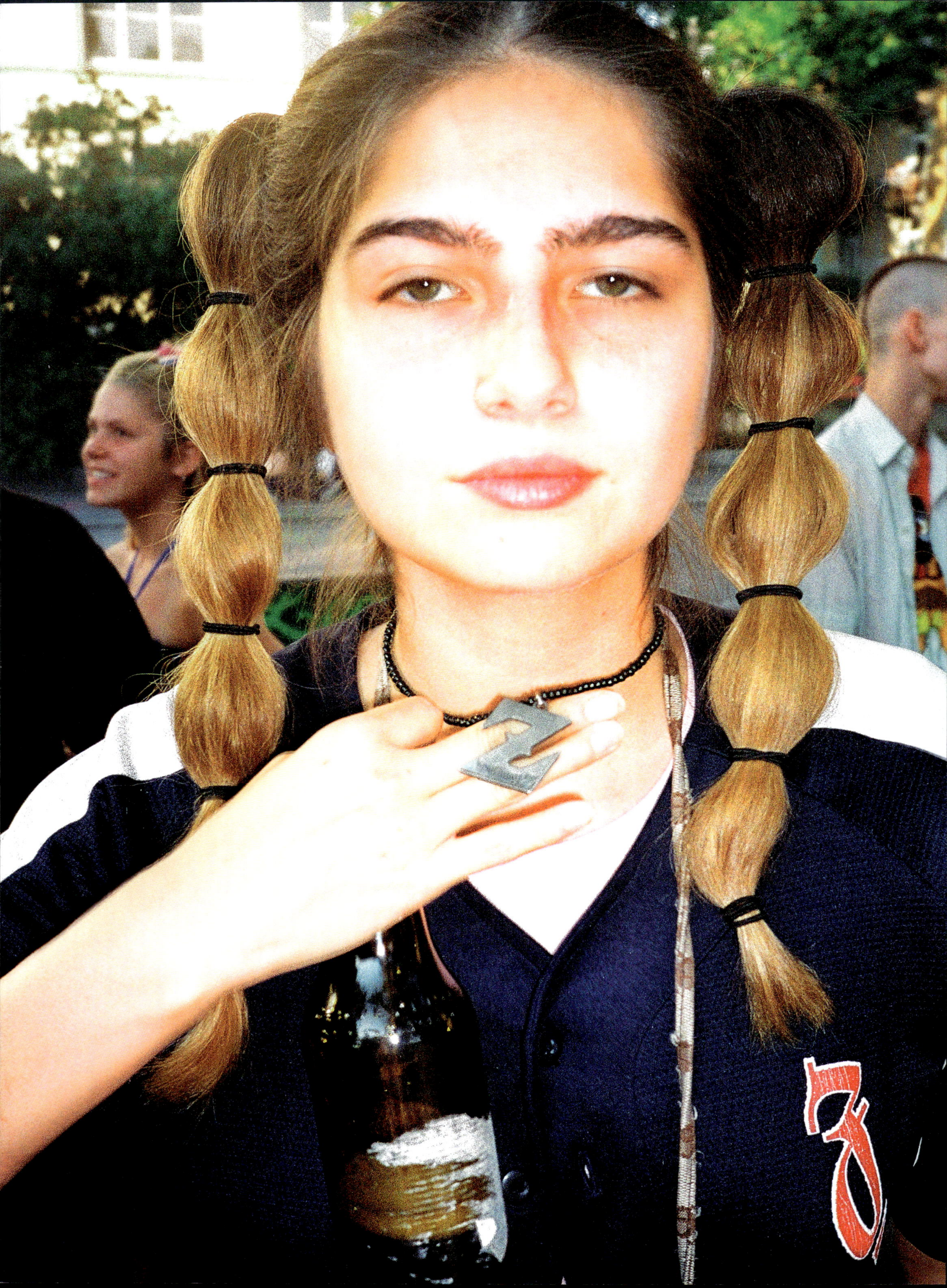

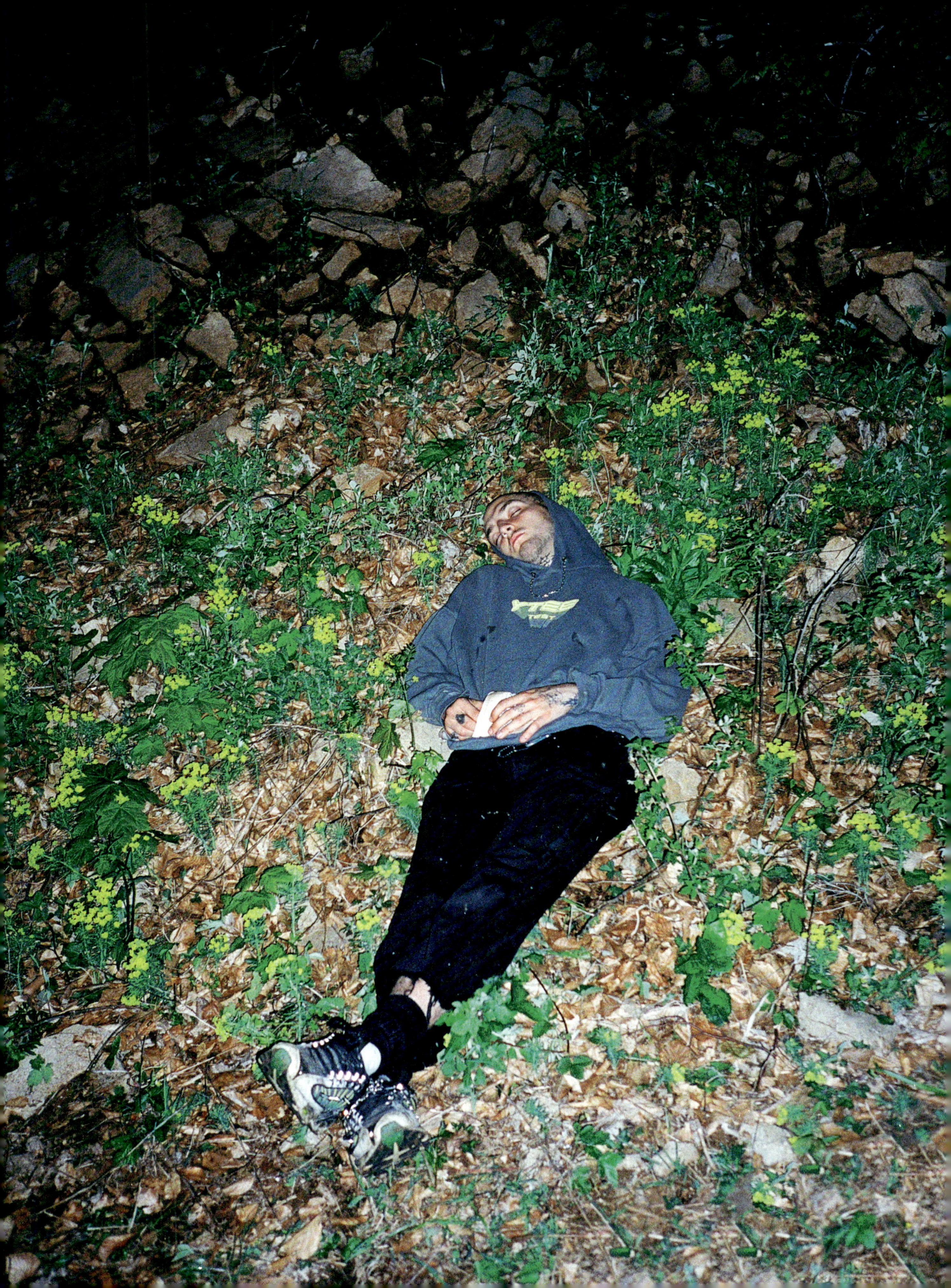

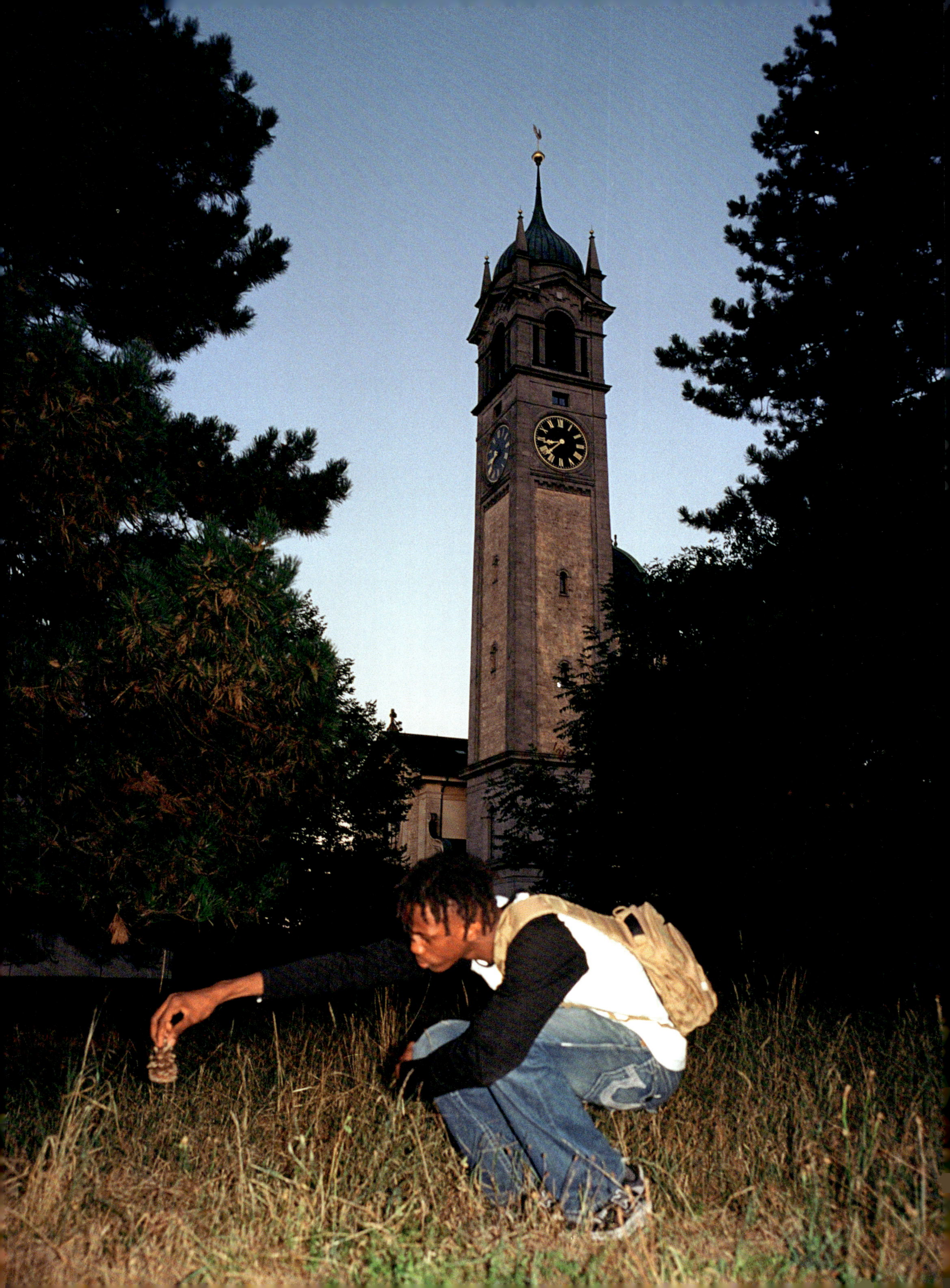

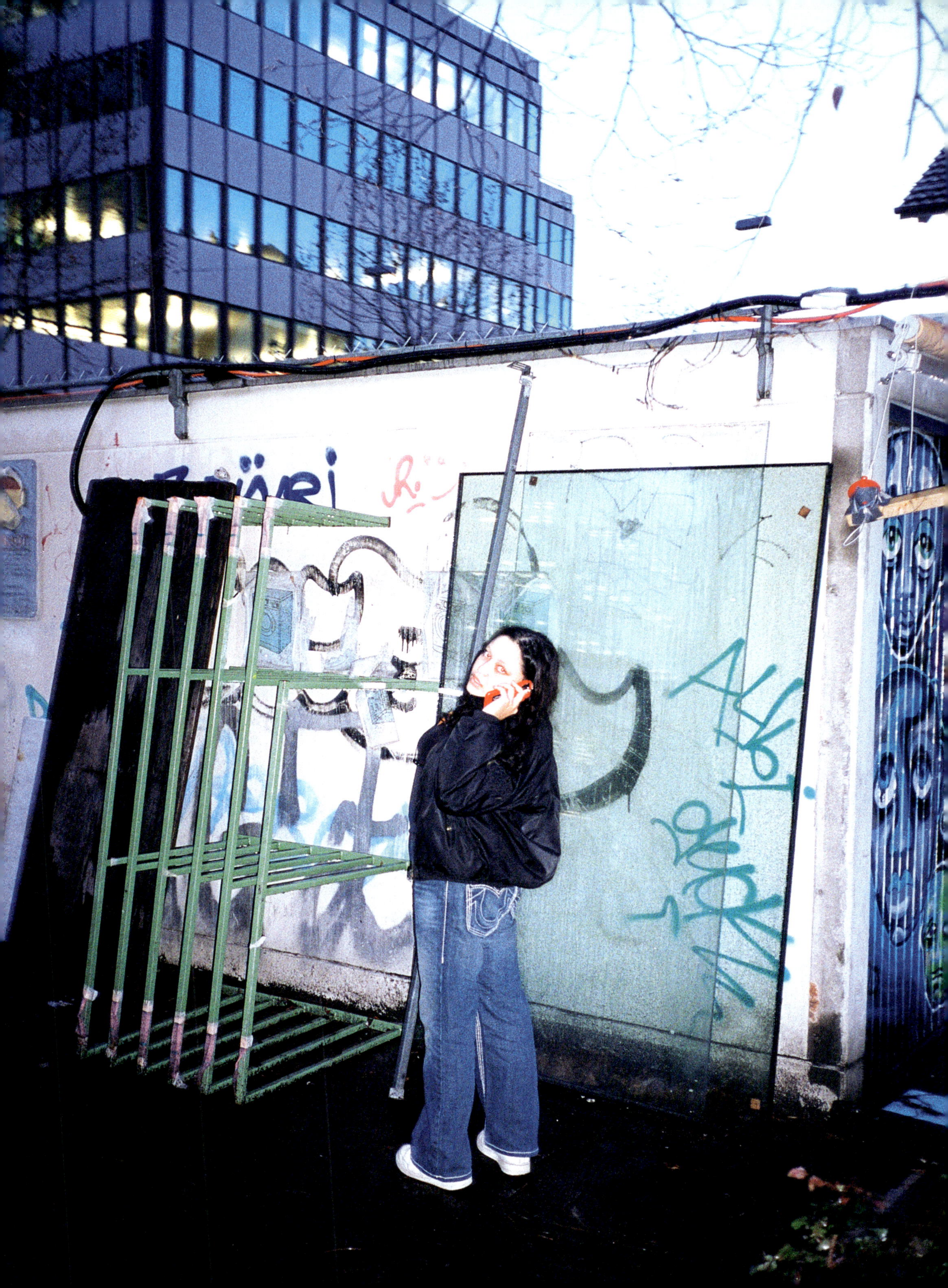

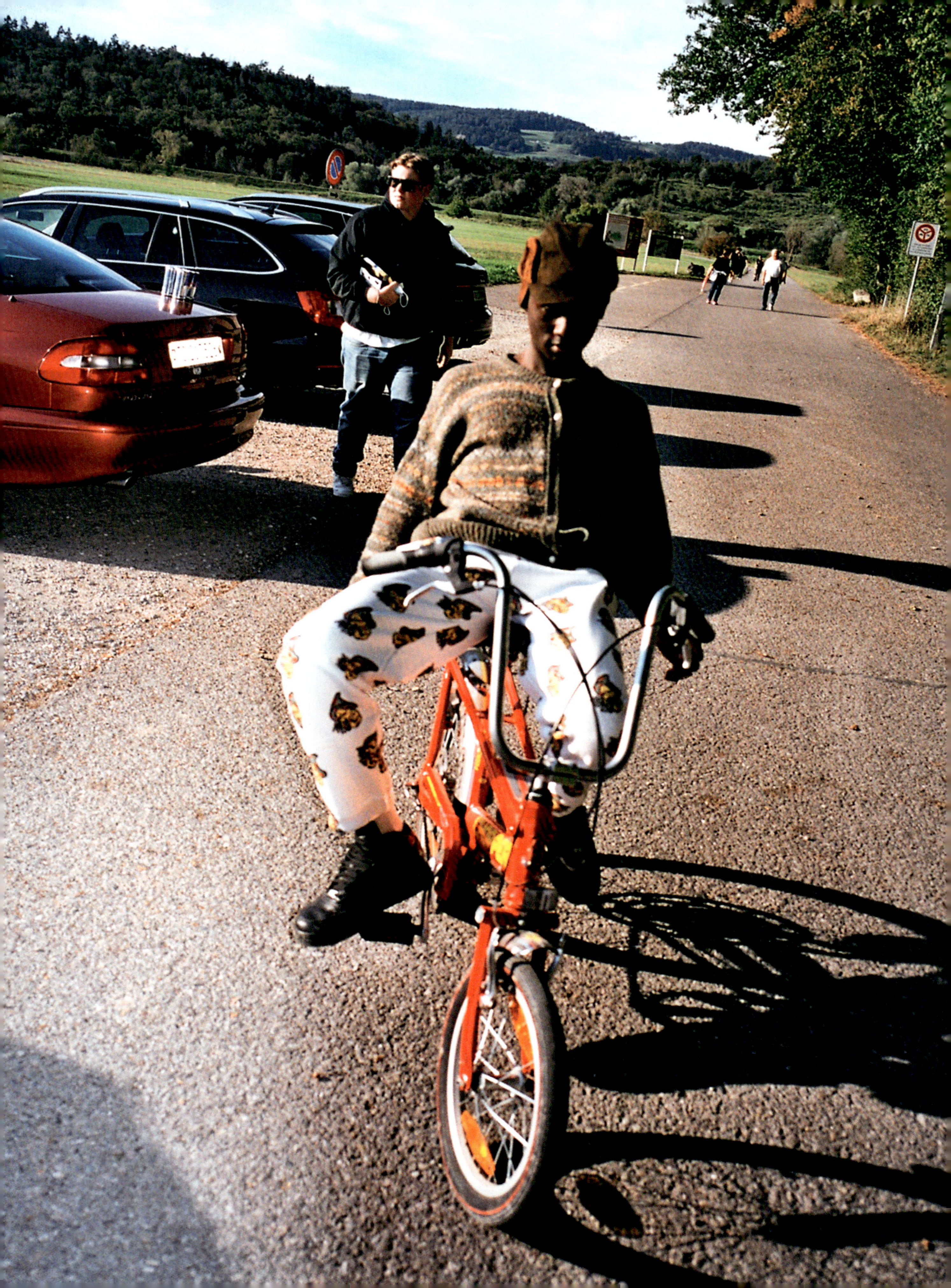

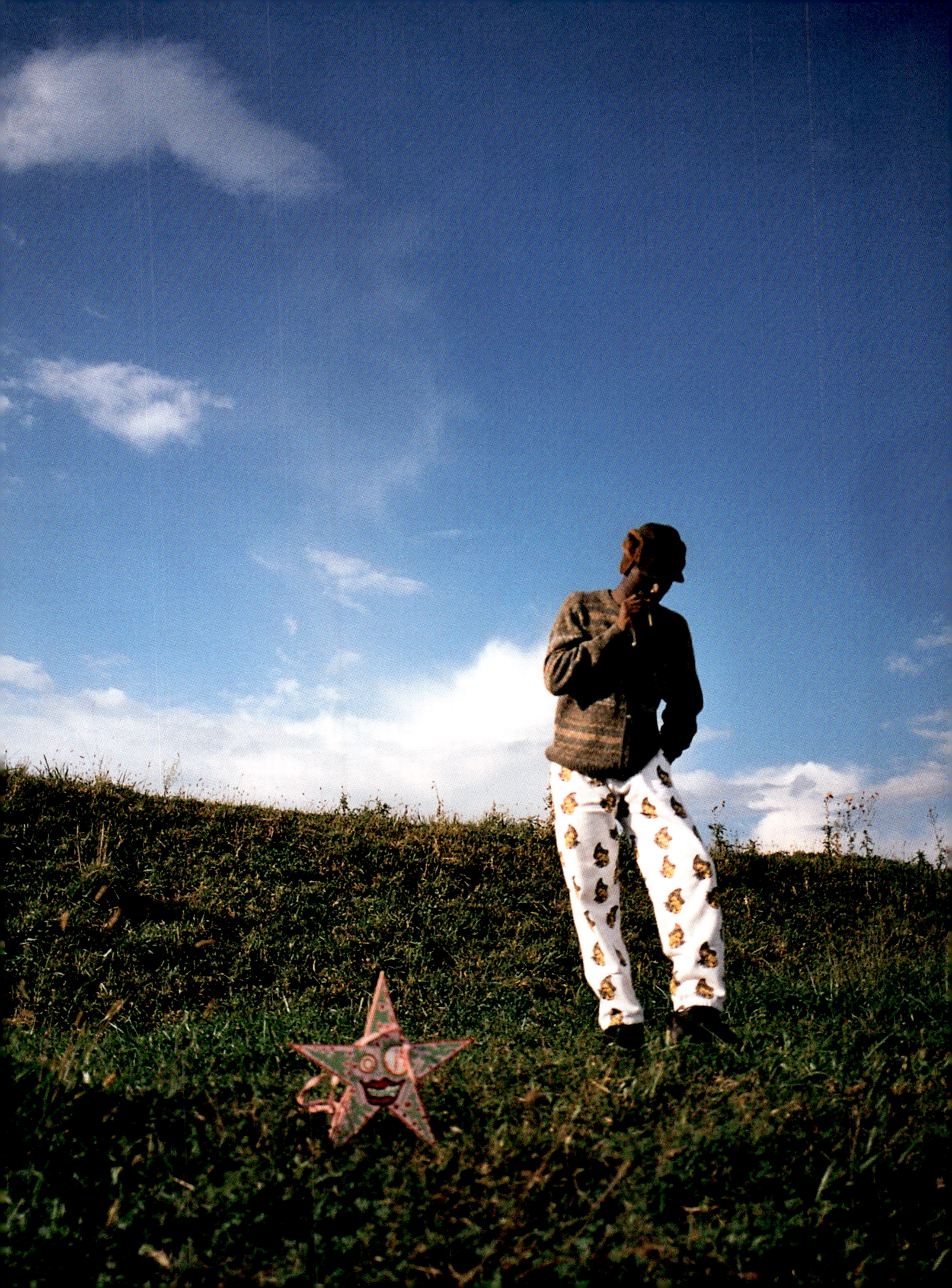

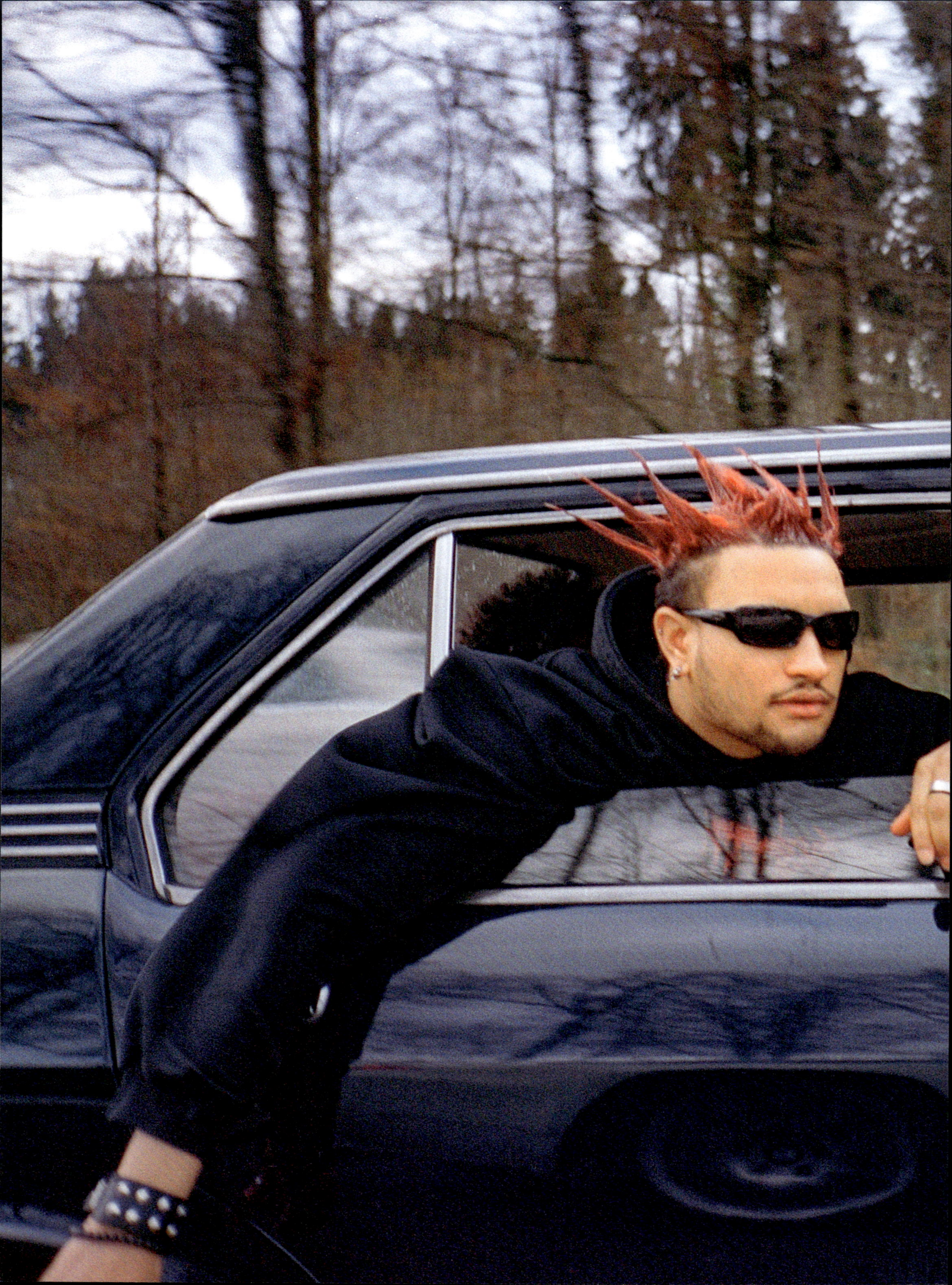

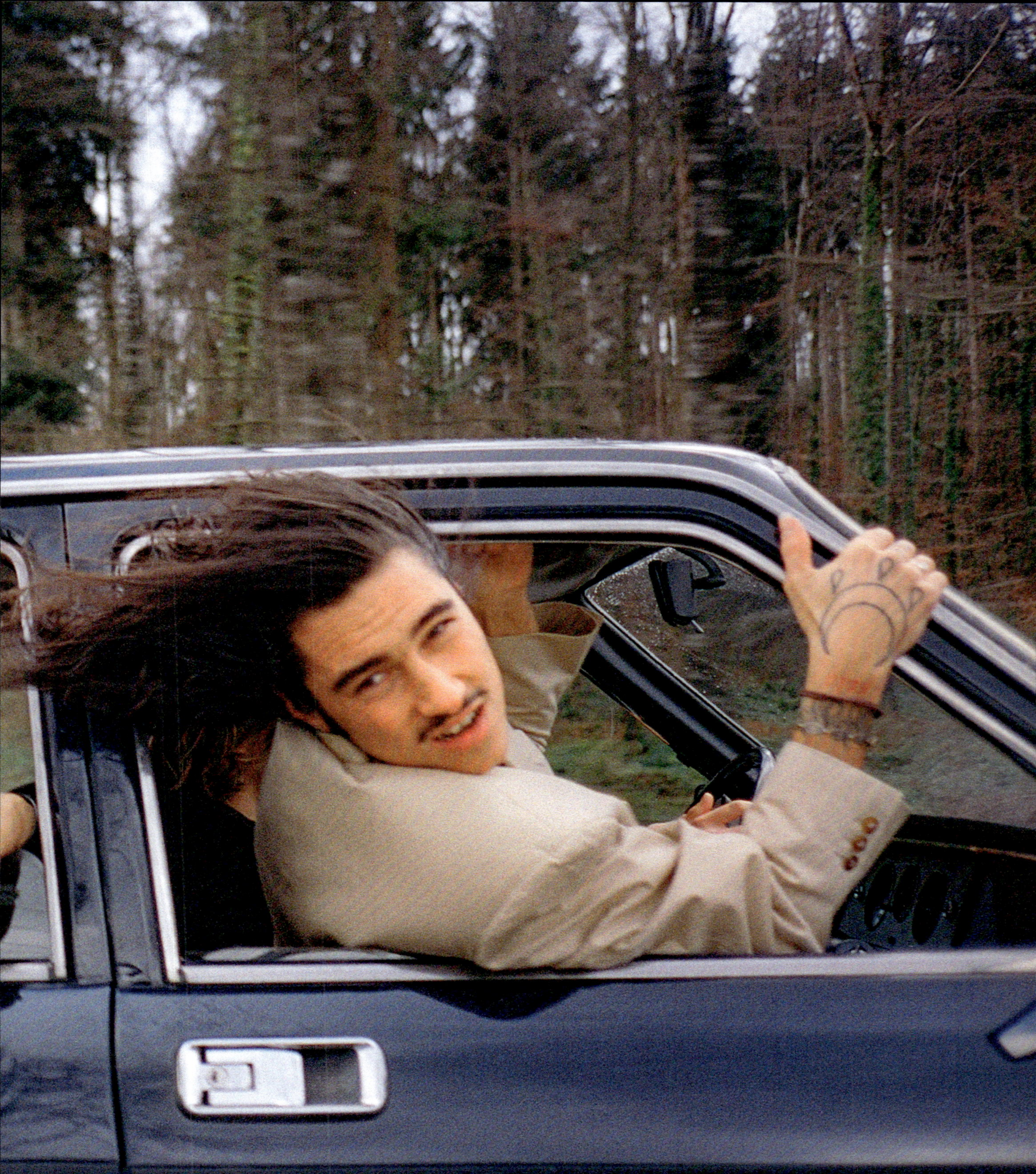

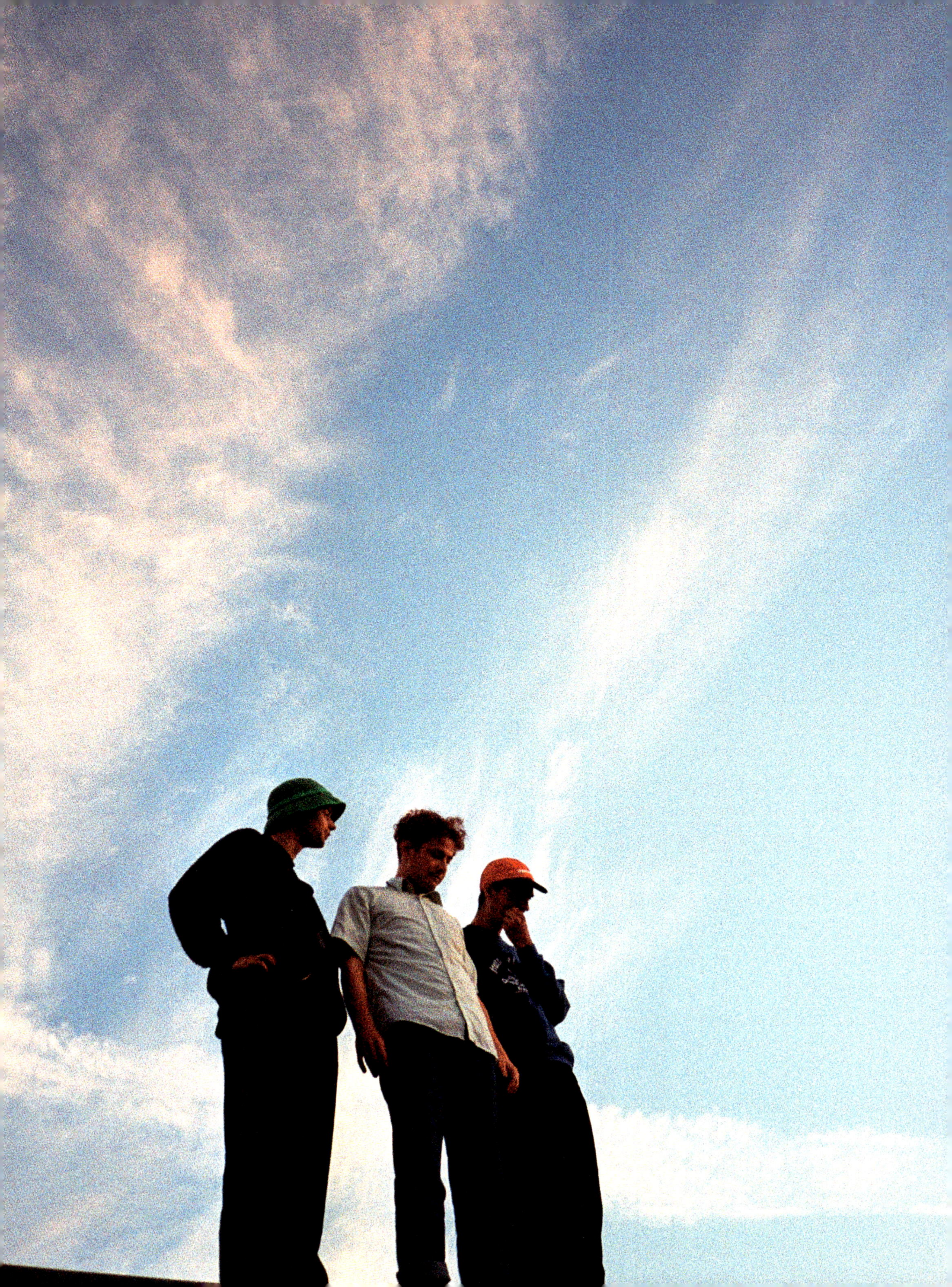

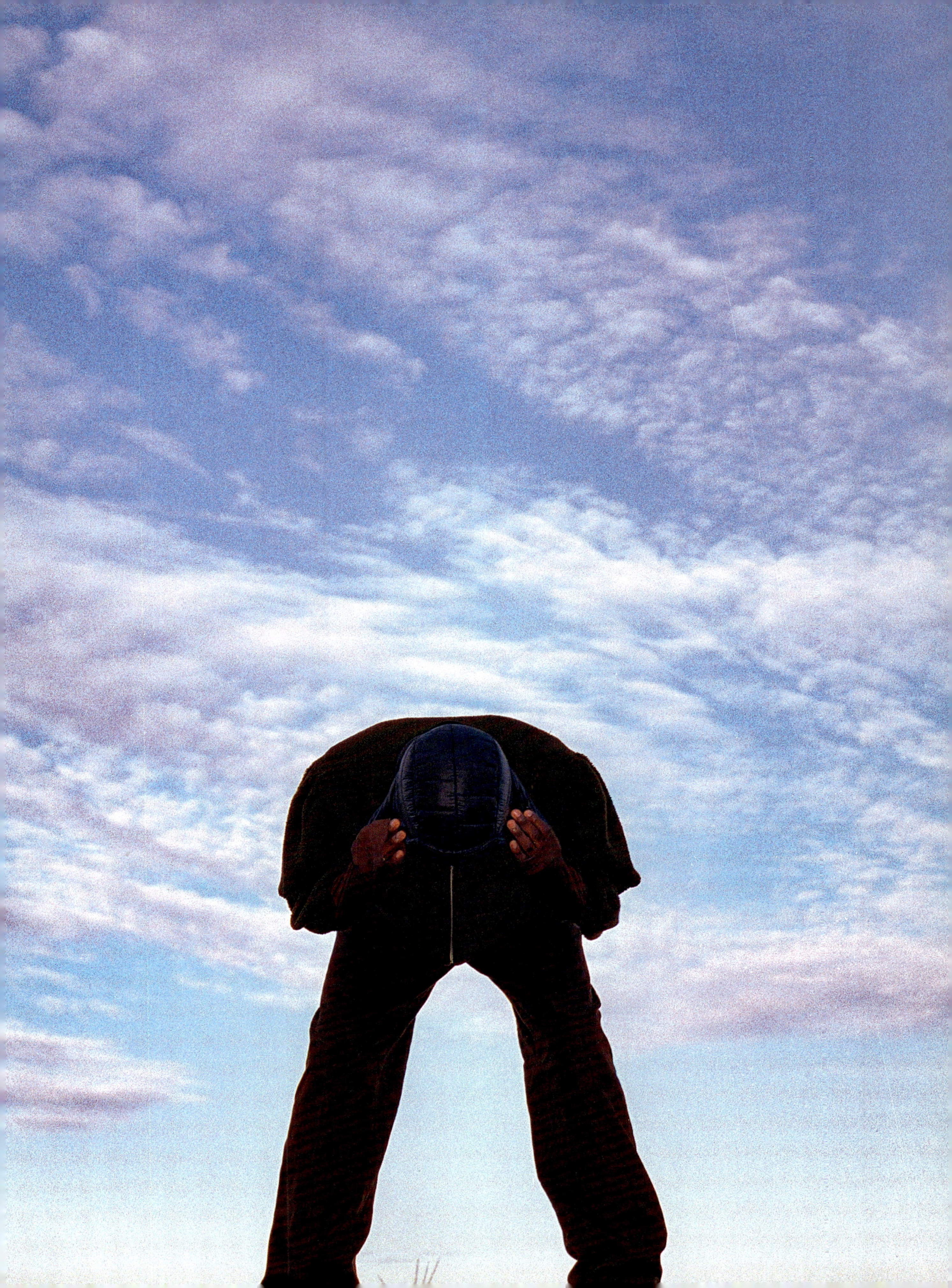

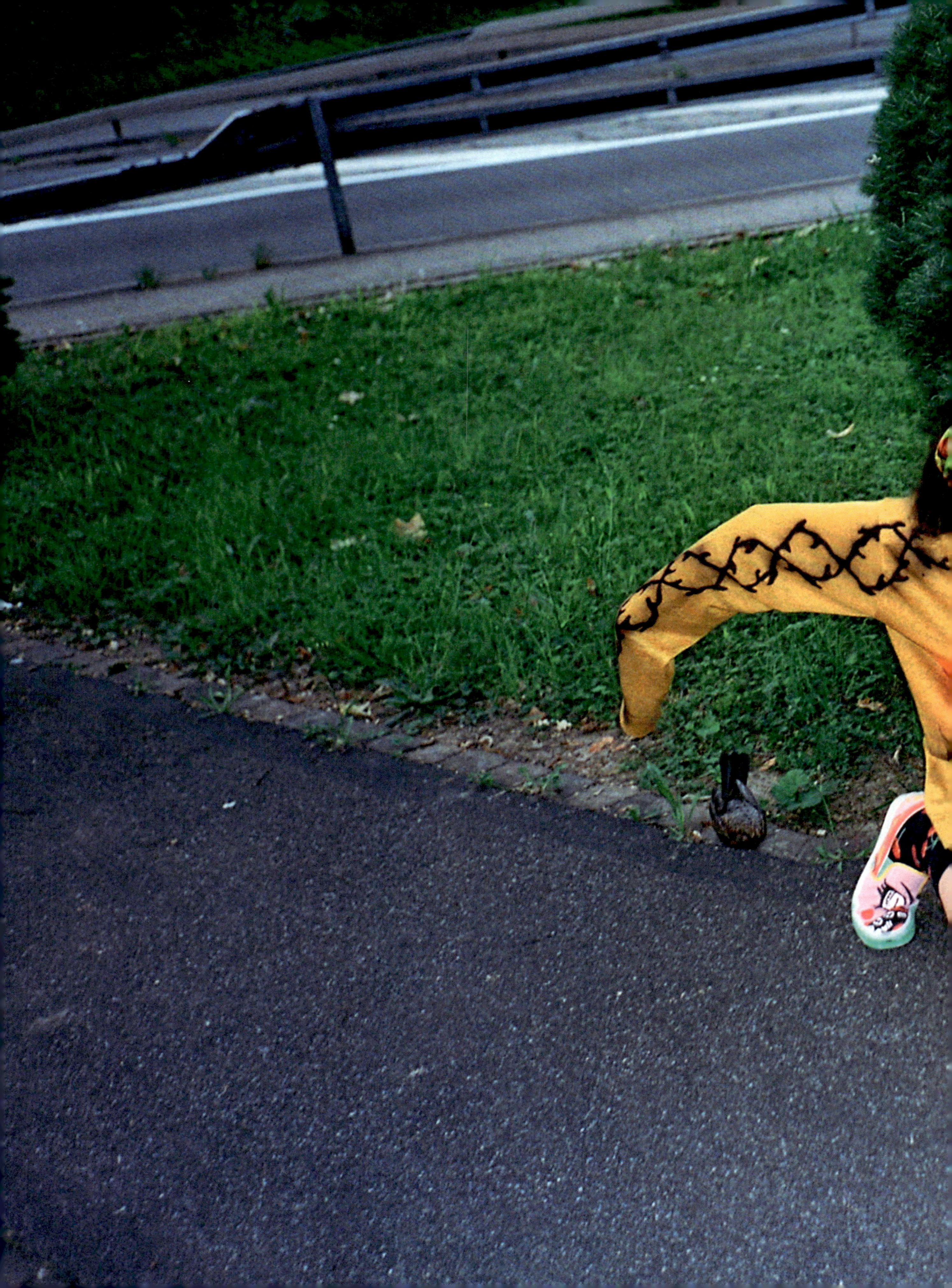

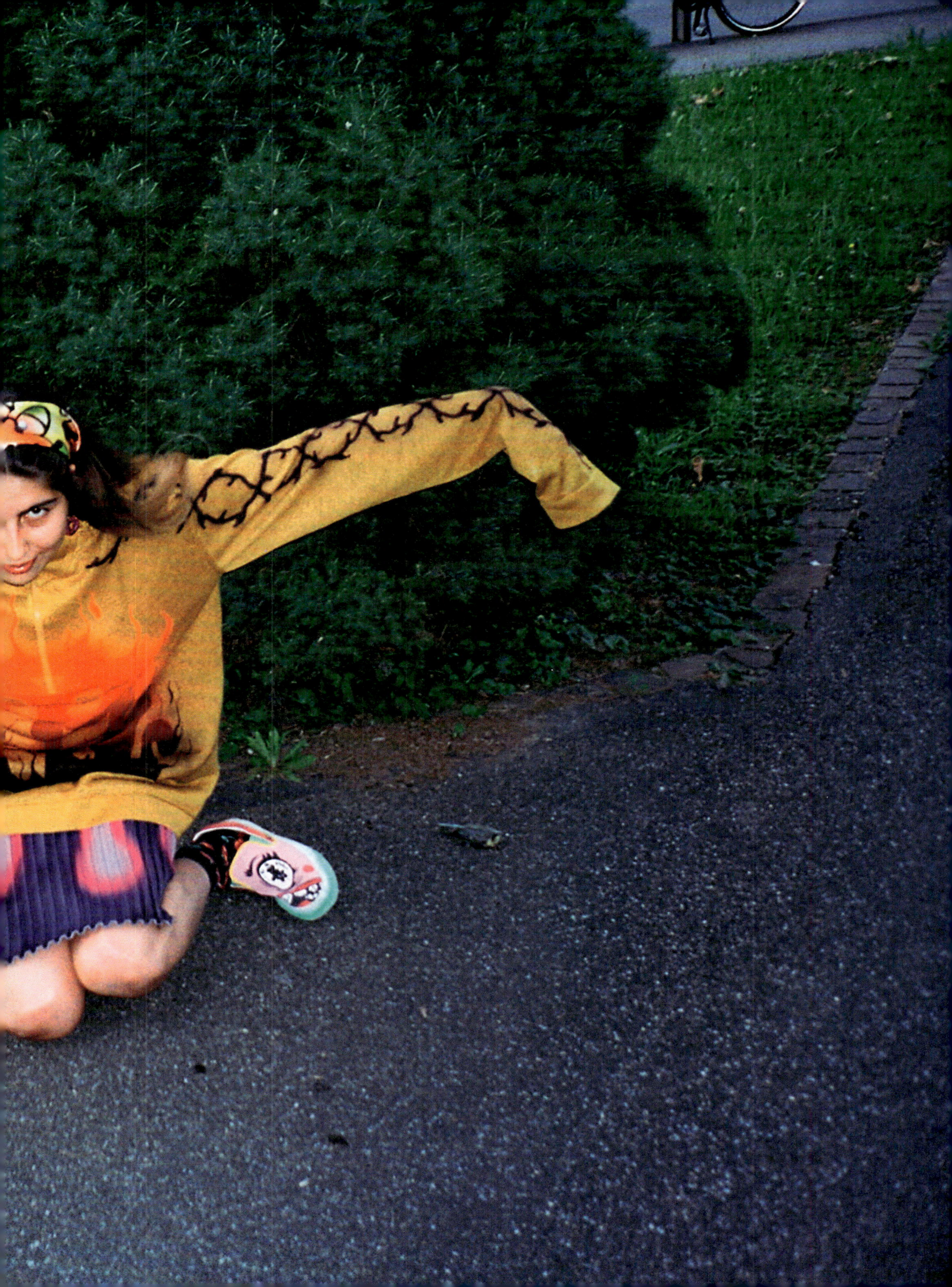

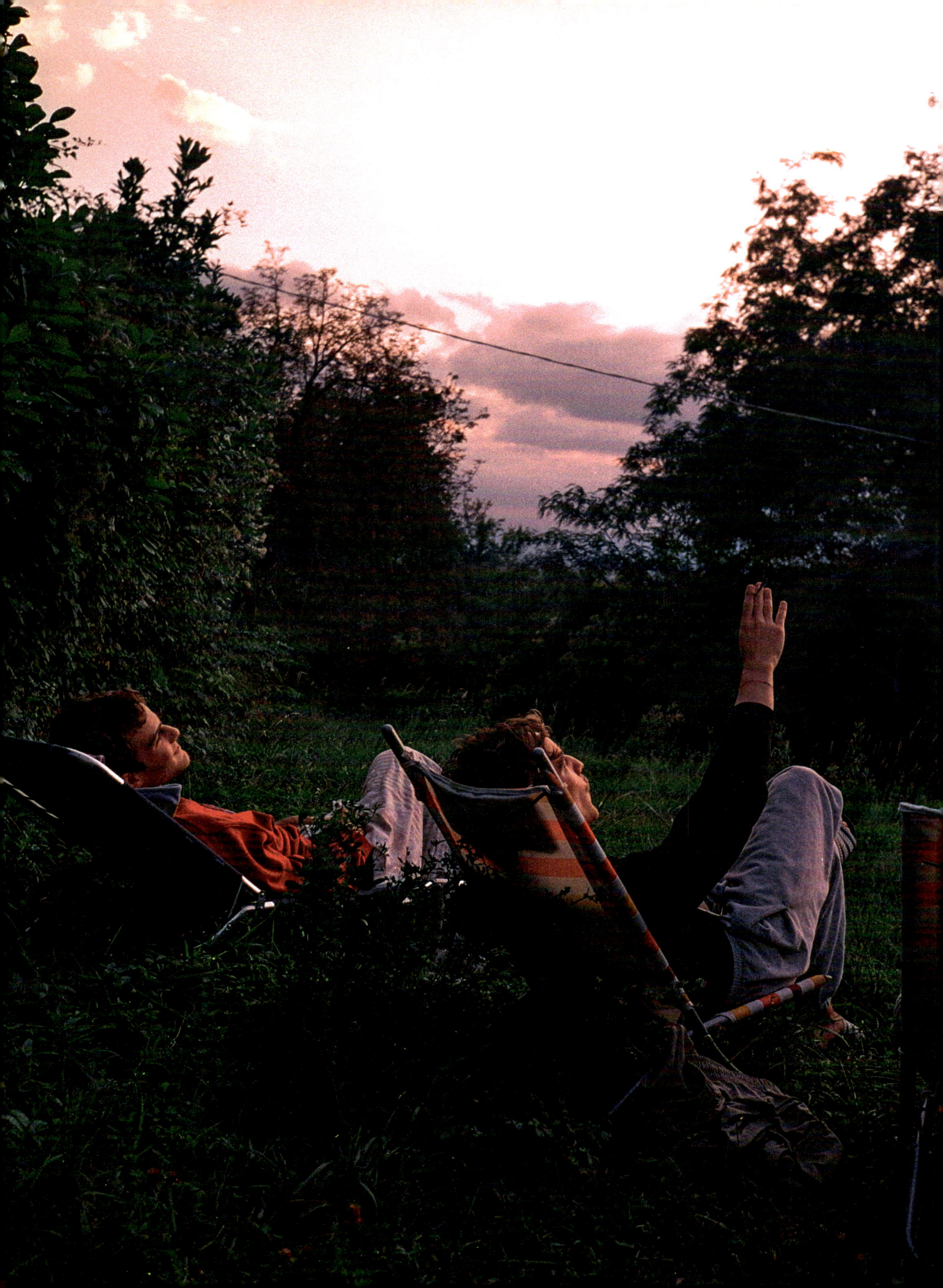

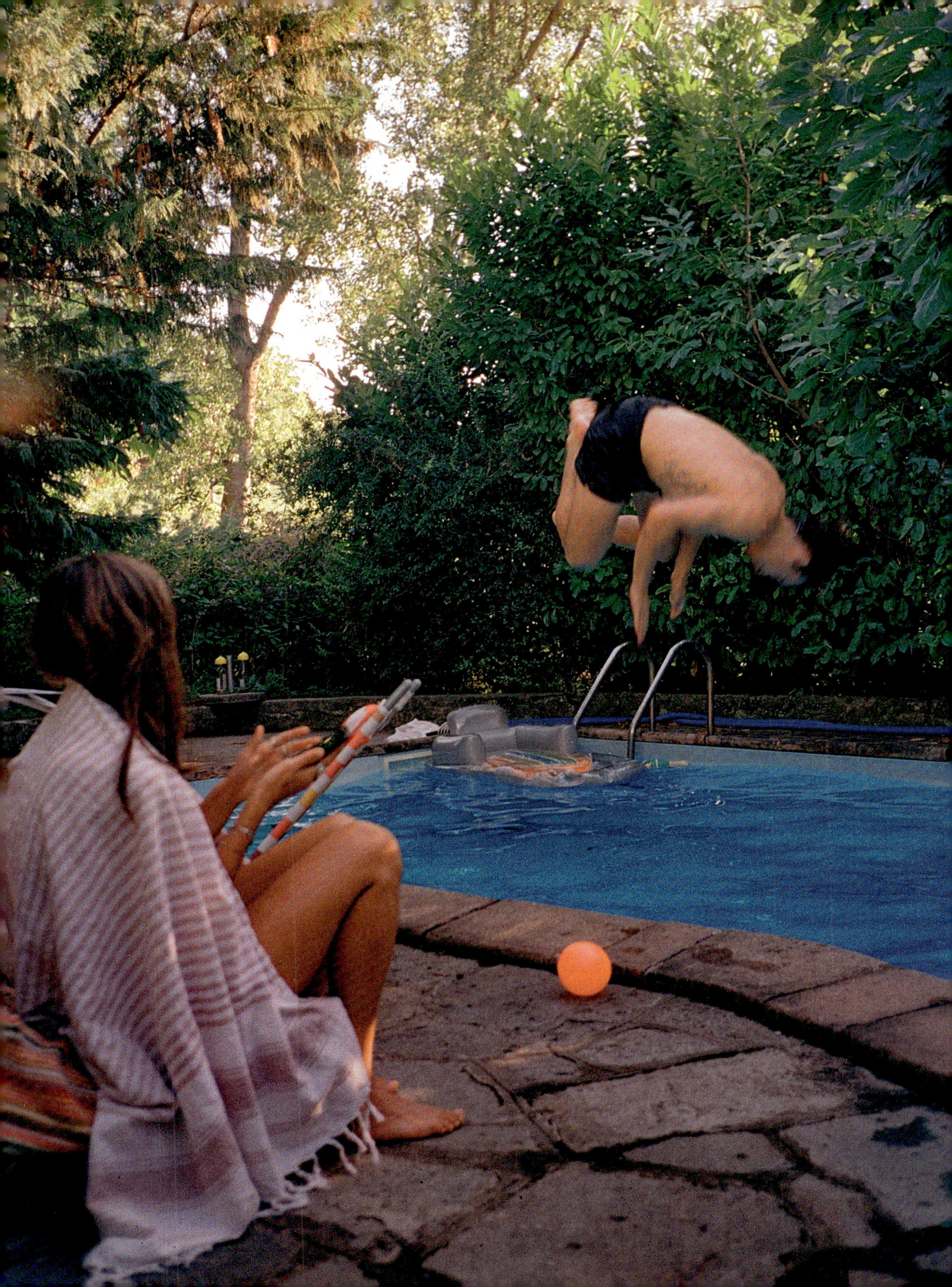

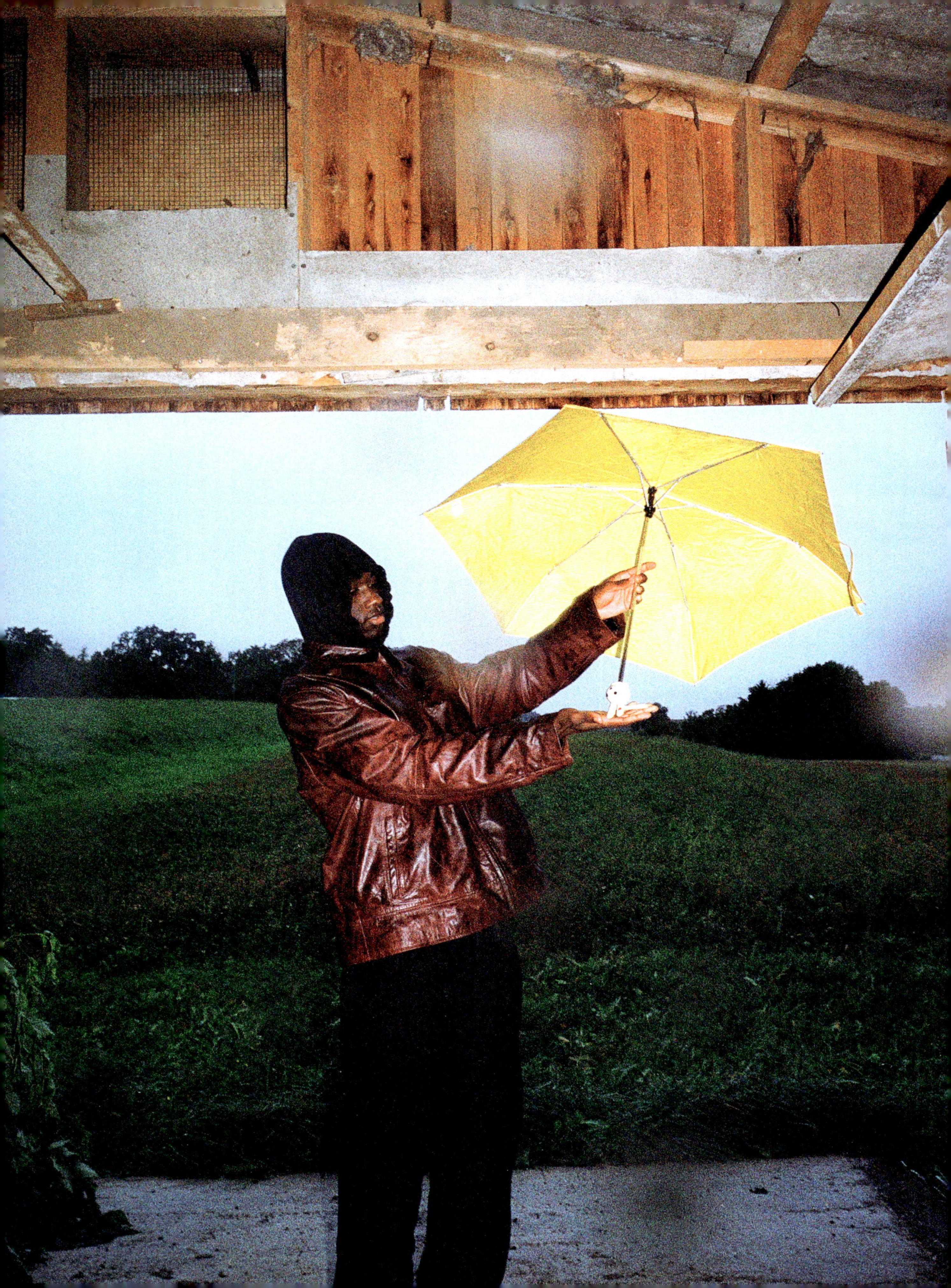

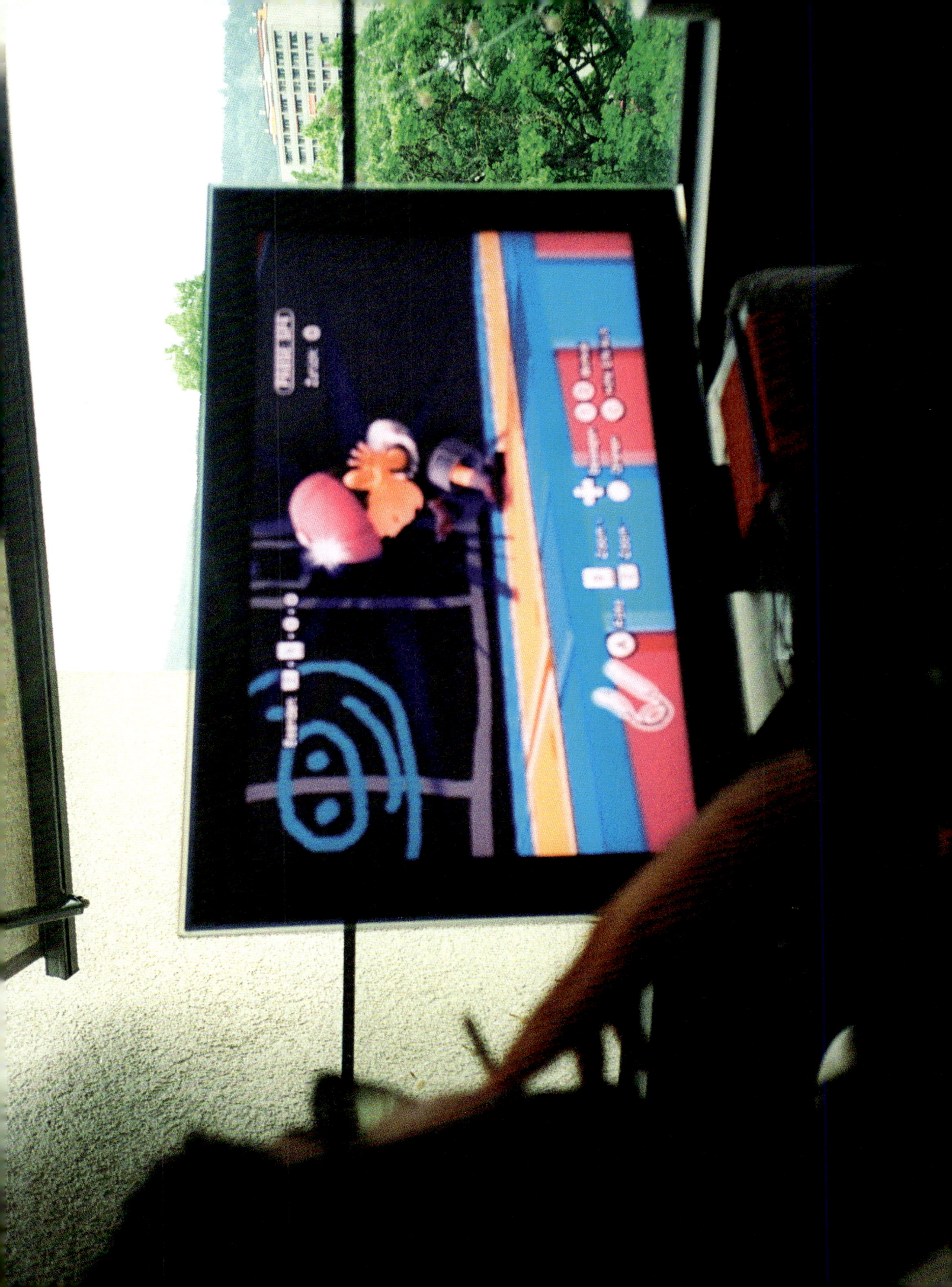

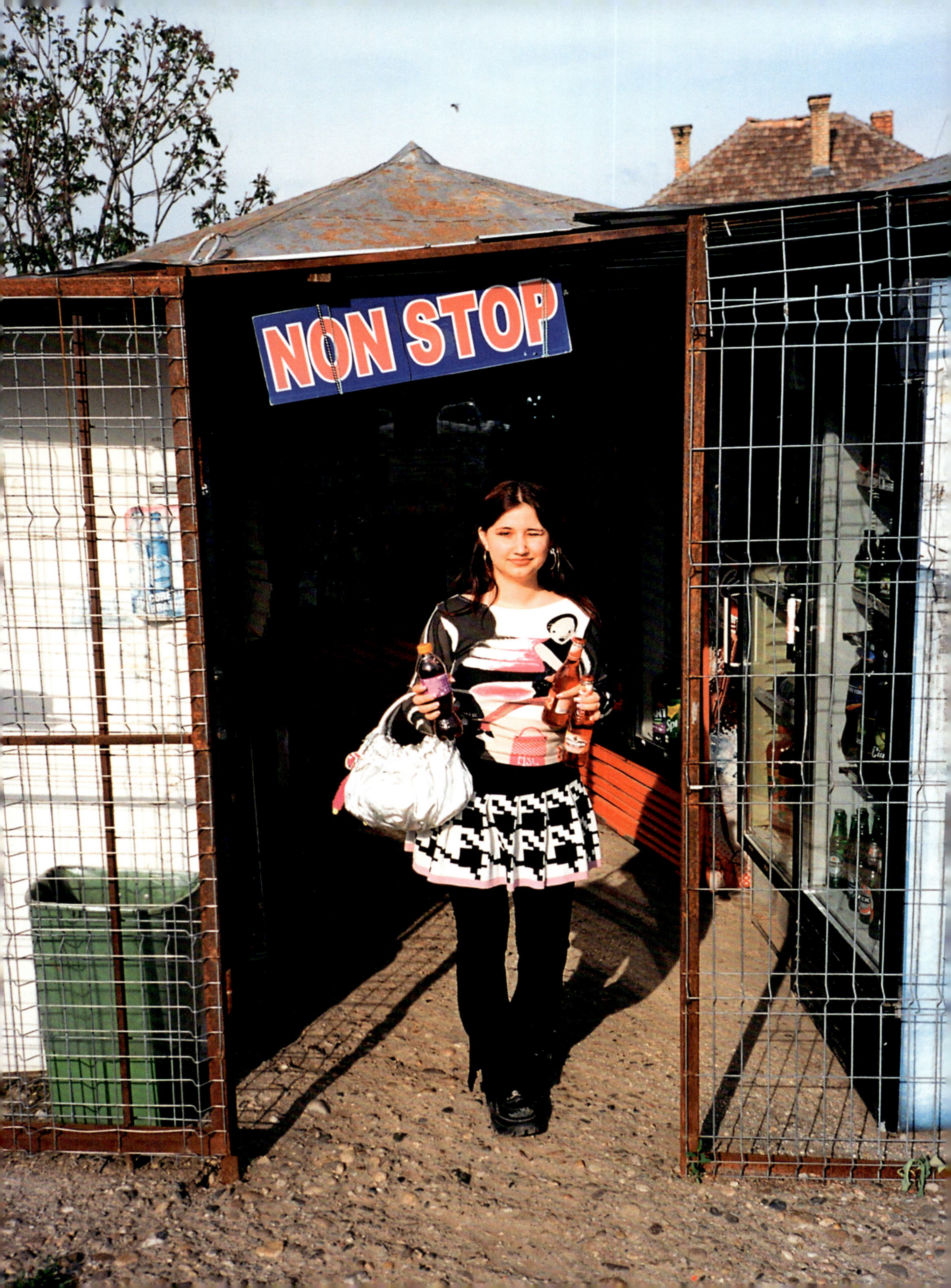
NON STOP

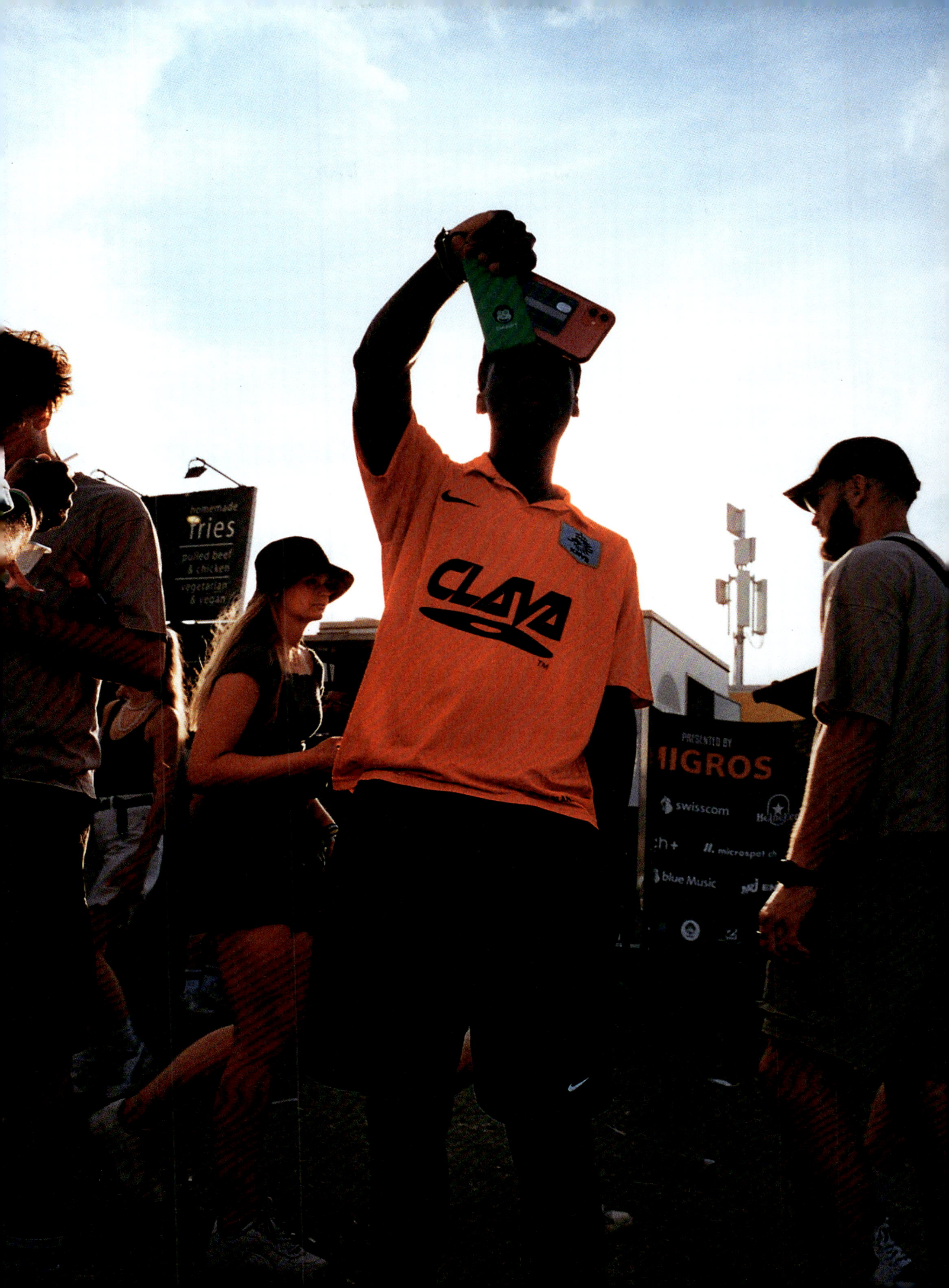
homemade
fries
pulled beef
& chicken
vegetarian
& vegan
CLAVA
PRESENTED BY
swisscom
blue Music

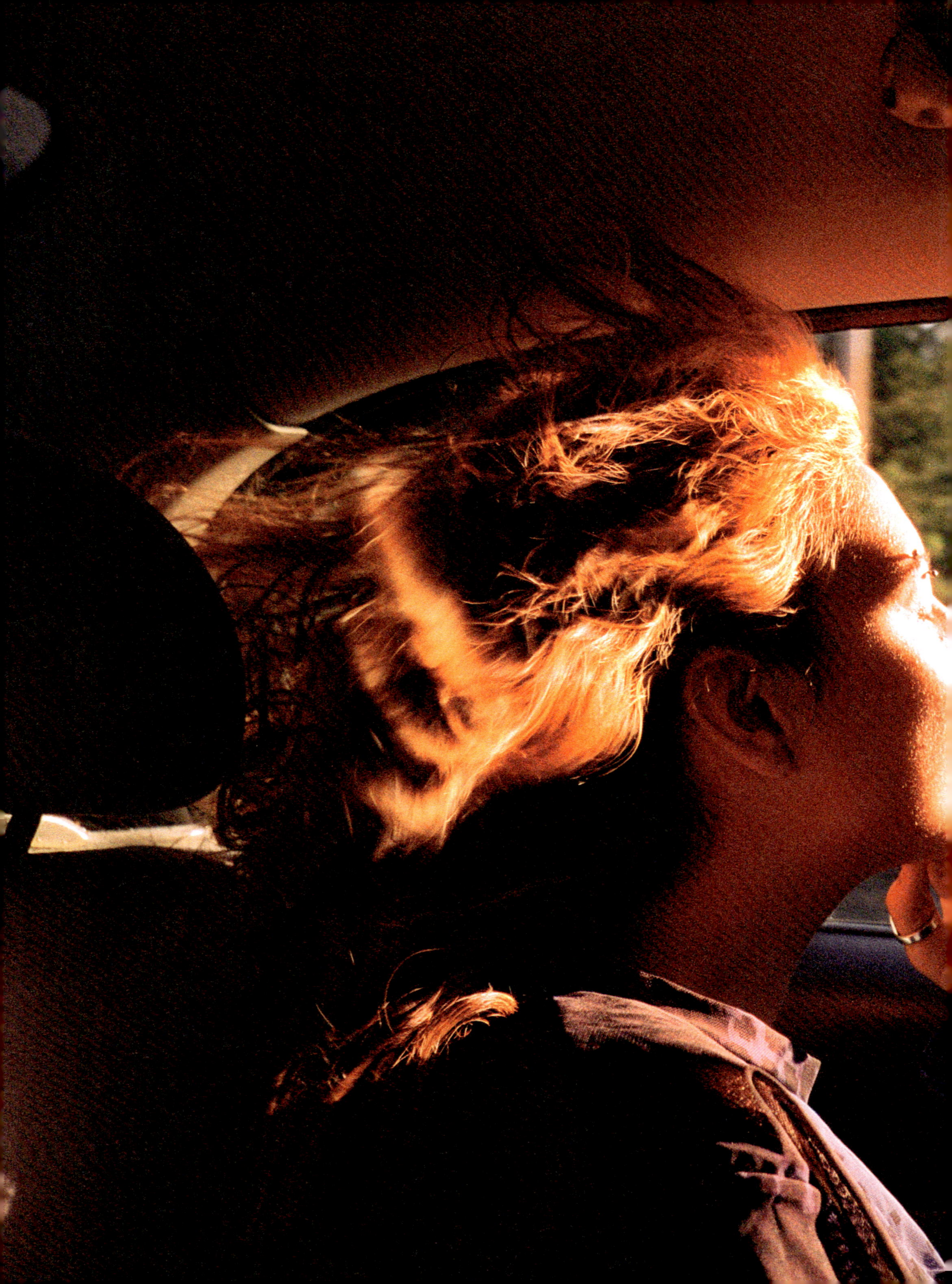

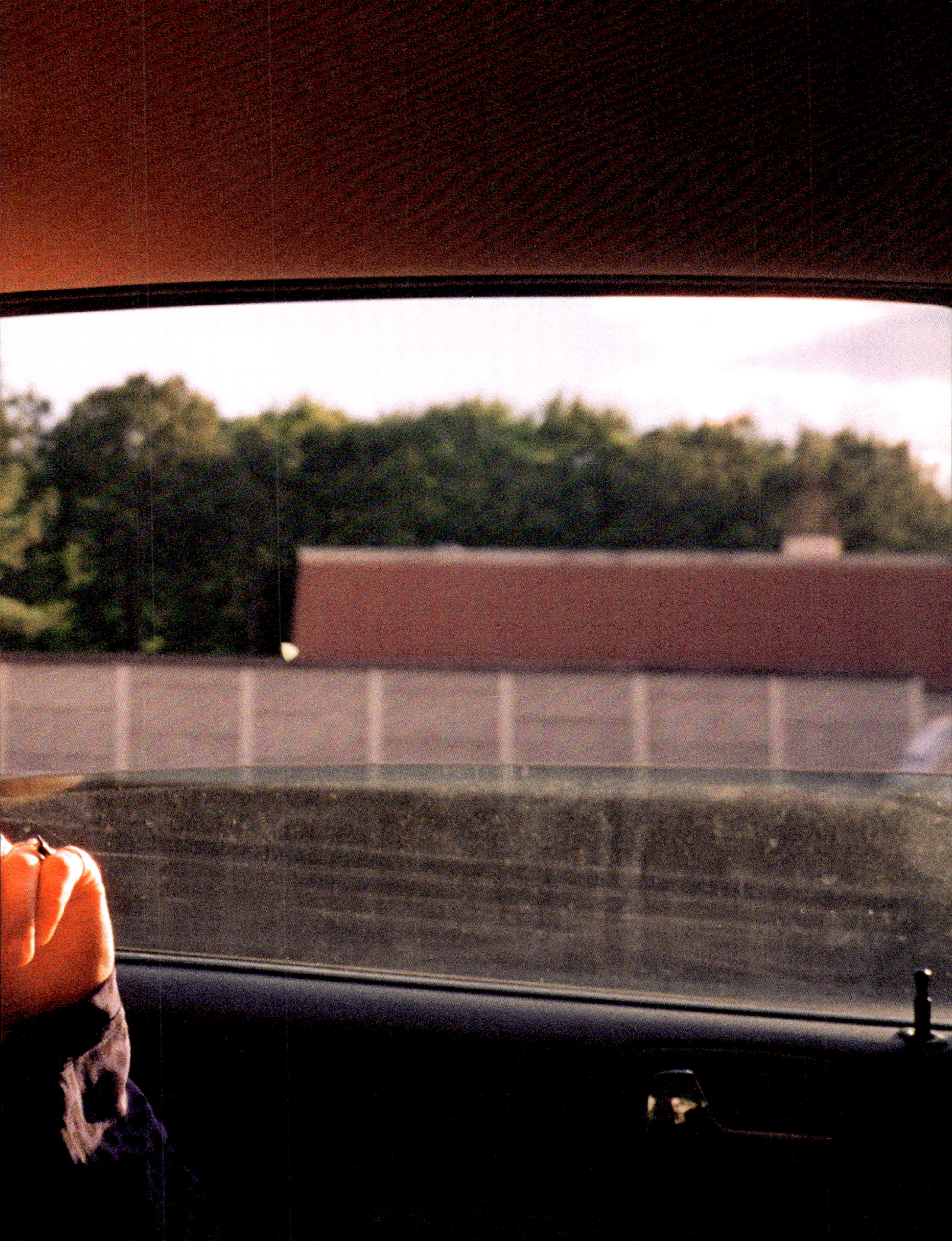

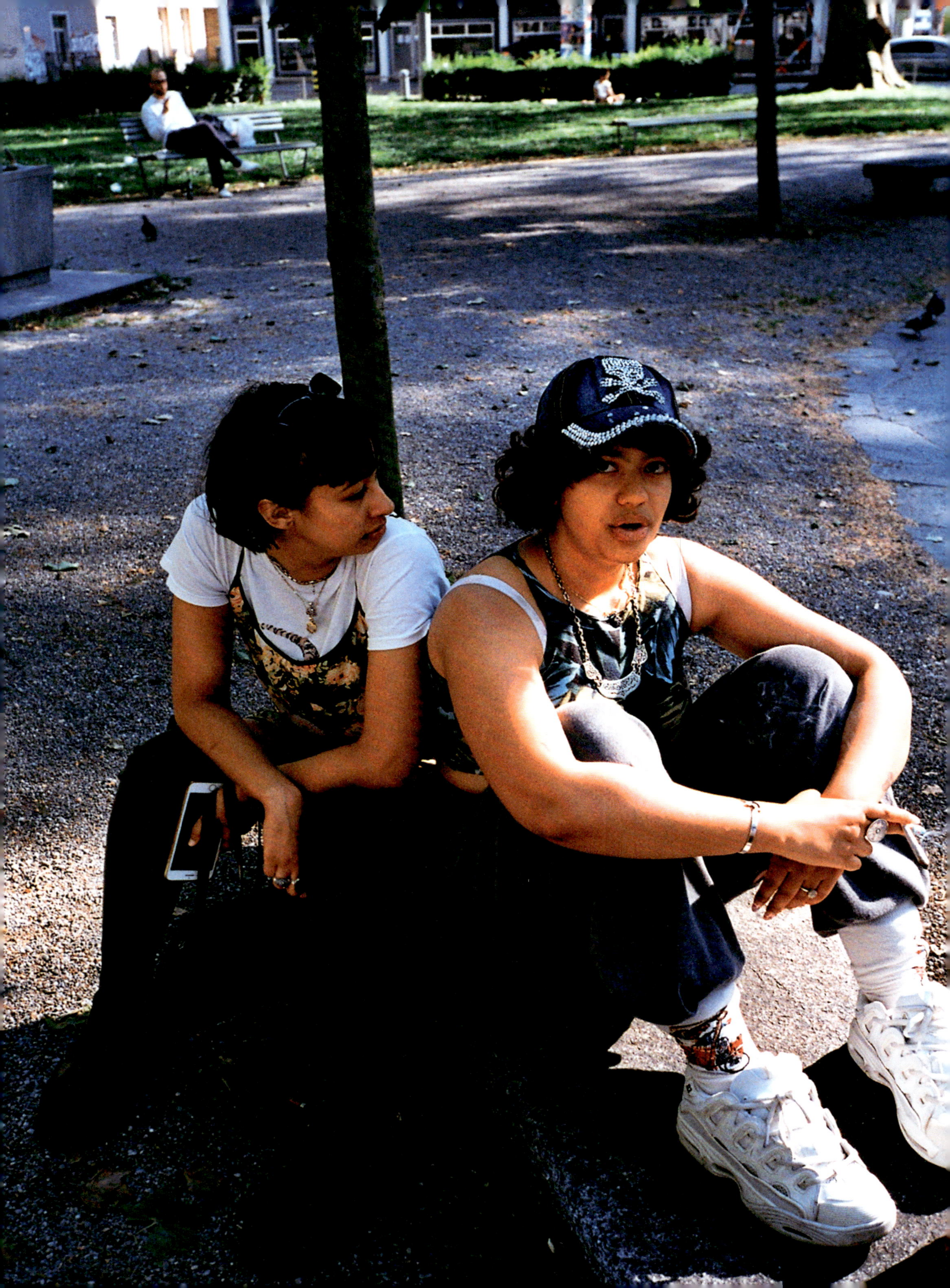

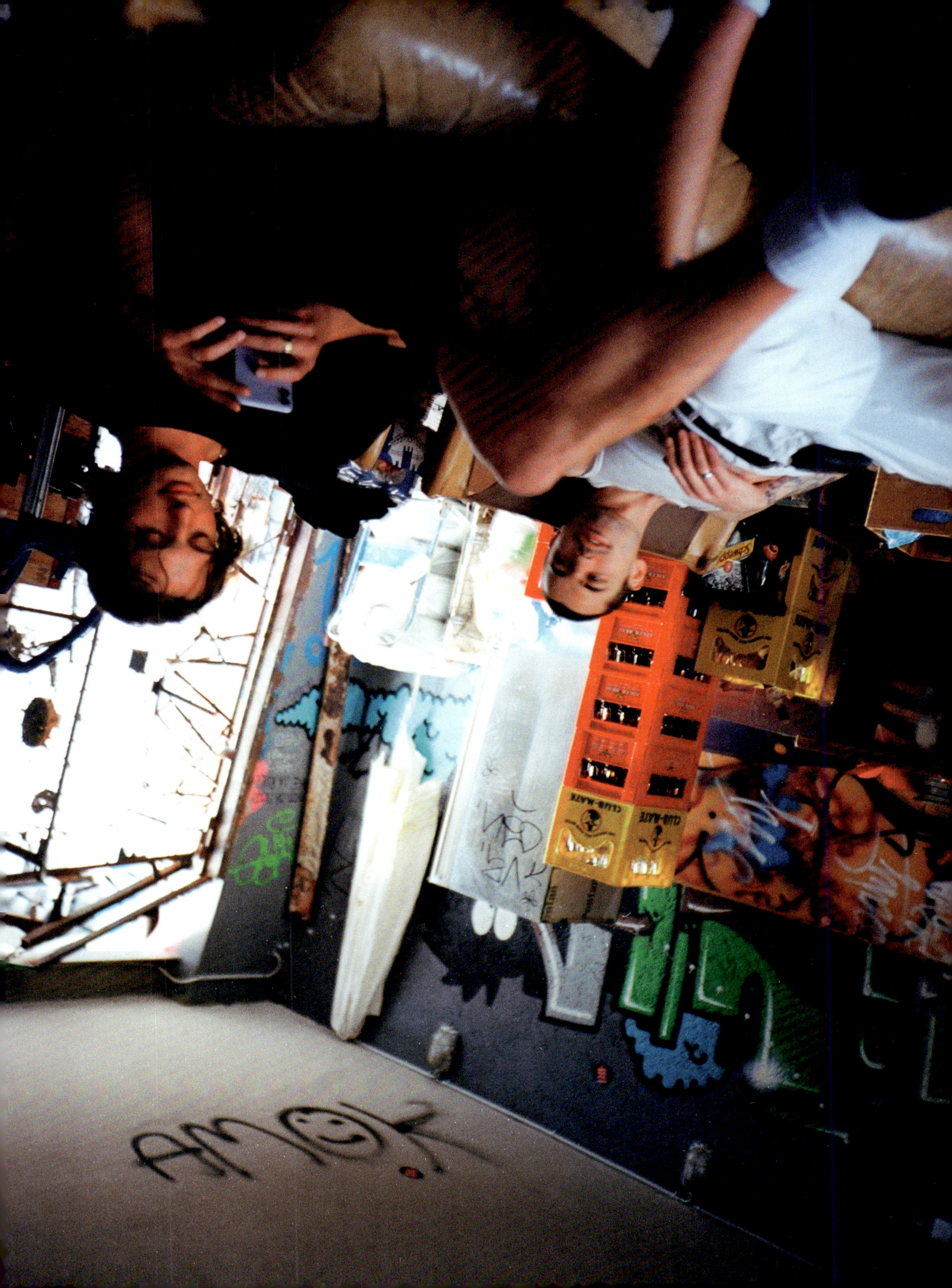

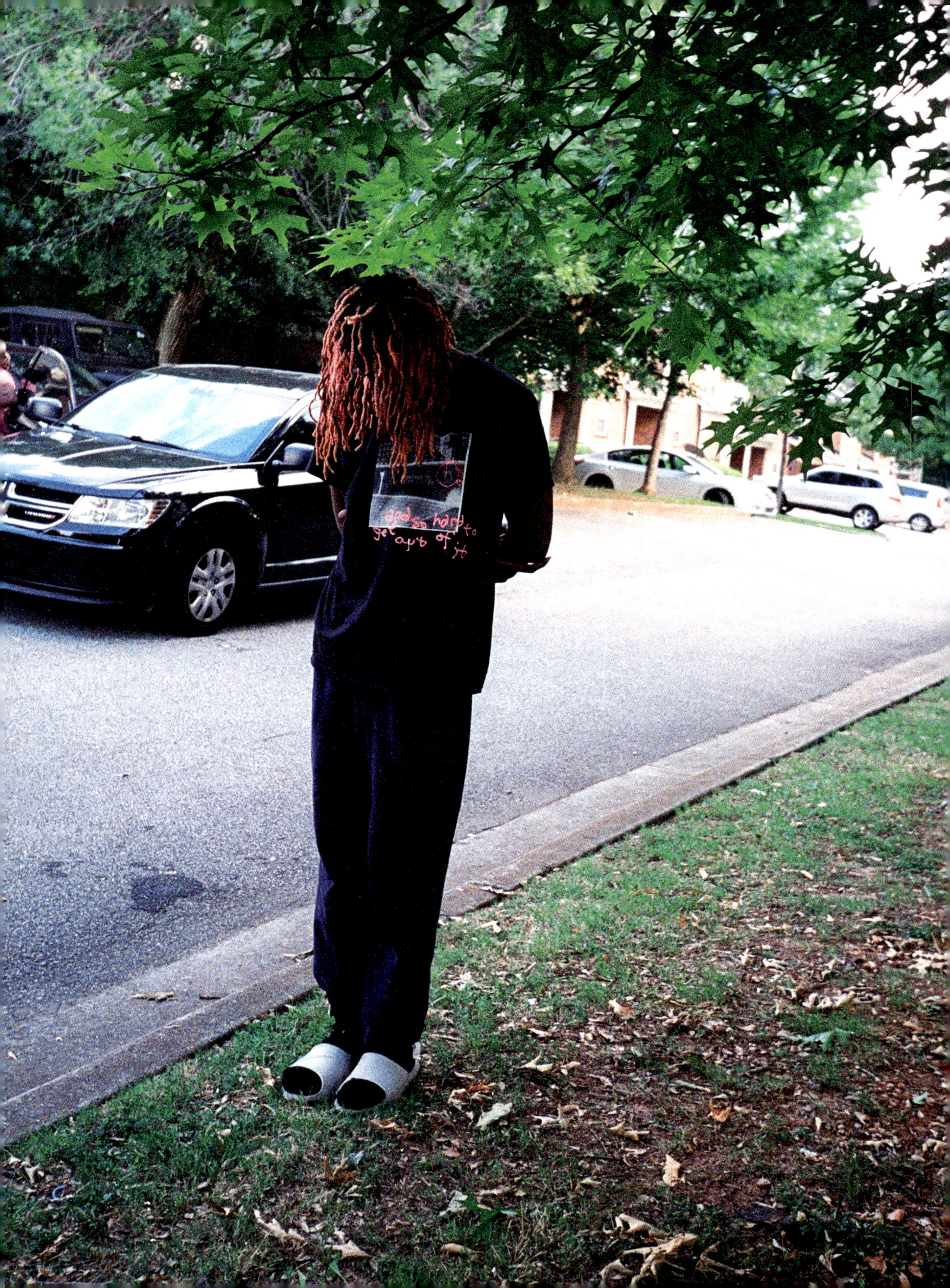
and so hard to get out of it

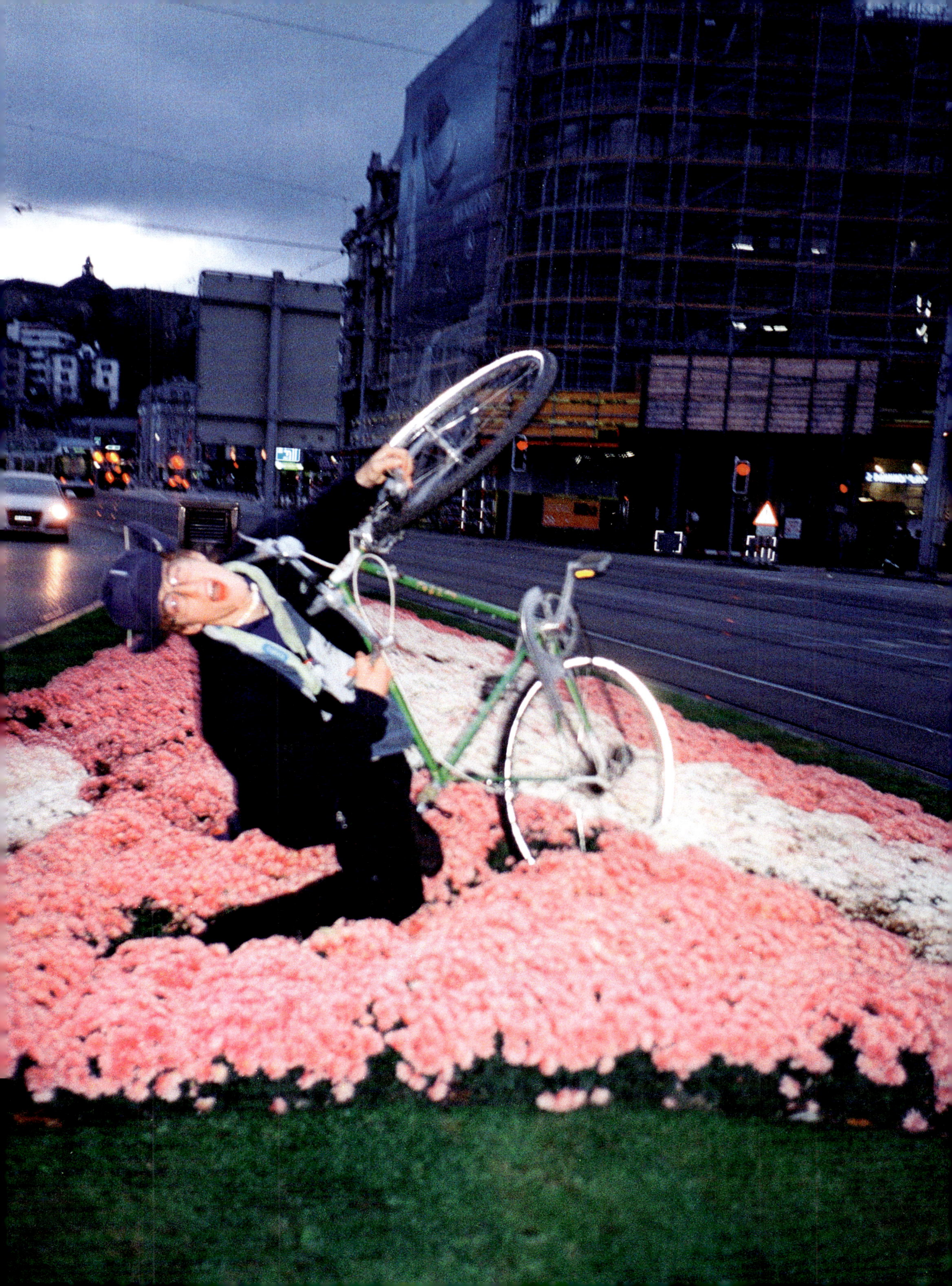

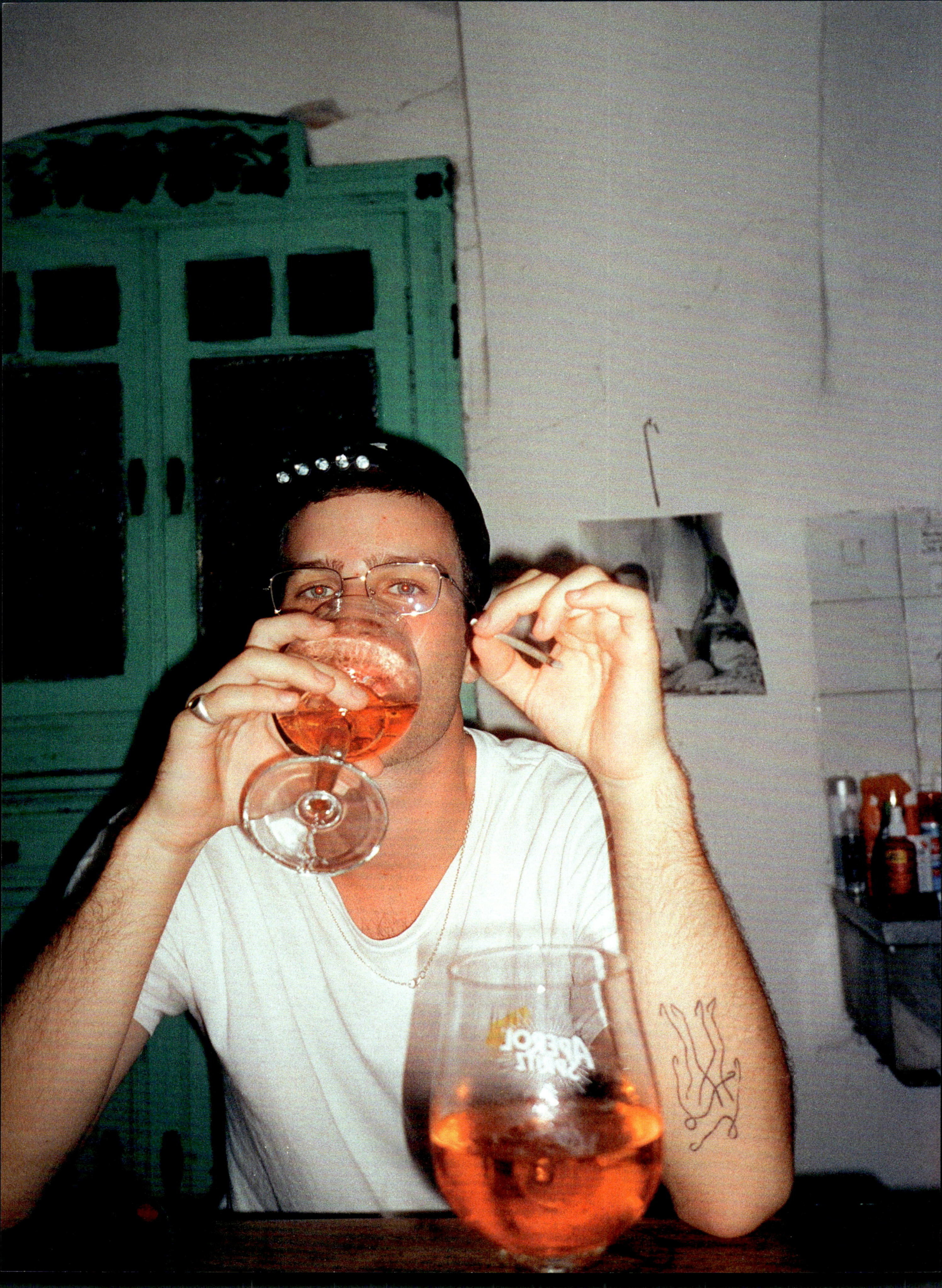

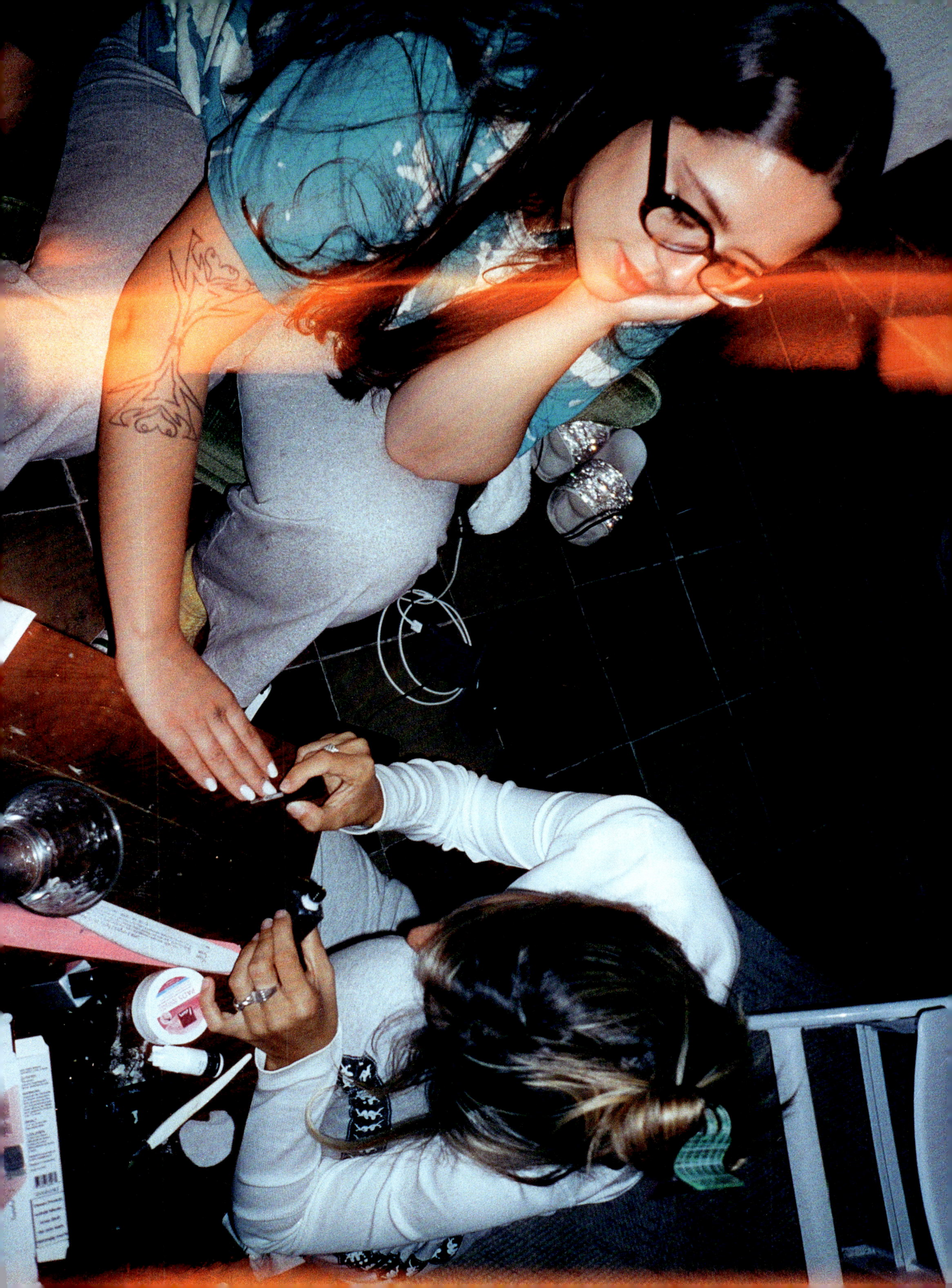

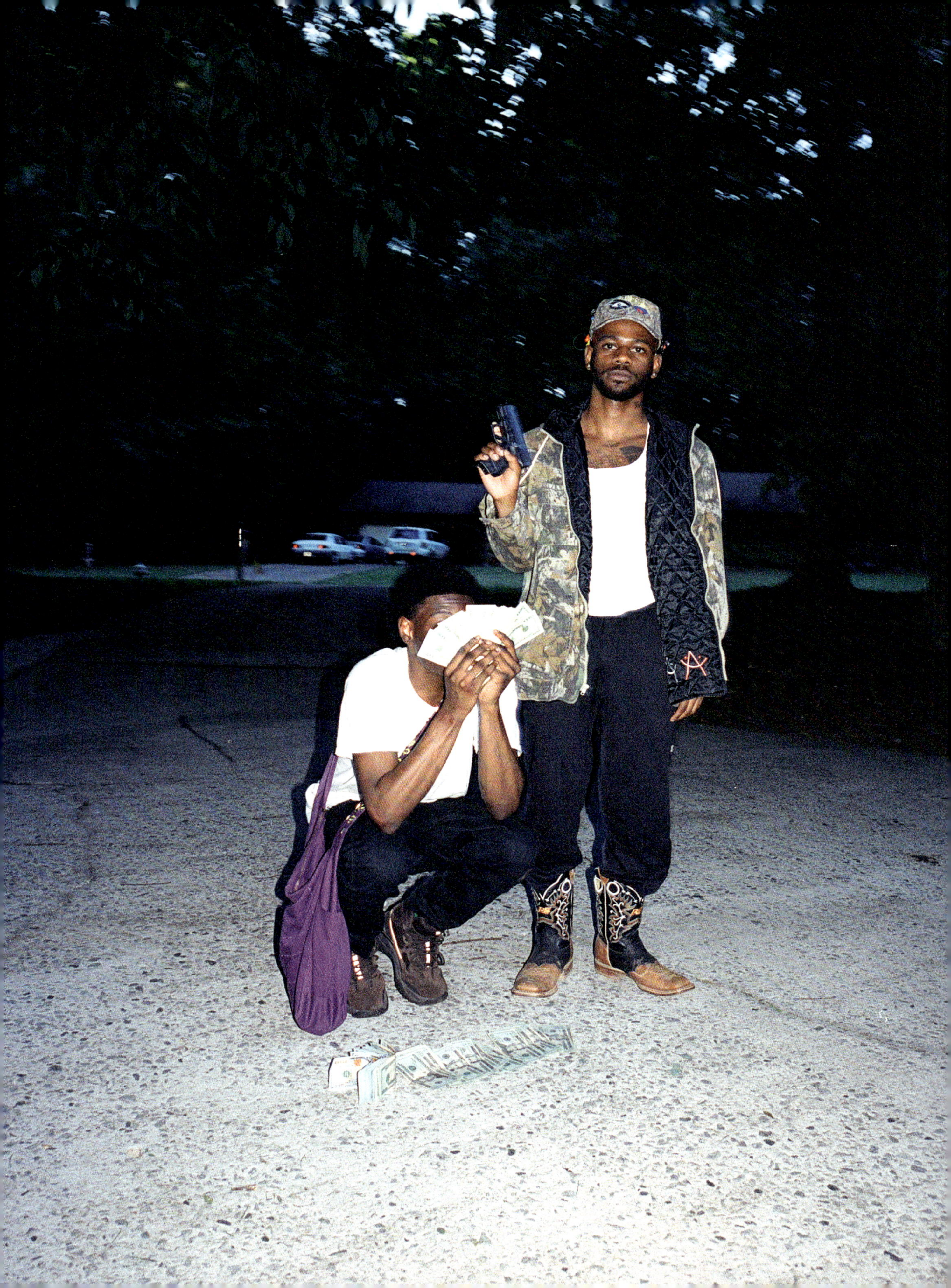

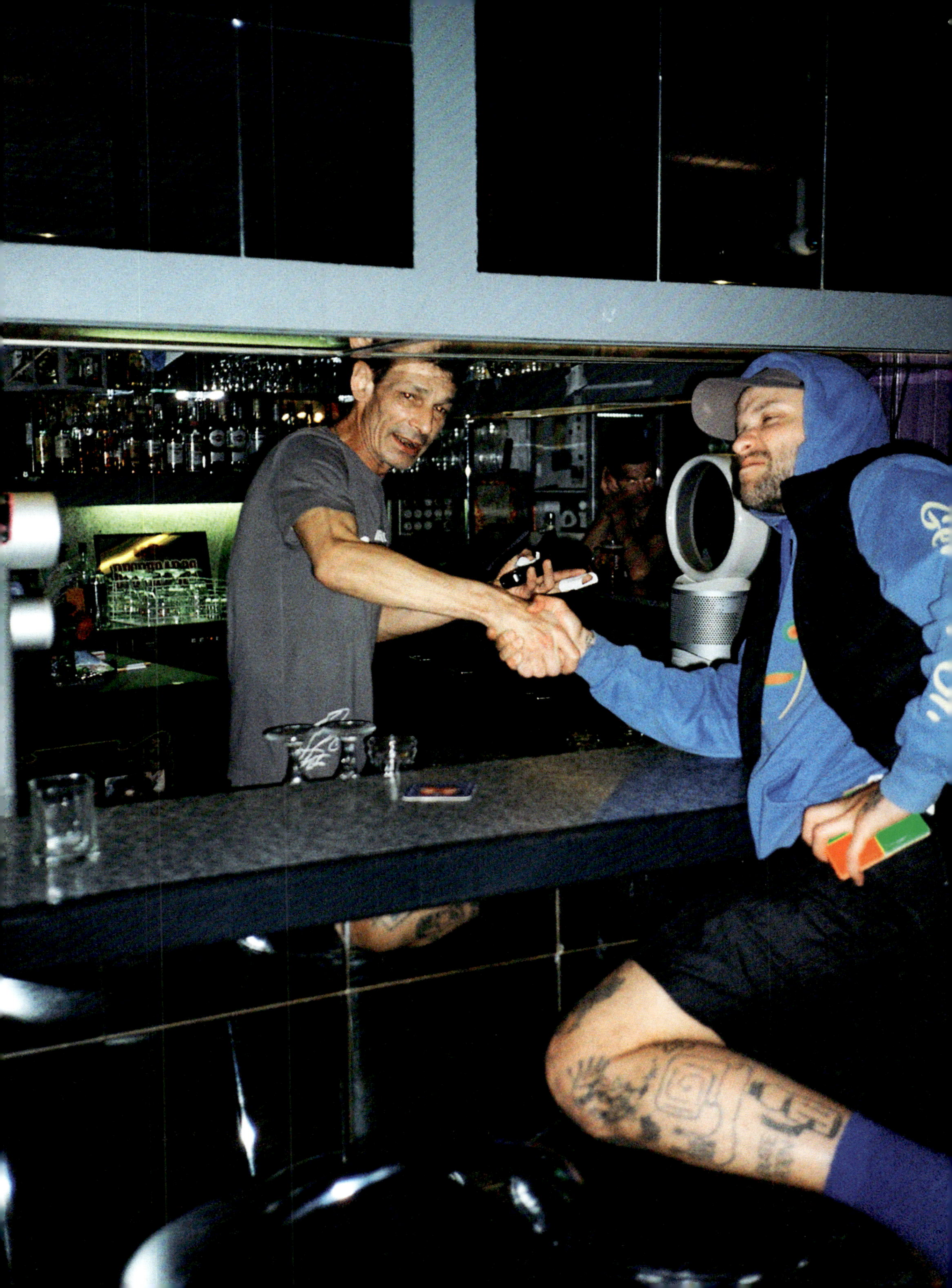

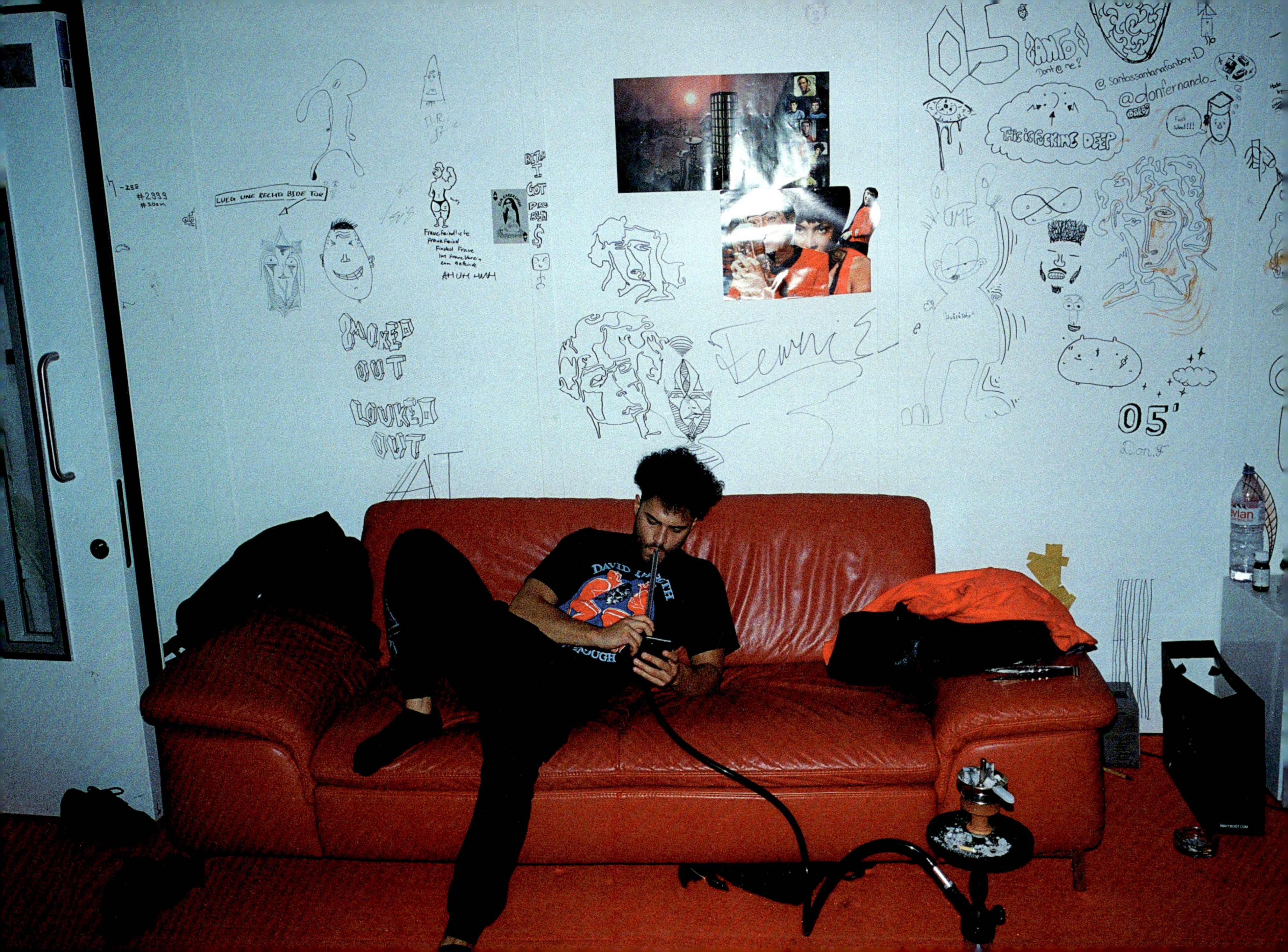

THIS IS FUCKING DEEP
@donfernando_
05'
SMOKED OUT
LOCKED OUT
LUEG UNE RECHTS BIDE TOR
DAVID LYNCH

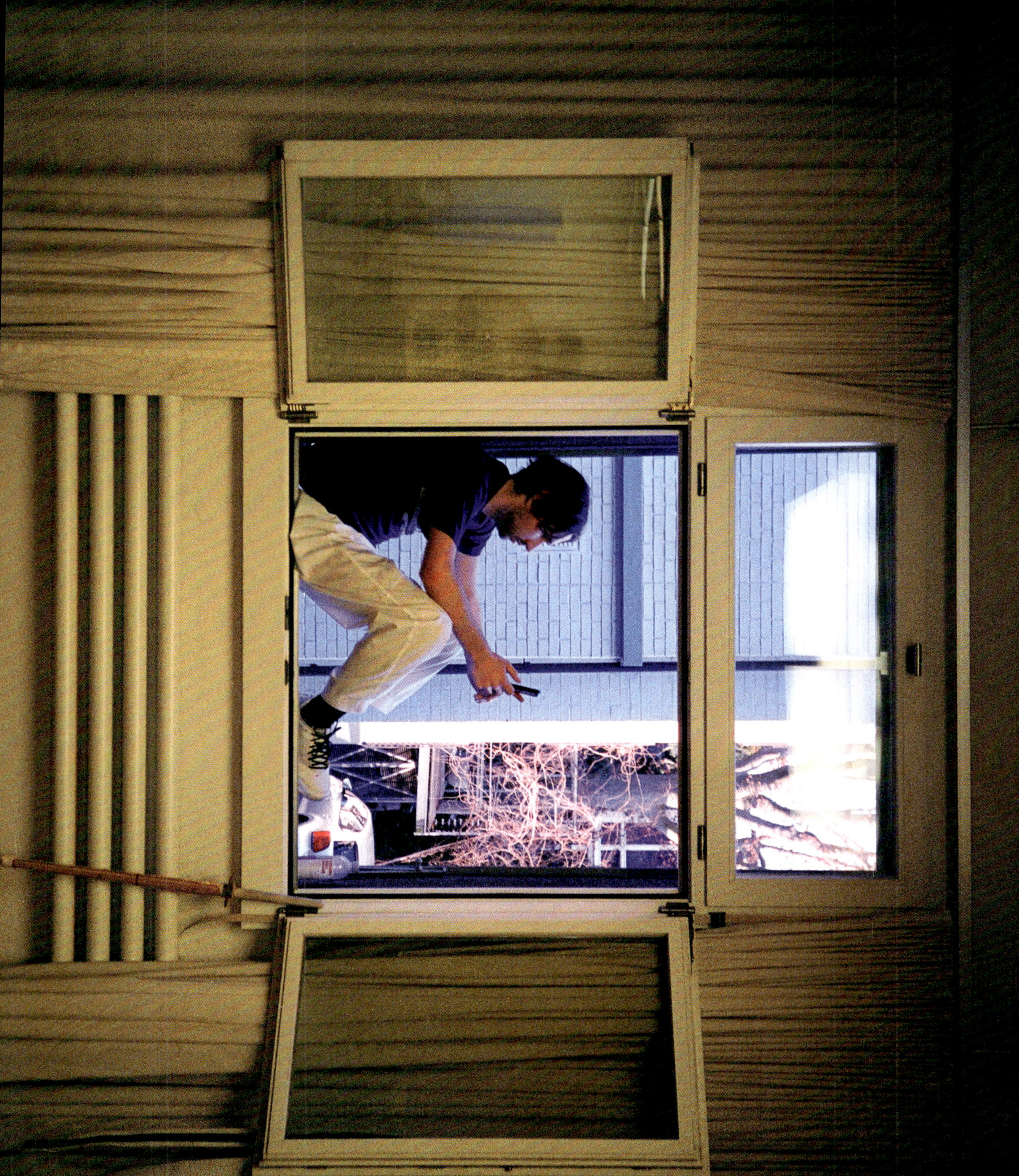

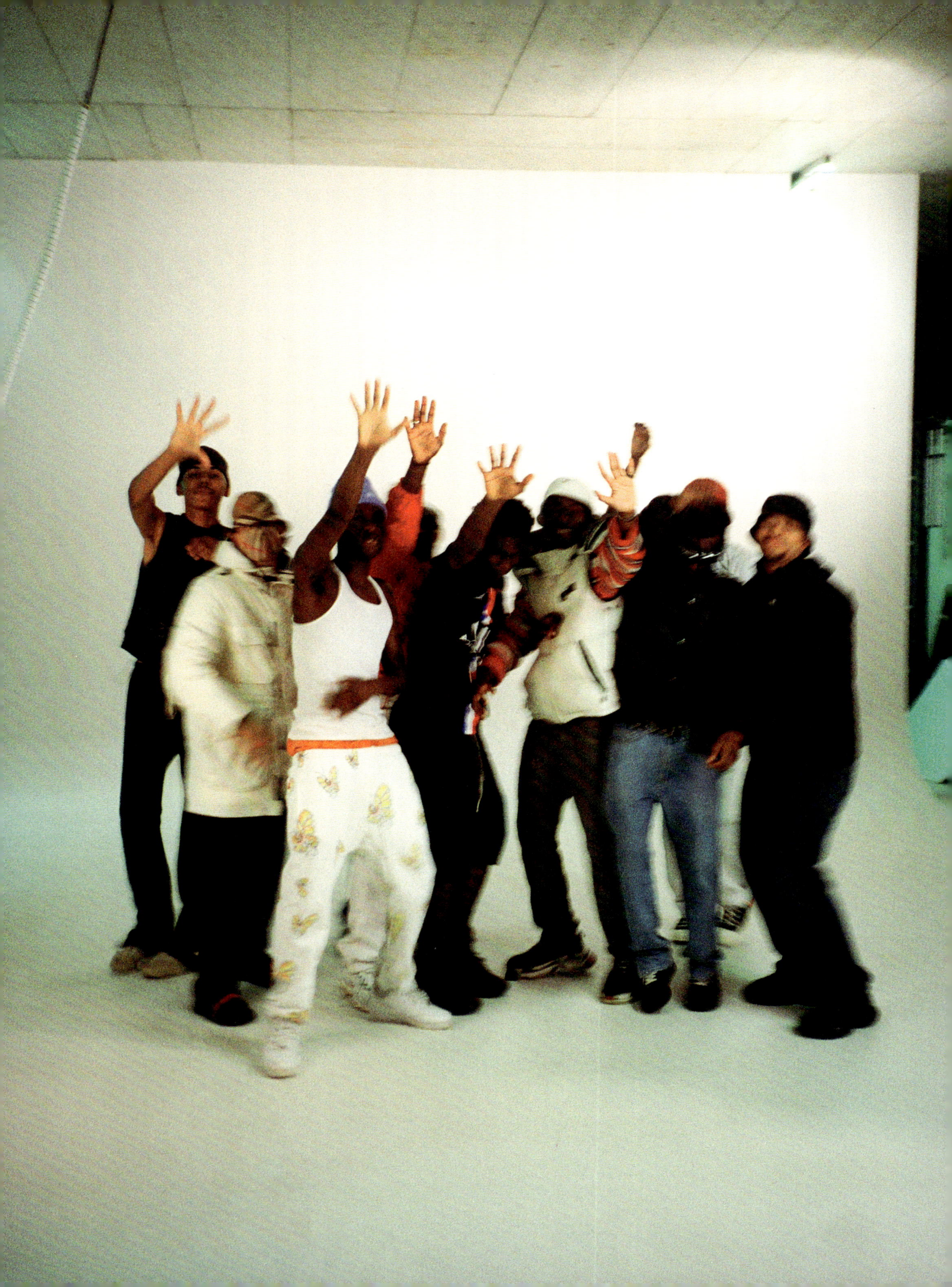

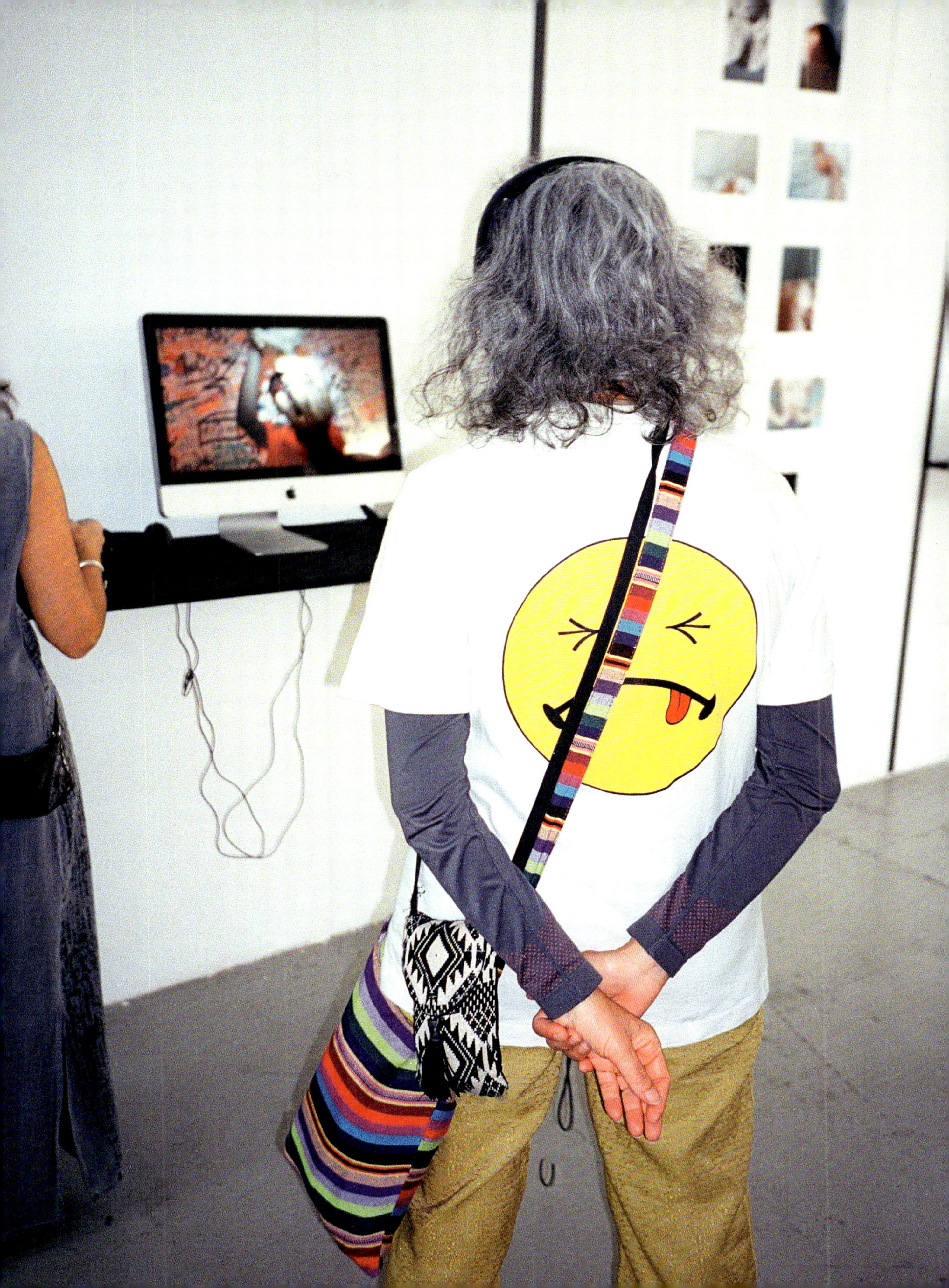

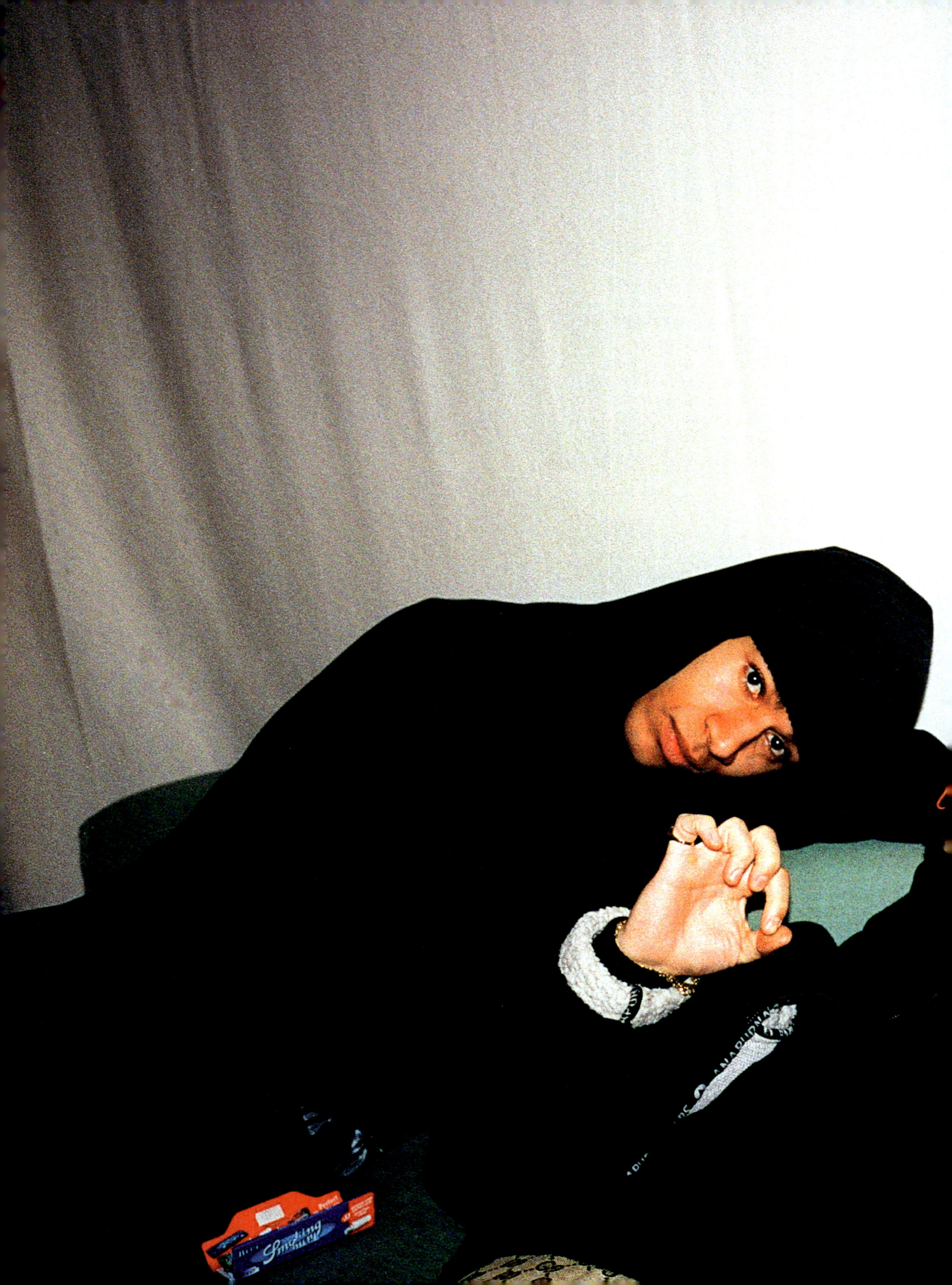

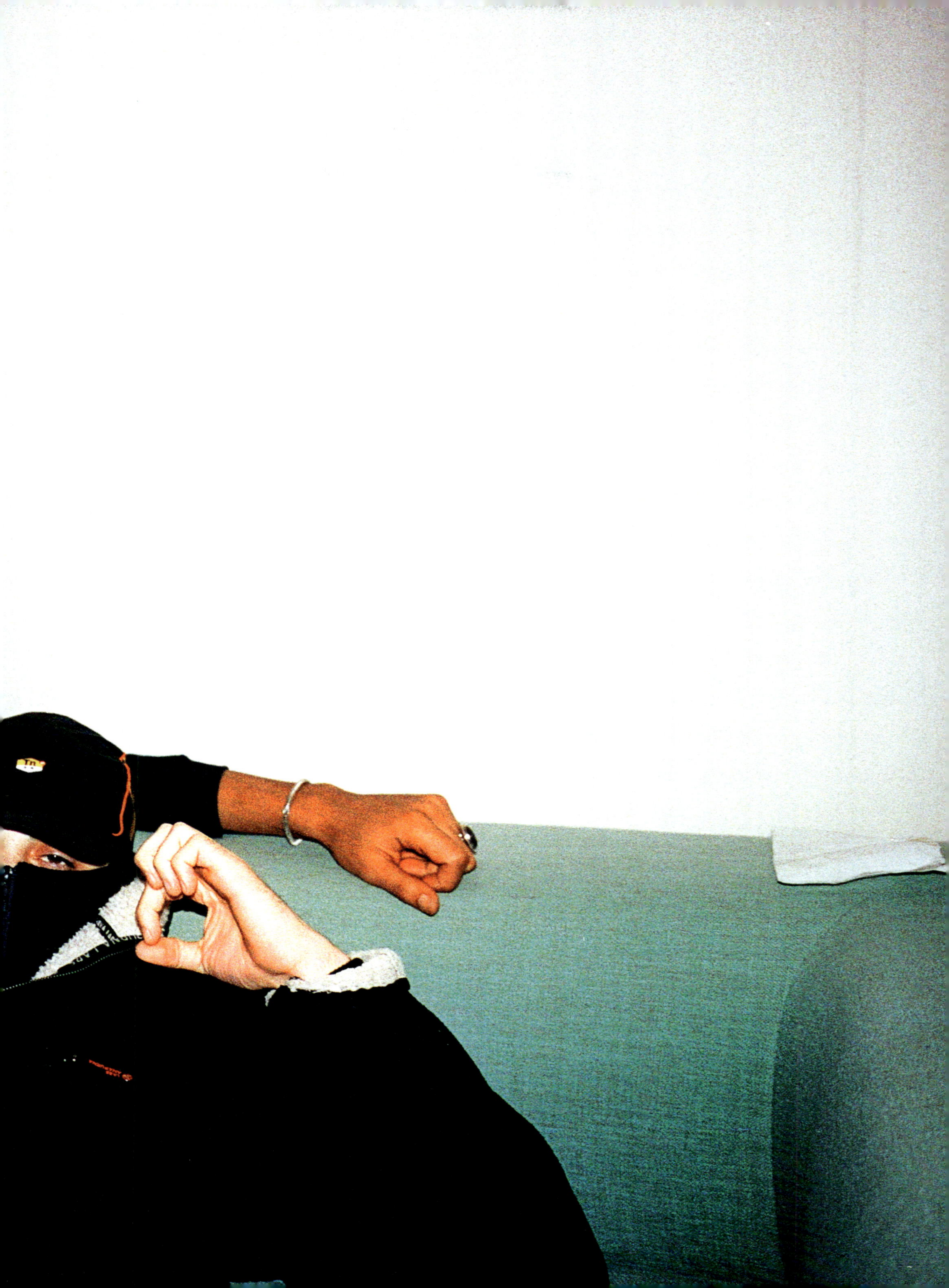

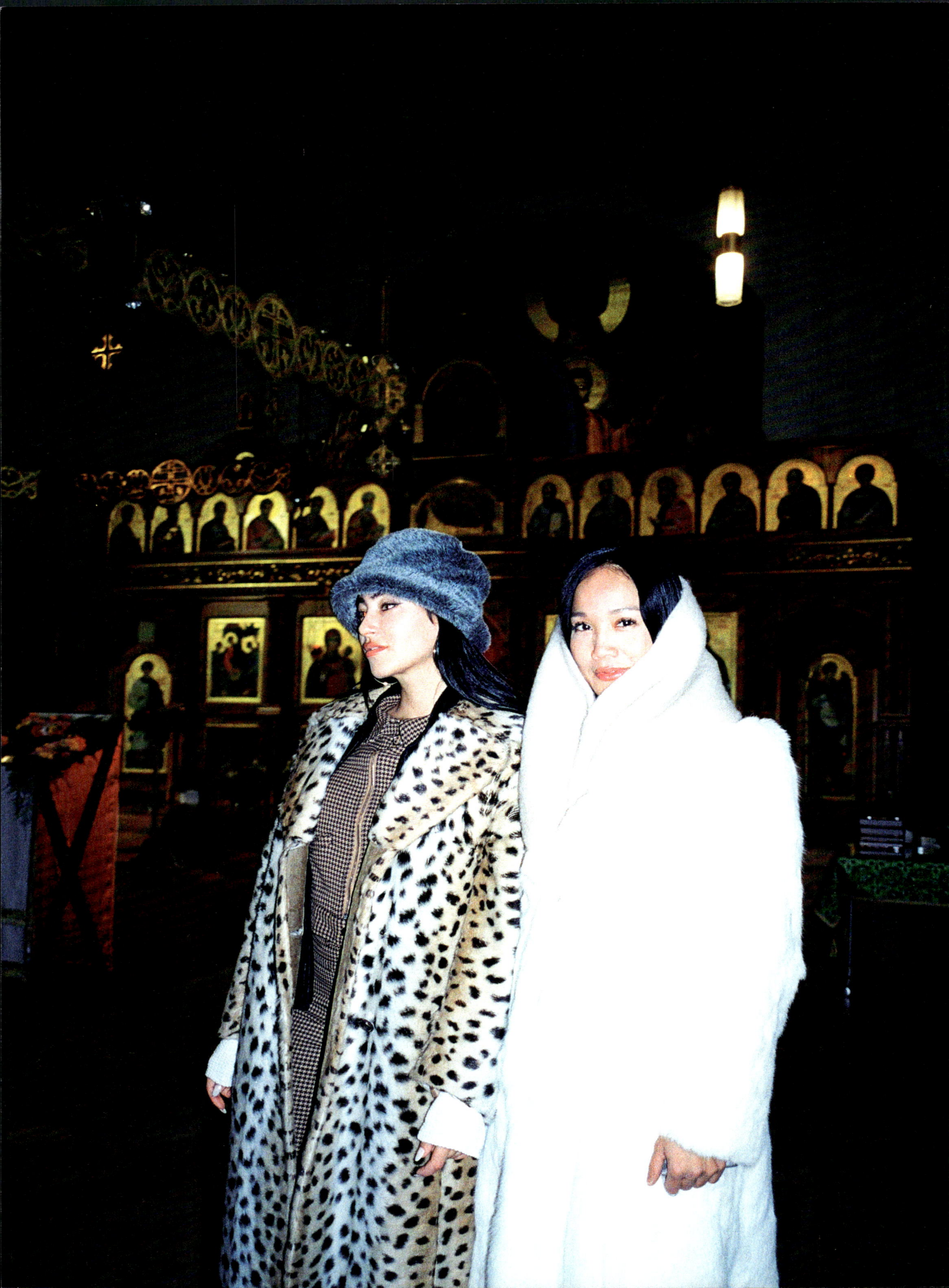

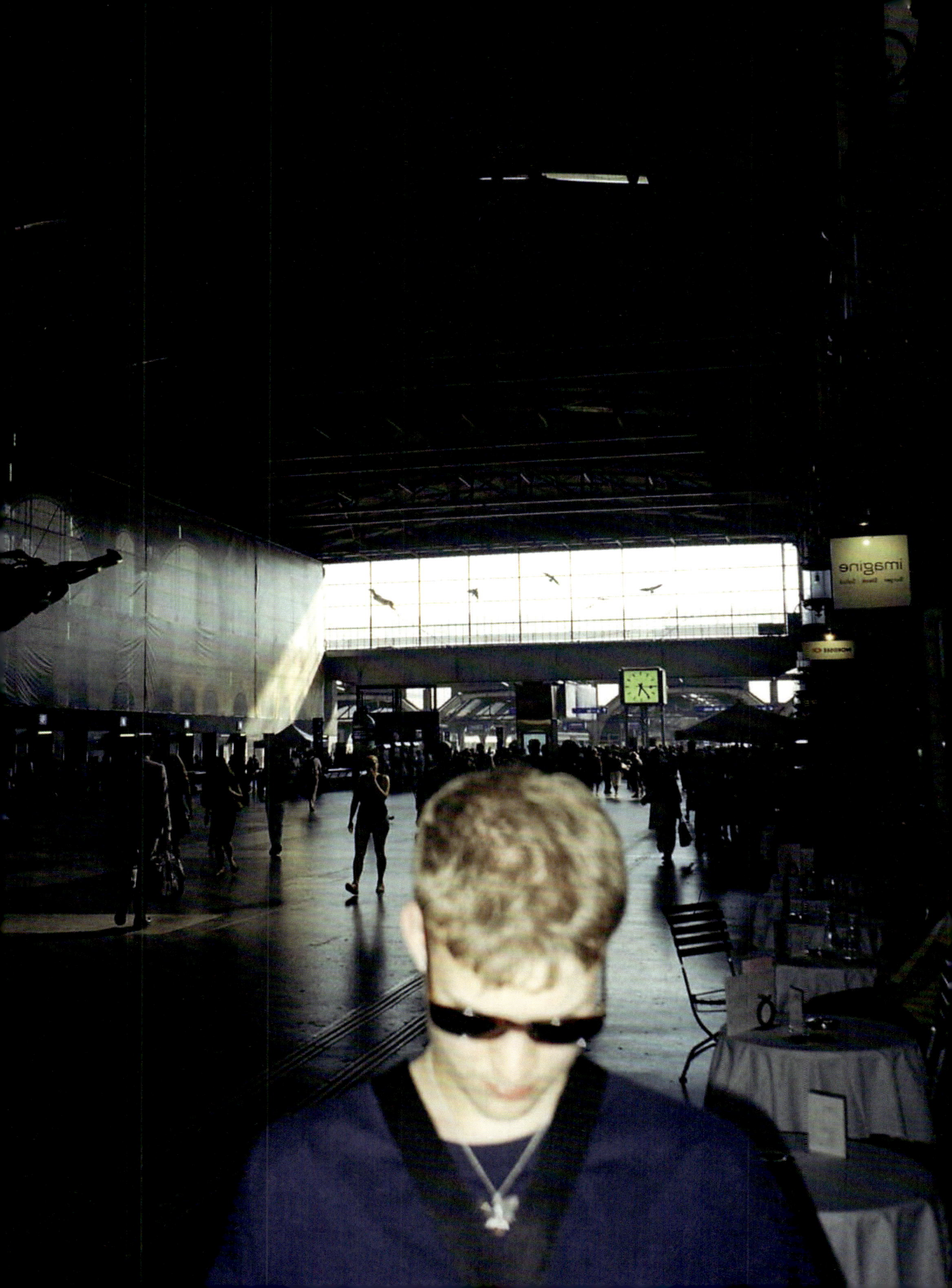
imagine

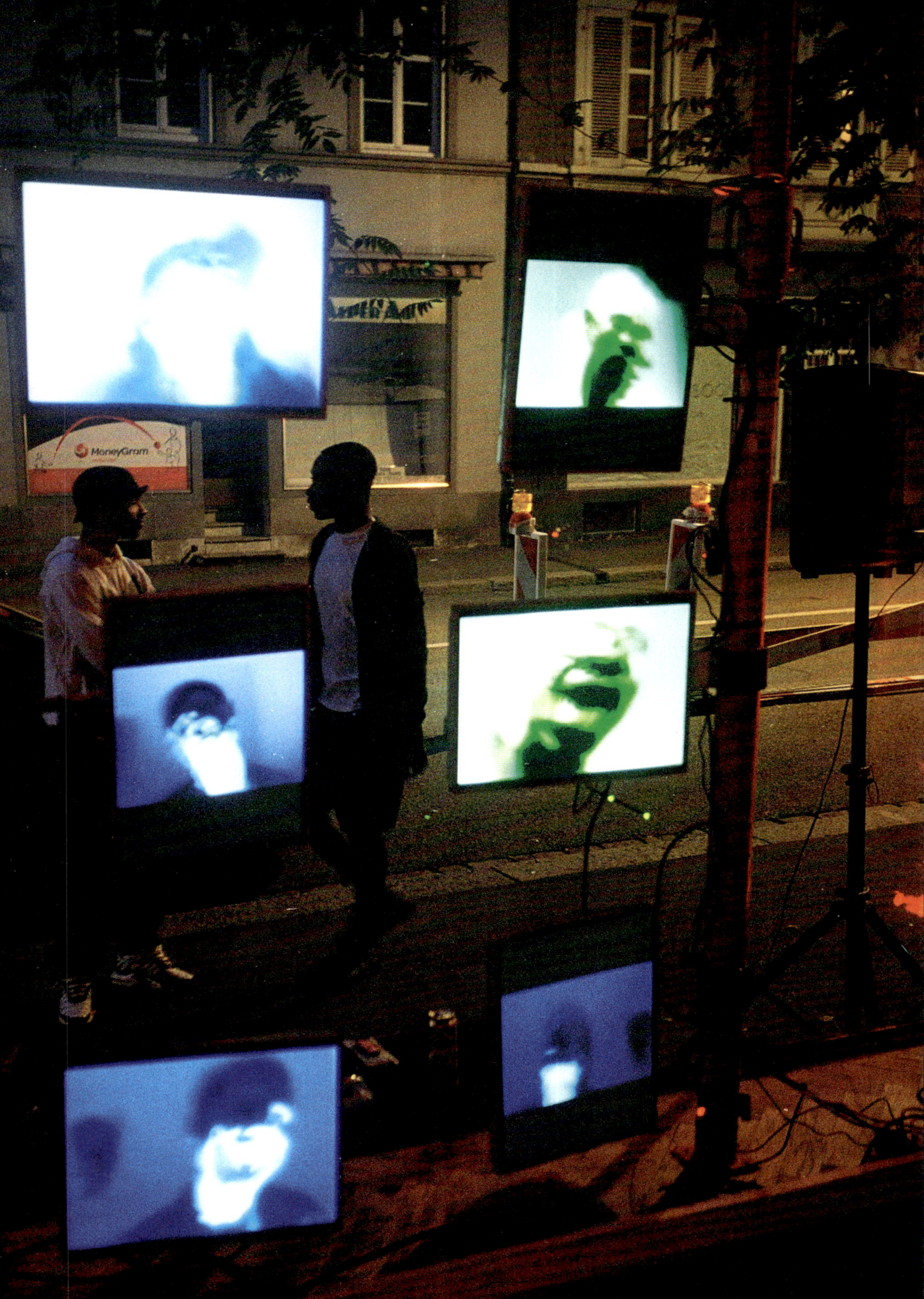
MoneyGram

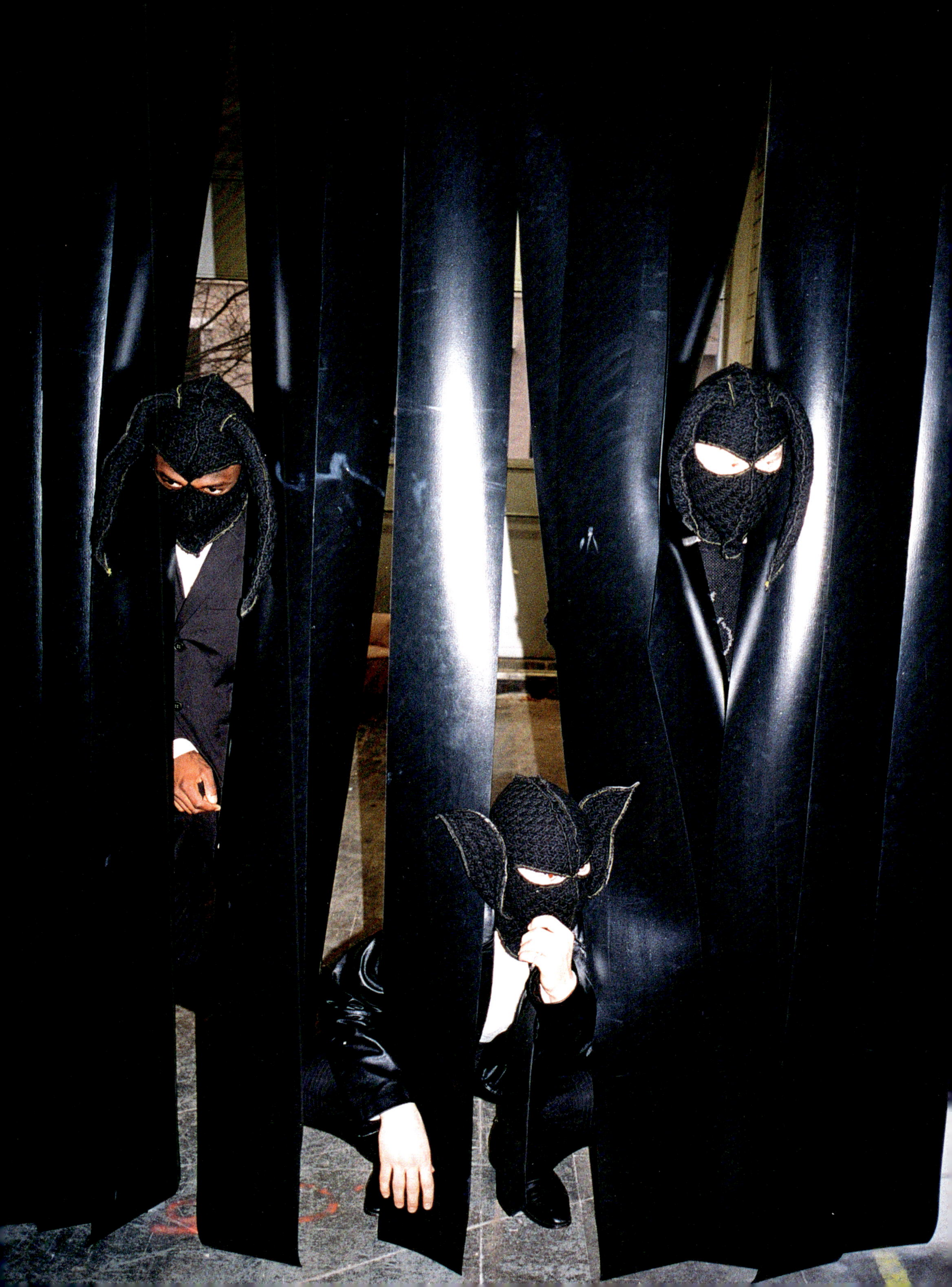

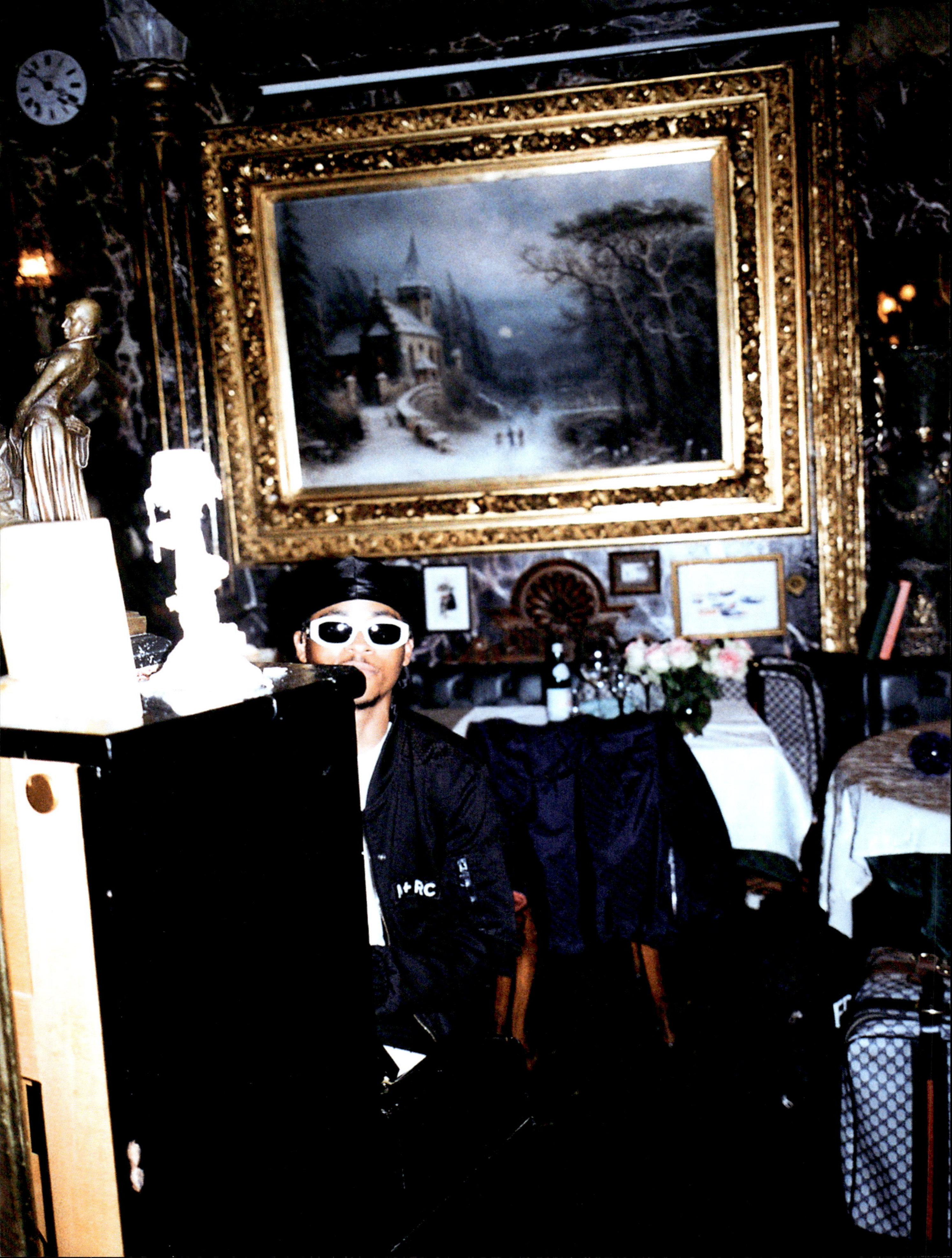

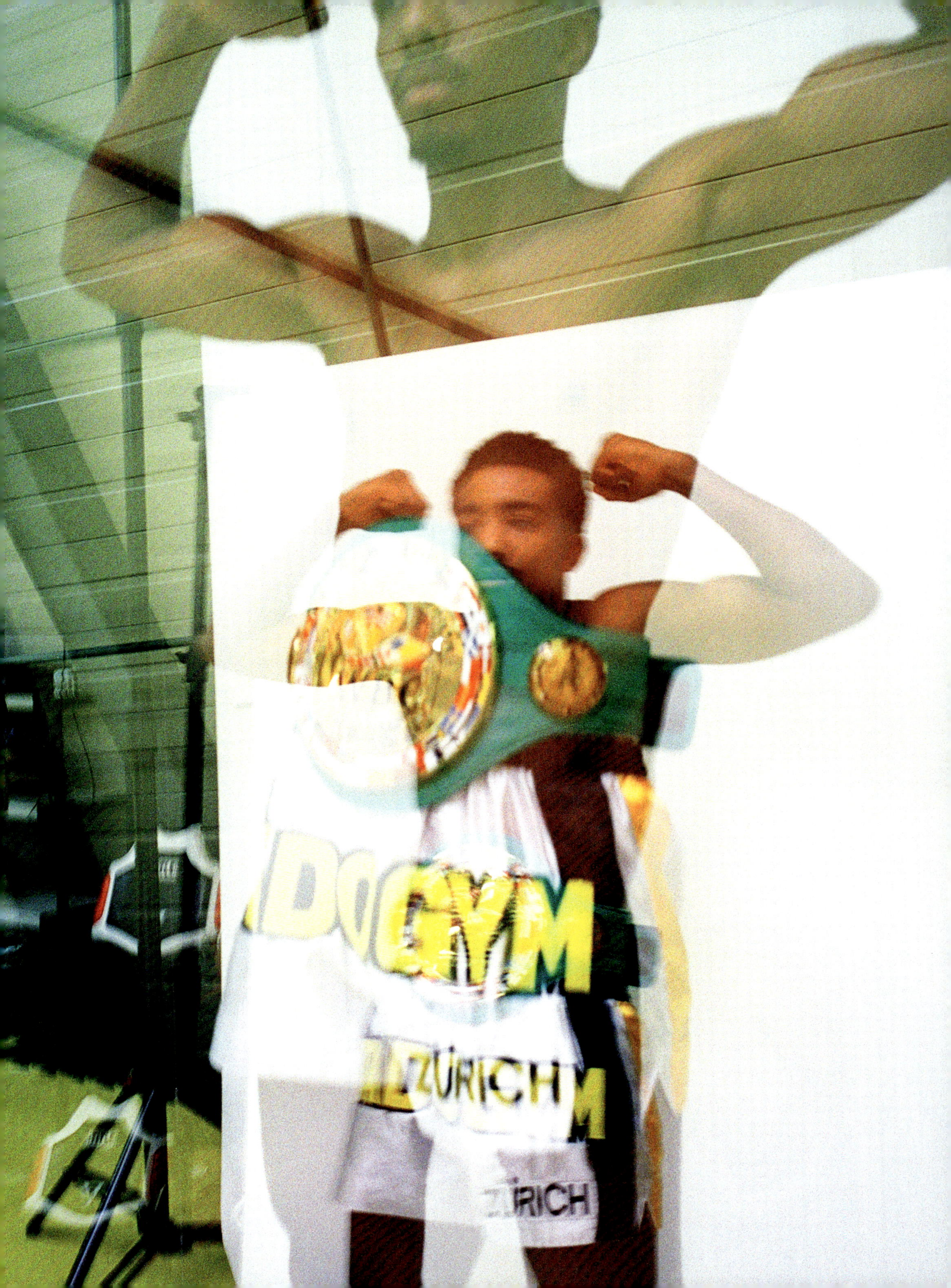
DOGYM
ZÜRICH

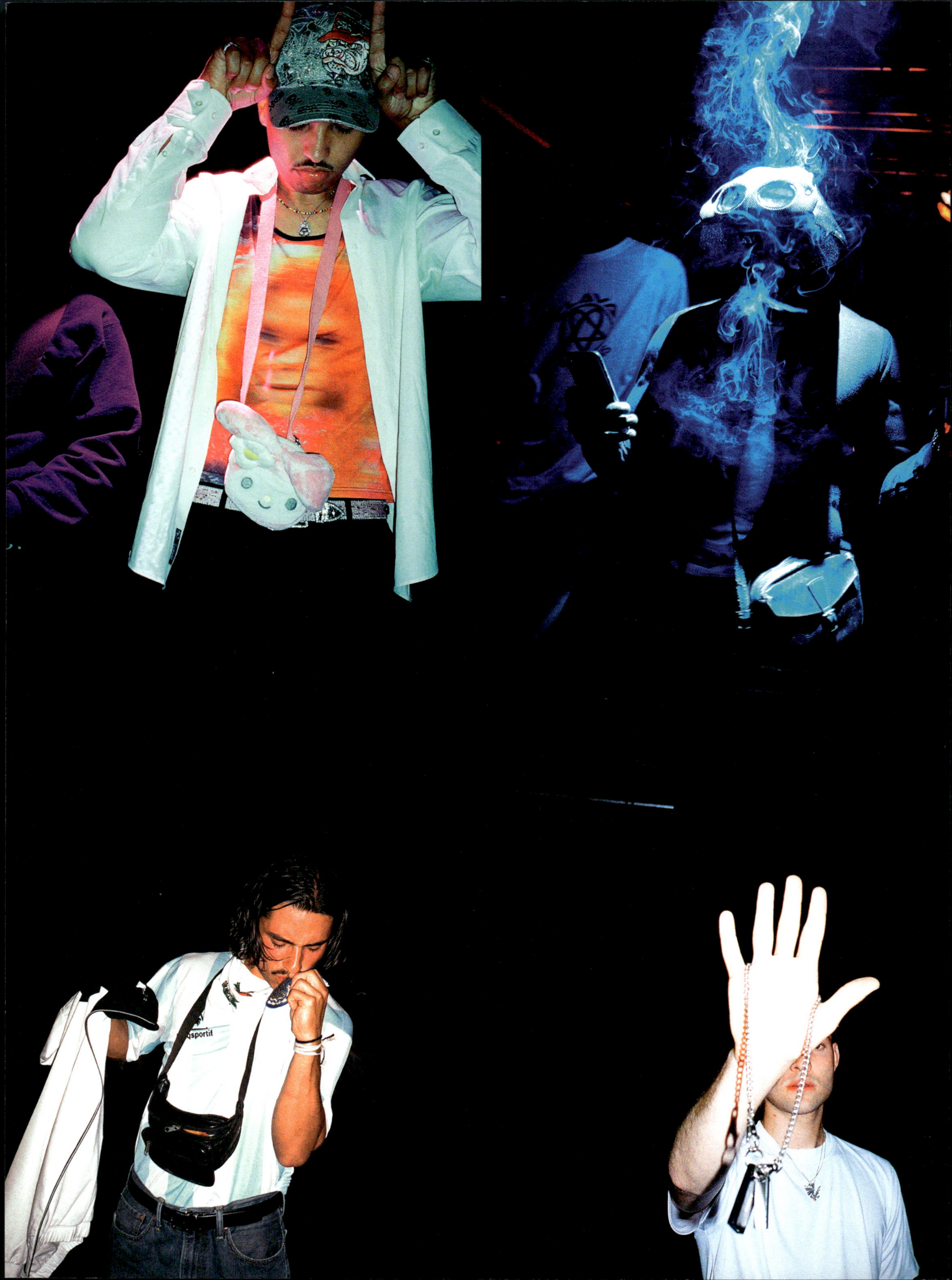
qsportif

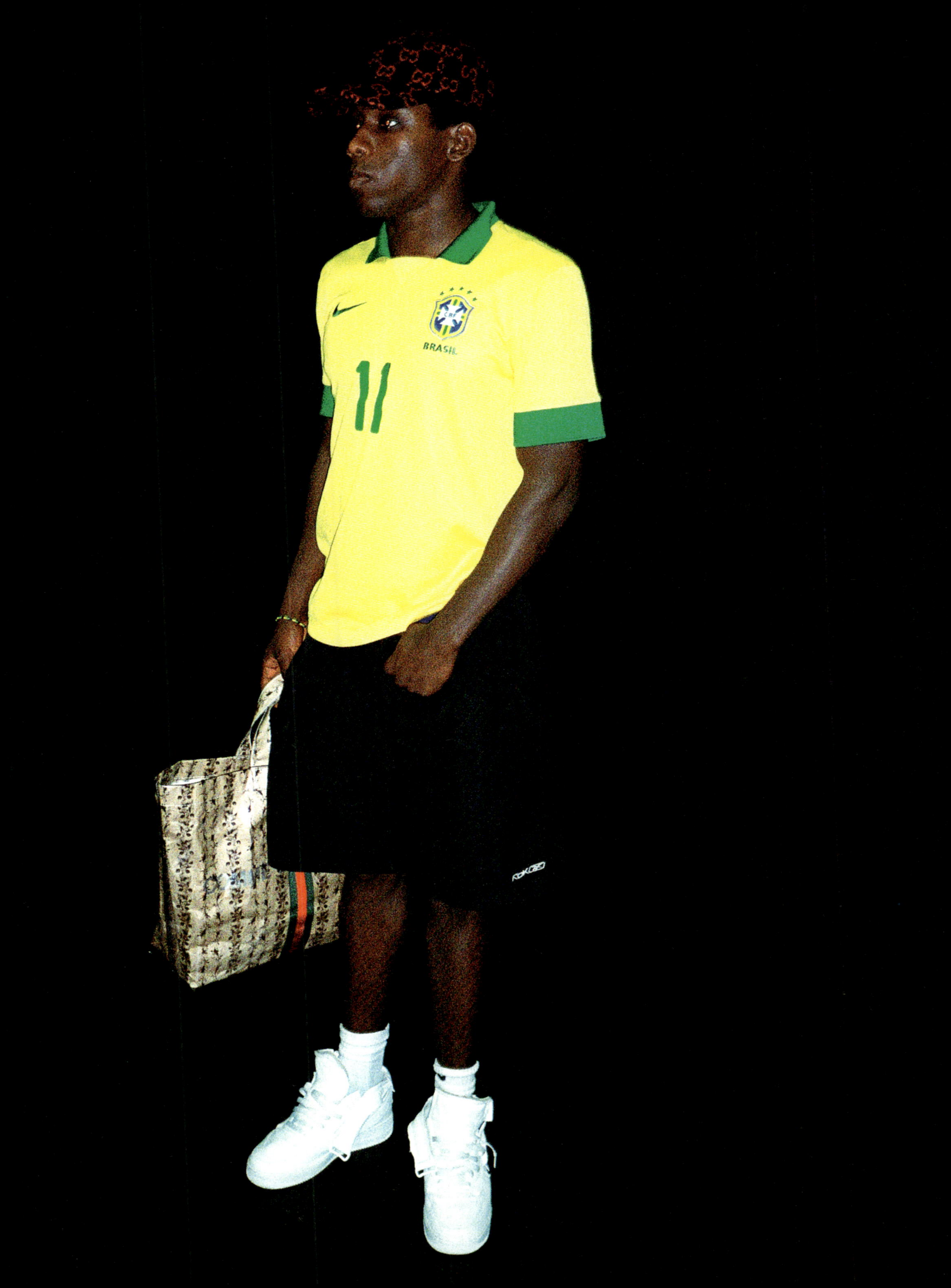
BRASIL
11

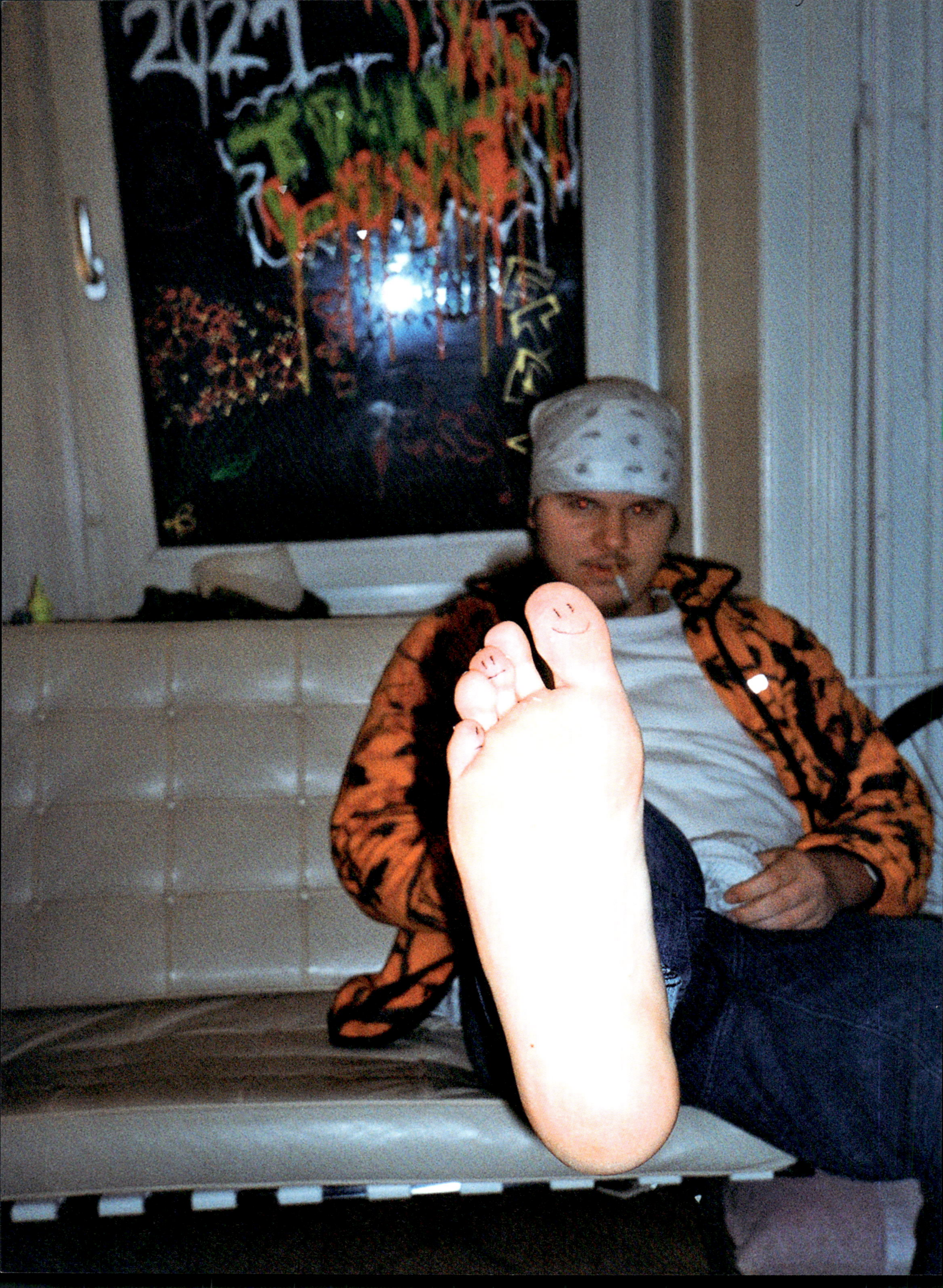

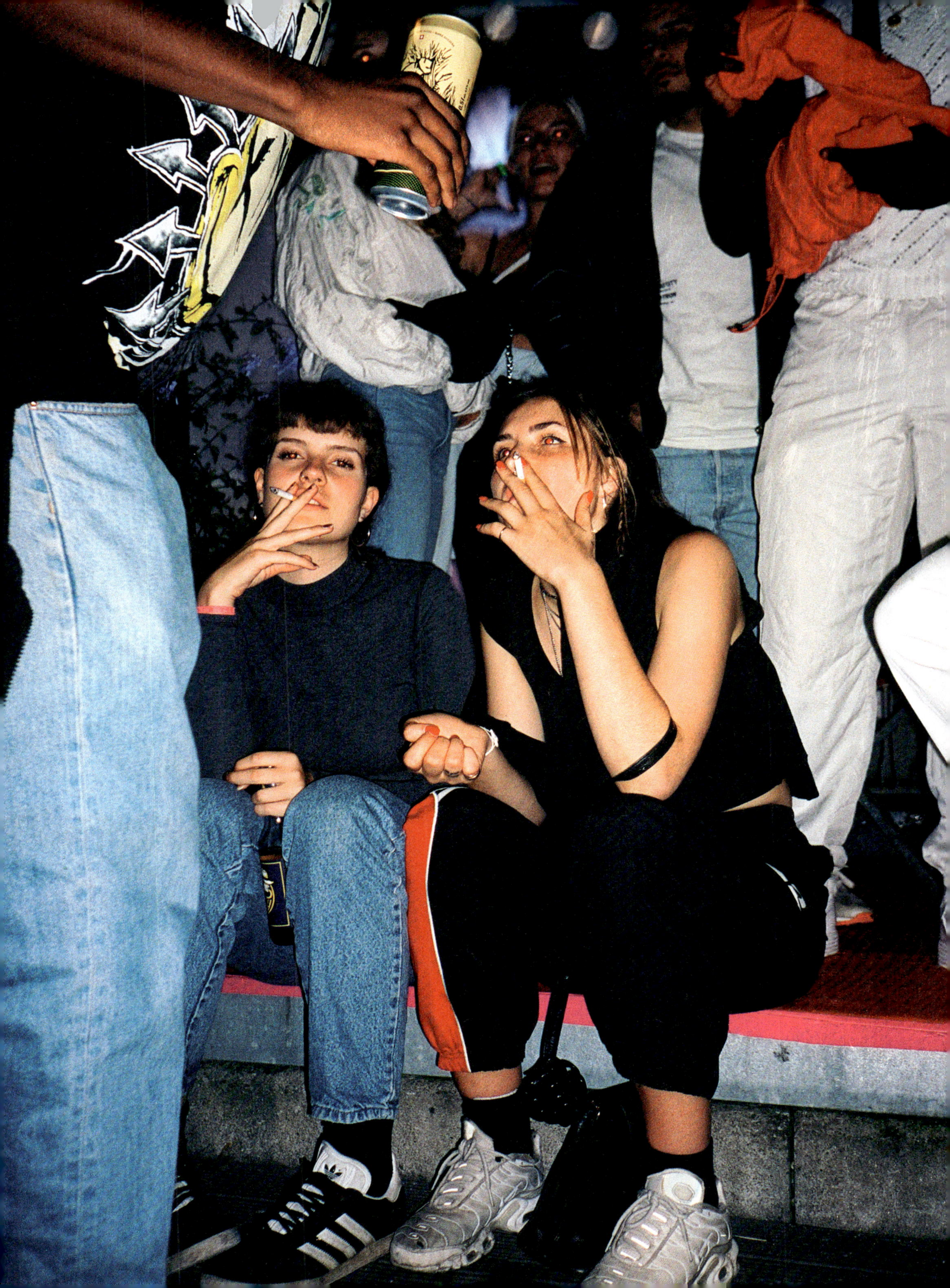

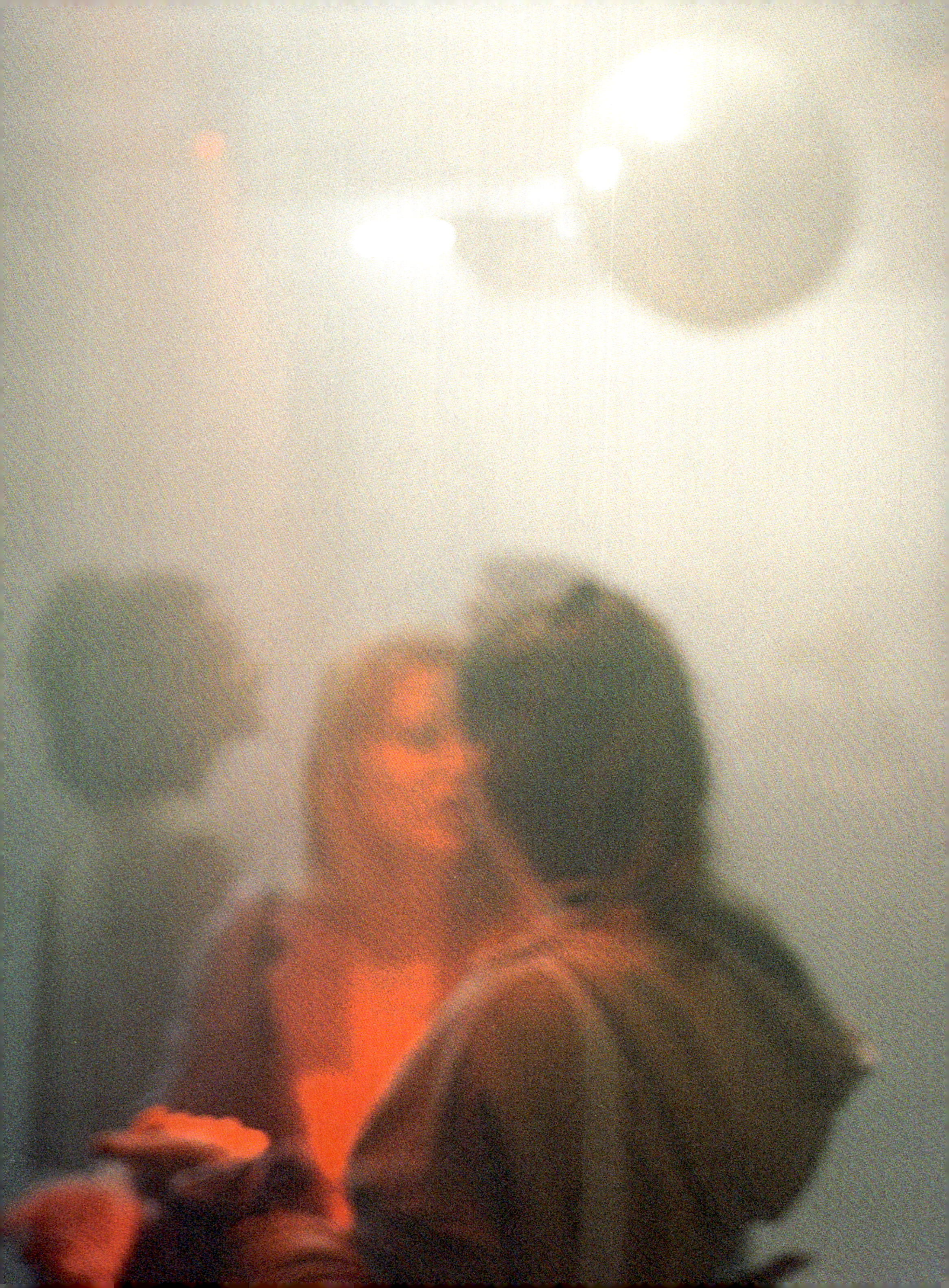

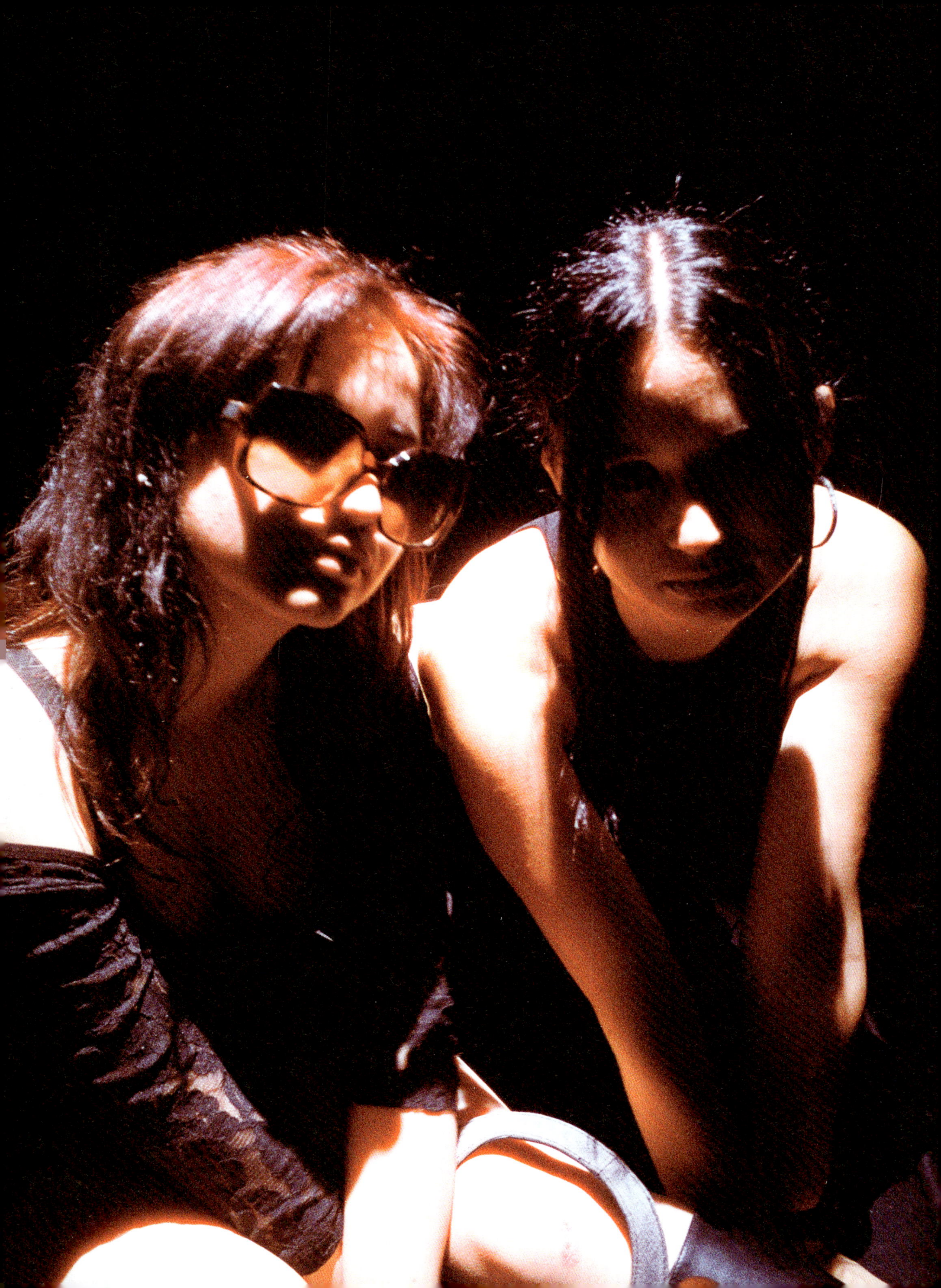

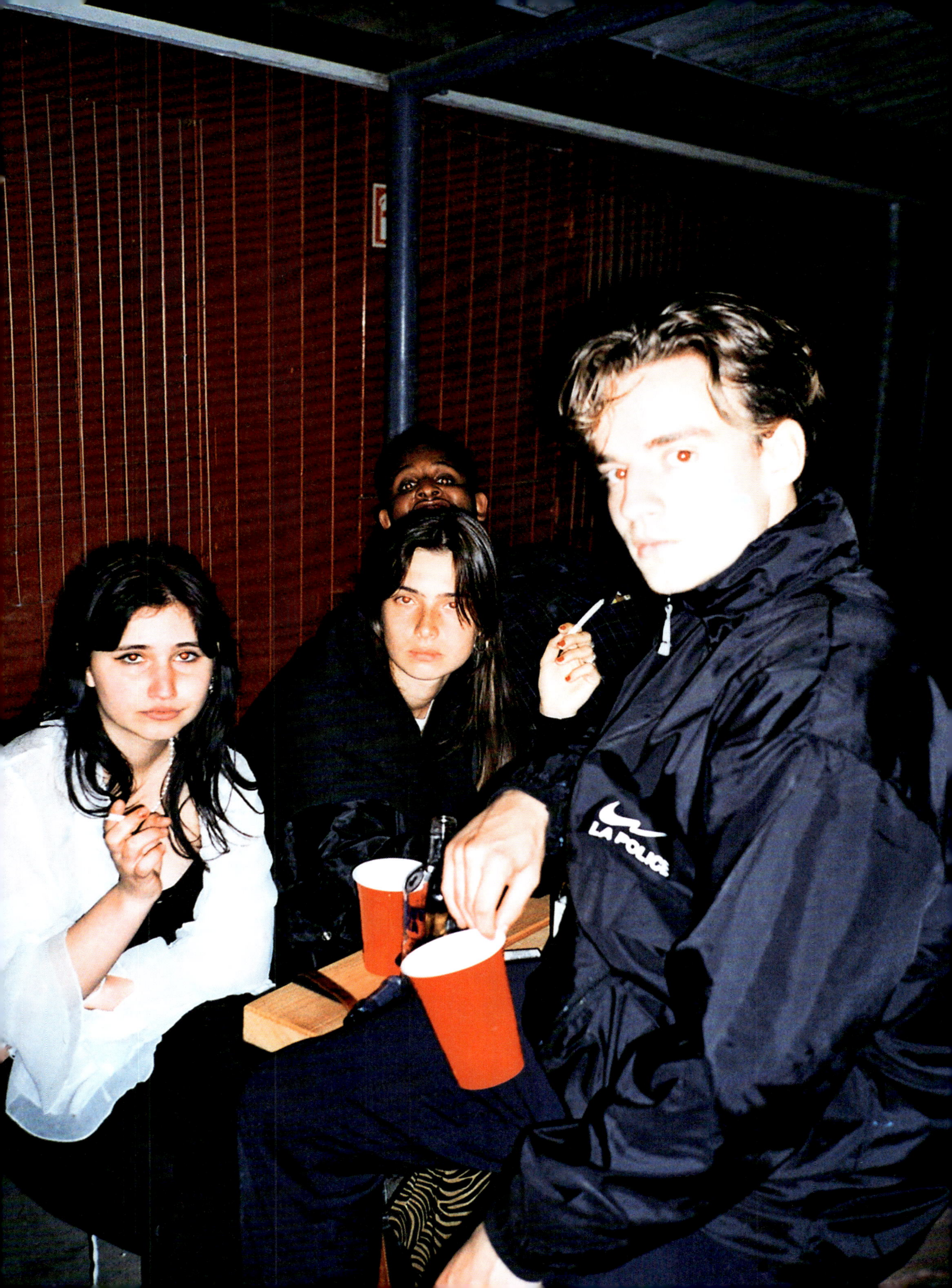
LA POLICE

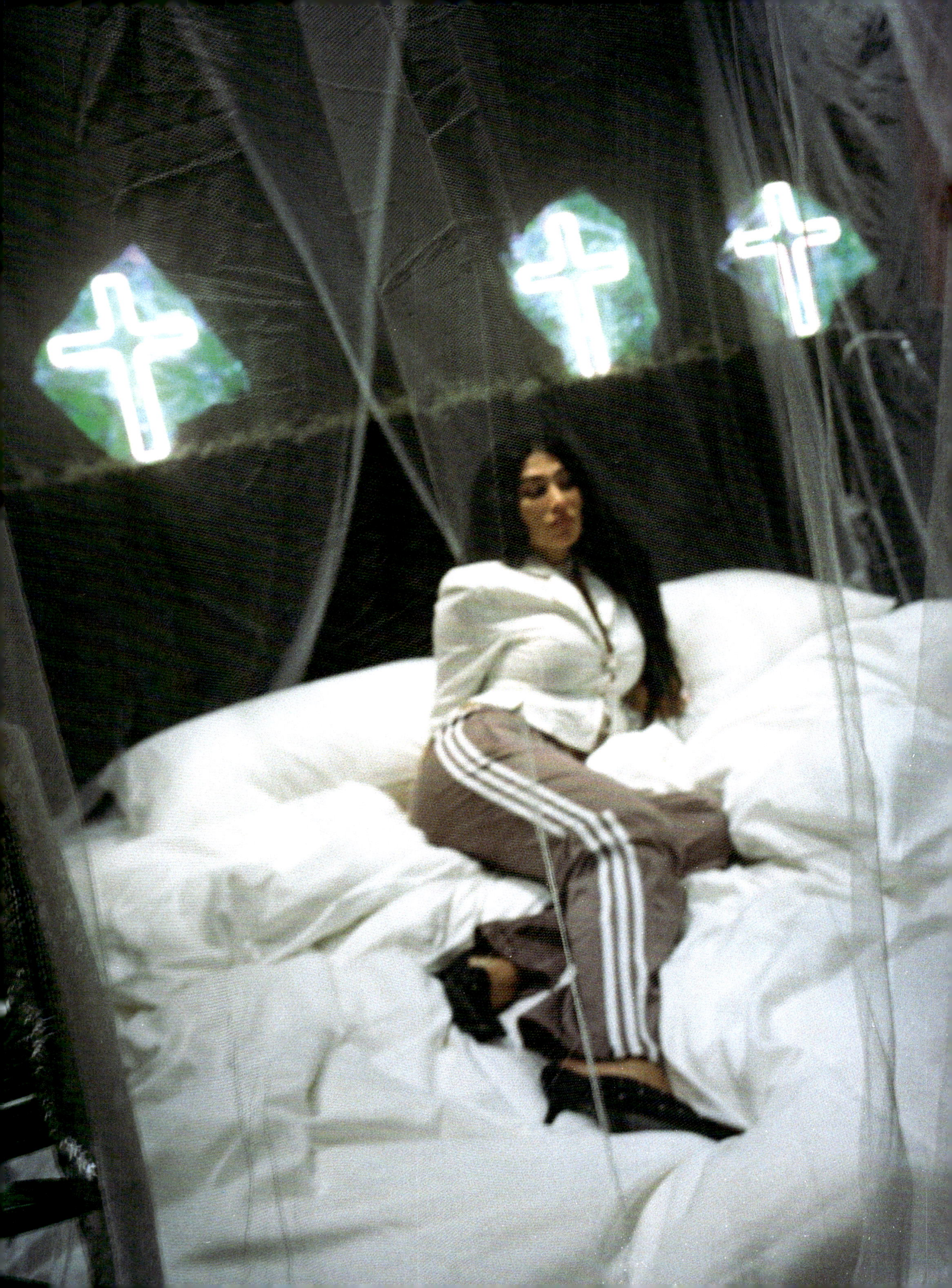

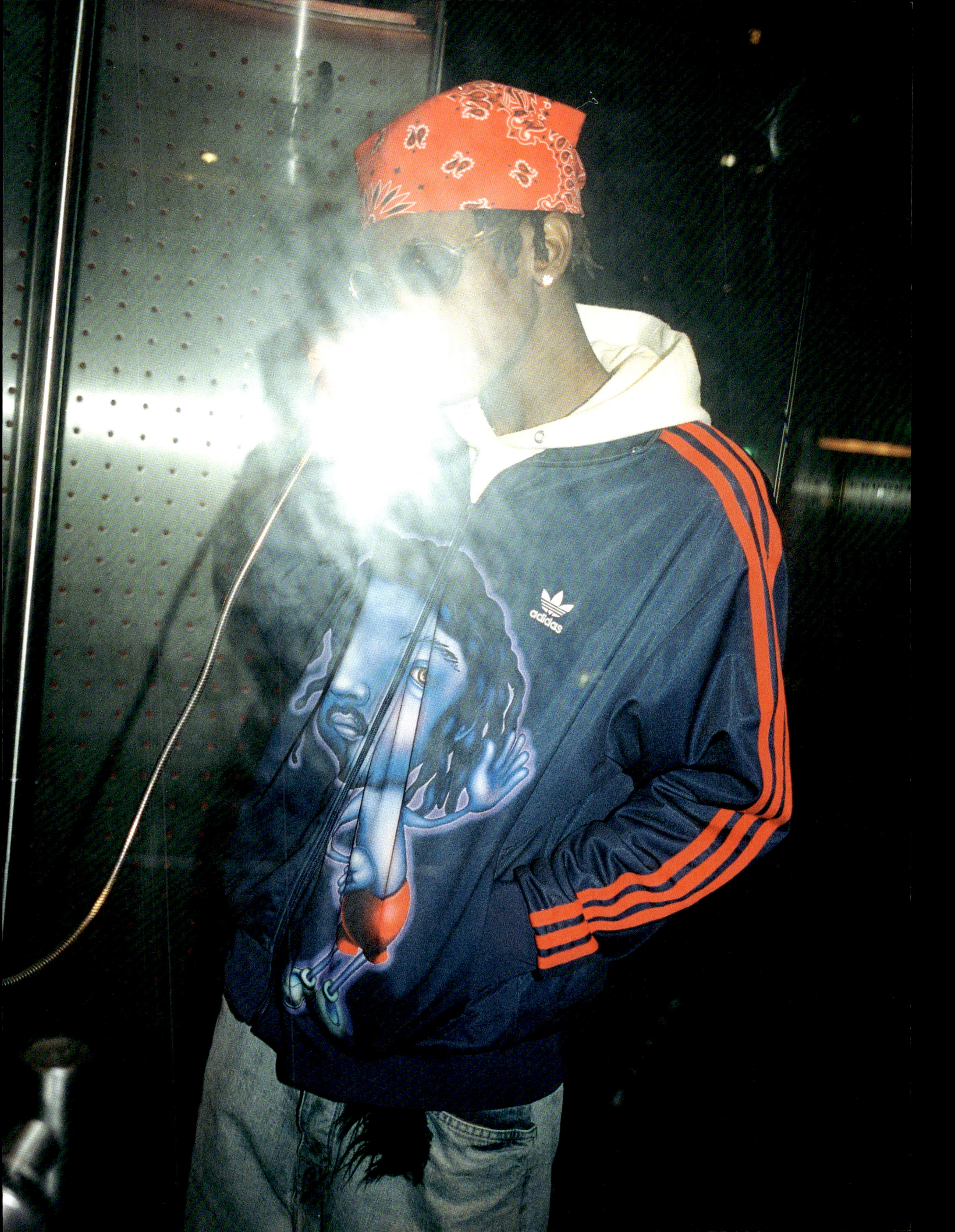
adidas

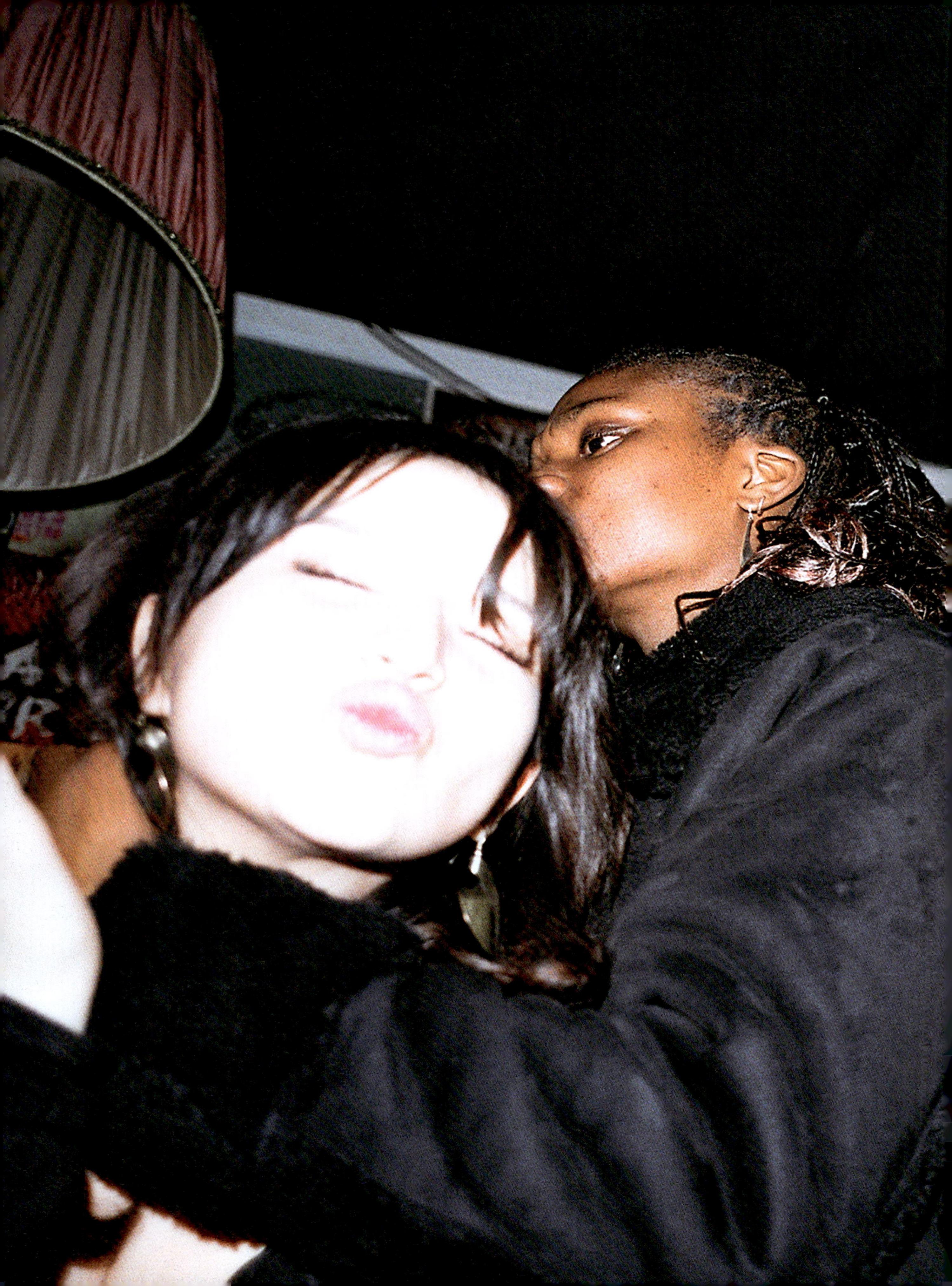

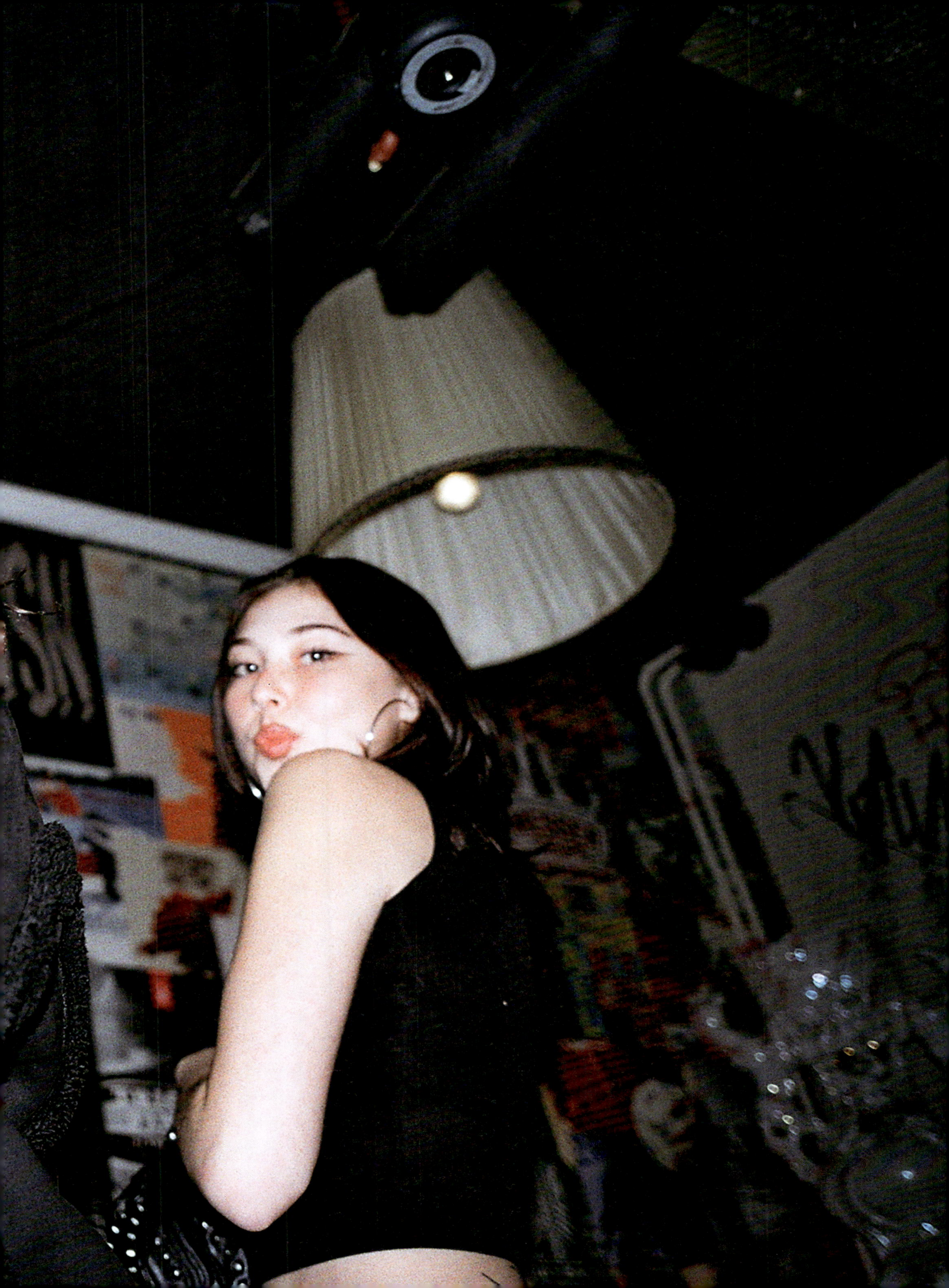

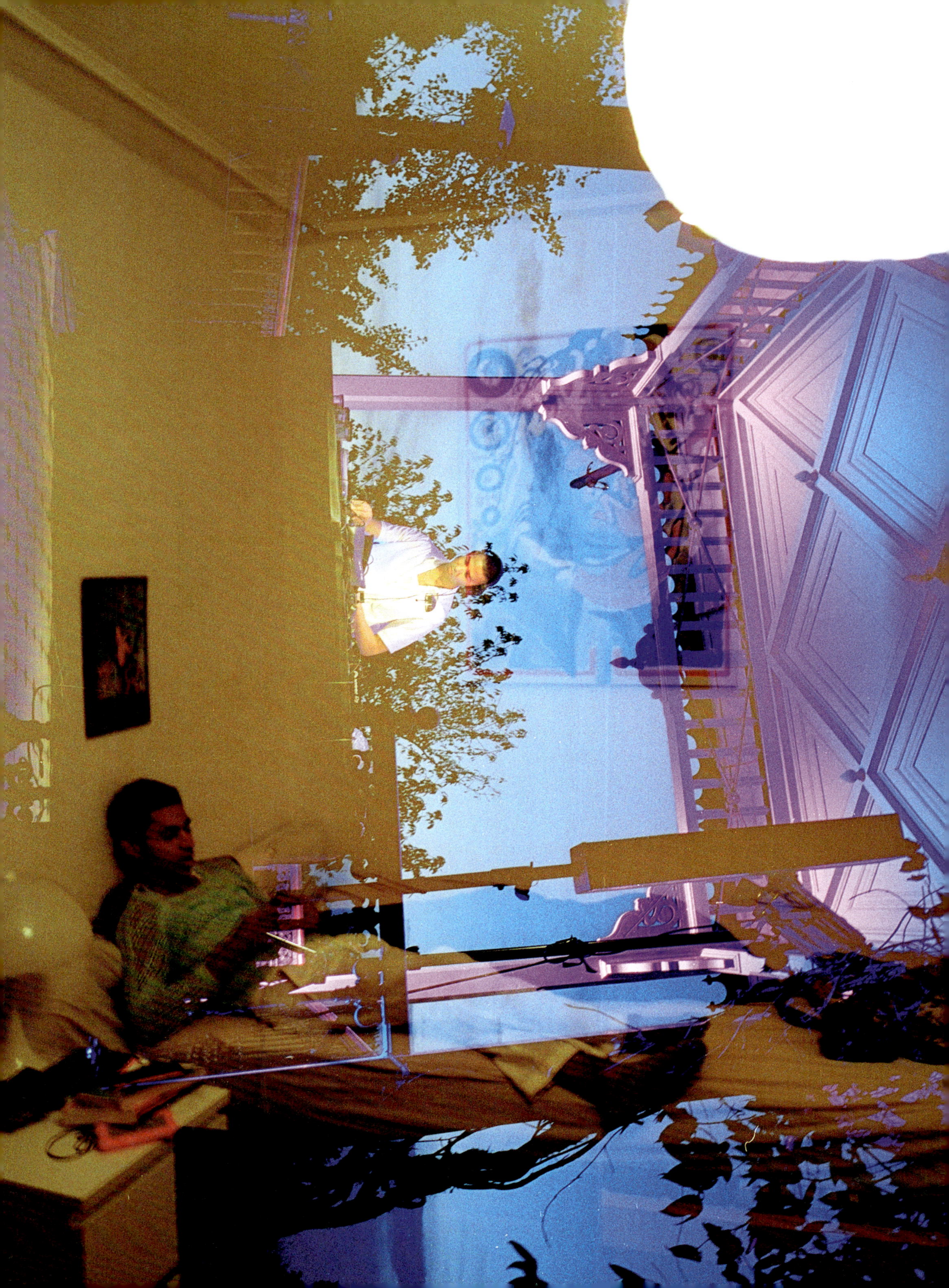

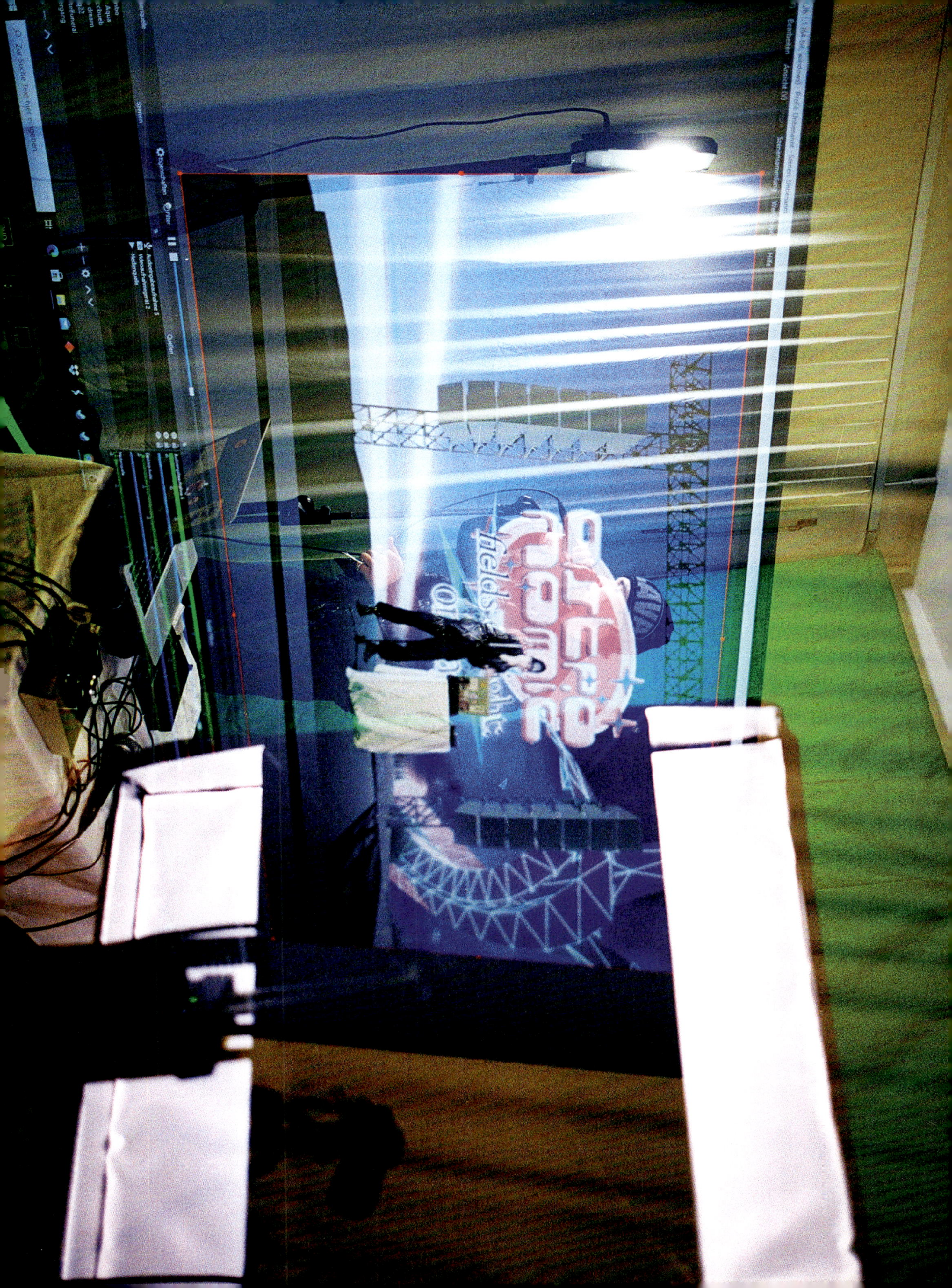

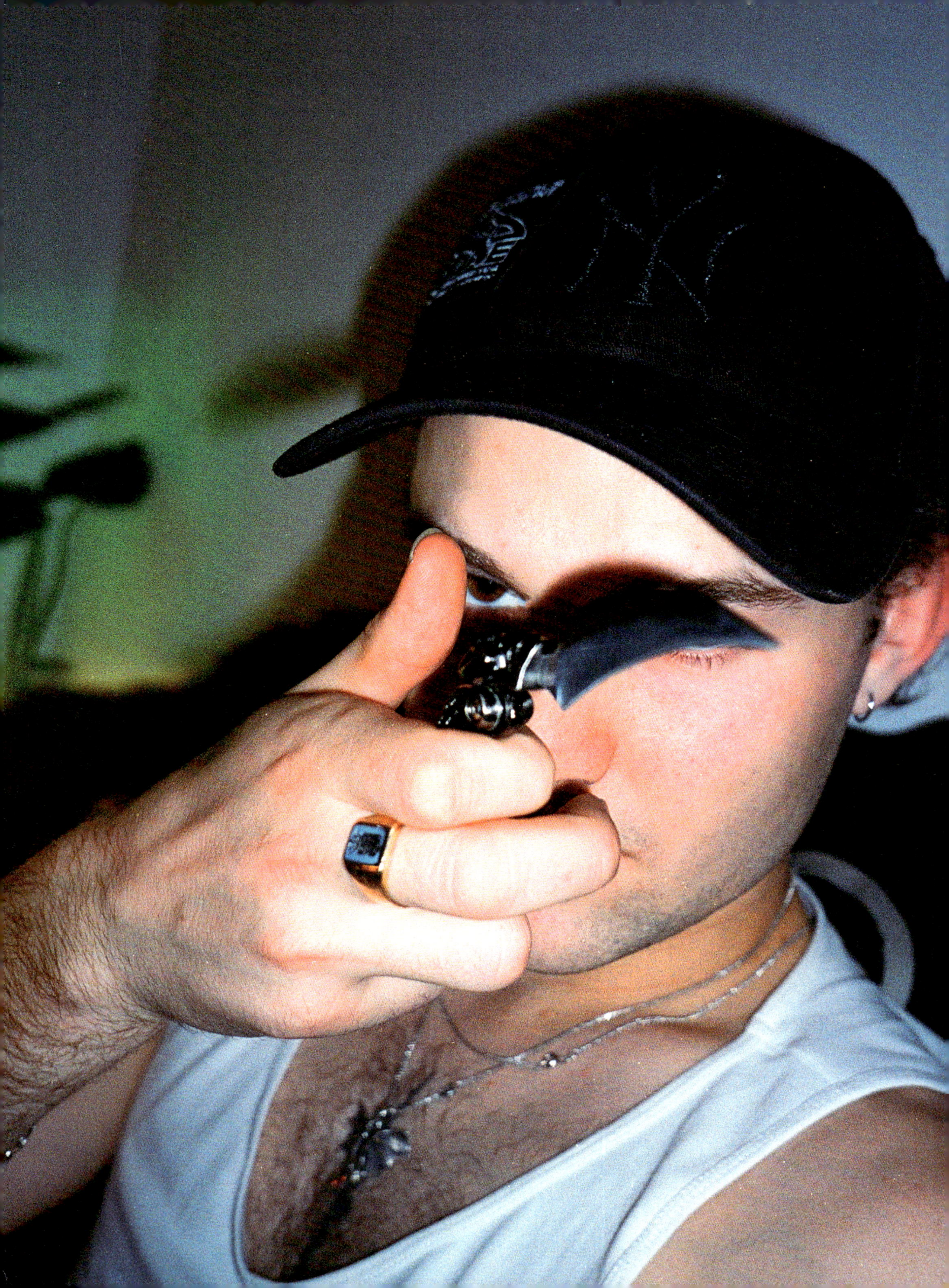

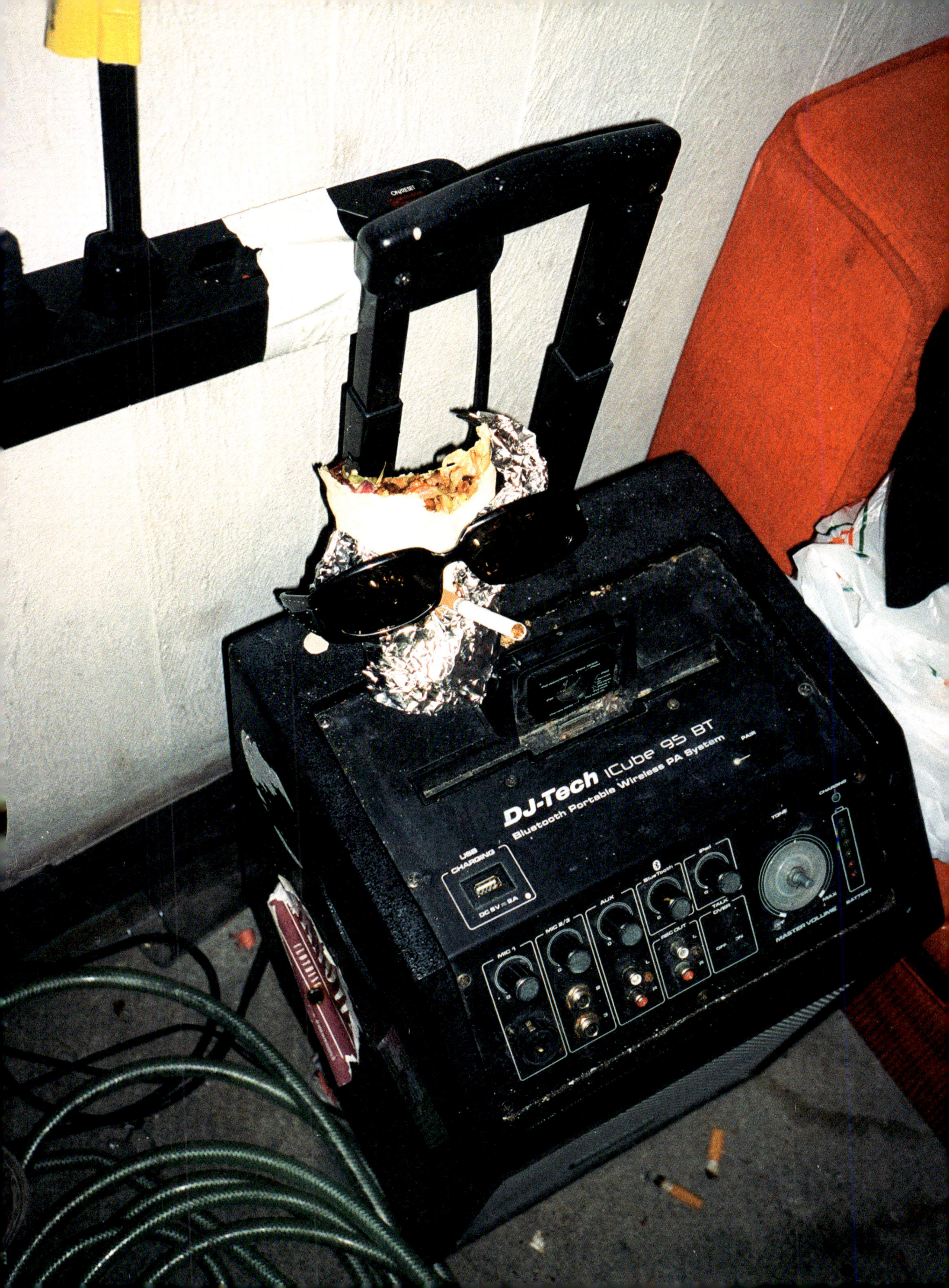
DJ-Tech iCube 95 BT
Bluetooth Portable Wireless PA System
USB CHARGING
DC 5V = 2A
MIC 1
MIC 2/3
AUX
BlueTooth
TALK OVER
REC OUT
TONE
MASTER VOLUME
BATTERY
CHARGING
PAIR

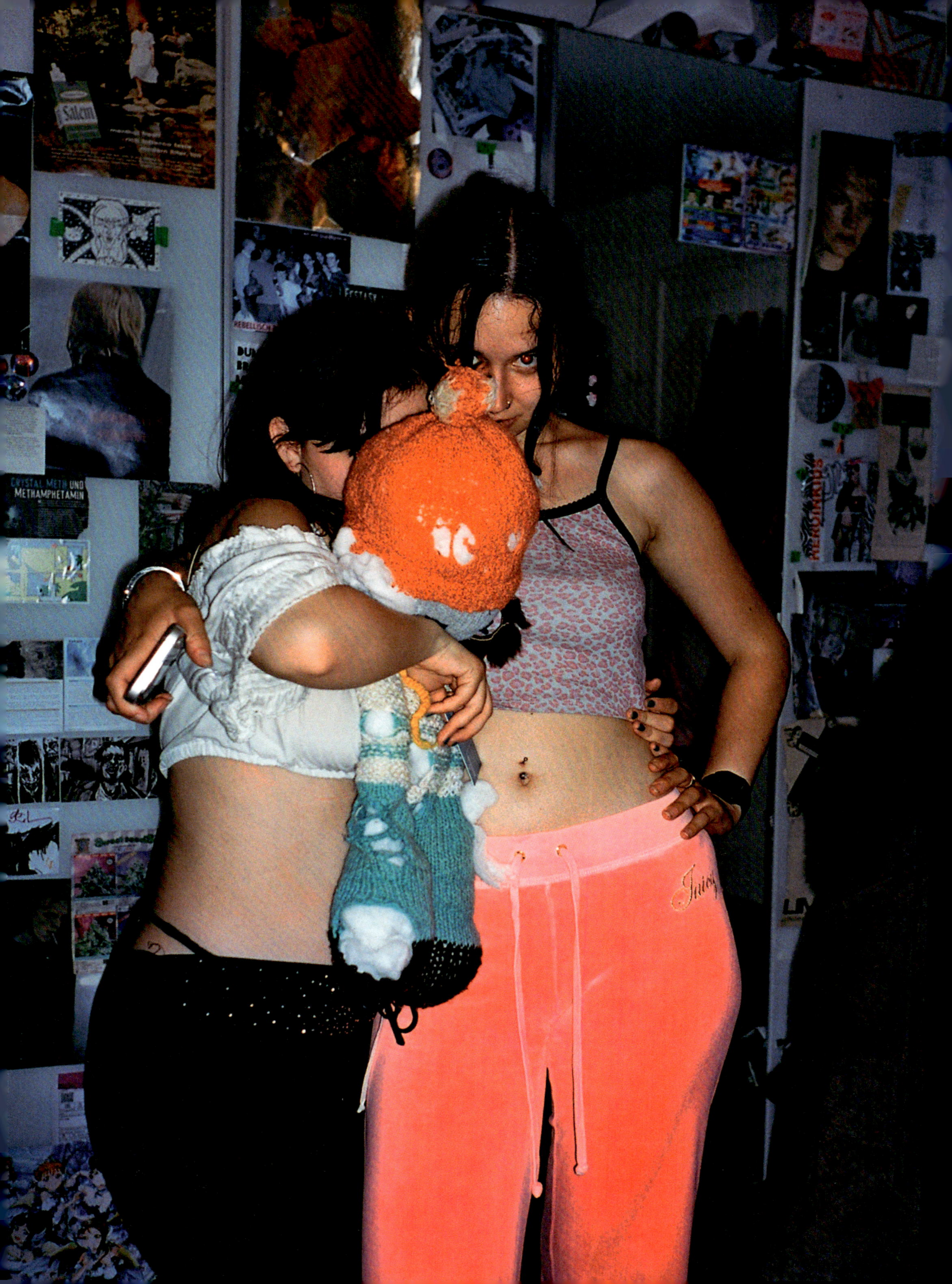
Salem
CRYSTAL METH UND
METHAMPHETAMIN

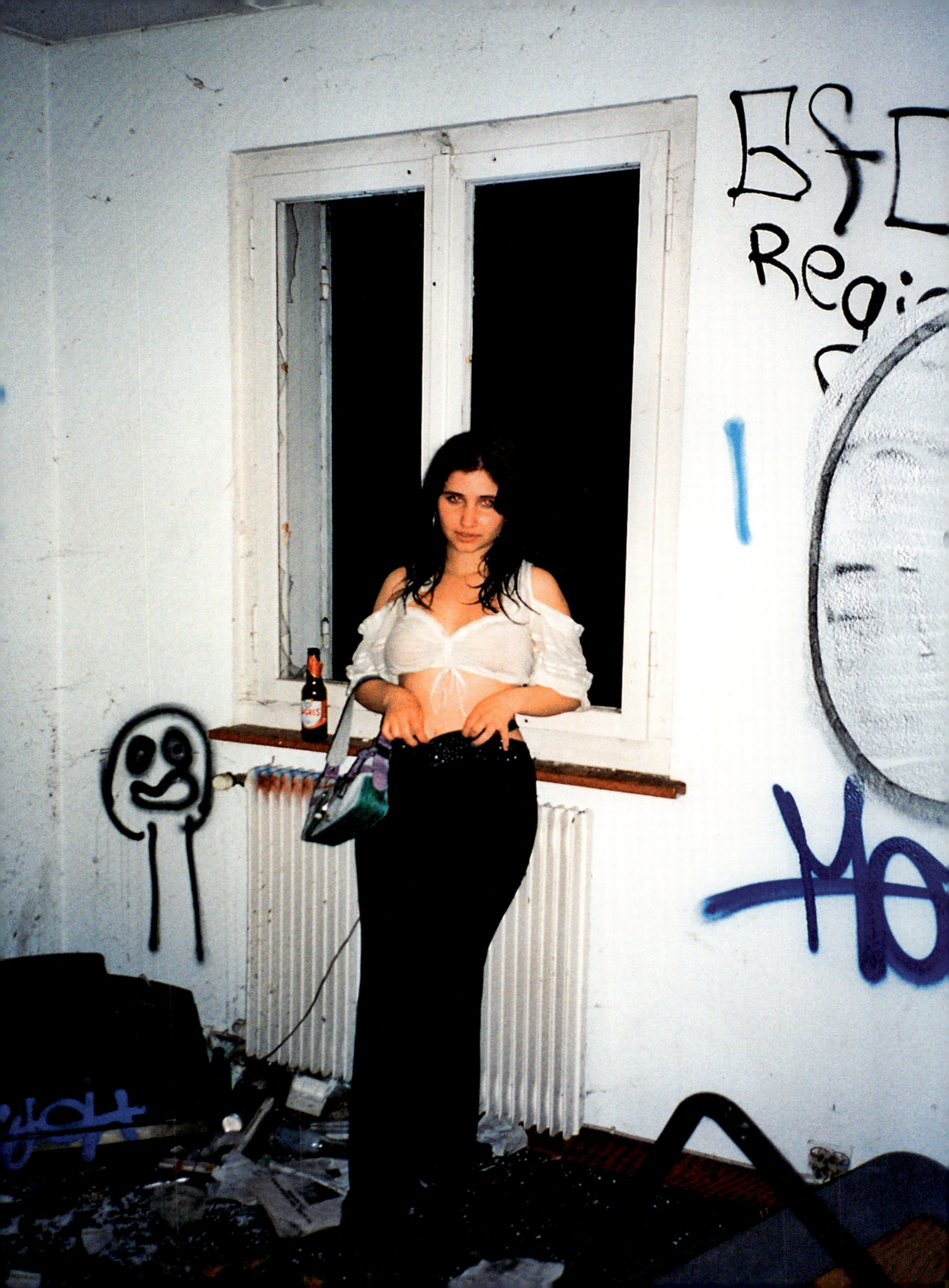

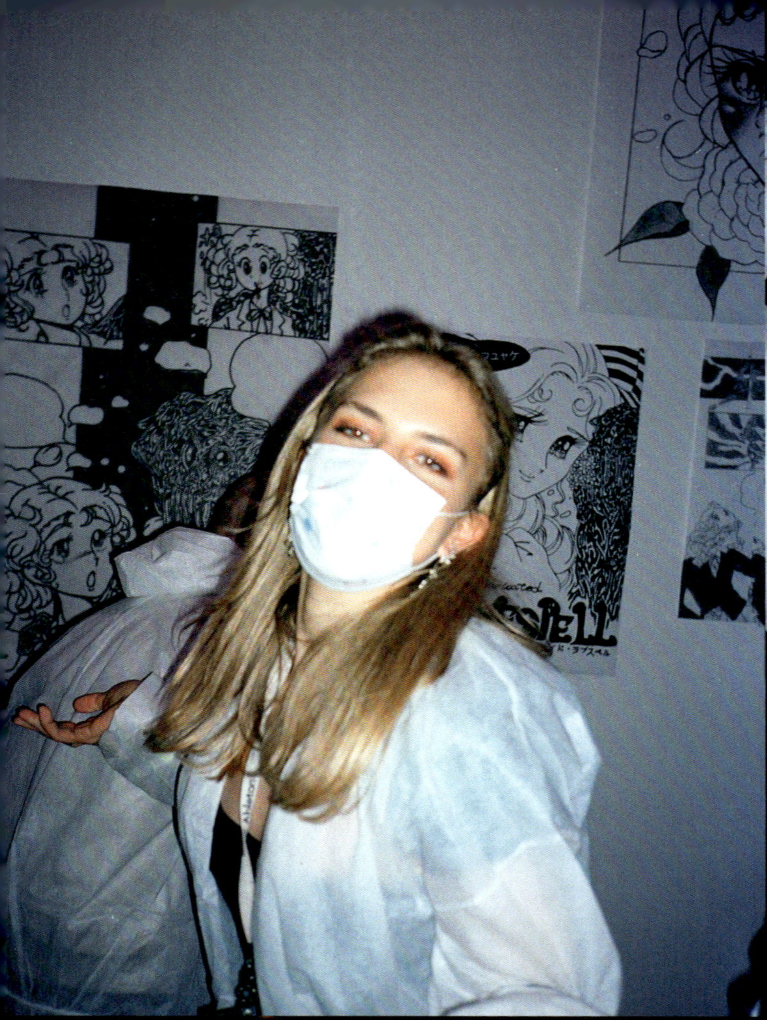
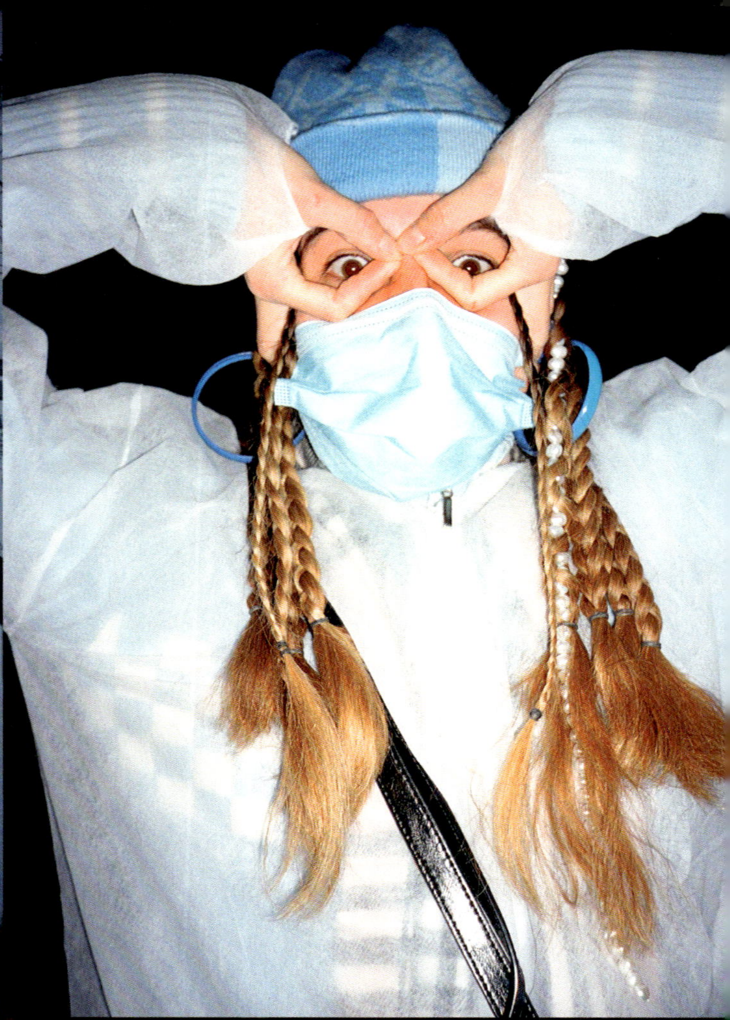
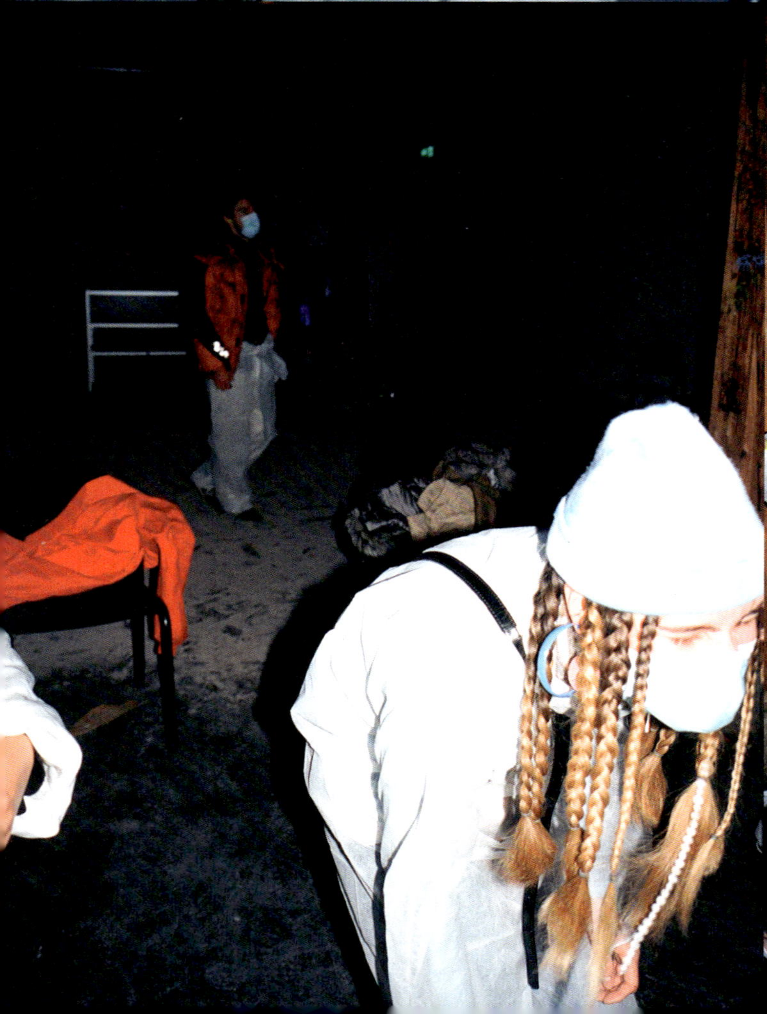
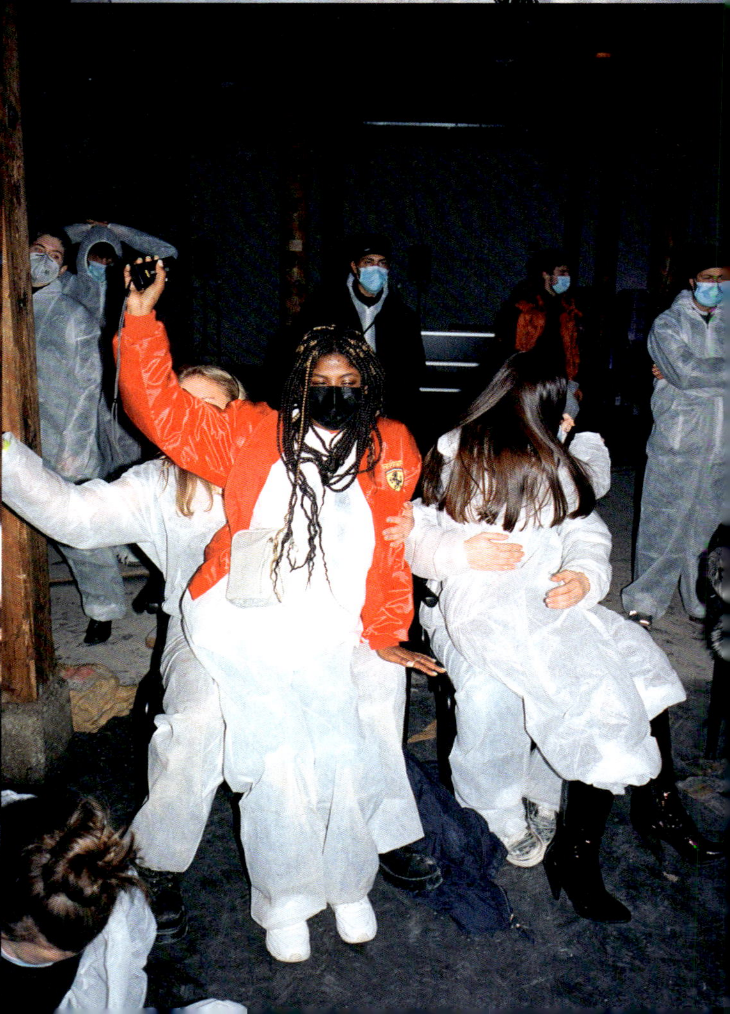

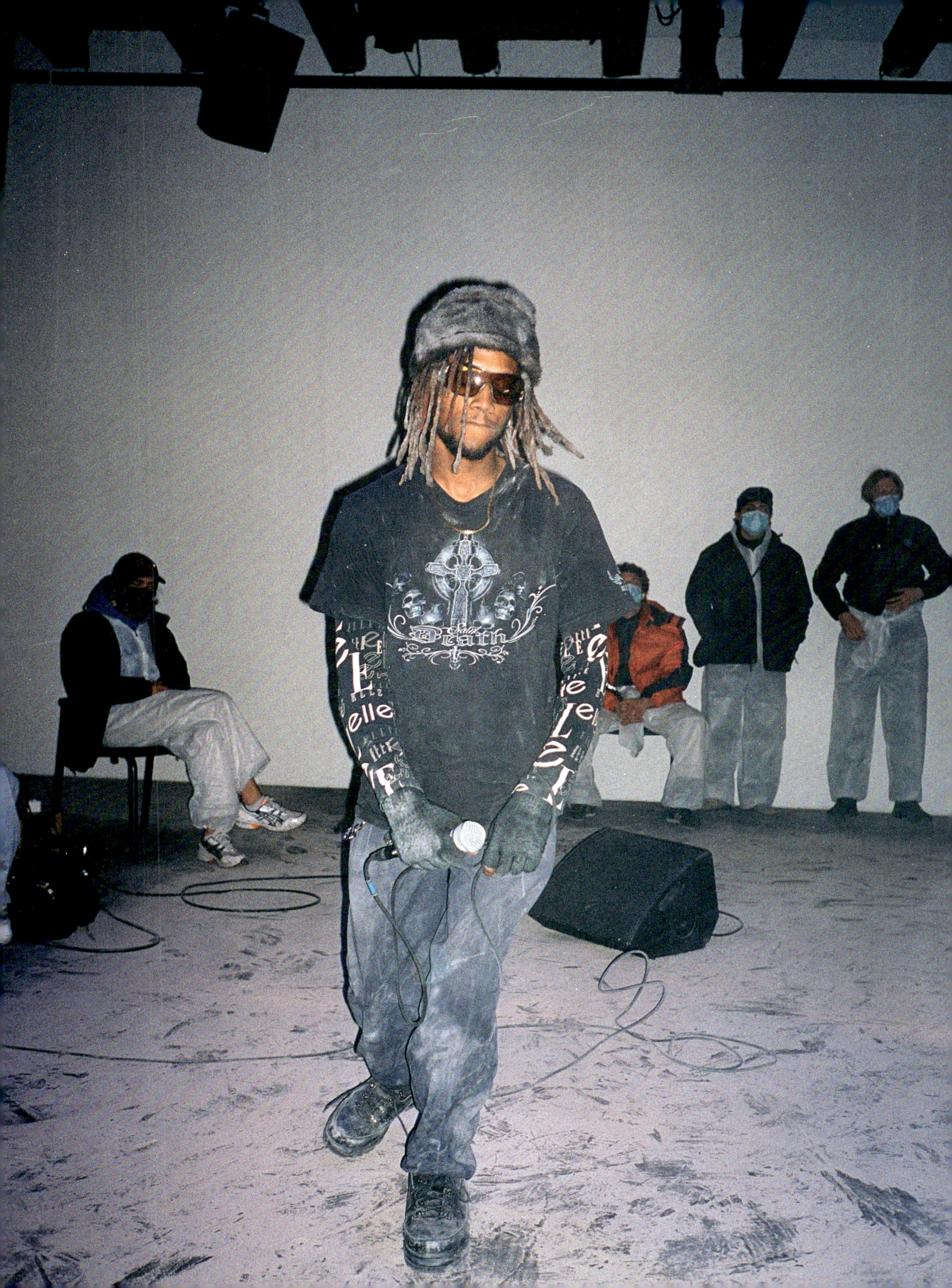
Death

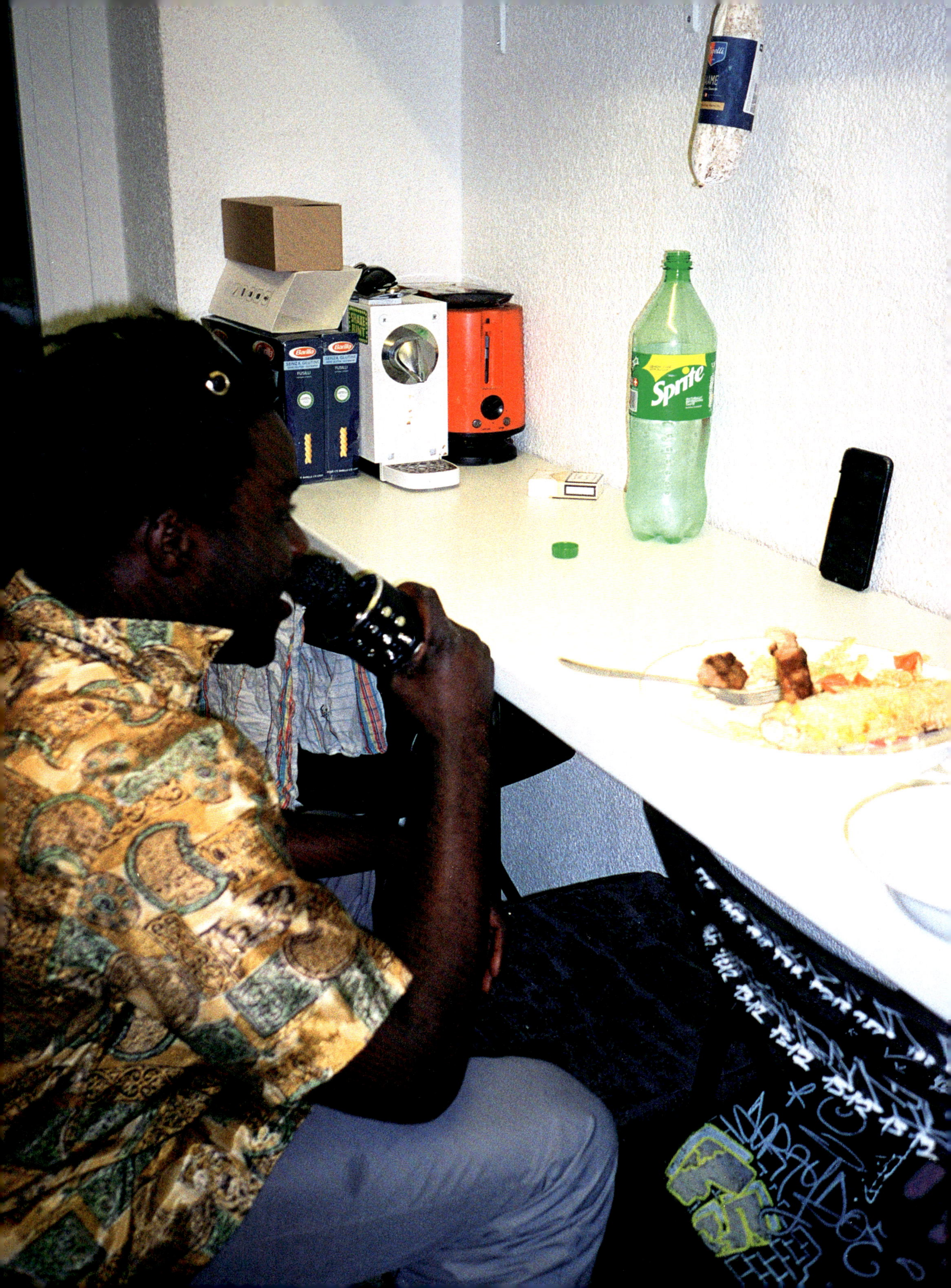
Barilla
Barilla
Sprite

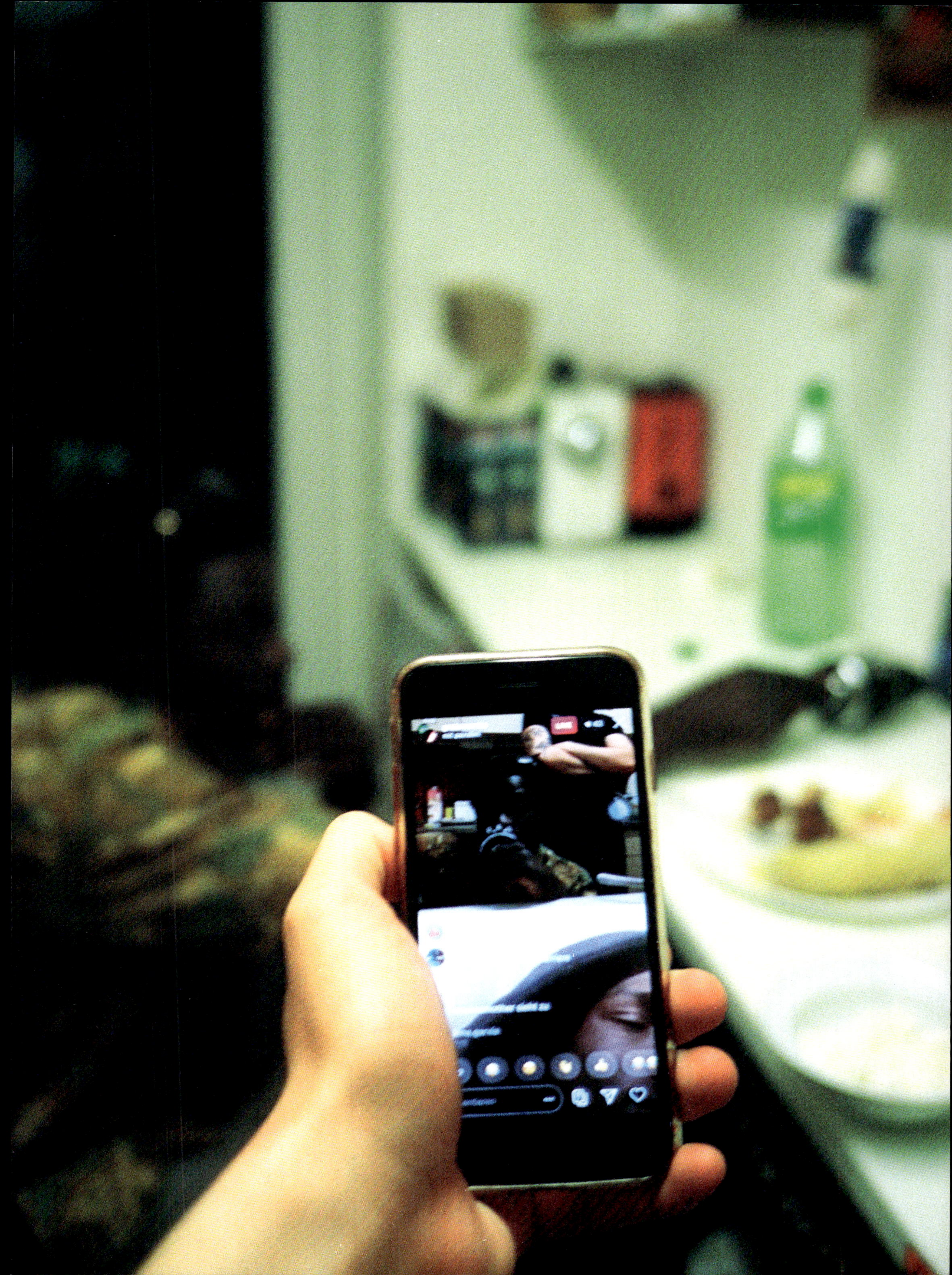

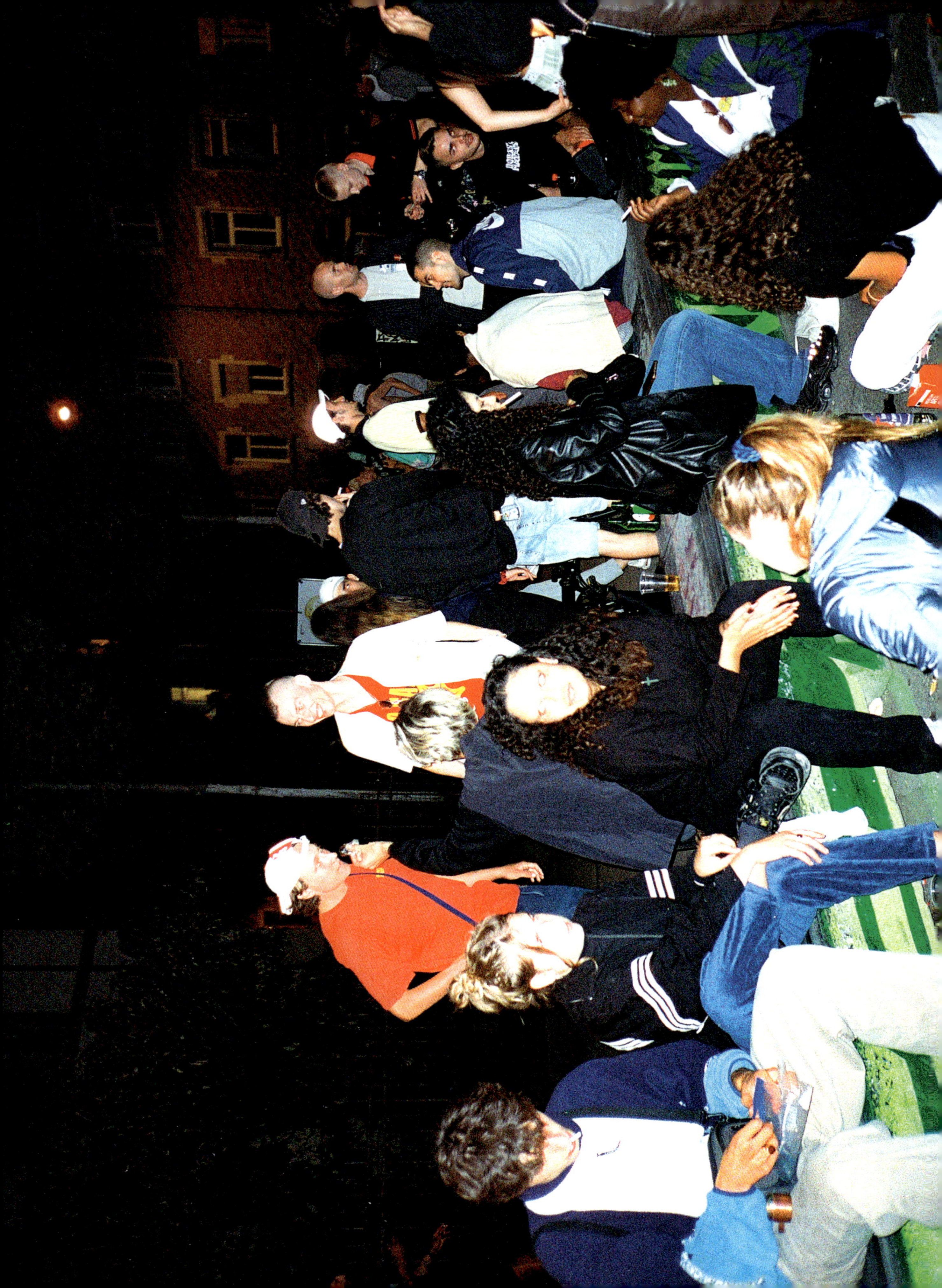

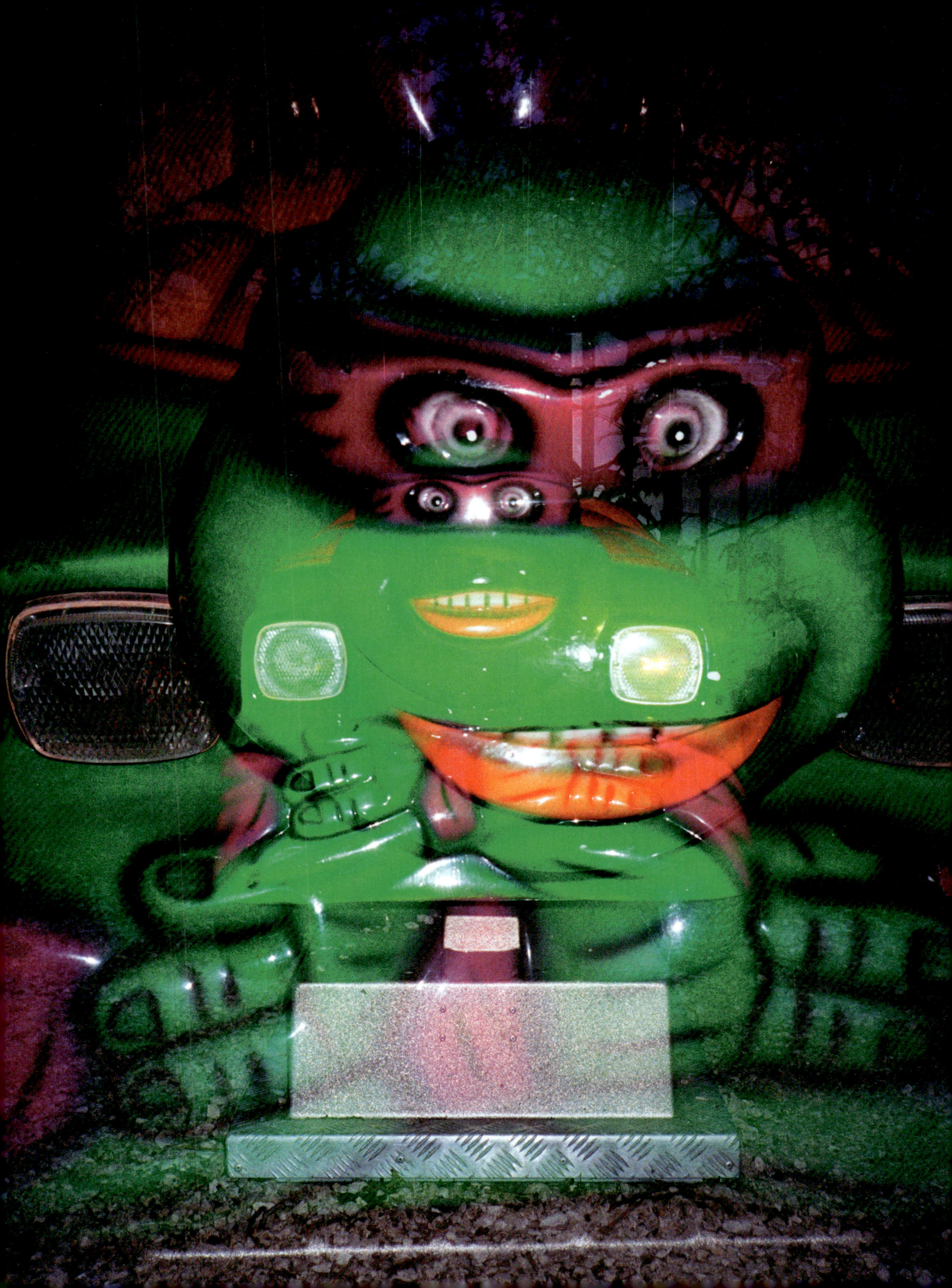

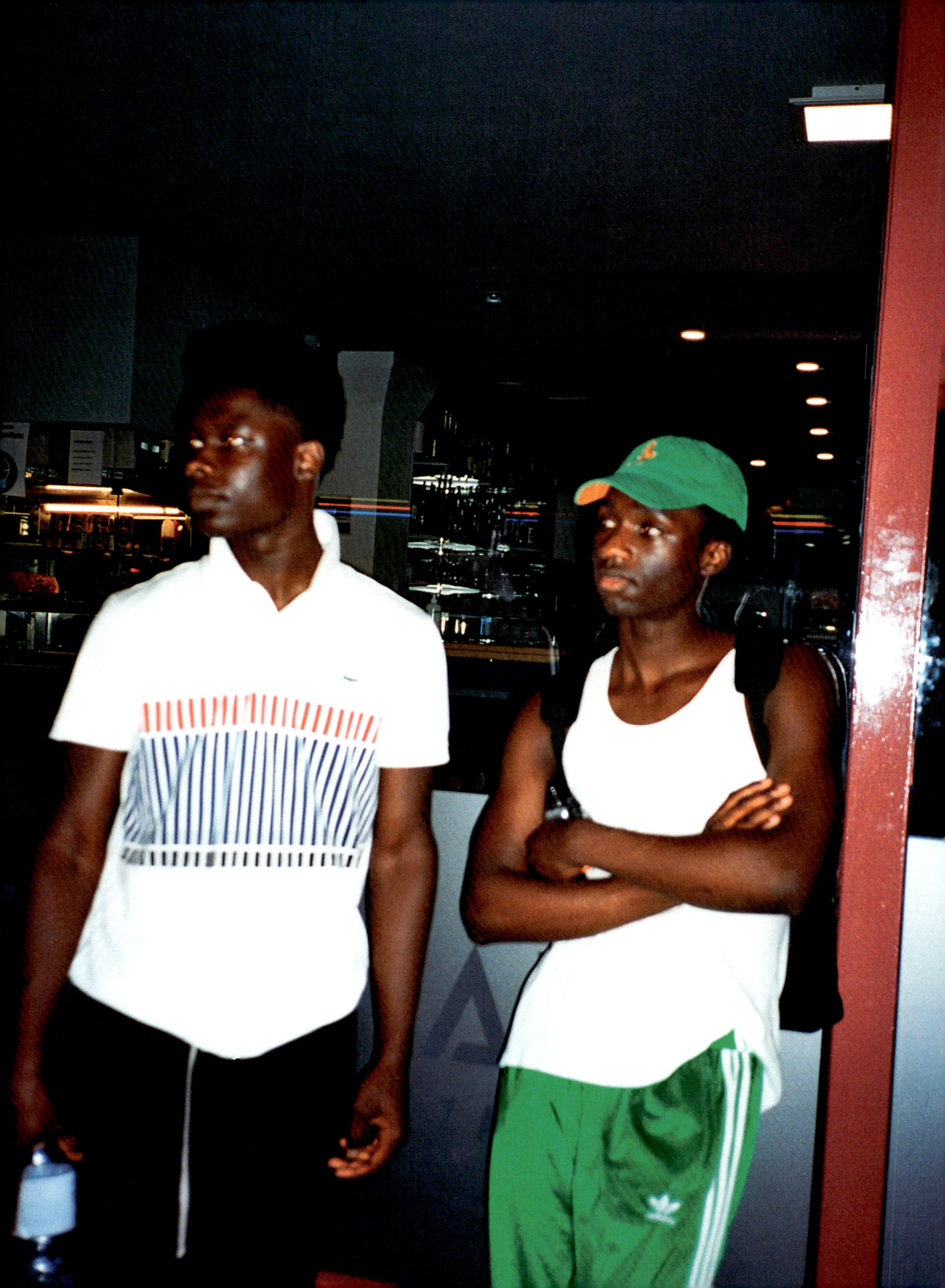

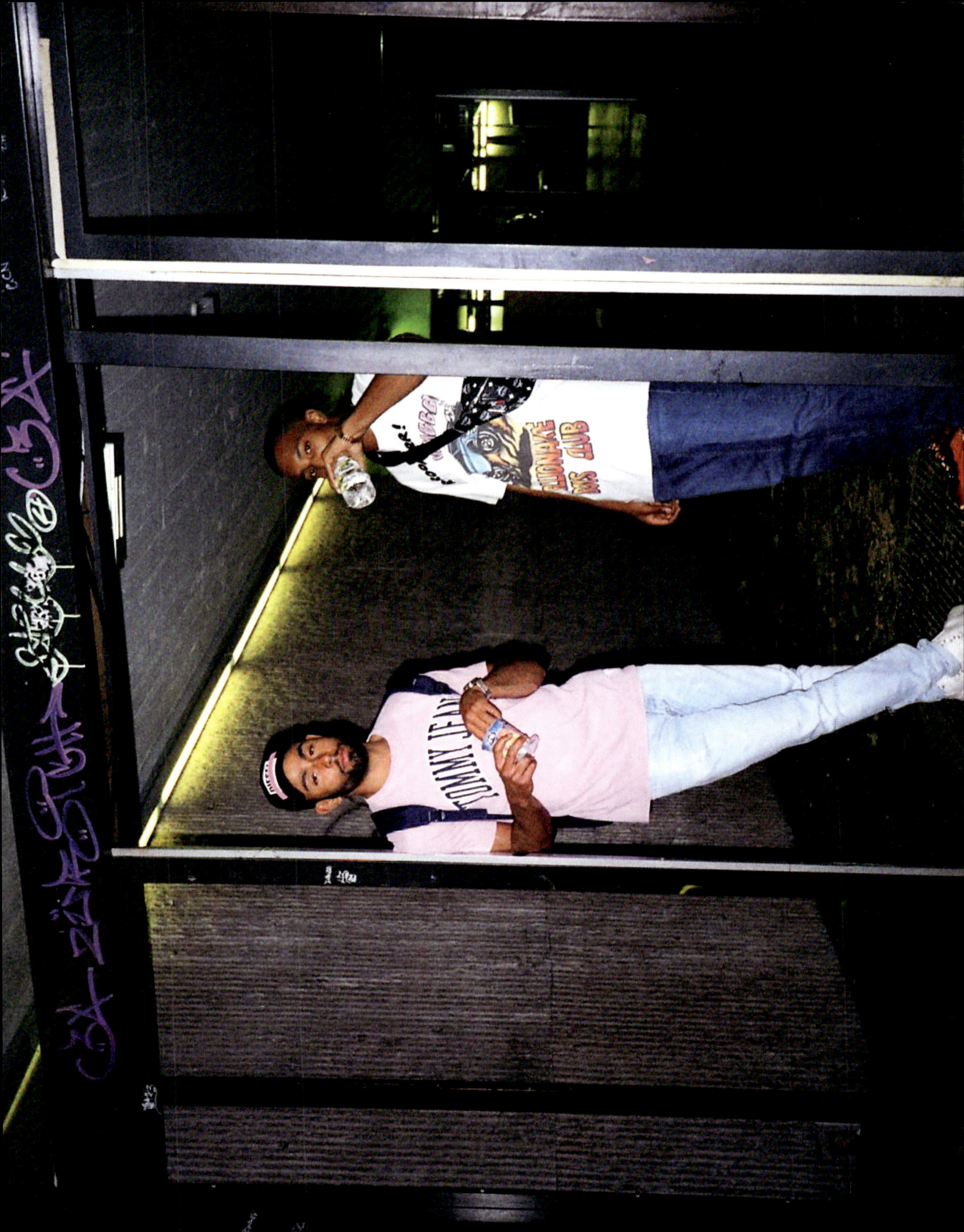

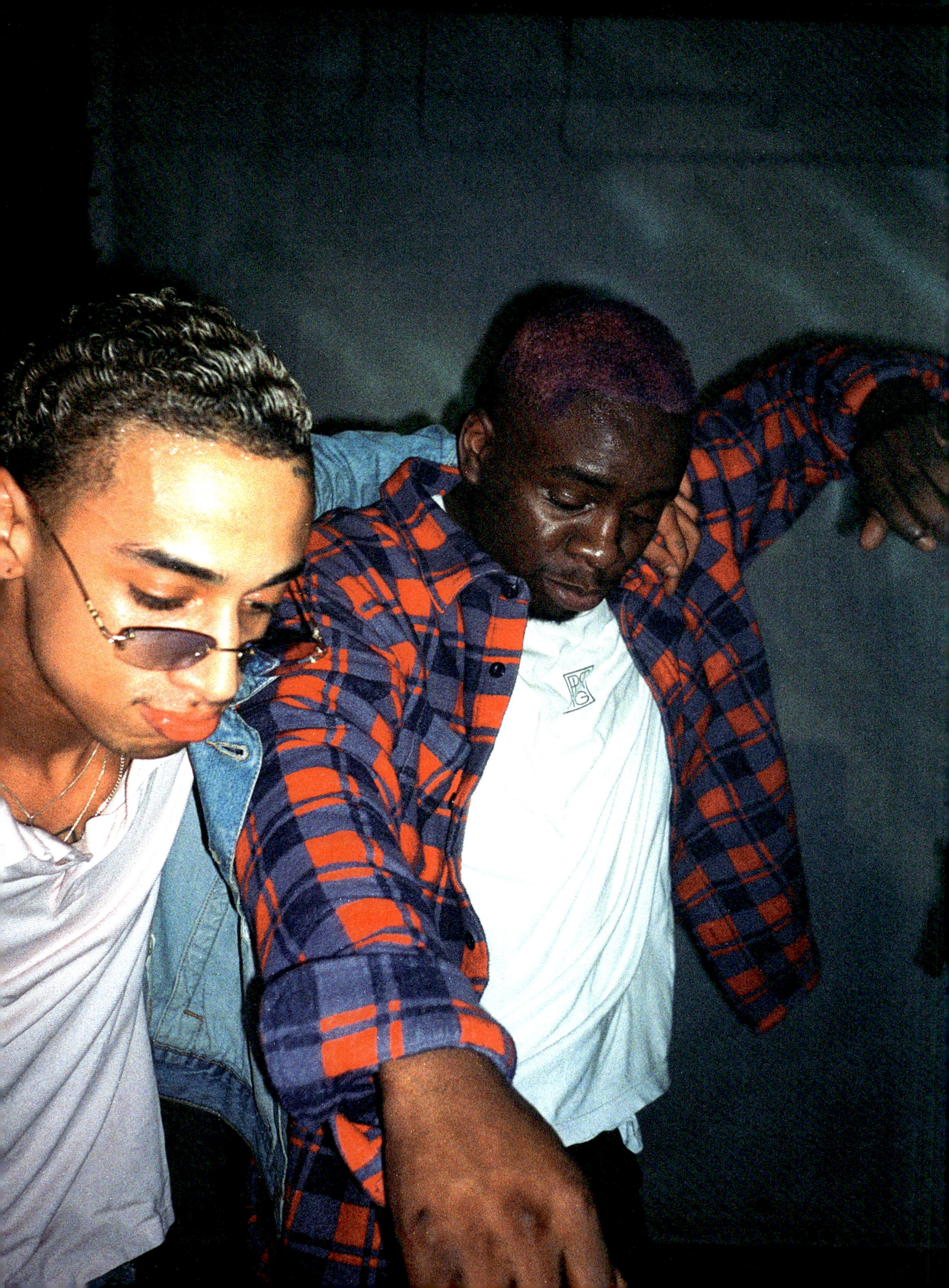

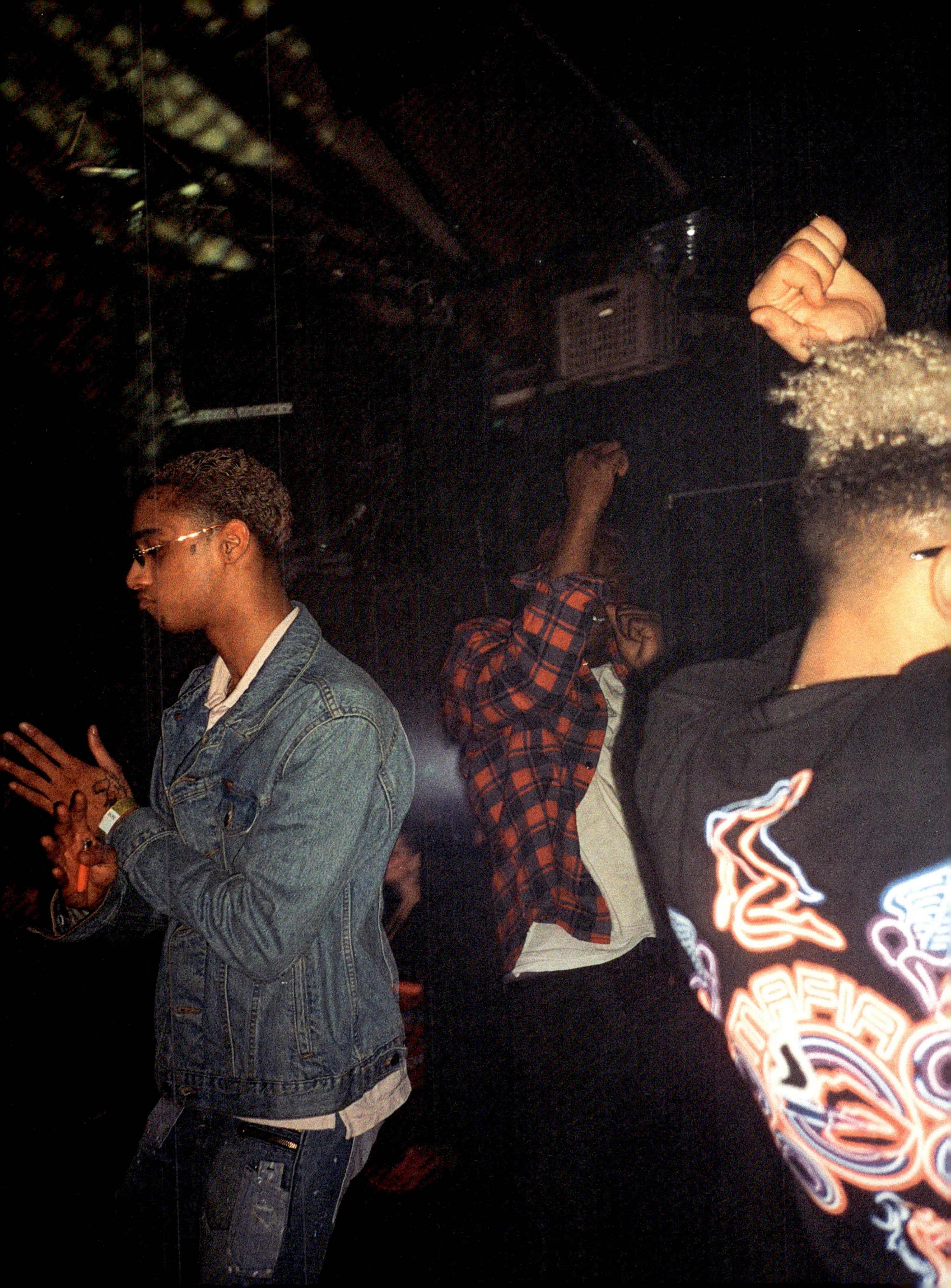

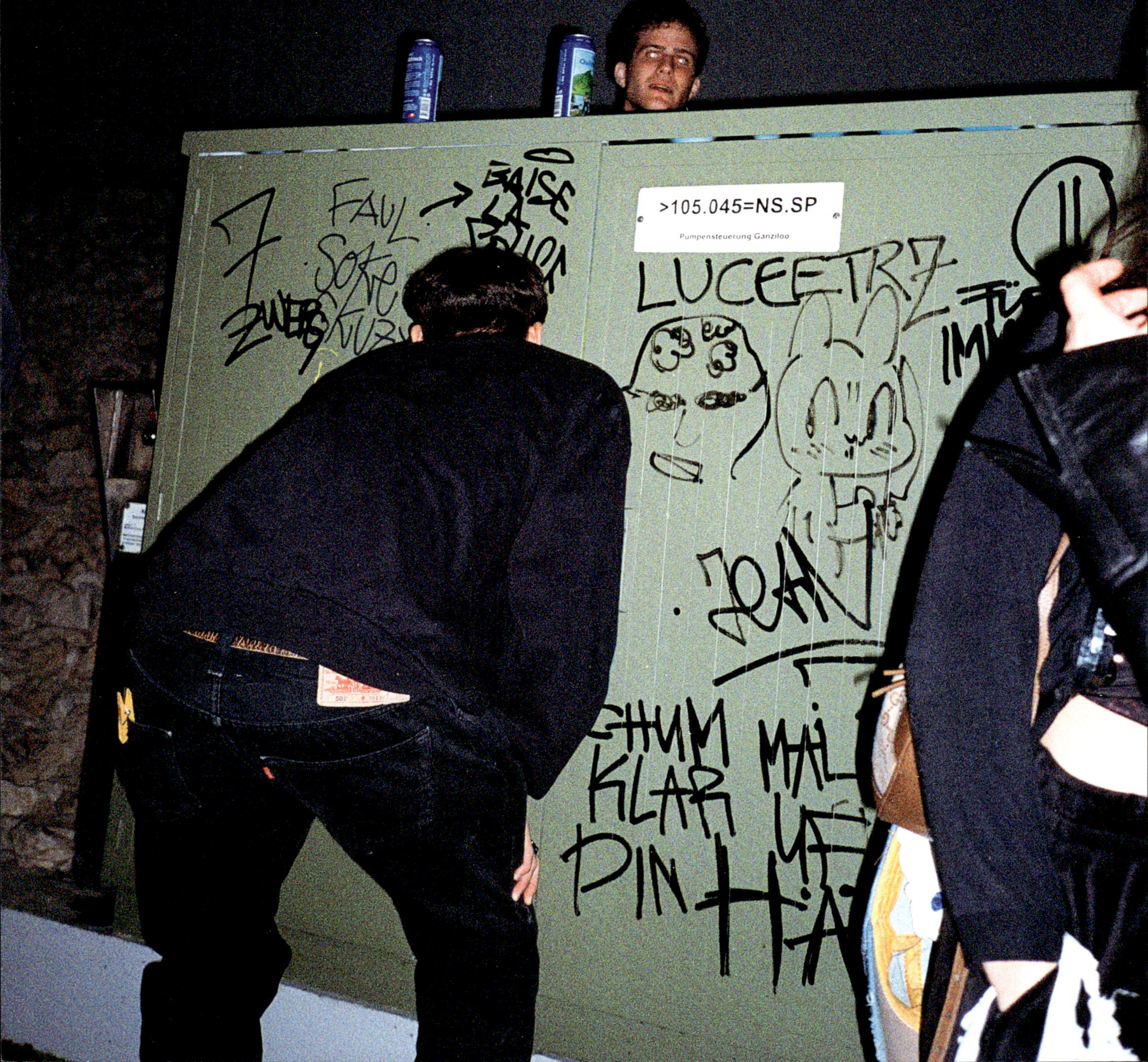
>105.045=NS.SP
Pumpensteuerung Ganziloo

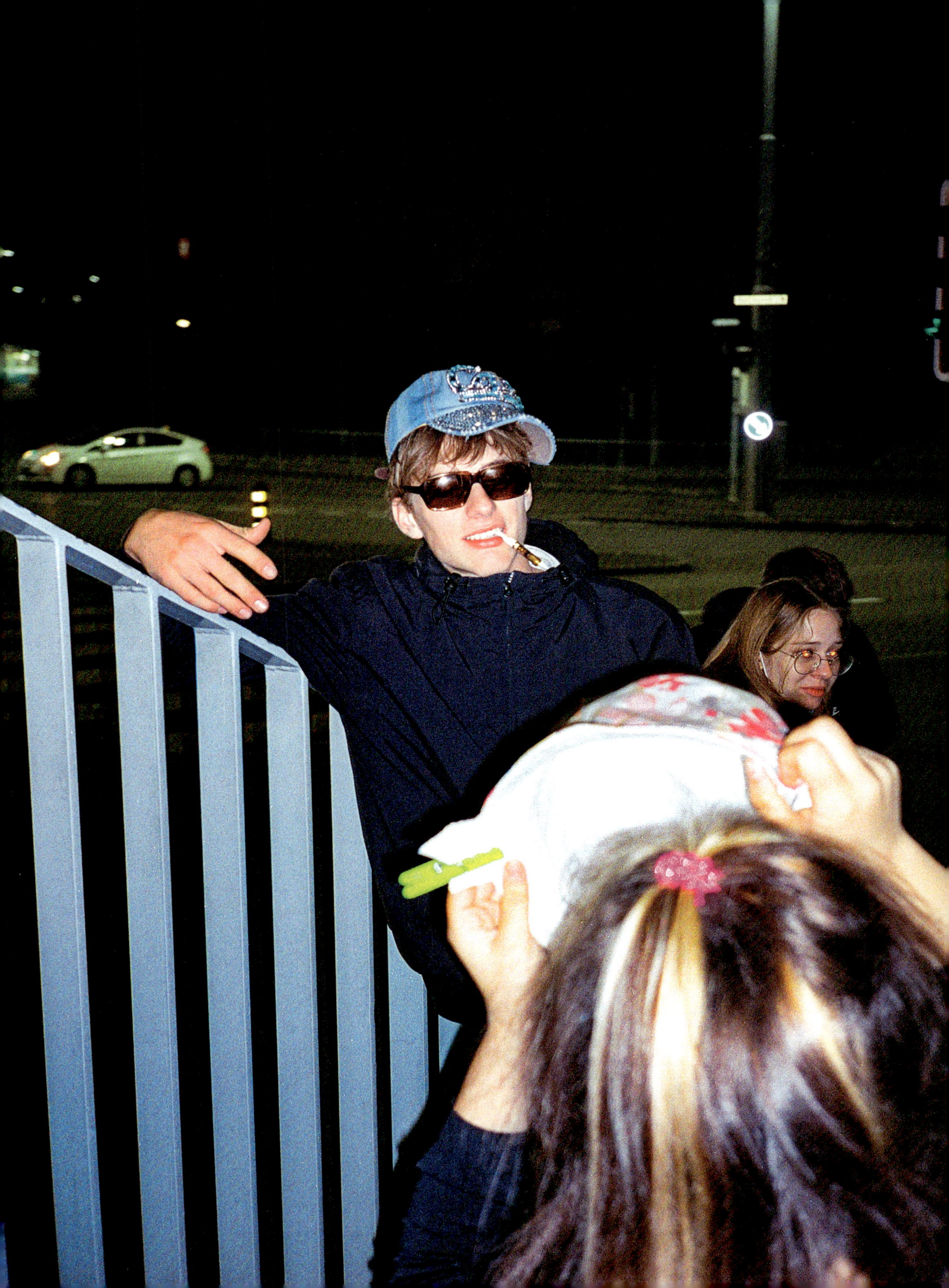

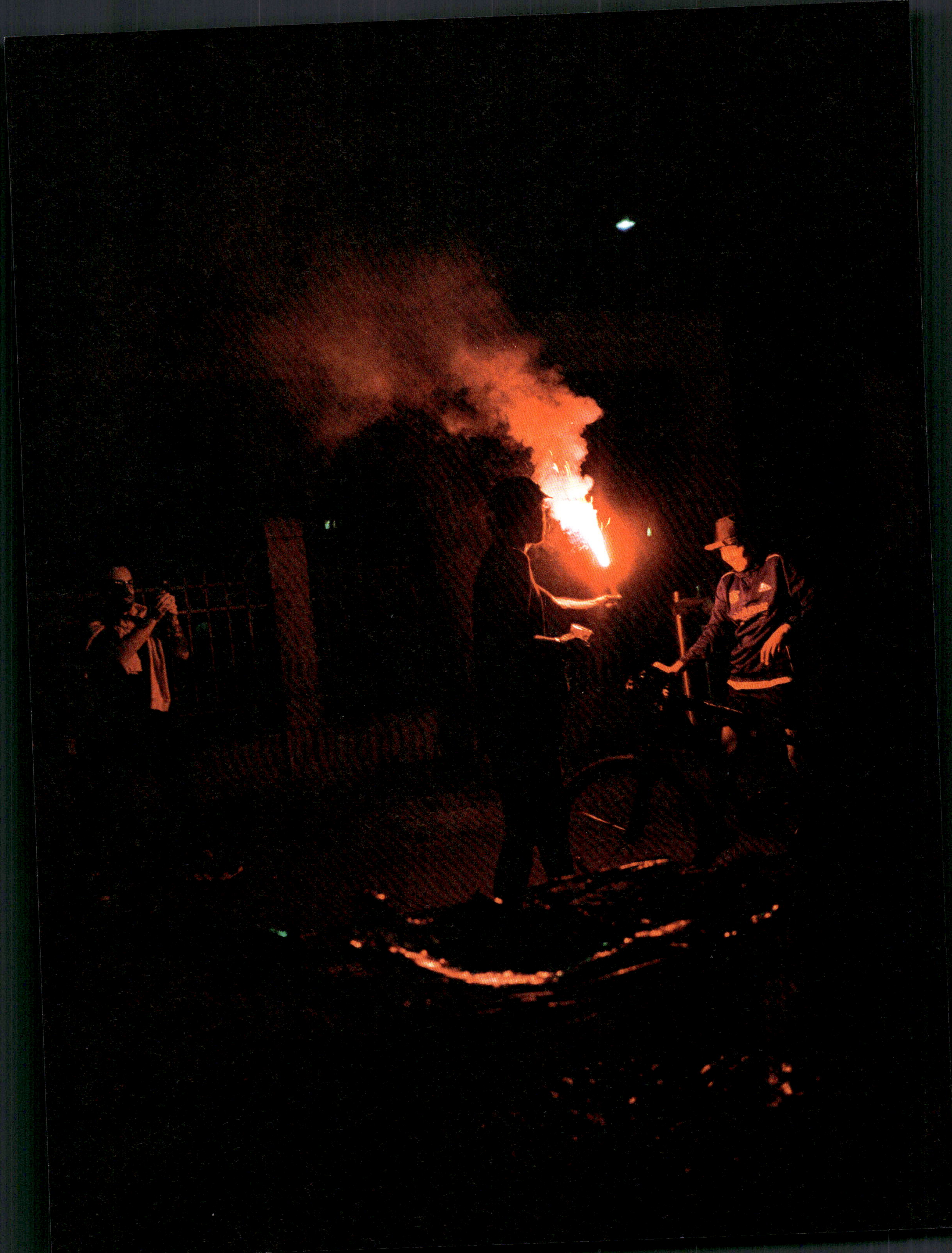

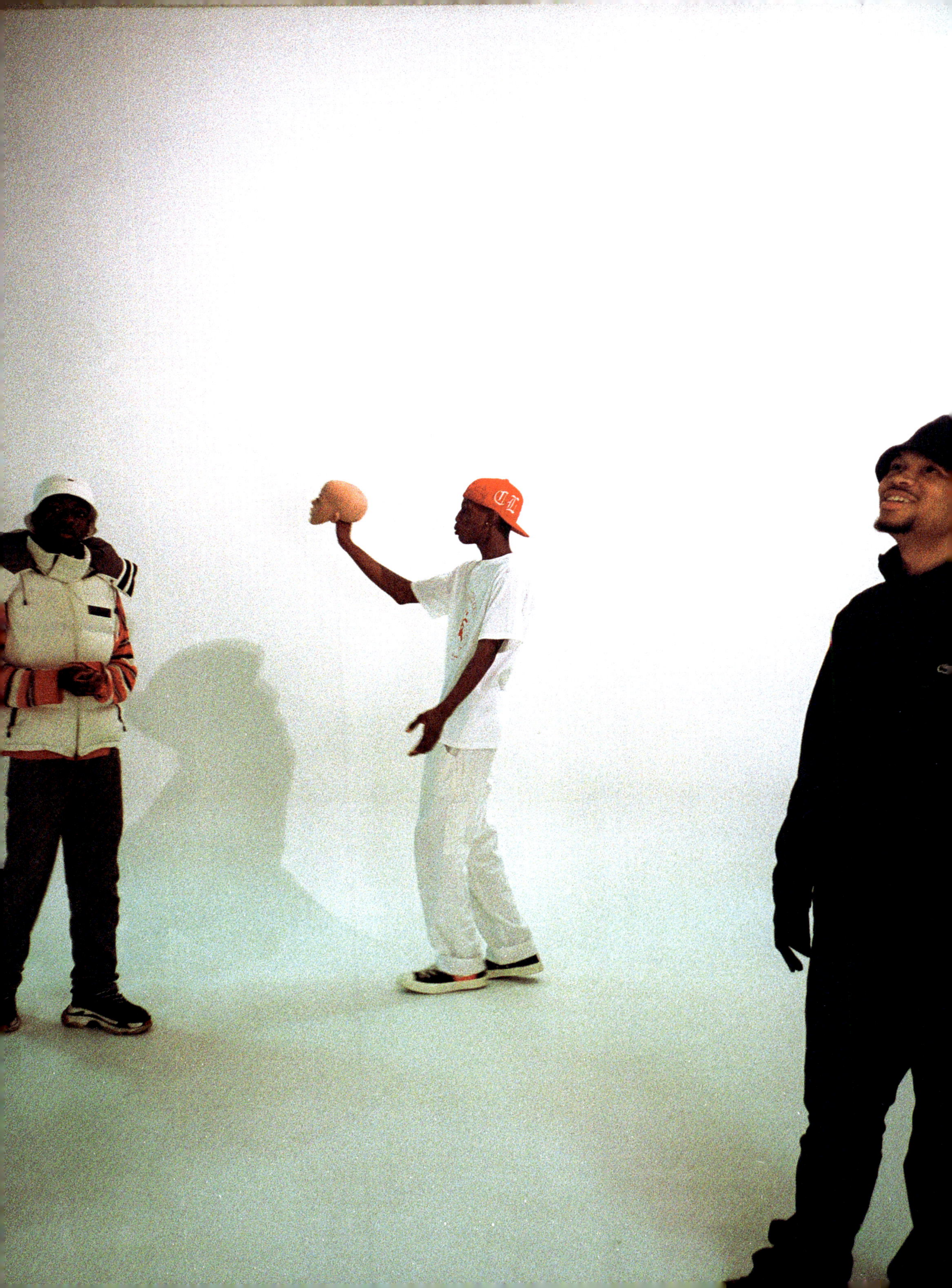

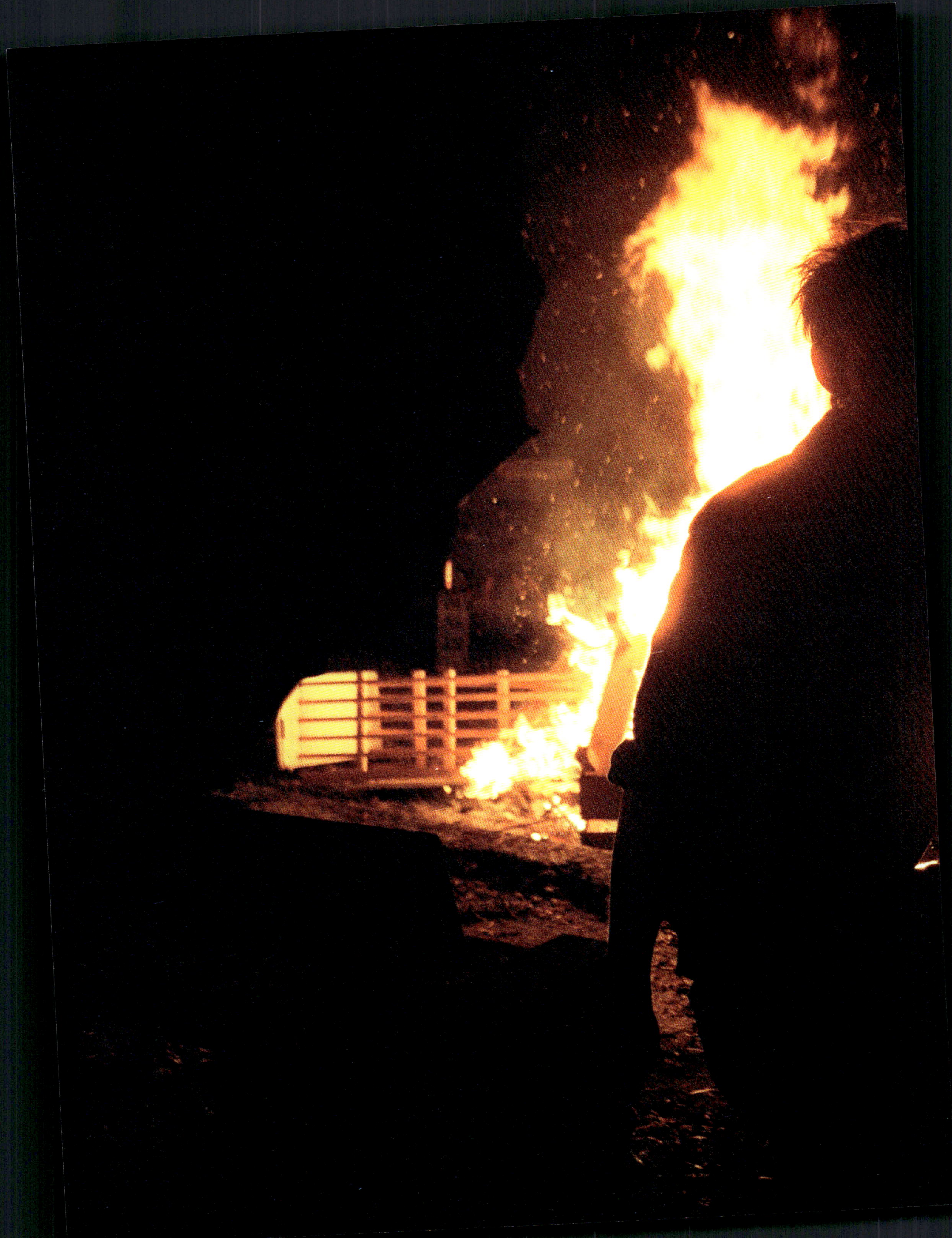

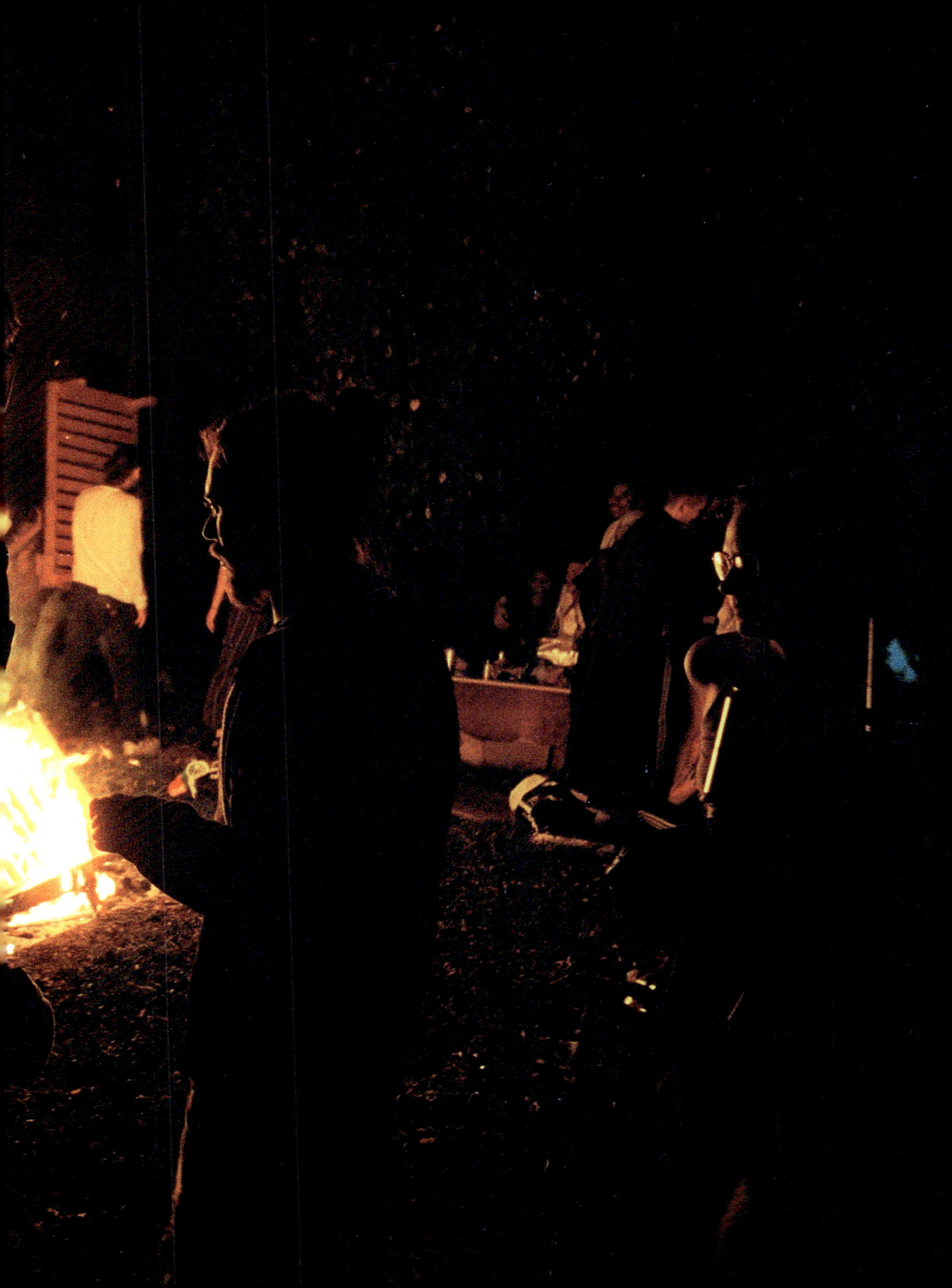

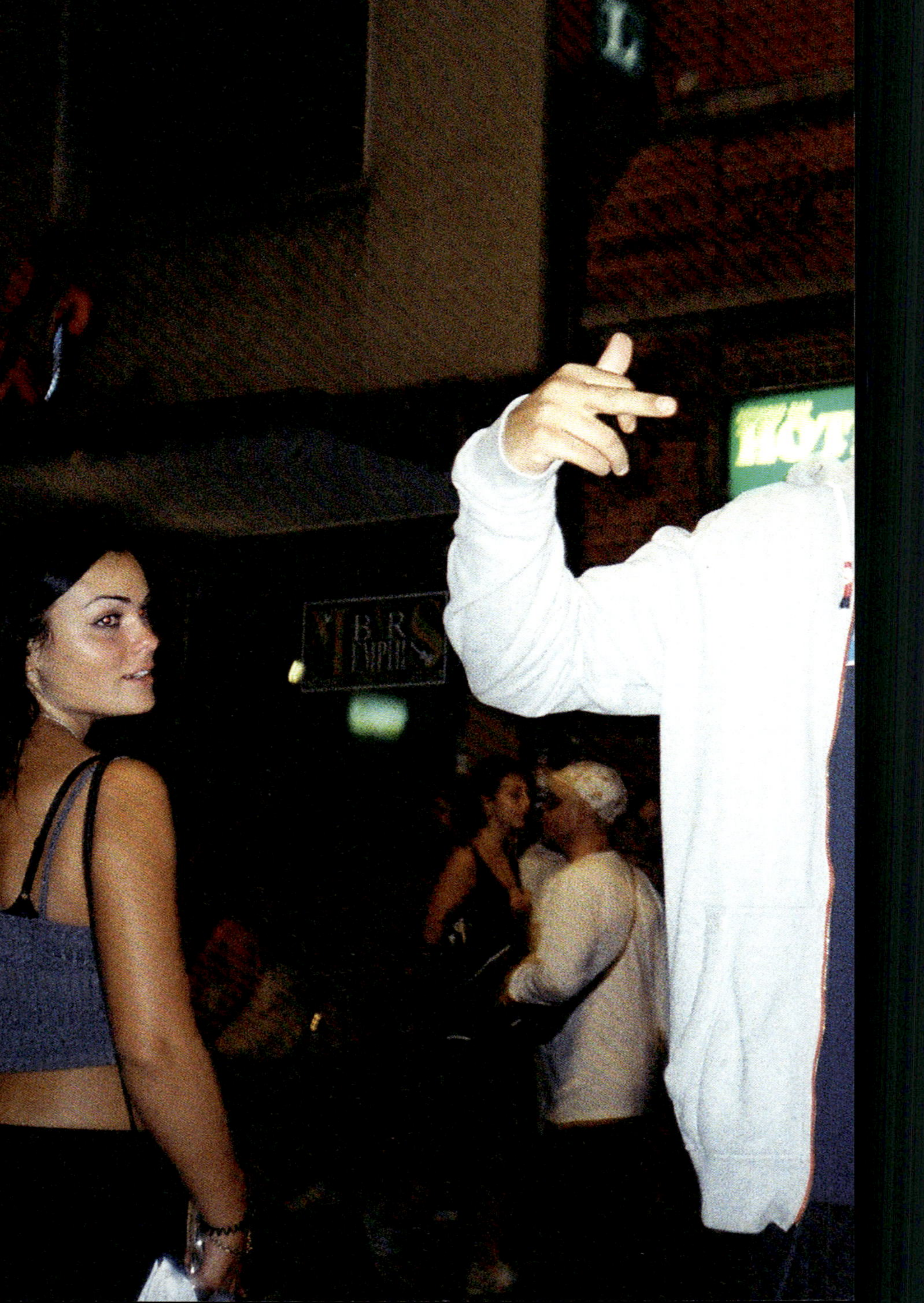

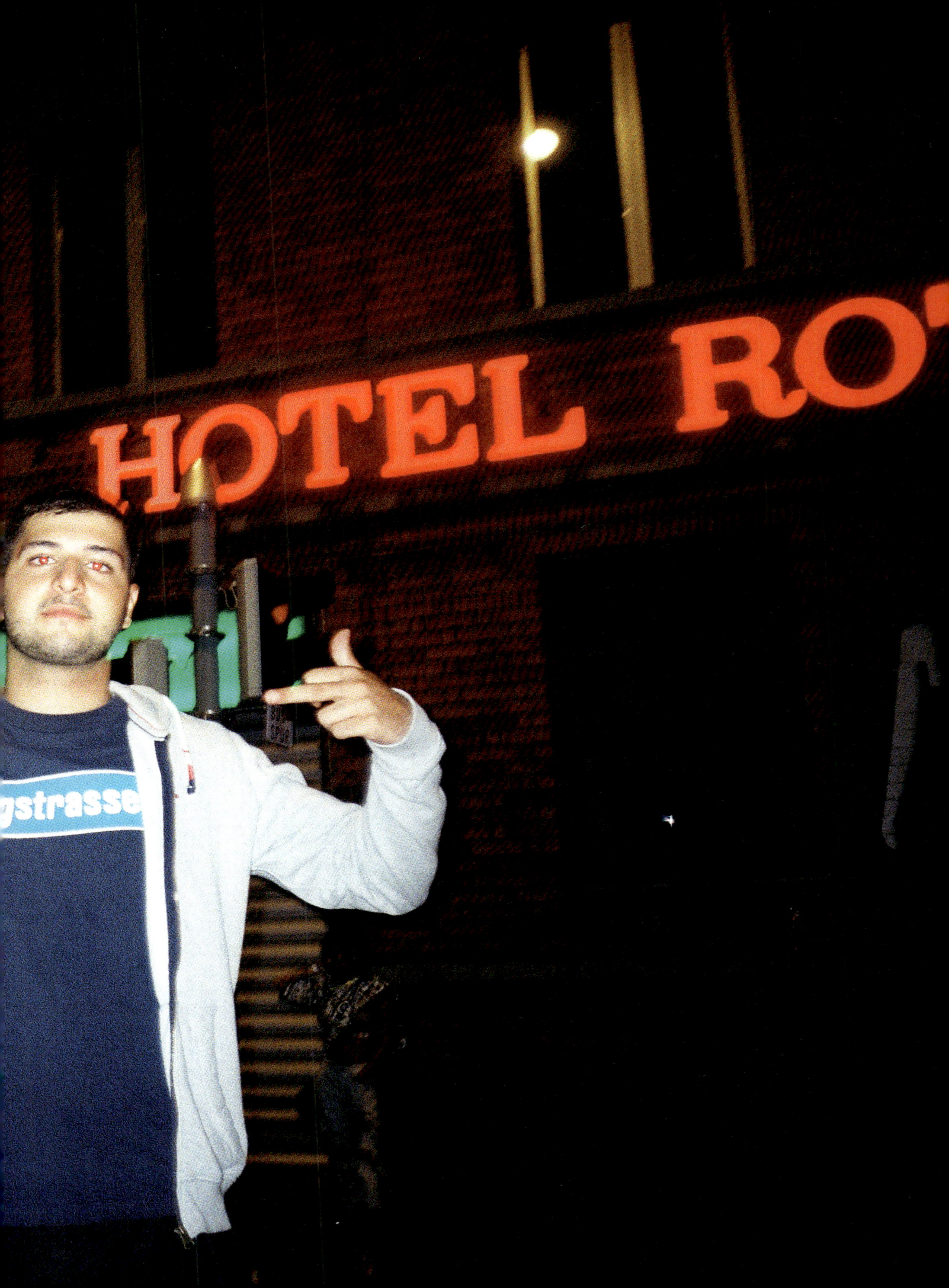
HOTEL RO
gstrasse

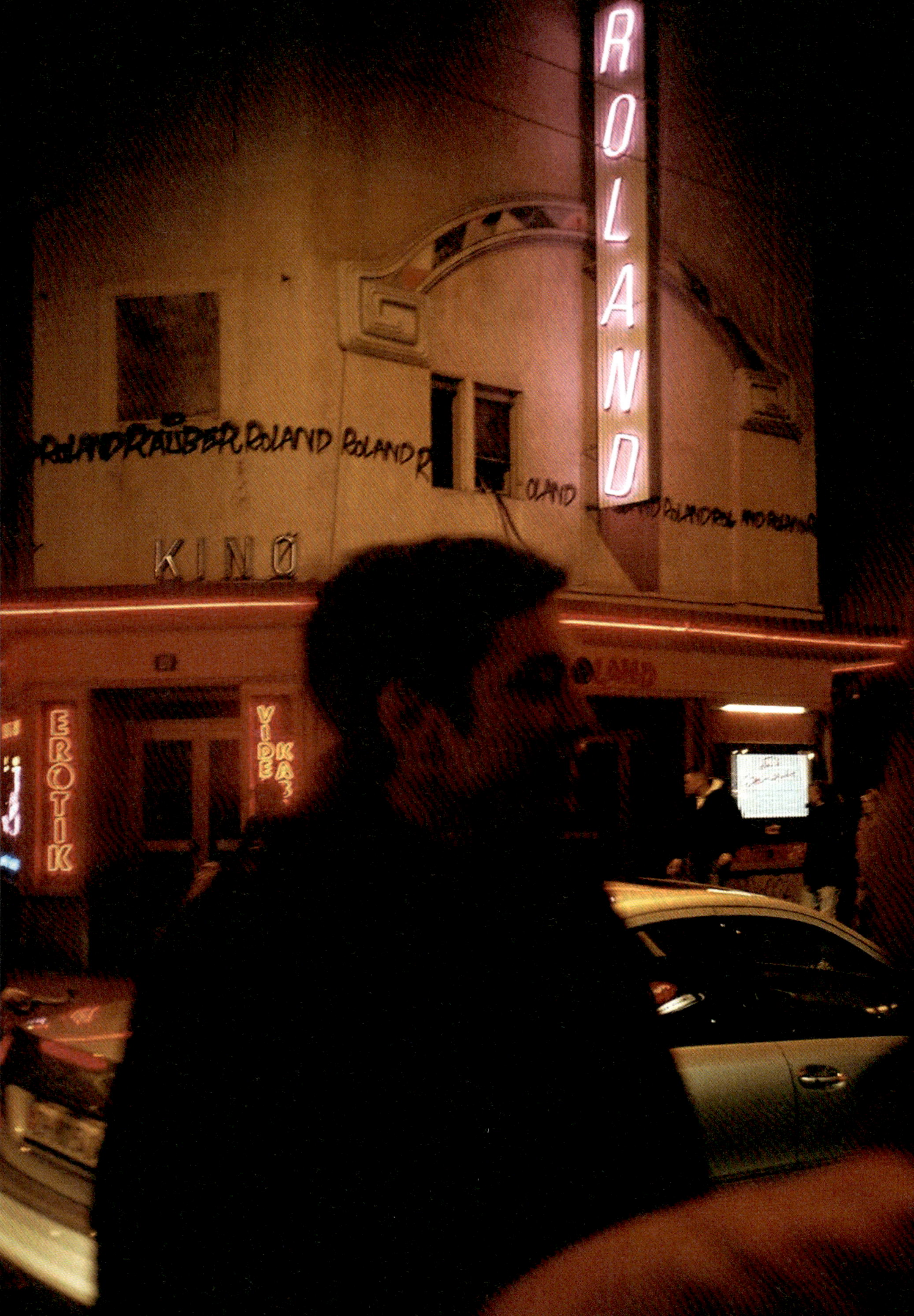
ROLAND
KINO
EROTIK

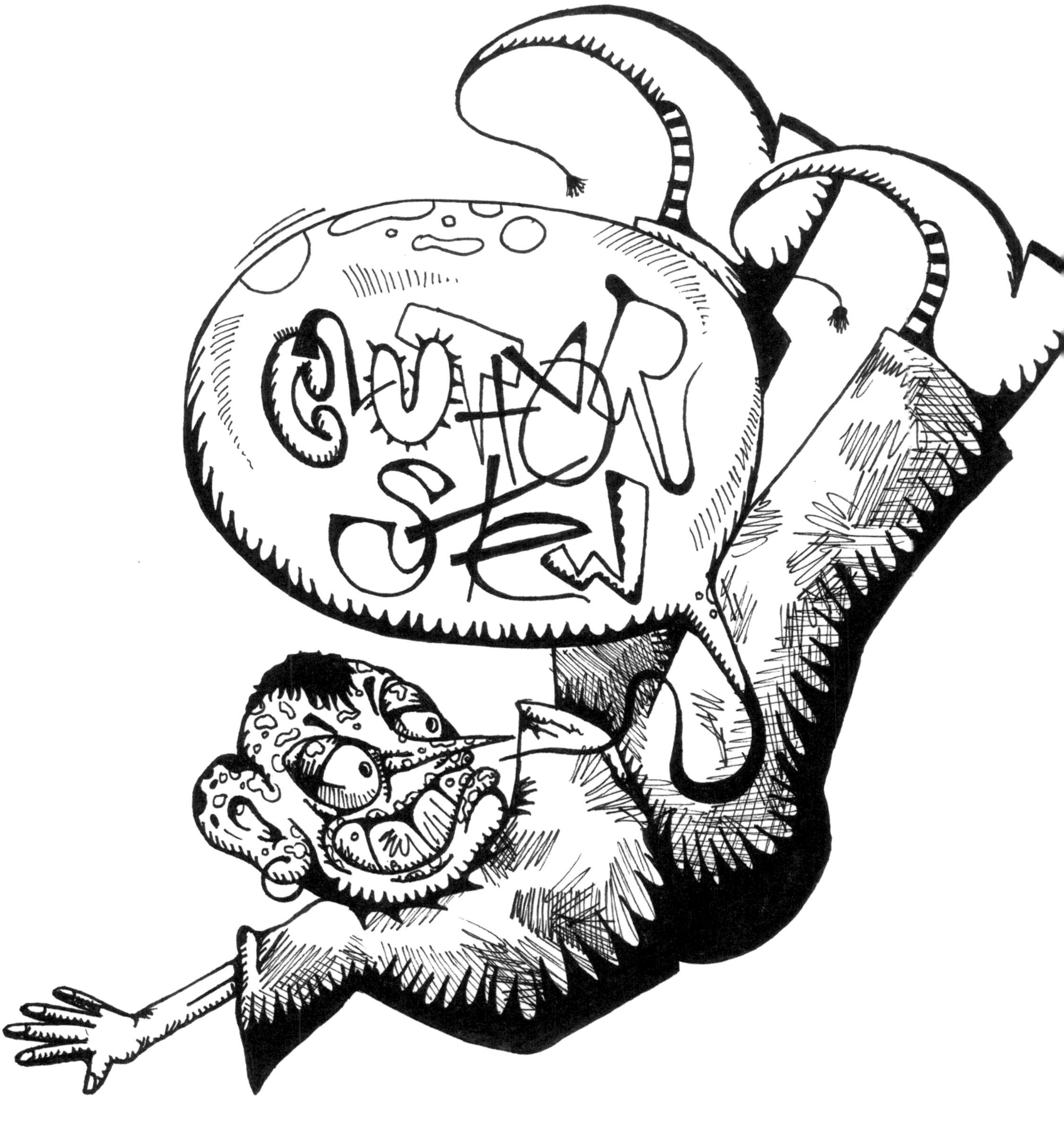

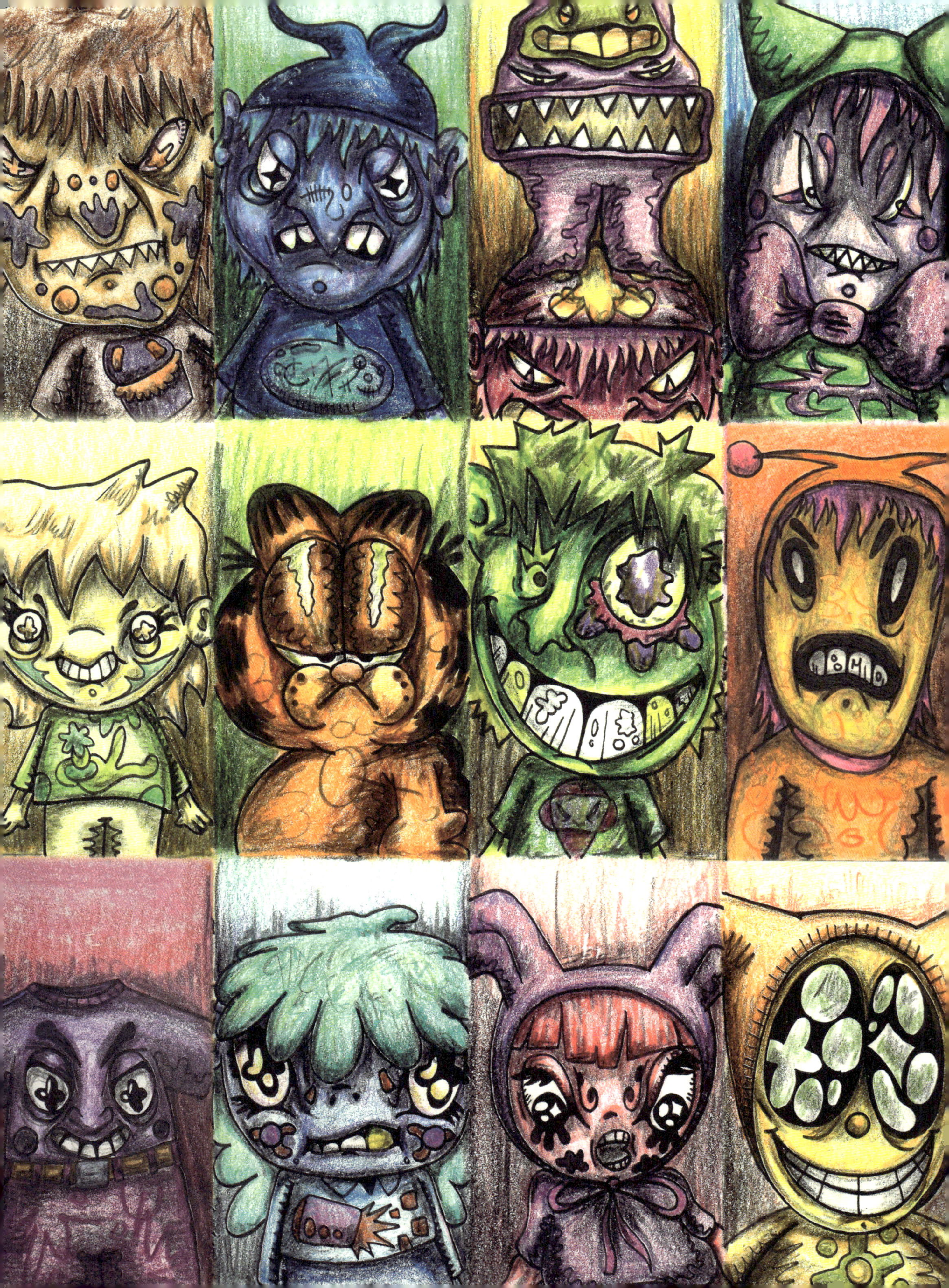

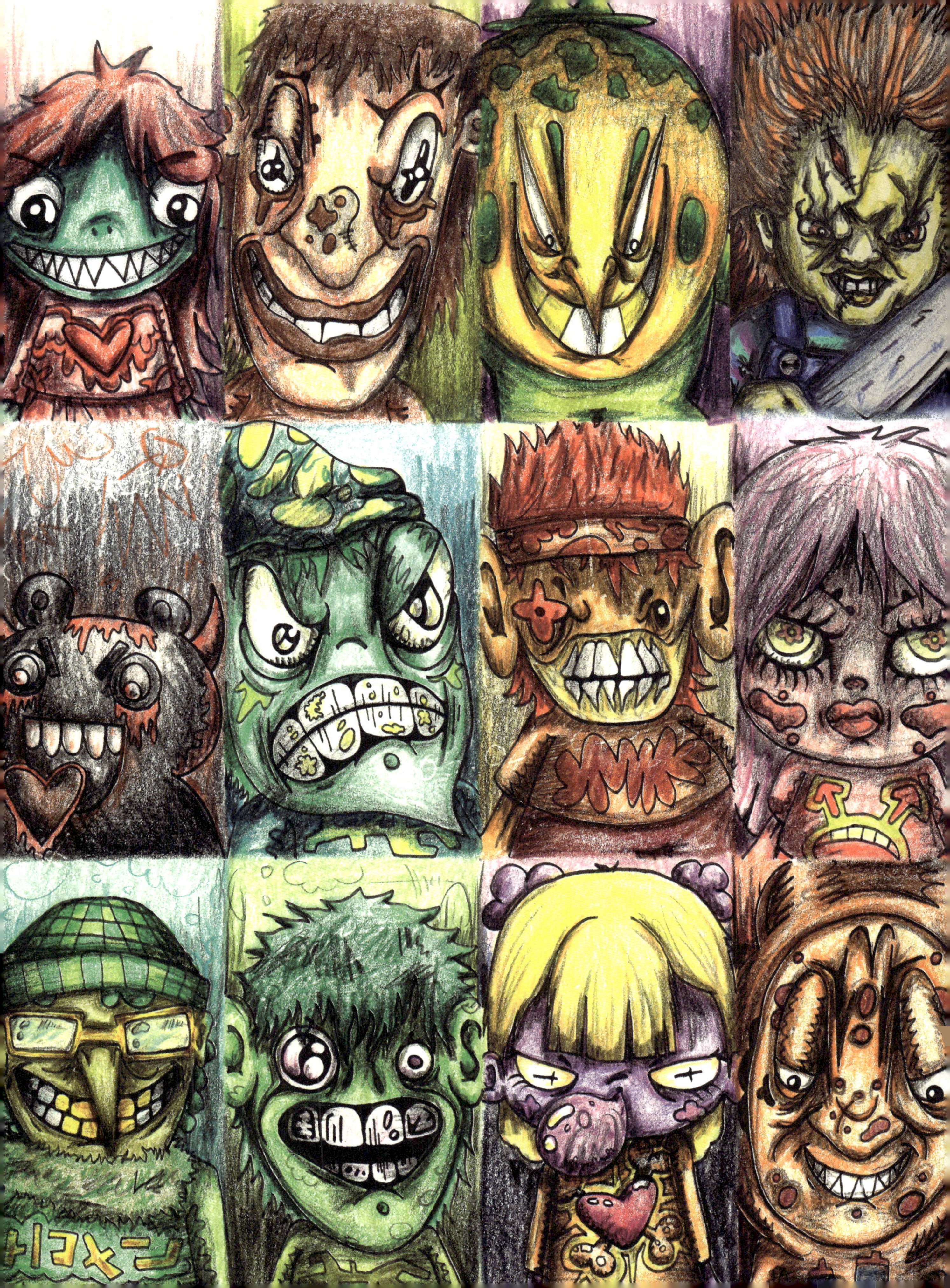

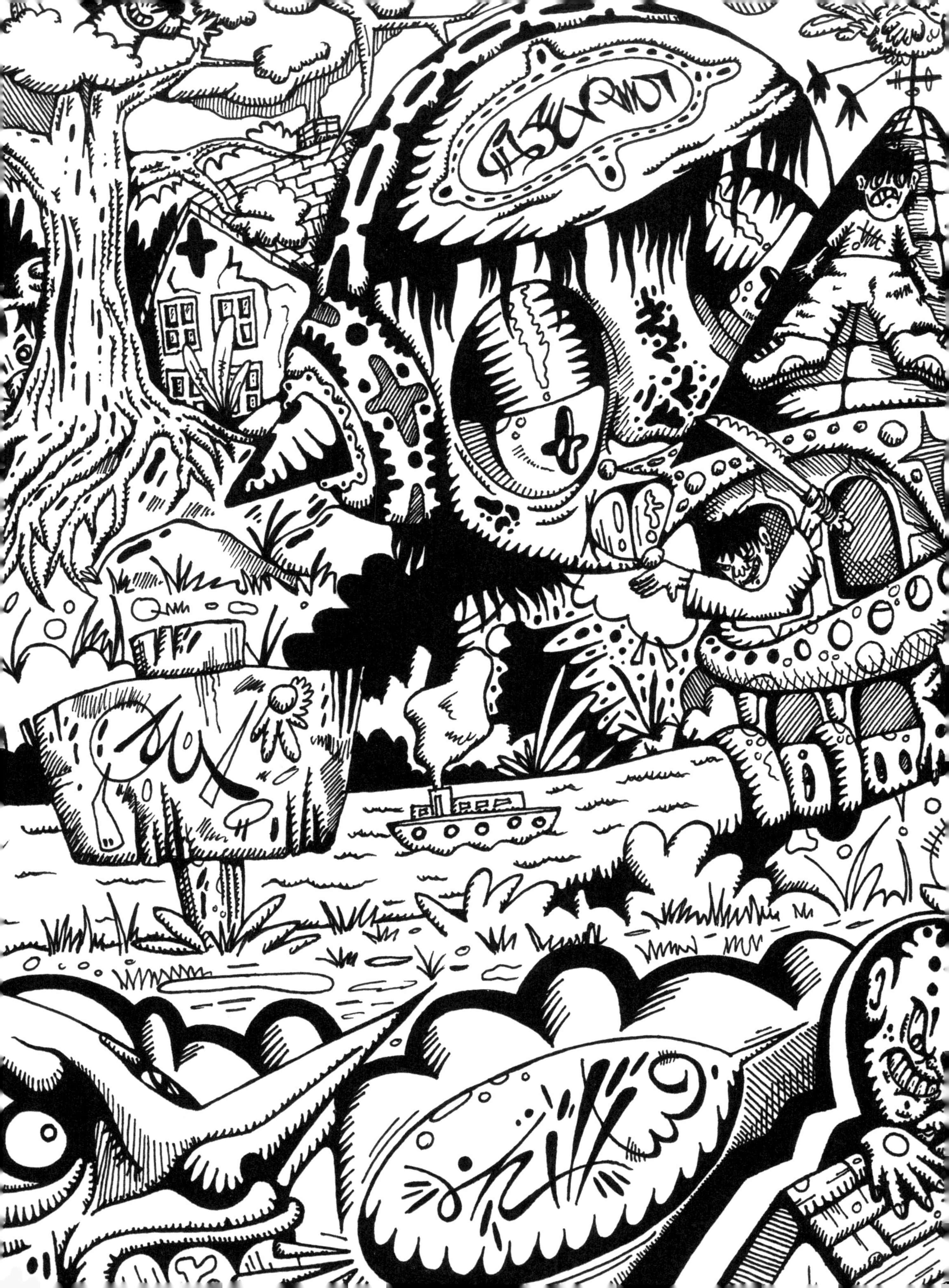

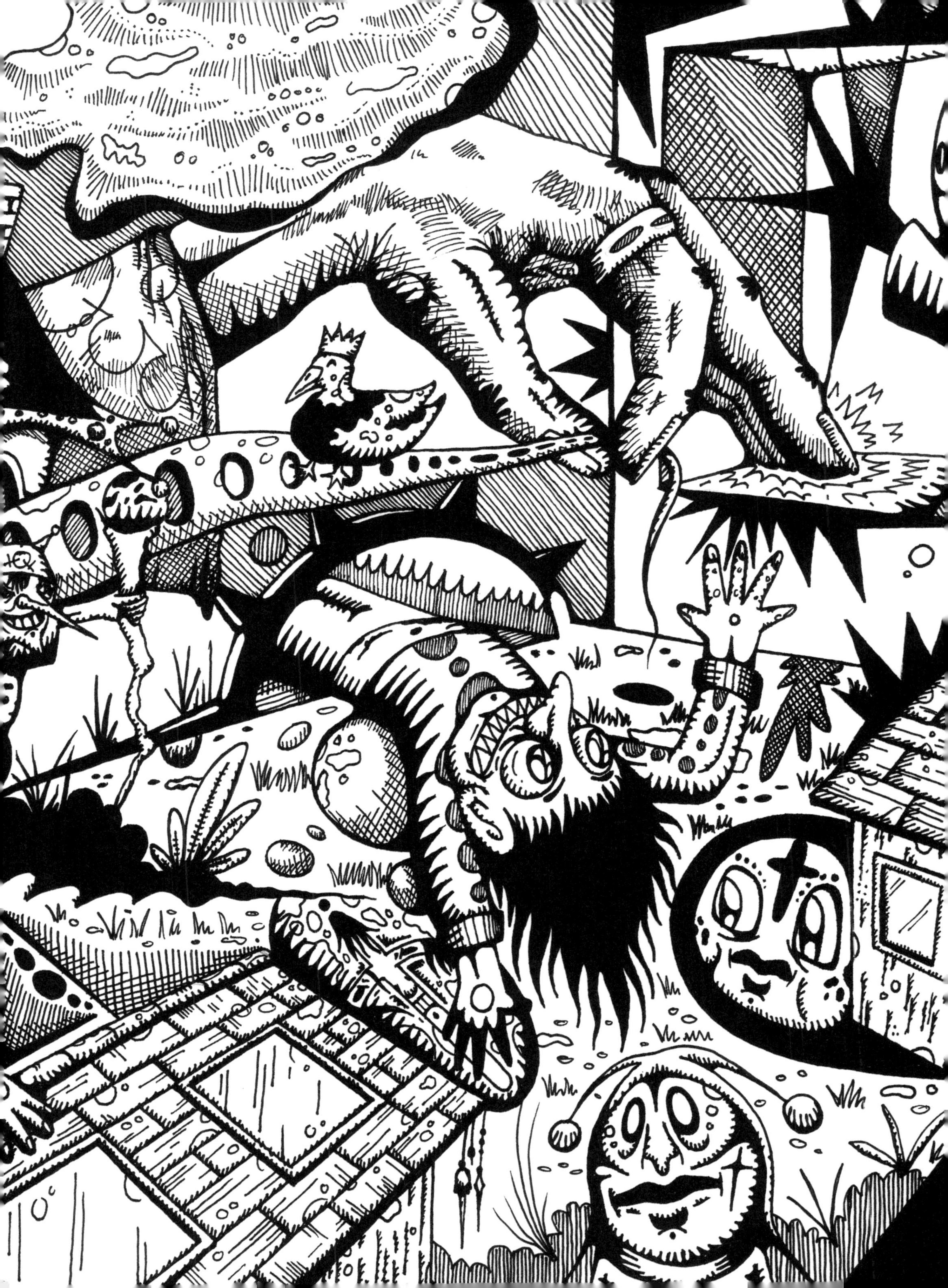

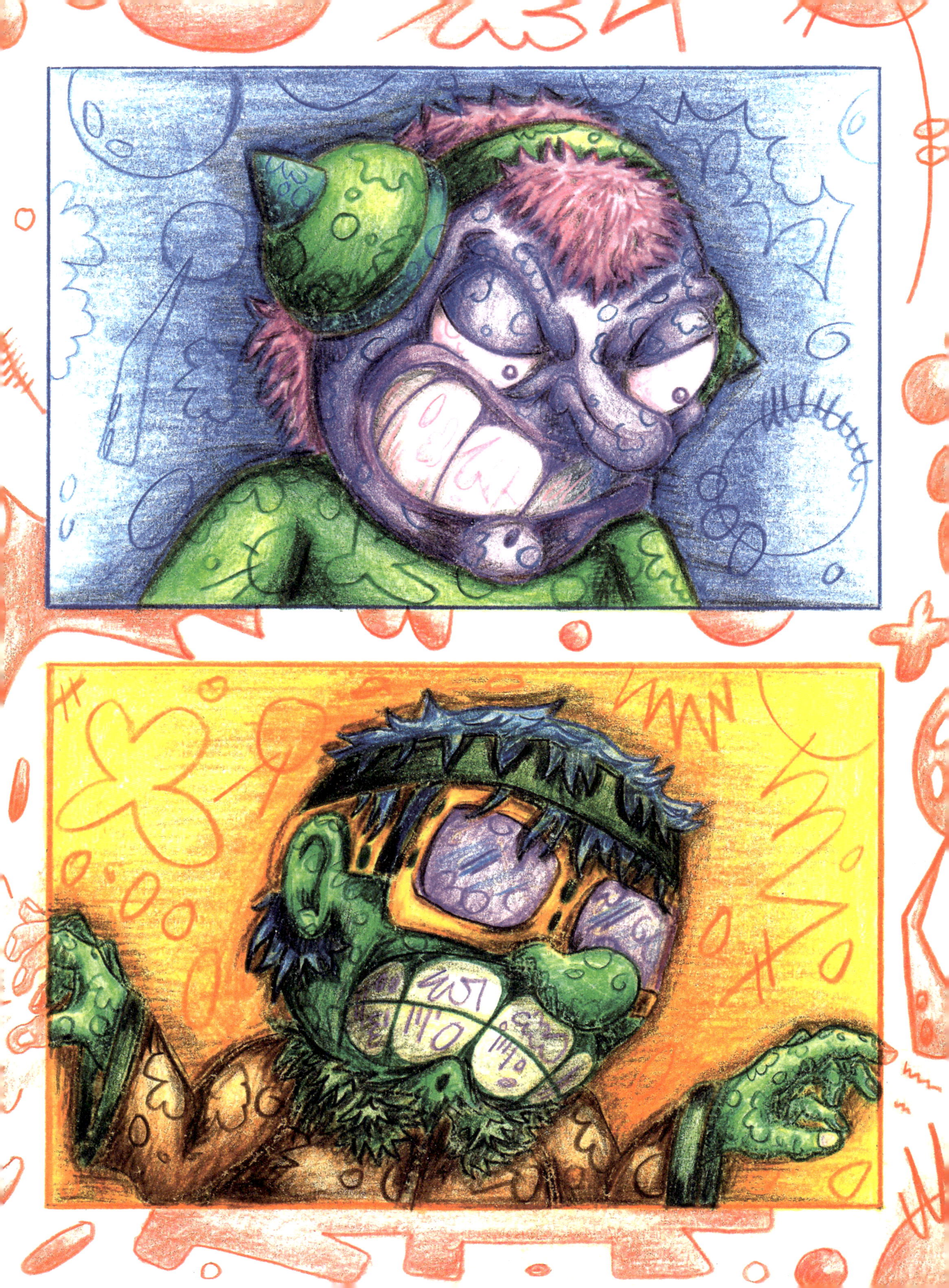

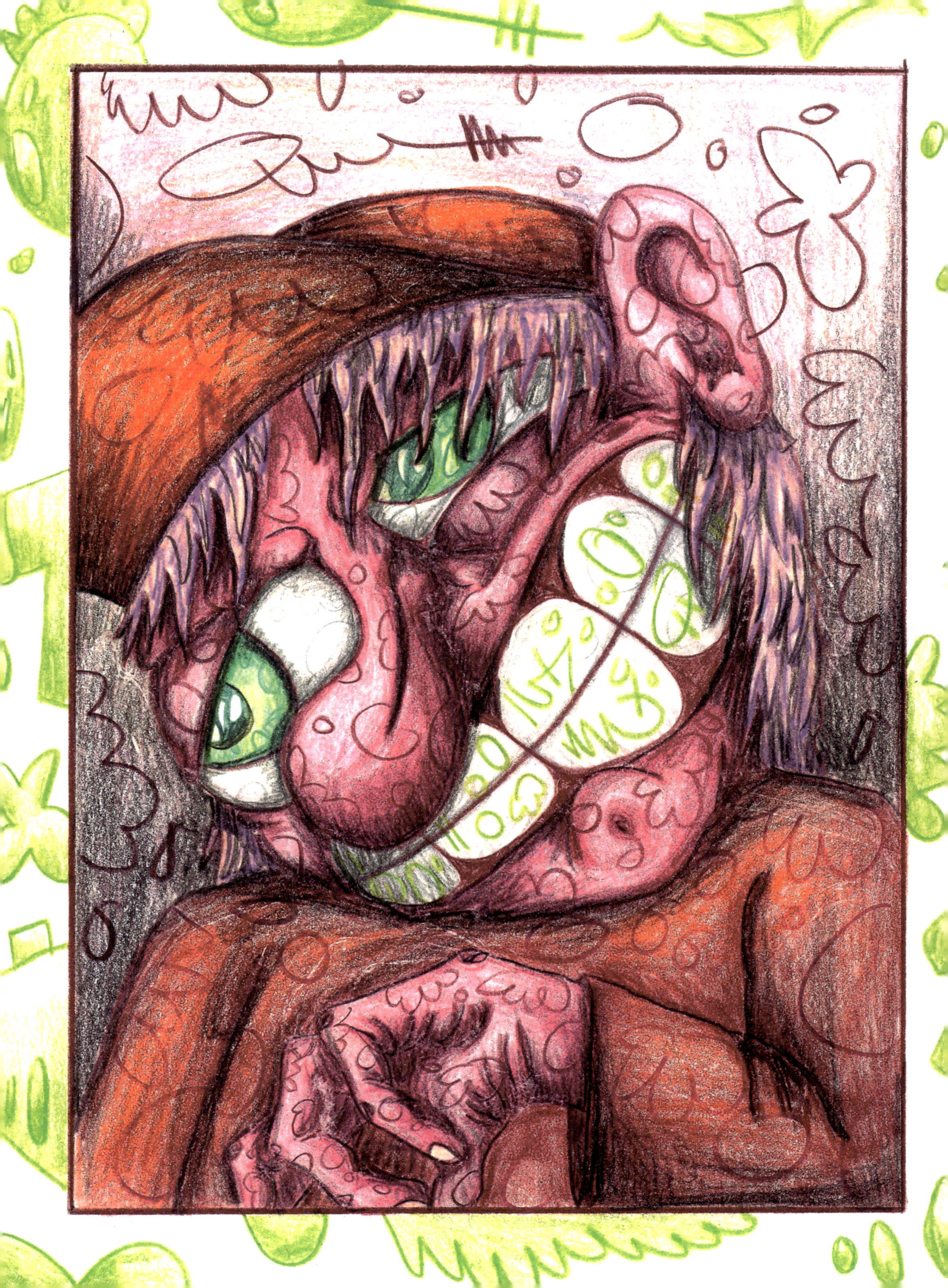

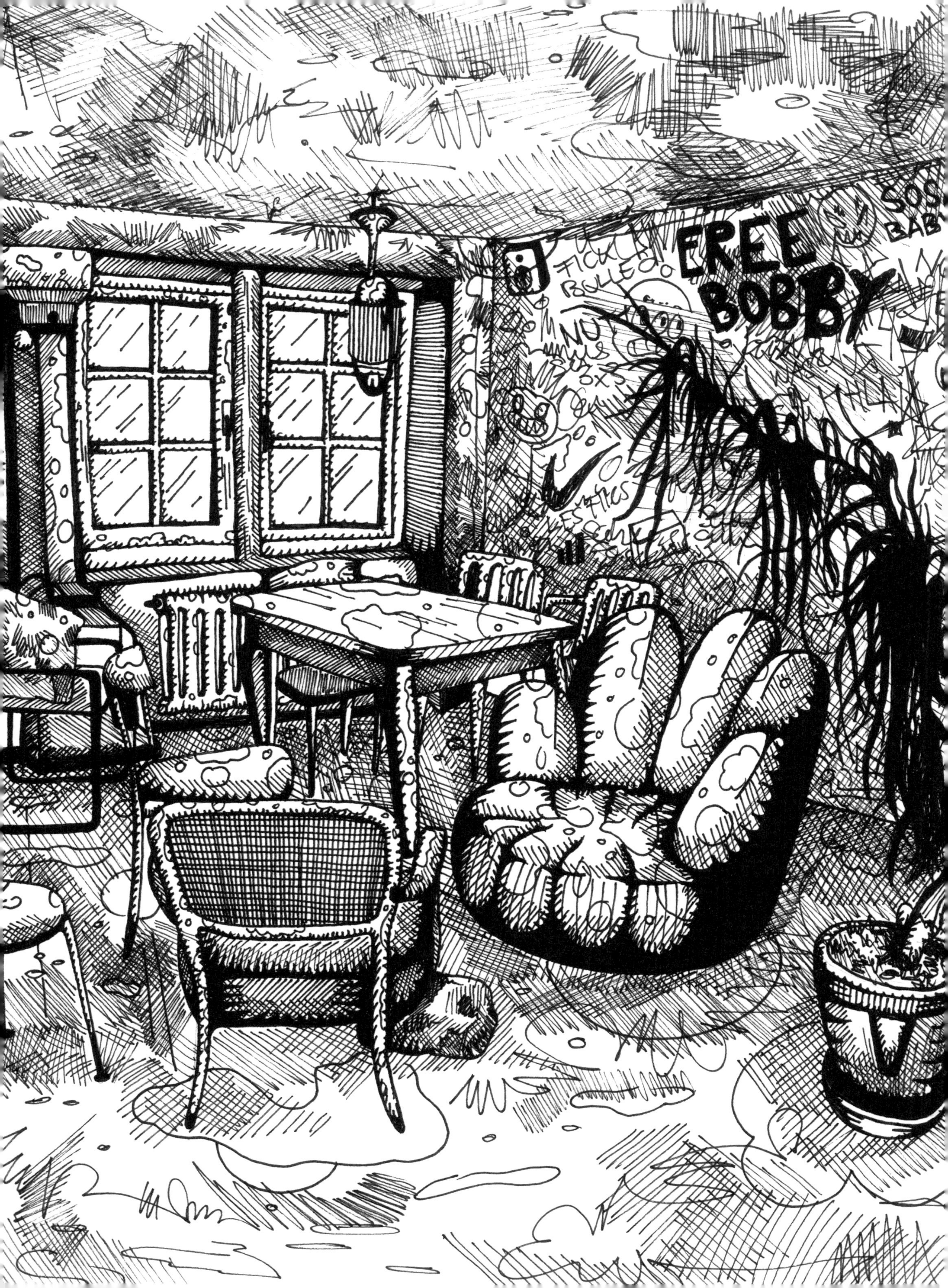
FREE BOBBY
SOS

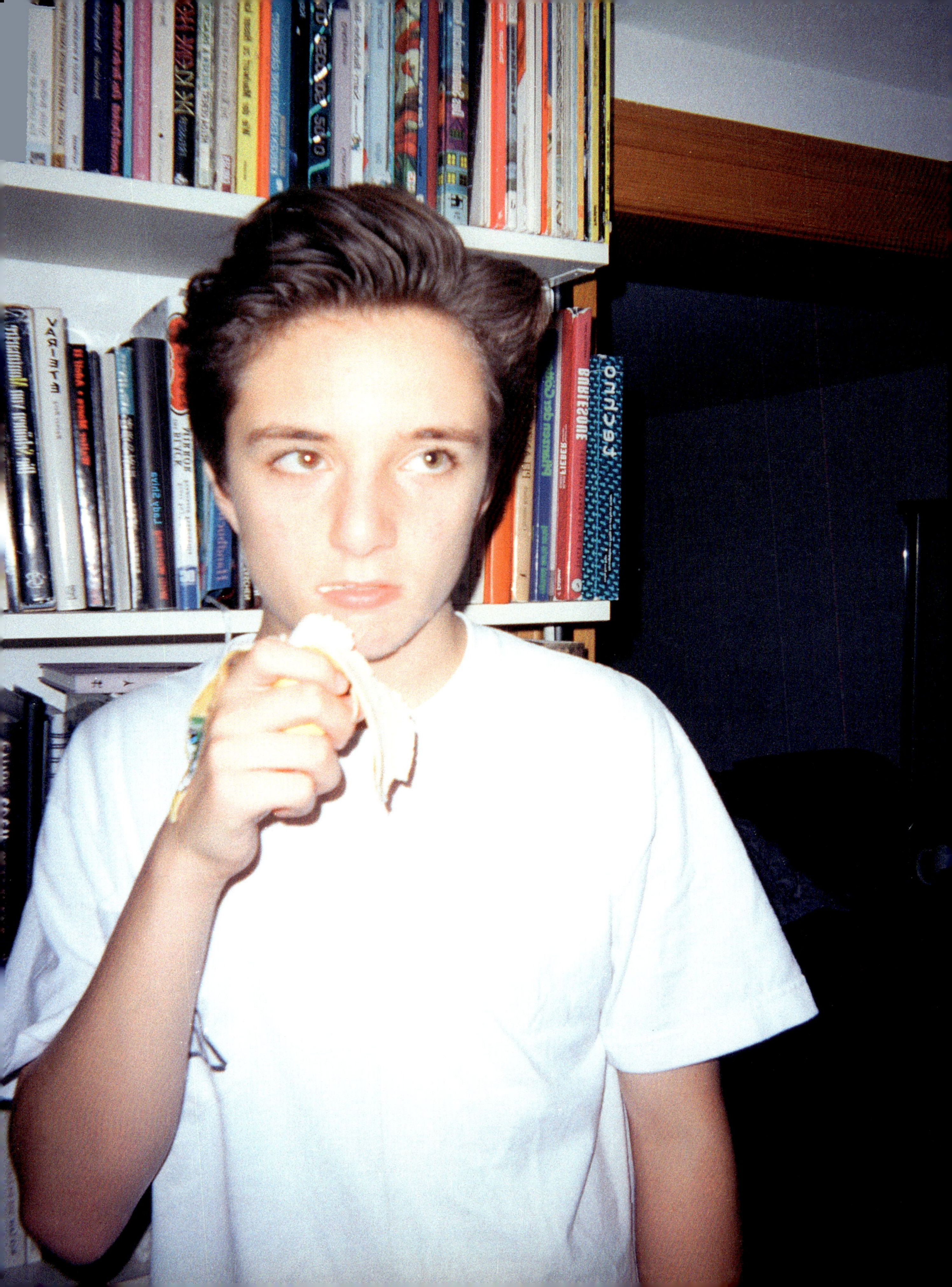

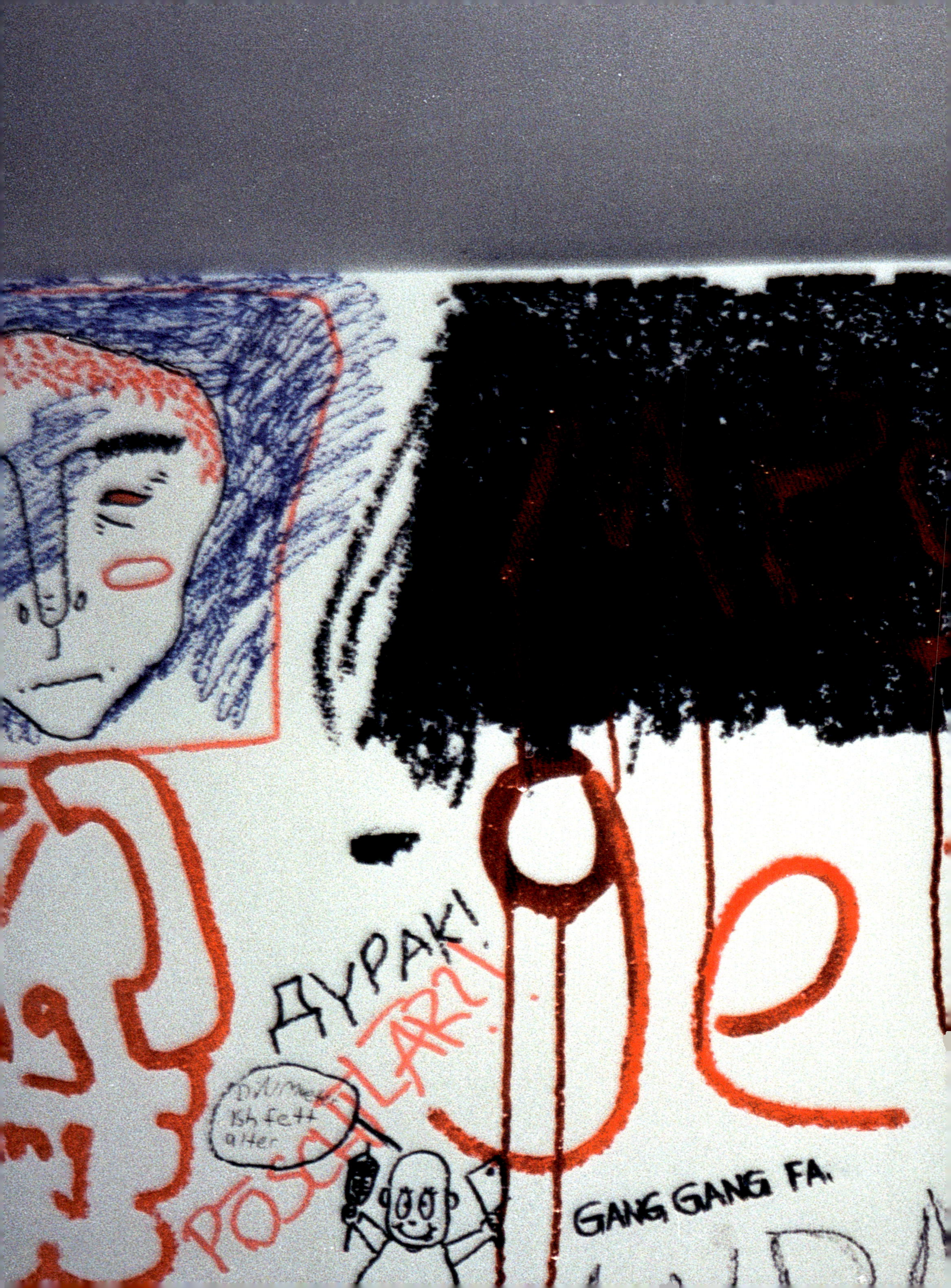
ДУРАК!
GANG GANG FA.

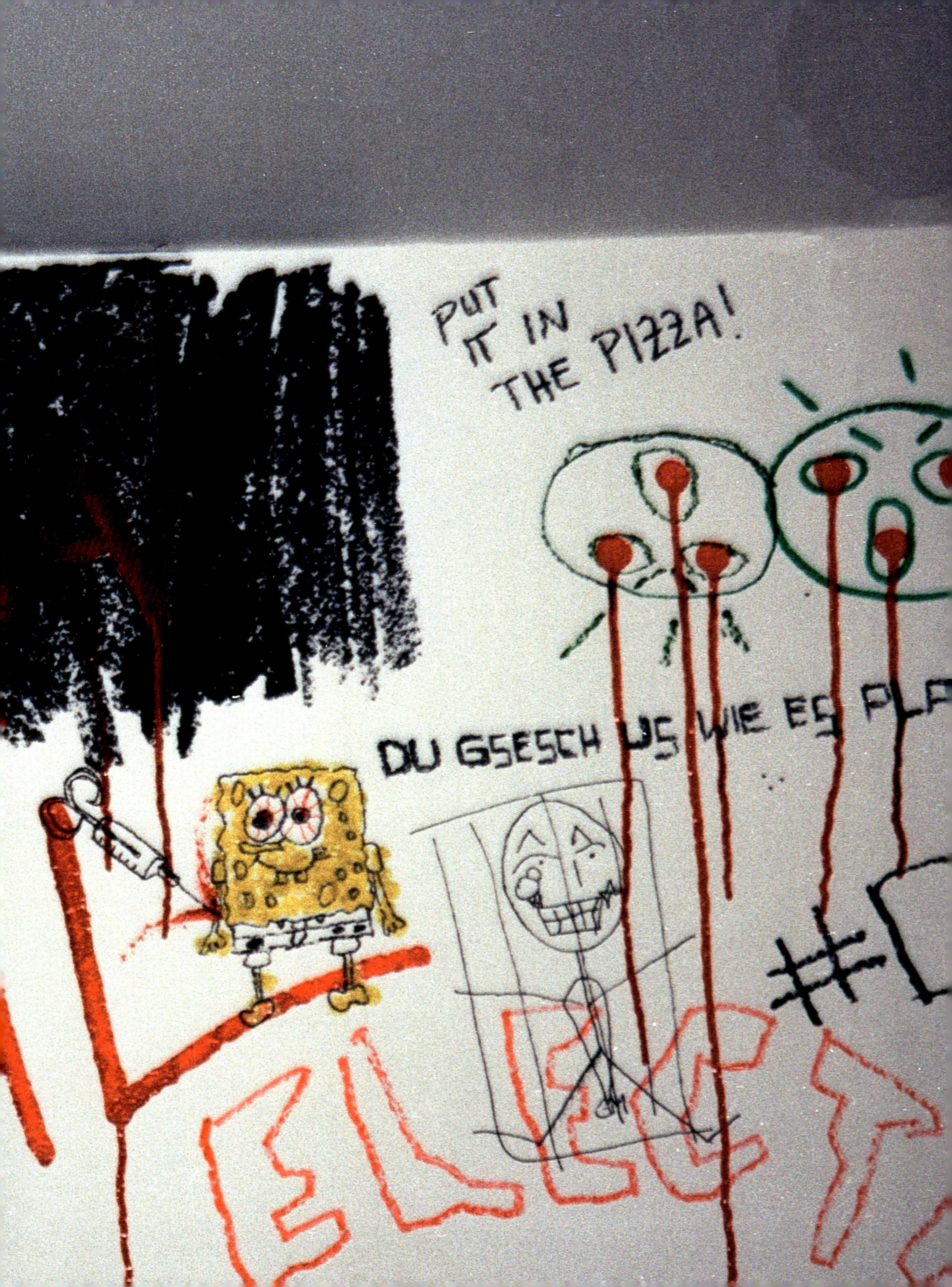
PUT IT IN THE PIZZA!
DU GSESCH US WIE ES

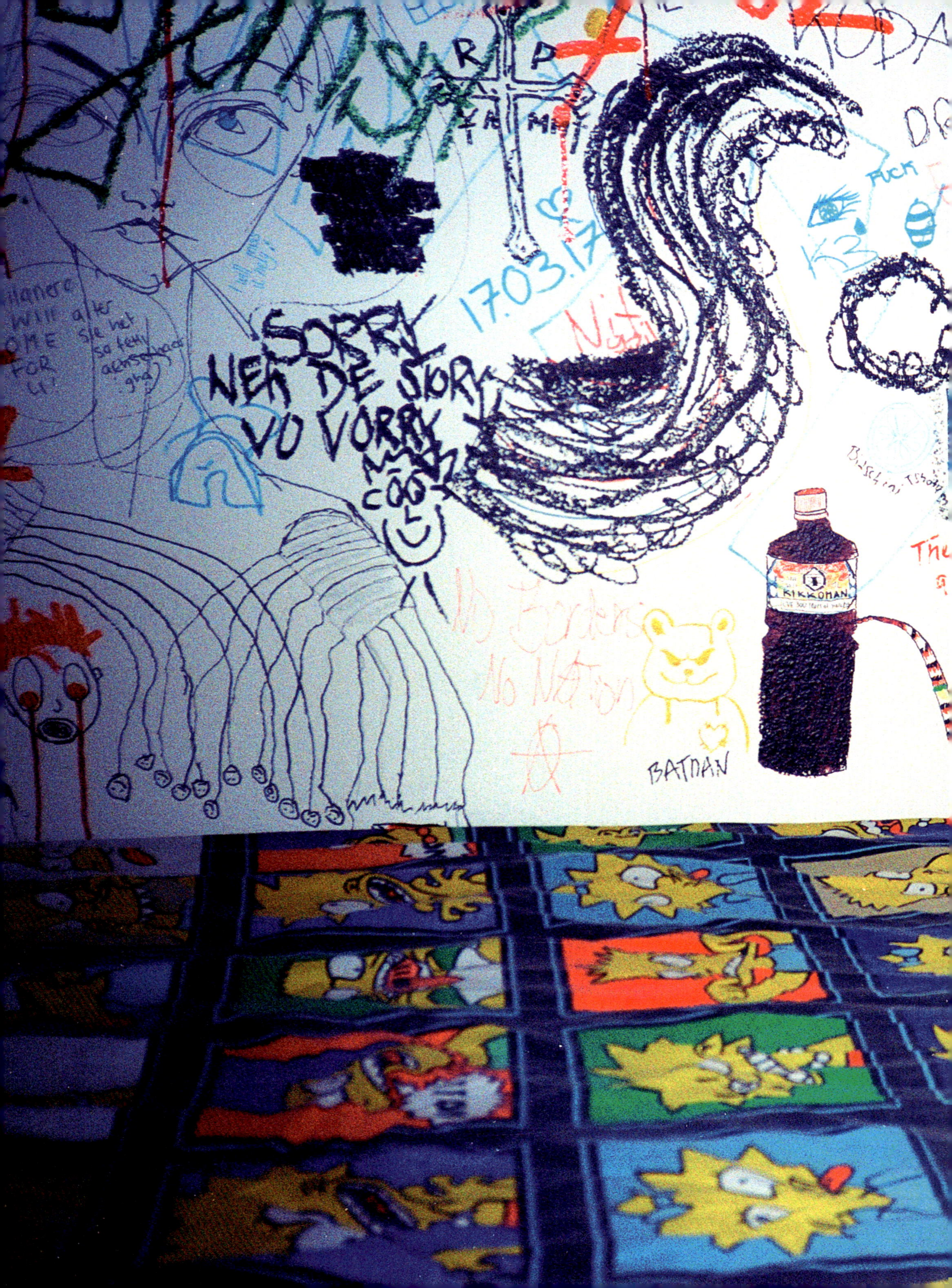
R P
17.03.17
FUCK
No Borders
No Nation
BATMAN
KIKKOMAN

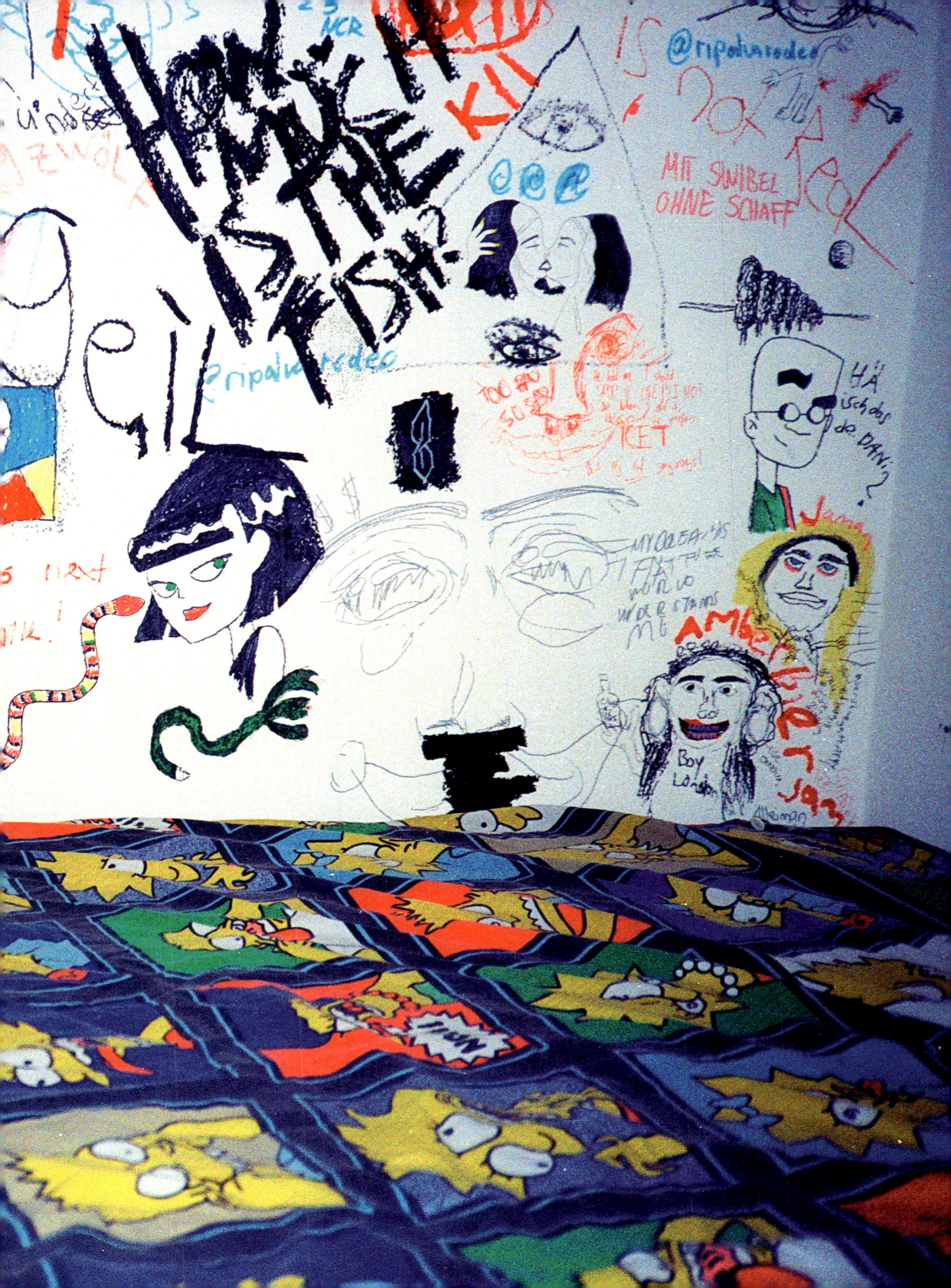
HOW HIGH IS THE FISH?
OHNE SCHAFF
Amber

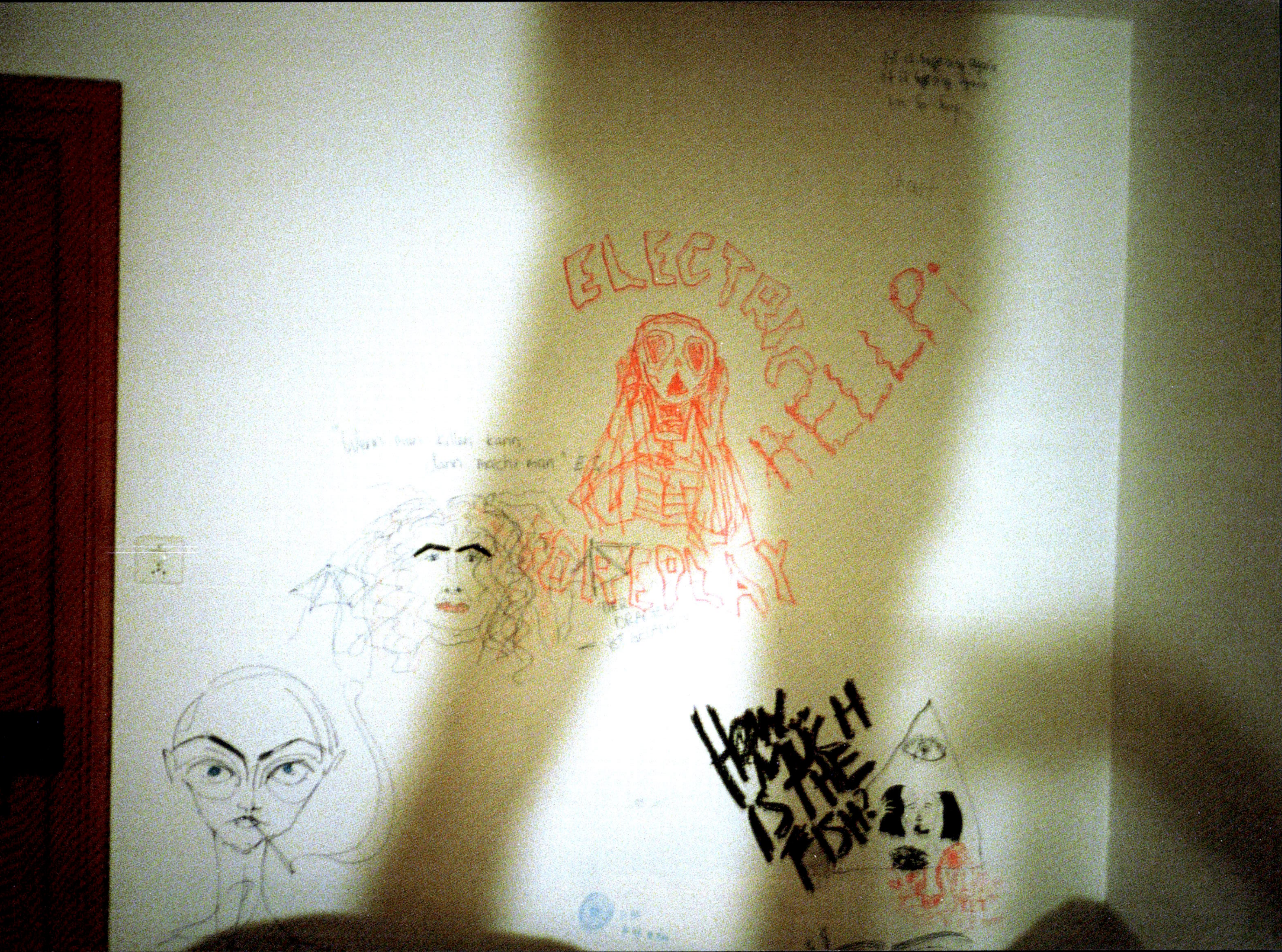
ELECTRIC HELP!
FOREPLAY
HOW MUCH IS THE FISH?

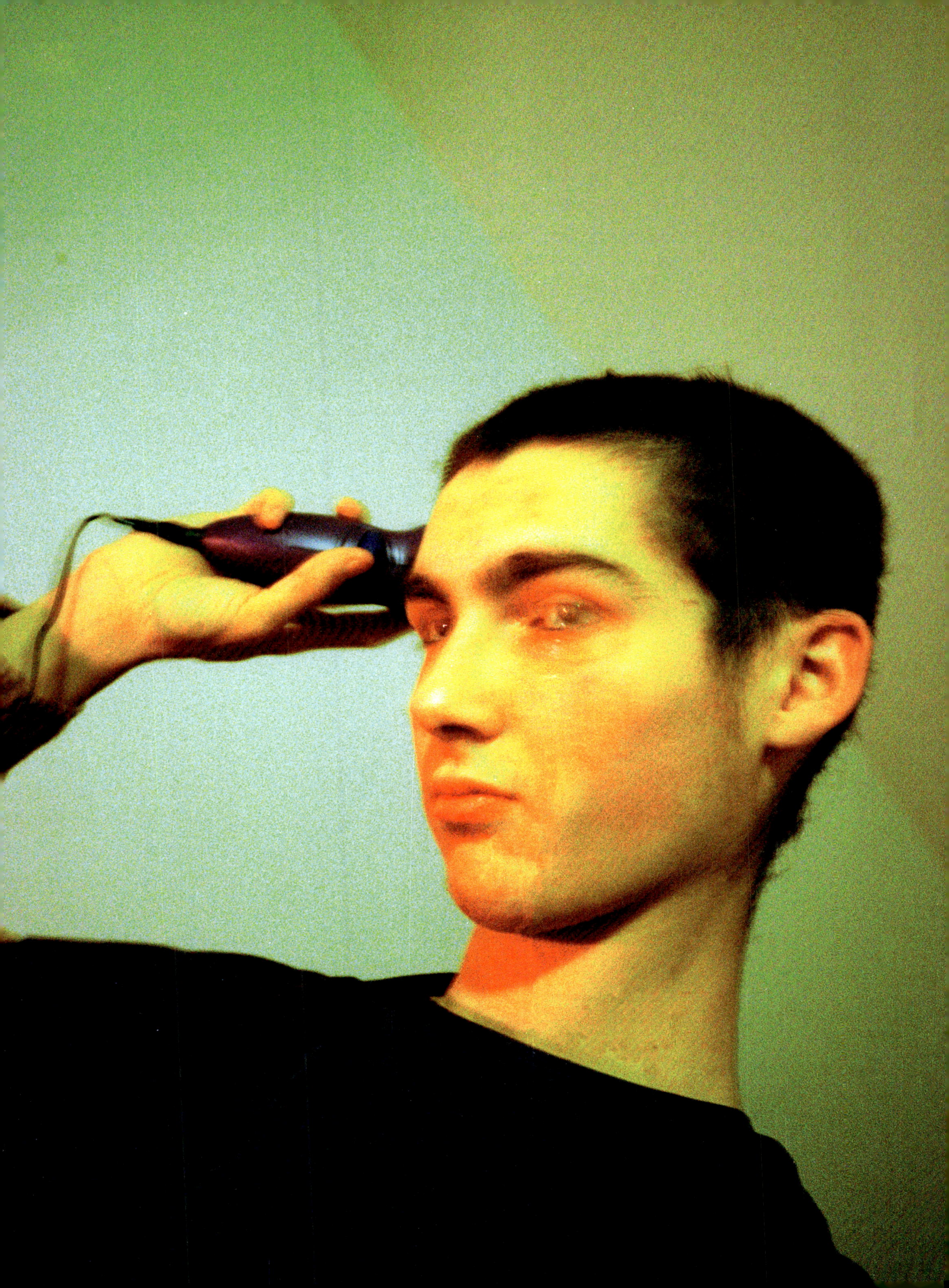

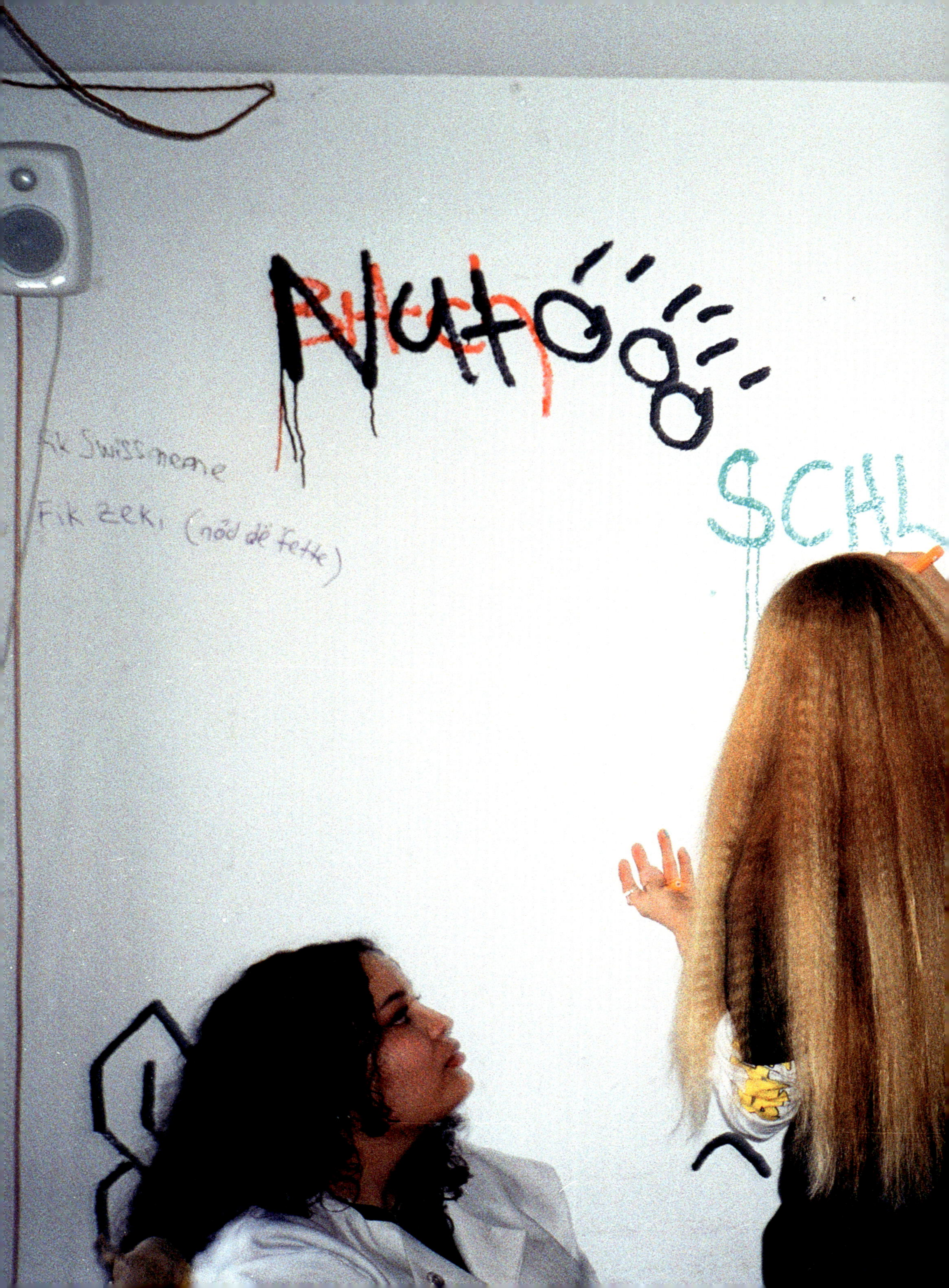
Fik Zeki, (nöd dä fette)
SCHL

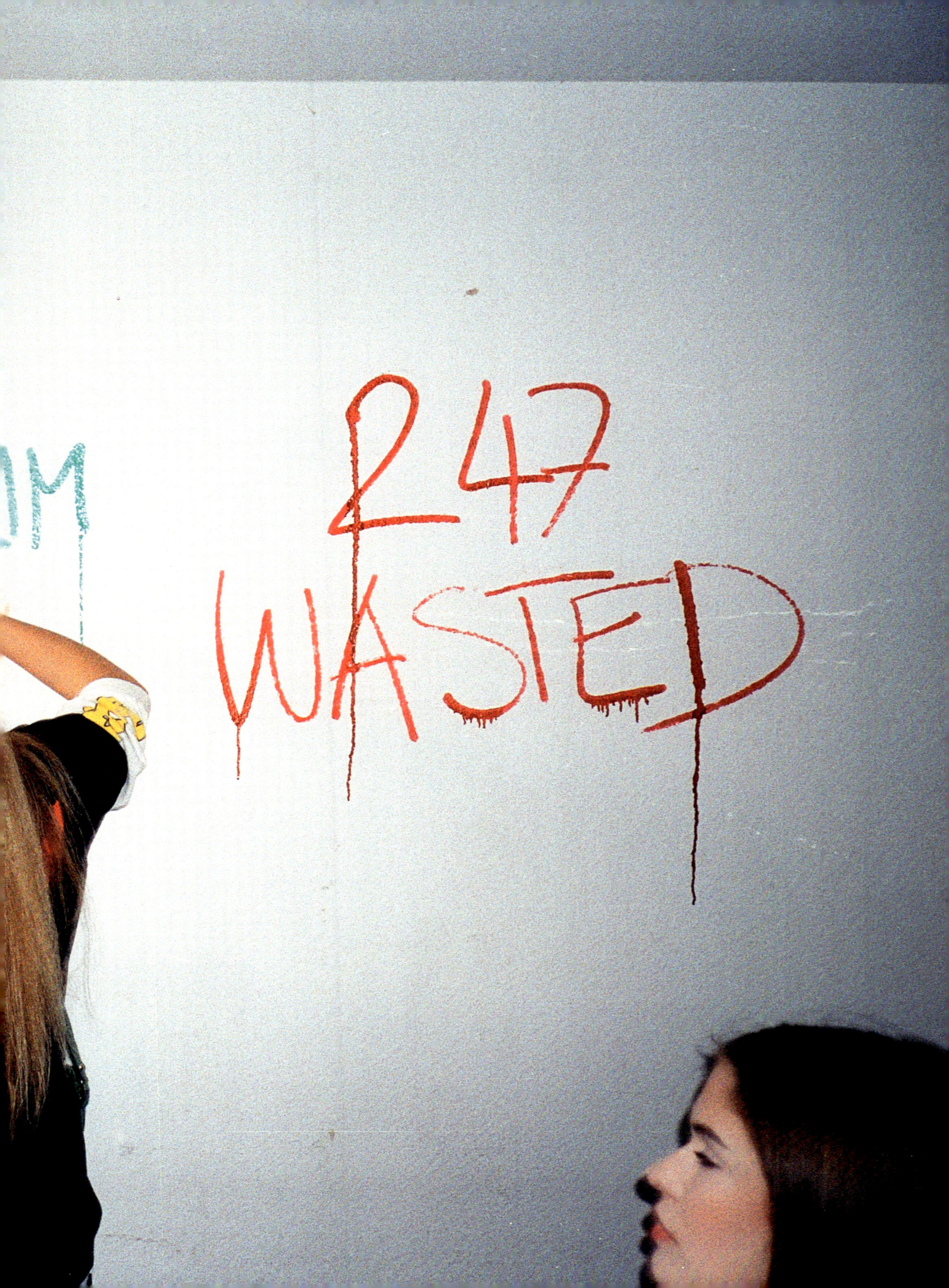
247
WASTED

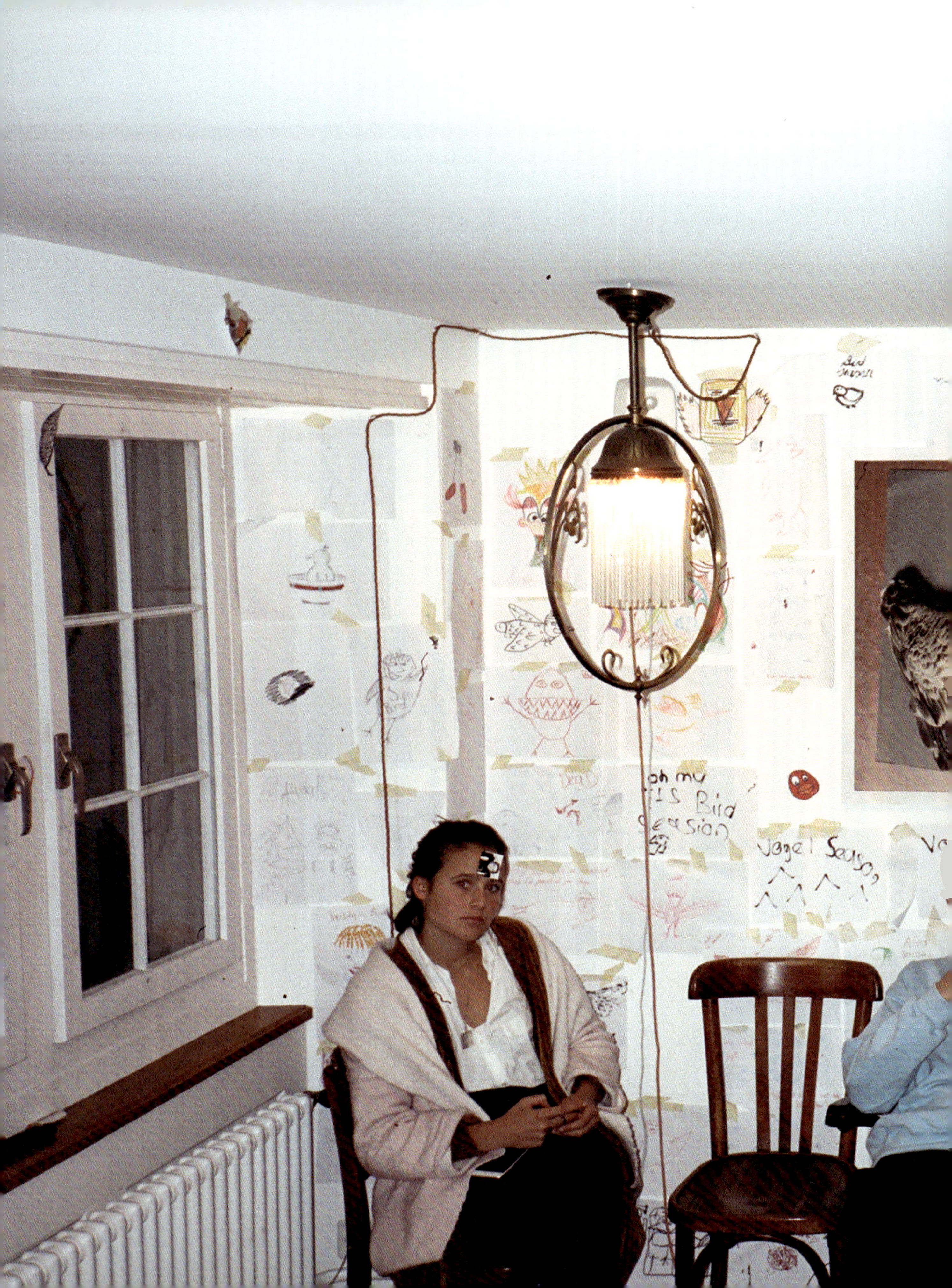
Vogel Season

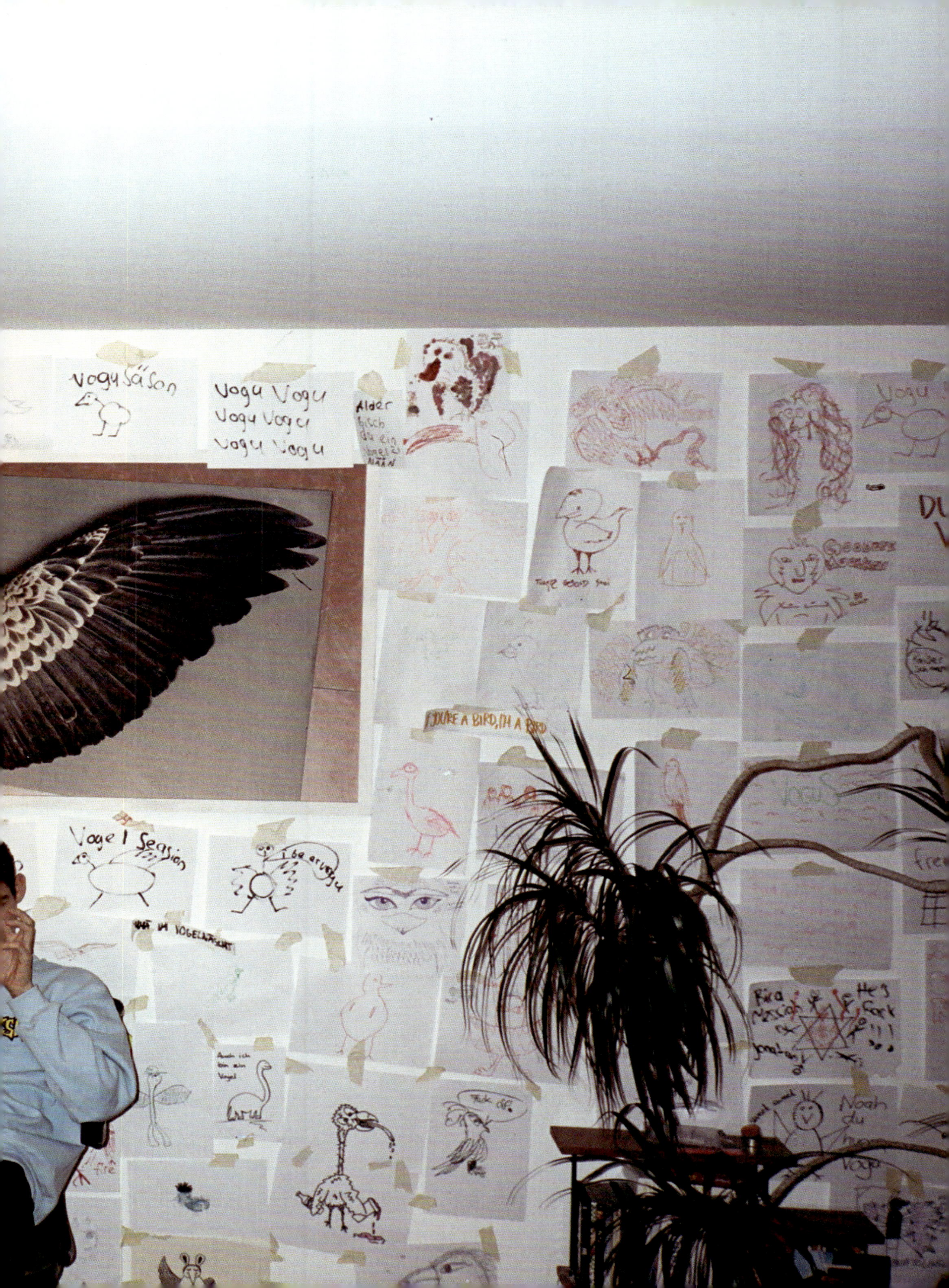
Vogu Säson
Vogu Vogu
Vogu Vogu
Vogu Vogu
YOU'RE A BIRD, I'M A BIRD
Vogel Seasion
Vogu

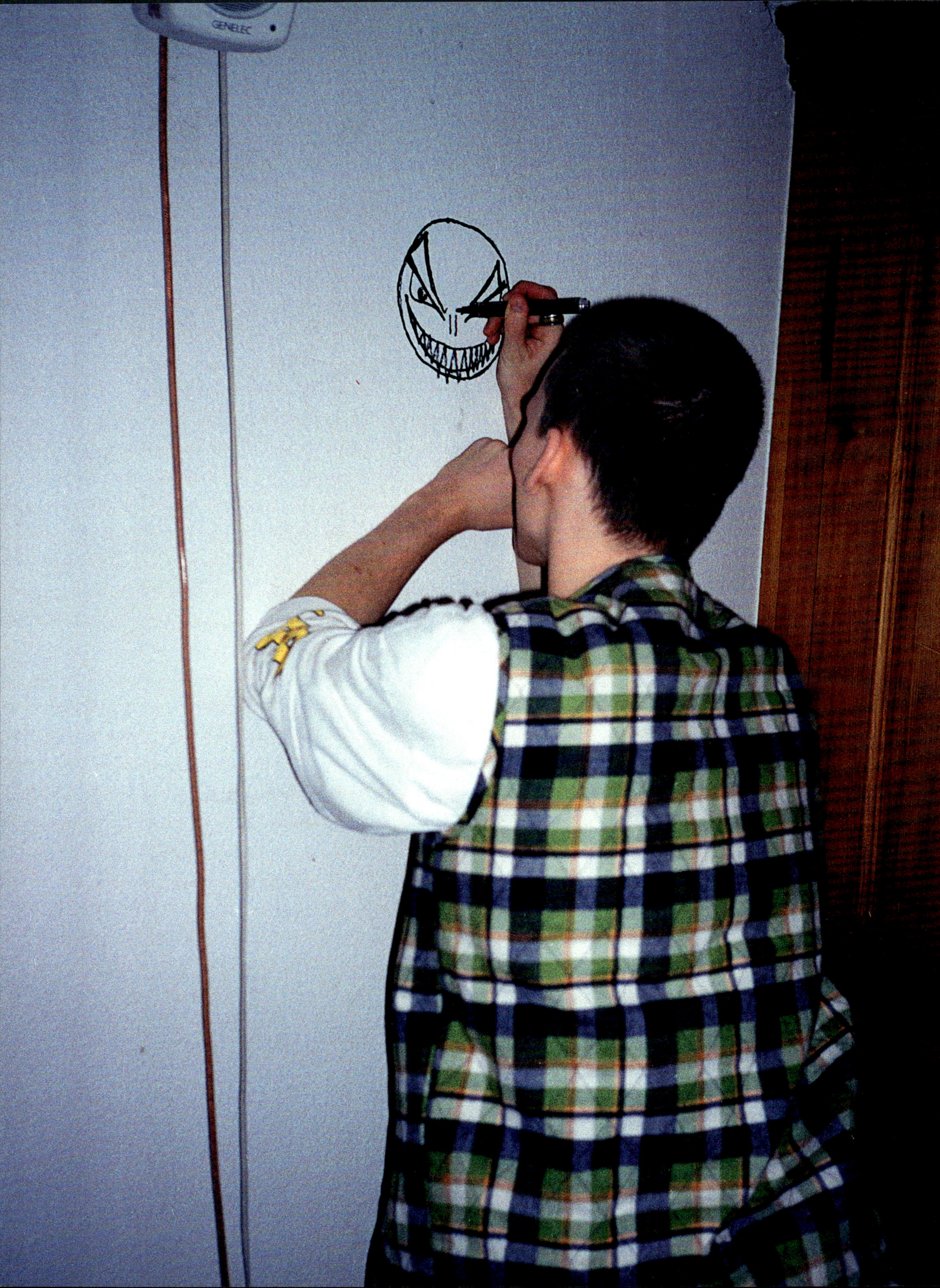
GENELEC

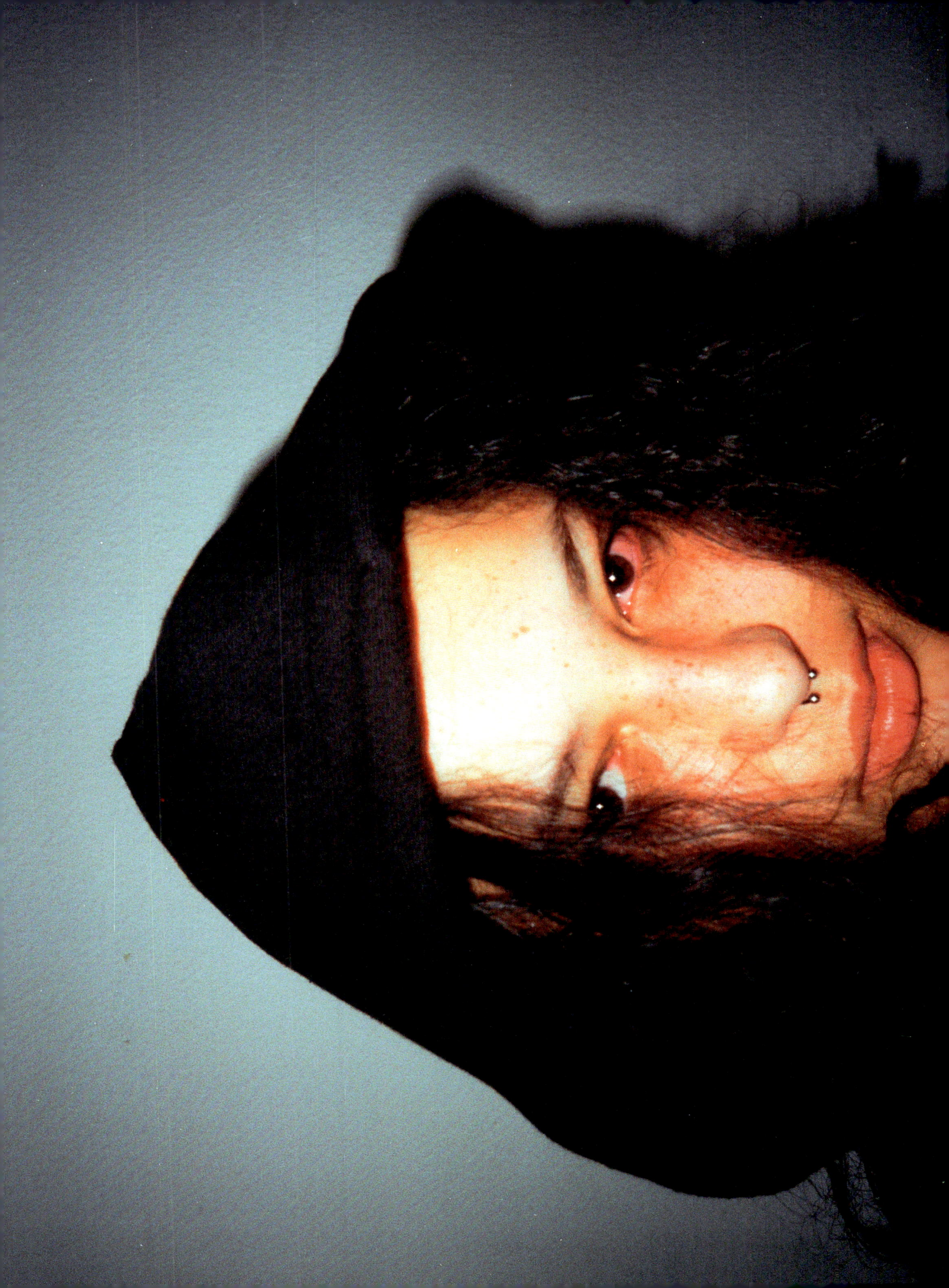

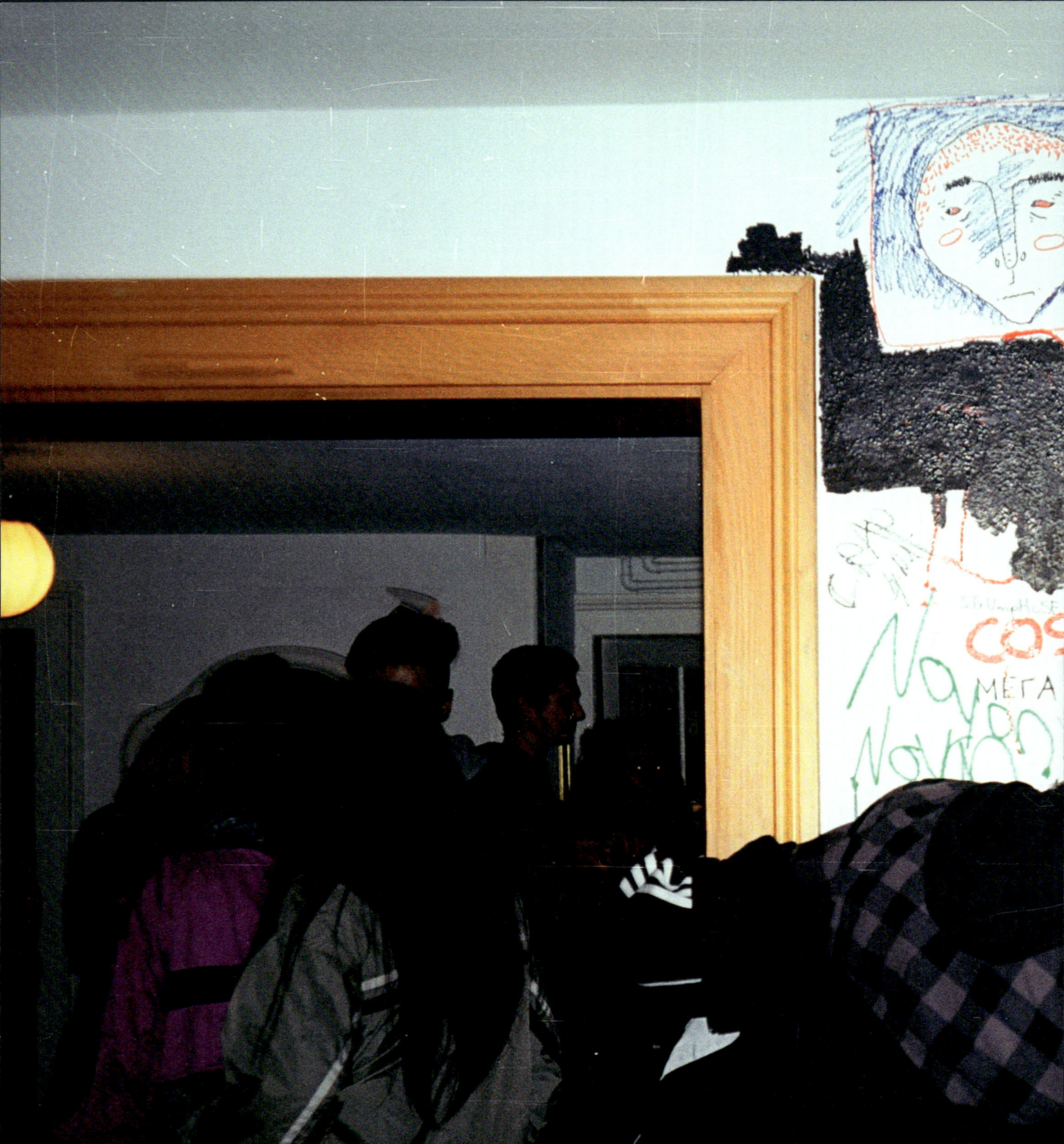
MEΓA

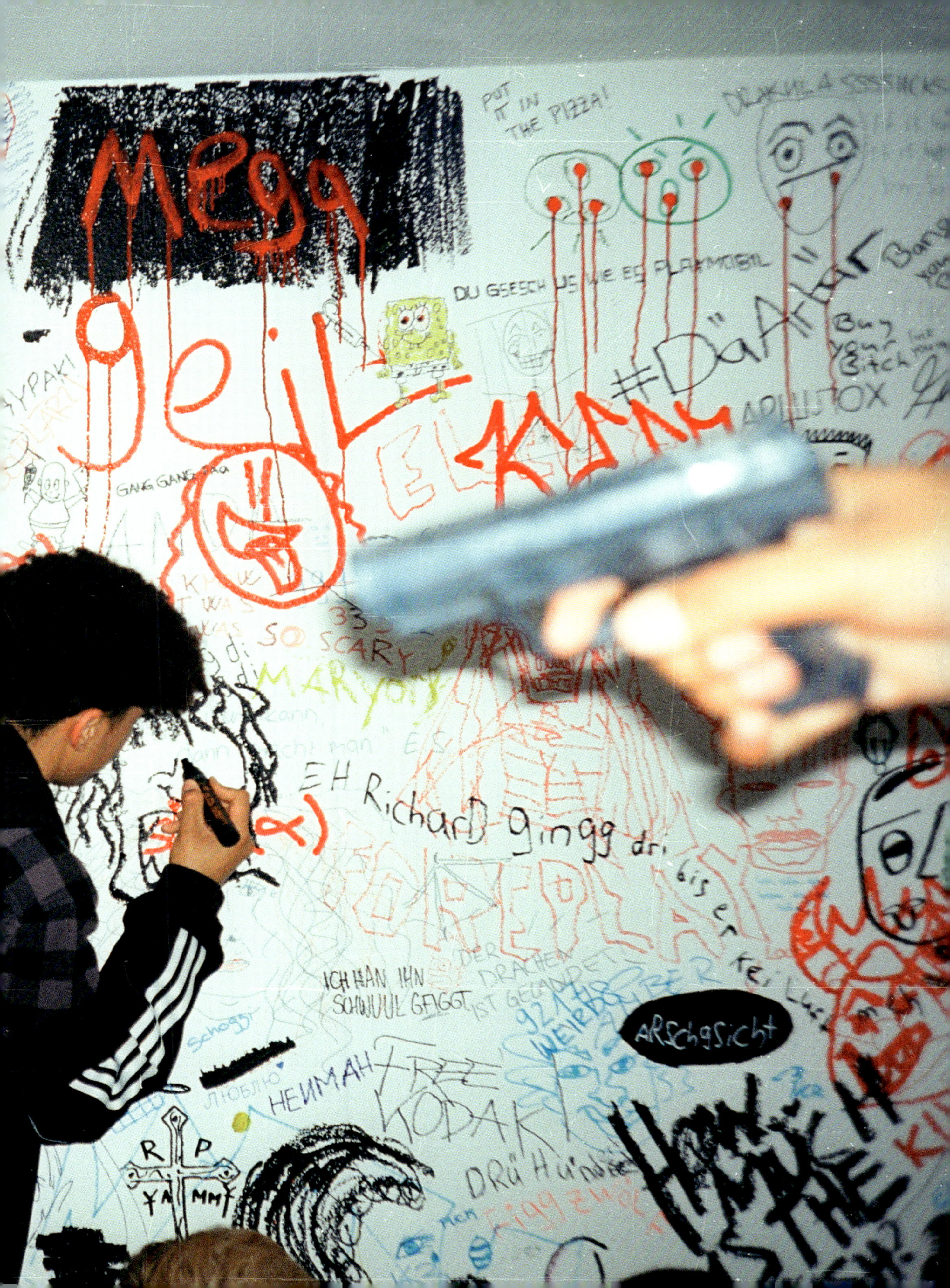
Mega
geil
PUT IT IN THE PIZZA!
DU GSEECH US WIE ES PLAYMOBIL
Buy your Bitch
GANG GANG
SO SCARY
EH
RichanD gingg dri
ICH HAN IHN SCHWUUL GFIGGT
DER DRACHEN IST GELANDET
ARSchgsicht
FREE KODAK
ЛЮБЛЮ

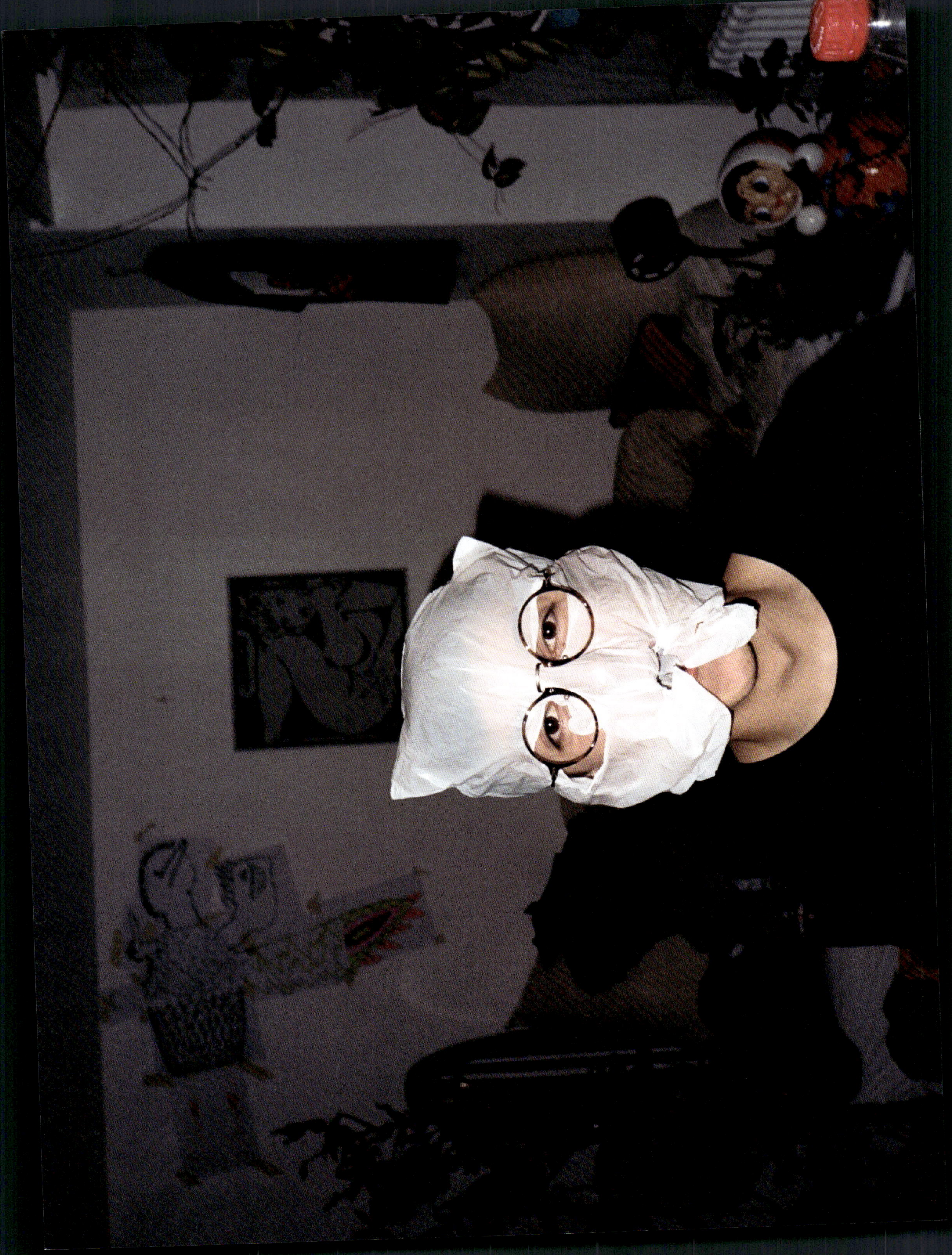

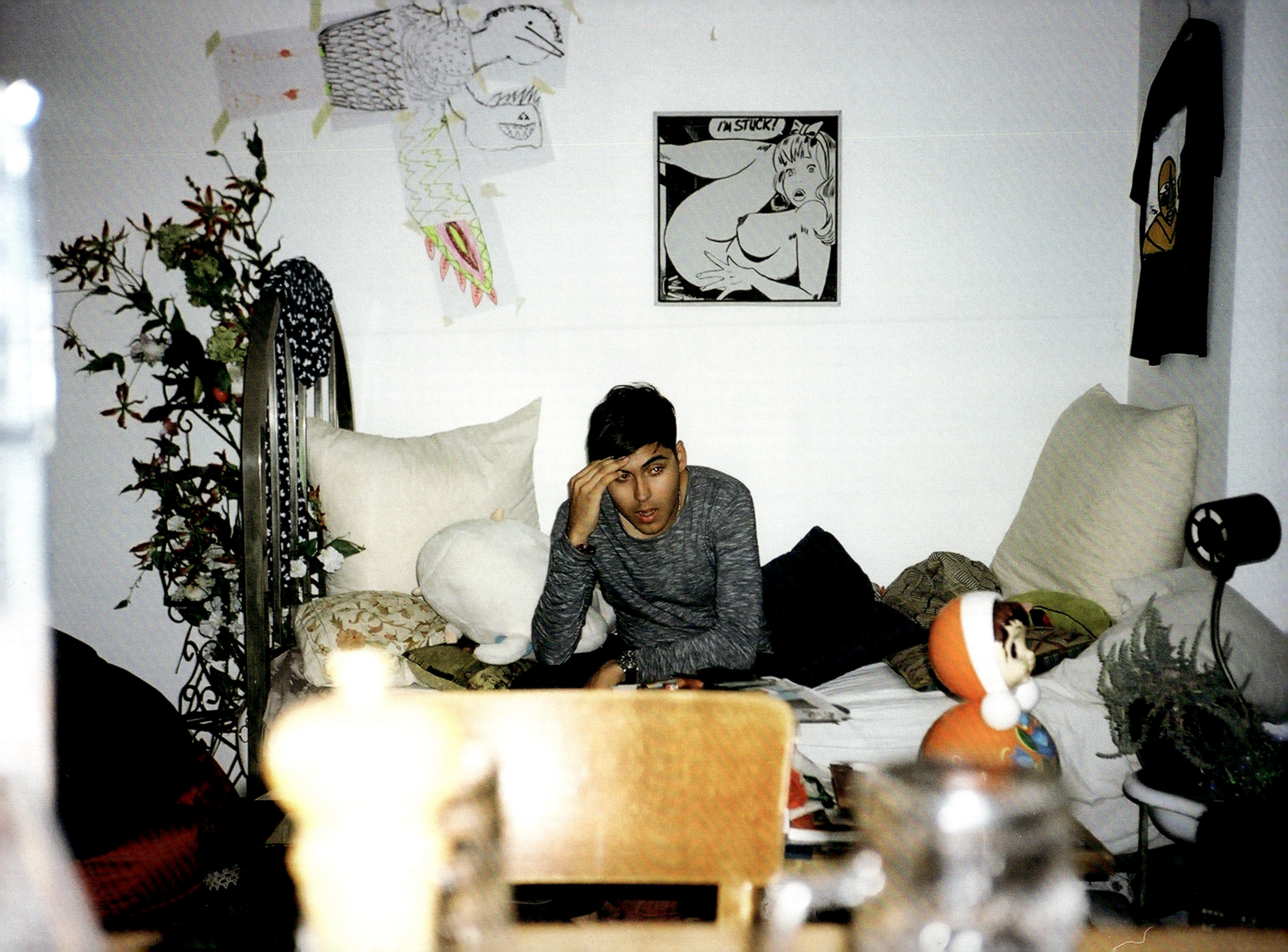
I'M STUCK!

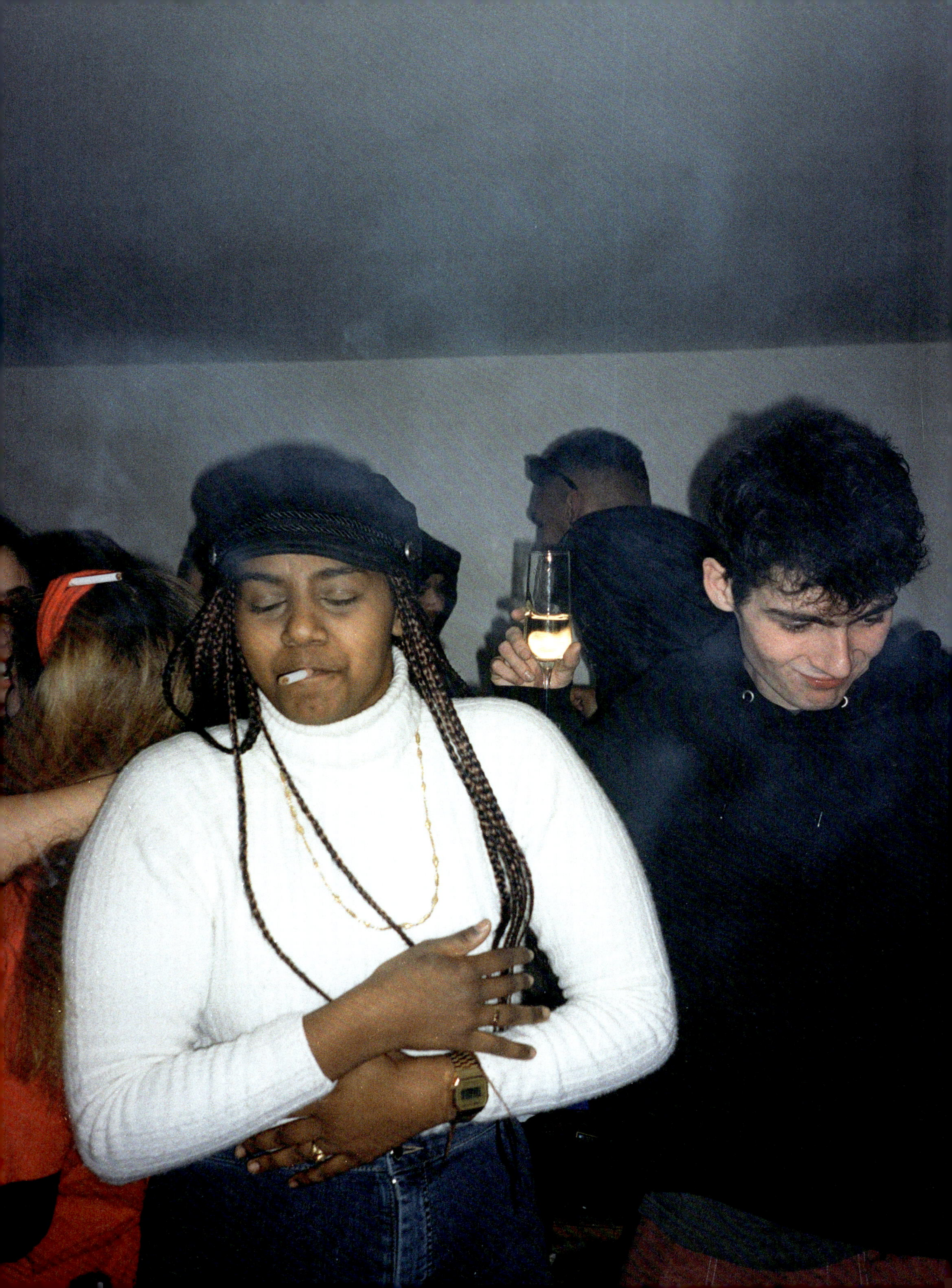

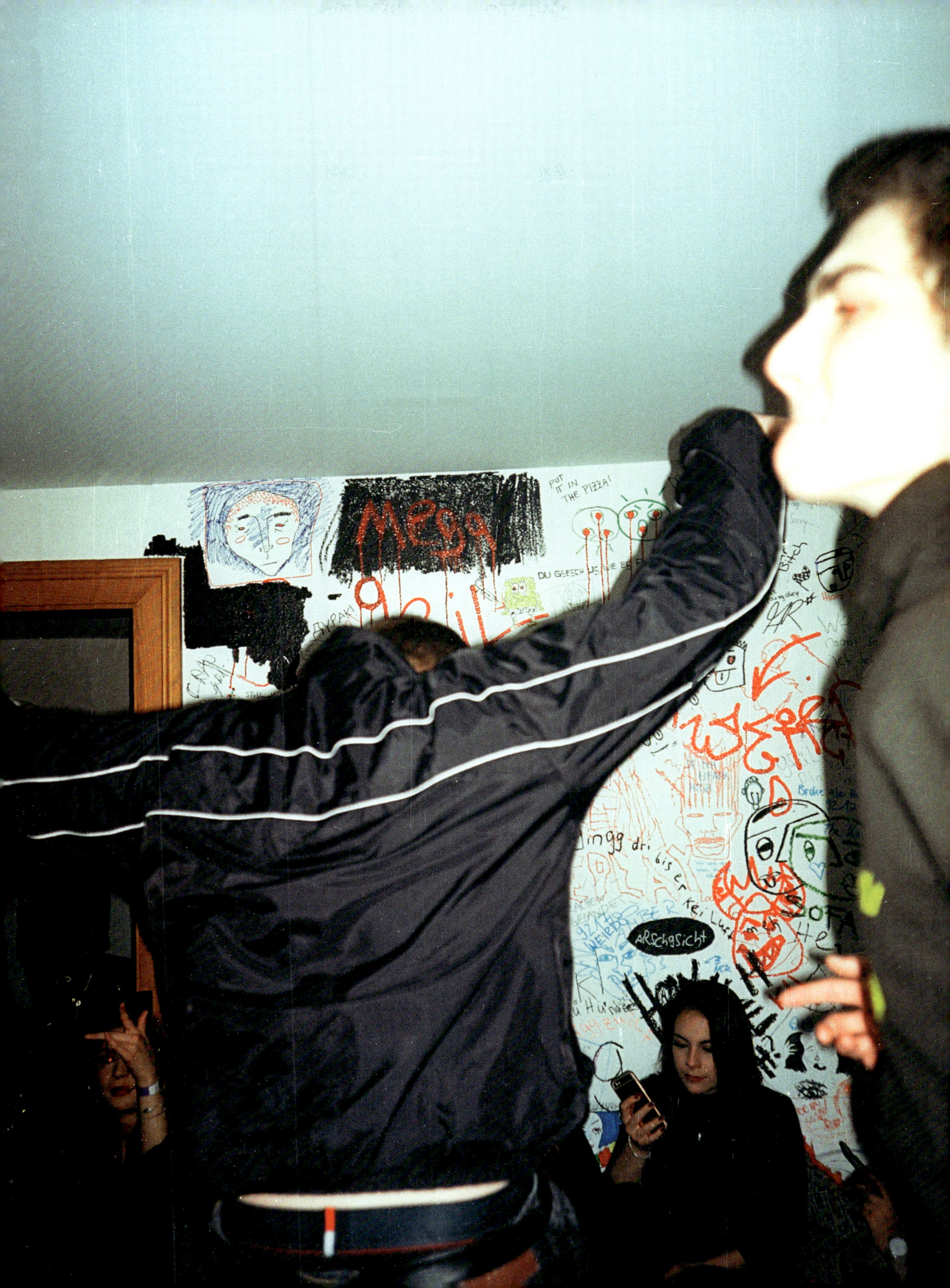
PUT IT IN THE PIZZA!
Mega
ARSchgsicht

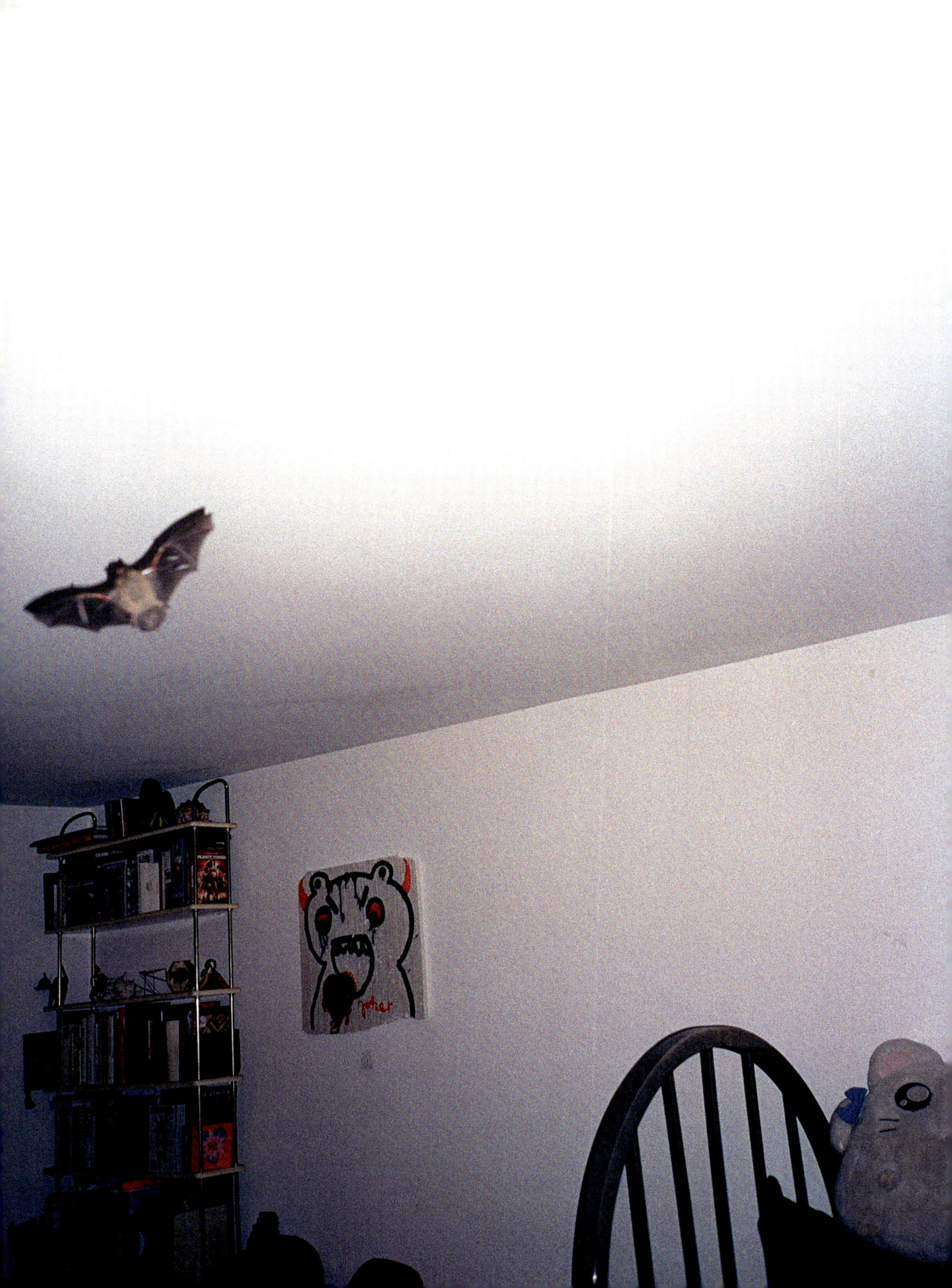
joker

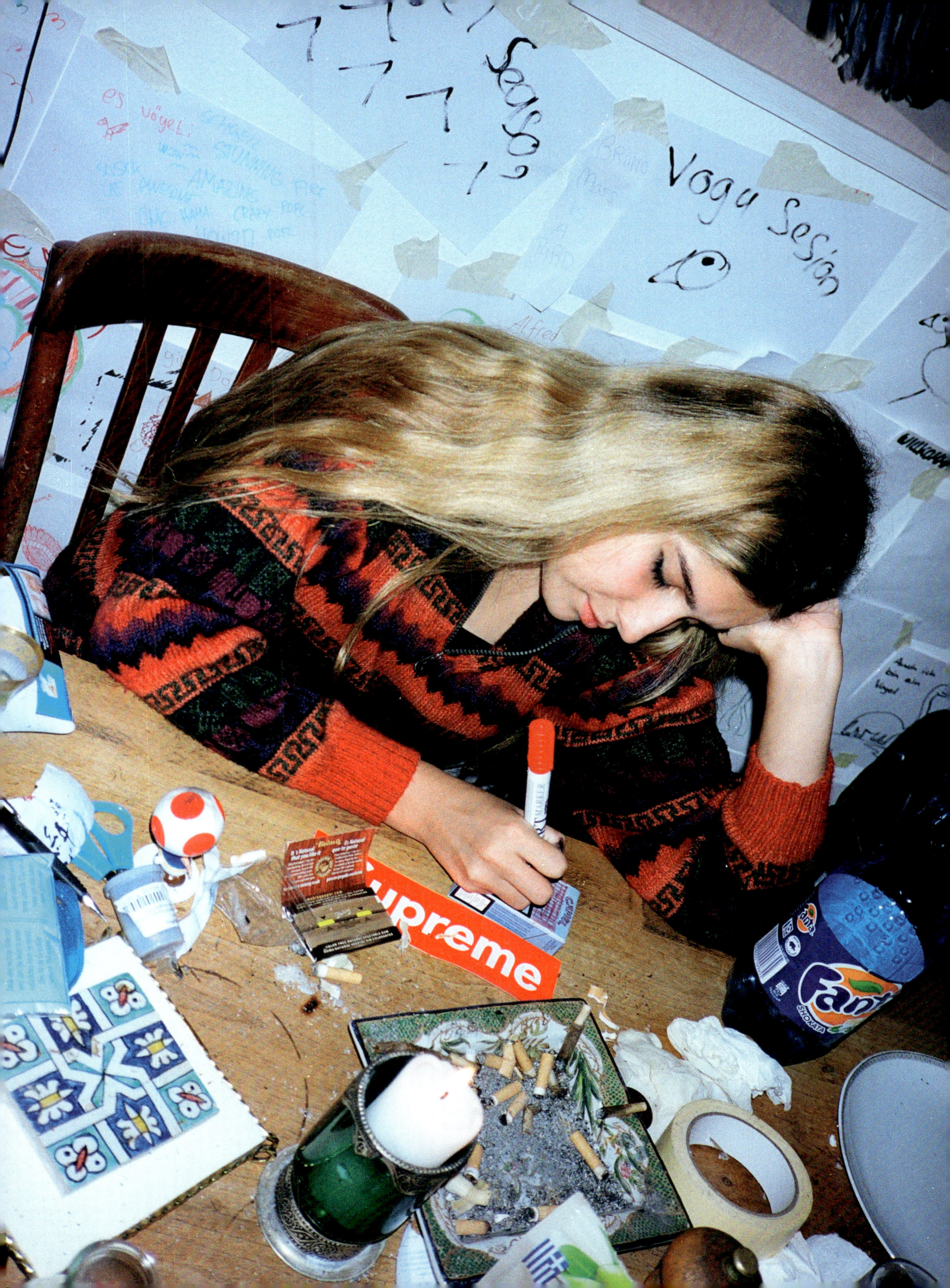
Vogu Sesión

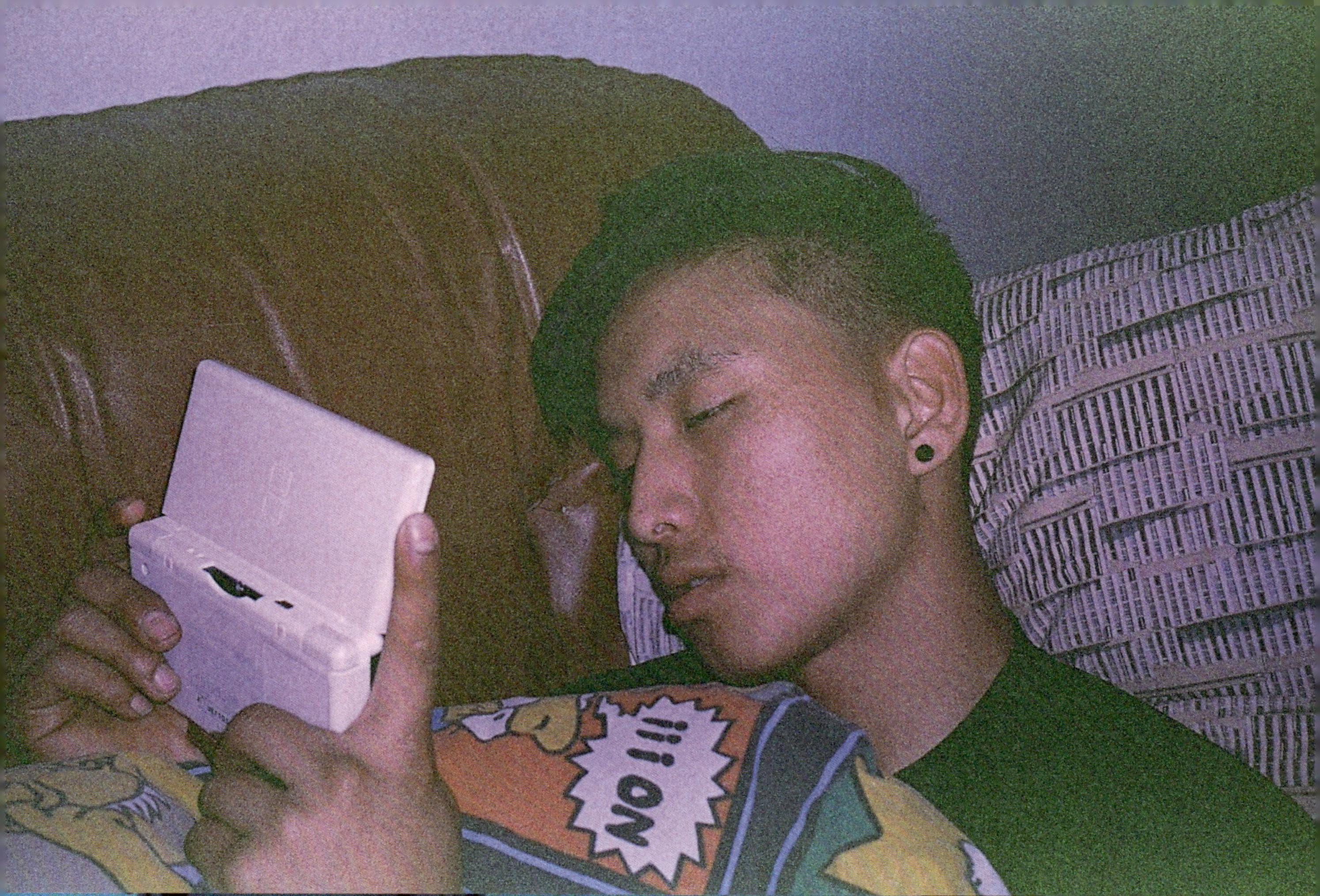

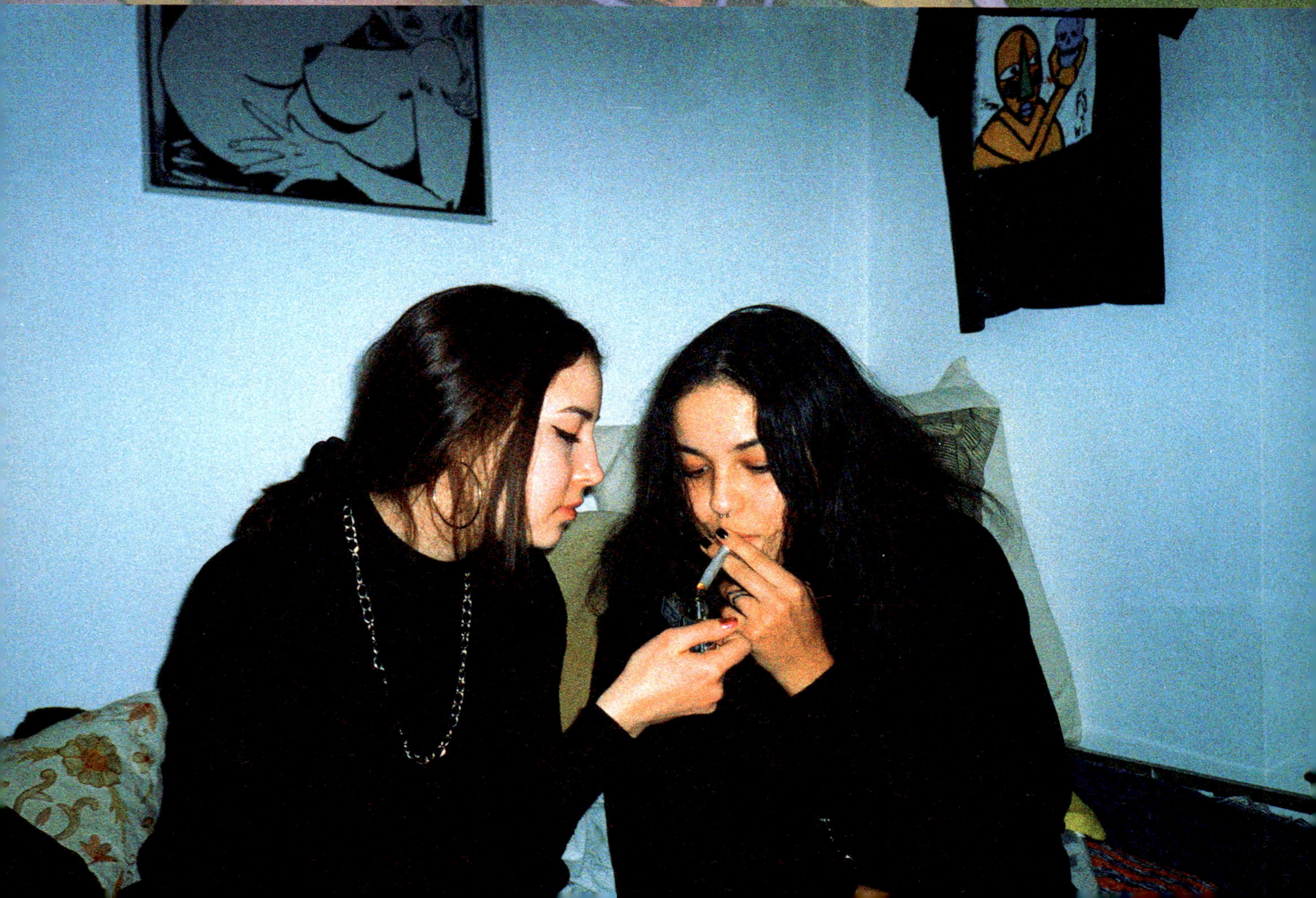

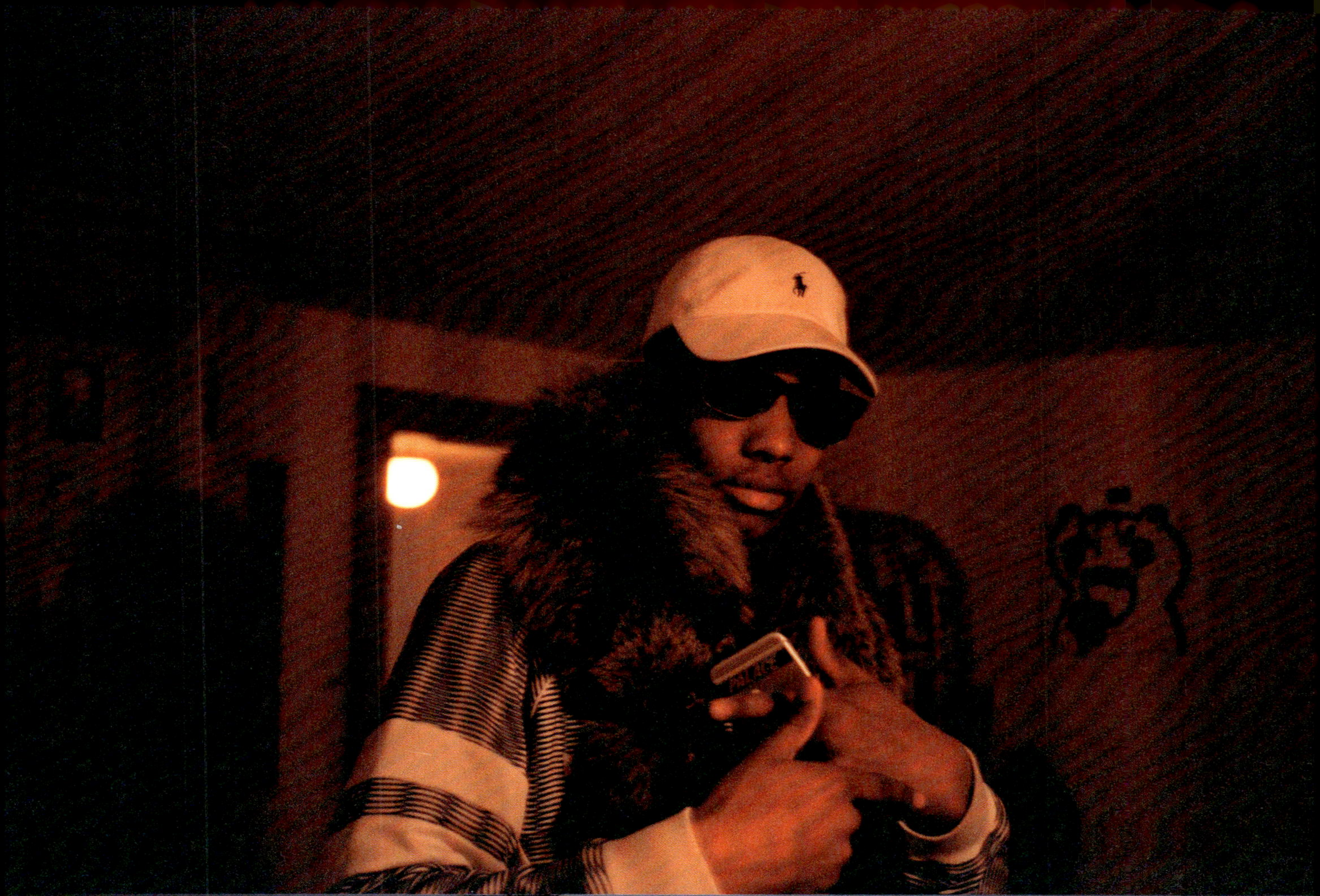

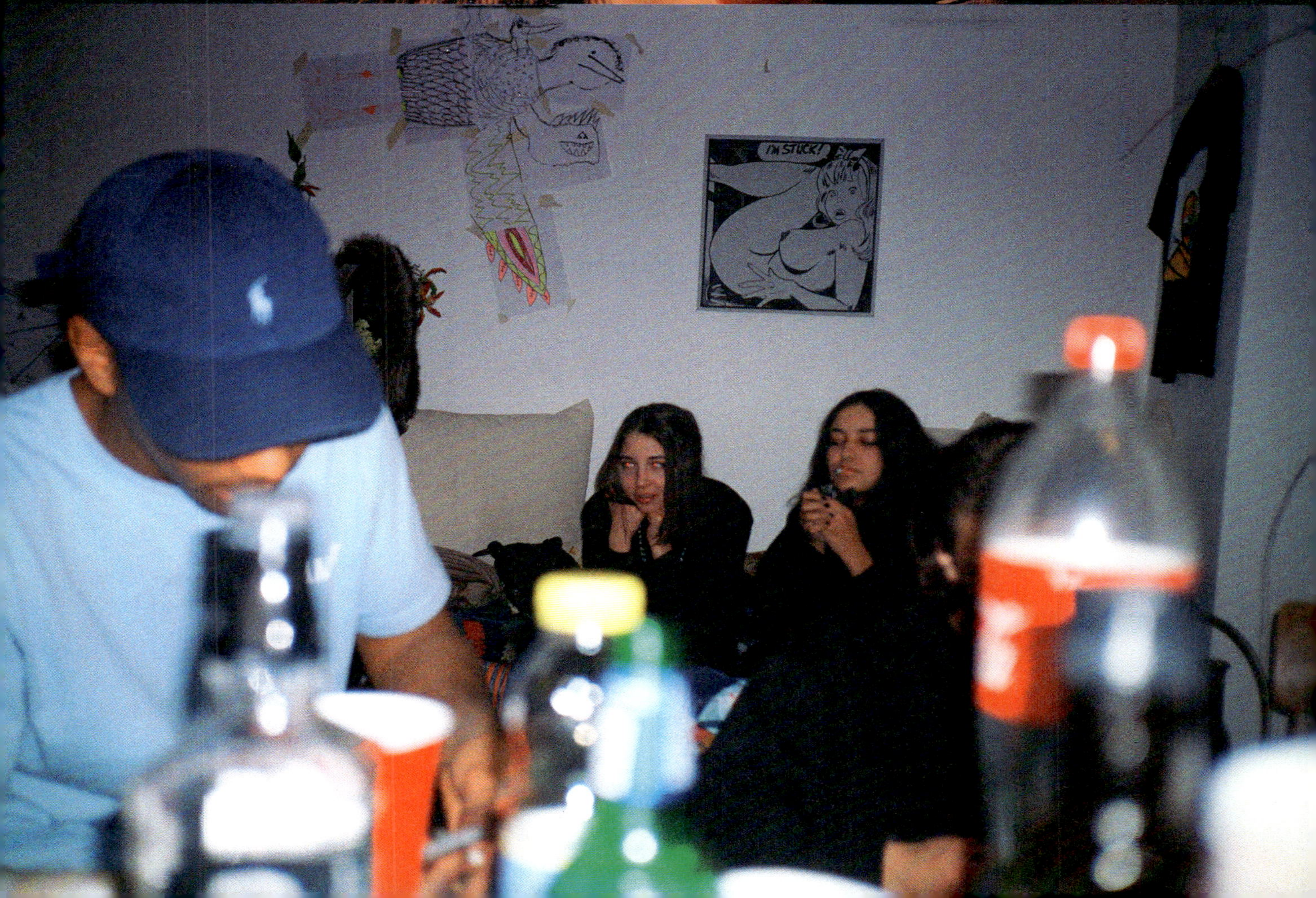
I'M STUCK!

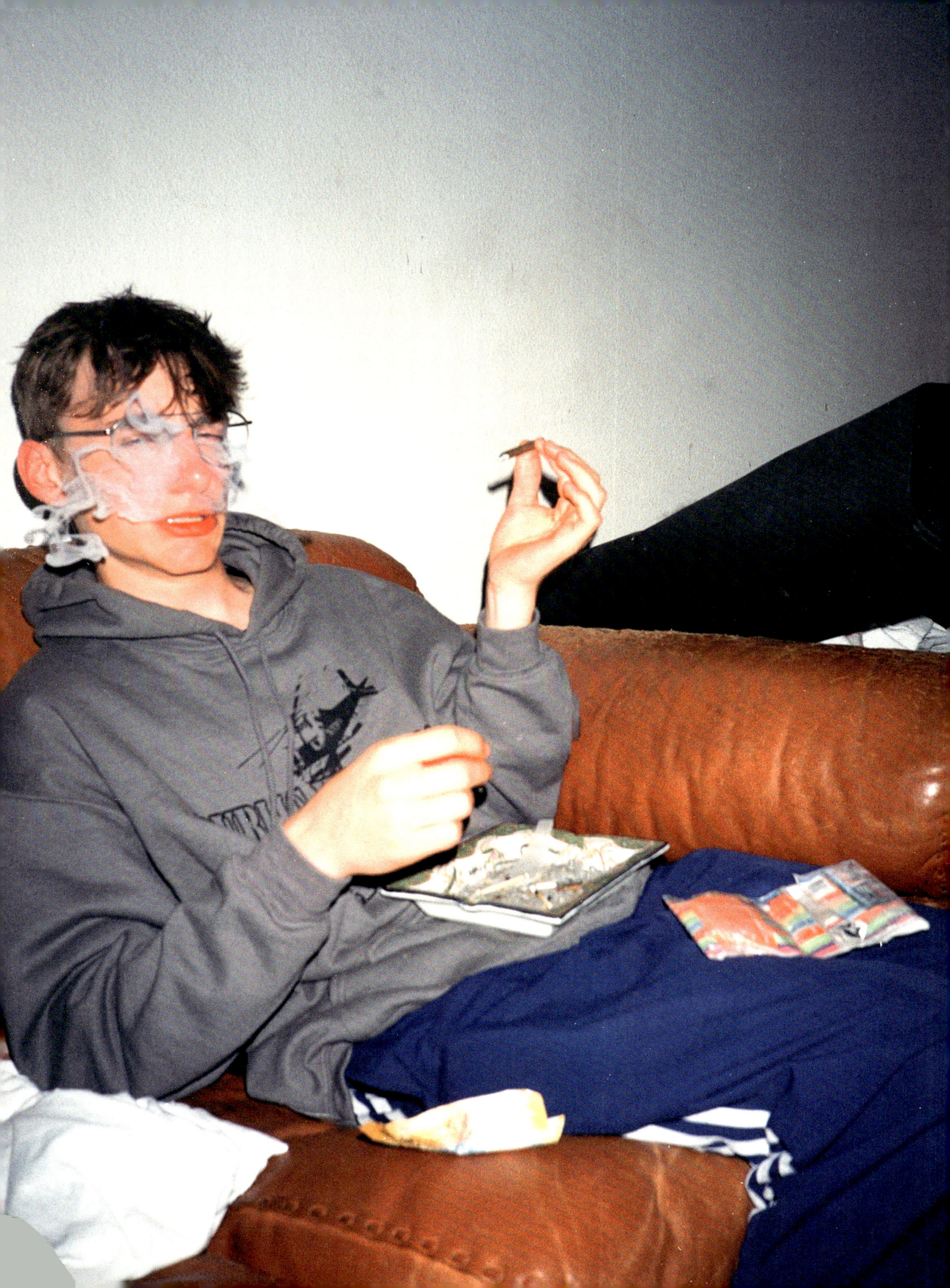

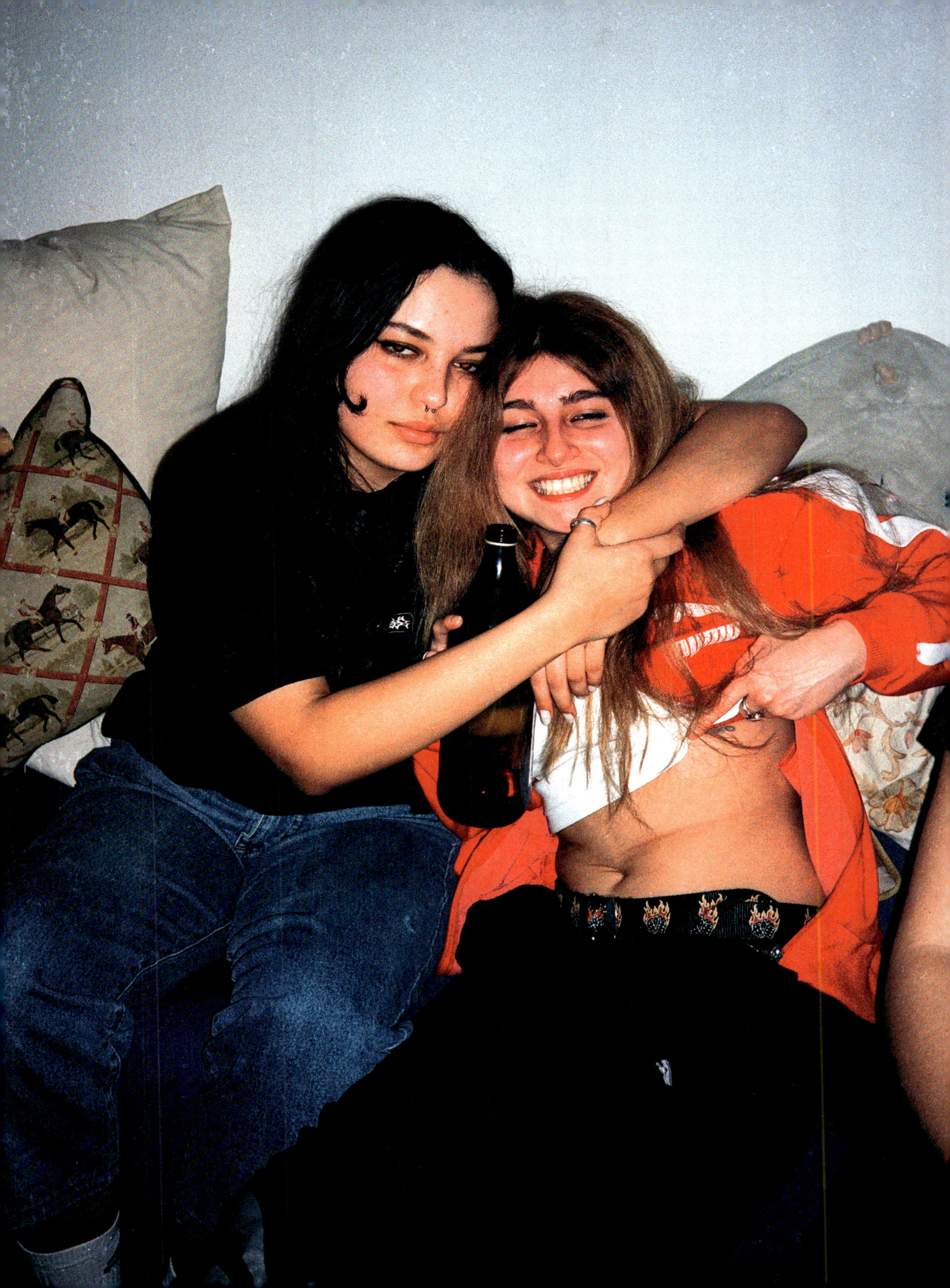

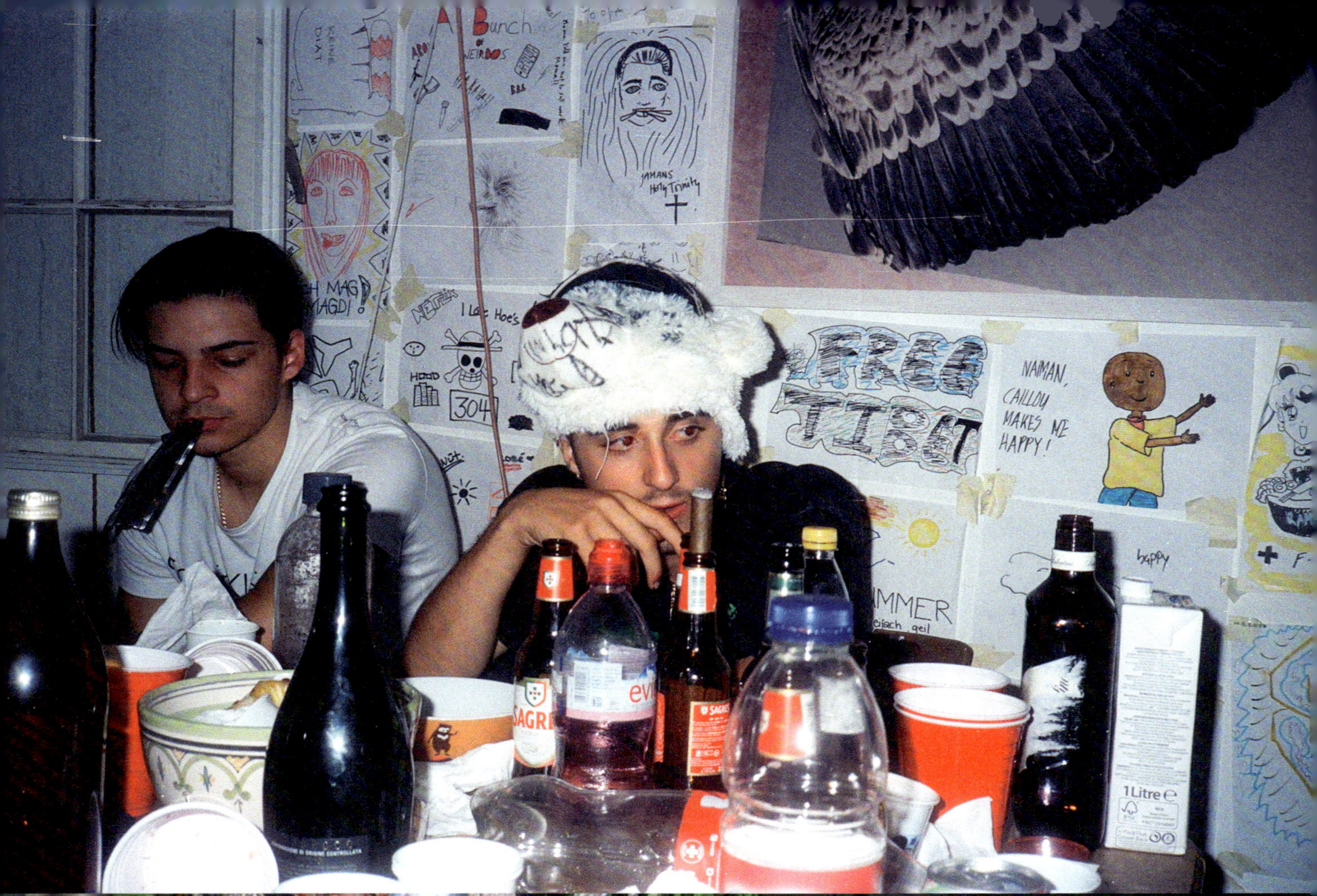
FREE TIBET
NAIMAN, CAILLOU MAKES ME HAPPY!
happy
1Litre

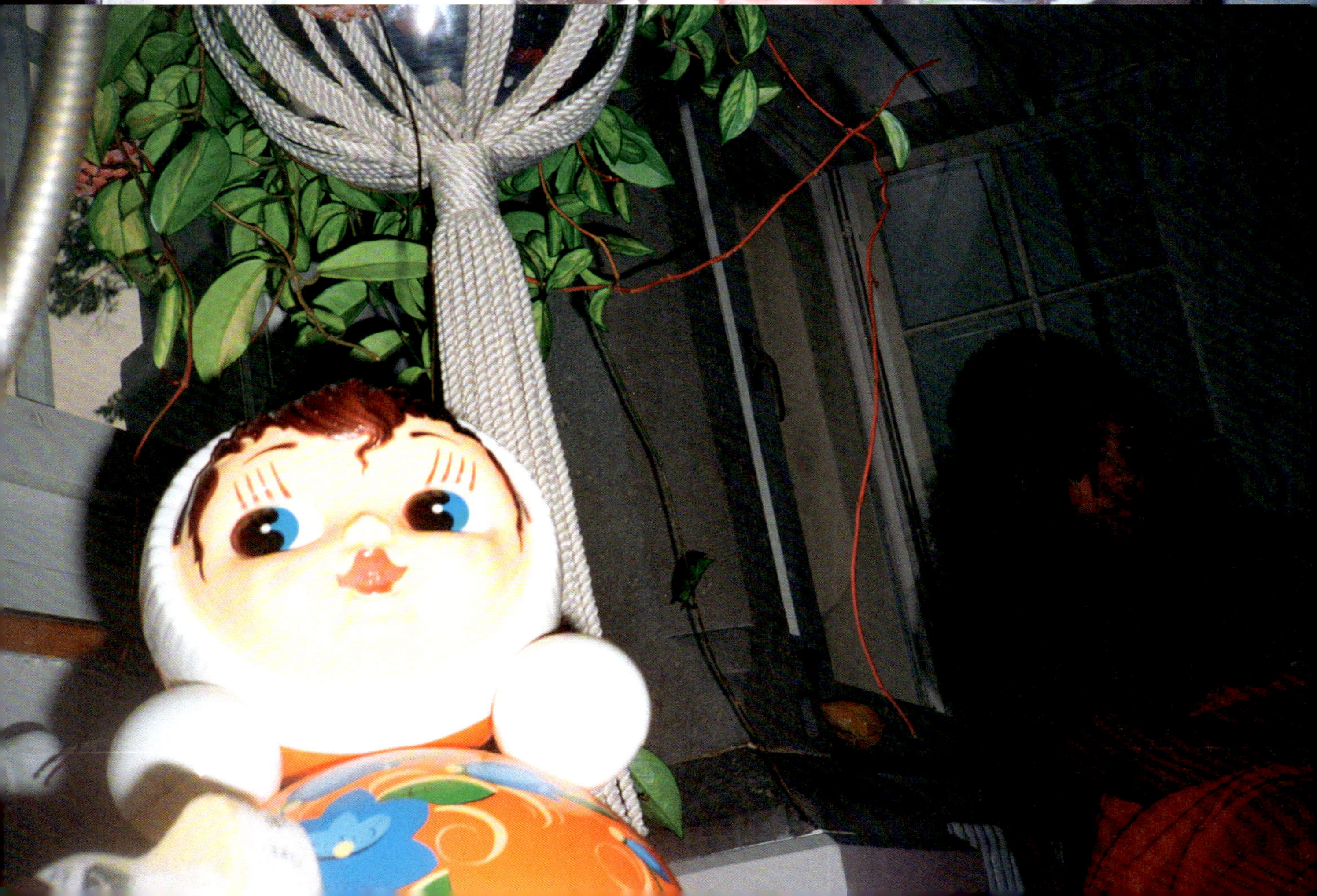

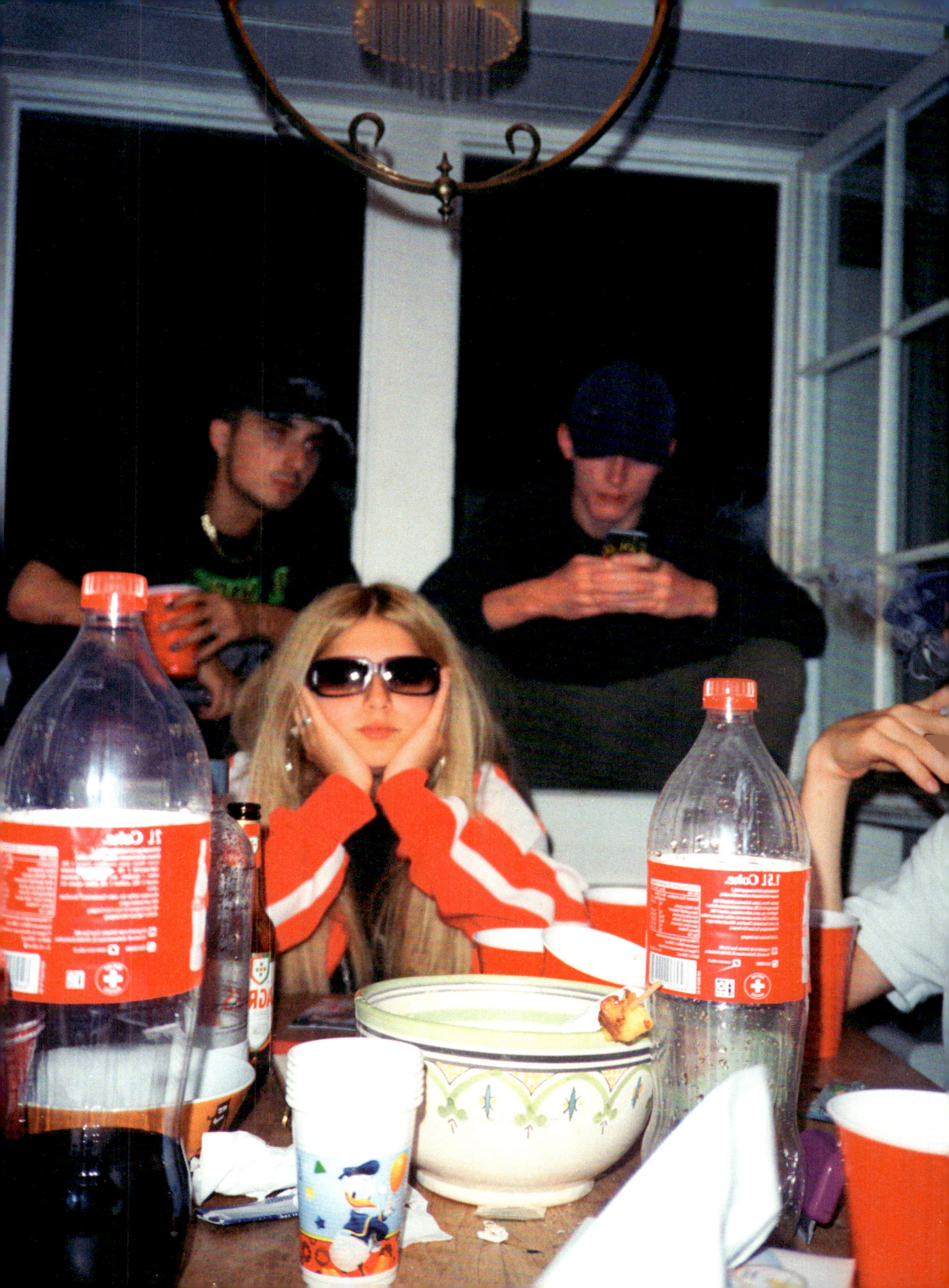

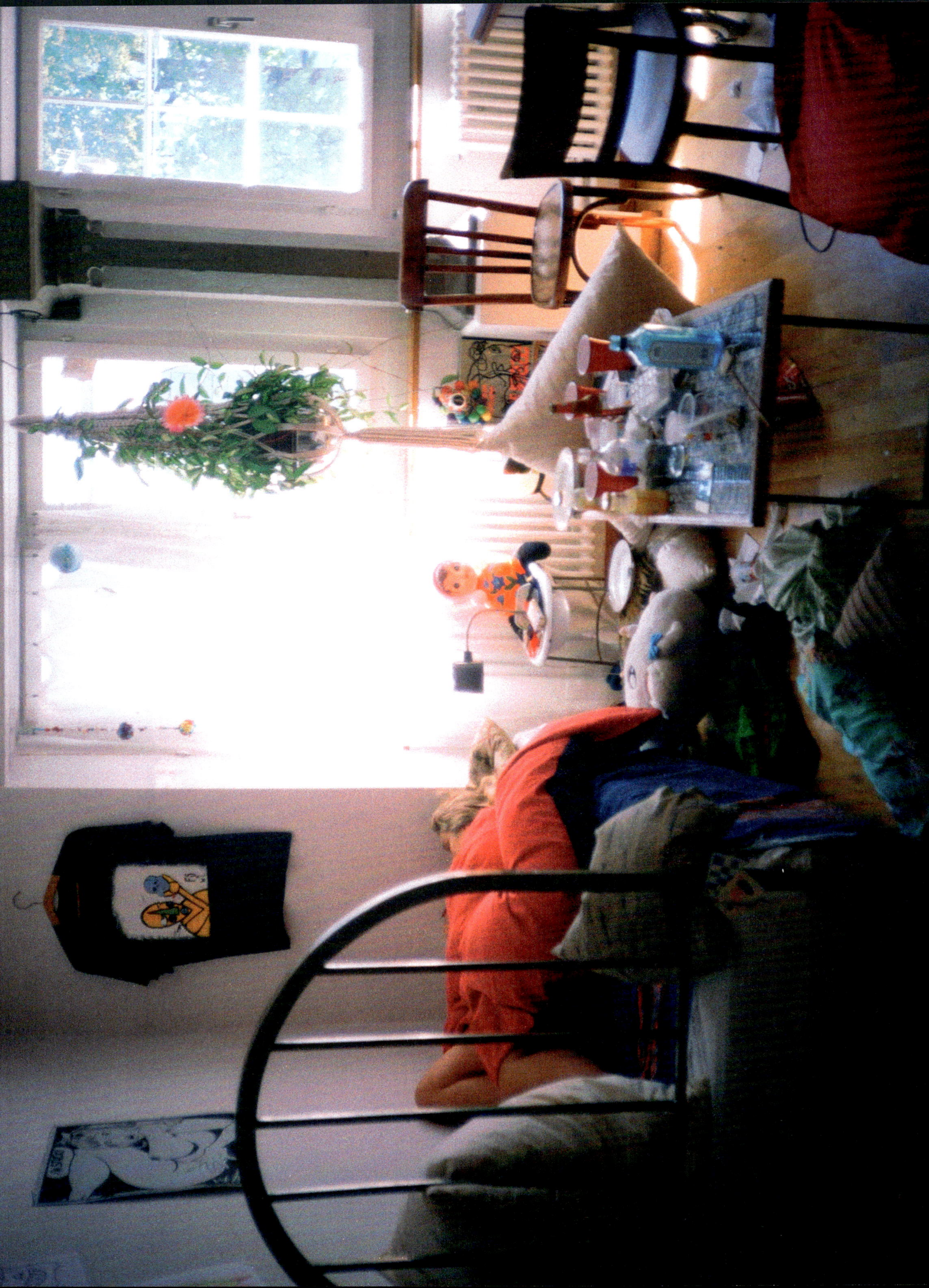

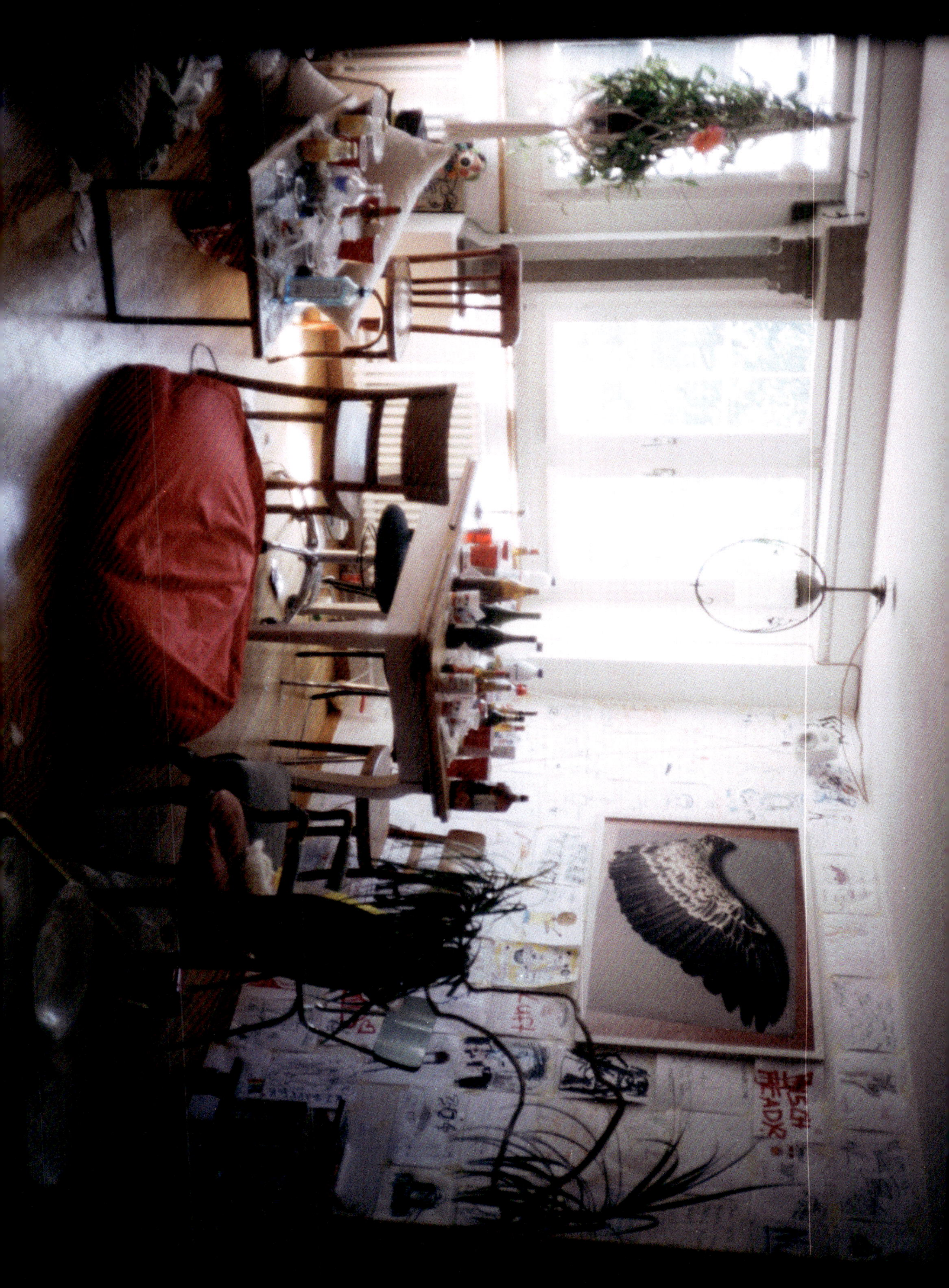

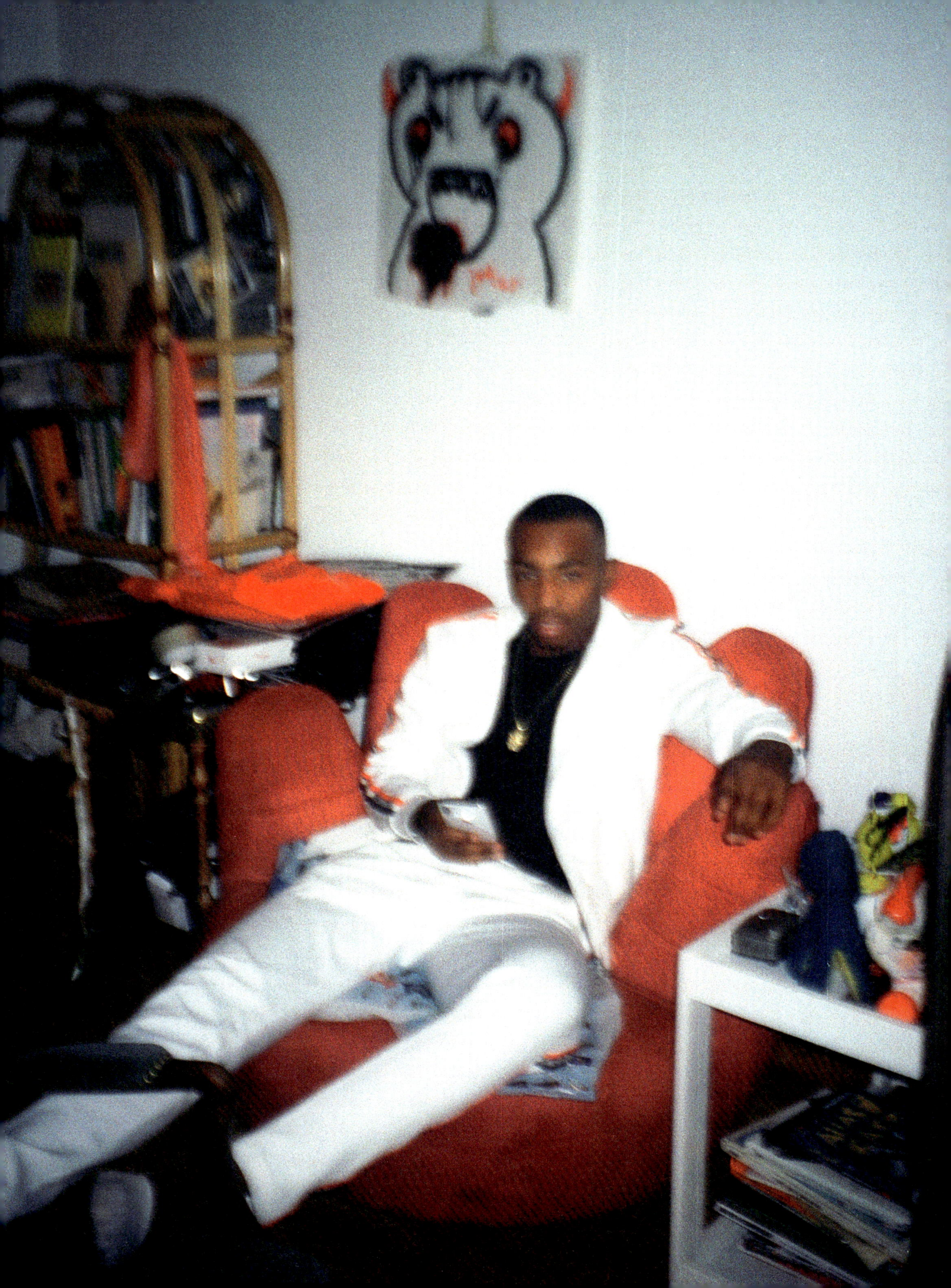

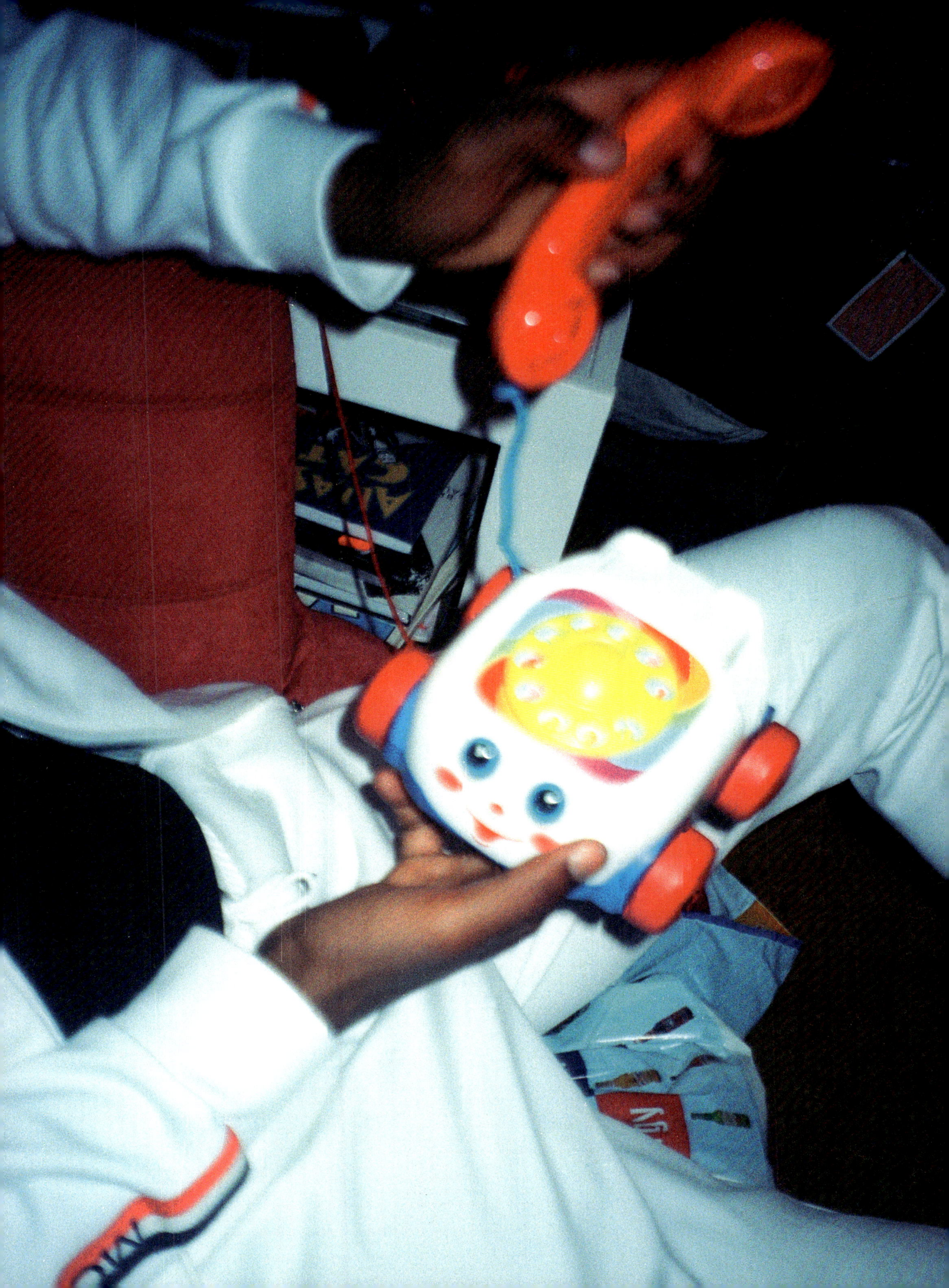

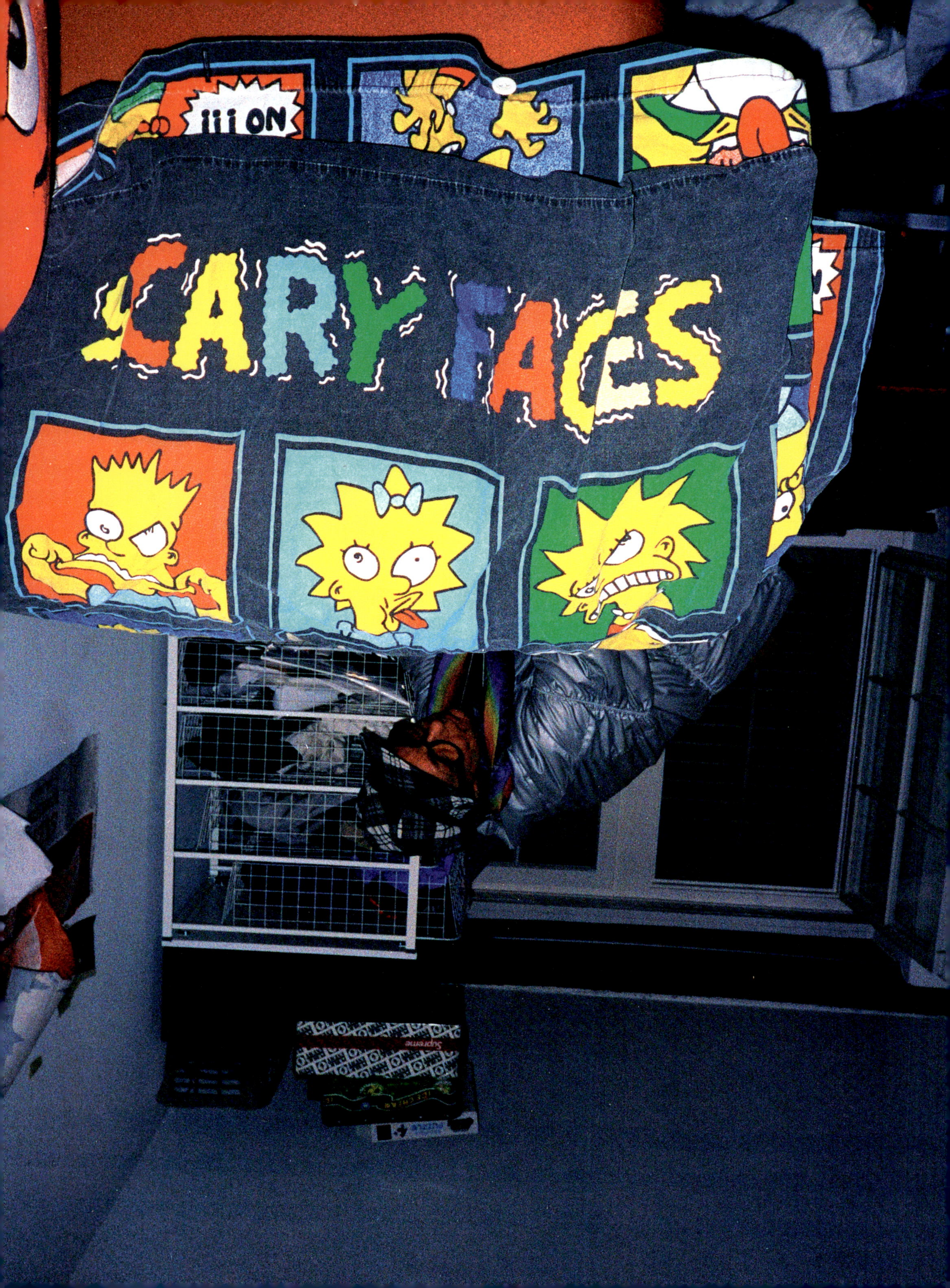
¡¡¡ON
SCARY FACES

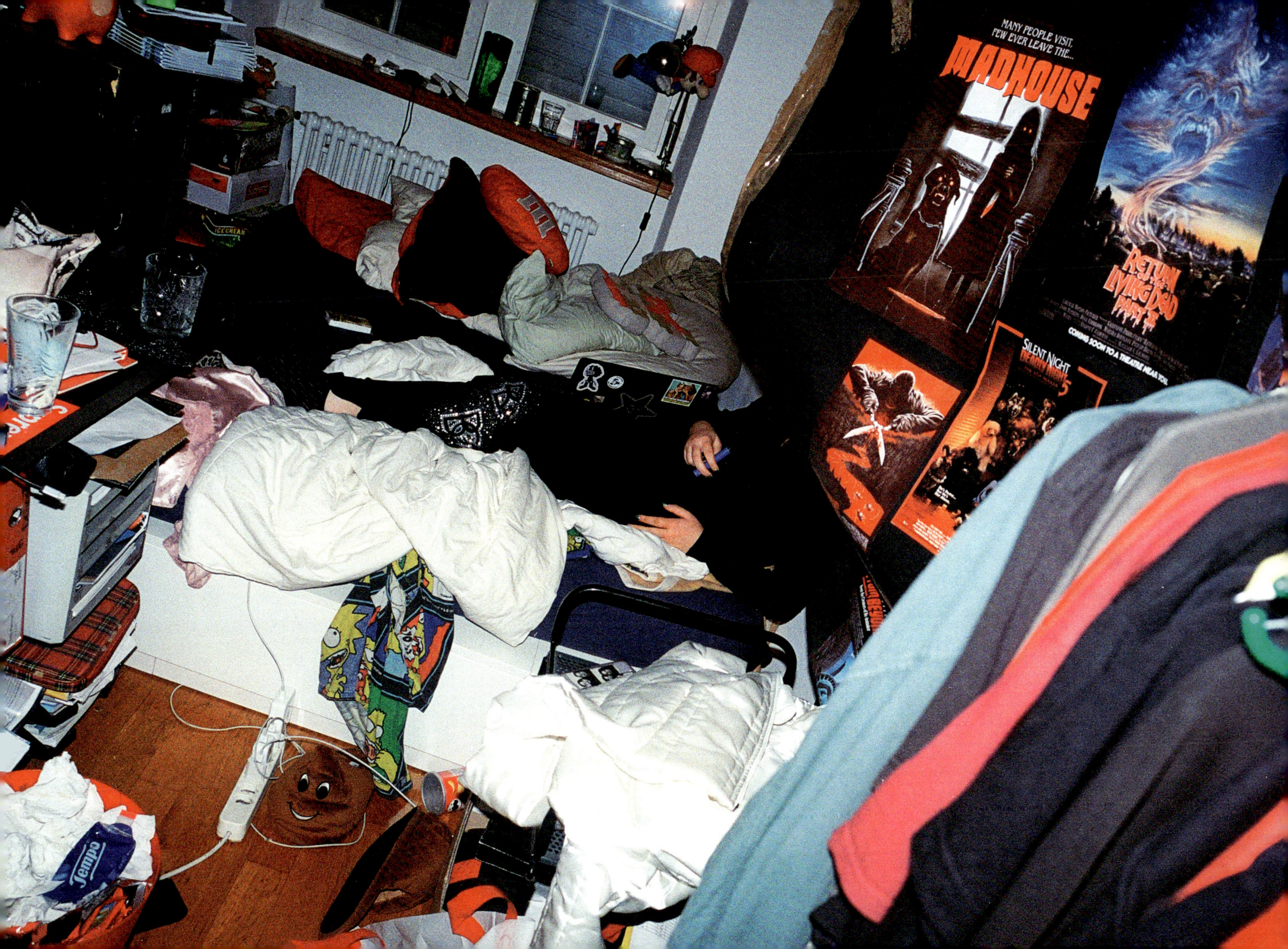
MANY PEOPLE VISIT.
FEW EVER LEAVE THE...
MADHOUSE
RETURN LIVING DEAD PART II
COMING SOON TO A THEATRE NEAR YOU
SILENT NIGHT
DEADLY NIGHT 5
Tempo

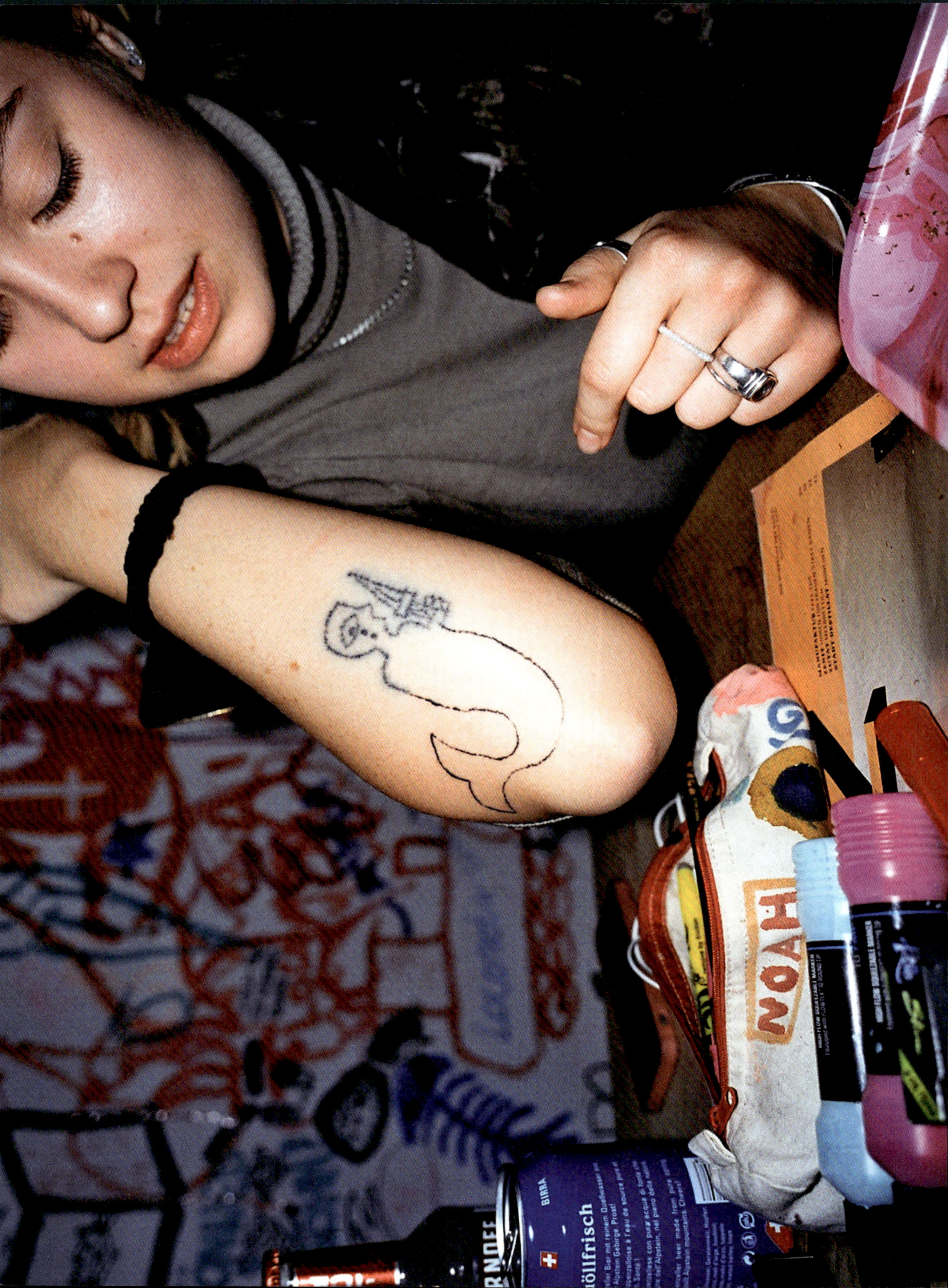

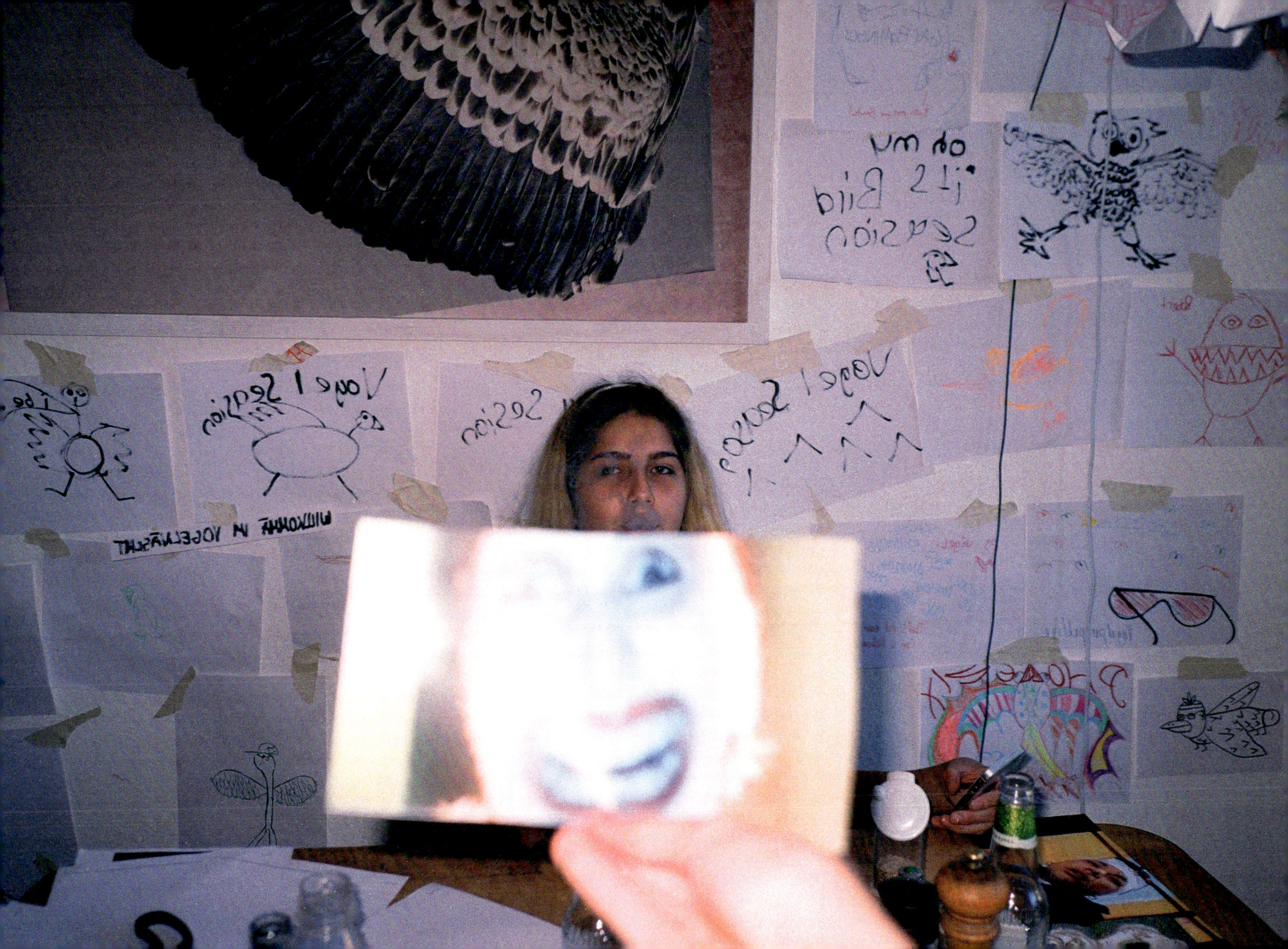

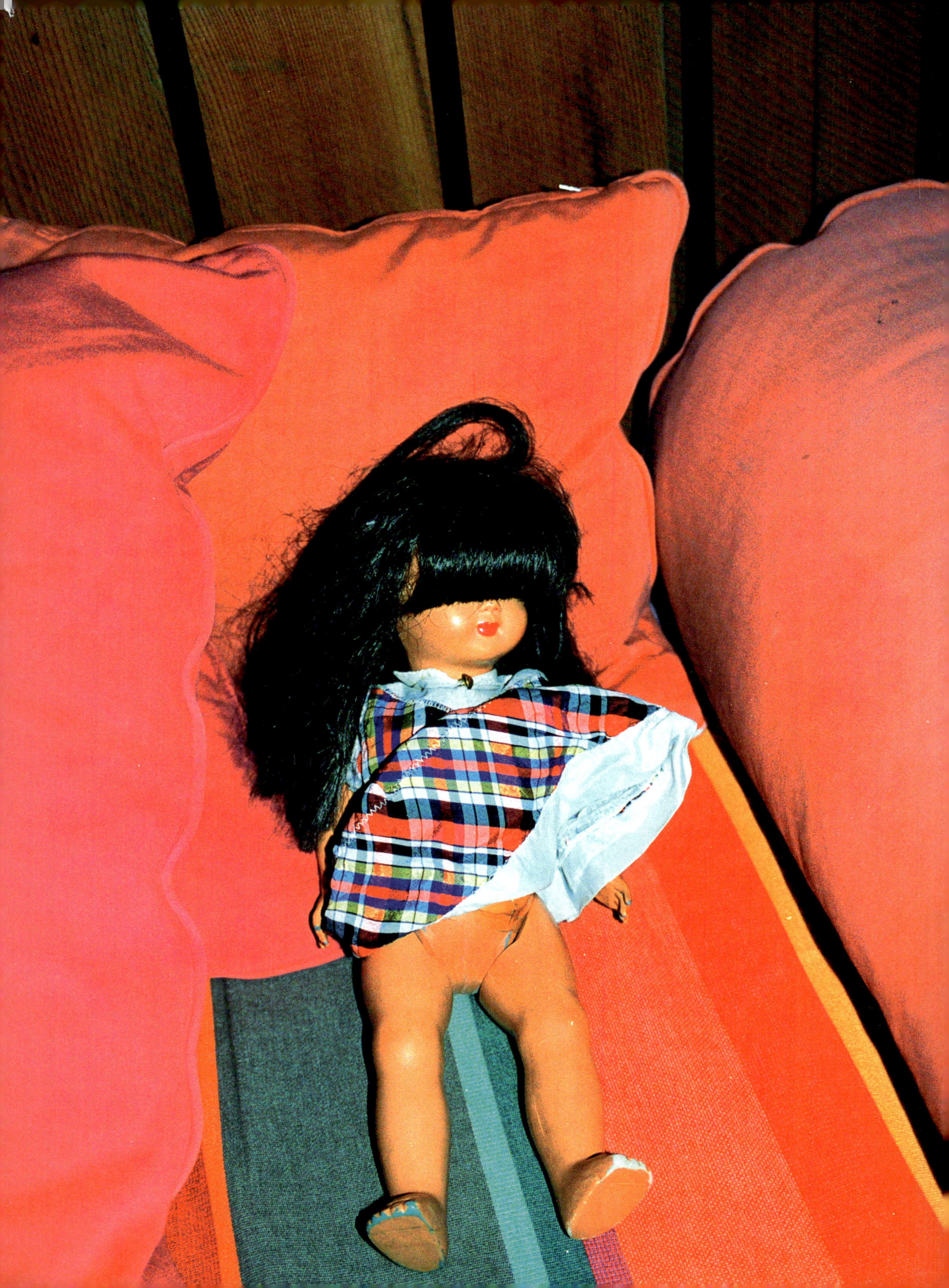

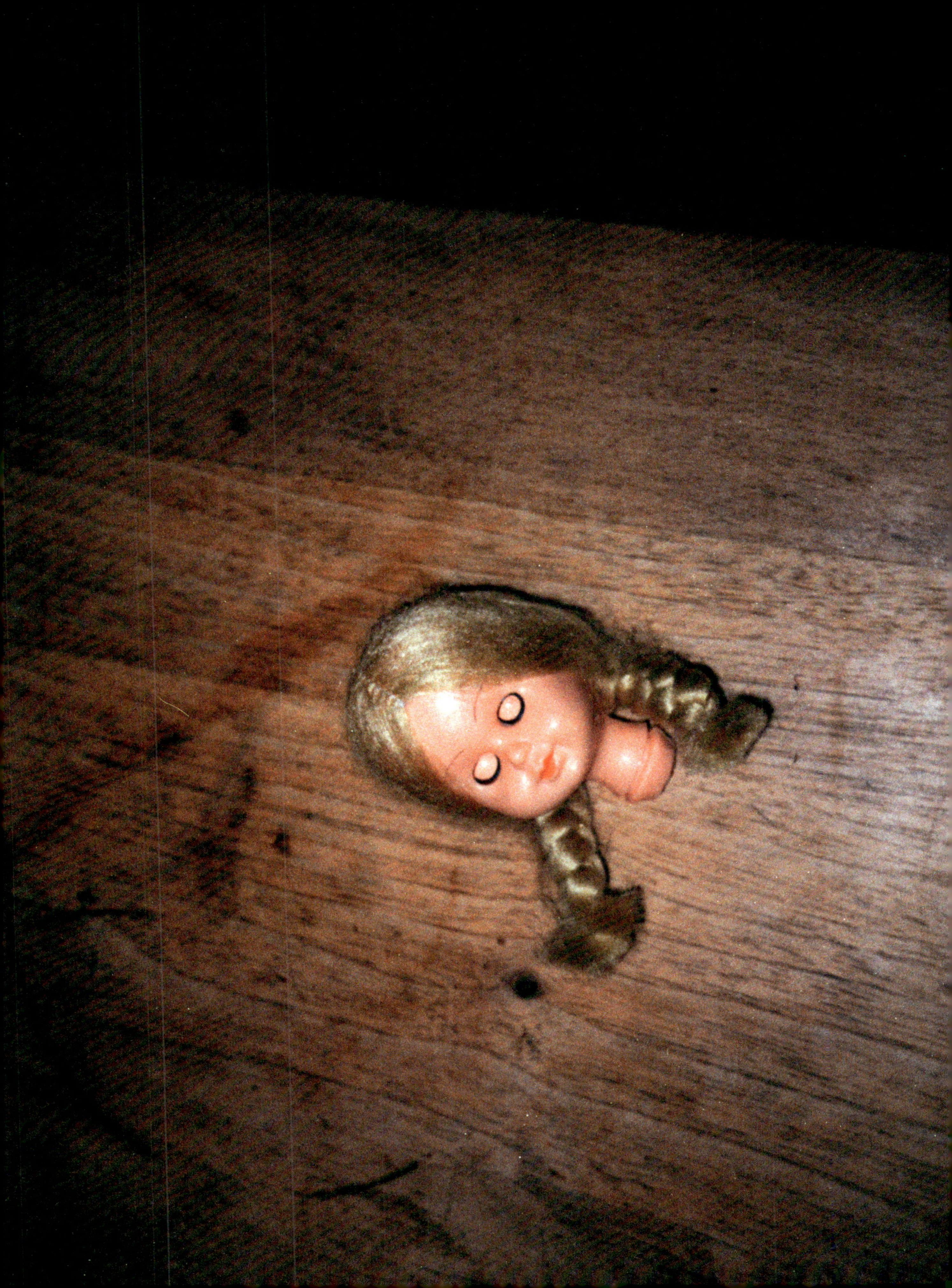

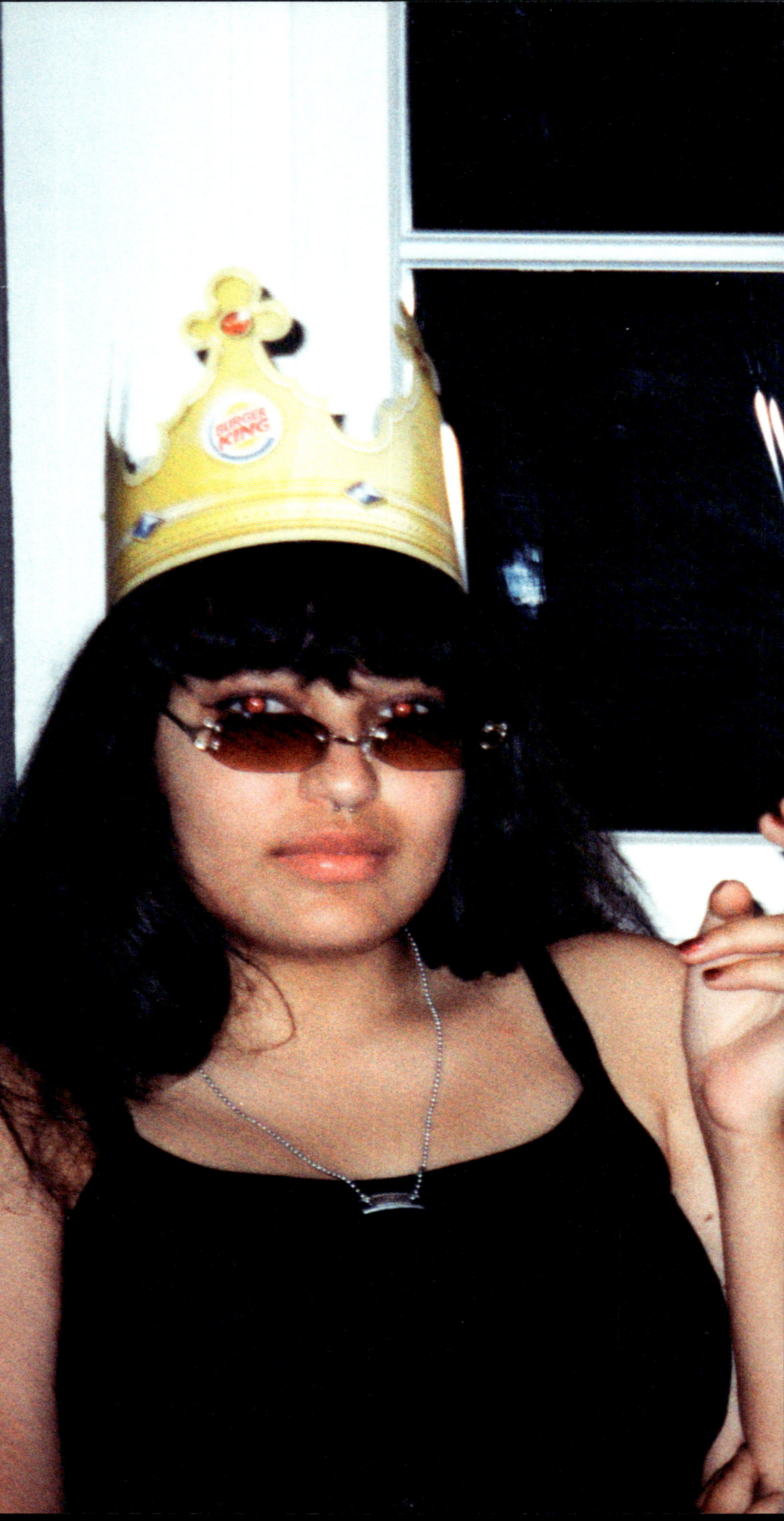
BURGER KING

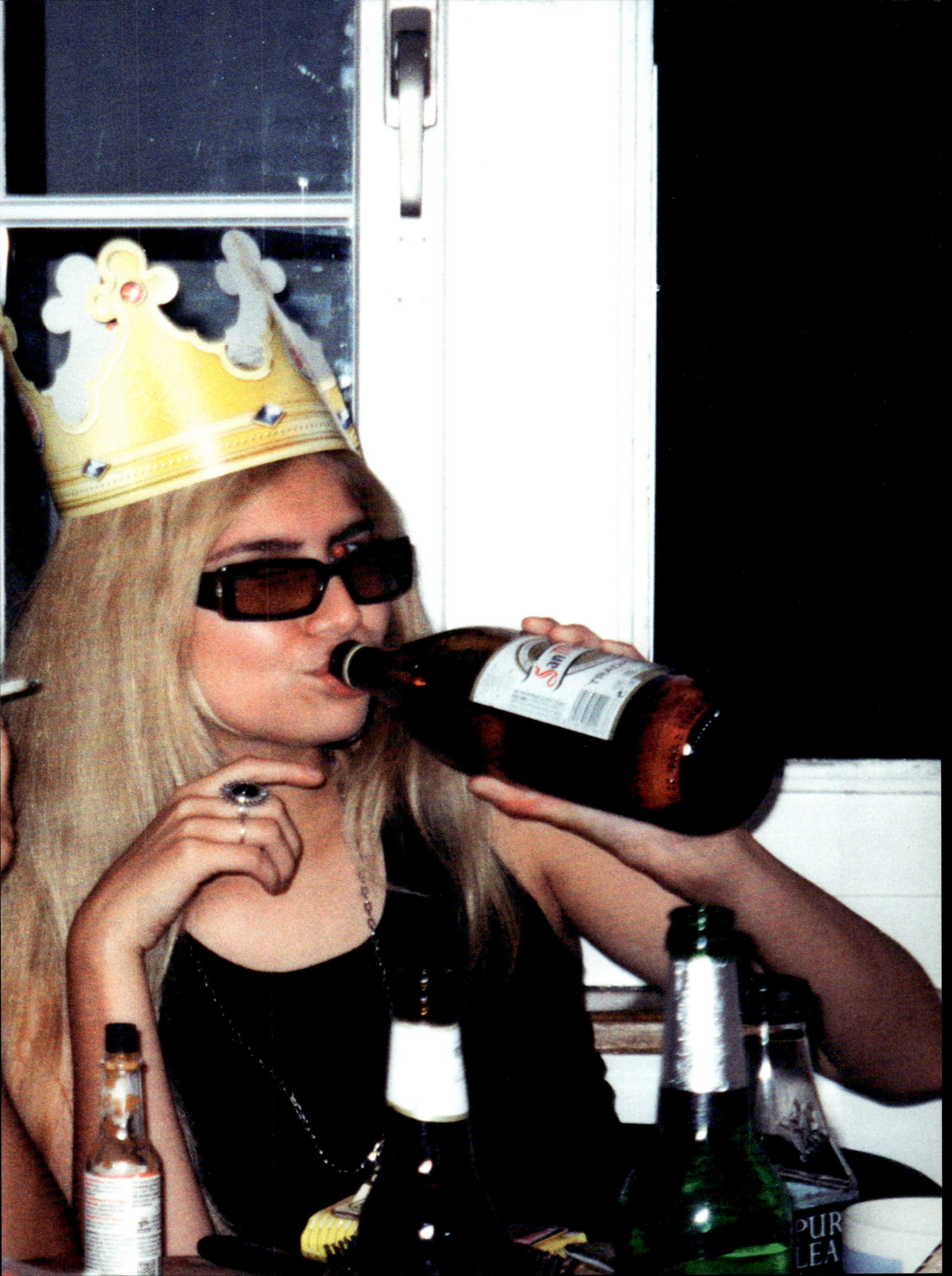

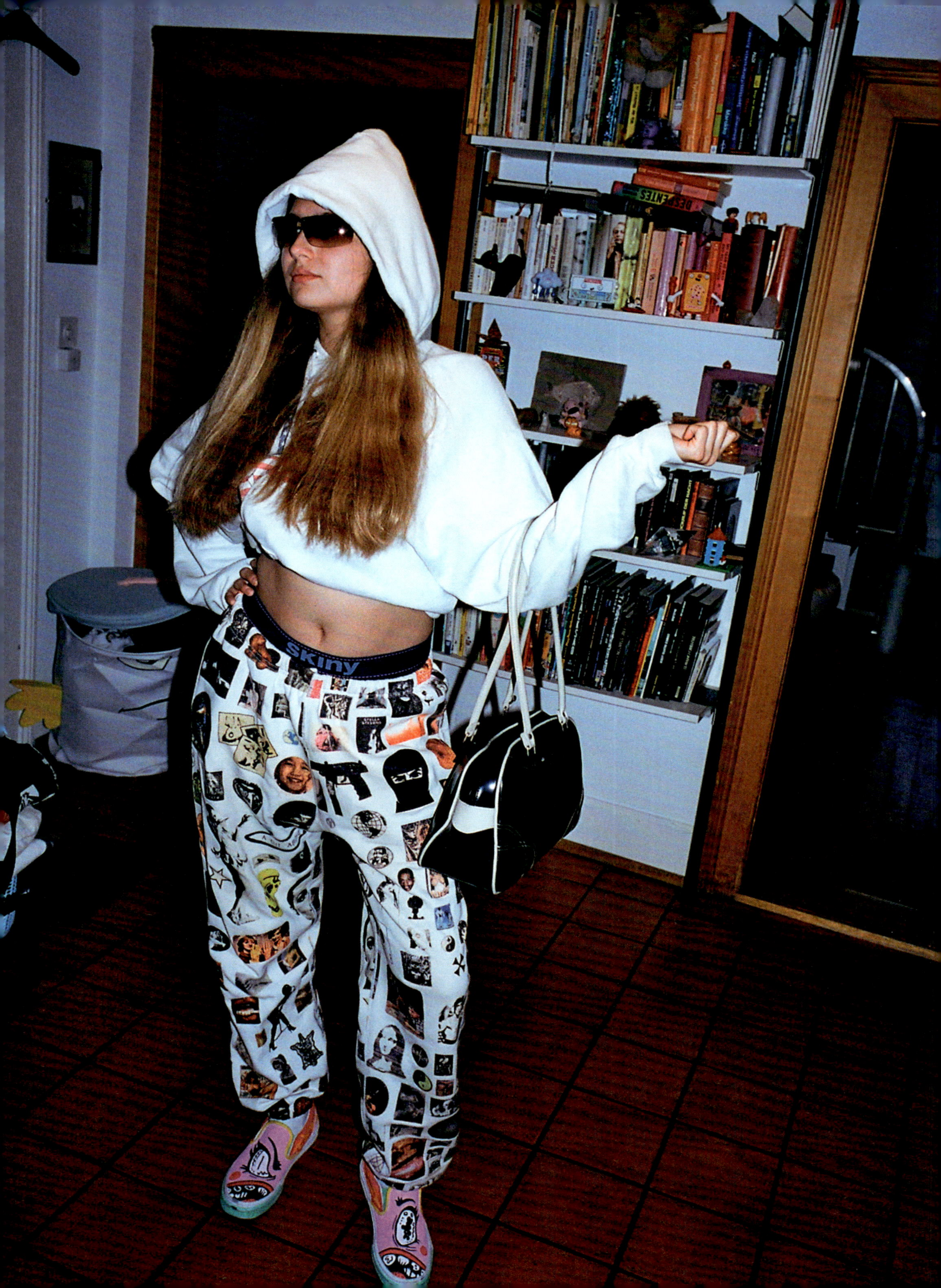
skiny

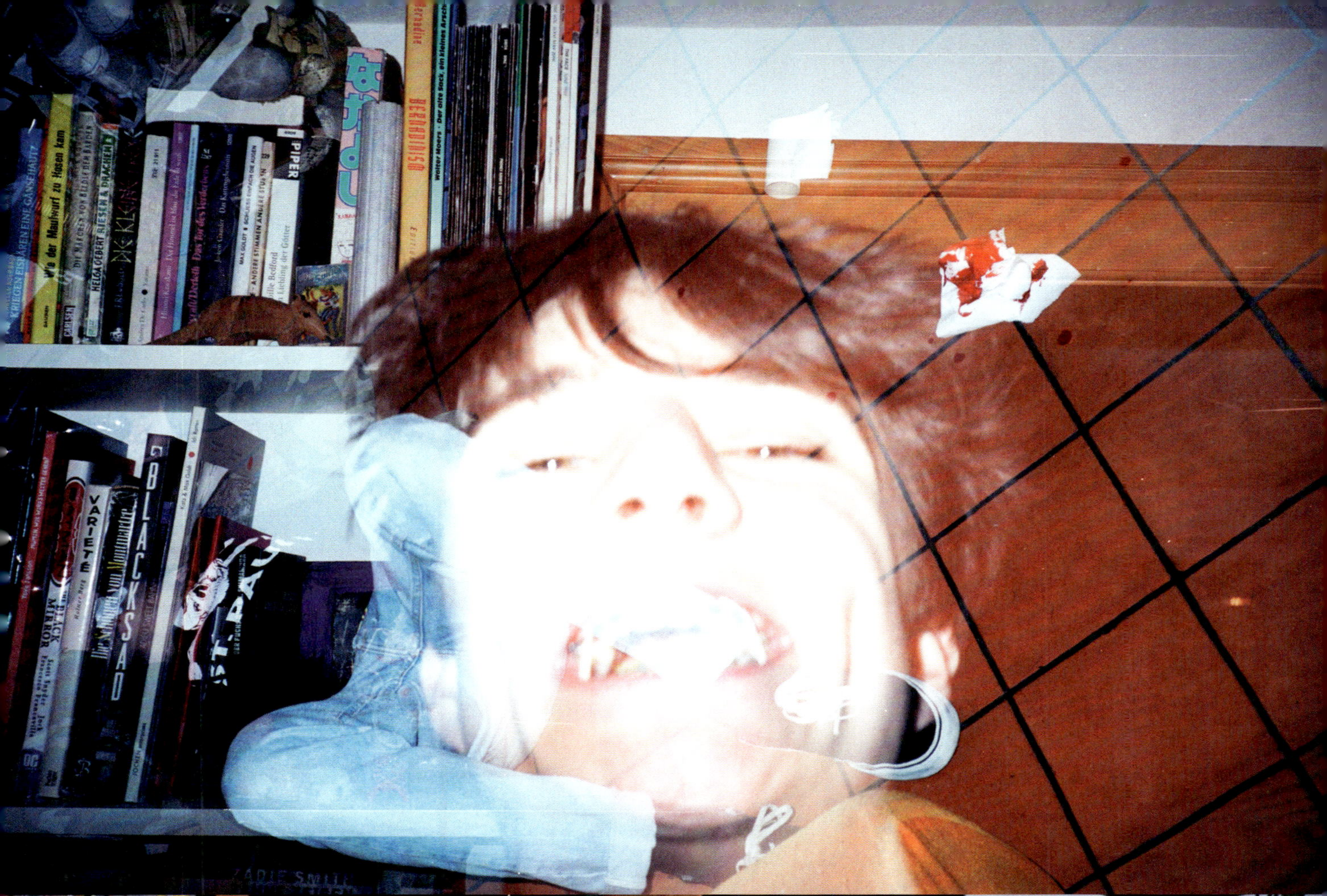
PIPER
VARIETE
BLACKSAD

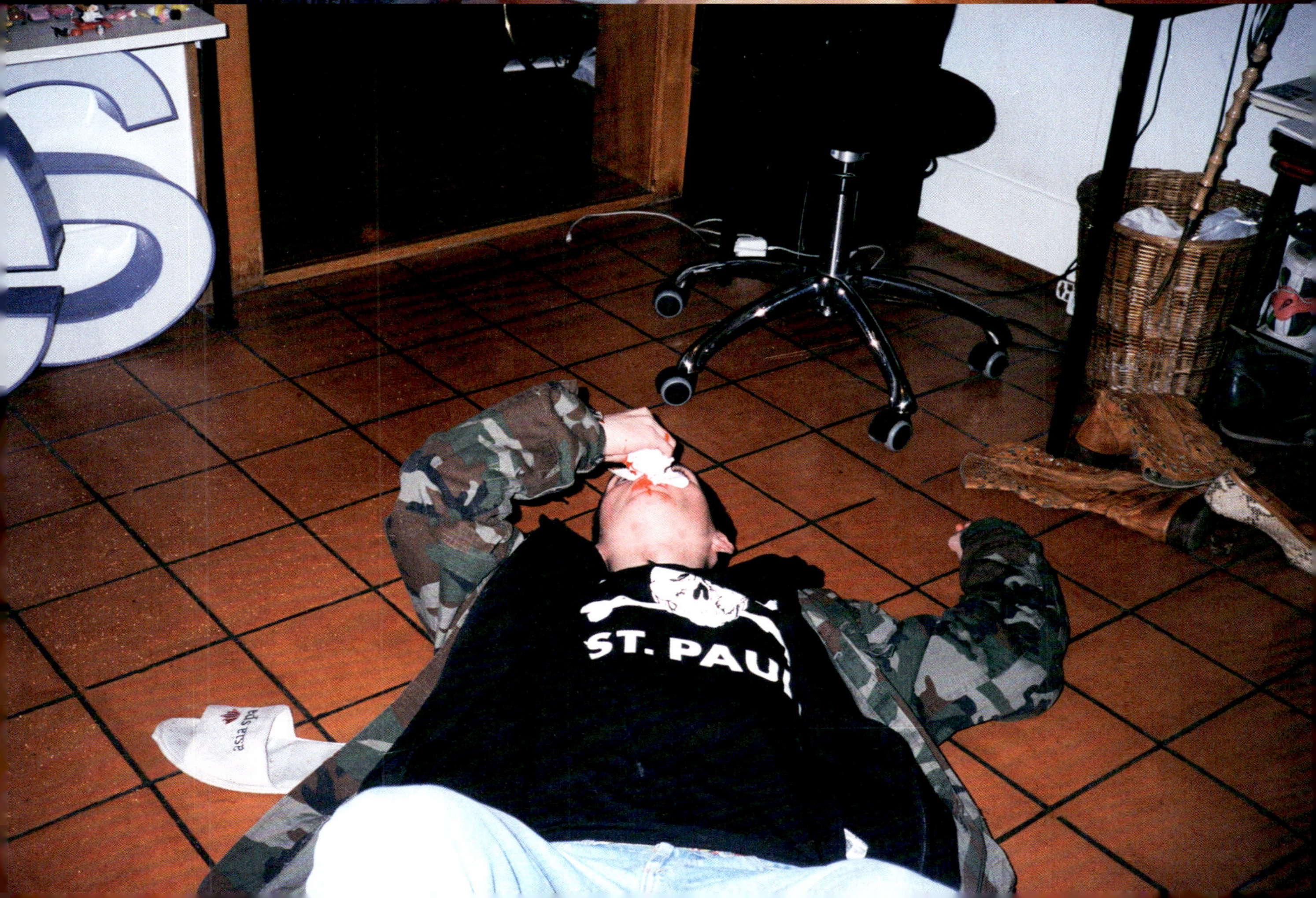
ST. PAU

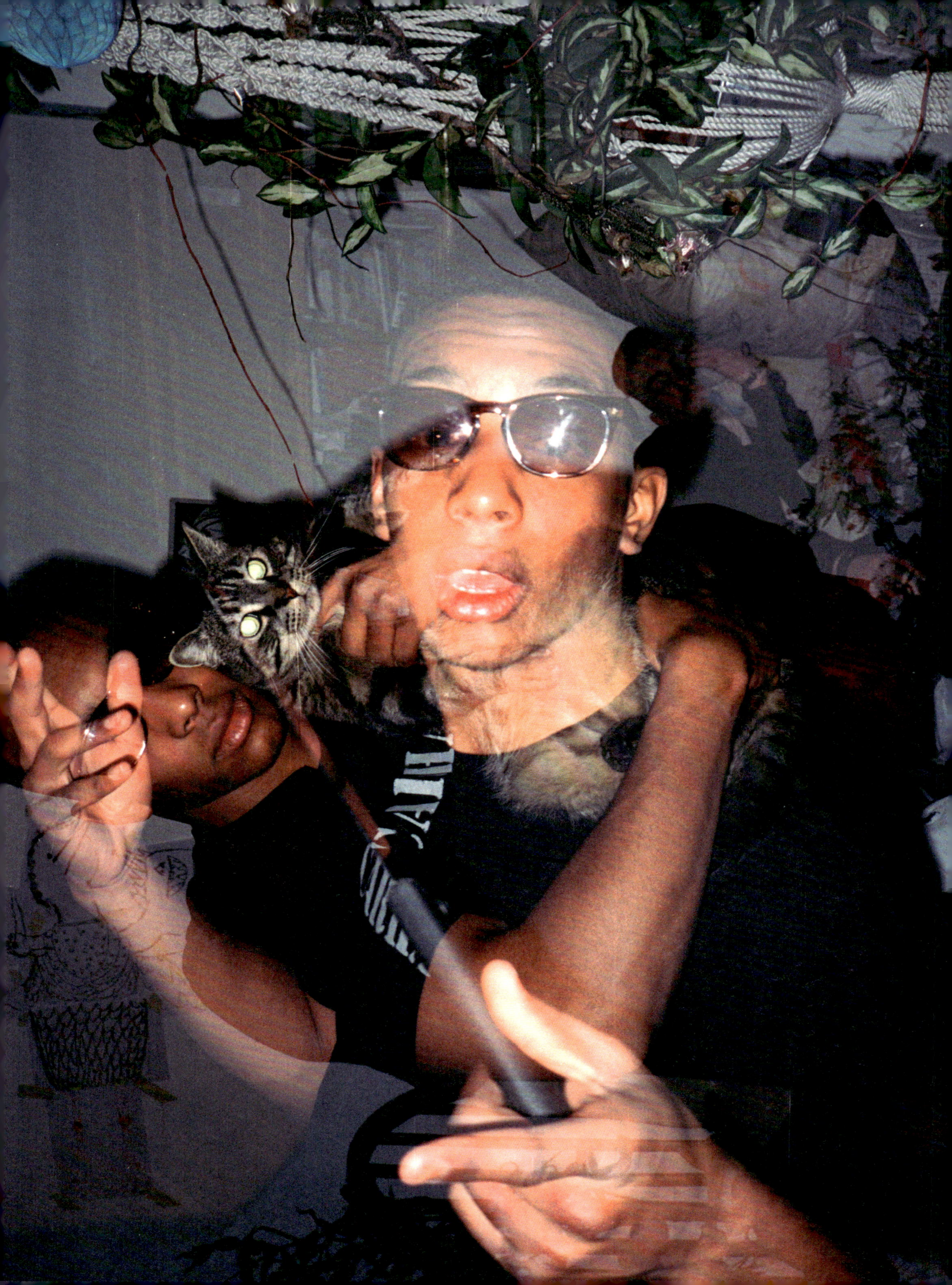

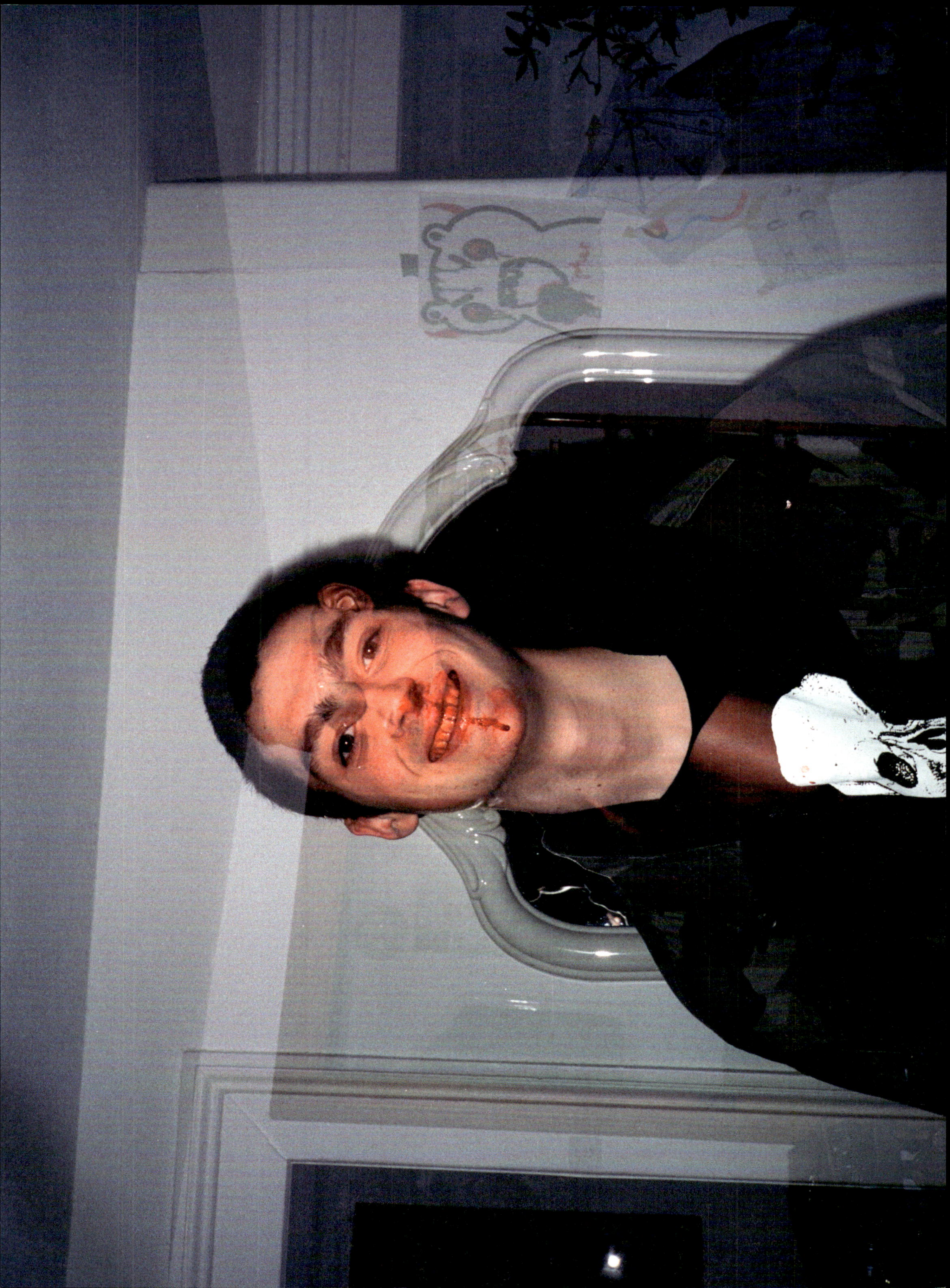

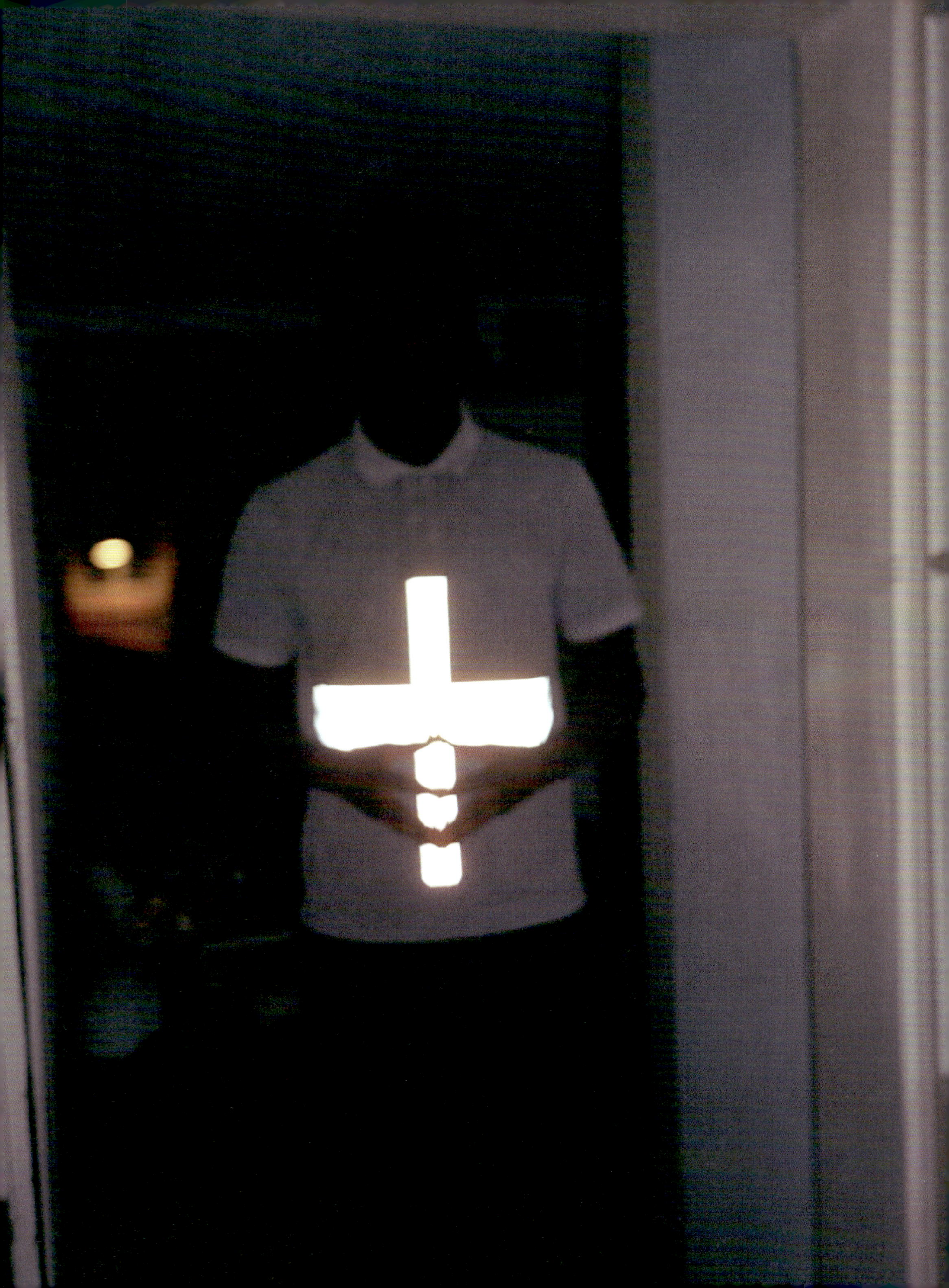

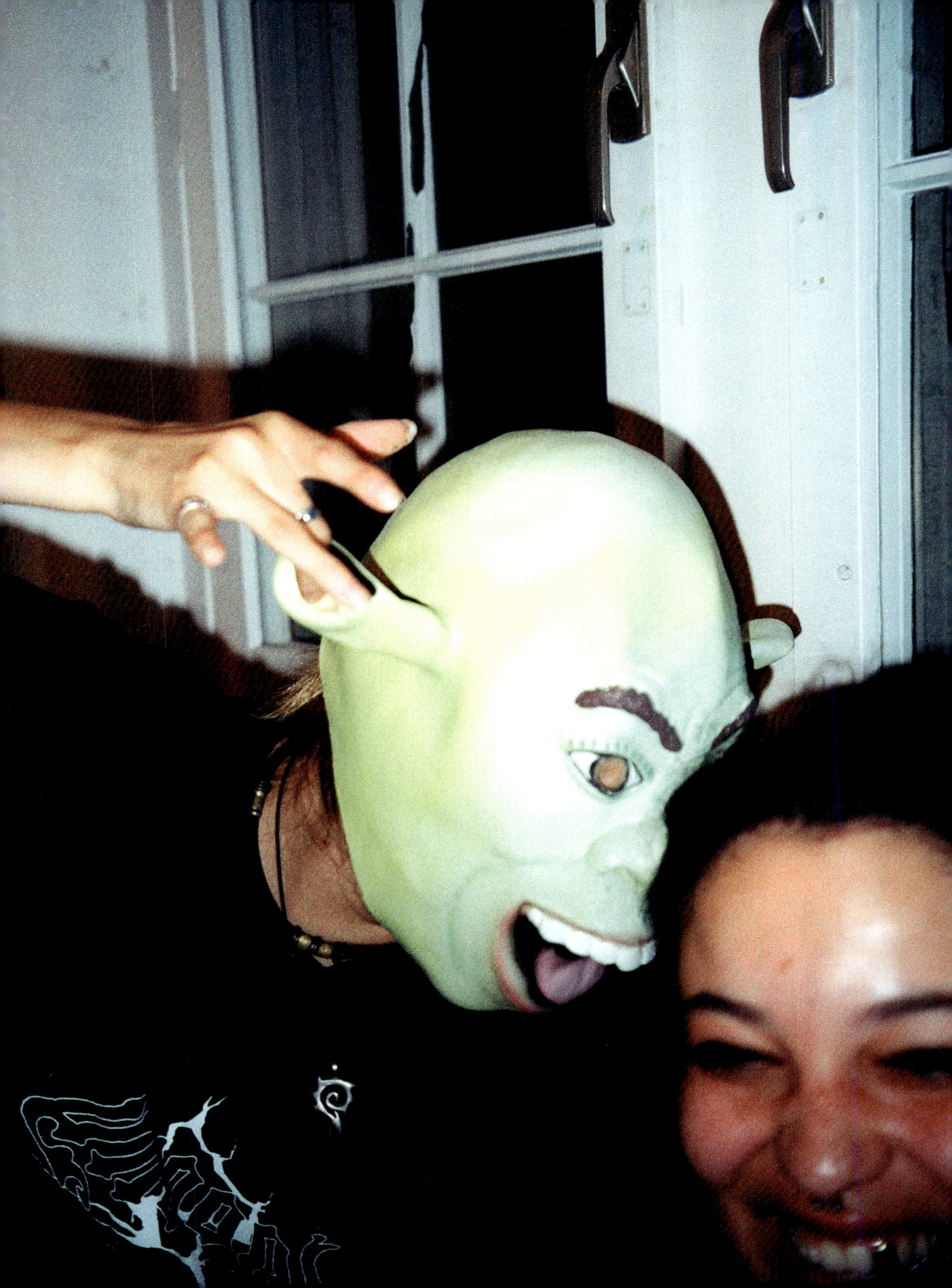

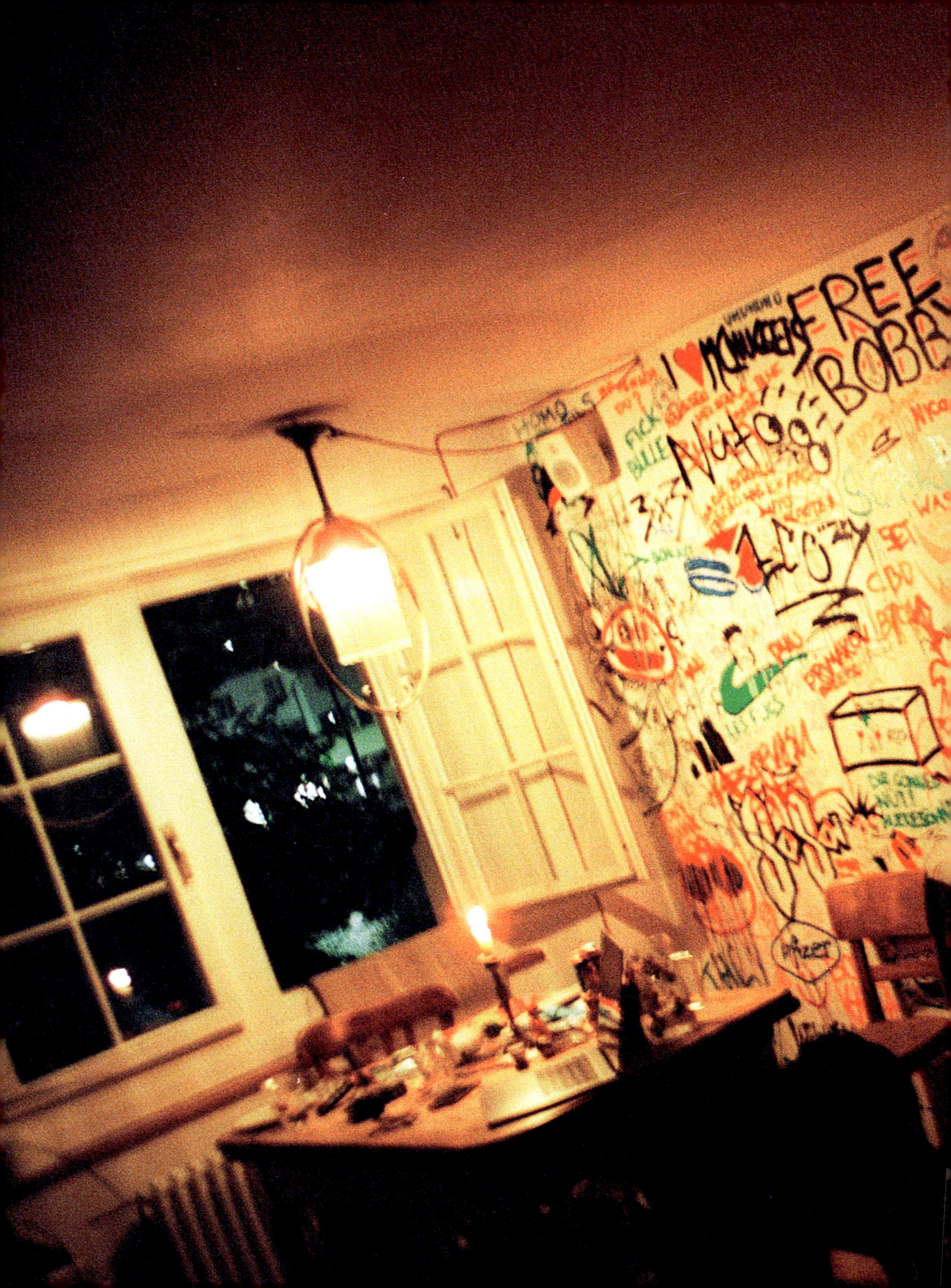
FREE

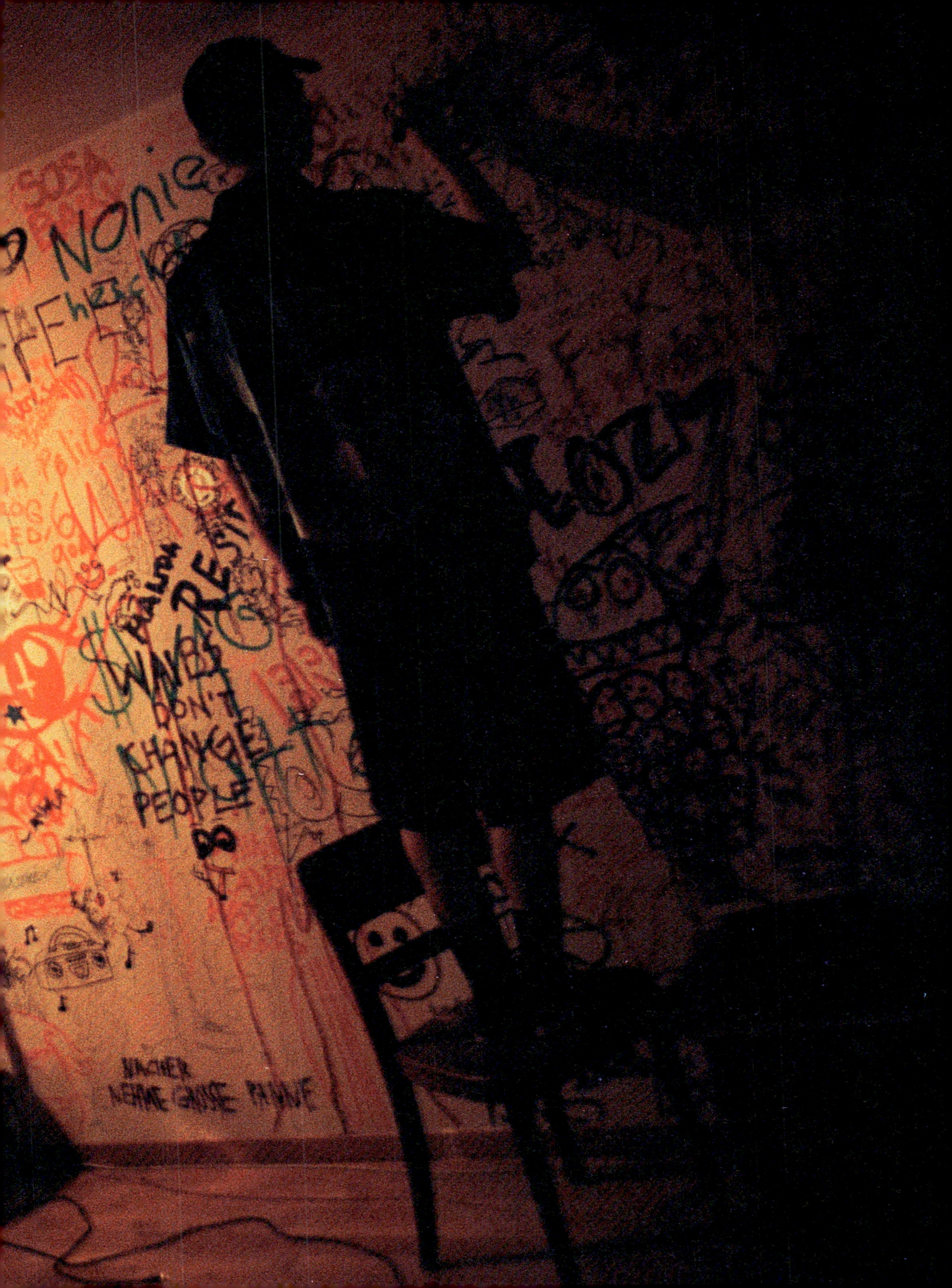
Nonie
DON'T
CHANGE
PEOPLE

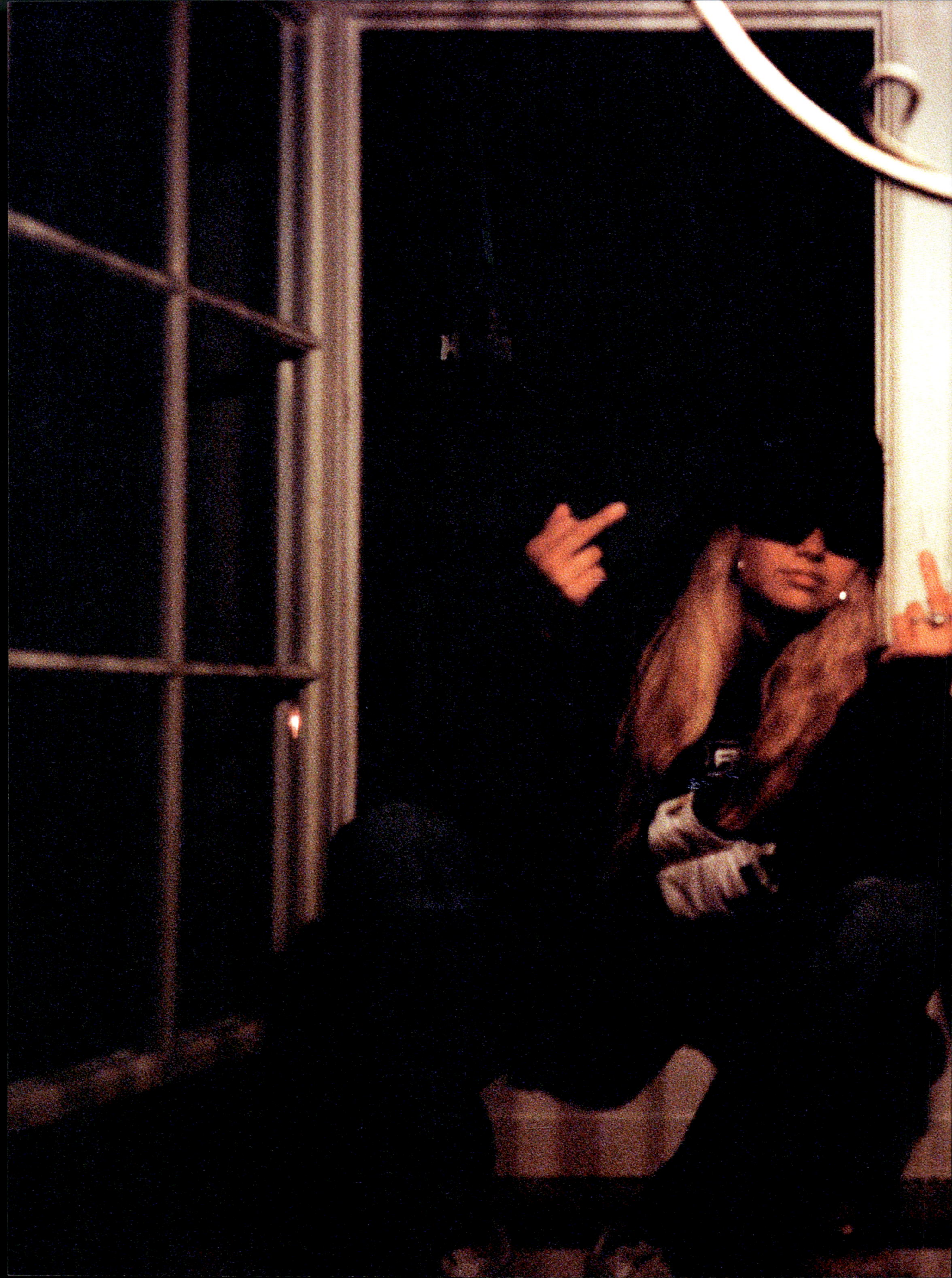

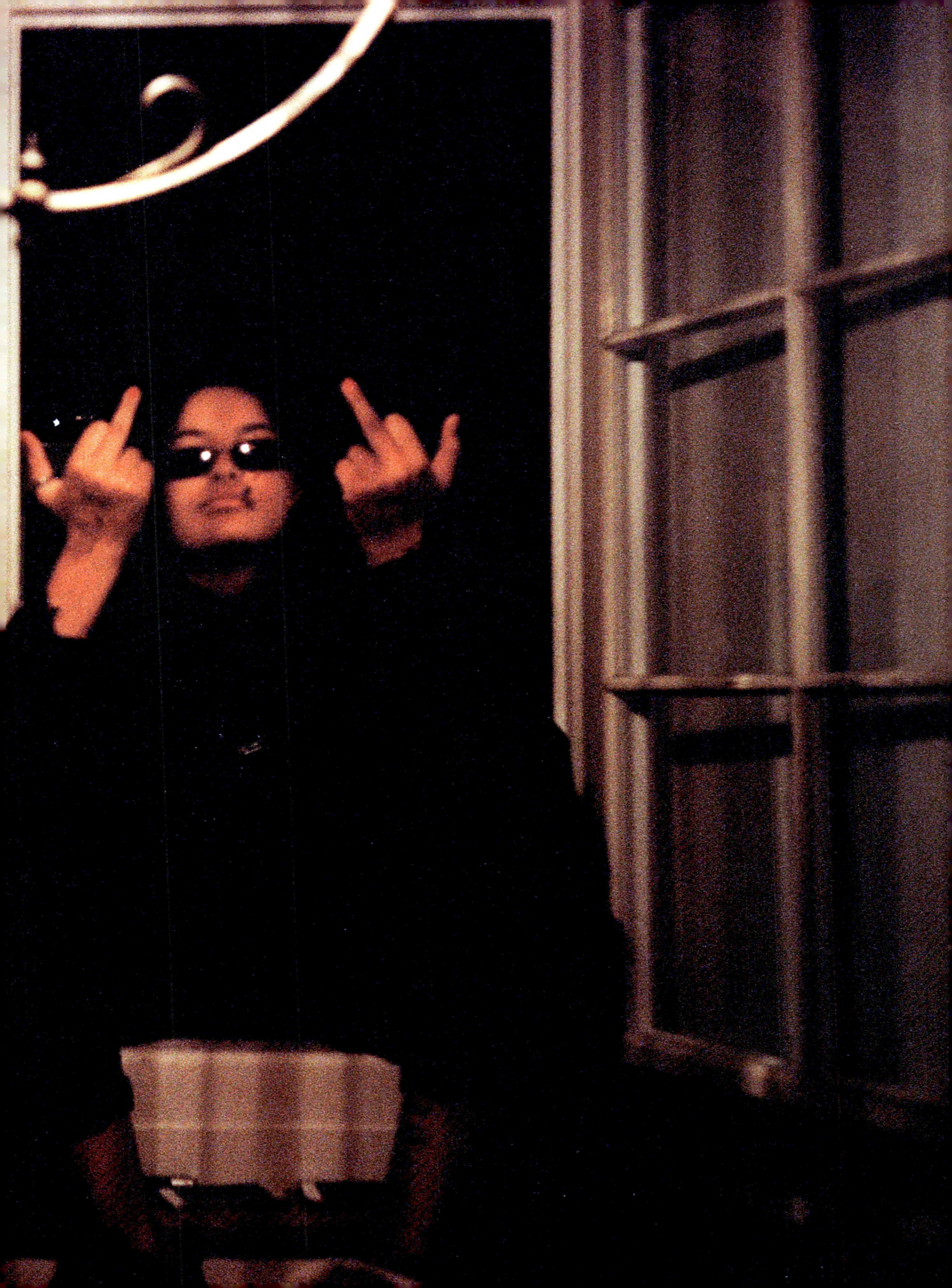

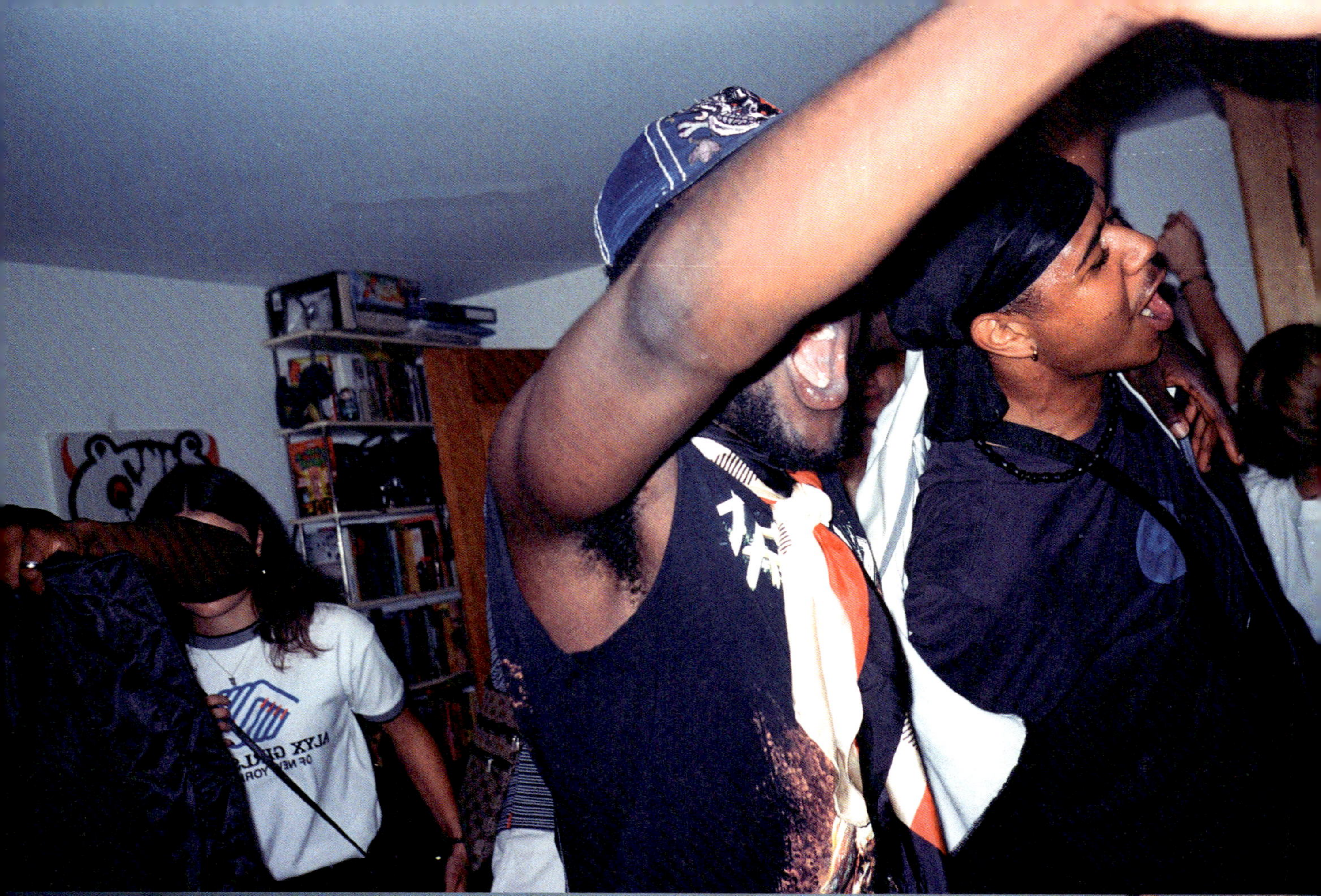

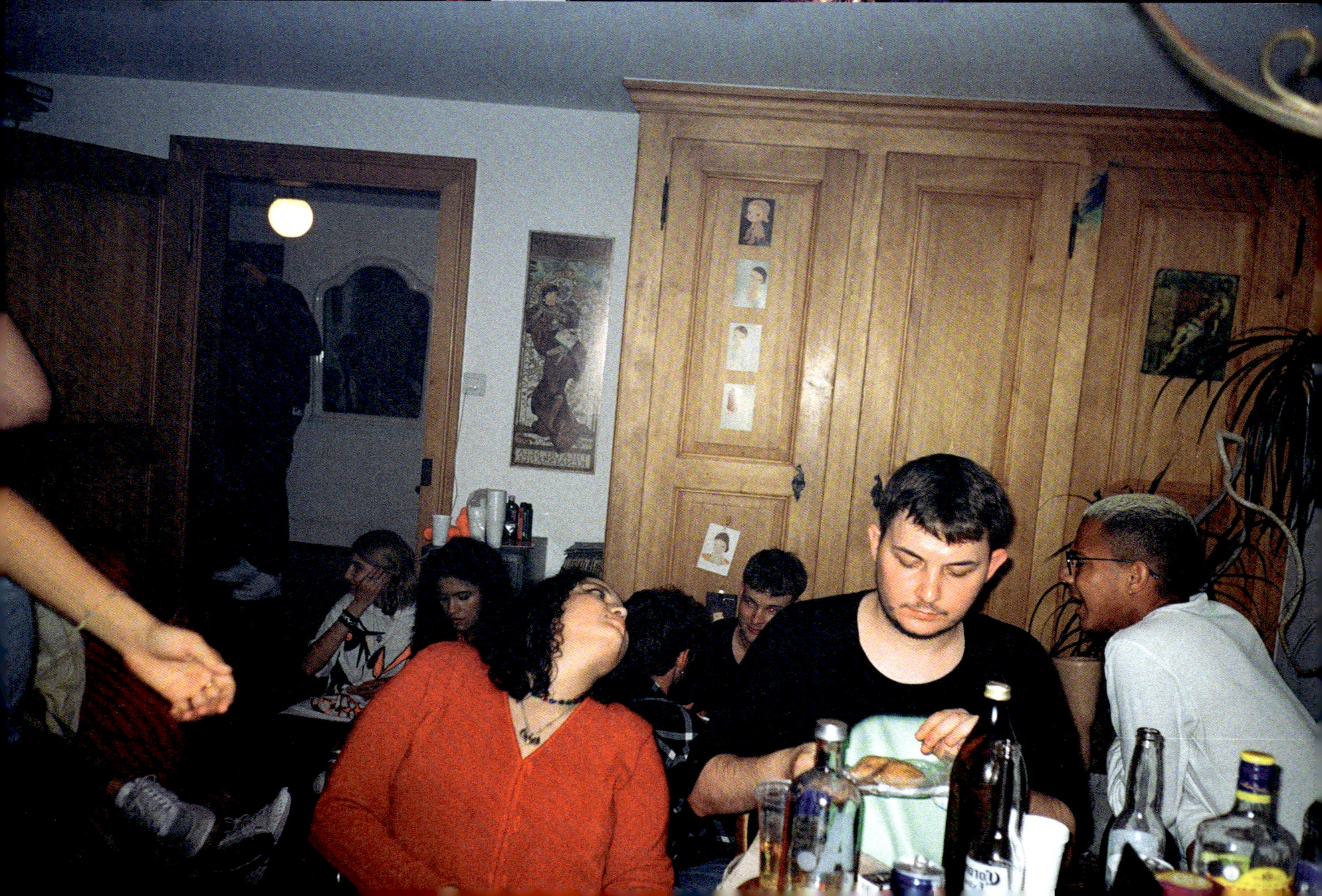

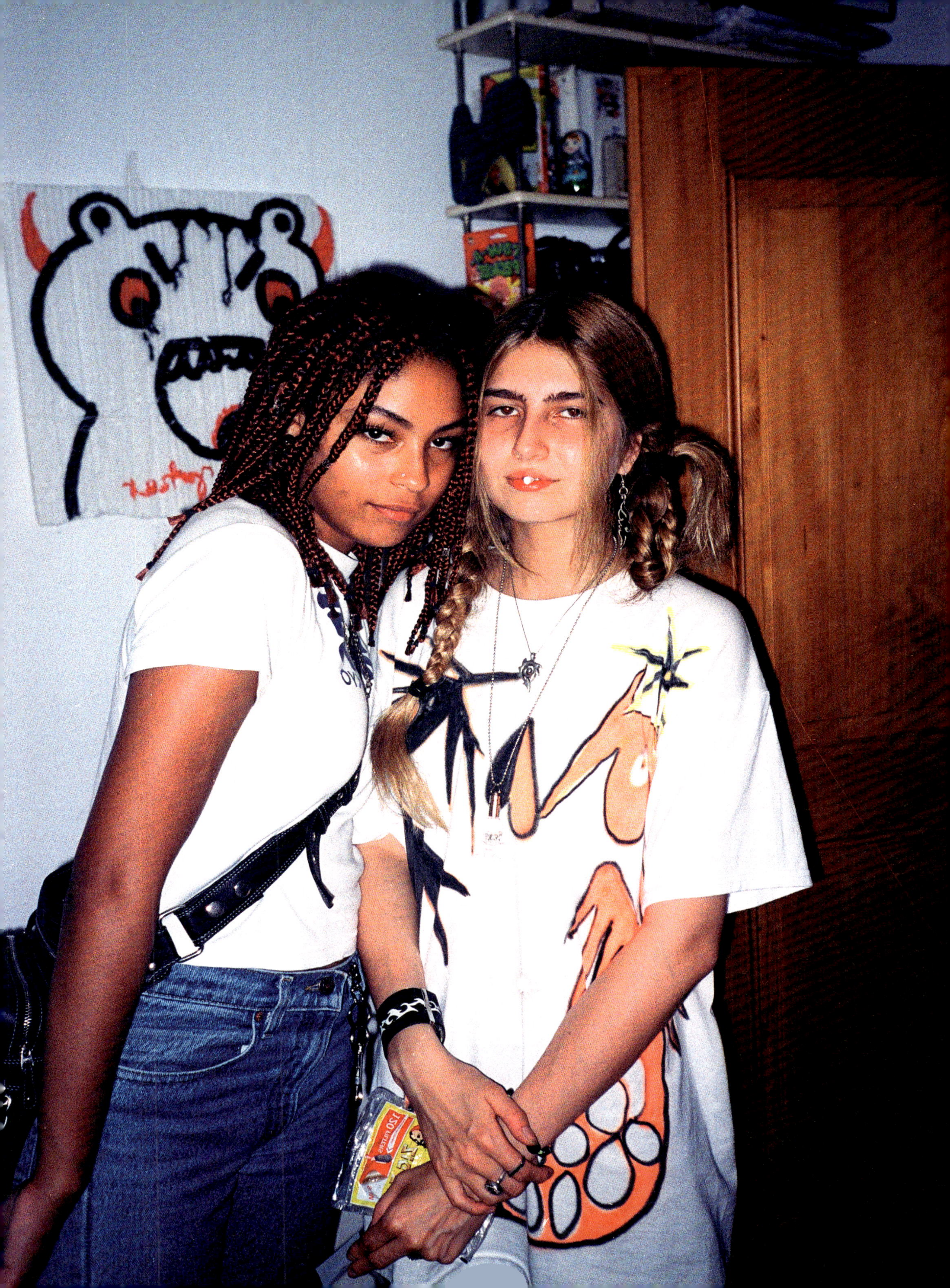

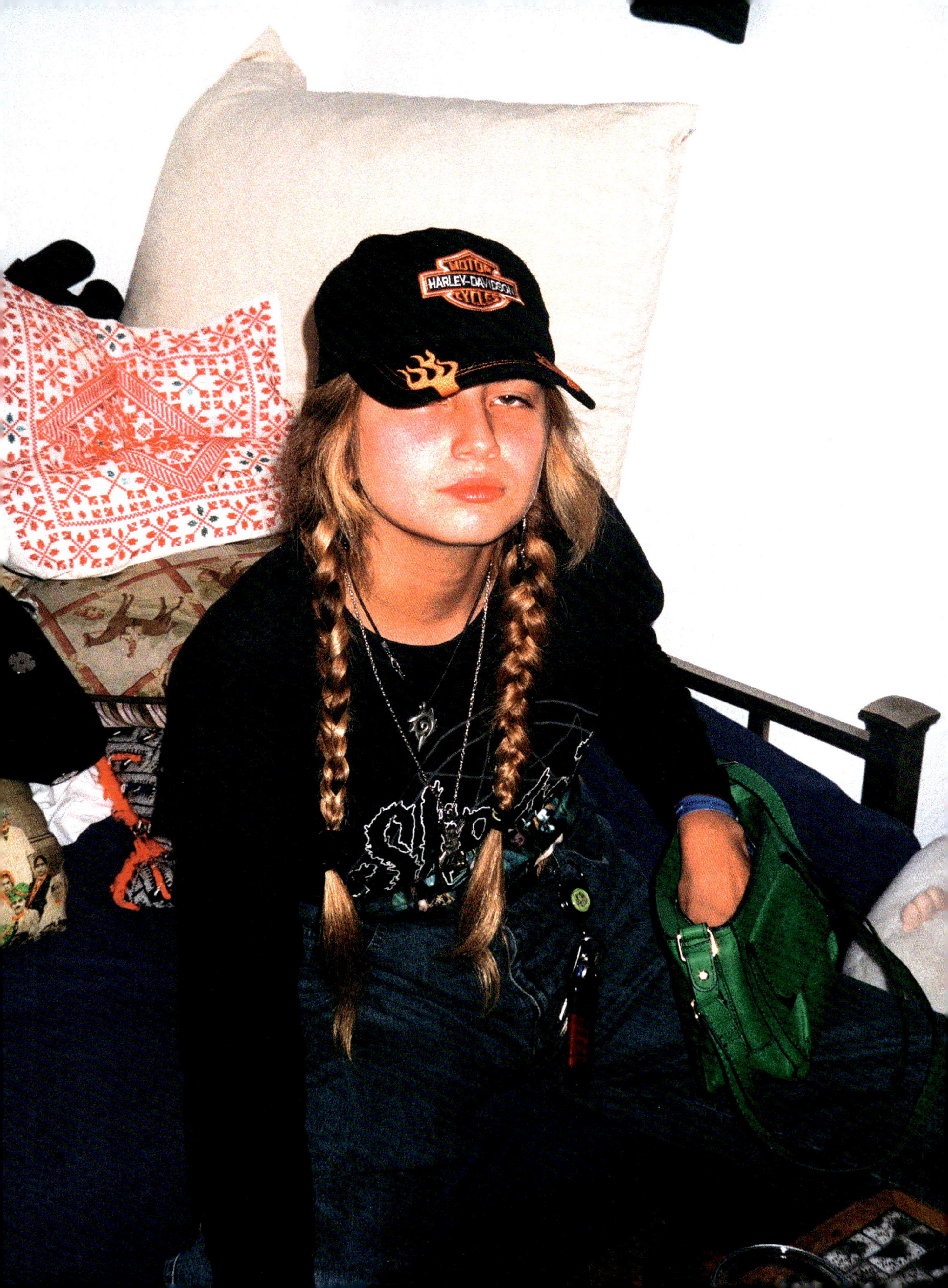
MOTOR
HARLEY-DAVIDSON
CYCLES

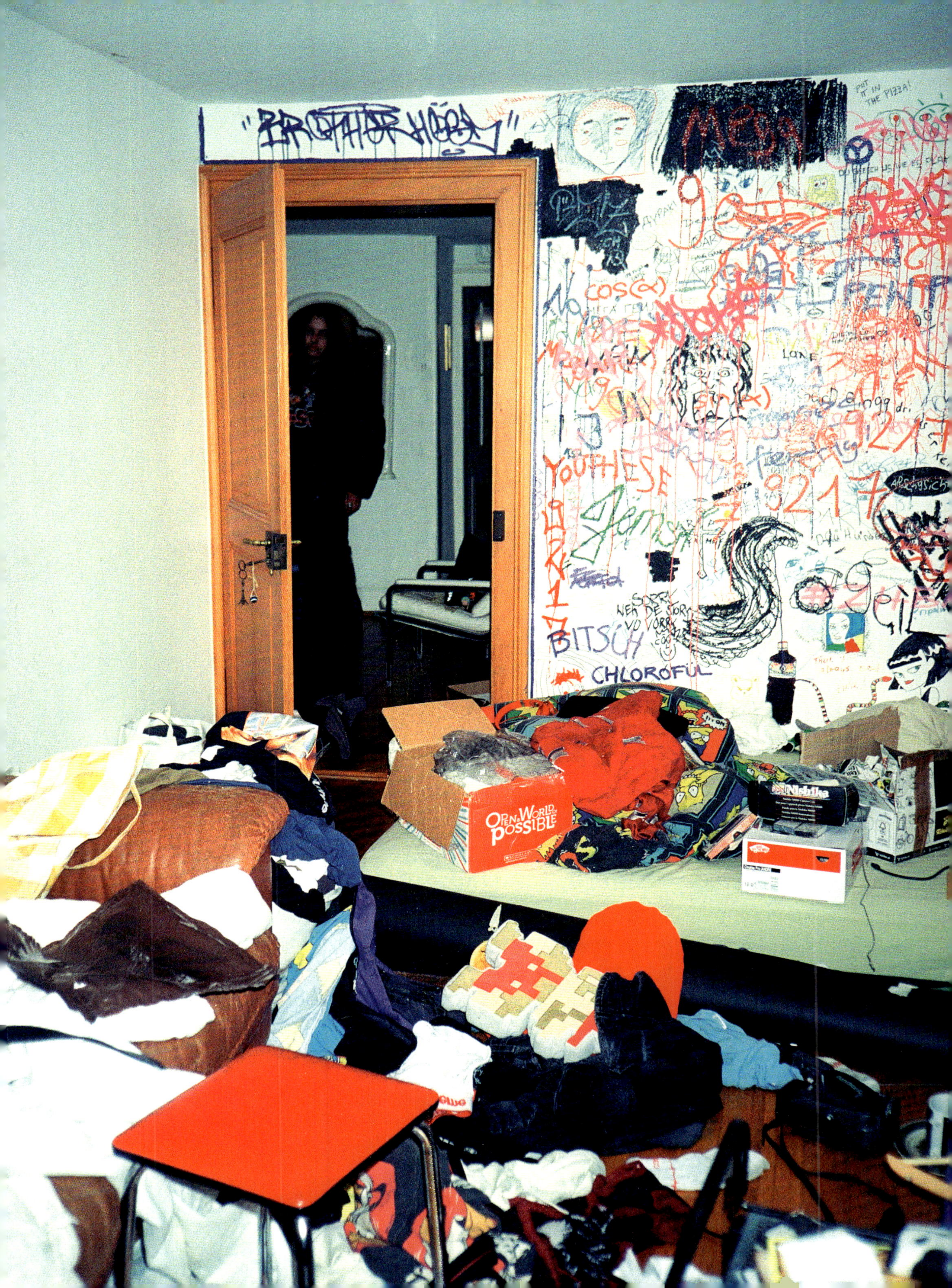
PUT IT IN THE PIZZA!
BITSCH
CHLOROFUL
OPEN WORLD OF POSSIBLE

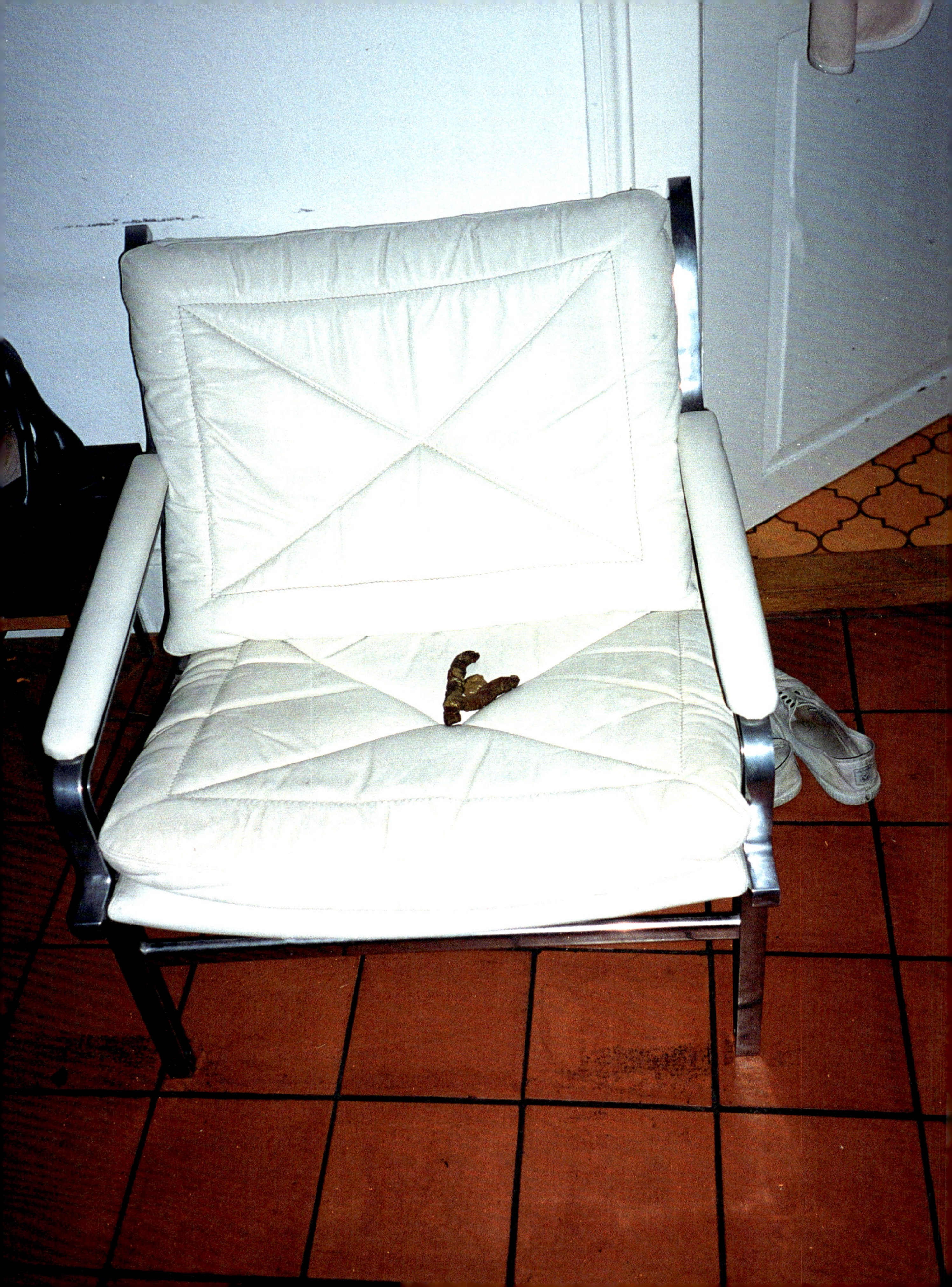

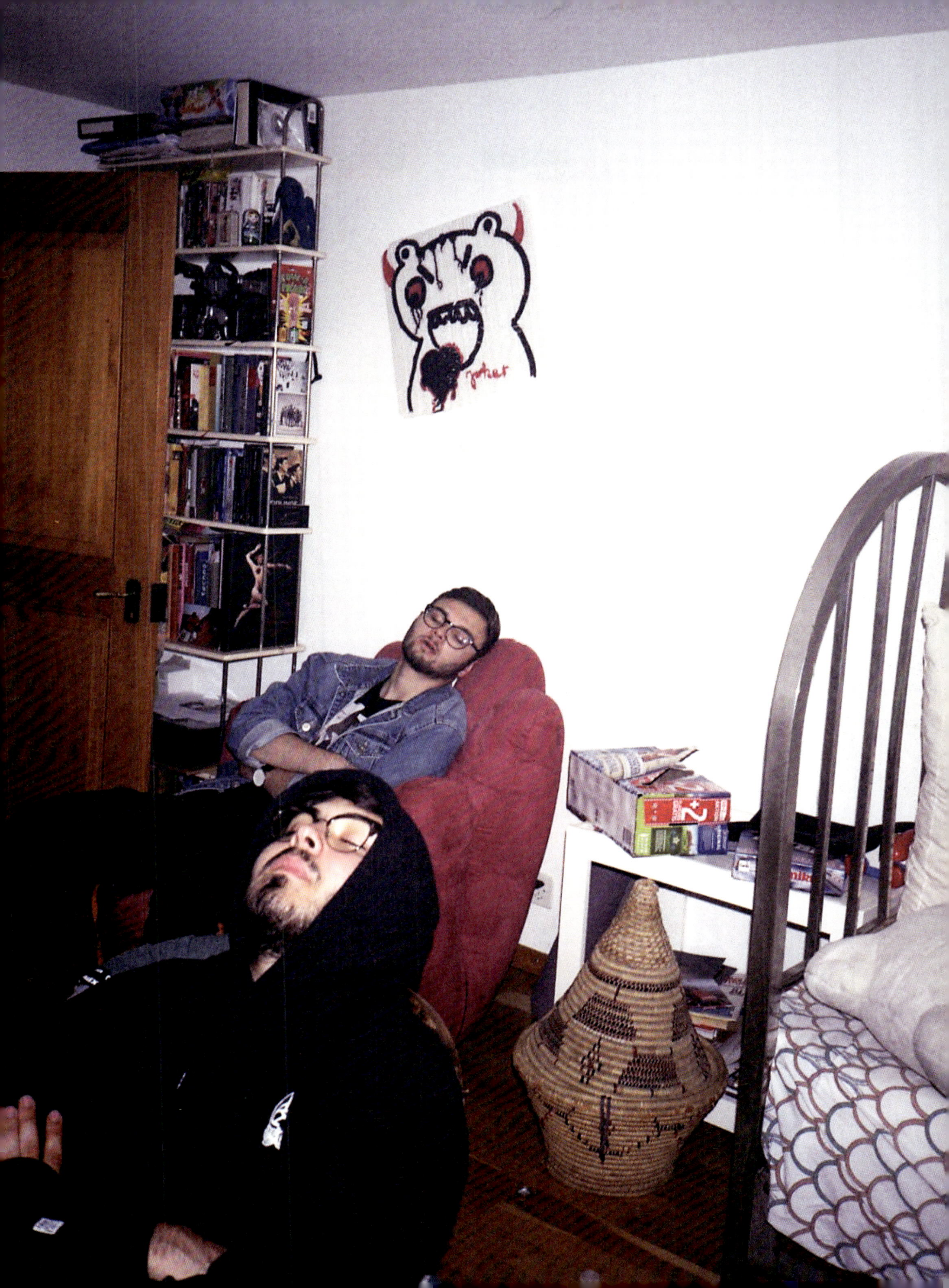

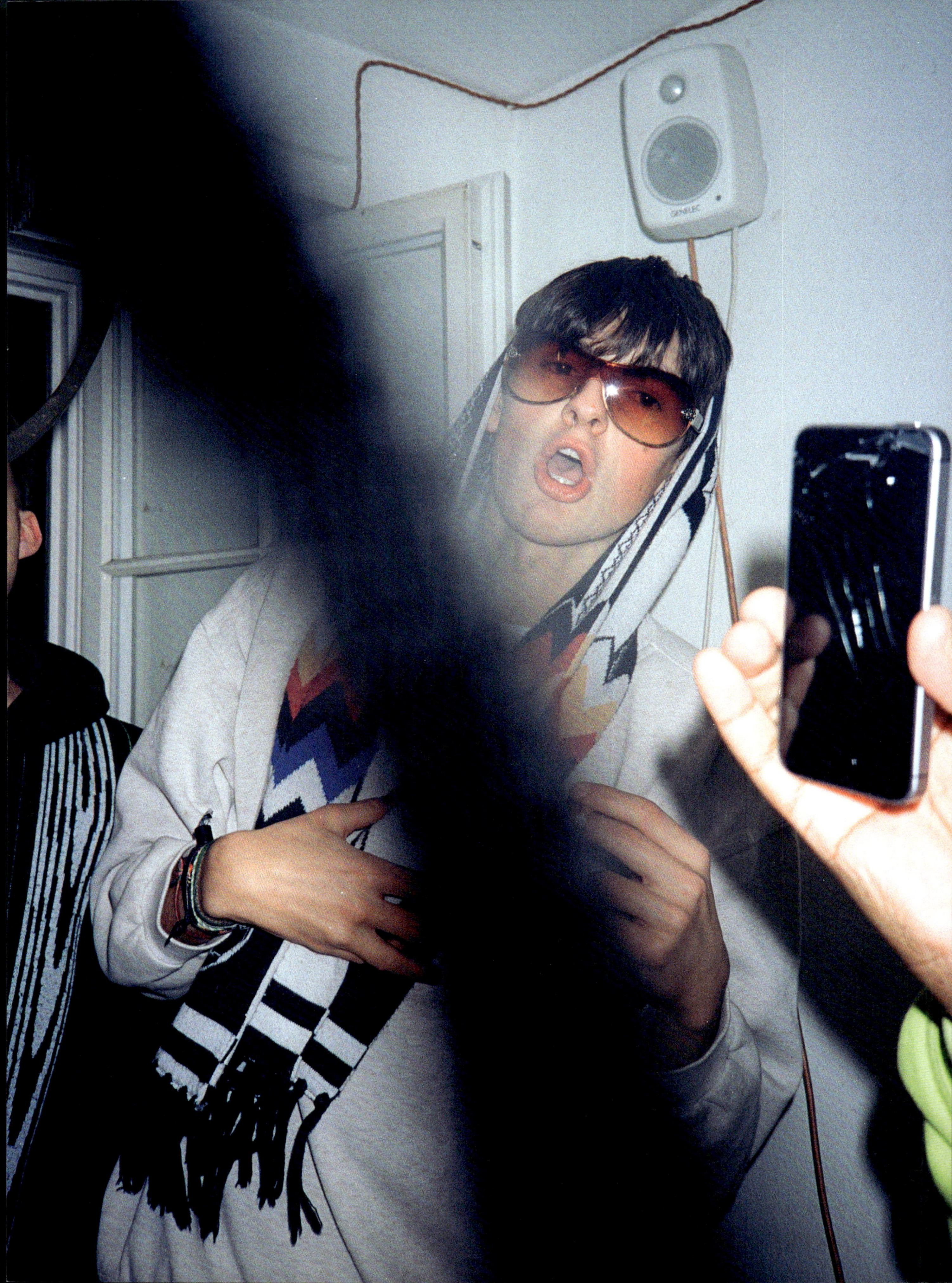

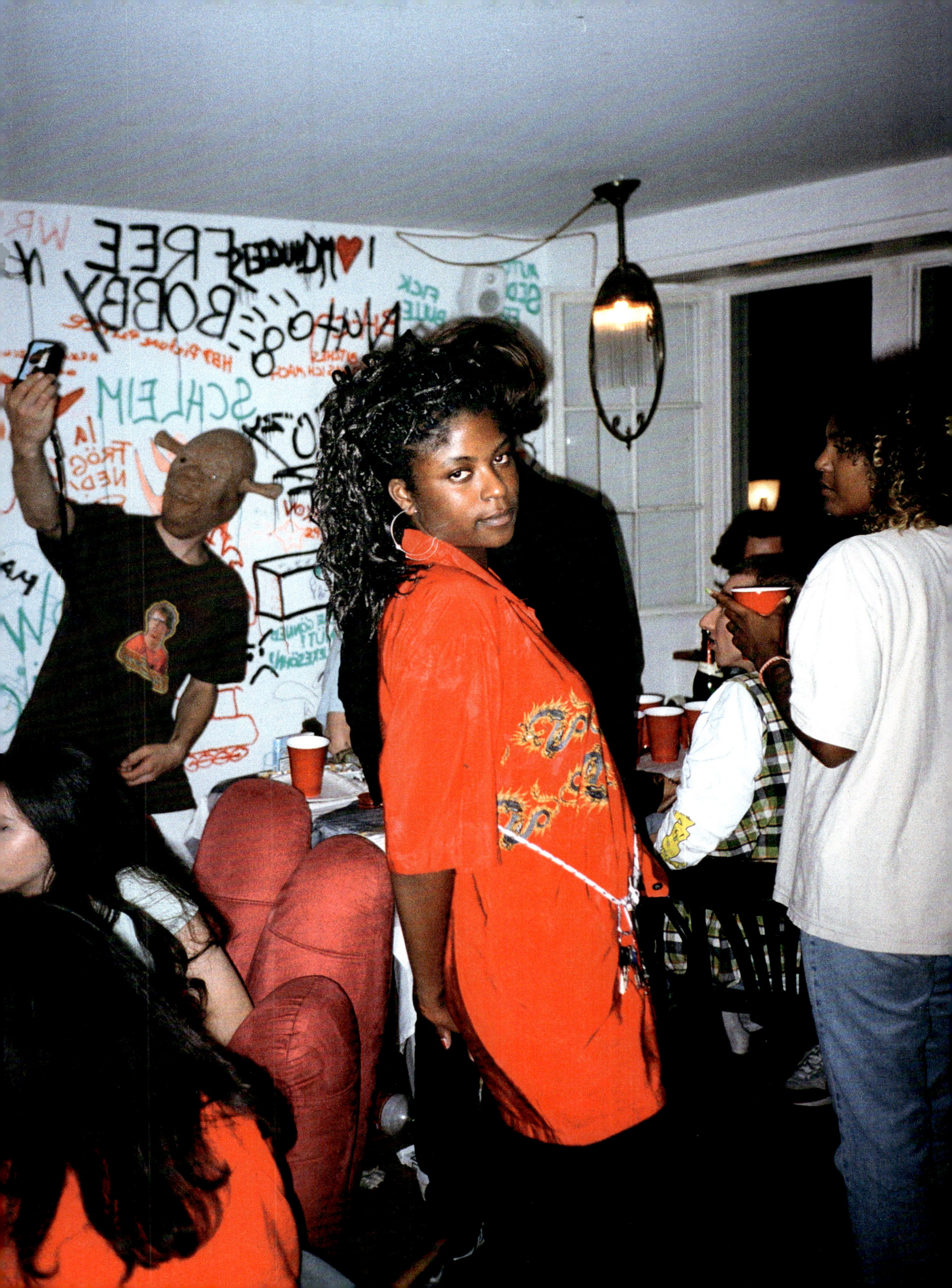

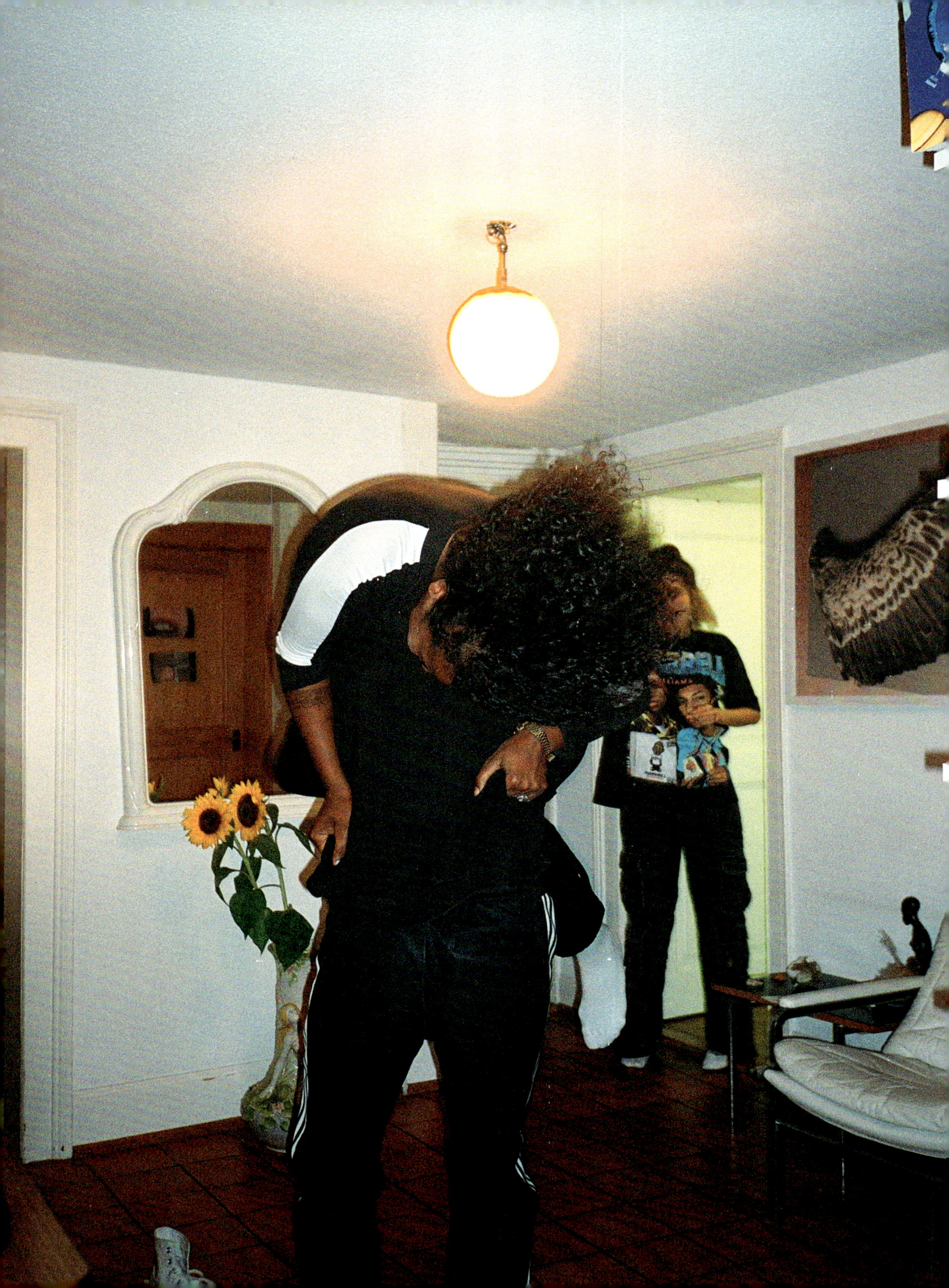

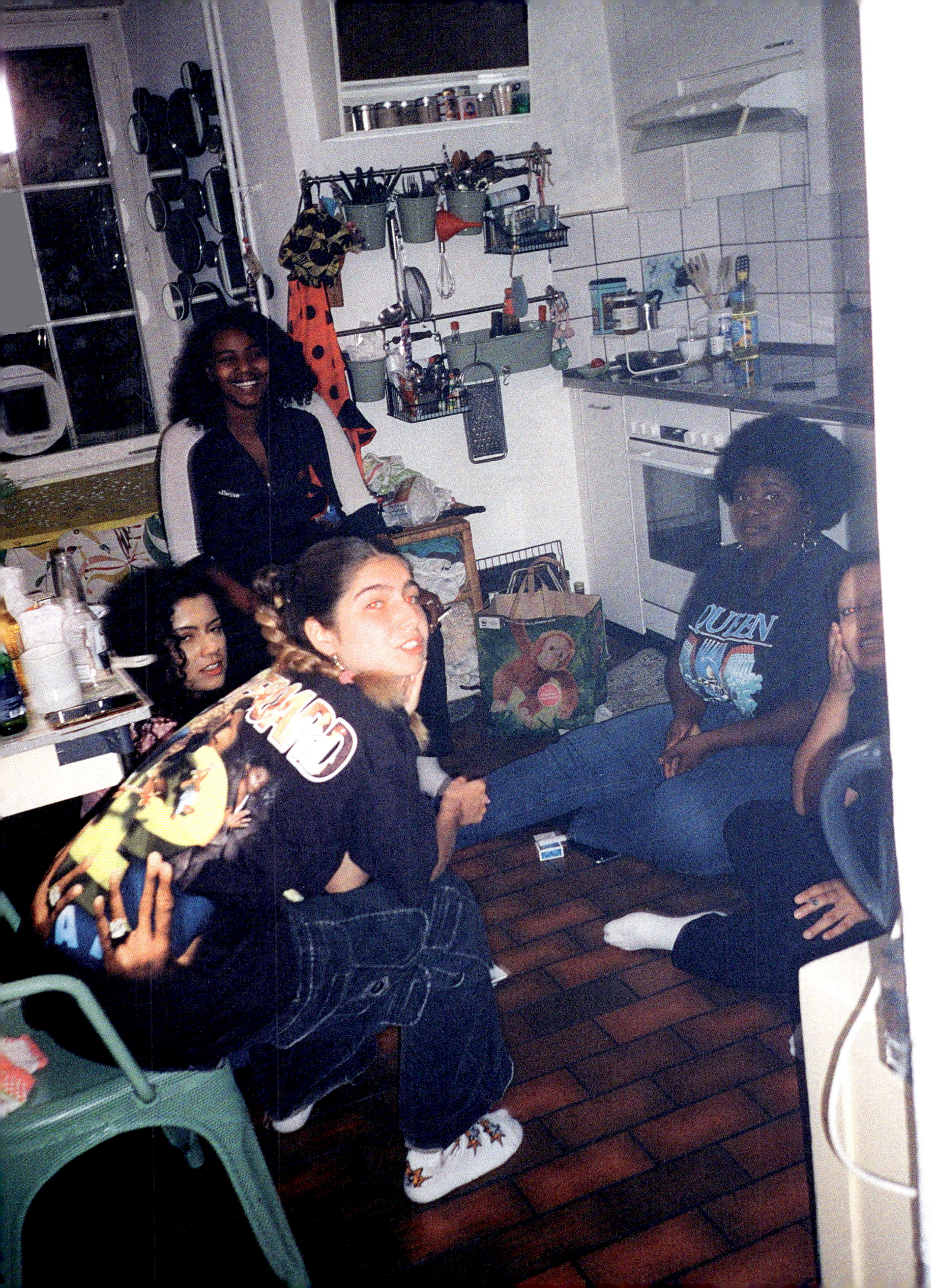
QUEEN

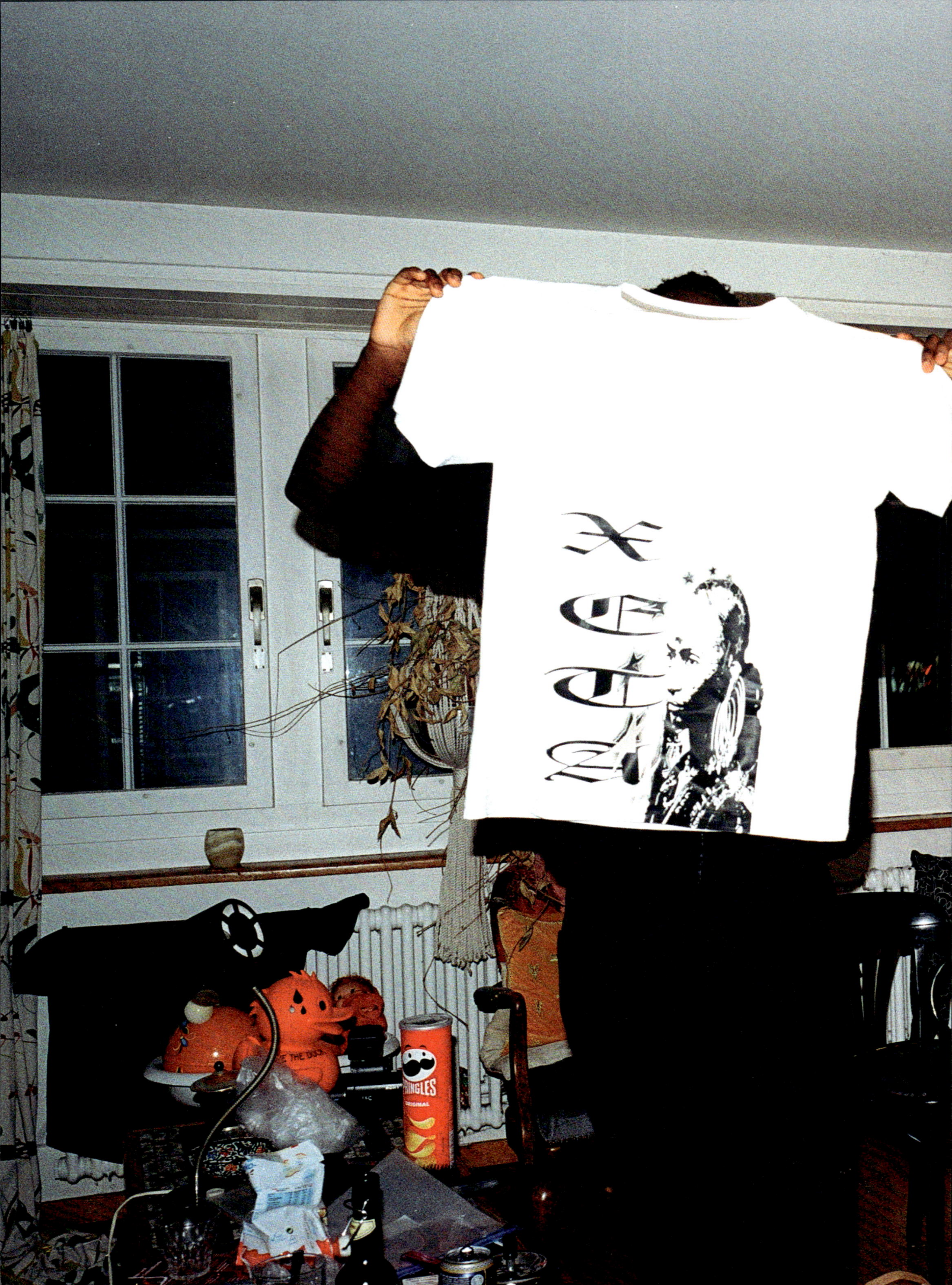
PRINGLES
ORIGINAL

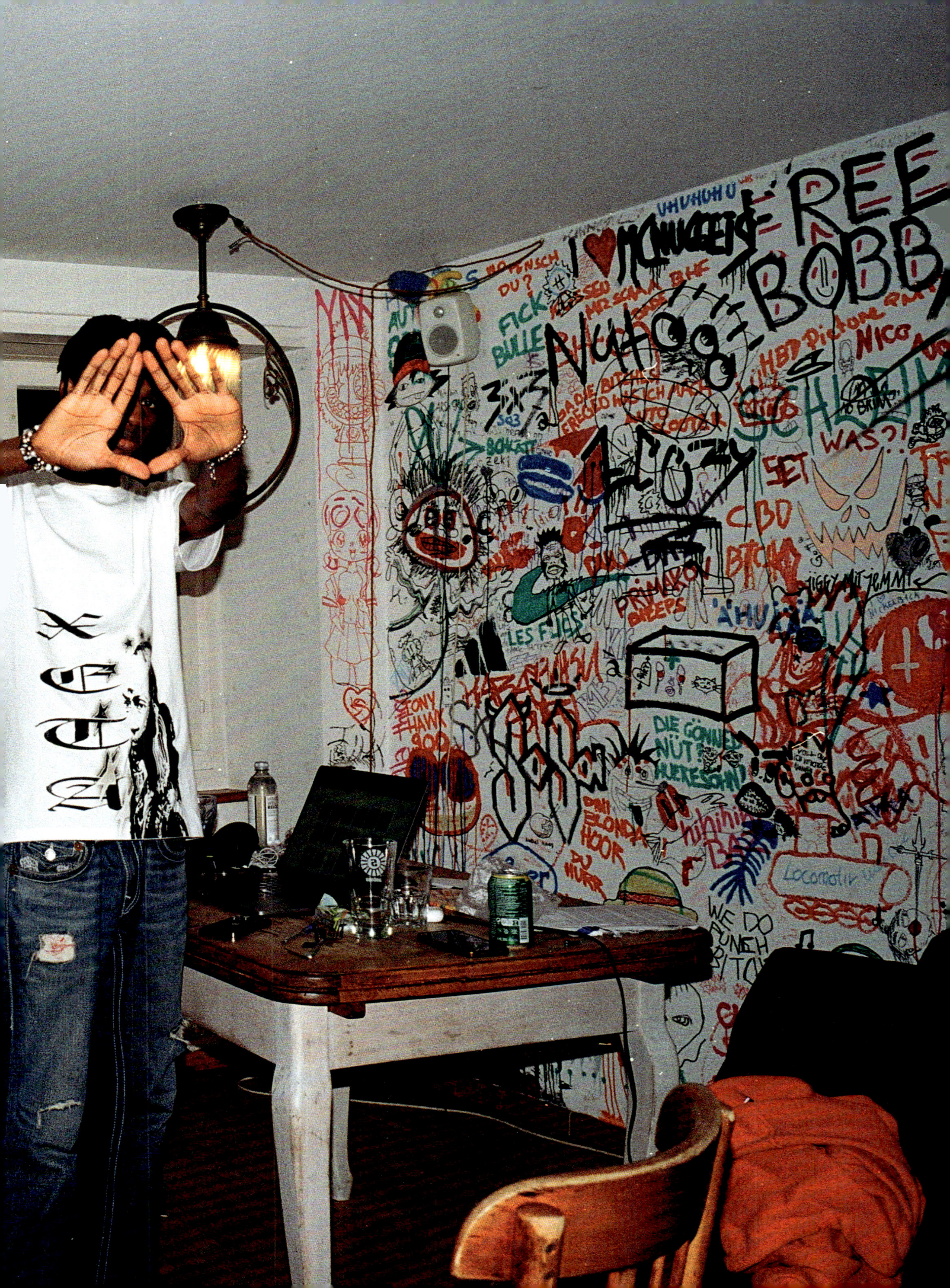
I ♥ MCNUGGETS
BOBB
FICK BULLE
WAS?!
HBD Picture
NICO
LES FLIES
TONY HAWK
DIE GÖNNED NÜT HUERESOHN
hihihi
Locomotiv

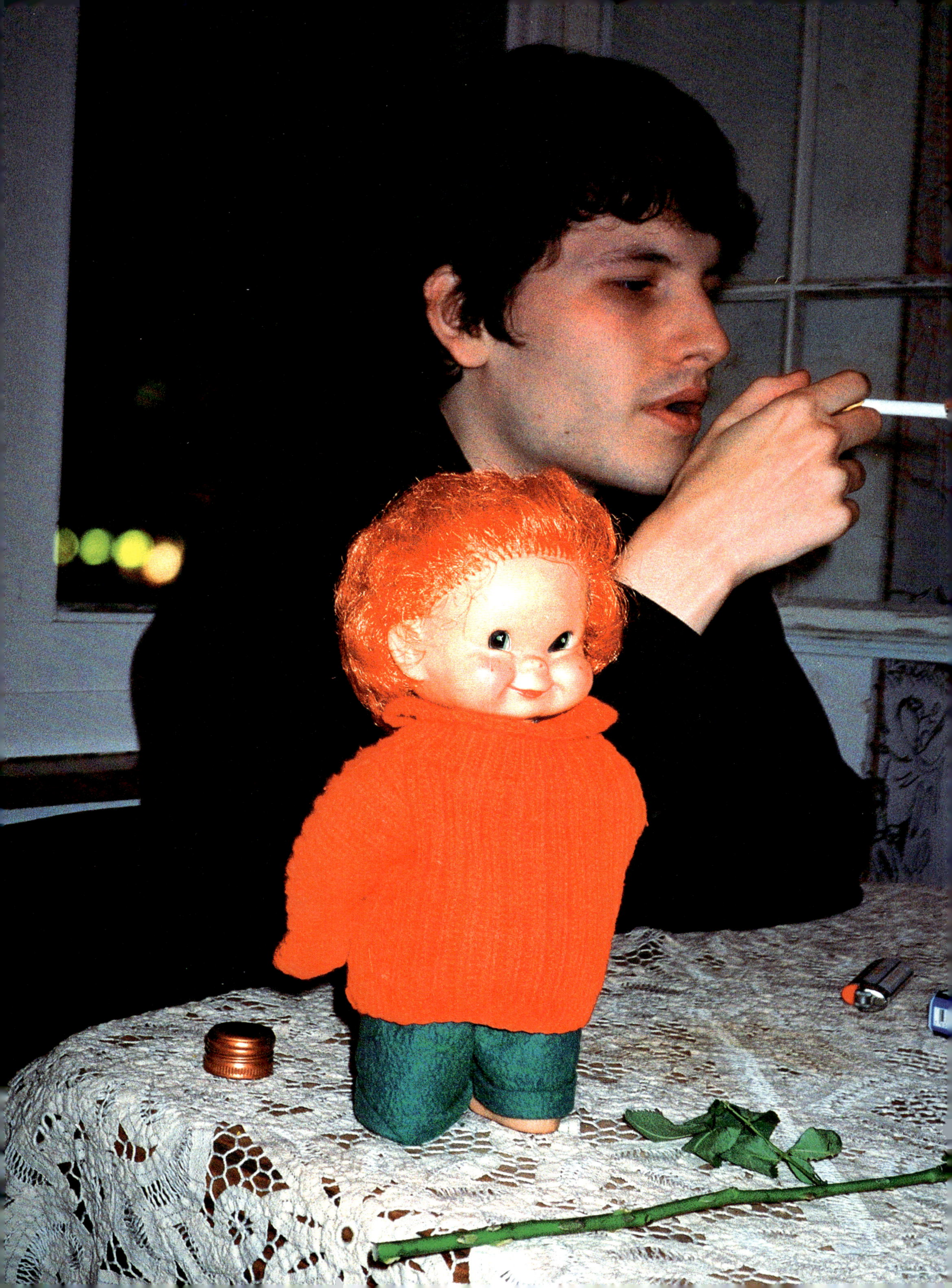

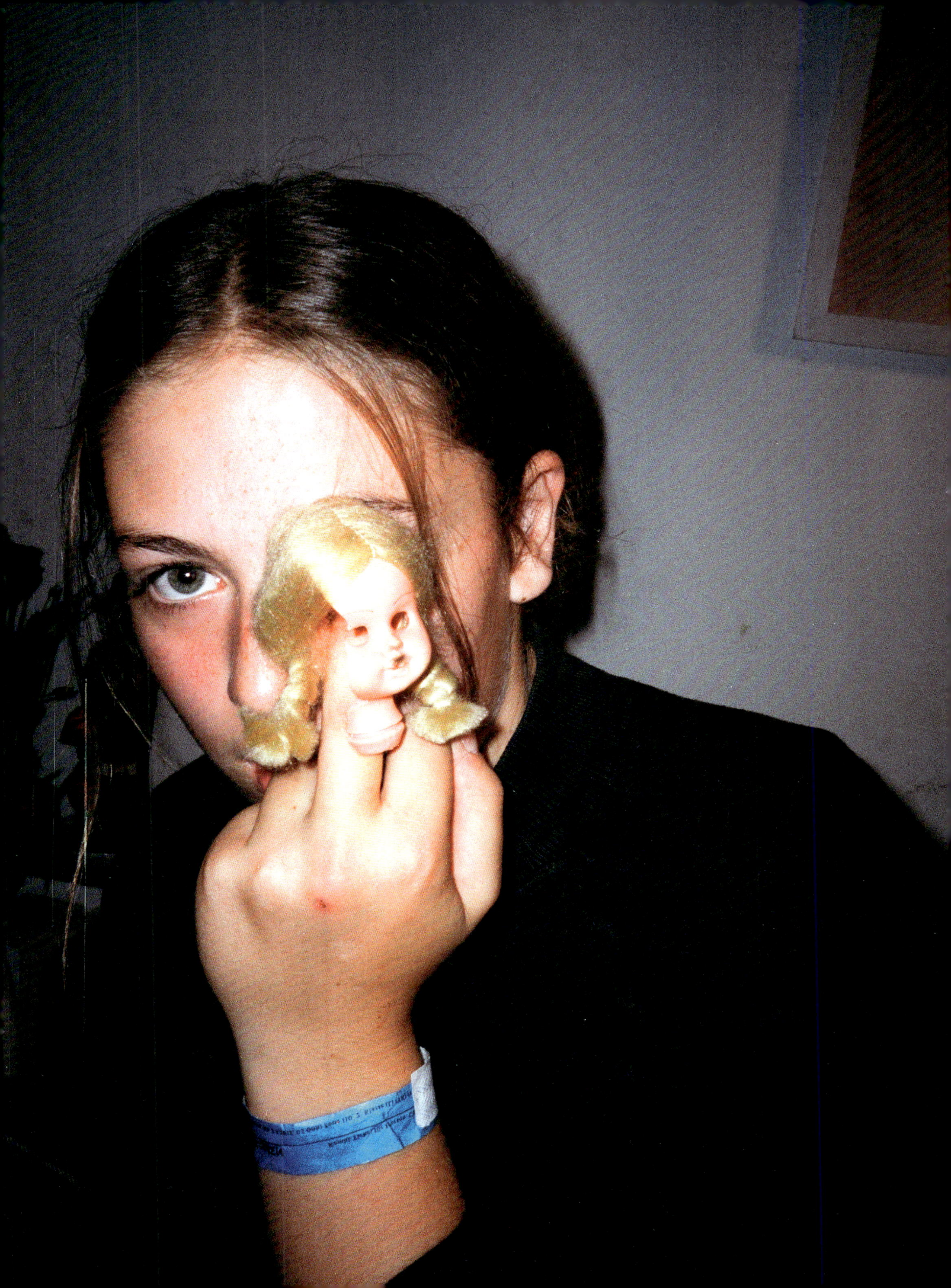

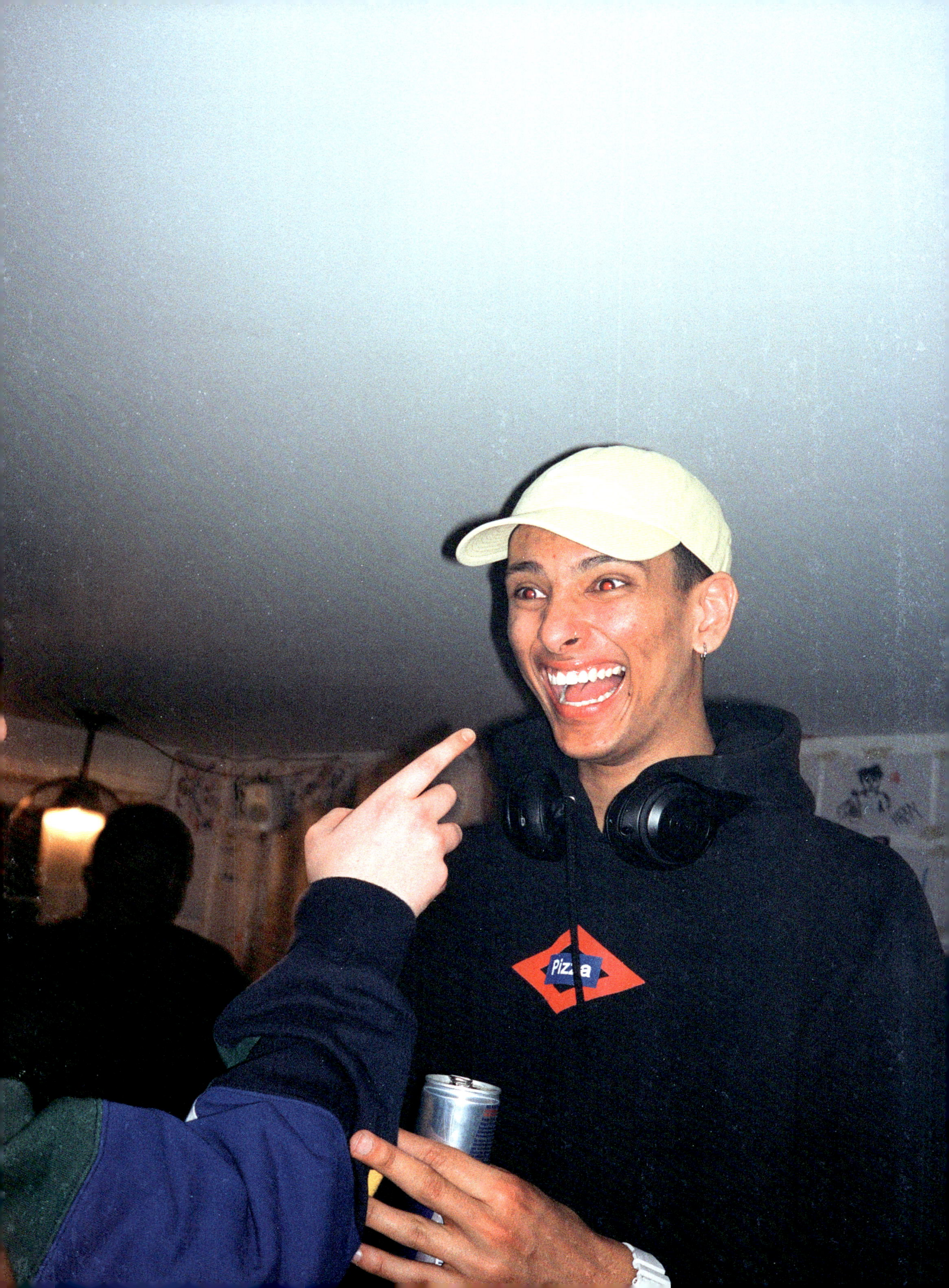
Pizza

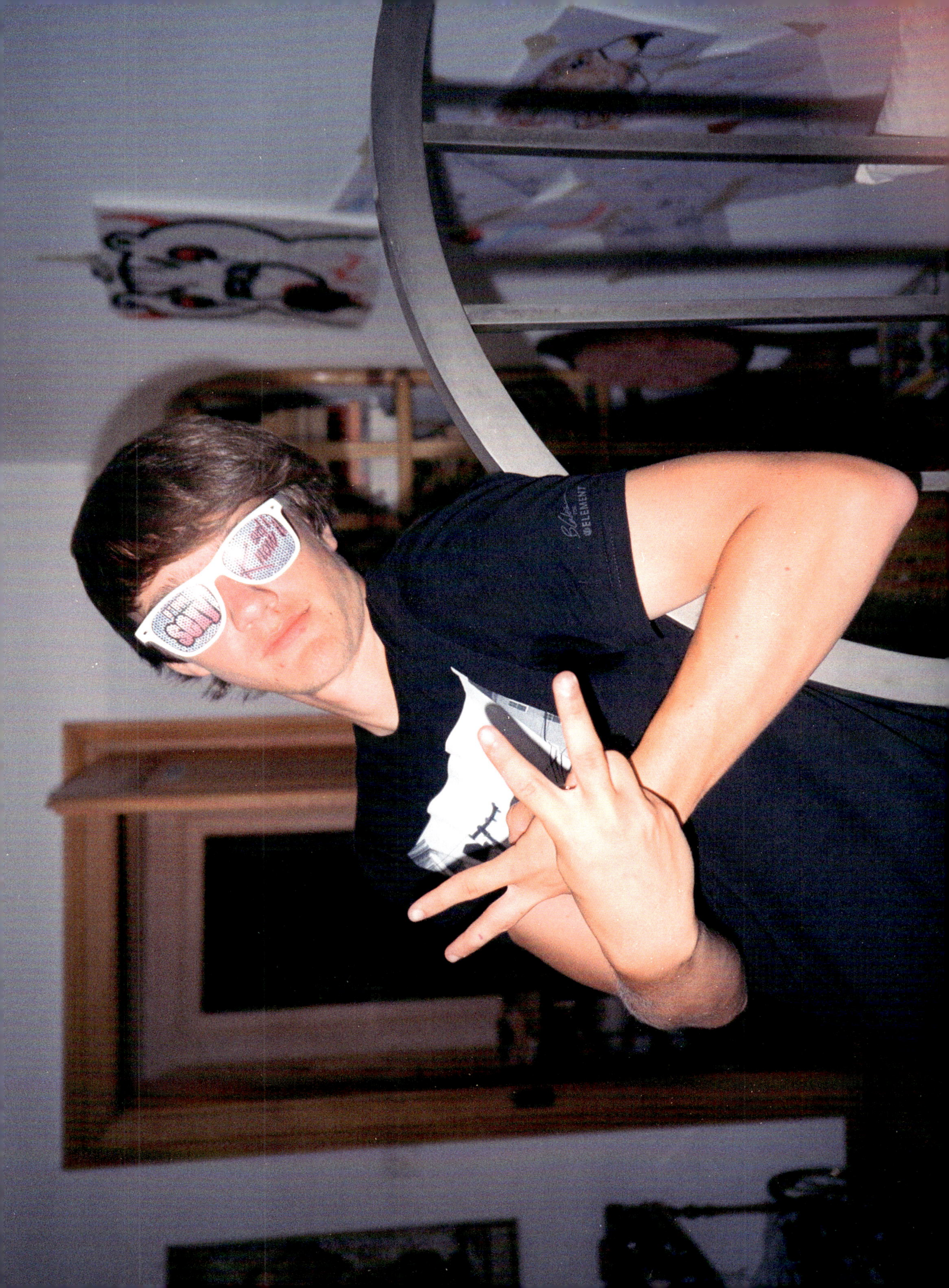

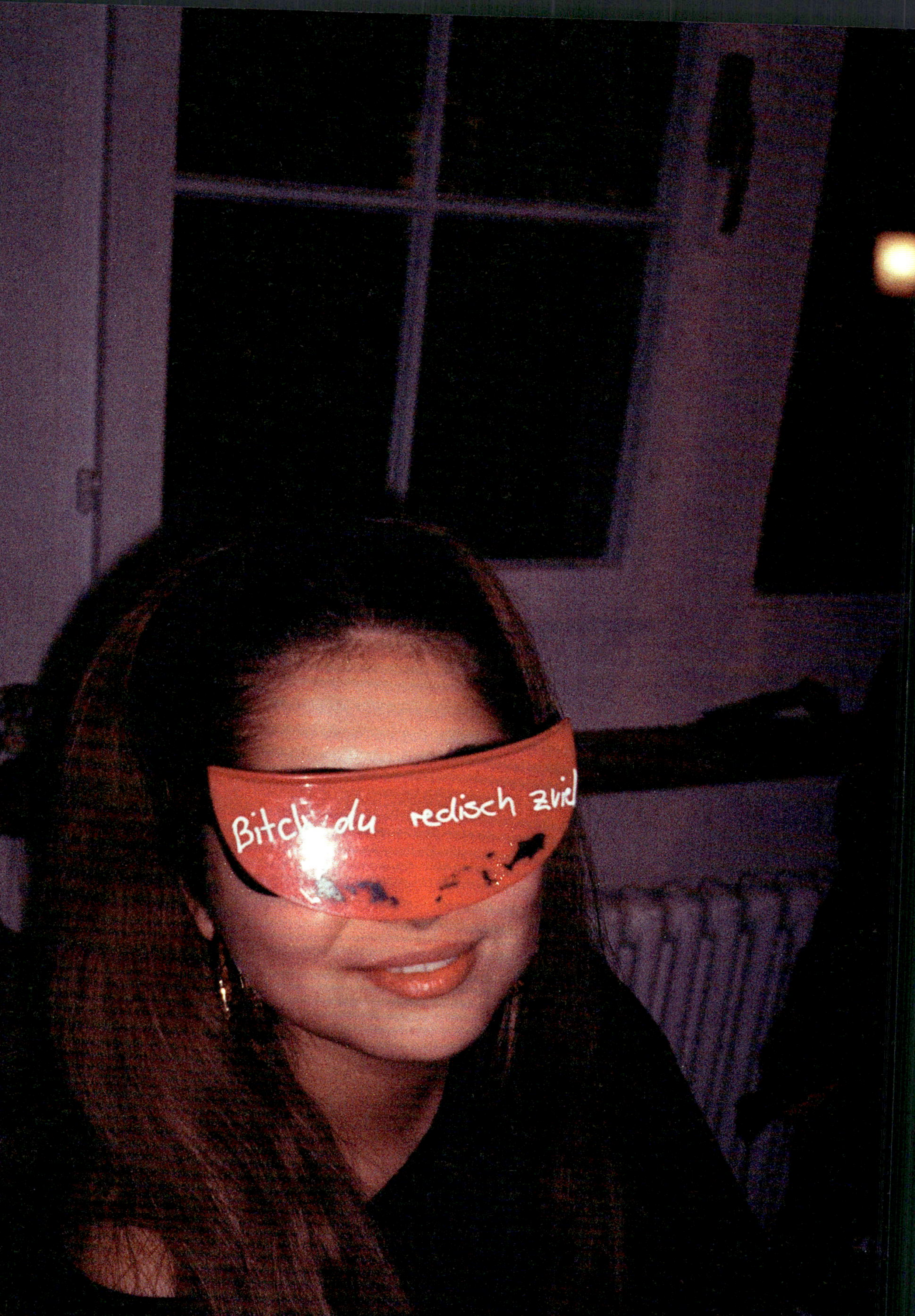
Bitch du redisch

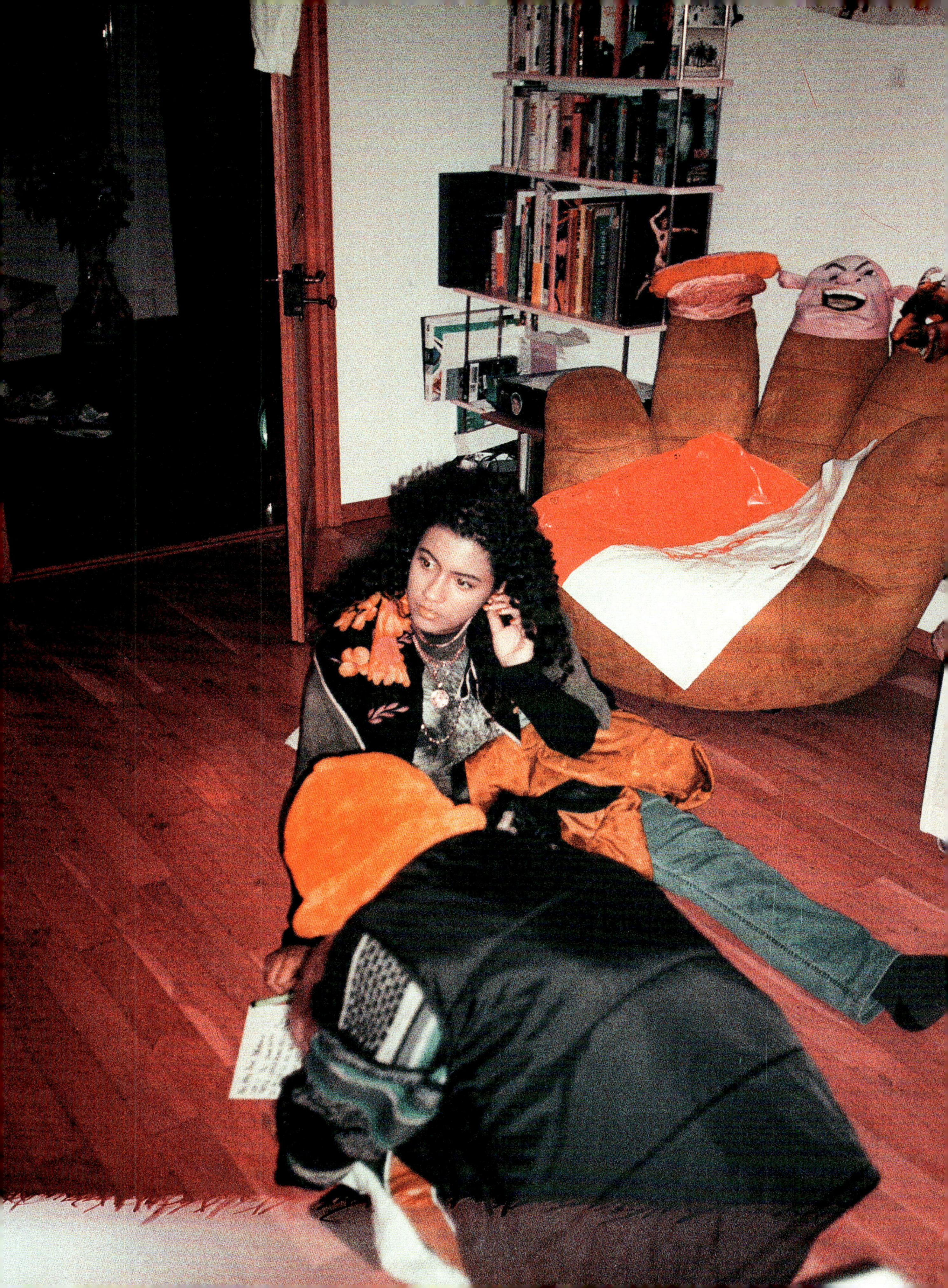

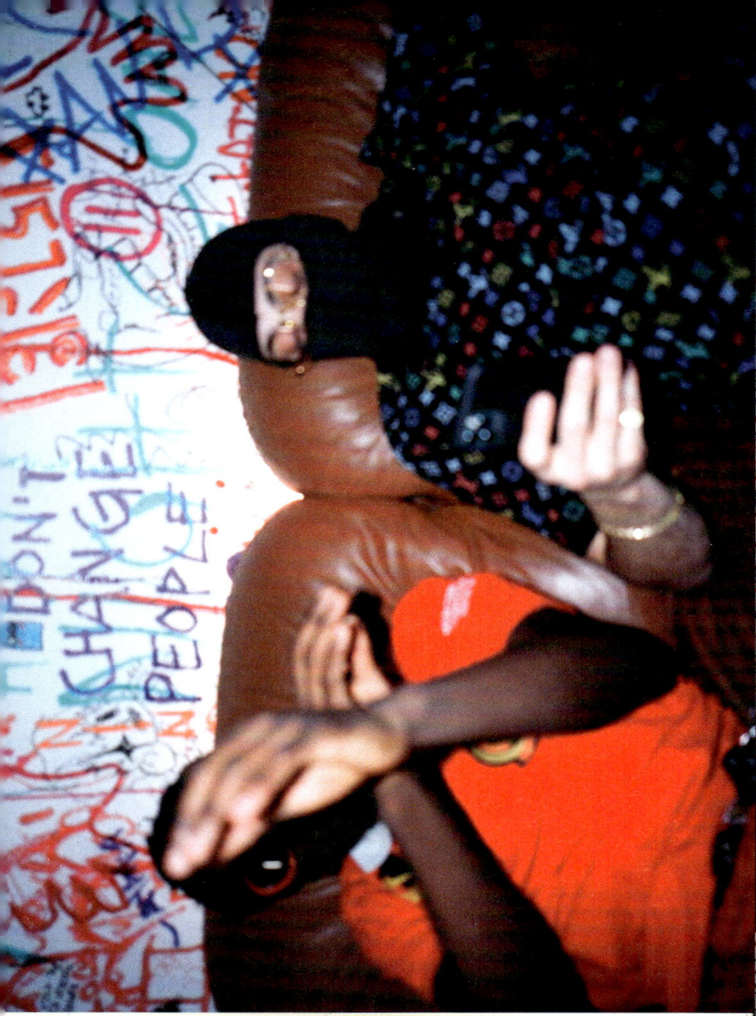

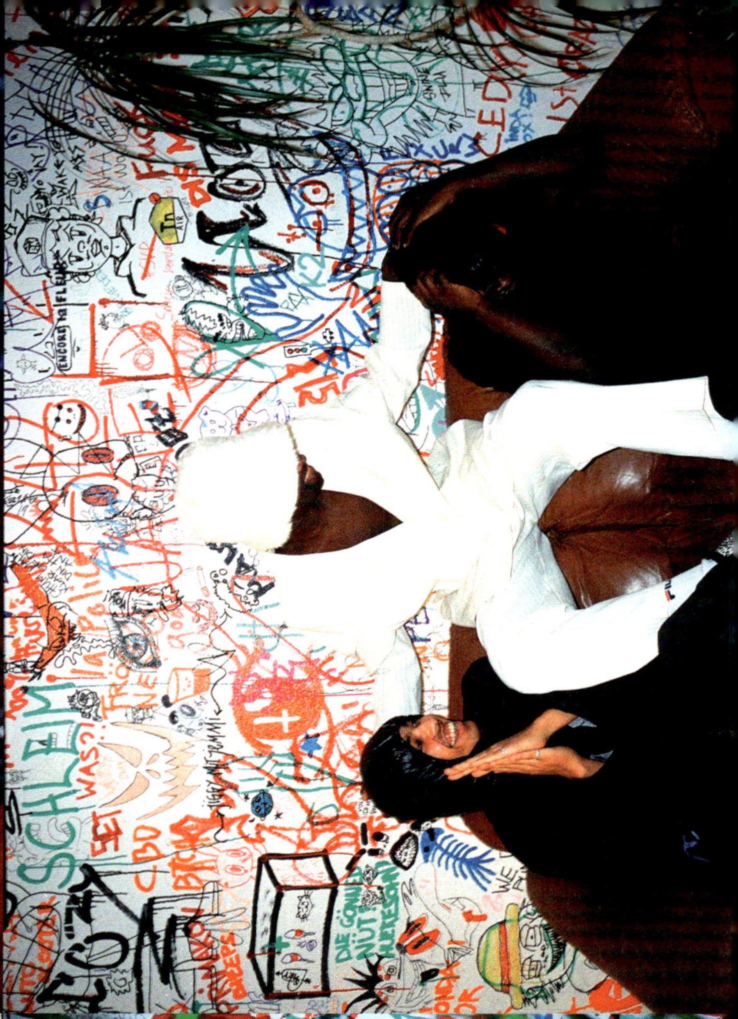

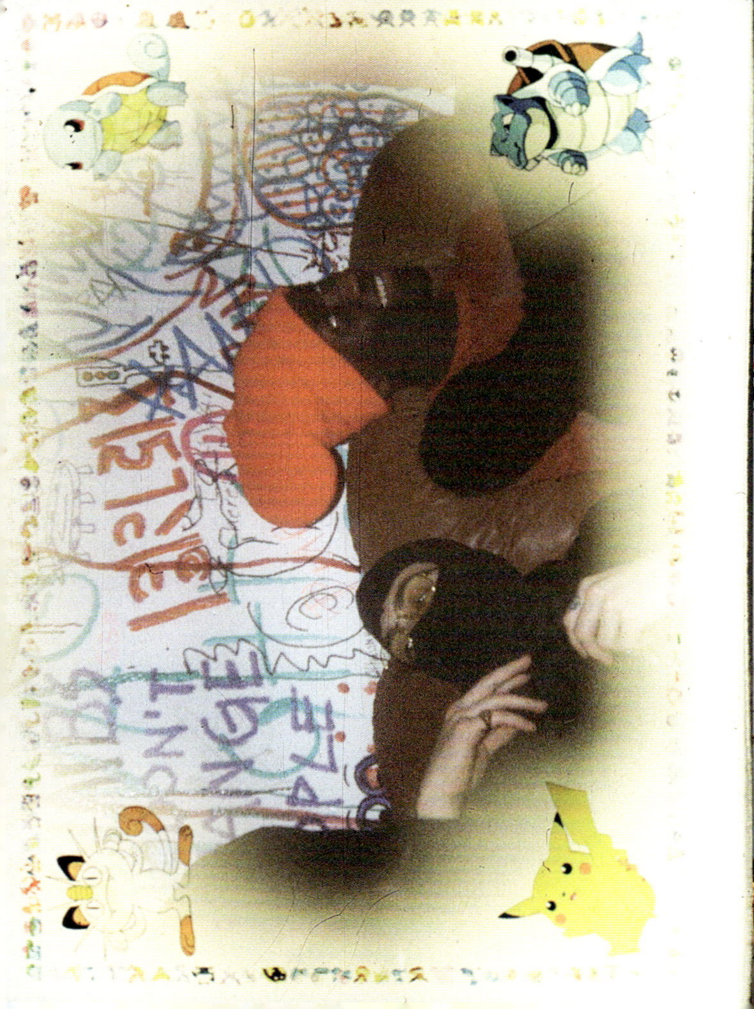

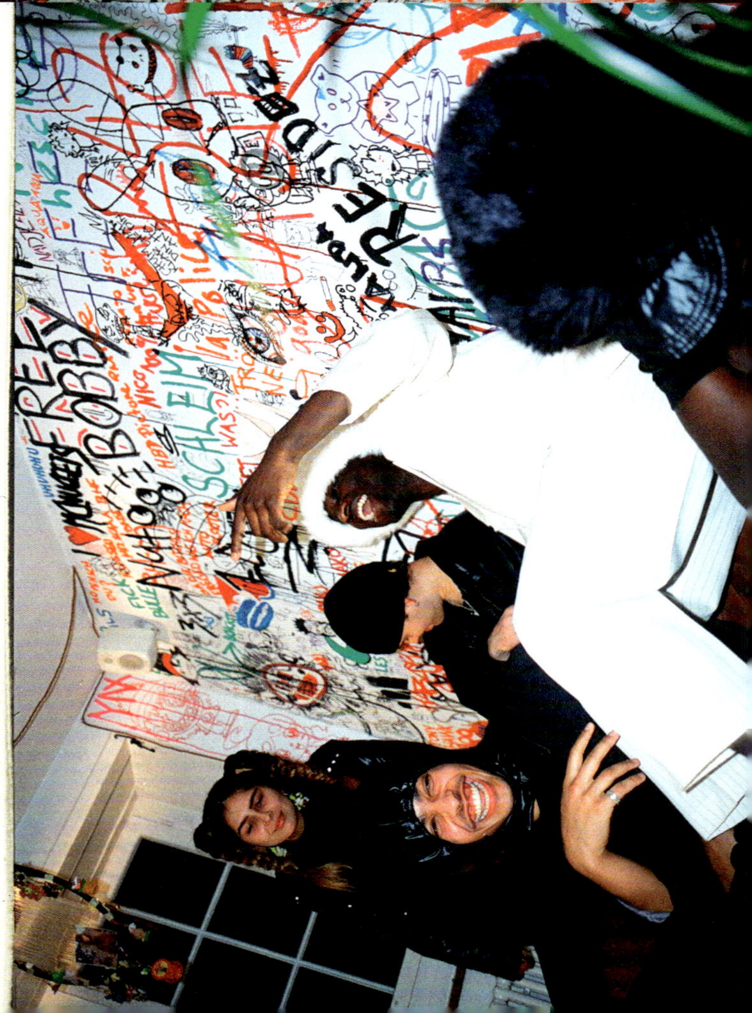

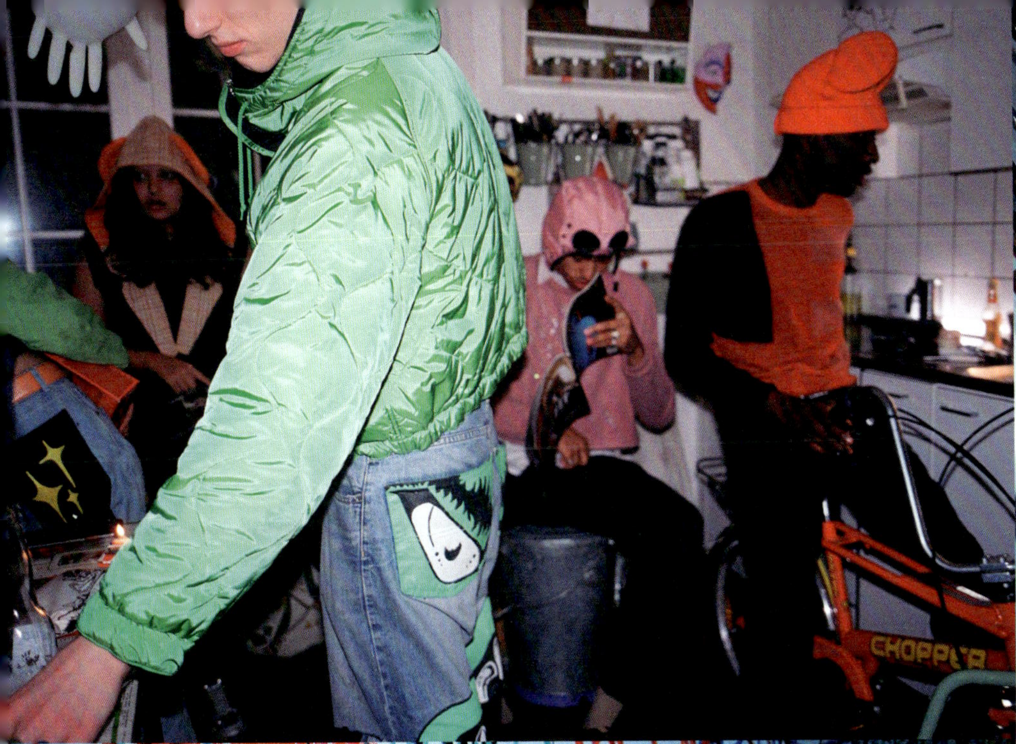
CHOPPER

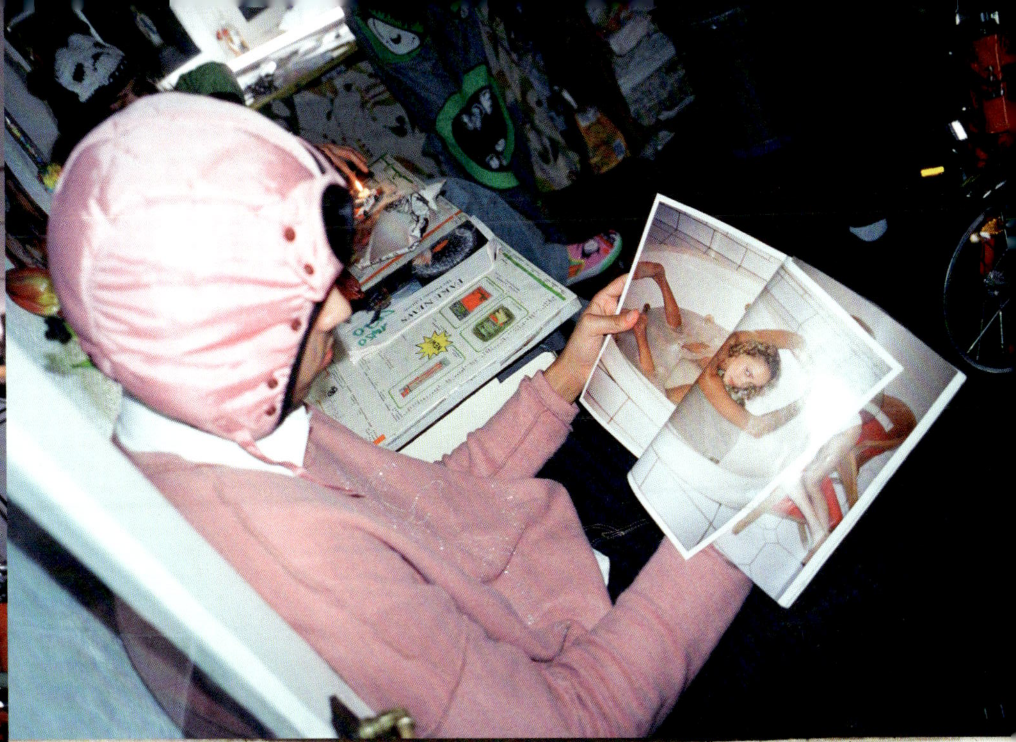

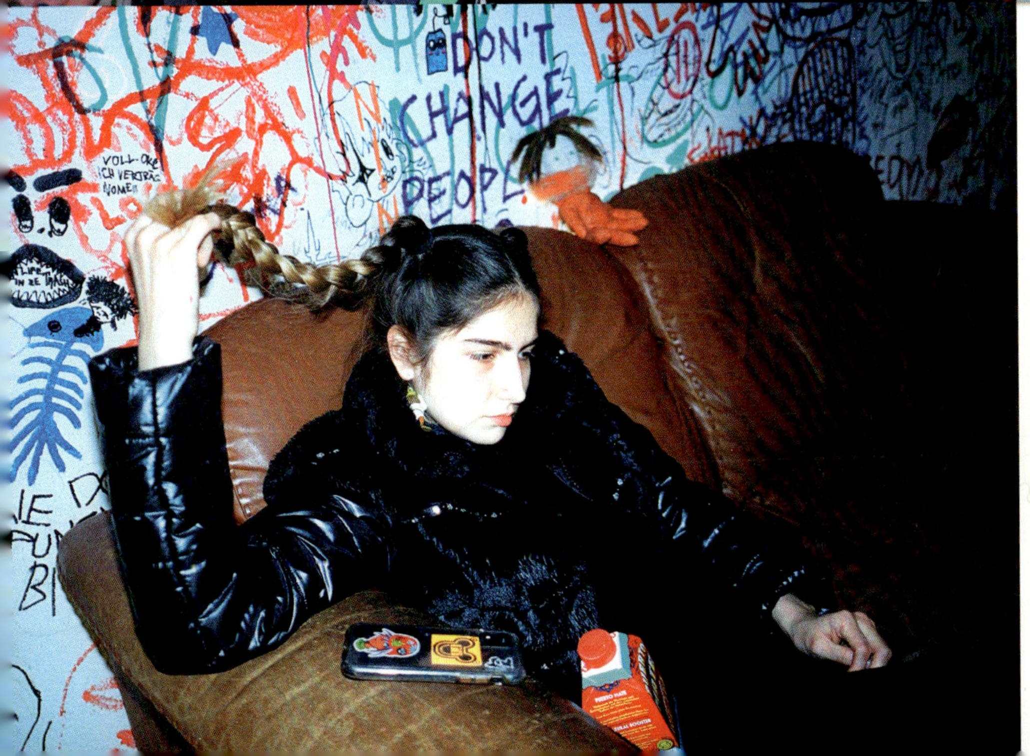
DON'T
CHANGE
PEOPLE

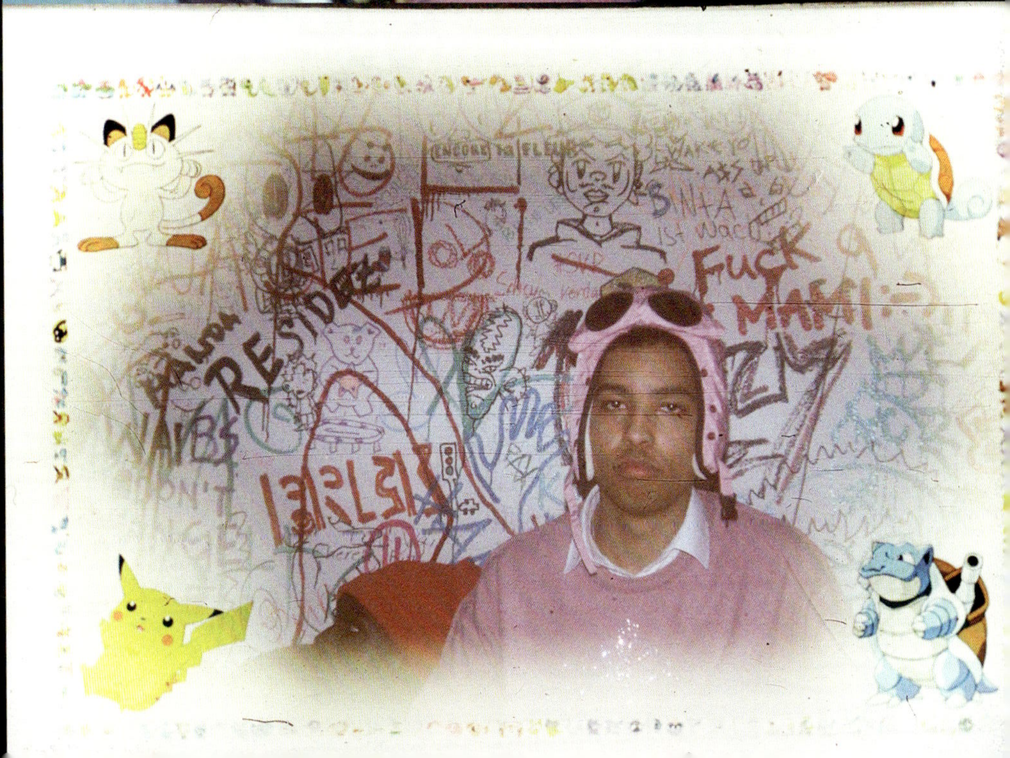
RESIDE
FUCK
MAMI

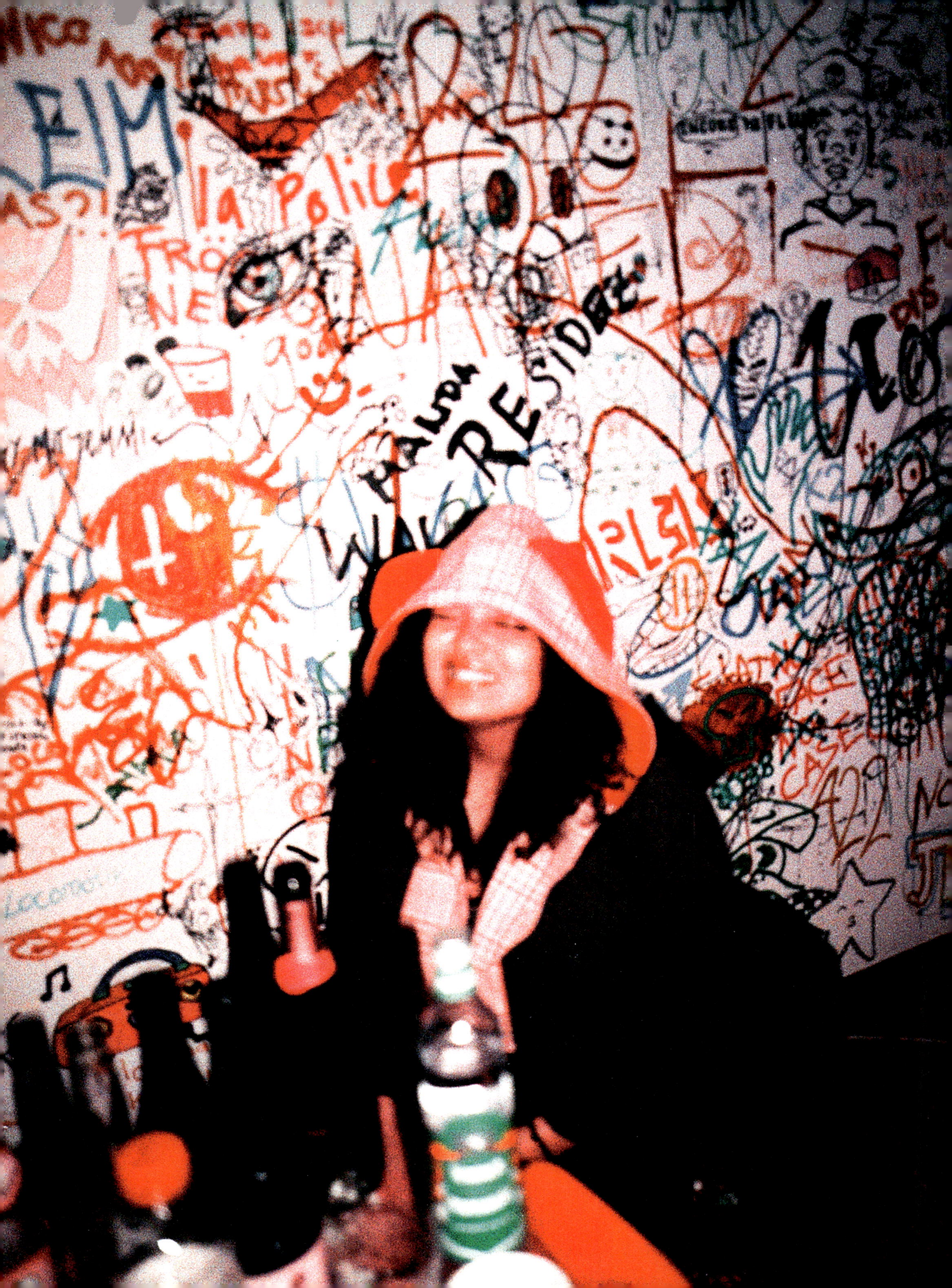

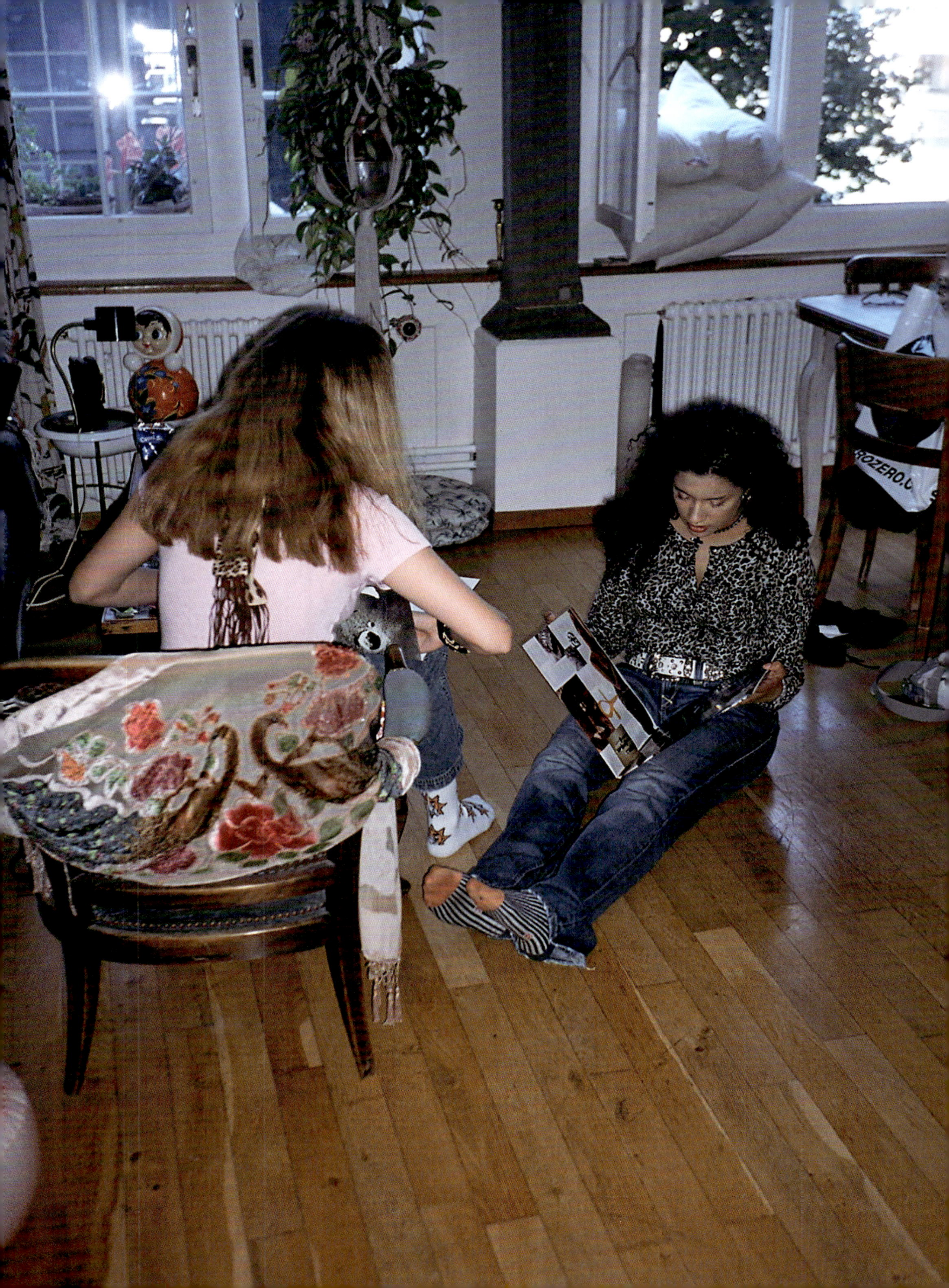

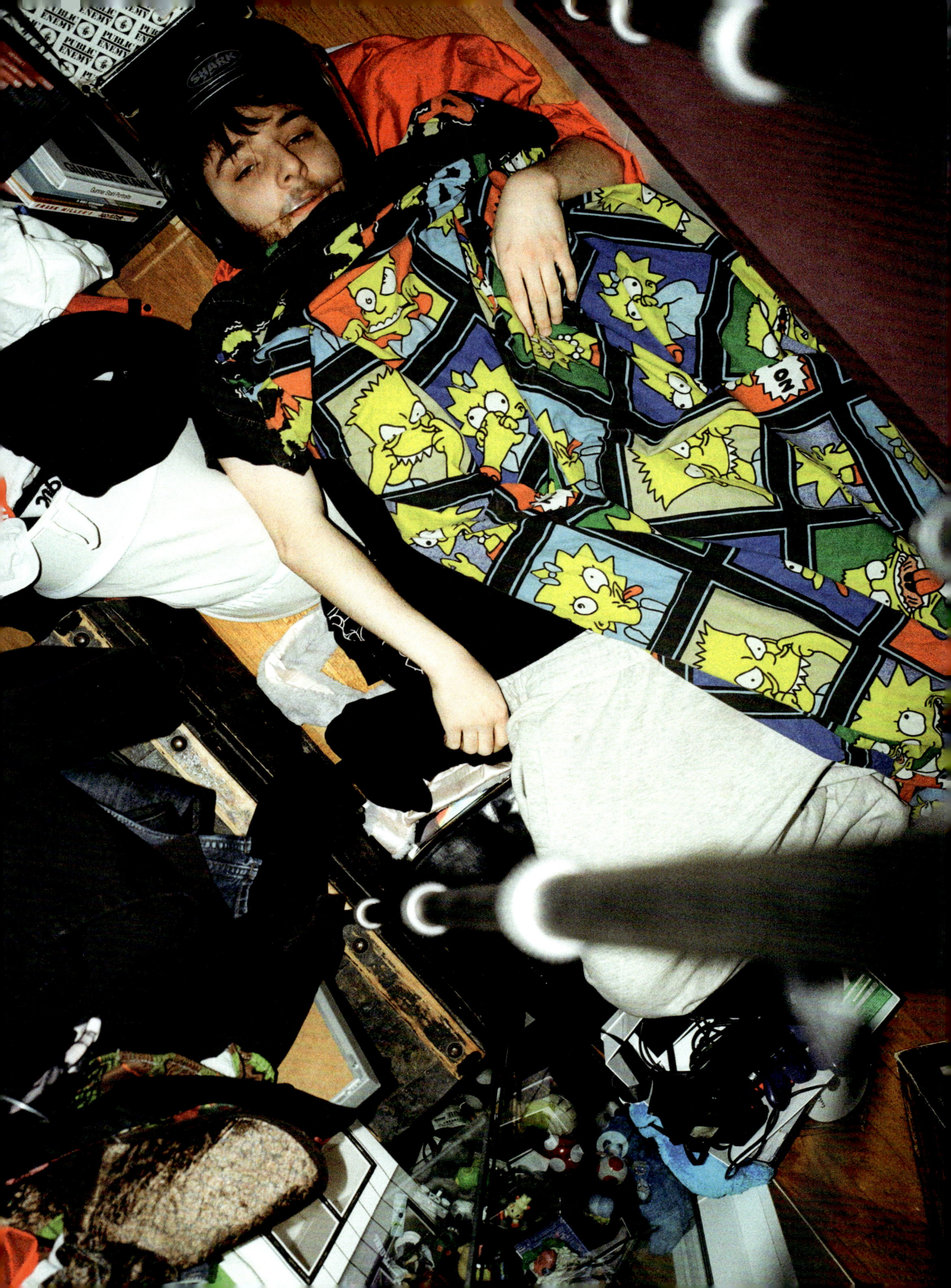
PUBLIC ENEMY
SHARK
GUNNER STAHL
Gunner Stahl Portraits

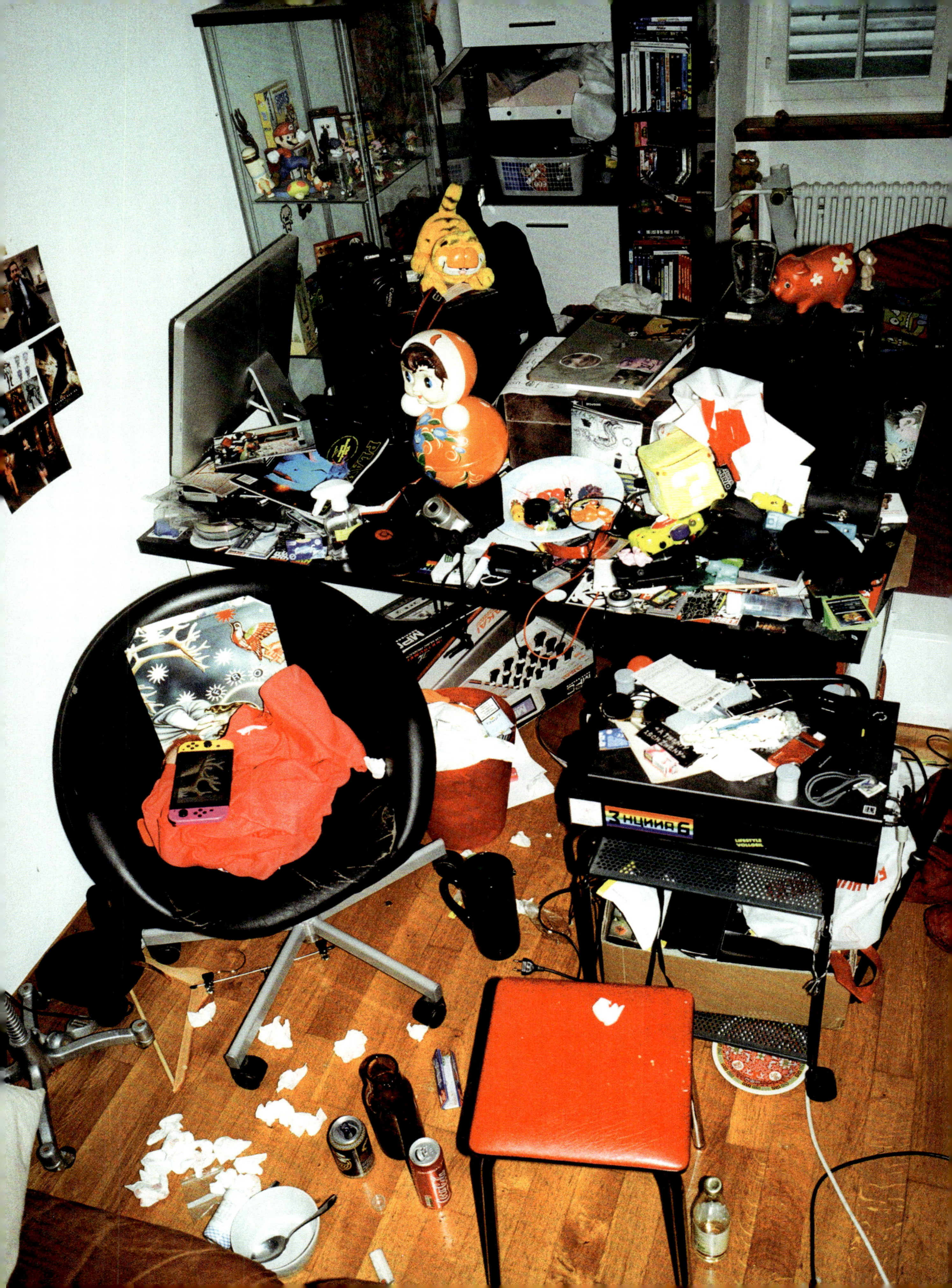

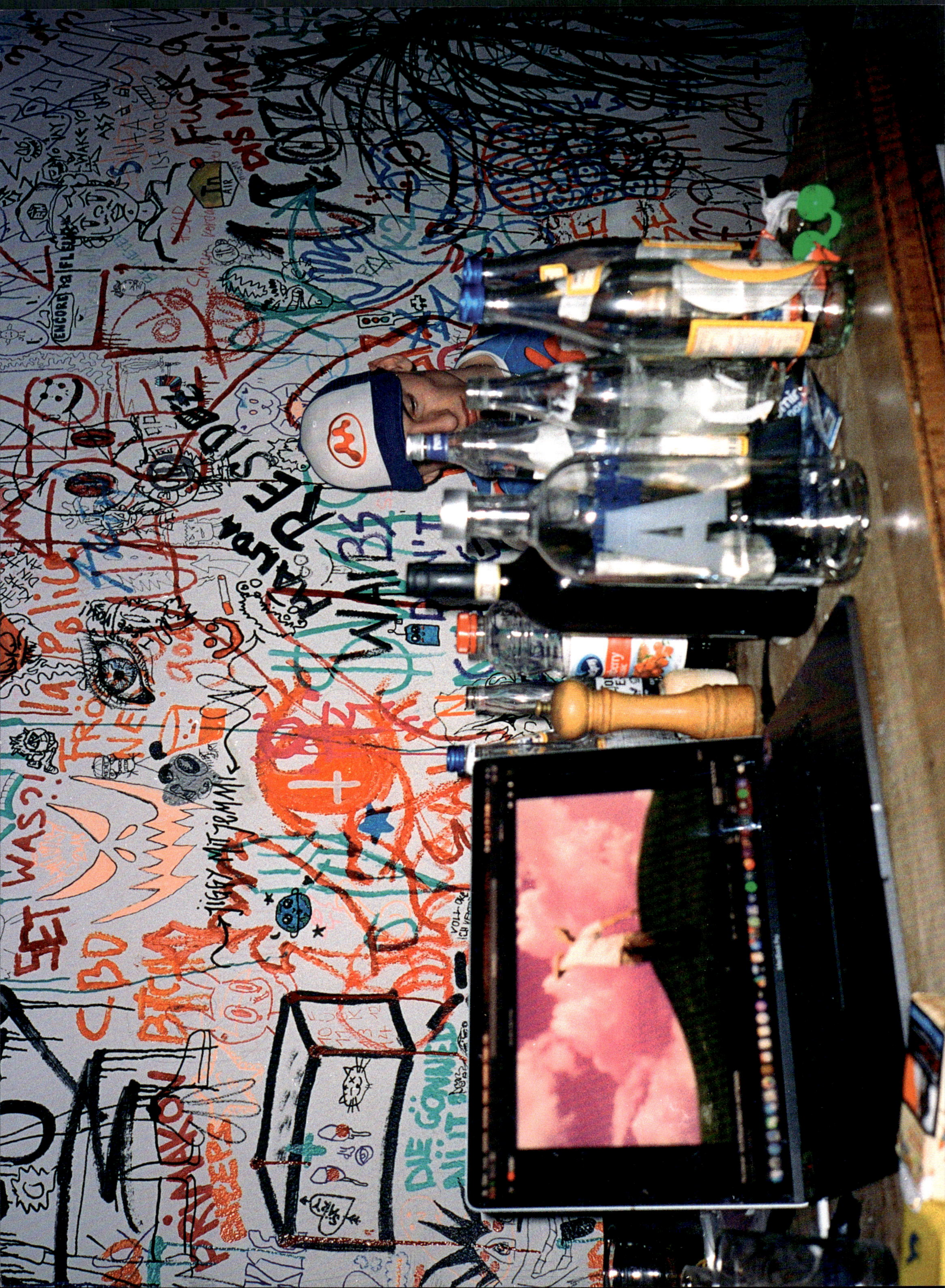

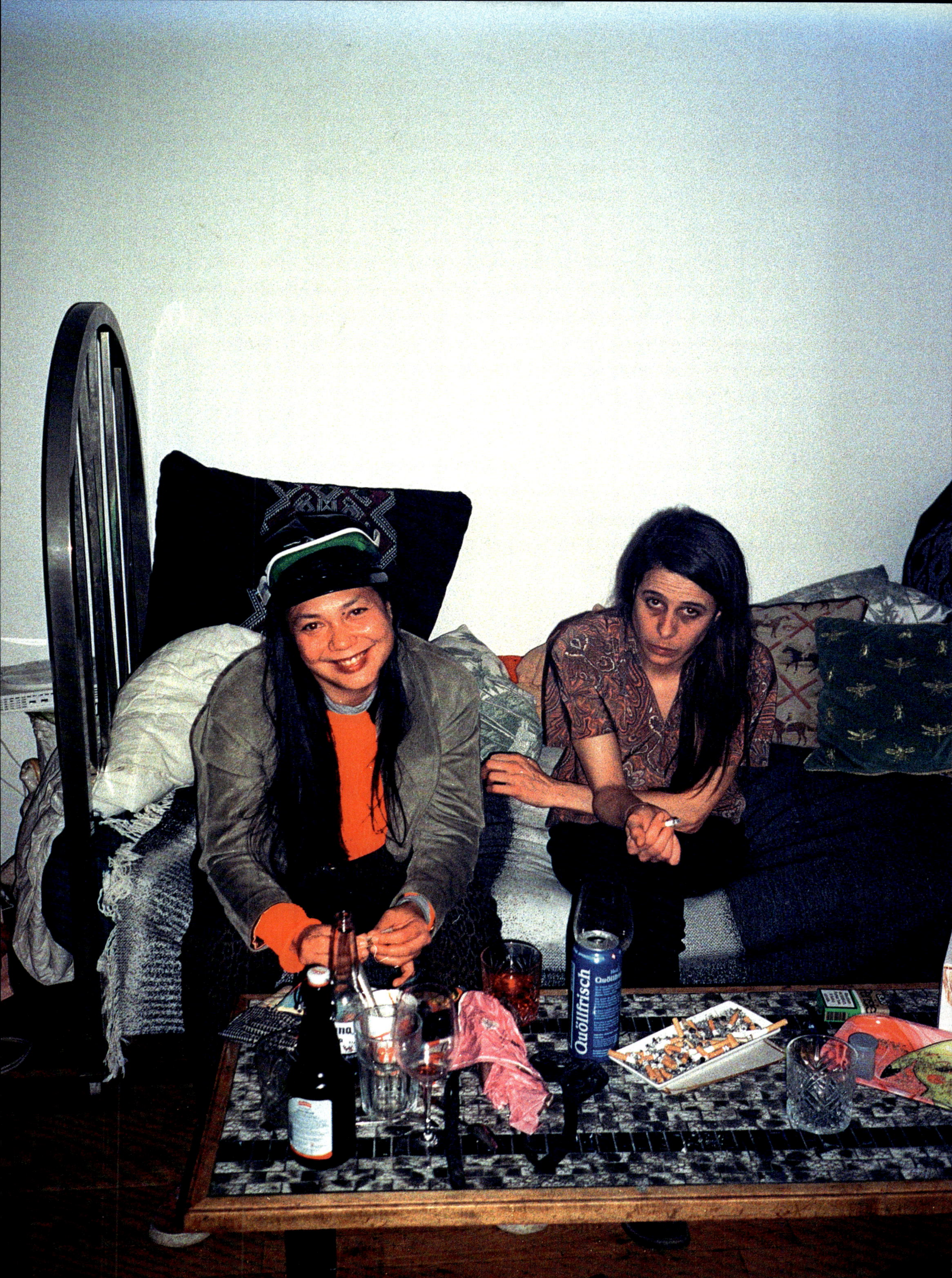
Quöllfrisch

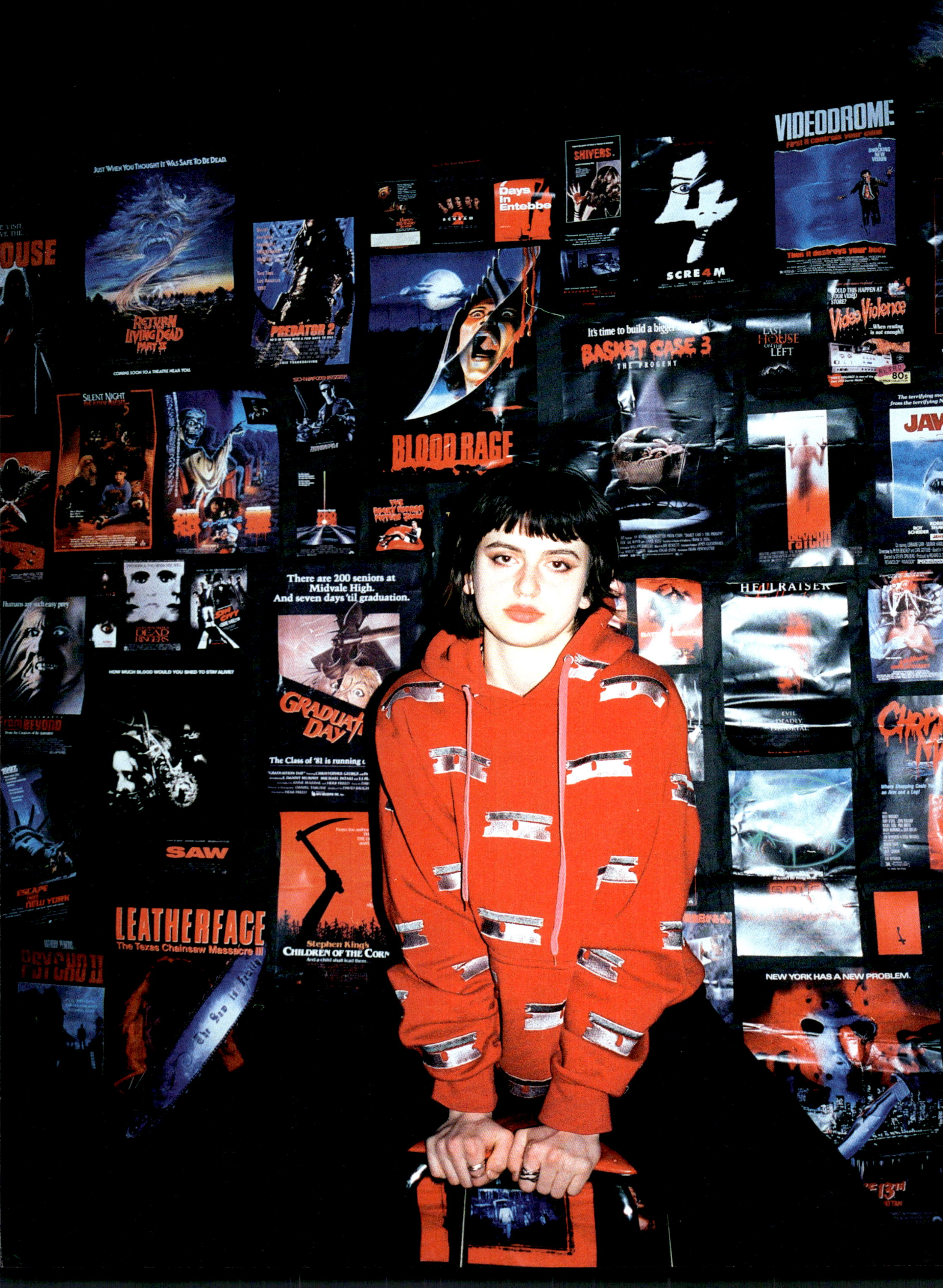
VIDEODROME
First it controls your mind
Then it destroys your body
JUST WHEN YOU THOUGHT IT WAS SAFE TO BE DEAD.
RETURN OF THE LIVING DEAD PART II
COMING SOON TO A THEATRE NEAR YOU
PREDATOR 2
SHIVERS.
Days In Entebbe
SCREAM 2
SCRE4M
OUSE
BLOOD RAGE
It's time to build a bigger
BASKET CASE 3
THE PROGENY
LAST HOUSE ON THE LEFT
Video Violence
SILENT NIGHT
THE ROCKY HORROR PICTURE SHOW
There are 200 seniors at
Midvale High.
And seven days 'til graduation.
GRADUATION DAY
The Class of '81 is running o
Humans are such easy prey
HOW MUCH BLOOD WOULD YOU SHED TO STAY ALIVE?
SAW
ESCAPE FROM NEW YORK
LEATHERFACE
The Texas Chainsaw Massacre III
PSYCHO II
PSYCHO
HELLRAISER
EVIL. DEADLY. IMMORTAL.
Stephen King's
CHILDREN OF THE CORN
NEW YORK HAS A NEW PROBLEM.
13TH

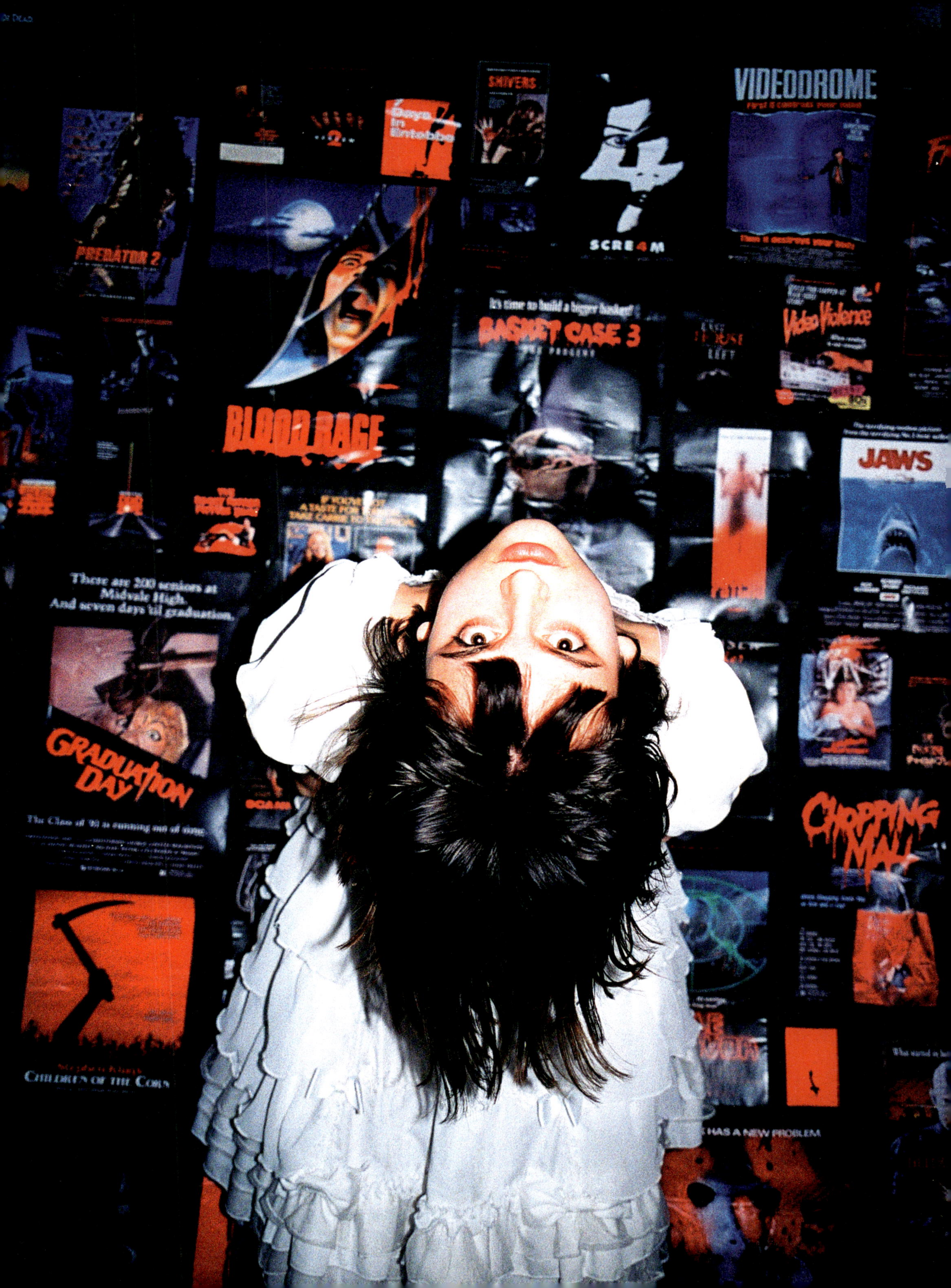
VIDEODROME
SHIVERS
SCRE4M
PREDATOR 2
It's time to build a bigger basket!
BASKET CASE 3
BLOOD RAGE
Video Violence
JAWS
There are 200 seniors at
Midvale High.
And seven days 'til graduation.
GRADUATION DAY
CHOPPING MALL
CHILDREN OF THE CORN
HAS A NEW PROBLEM

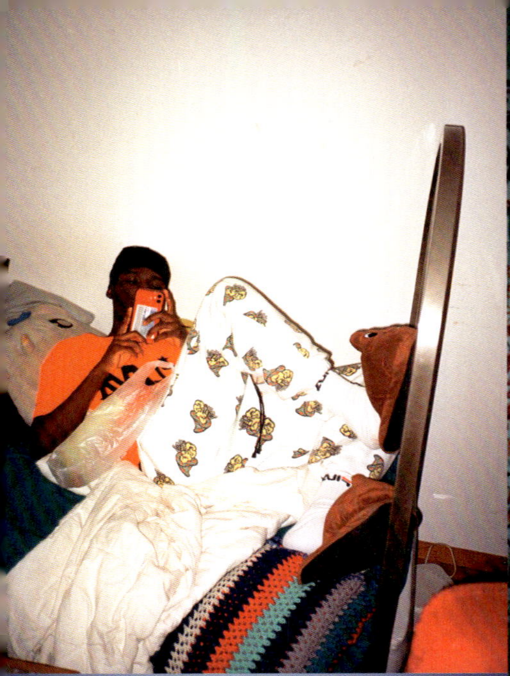
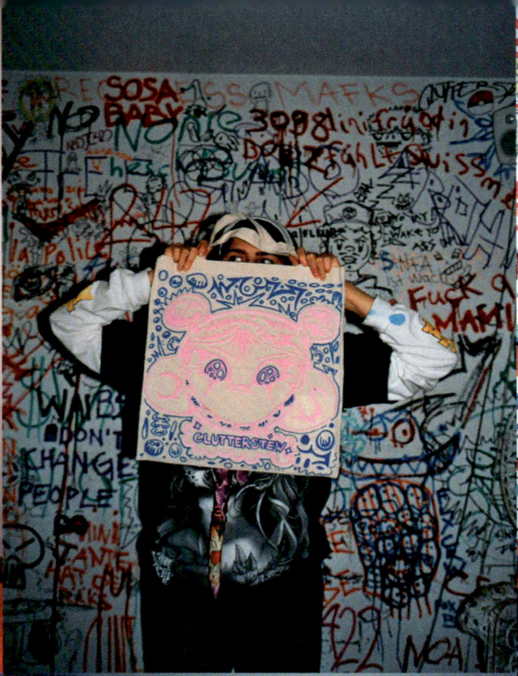
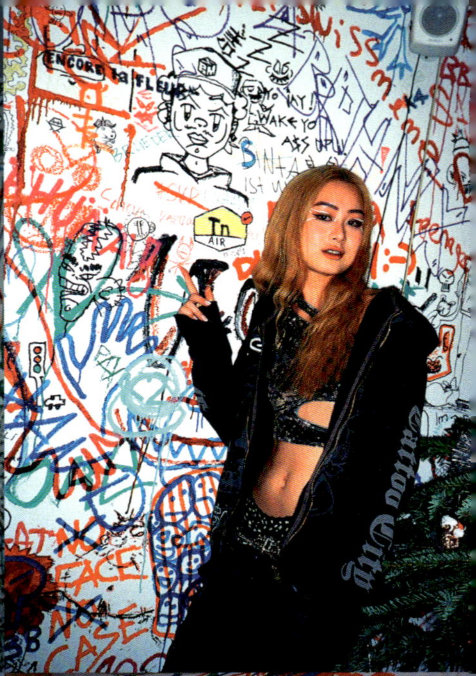
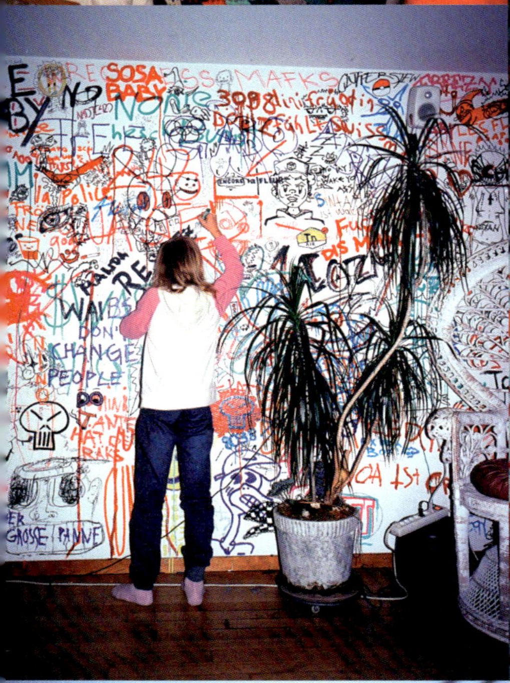
DON'T
CHANGE
PEOPLE
GROSSE PANNE
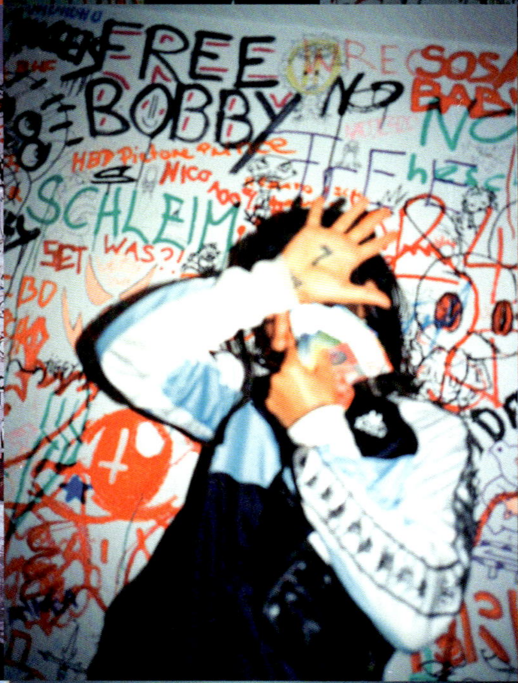
FREE
BOBBY
SCHLEIM
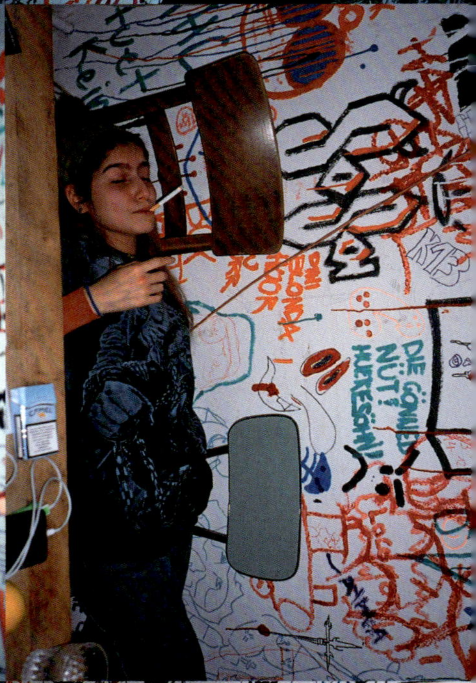
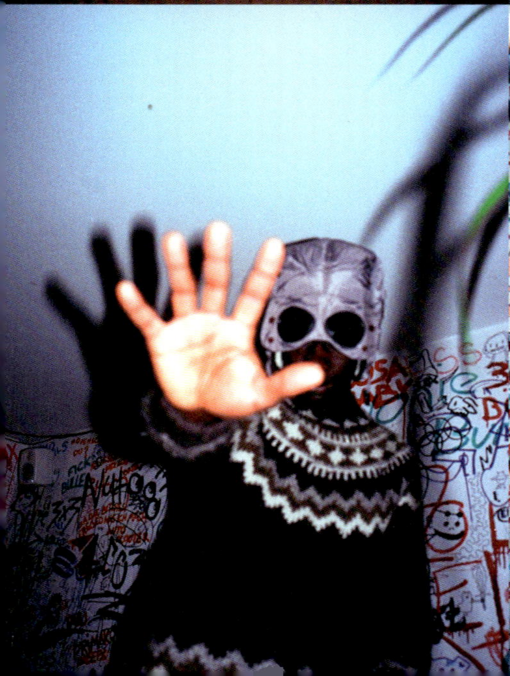
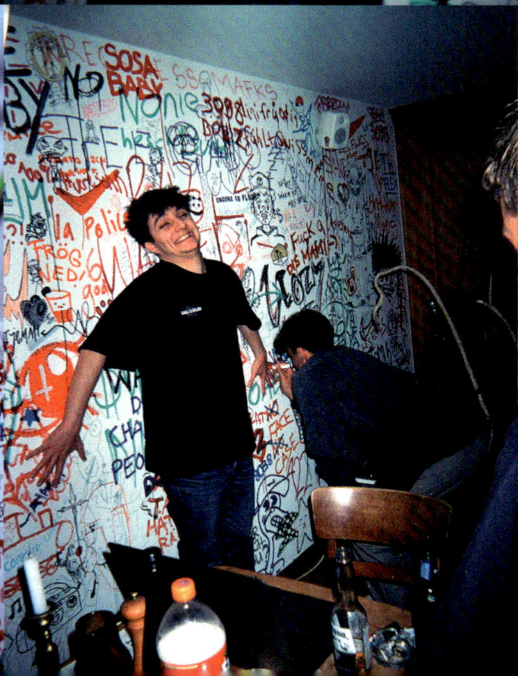
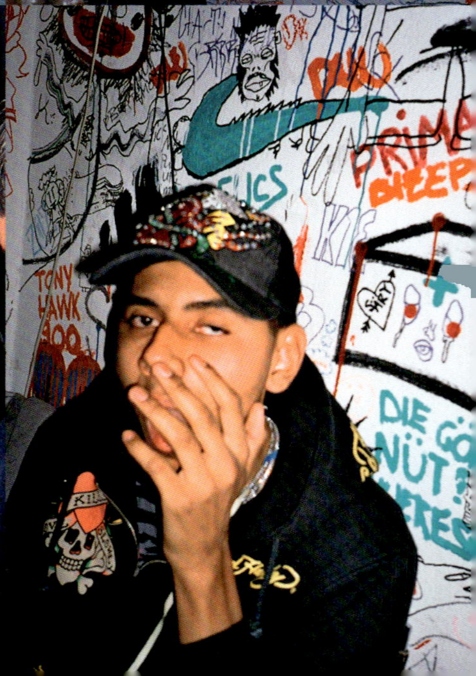

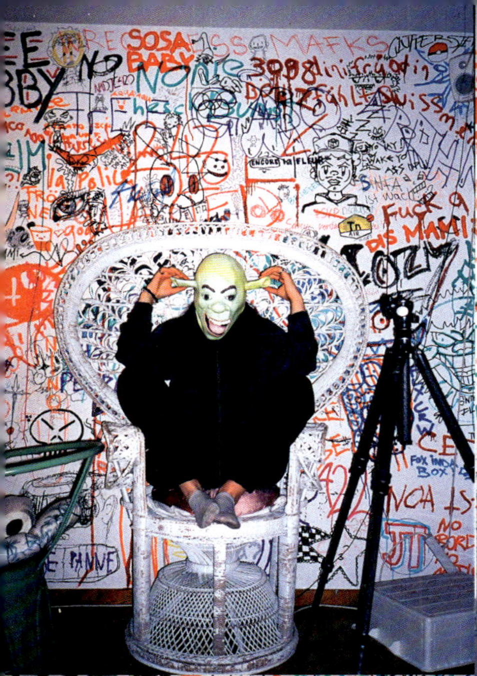
FREE BOBBY

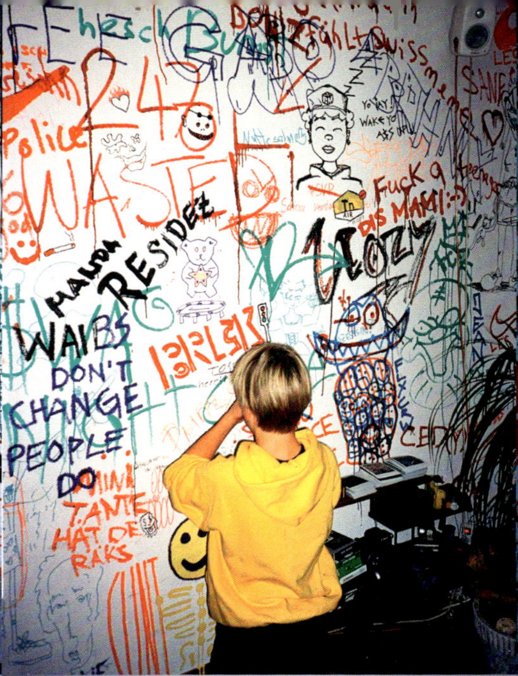
Police
WASTED
RESIDEZ
WAIBS DON'T CHANGE PEOPLE DO

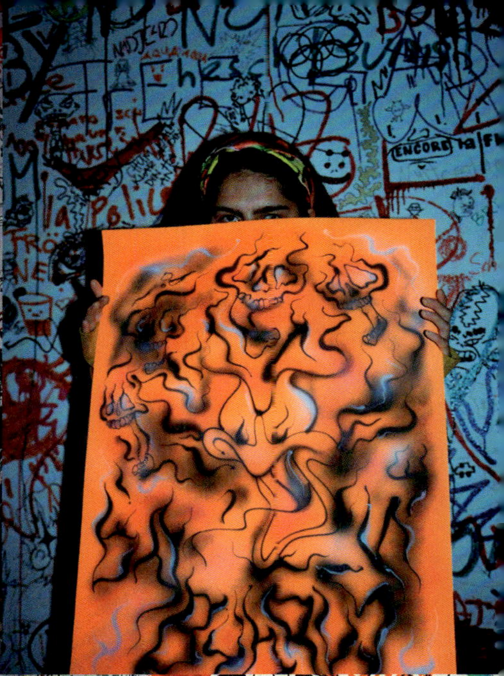

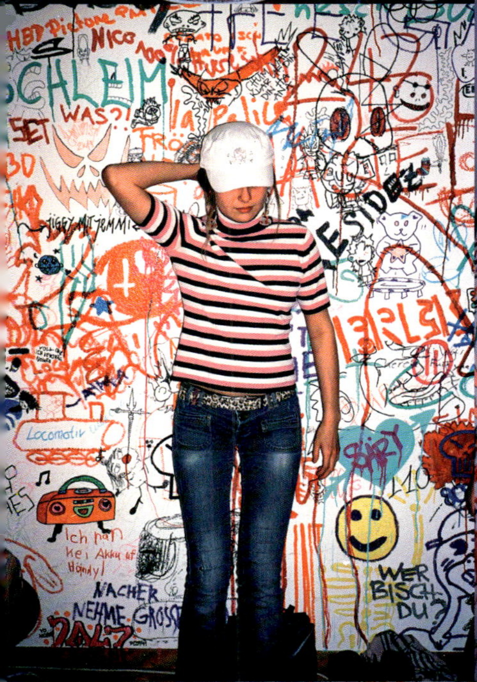
WER BISCH DU?

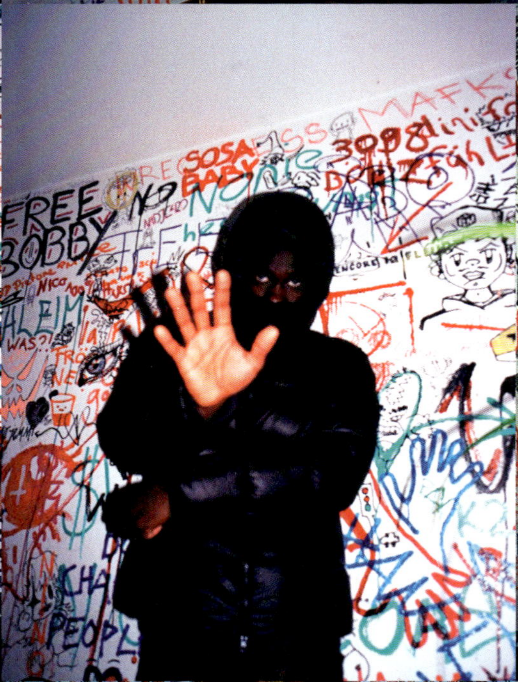
FREE BOBBY

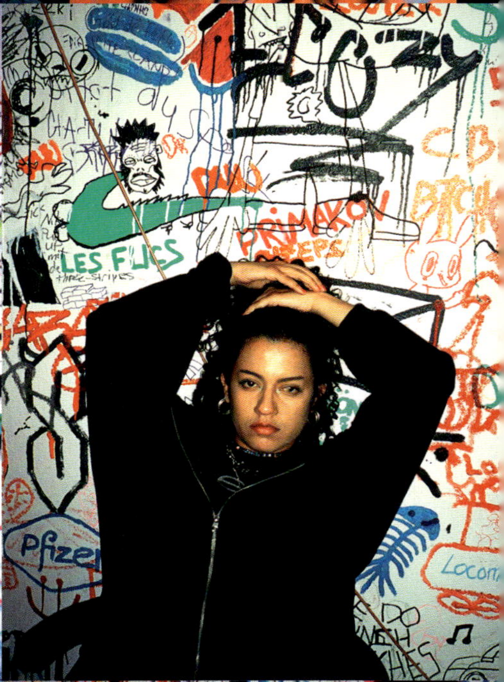
LES FLICS
Pfizer

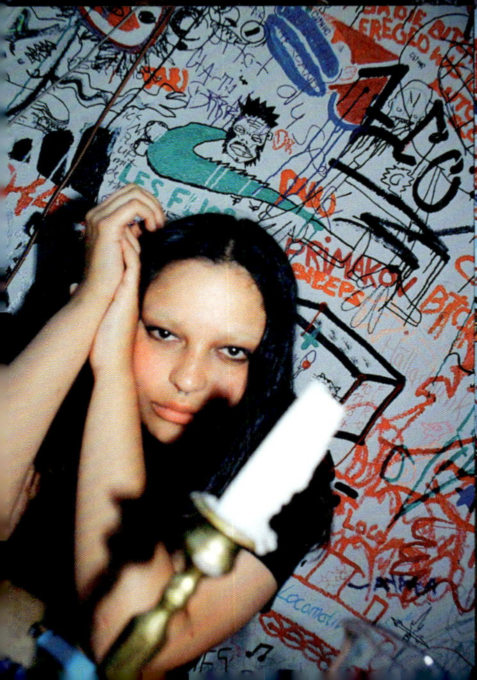

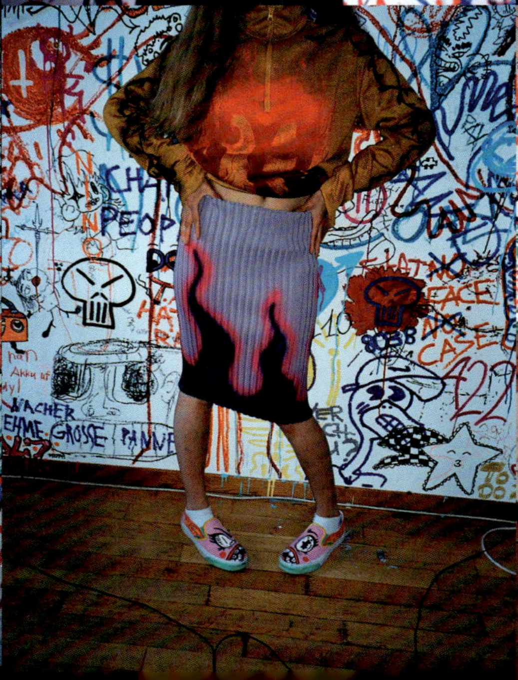

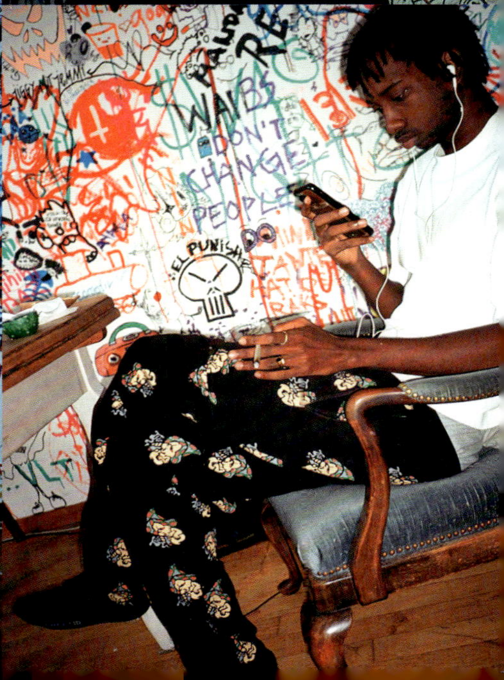
WAIBS DON'T CHANGE PEOPLE

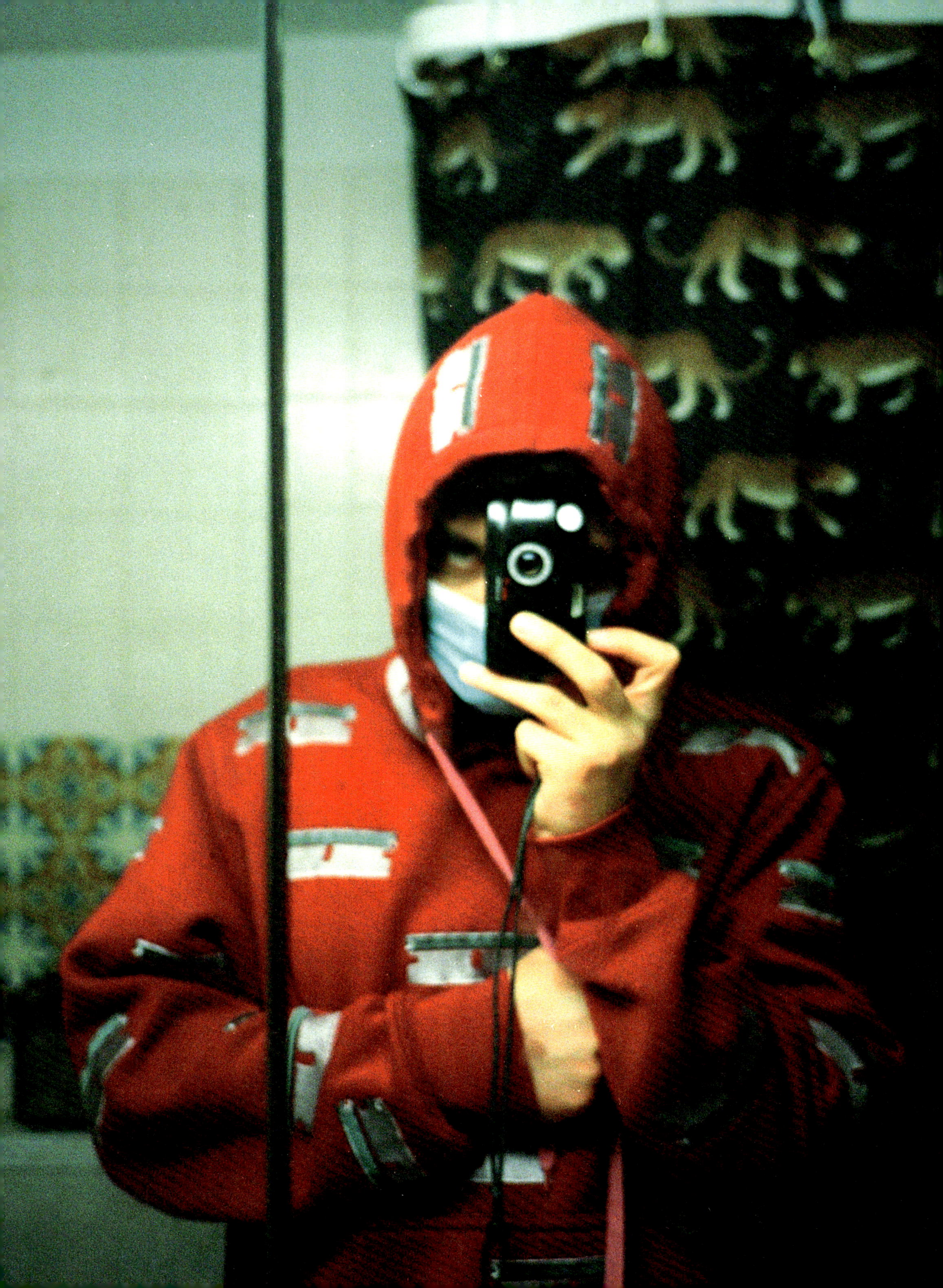

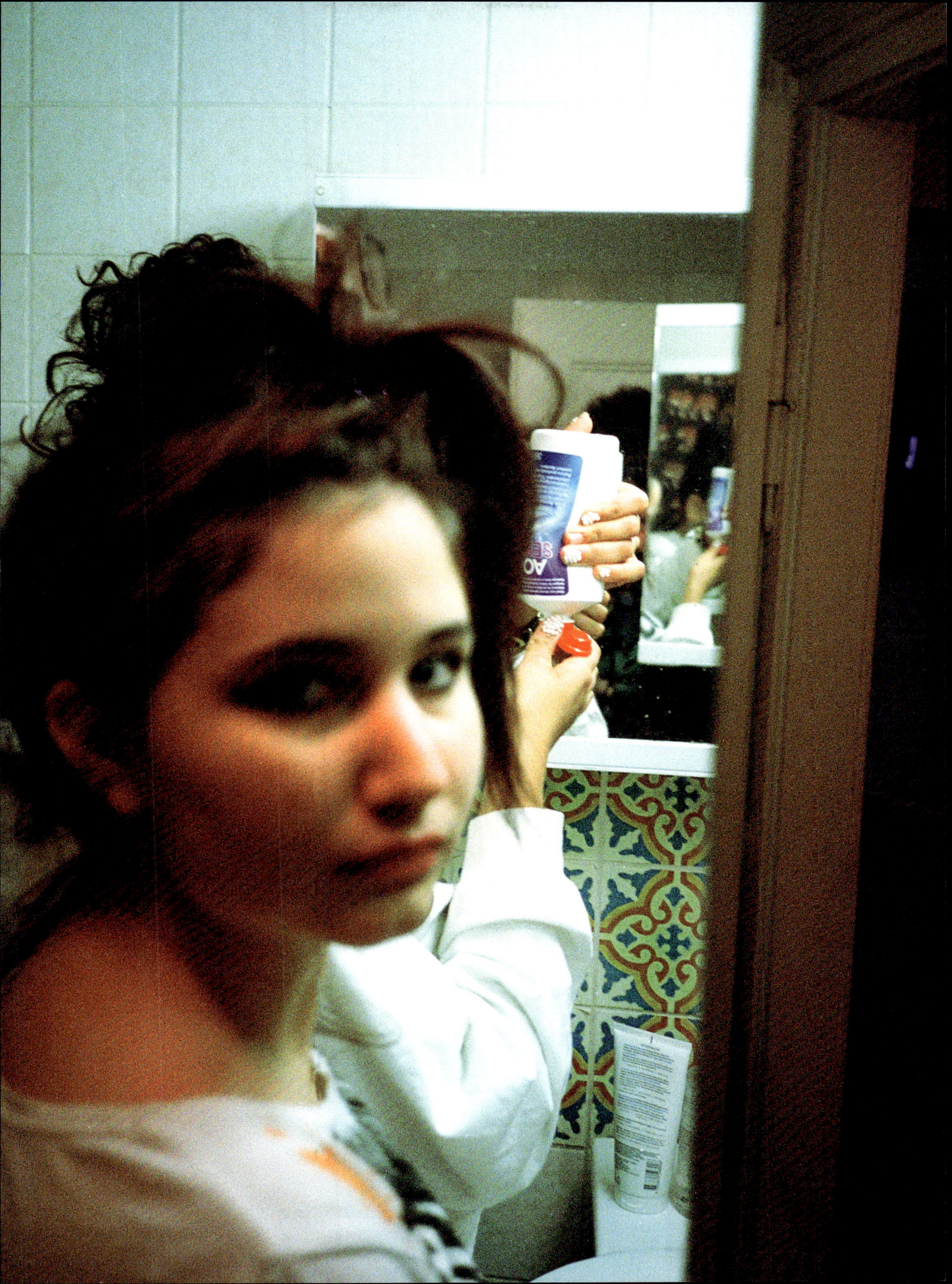

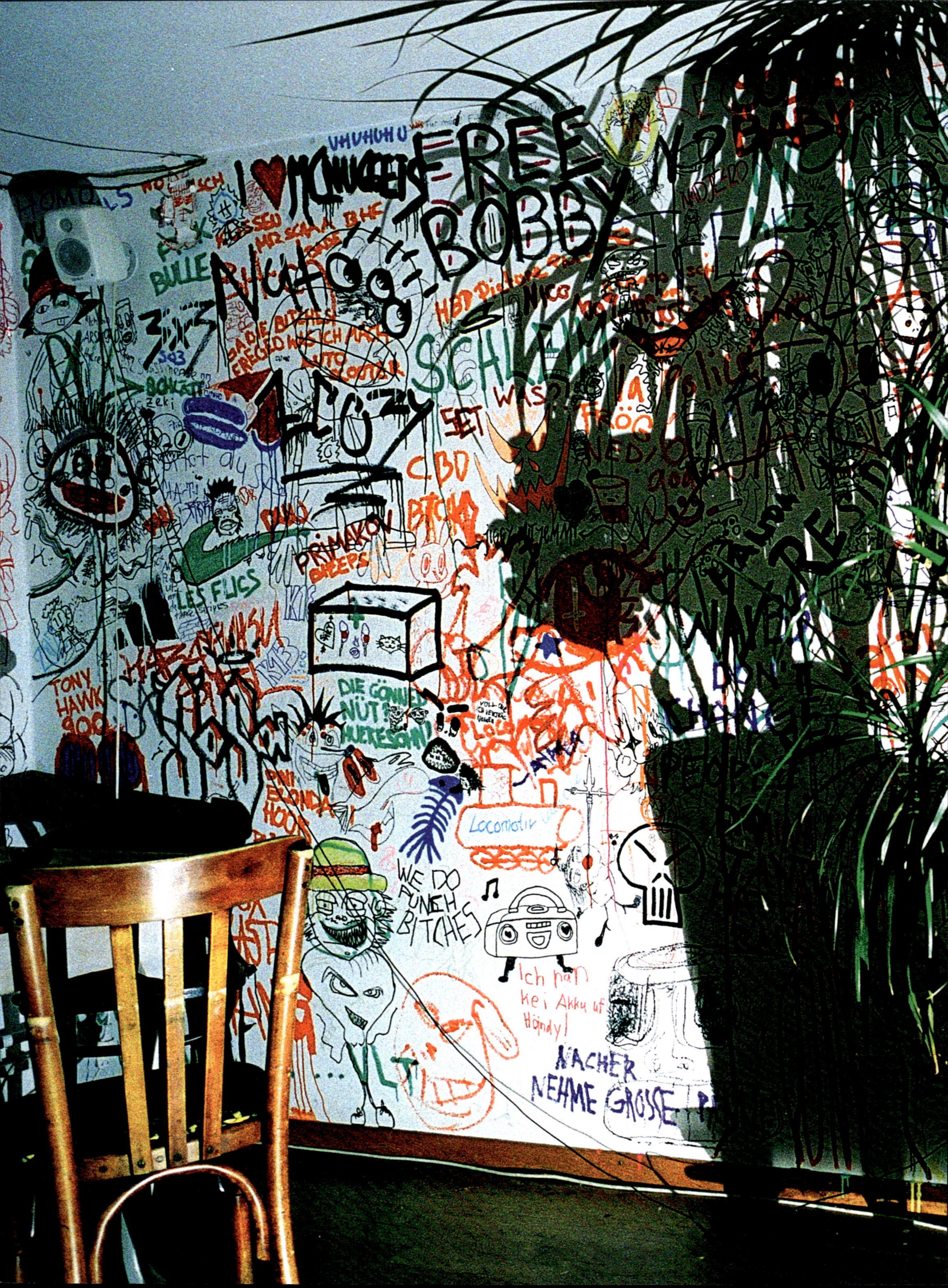

FREE
BOBBY
I ♥ MCNUGGETS
BULLE
LES FLICS
TONY HAWK
CBD
PRIMAKON
DIE GÖNNED NÜT! HUERESOHN!
Locomotiv
WE DO PUNCH BITCHES
Ich han kei Akku uf Händy!
NACHER NEHME GROSSE

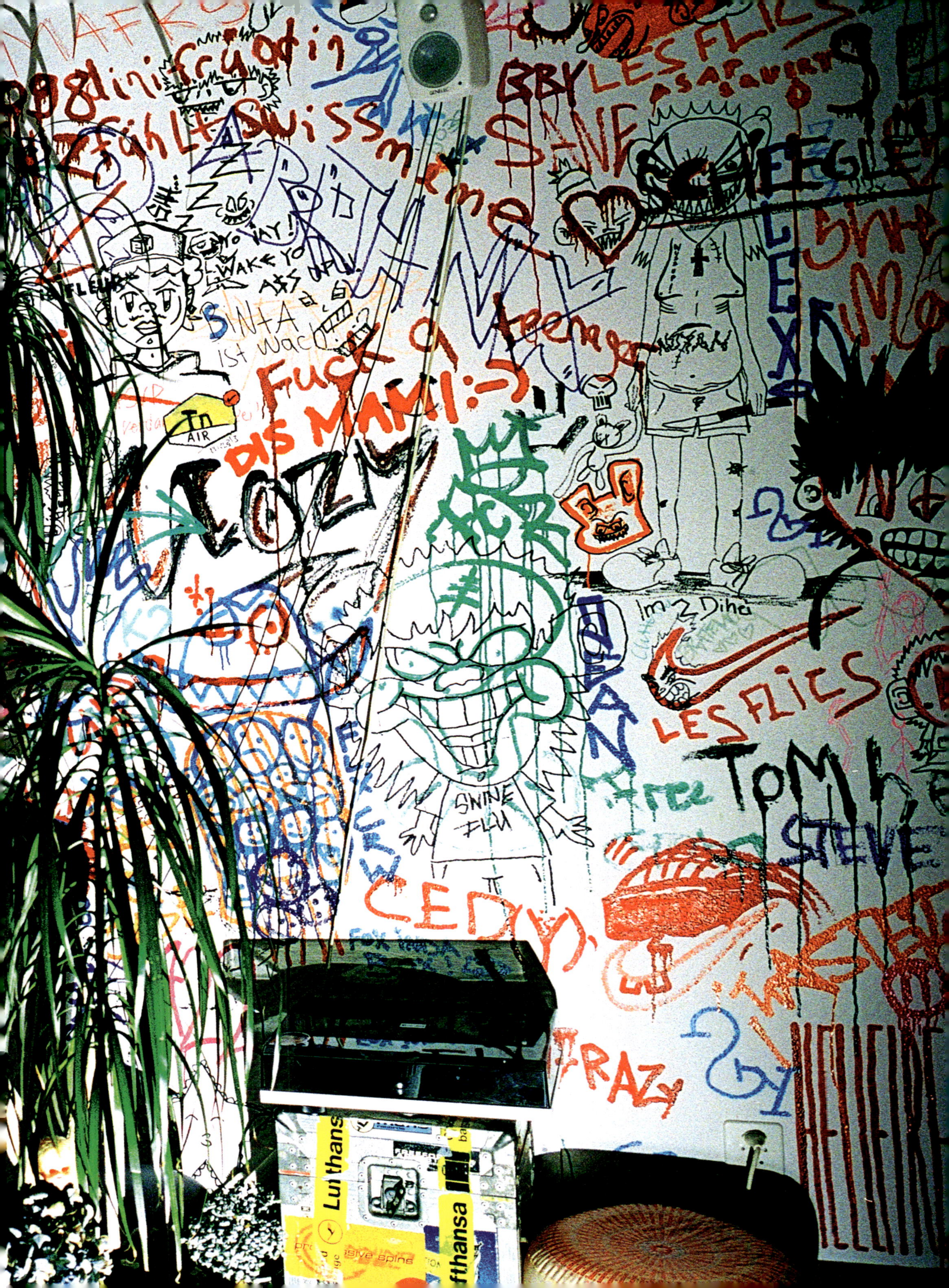
LES FLICS
SWISS
Fuck a teenager
DIS MAMI :-)
COZY
LES FLICS
TOM
STEVE
CEDY
SNINE FLU
Im 2 Dihei
FRAZY
Lufthansa

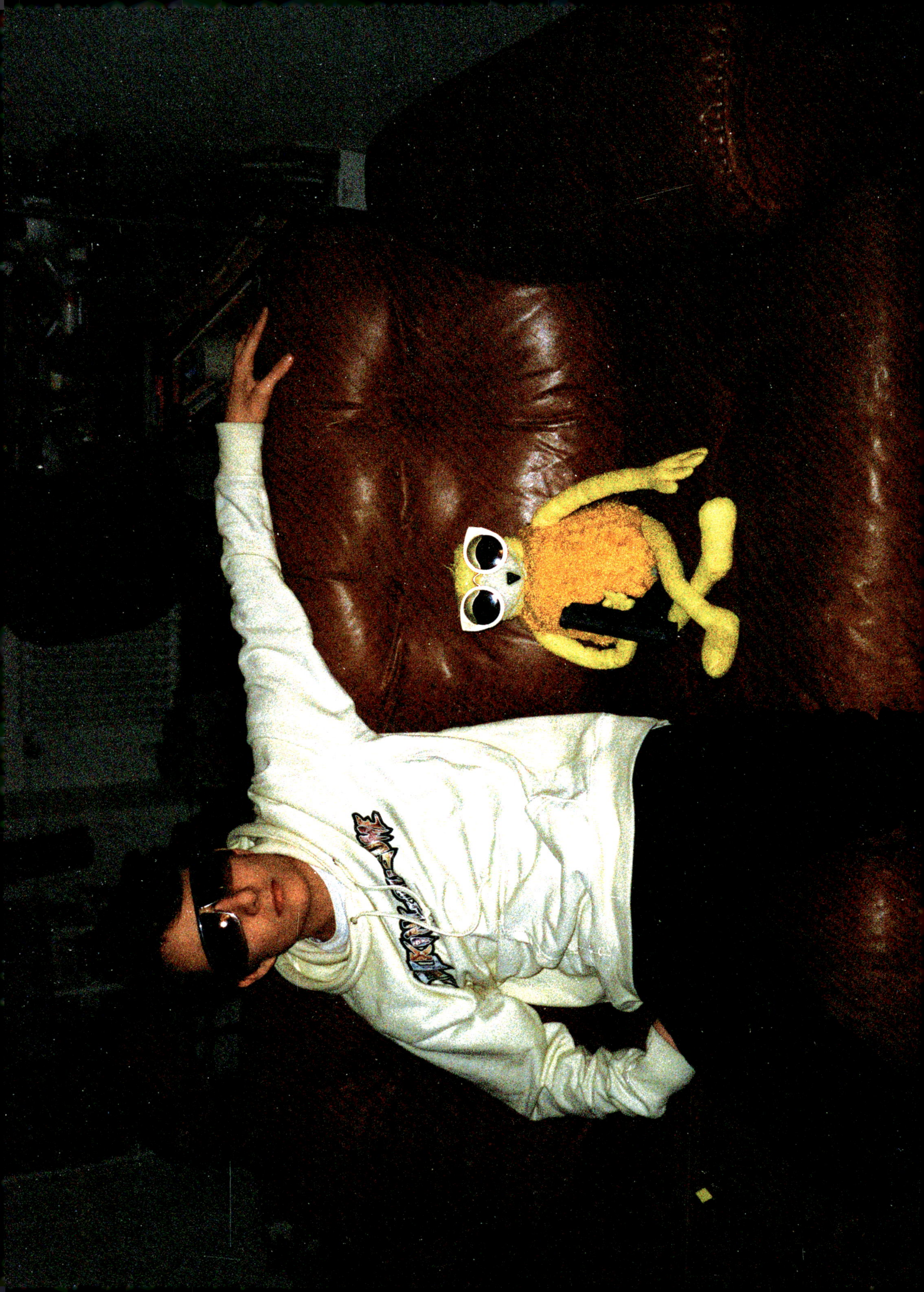

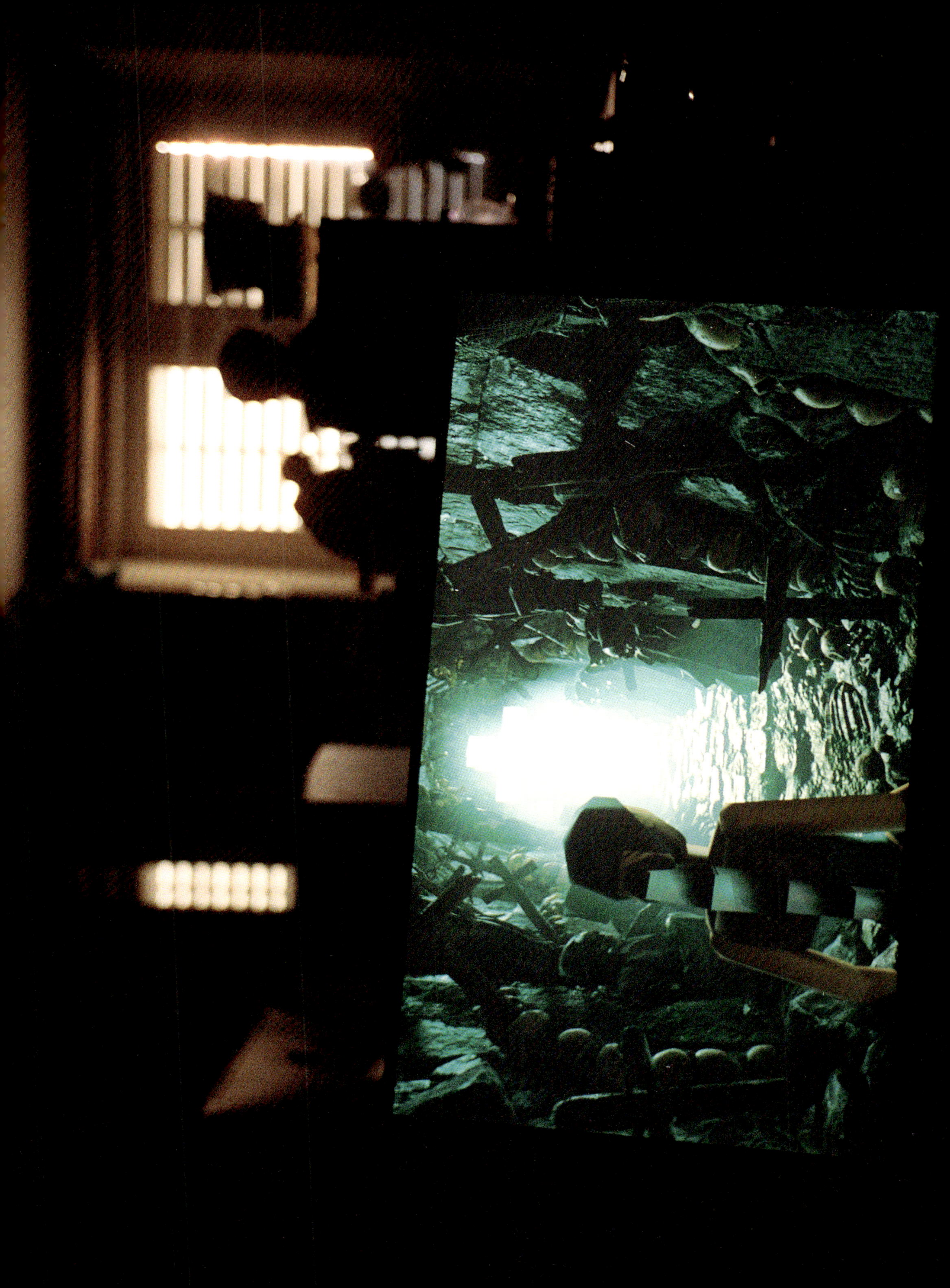

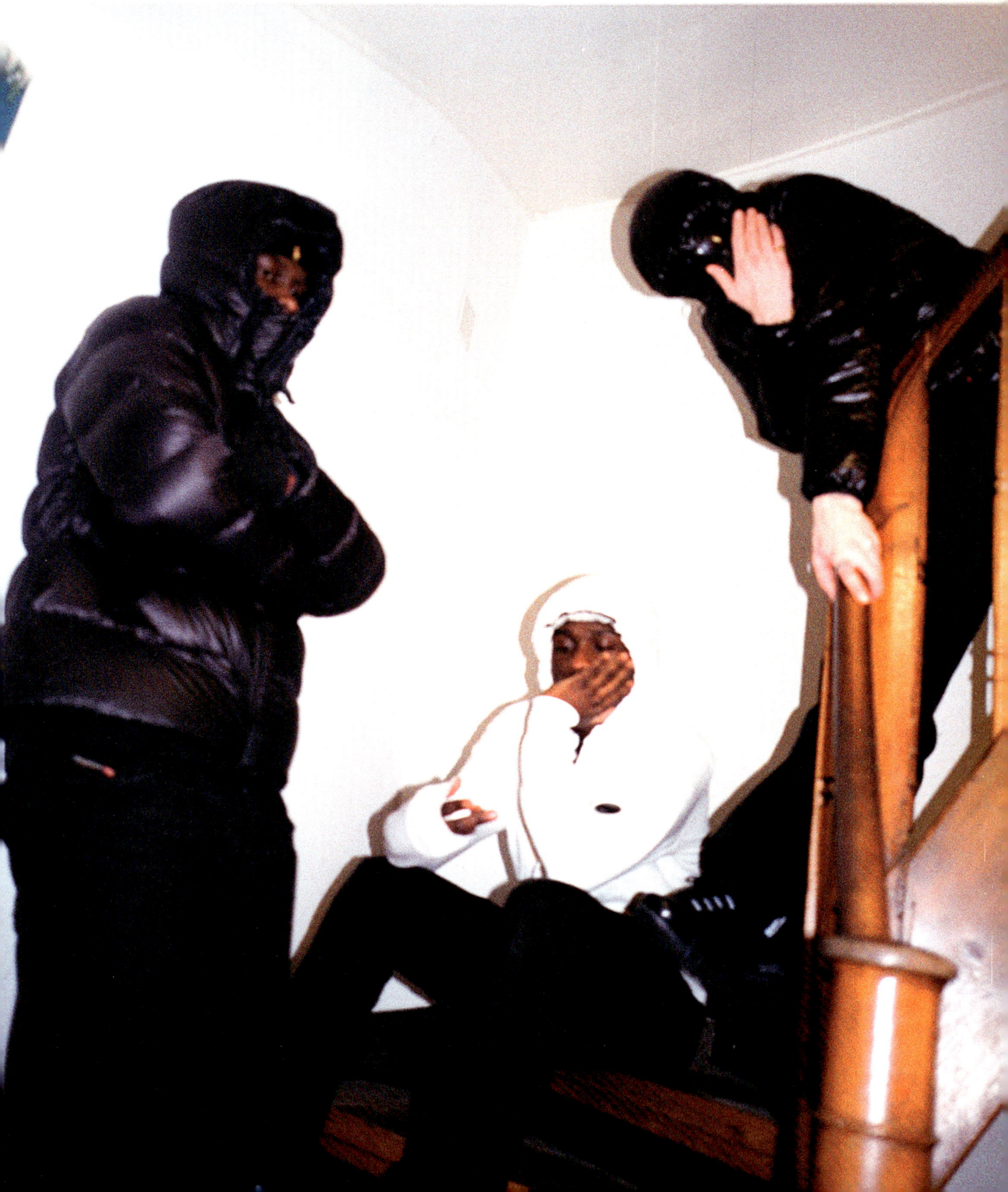

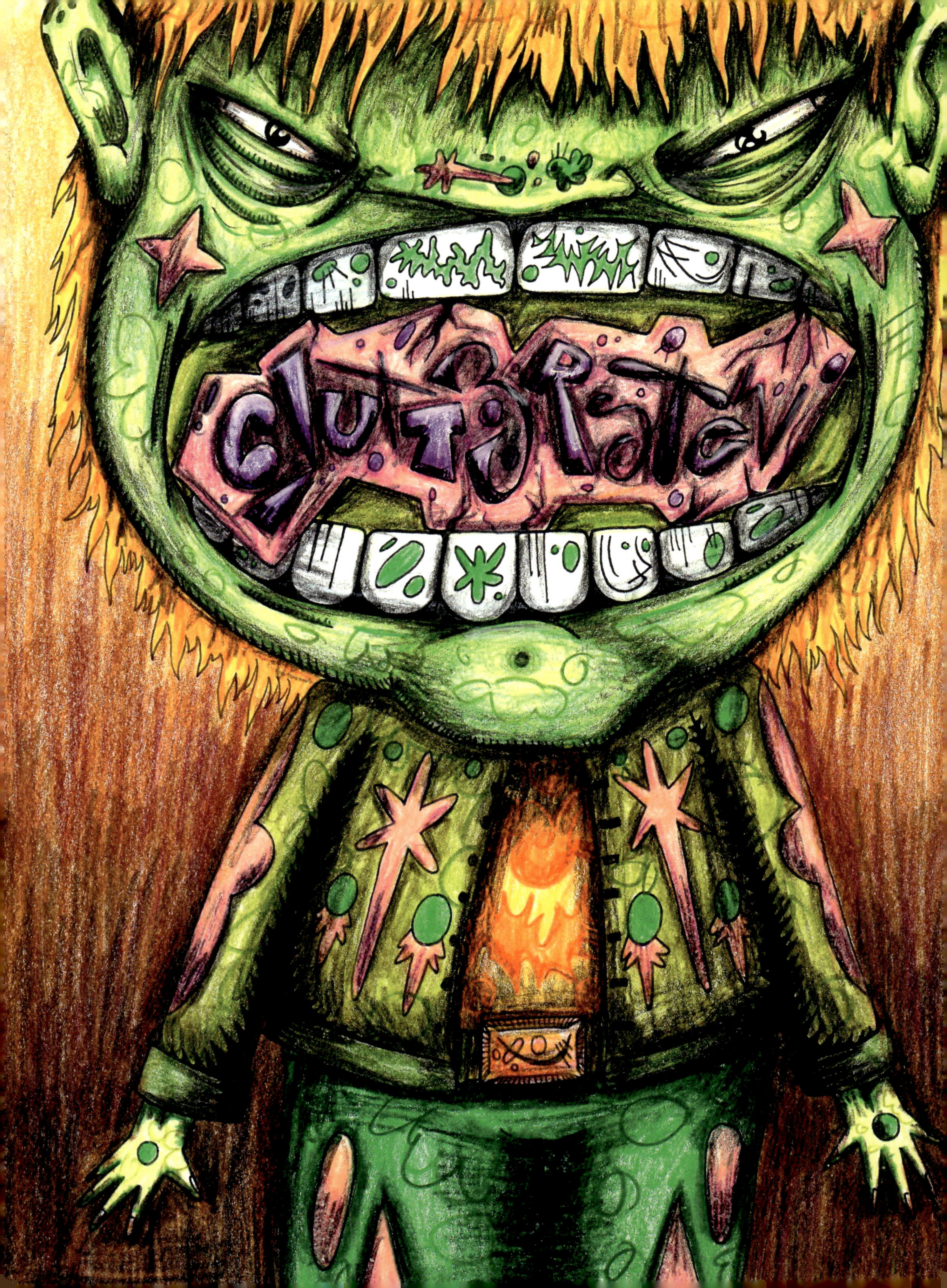

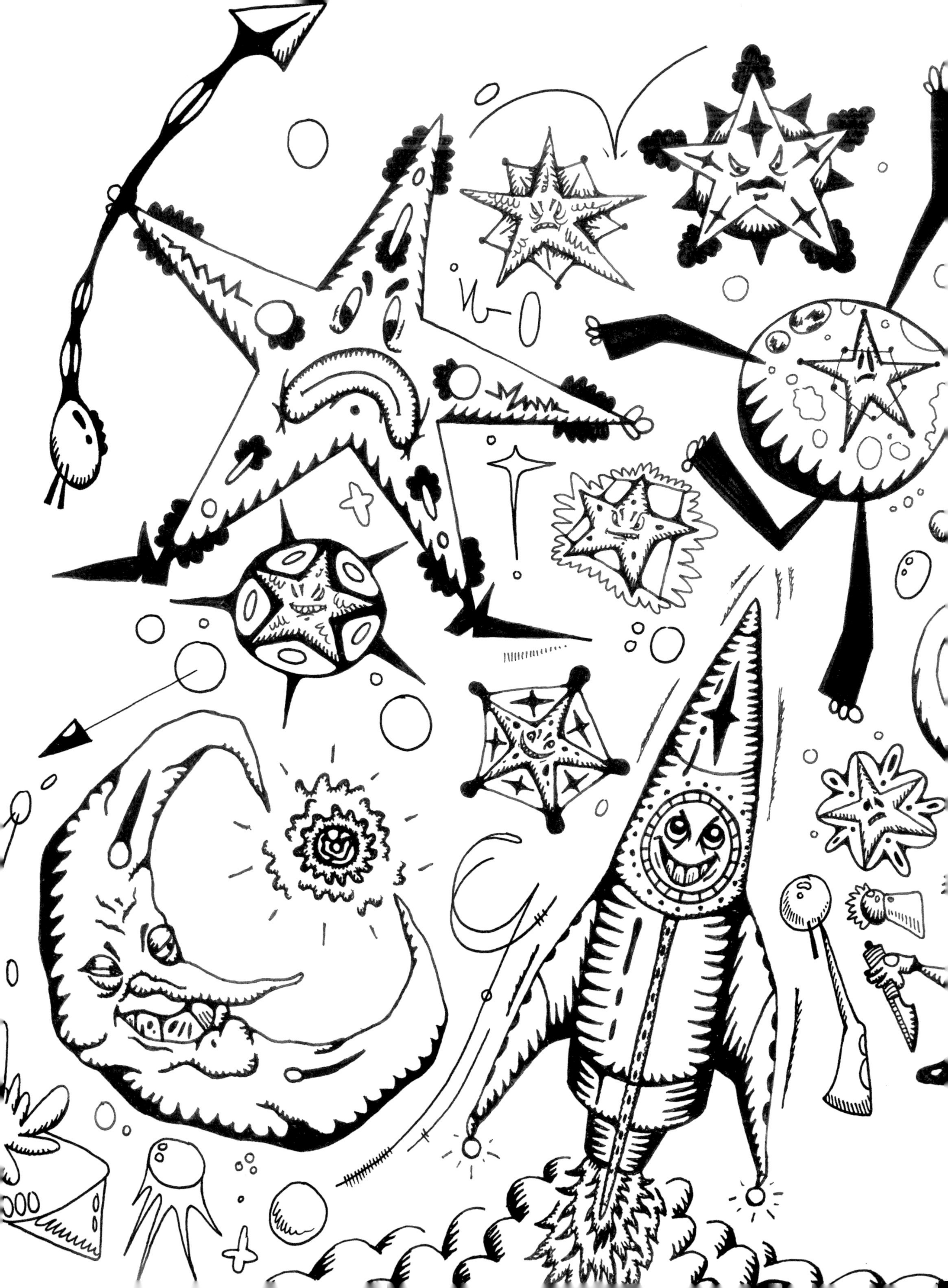

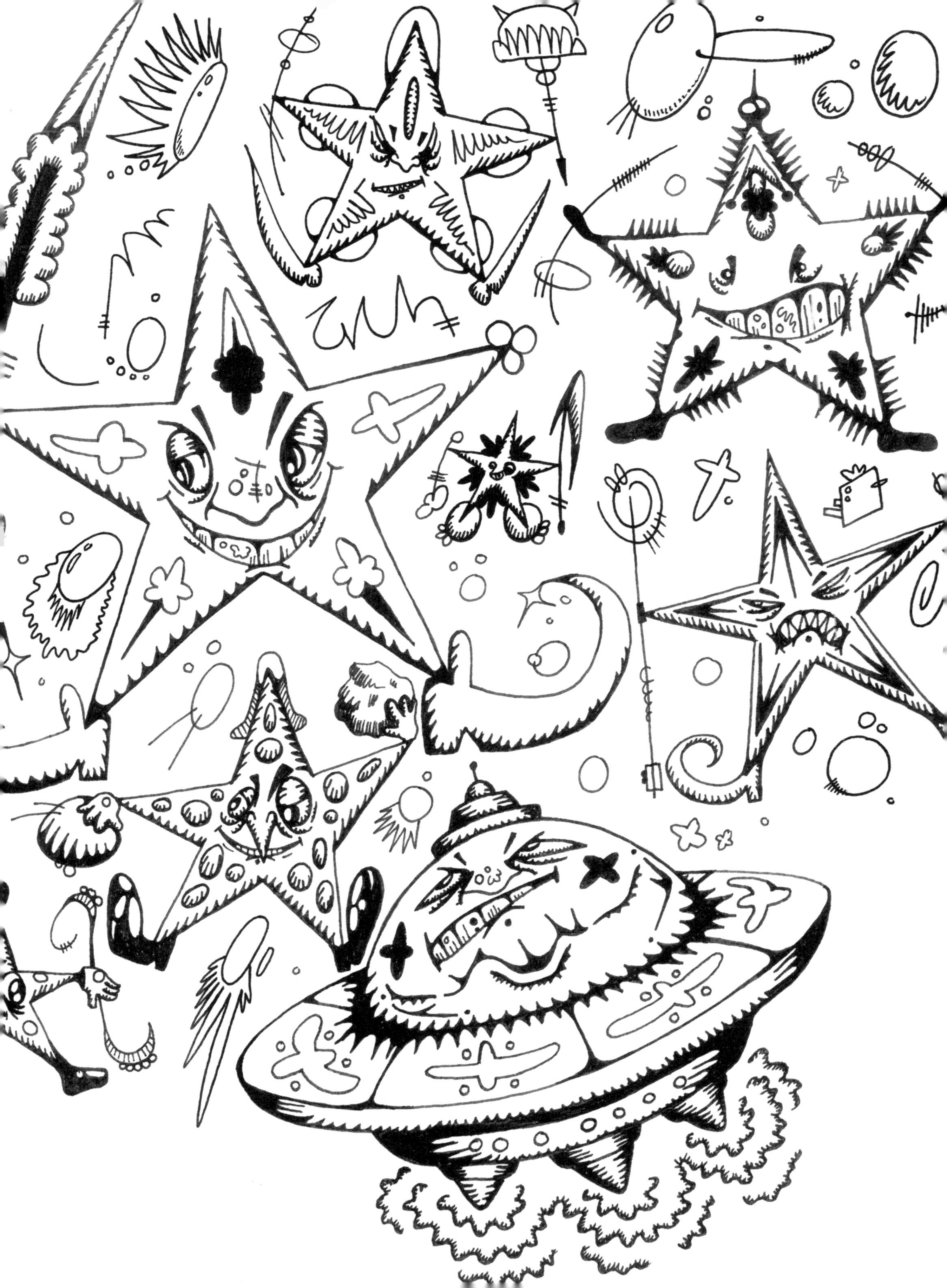

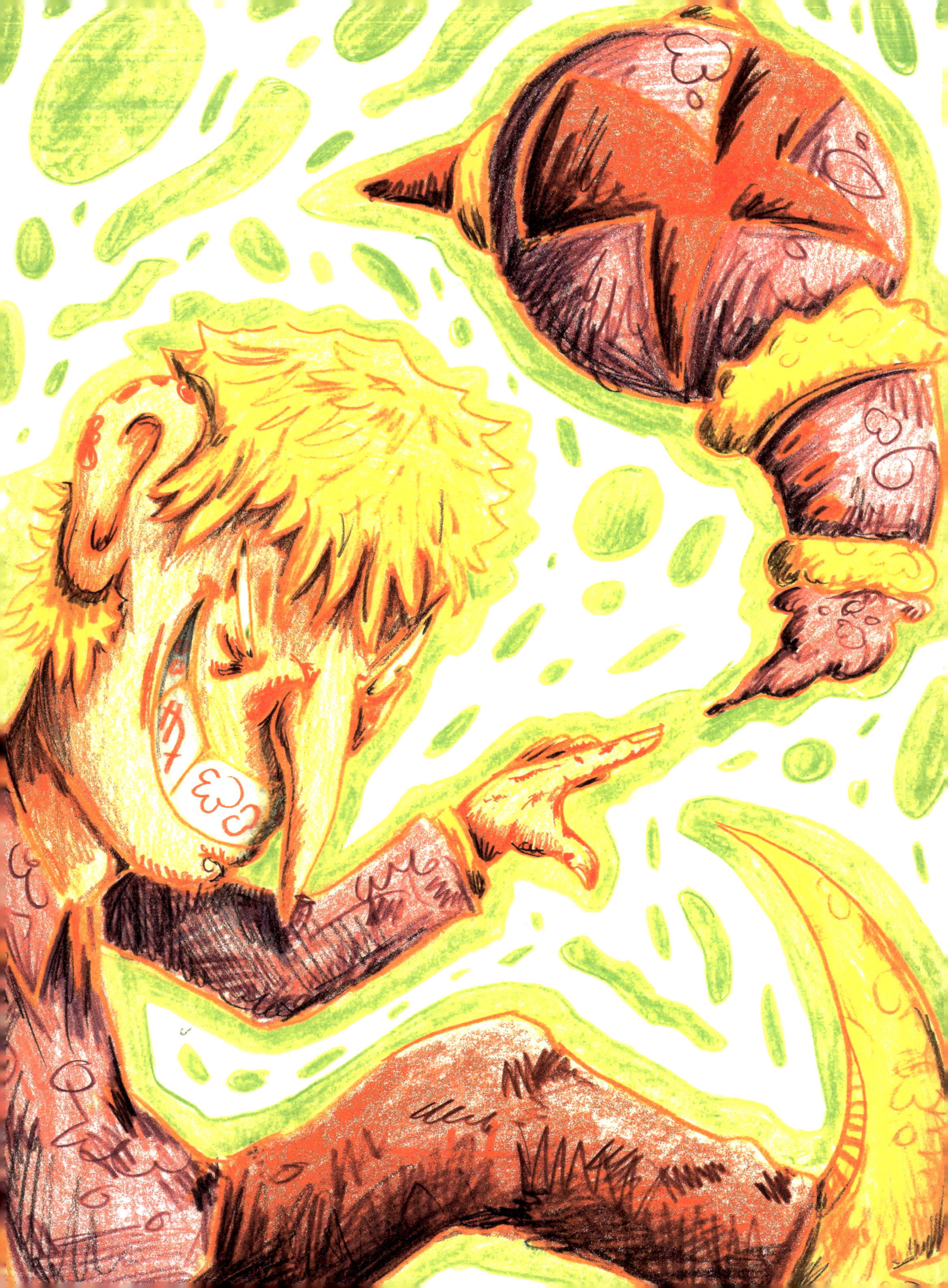

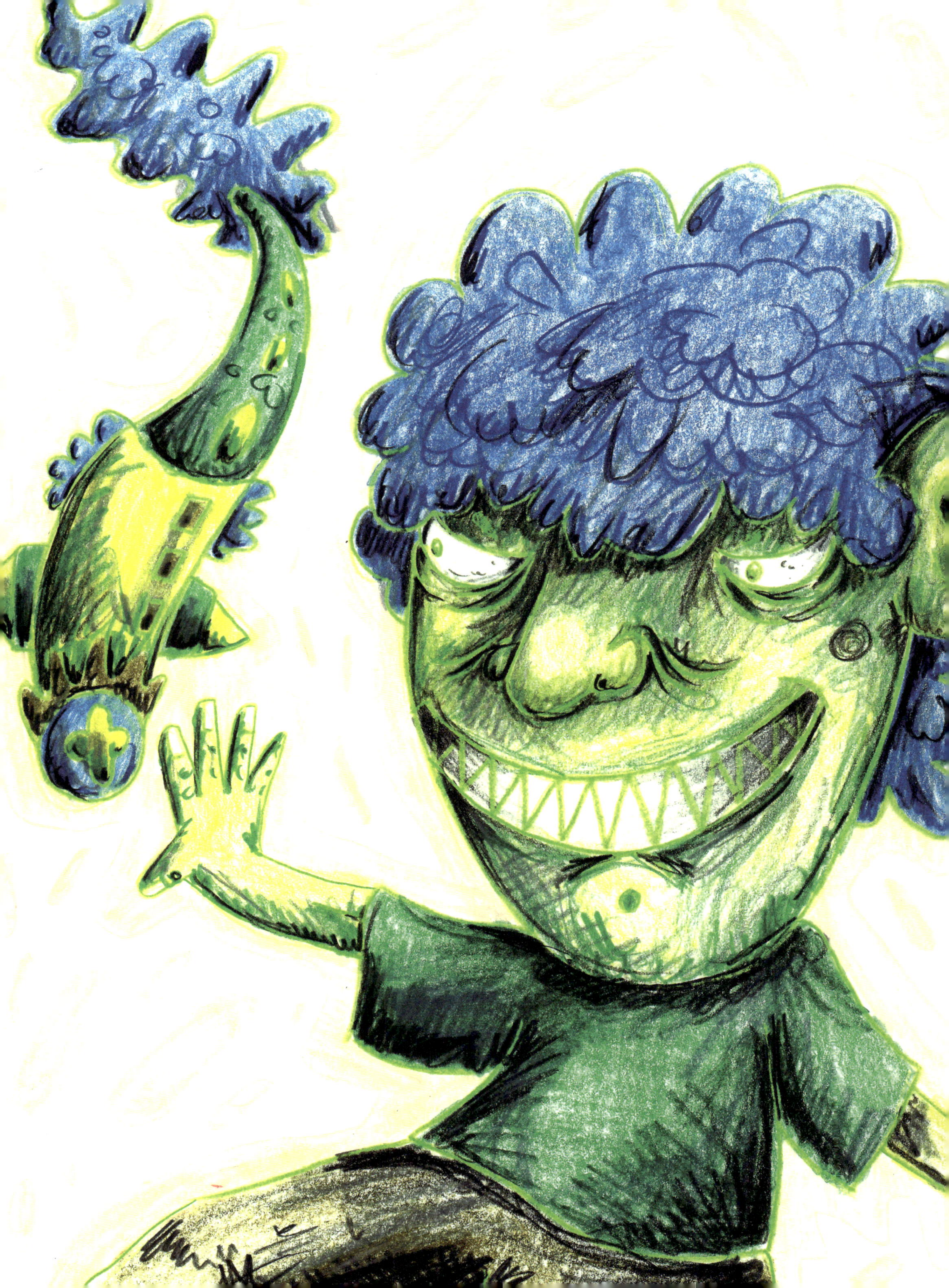

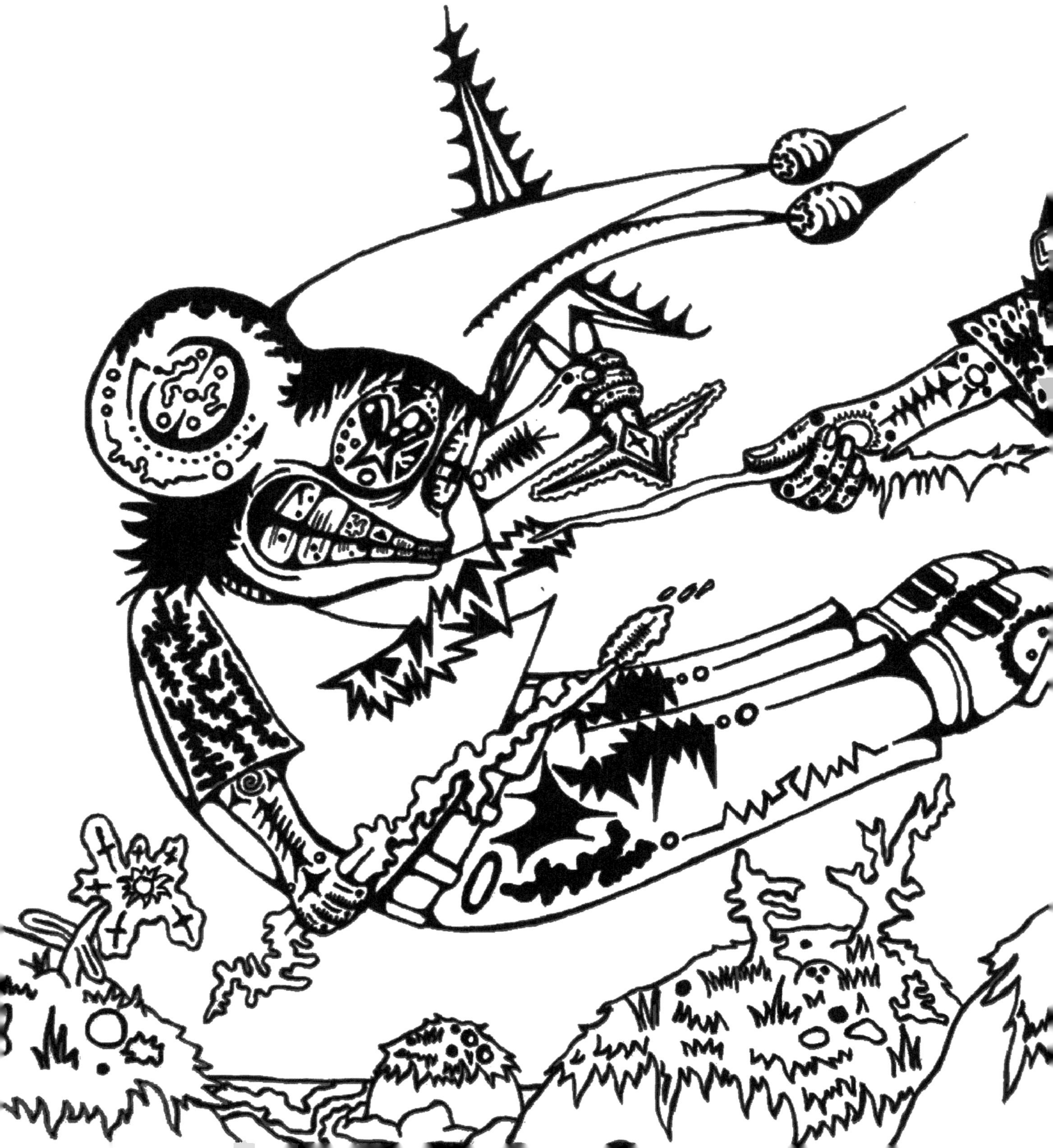

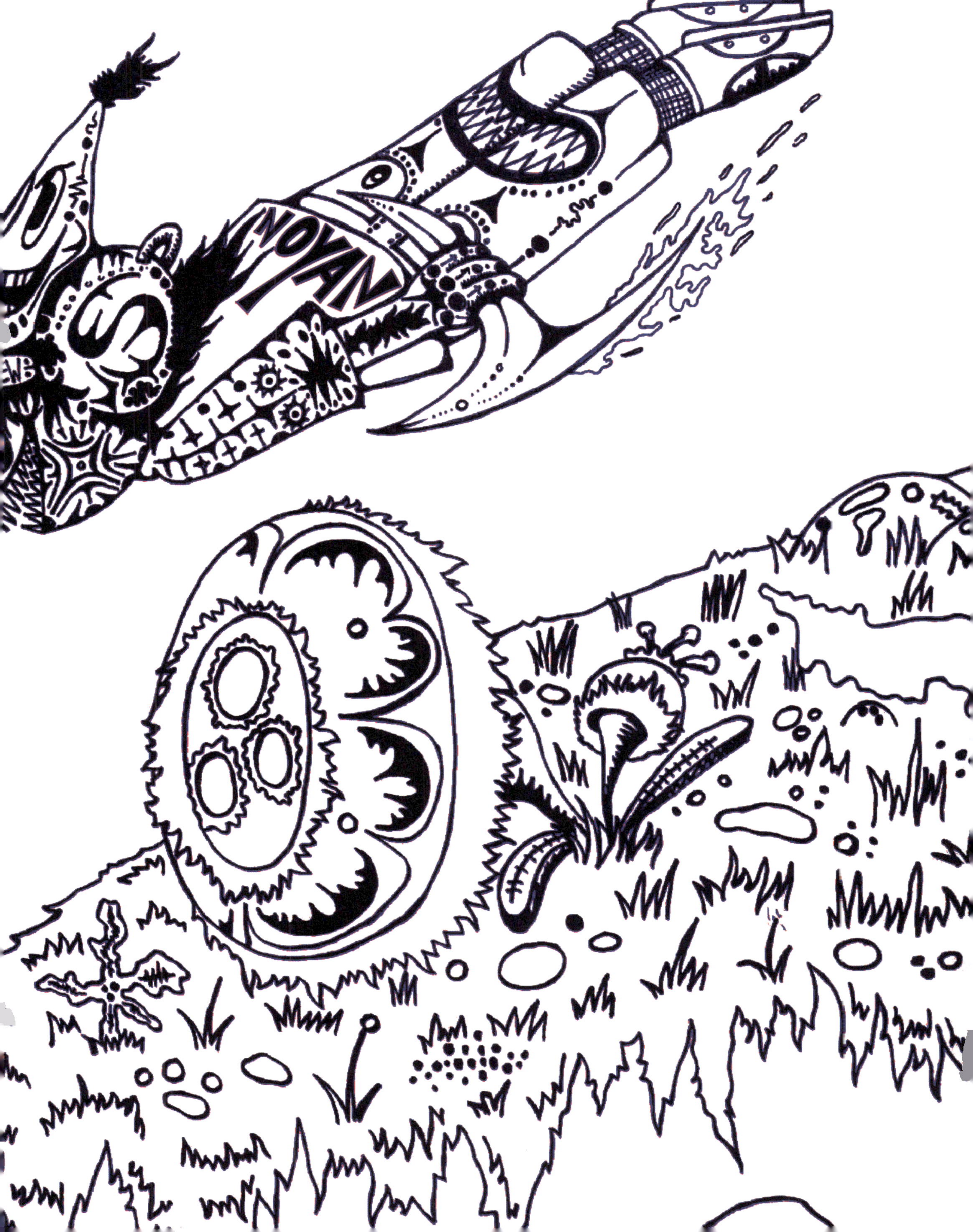
NOYAN

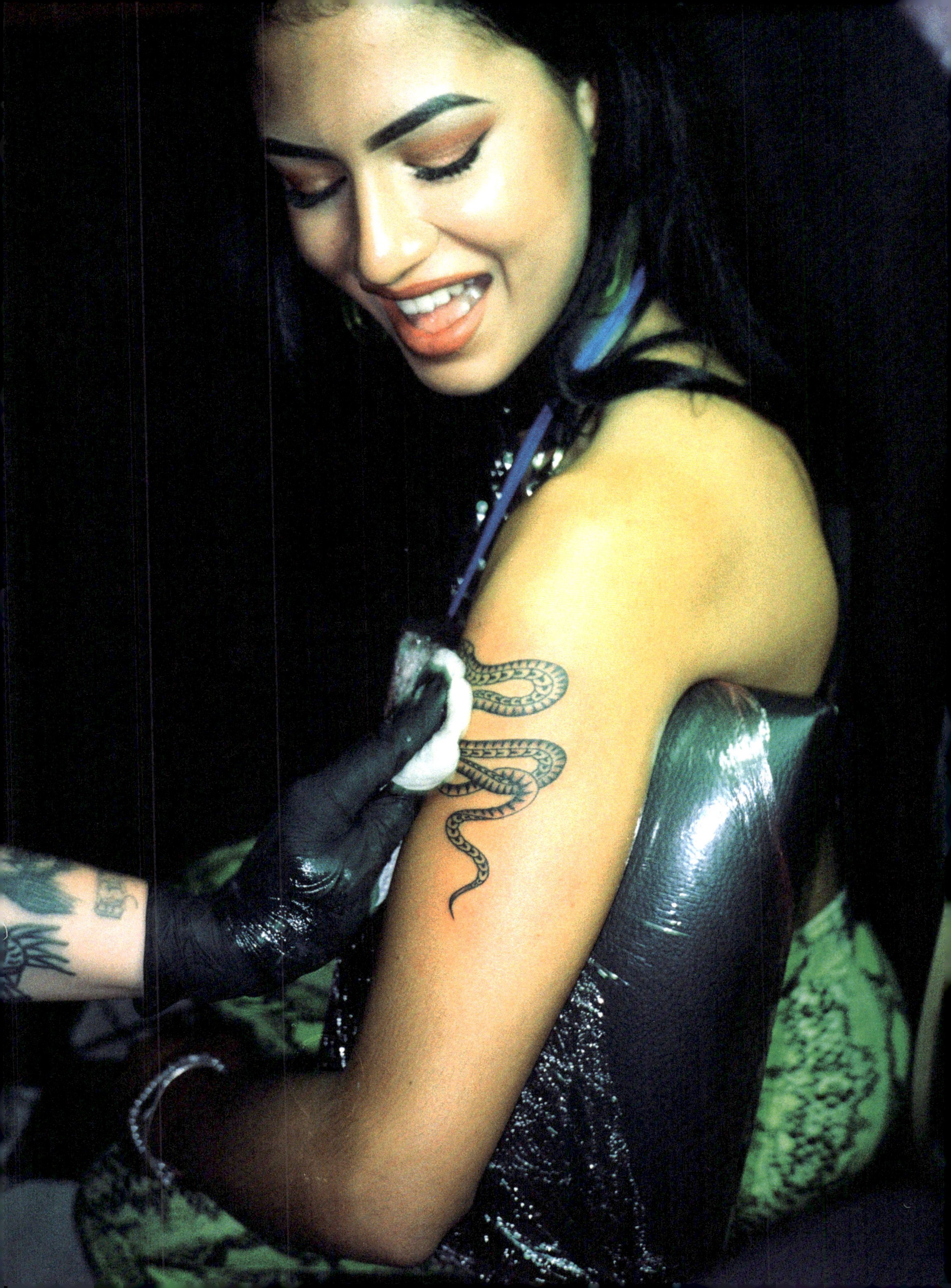

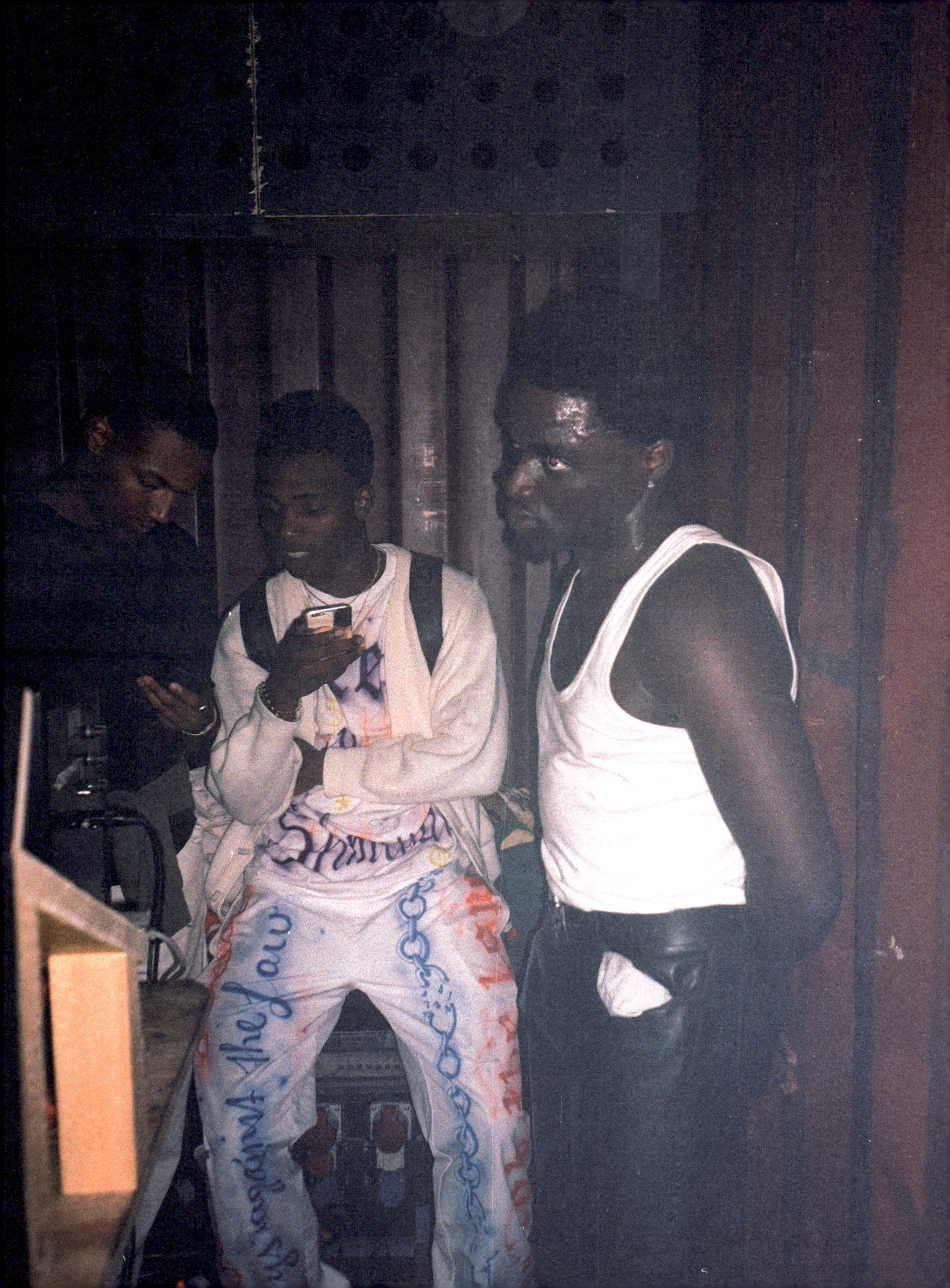
the Law

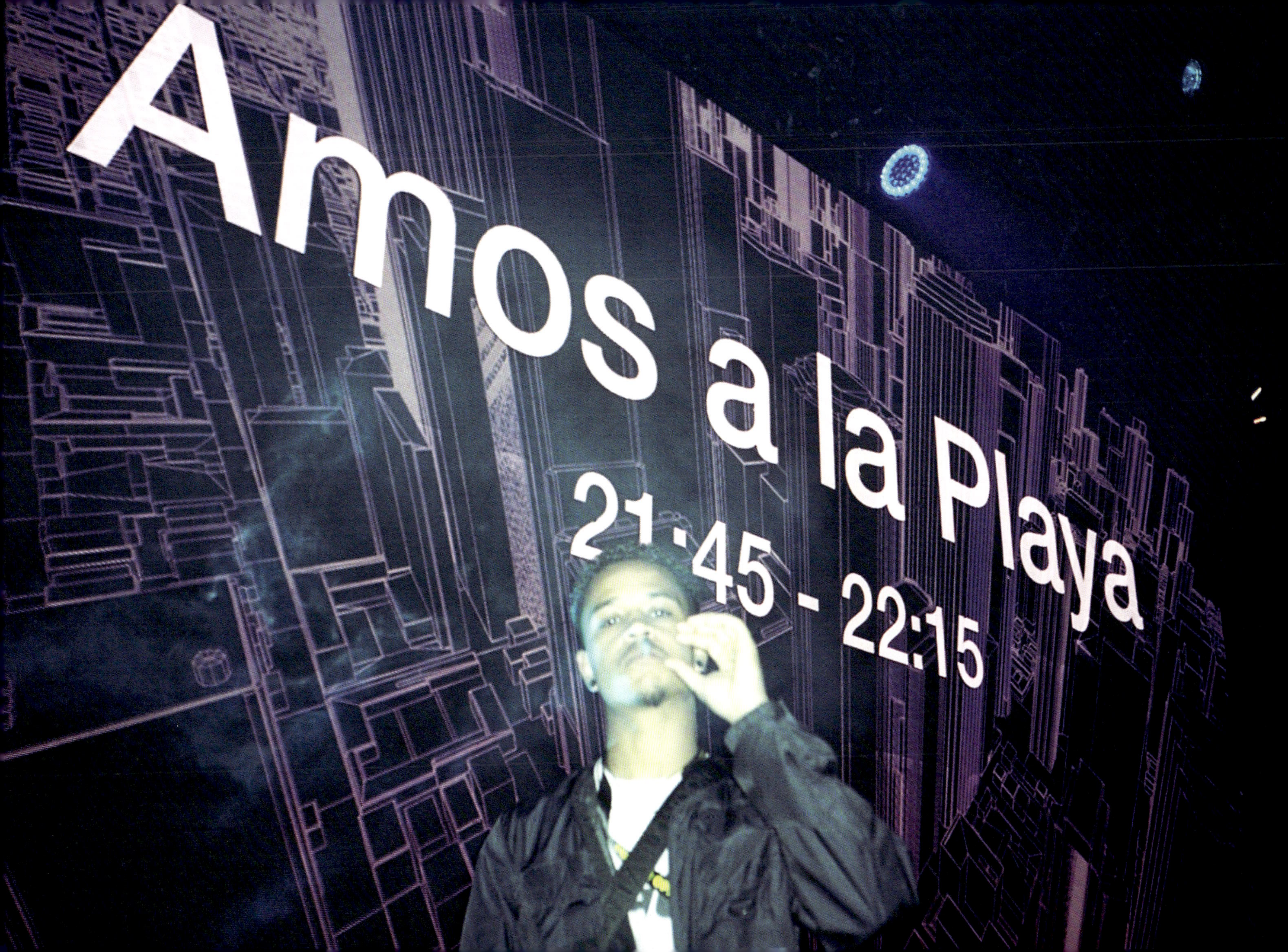
Amos a la Playa
21:45 - 22:15

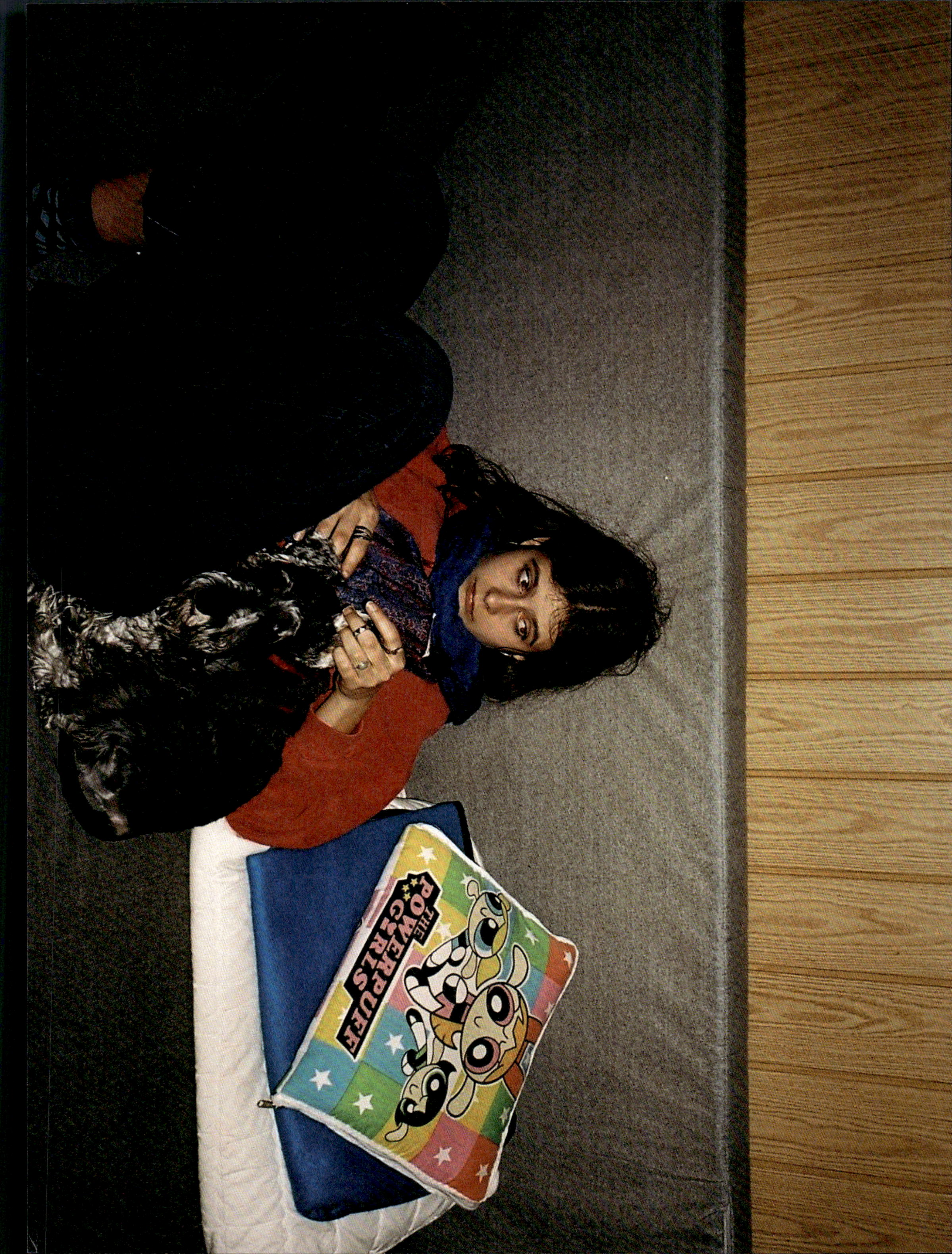
THE POWERPUFF GIRLS

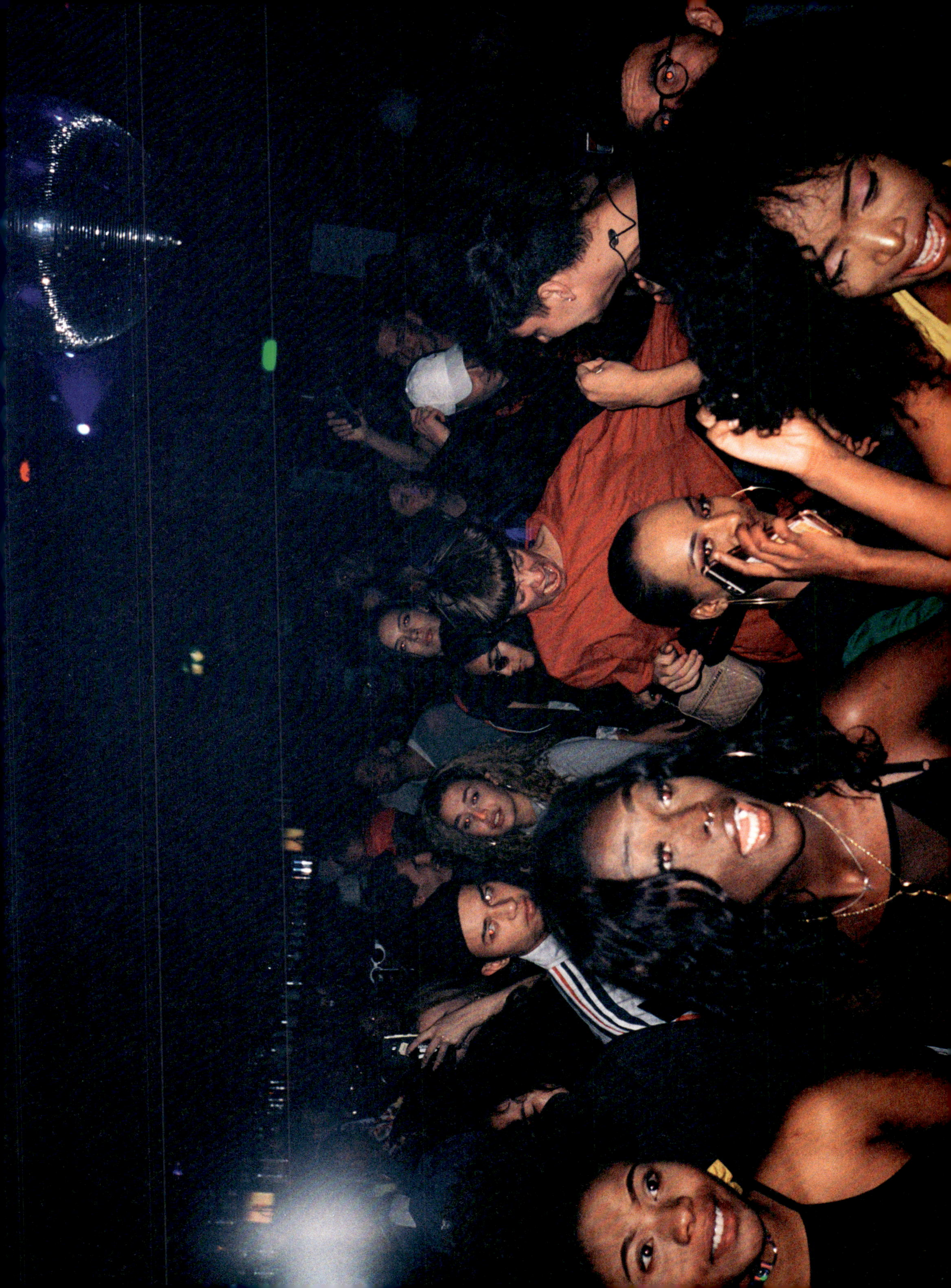

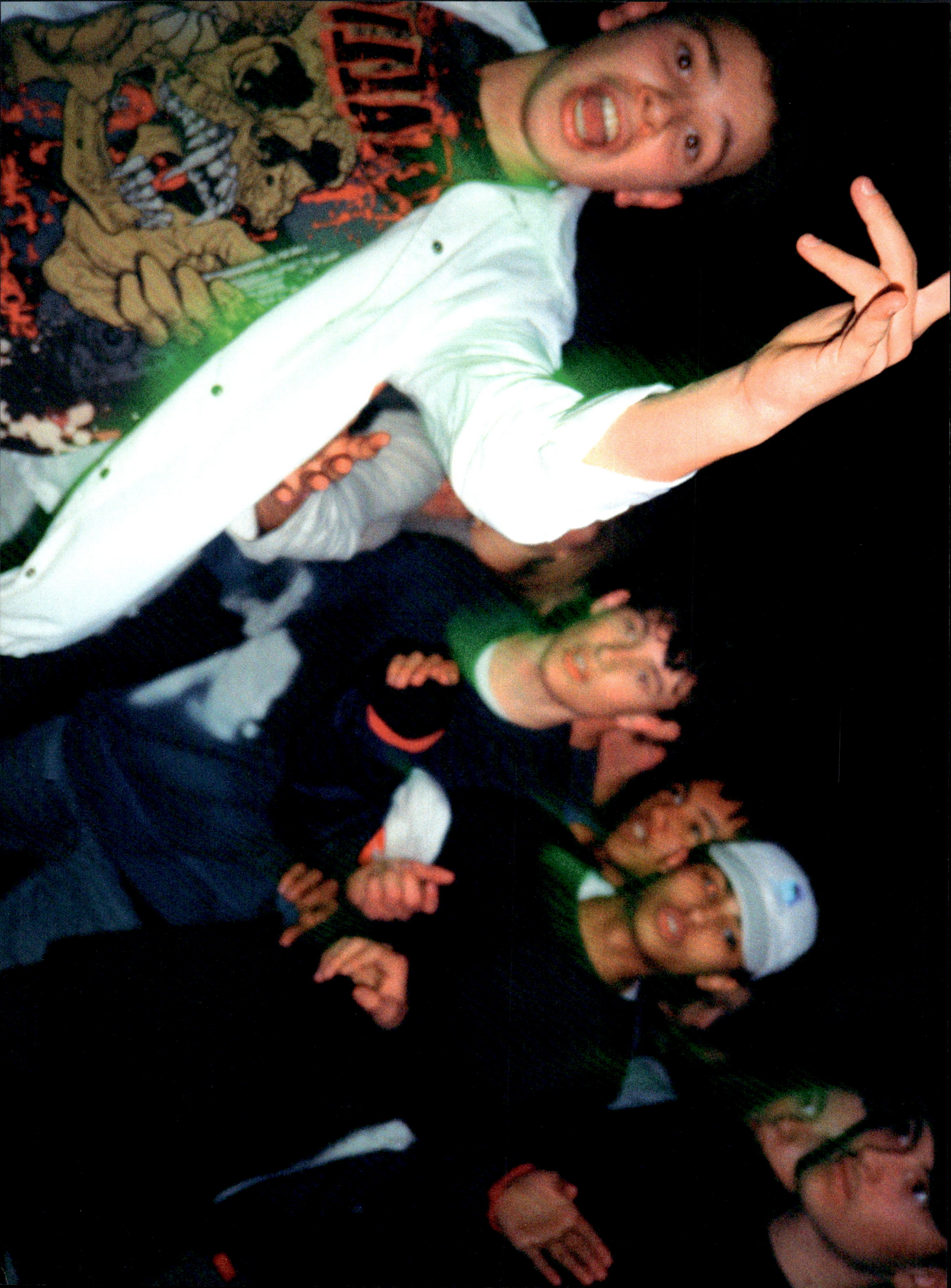

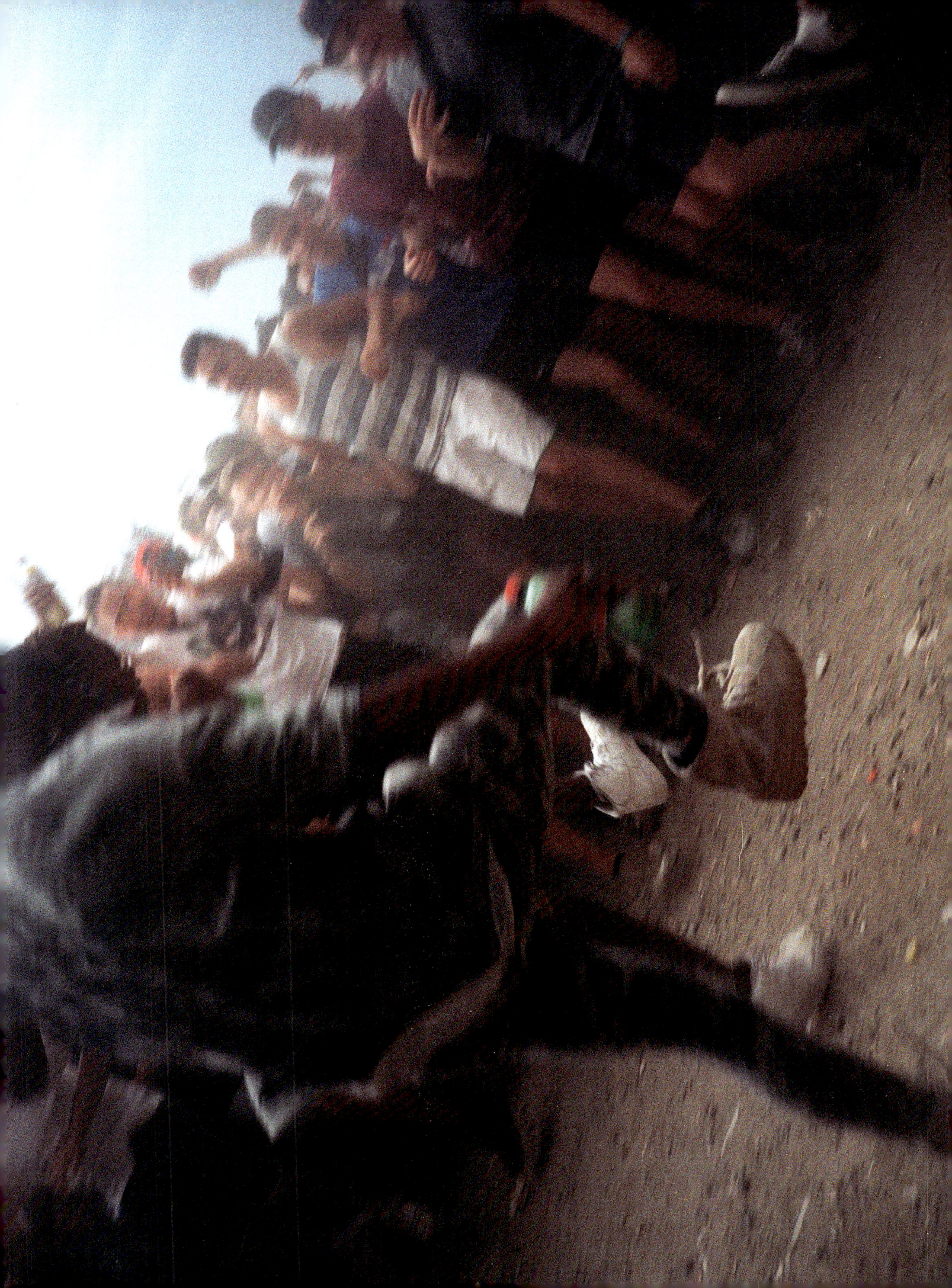

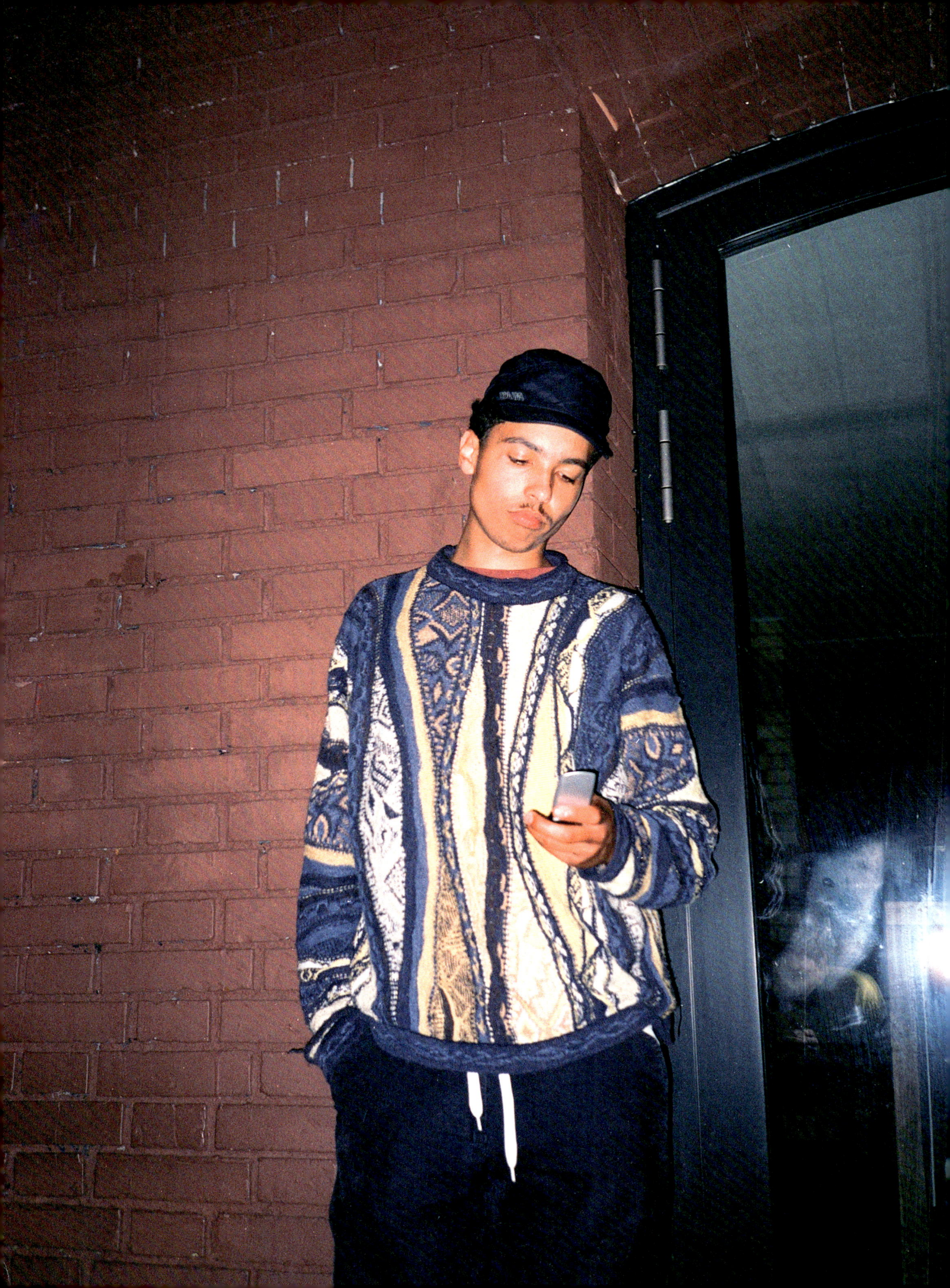

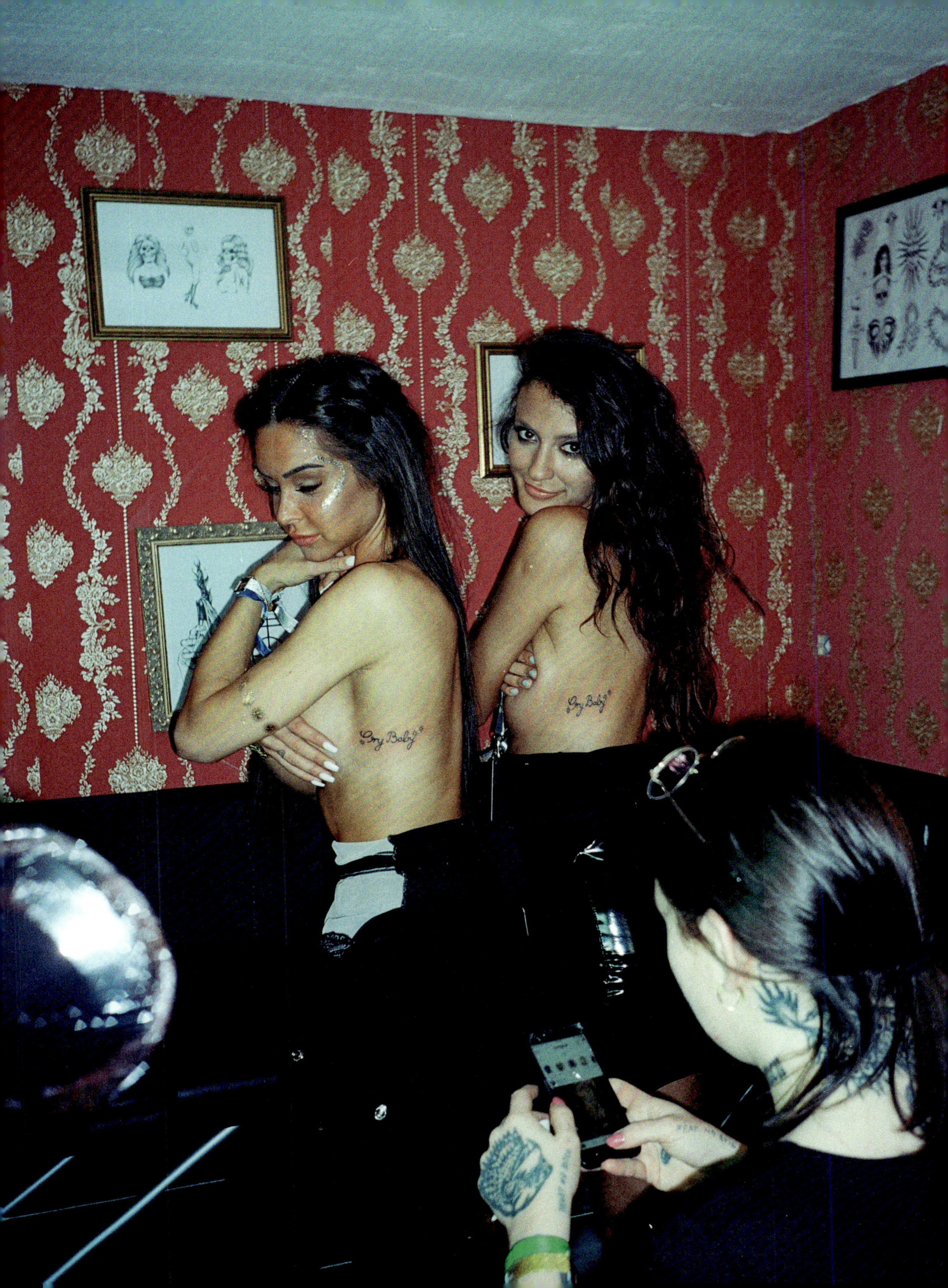
Cry Baby
Cry Baby

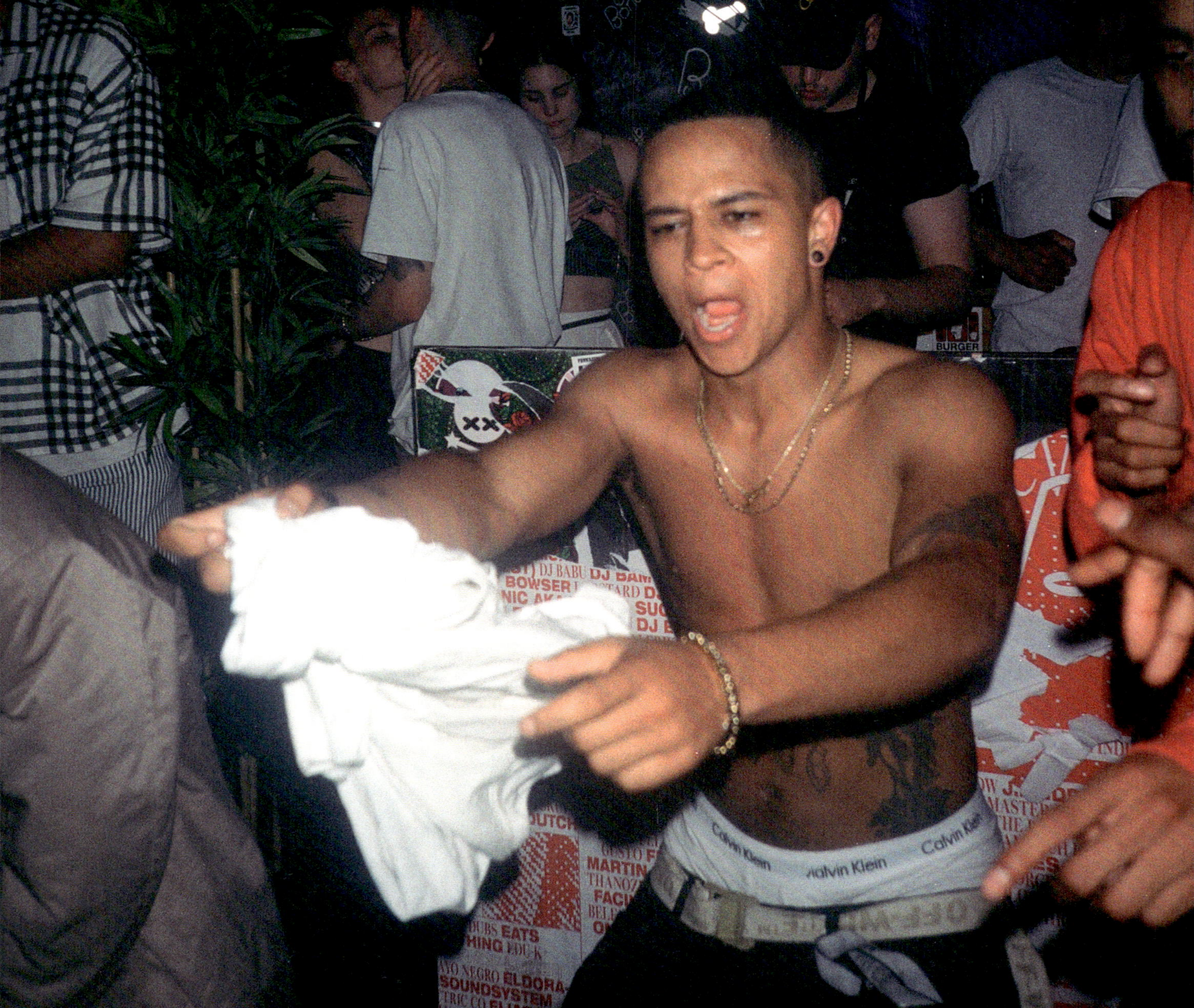
BURGER
DJ BABU
BOWSER
EATS
MARTIN
SOUNDSYSTEM
Calvin Klein
Calvin Klein

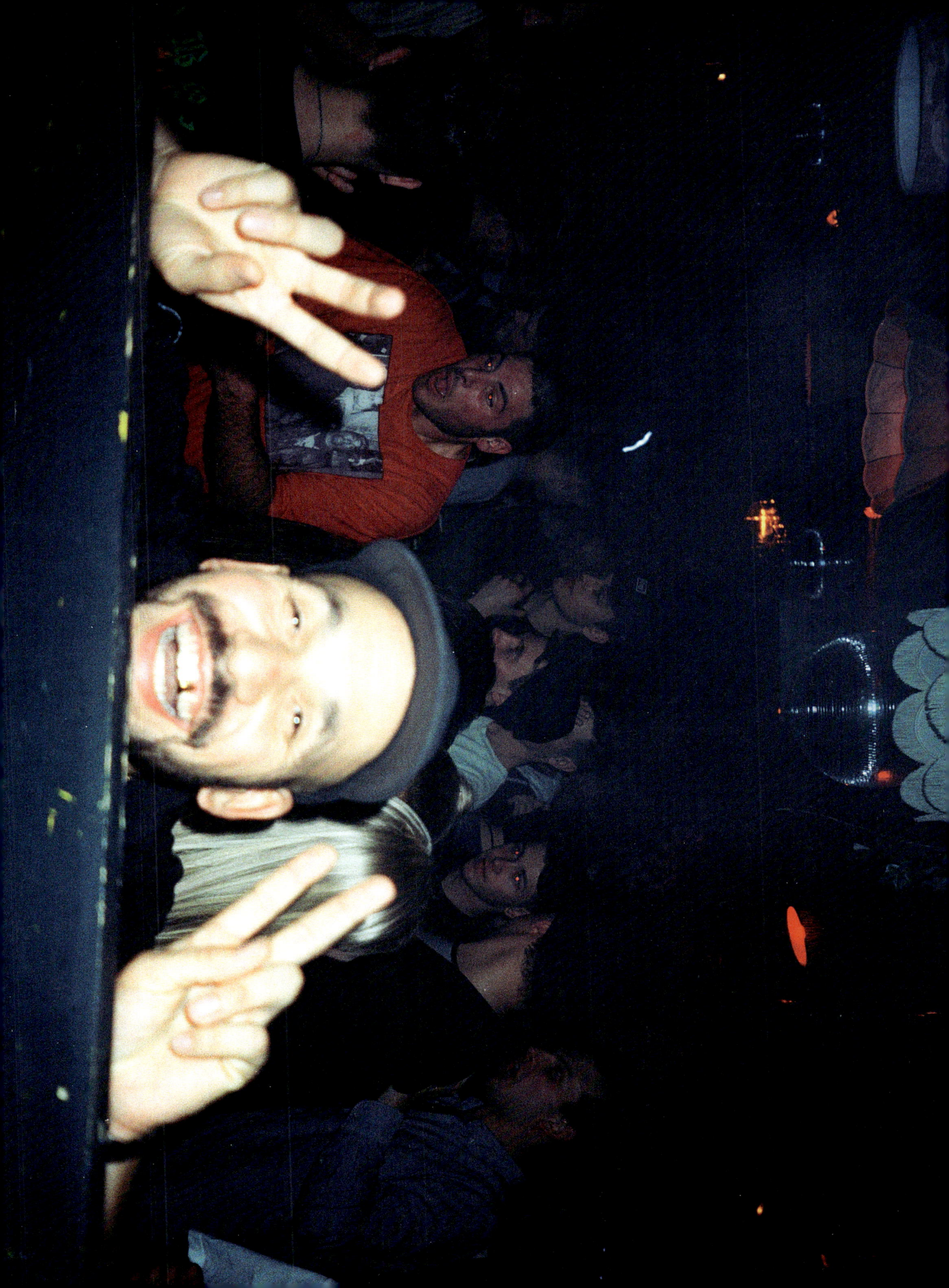

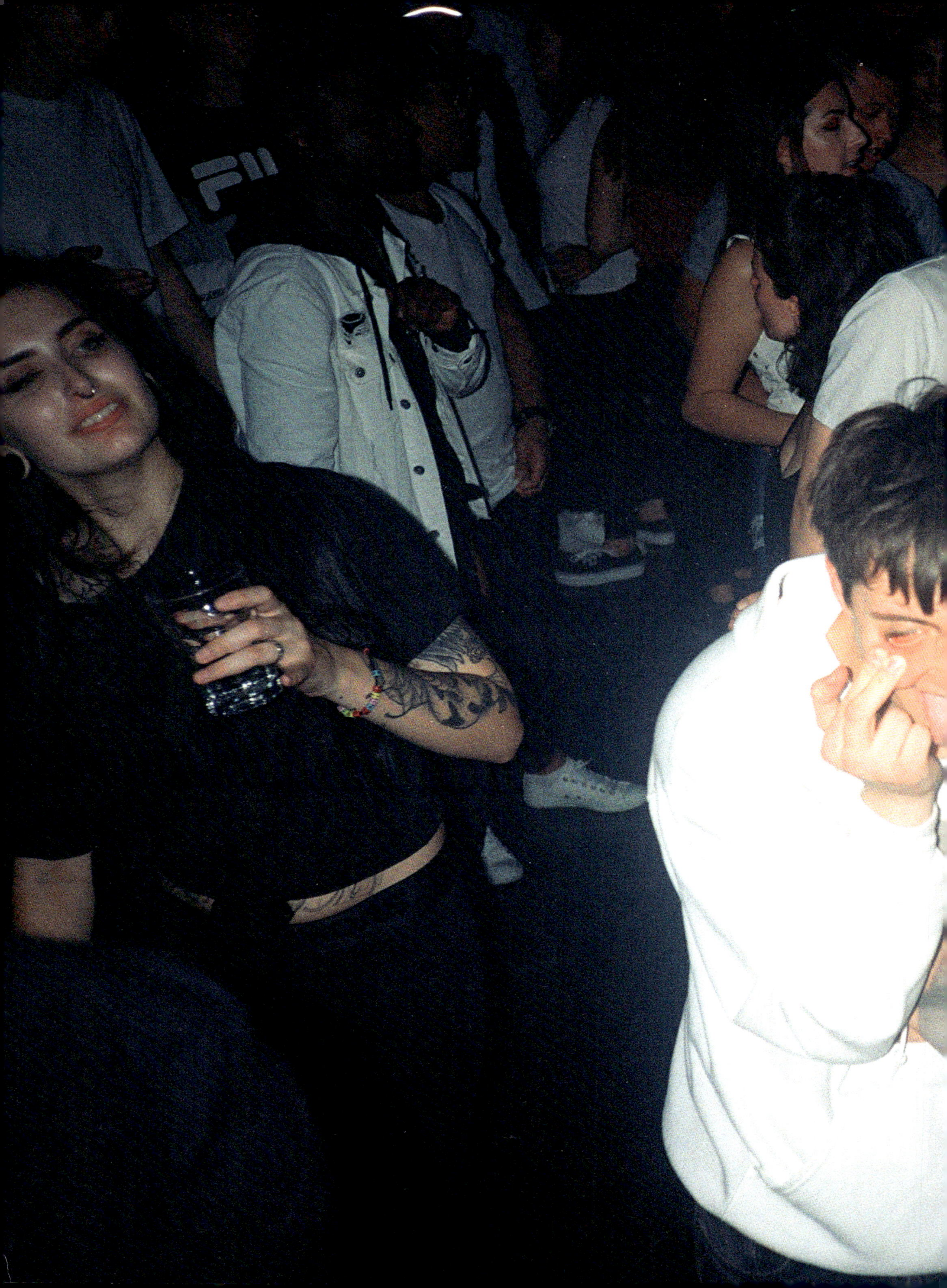

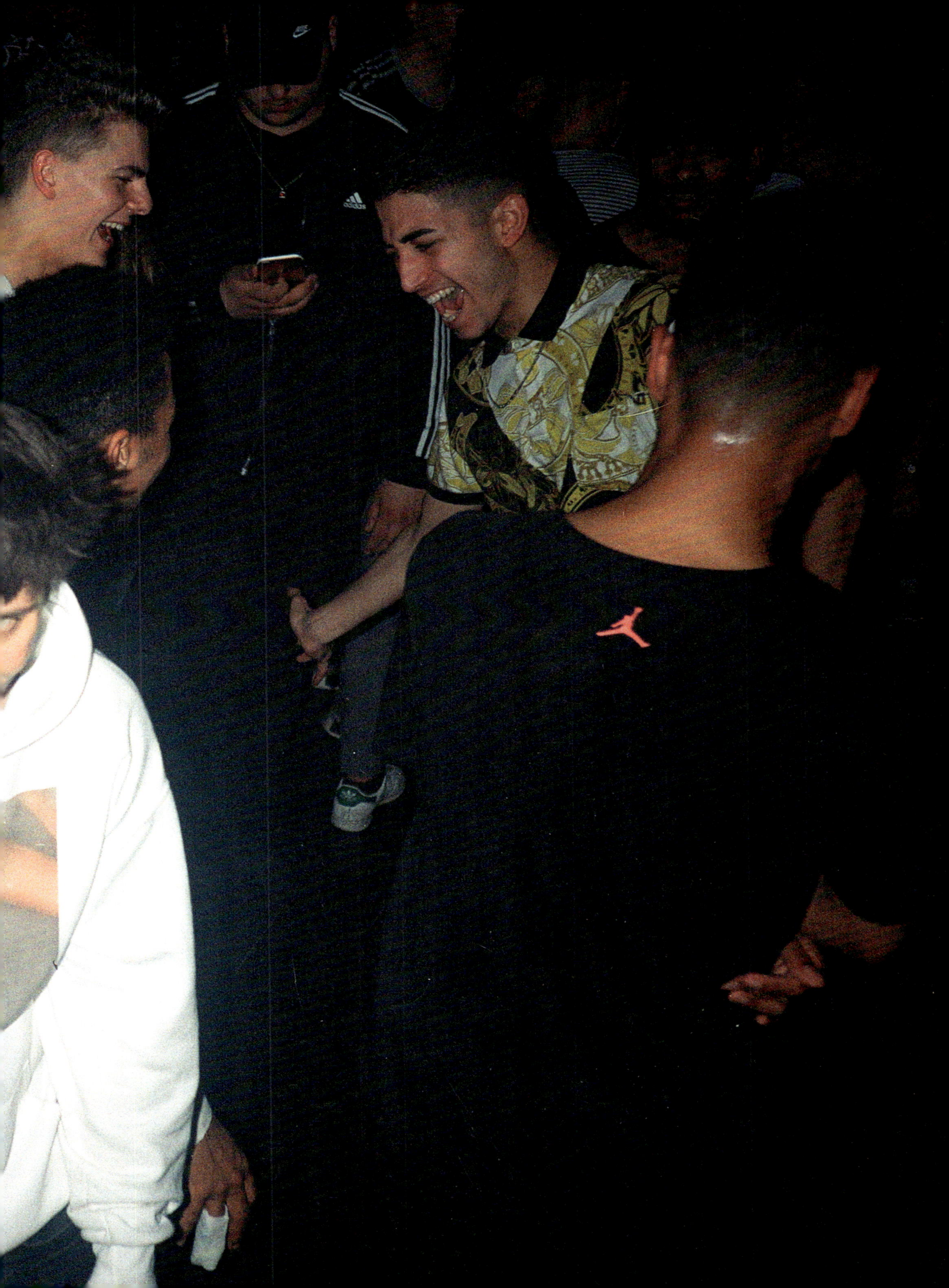

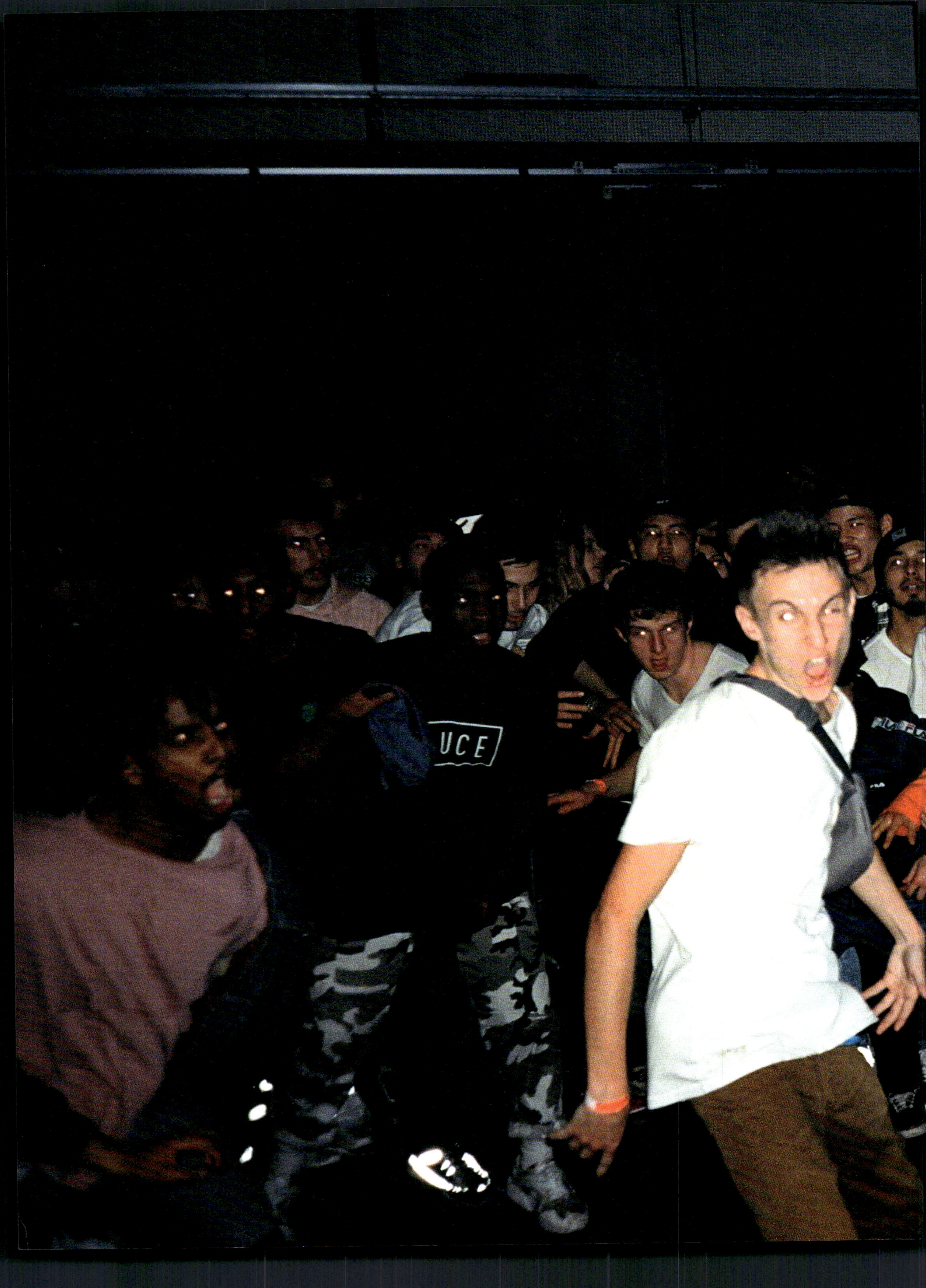

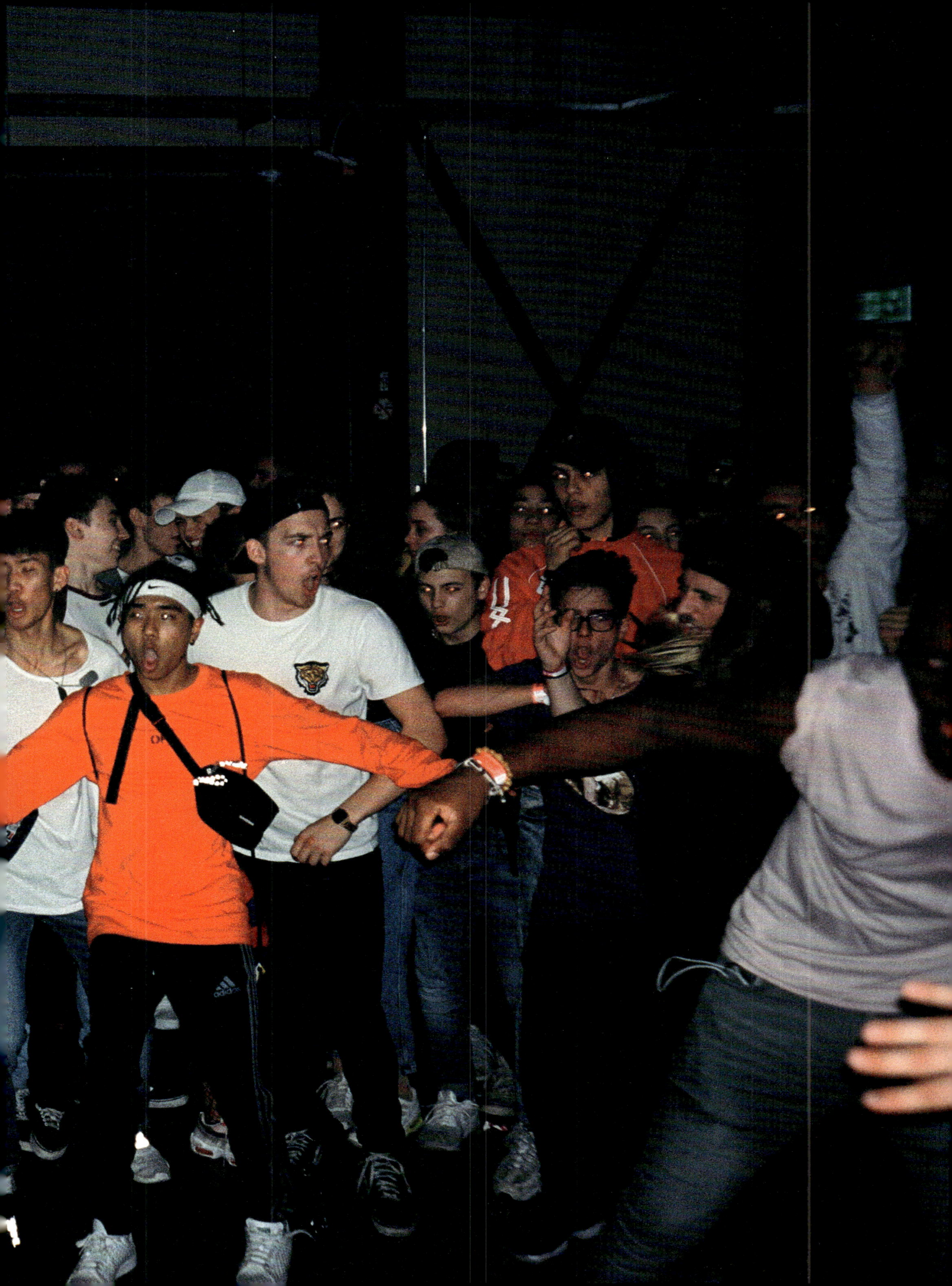

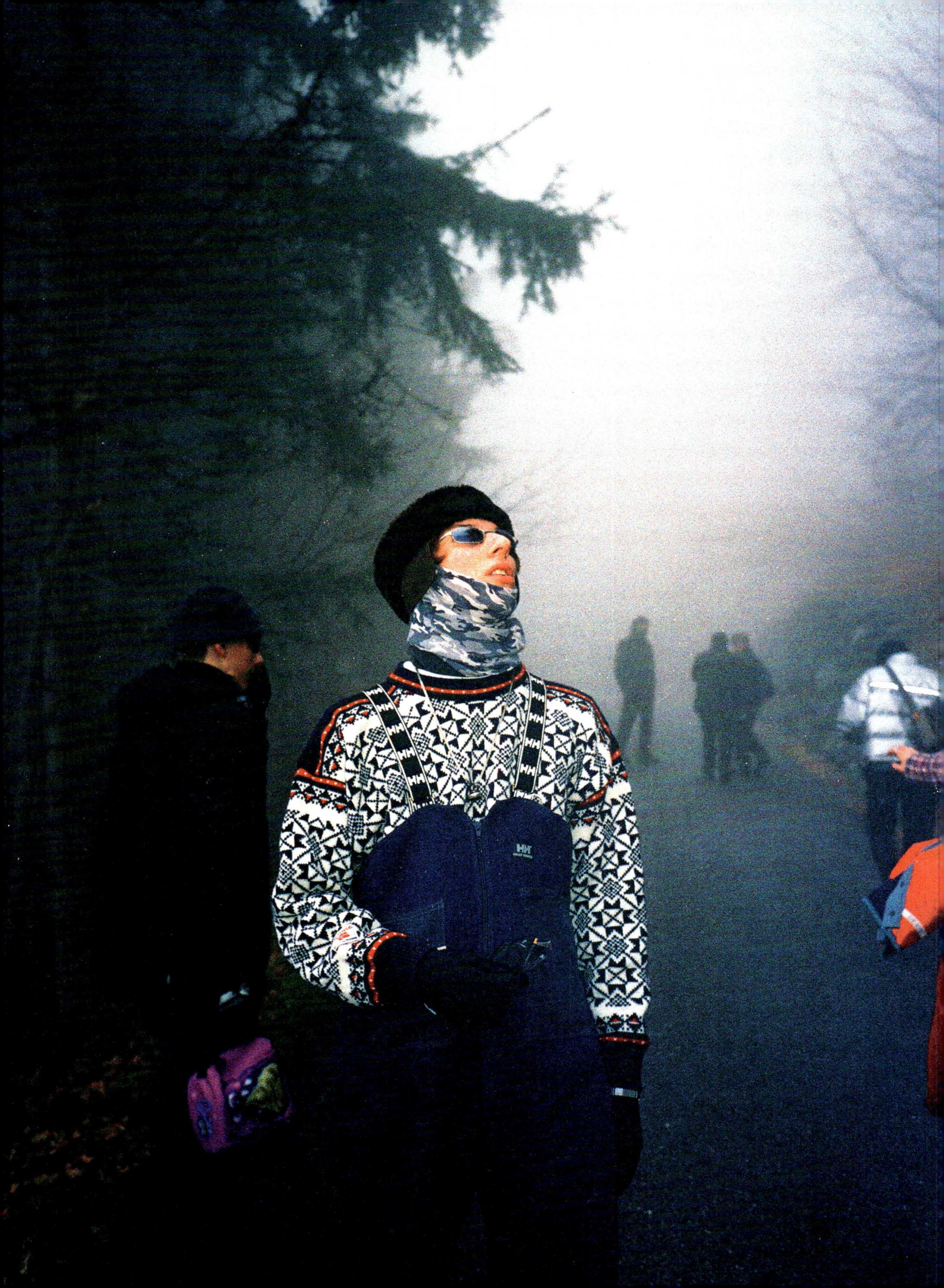

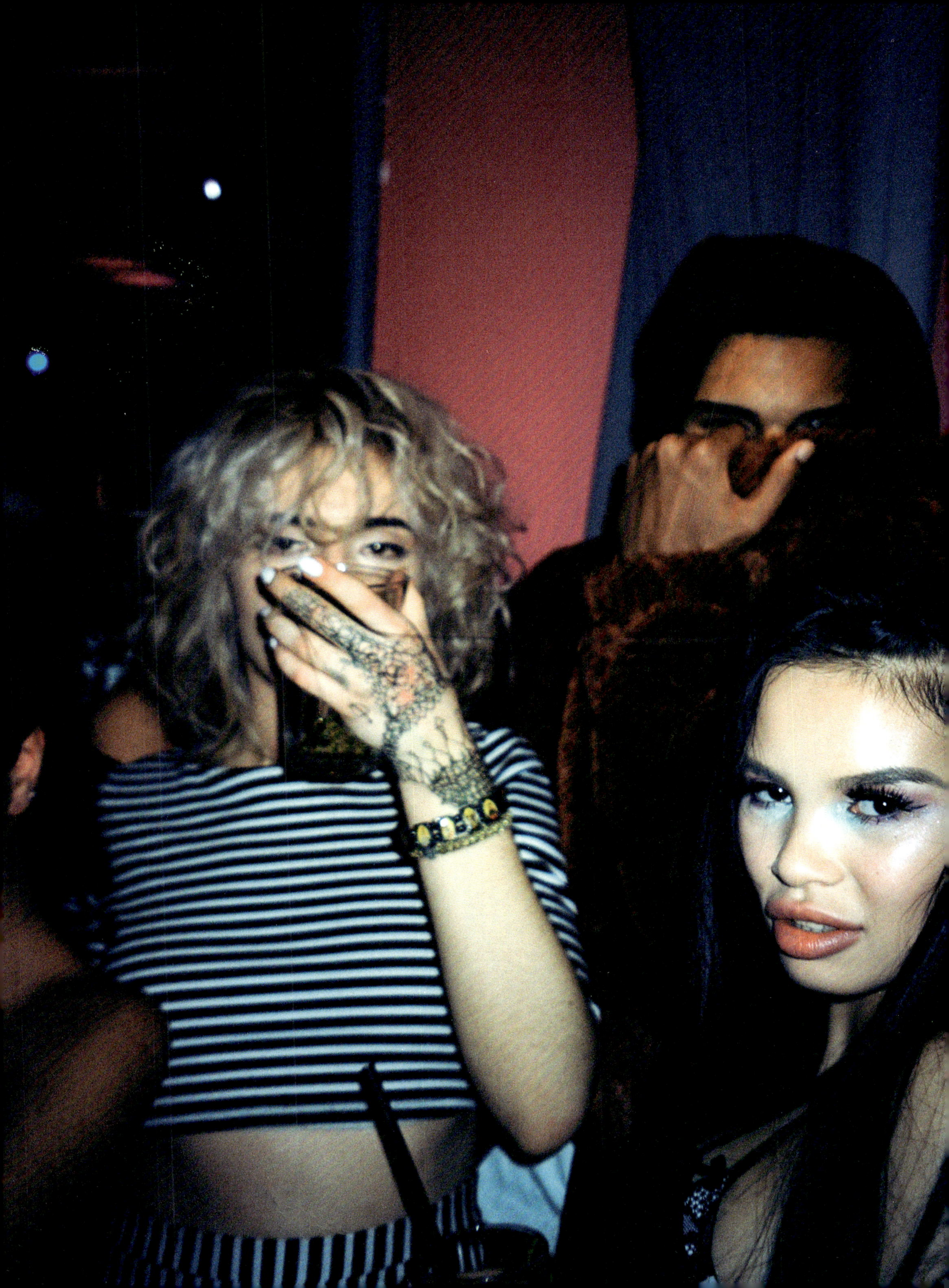

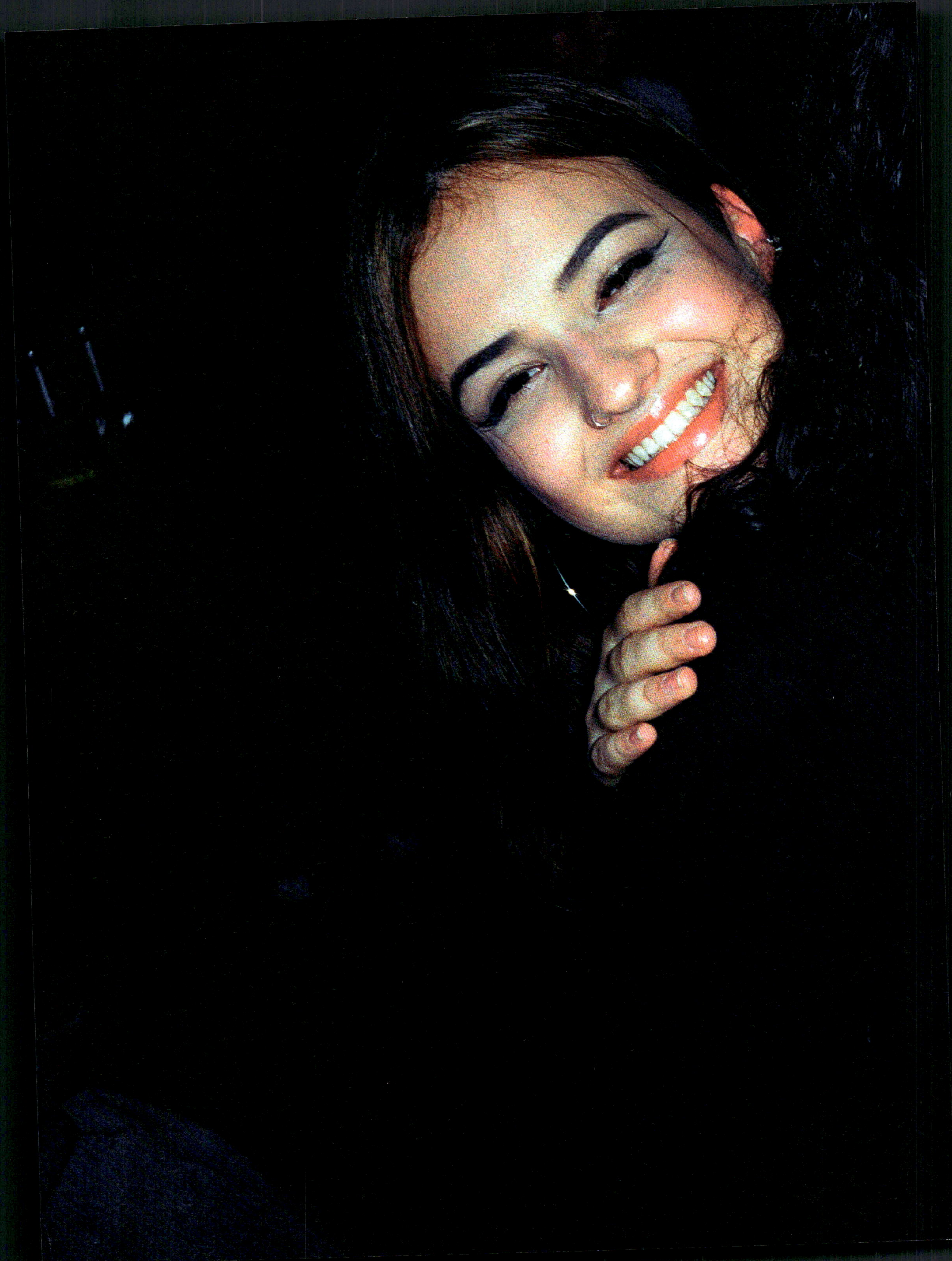

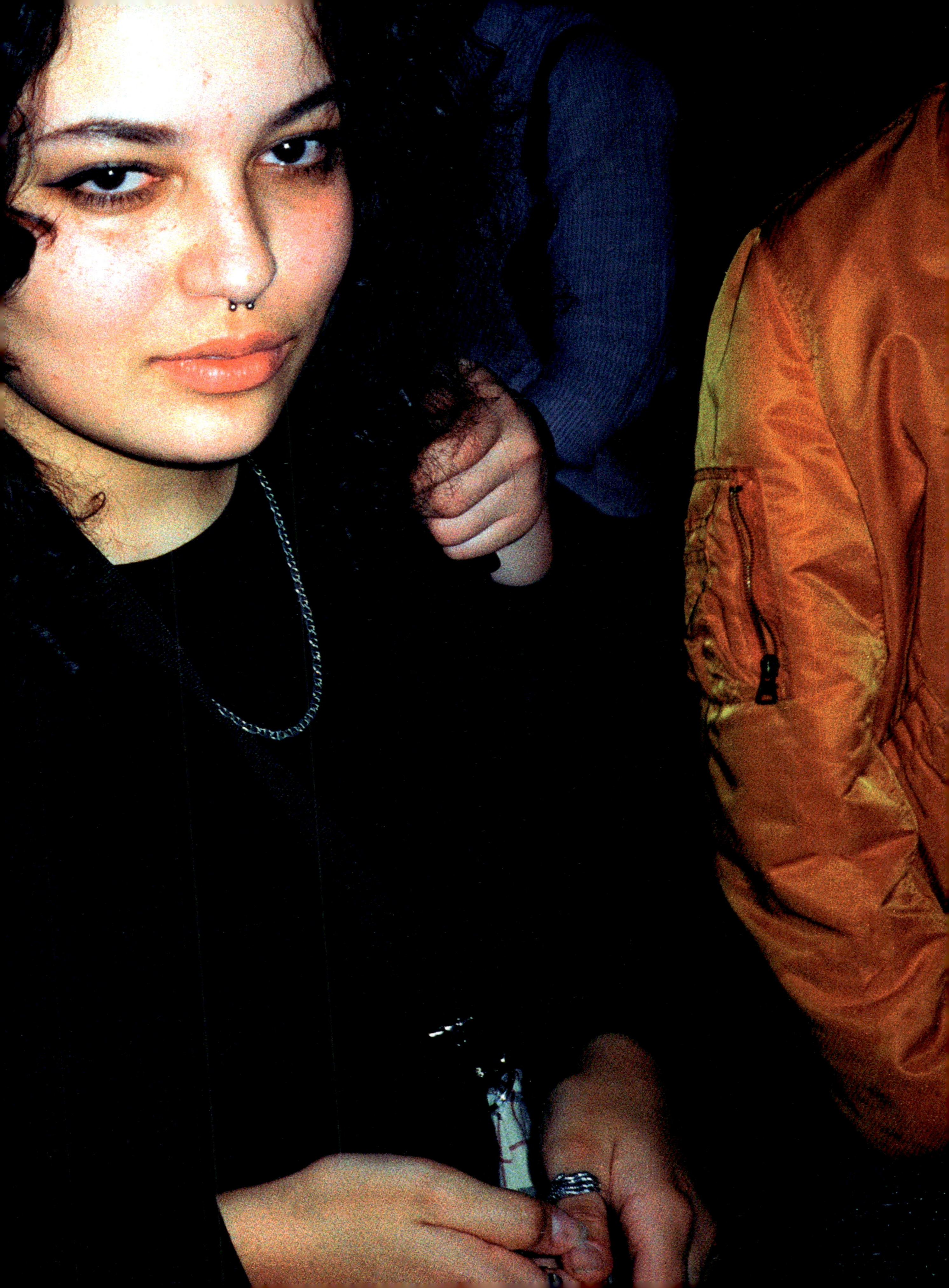

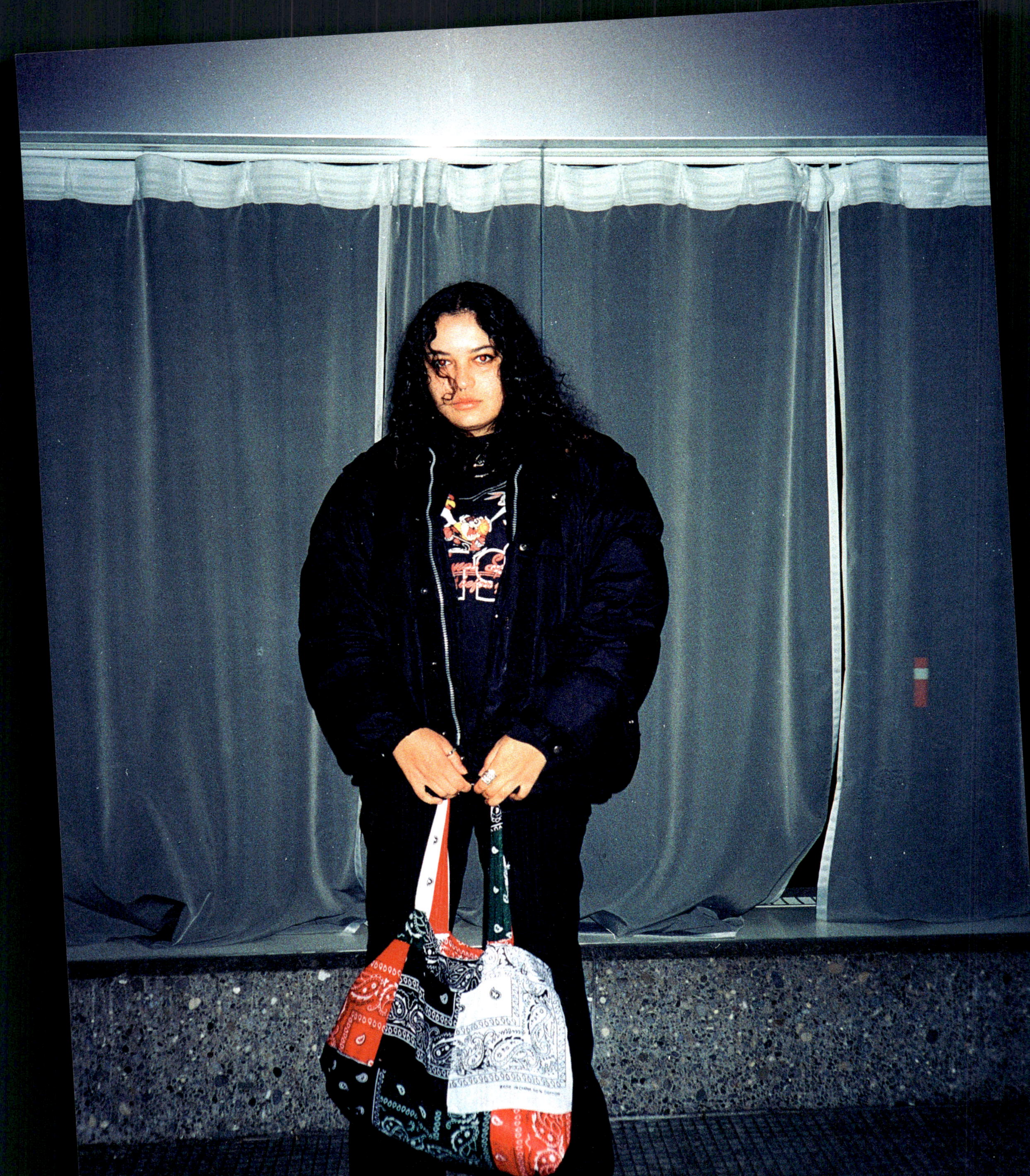

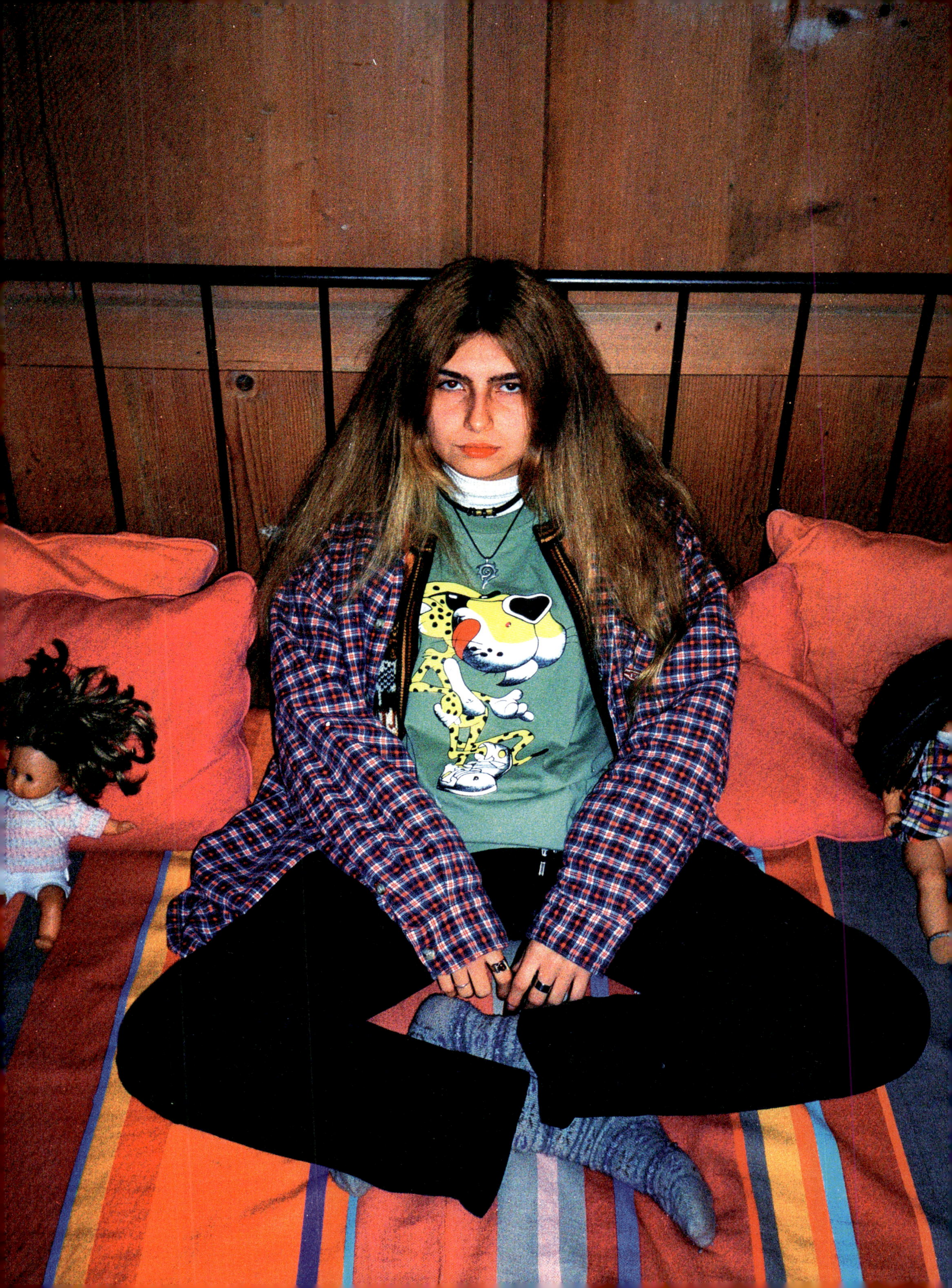

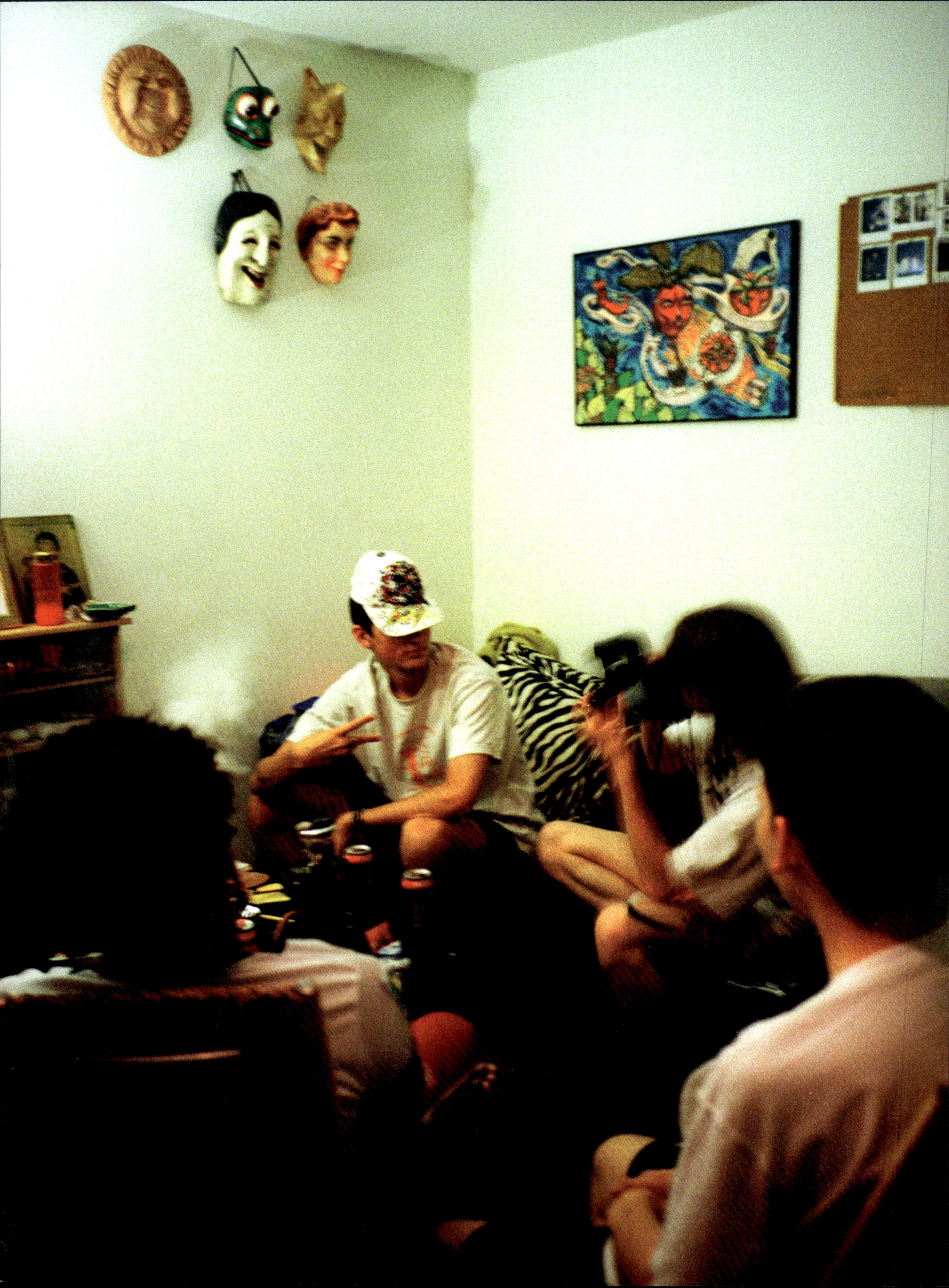

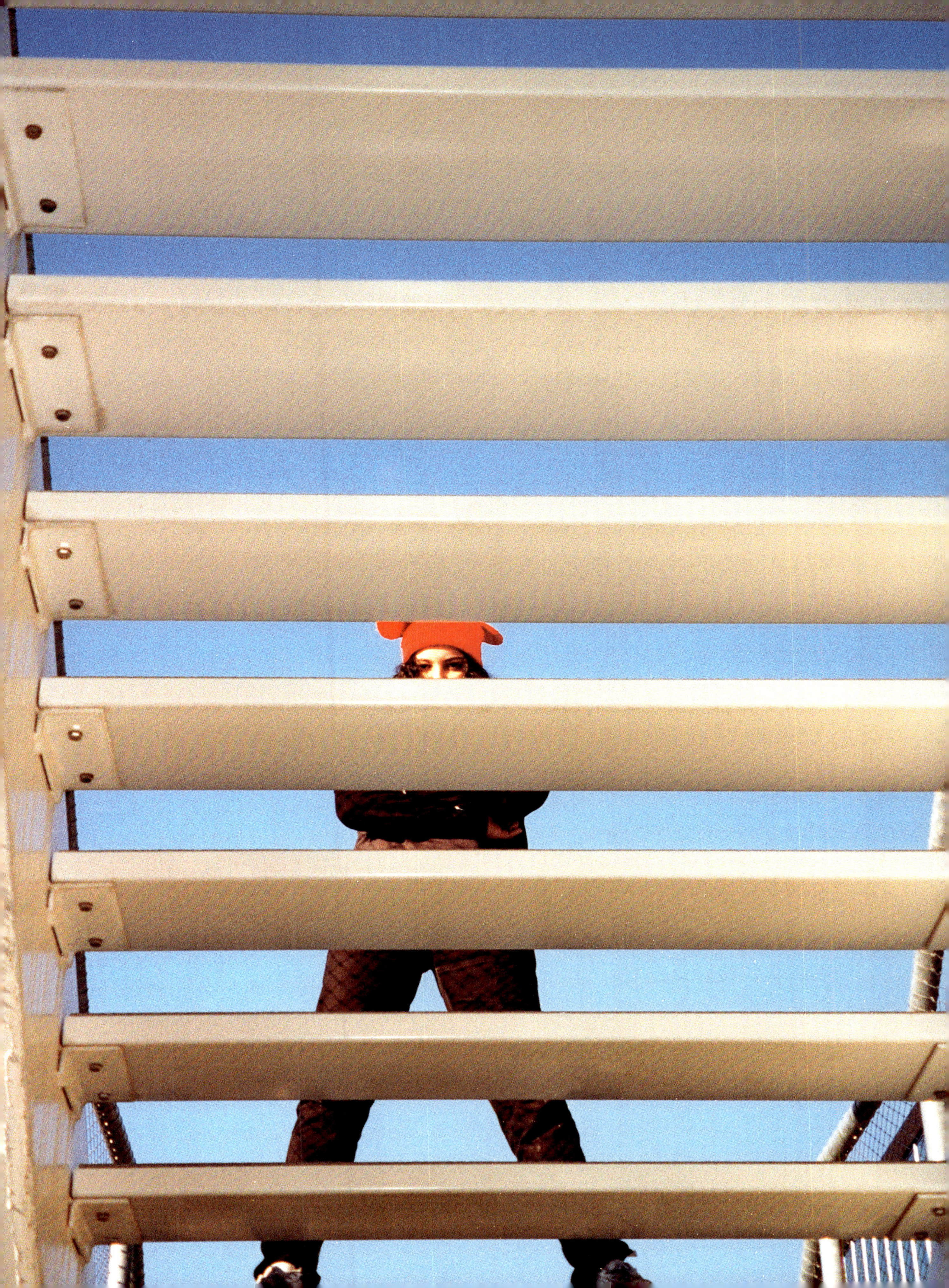

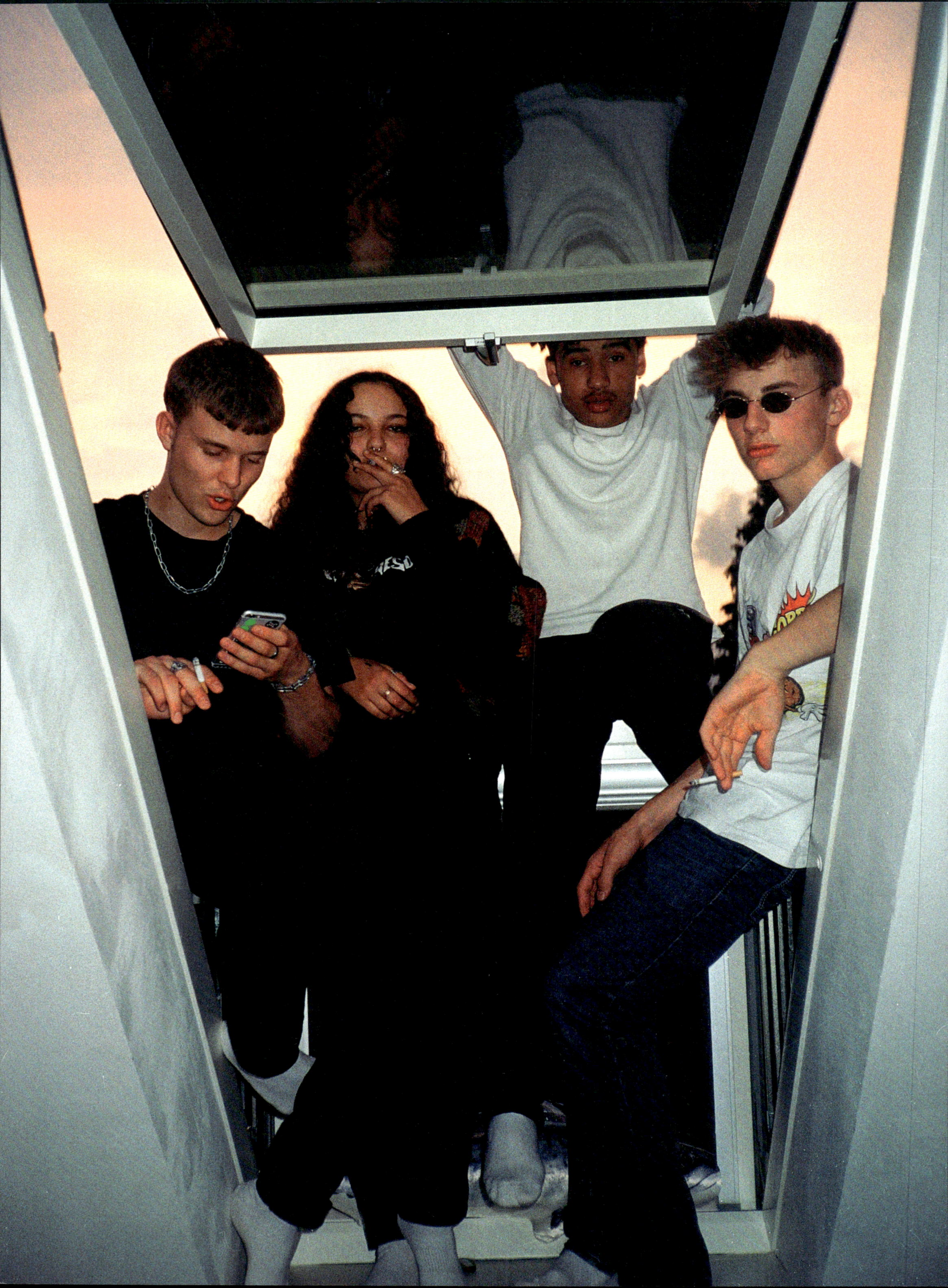

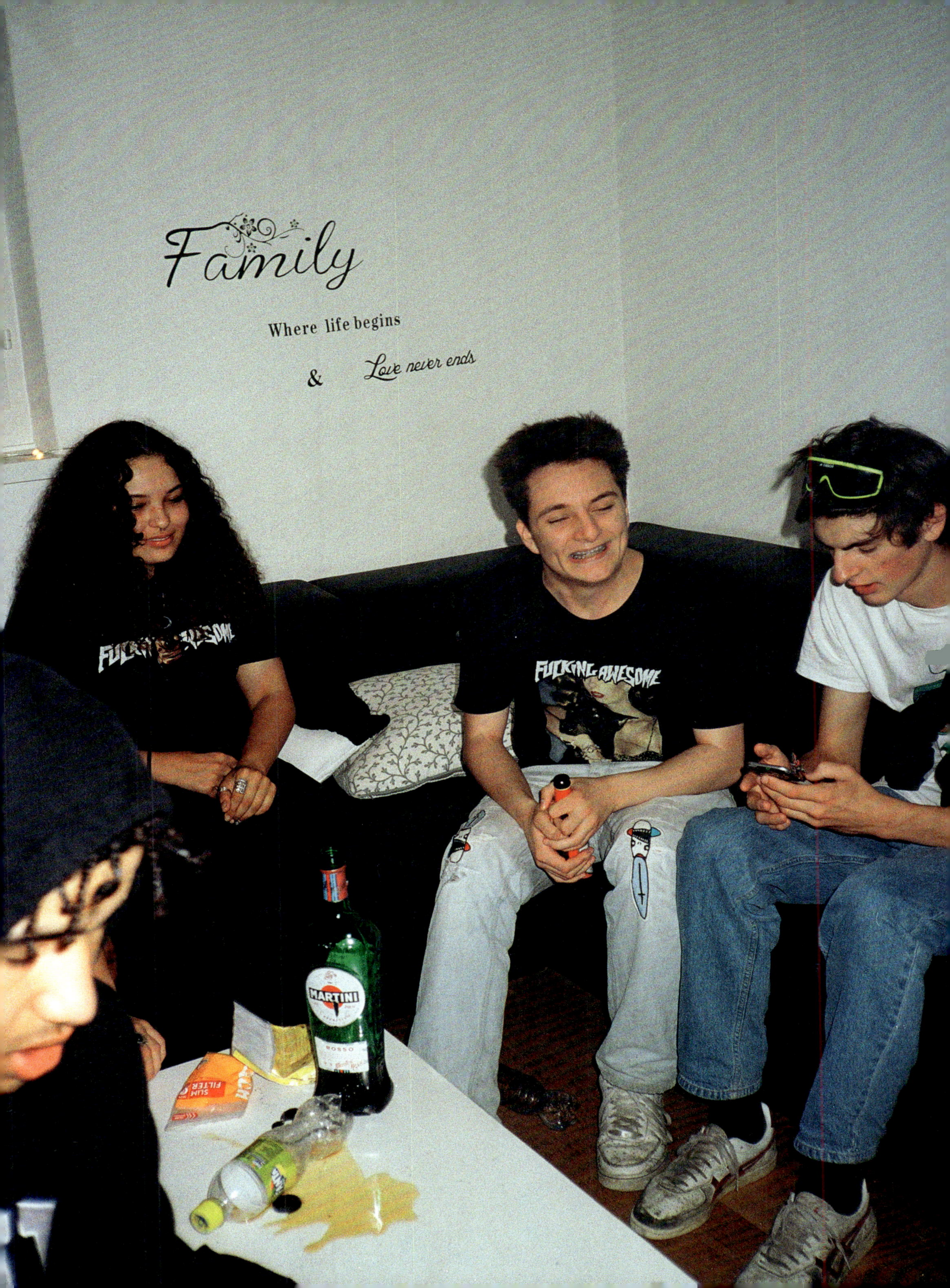
Family
Where life begins
& Love never ends
FUCKING AWESOME
MARTINI
ROSSO

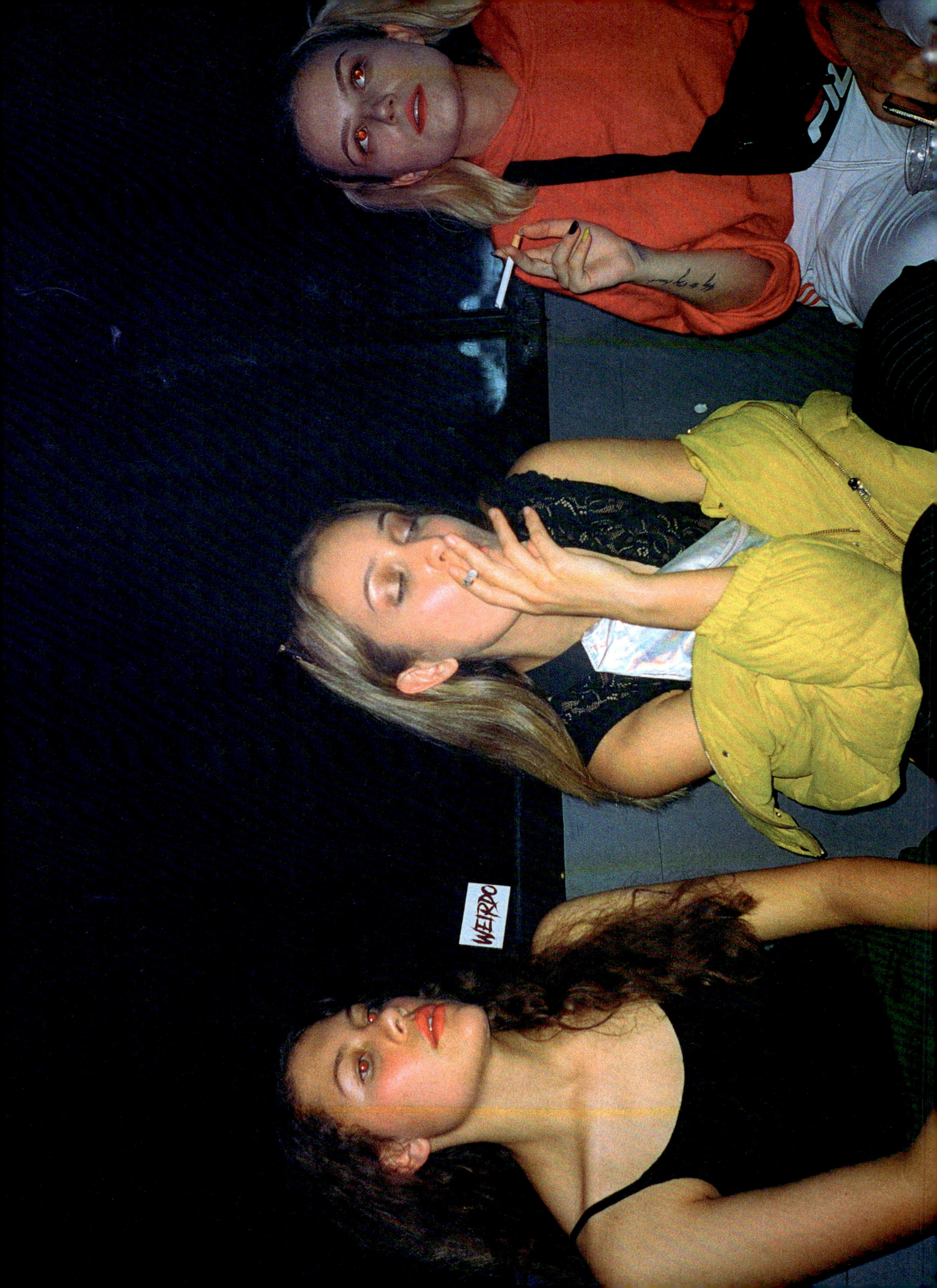
WEIRDO

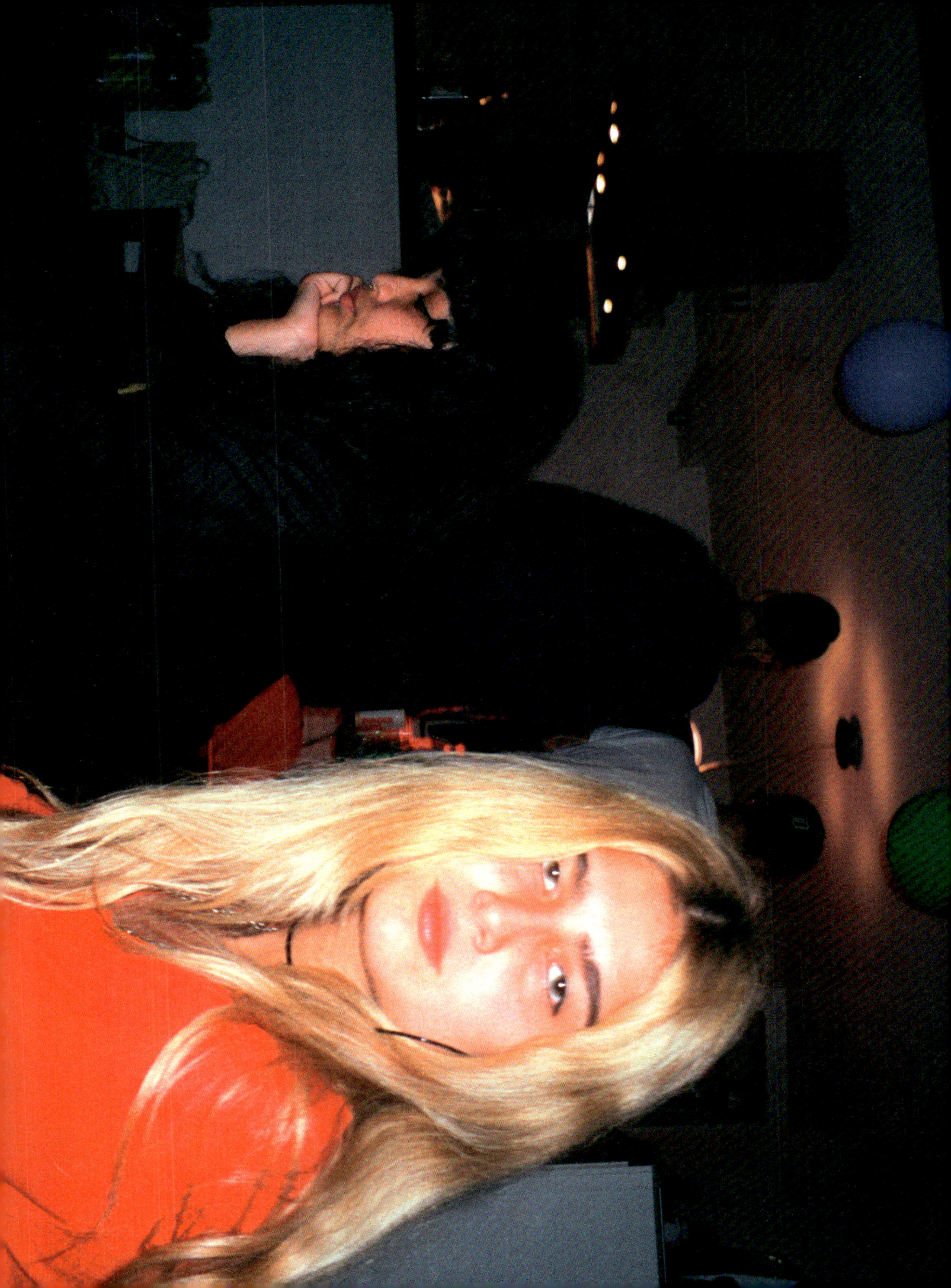

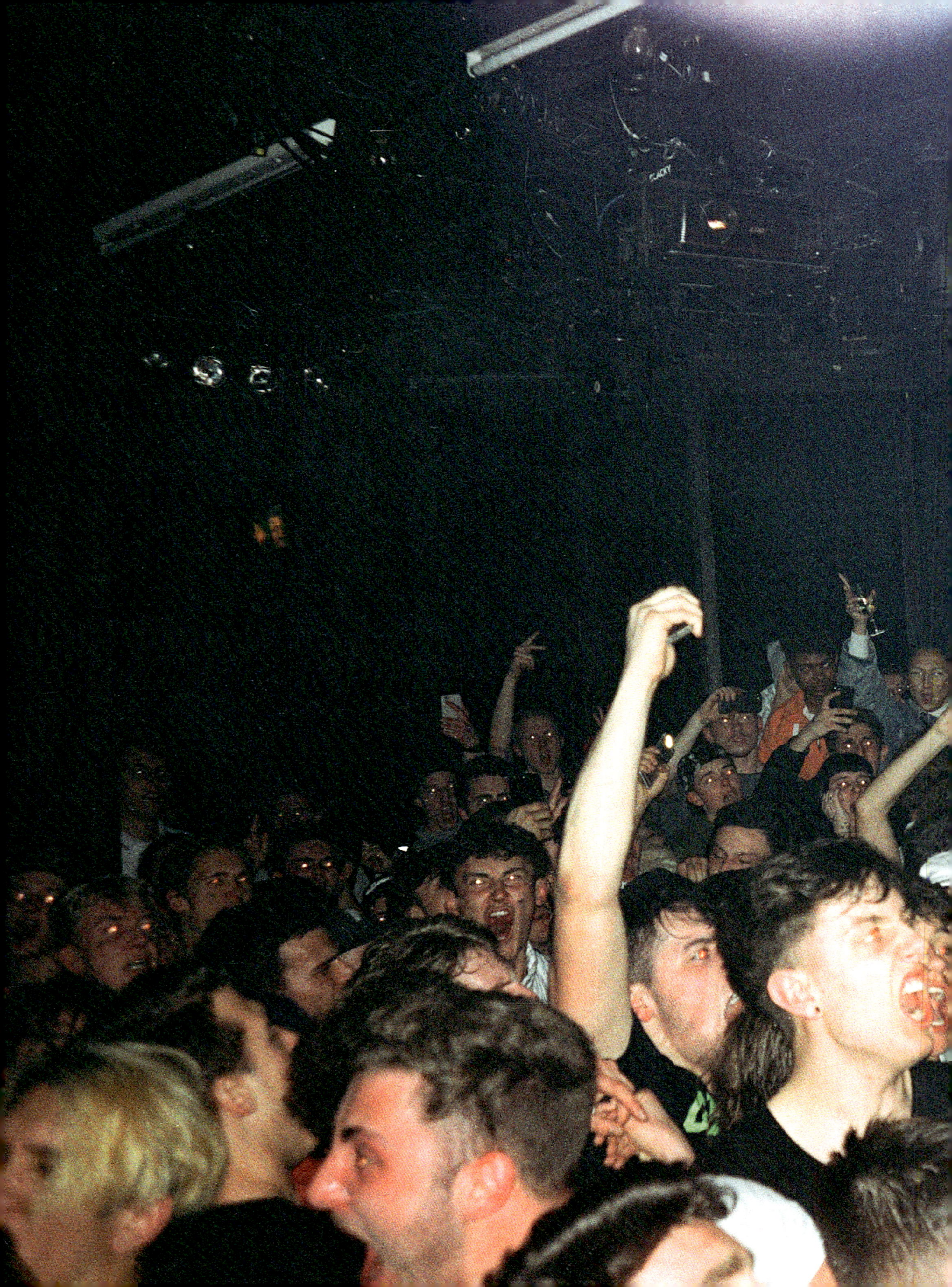

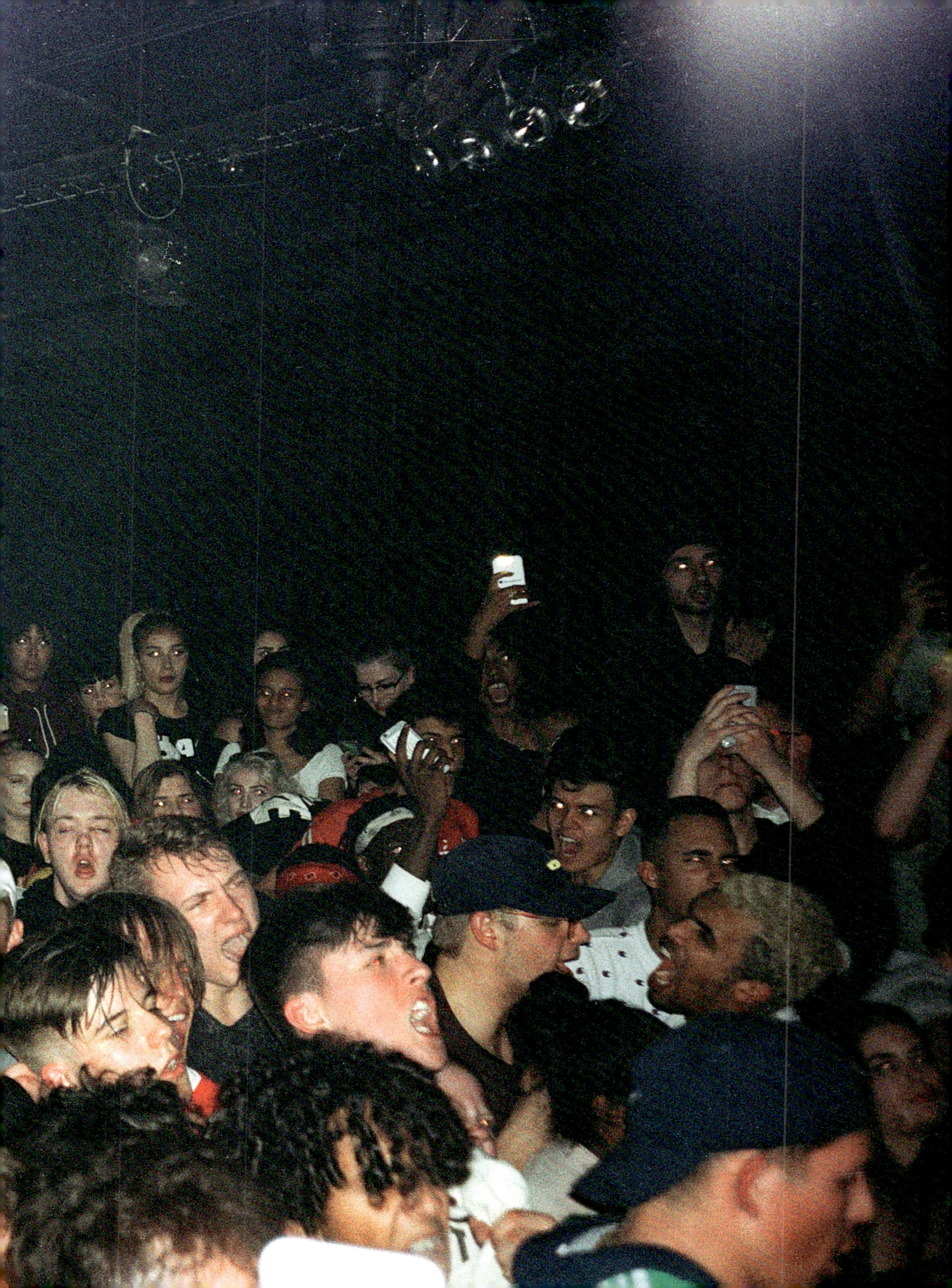

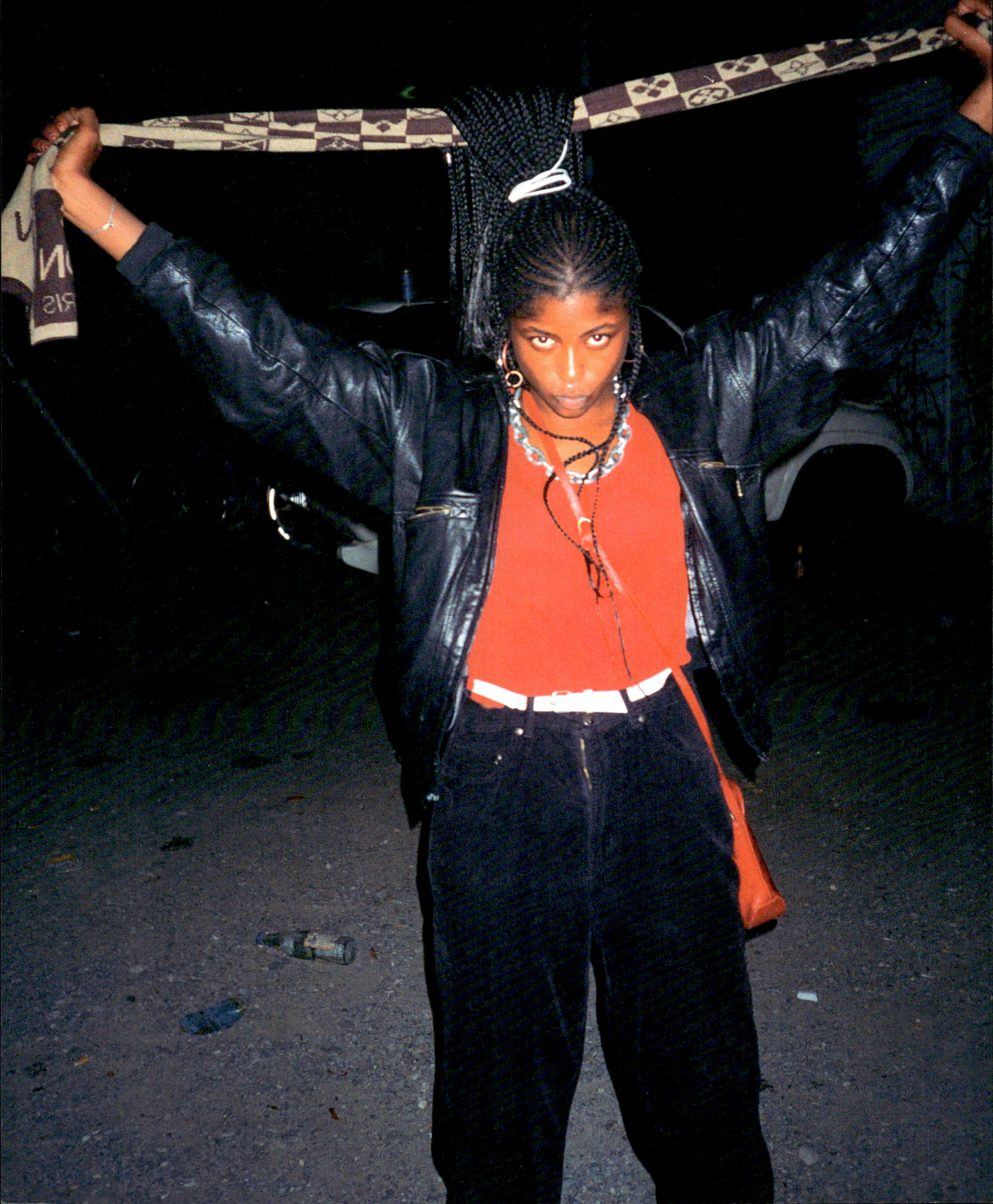

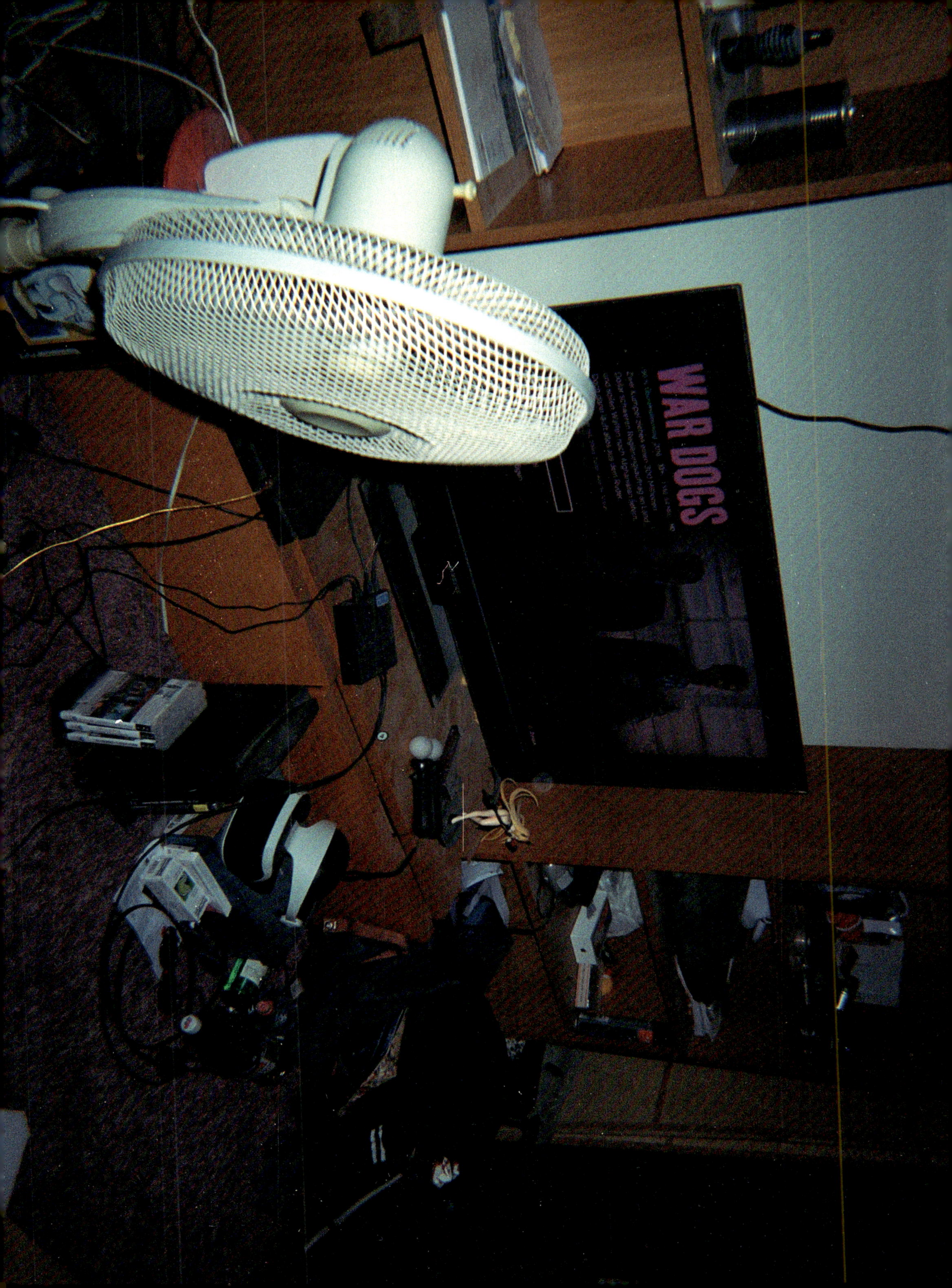
WAR DOGS

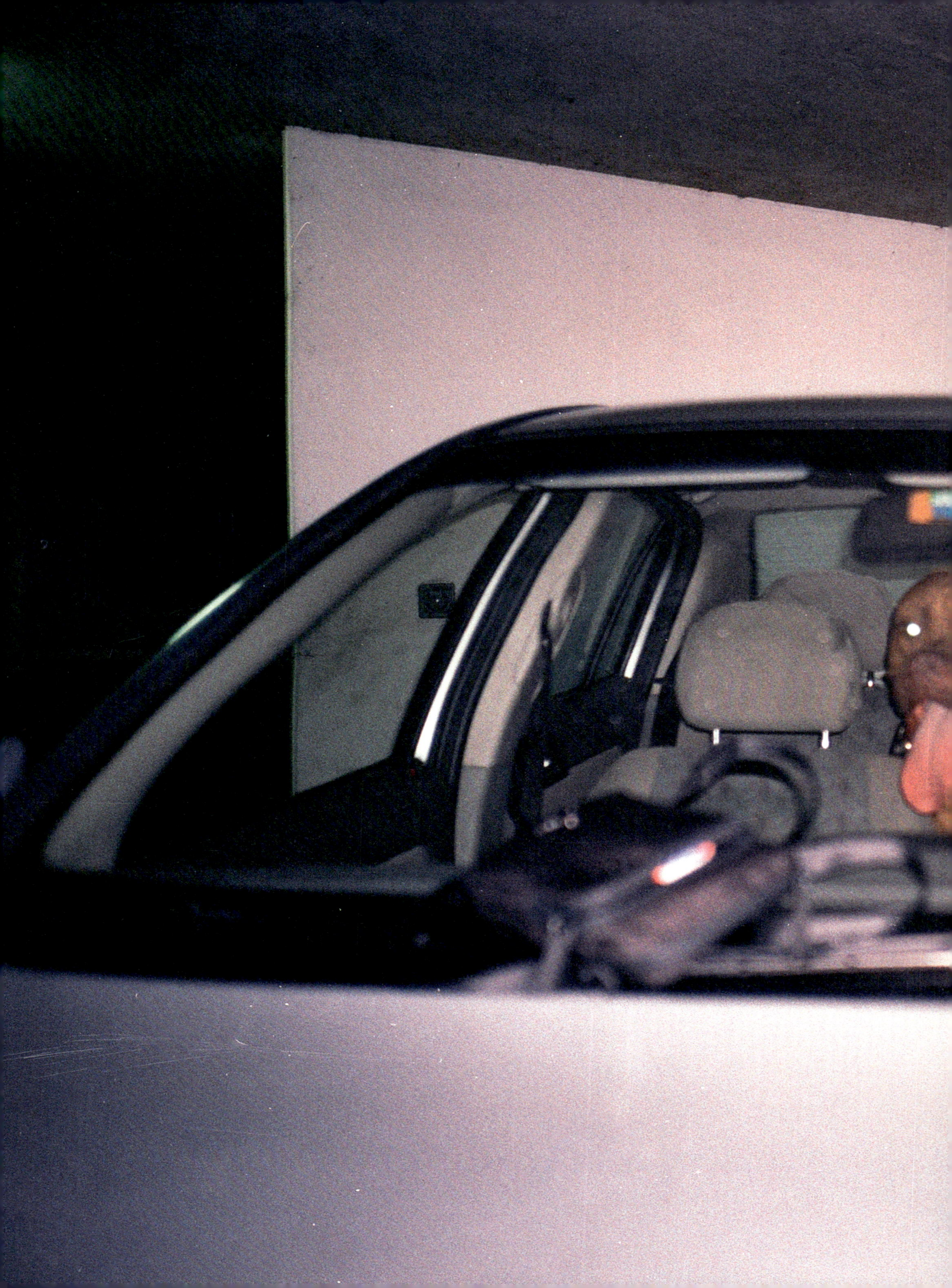

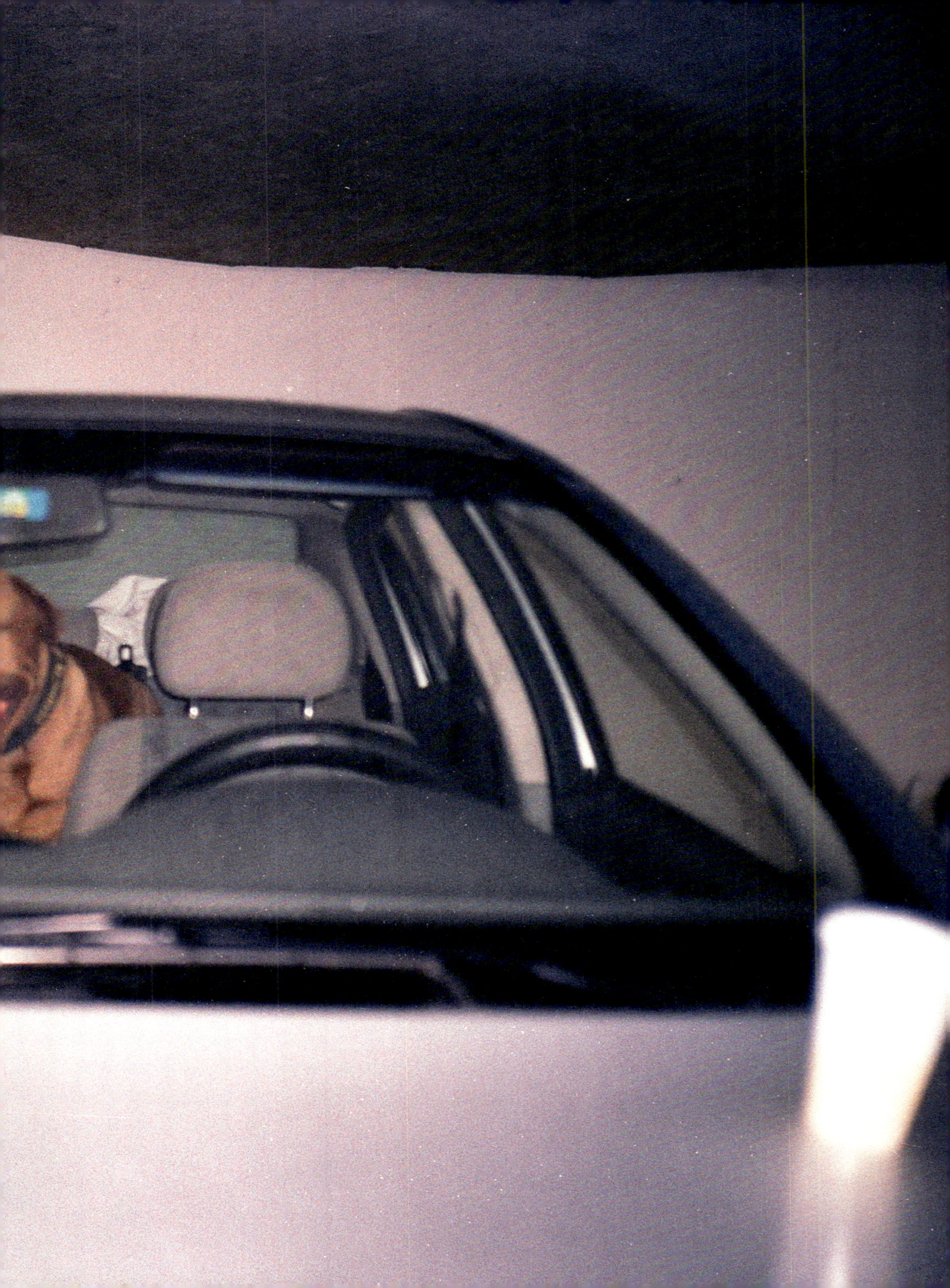

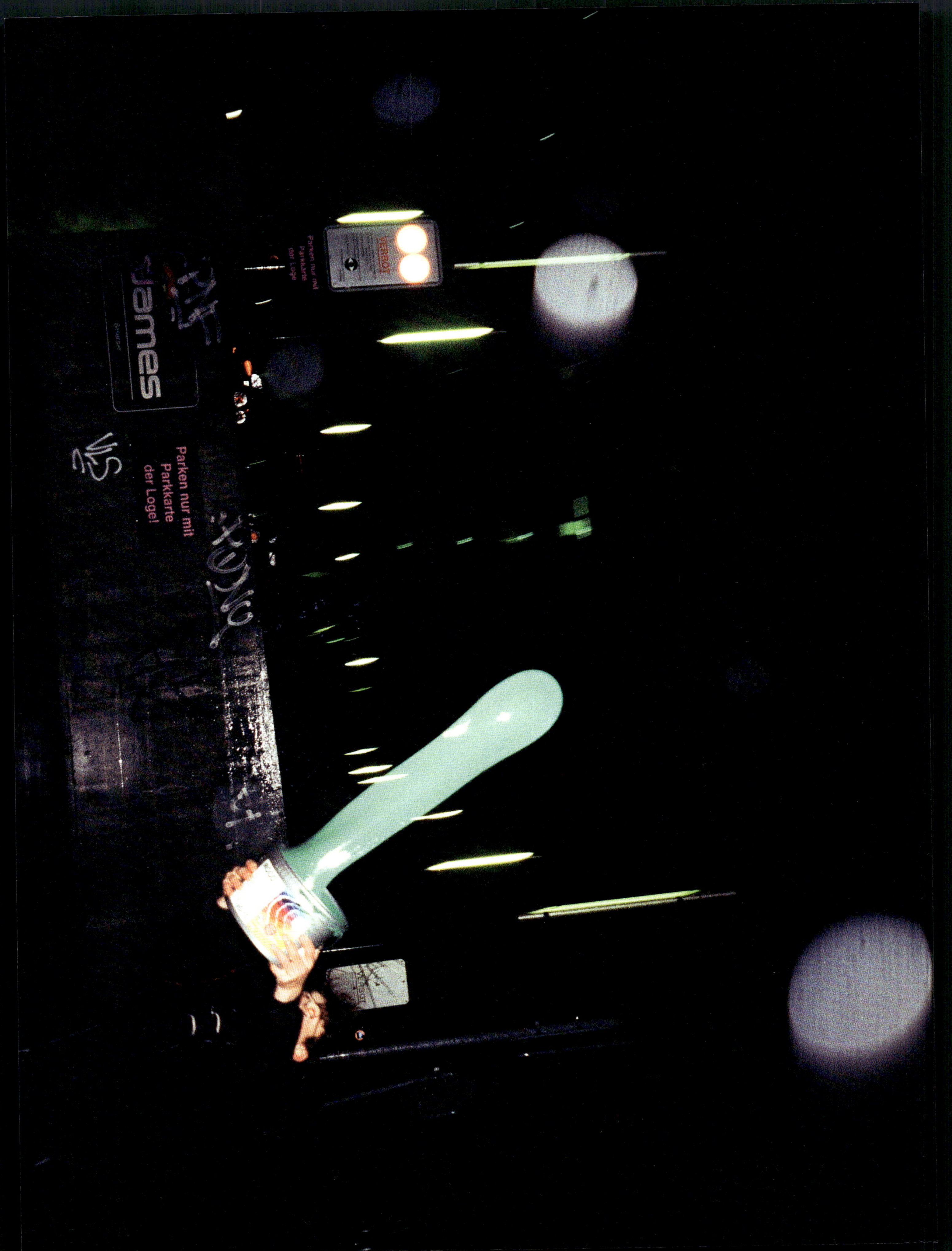
James
VERBOT
Parken nur mit
Parkkarte
der Loge!

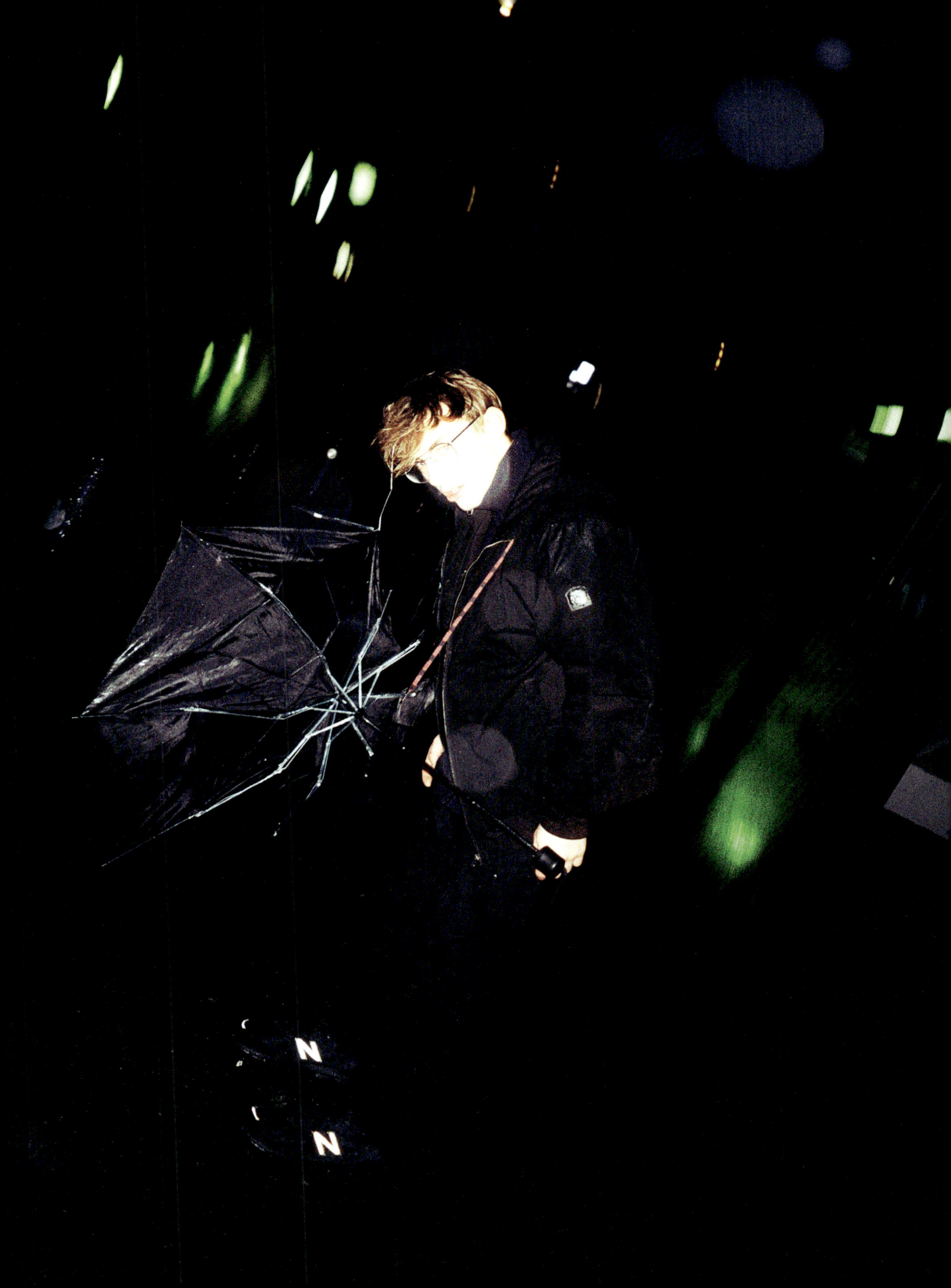

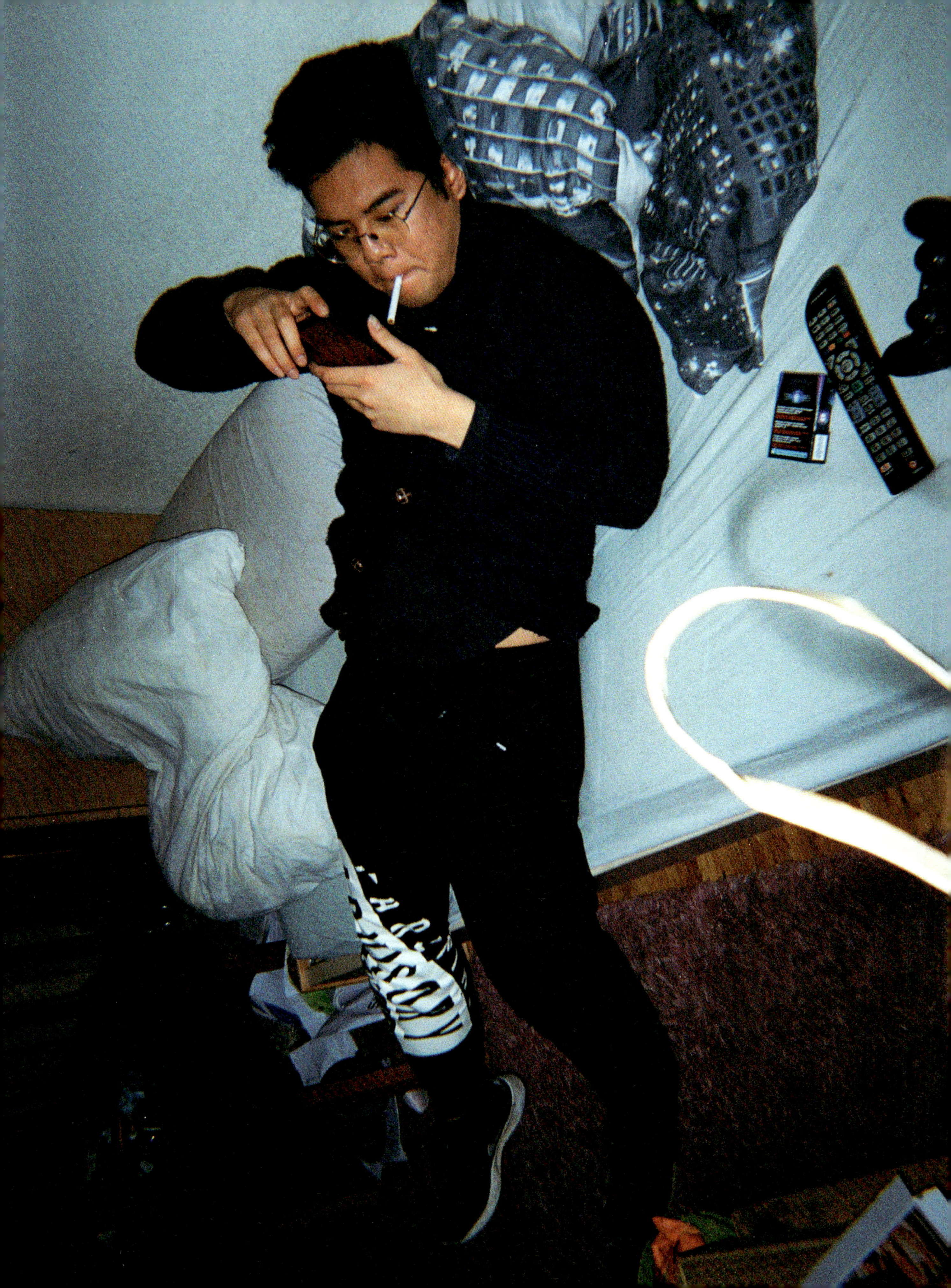

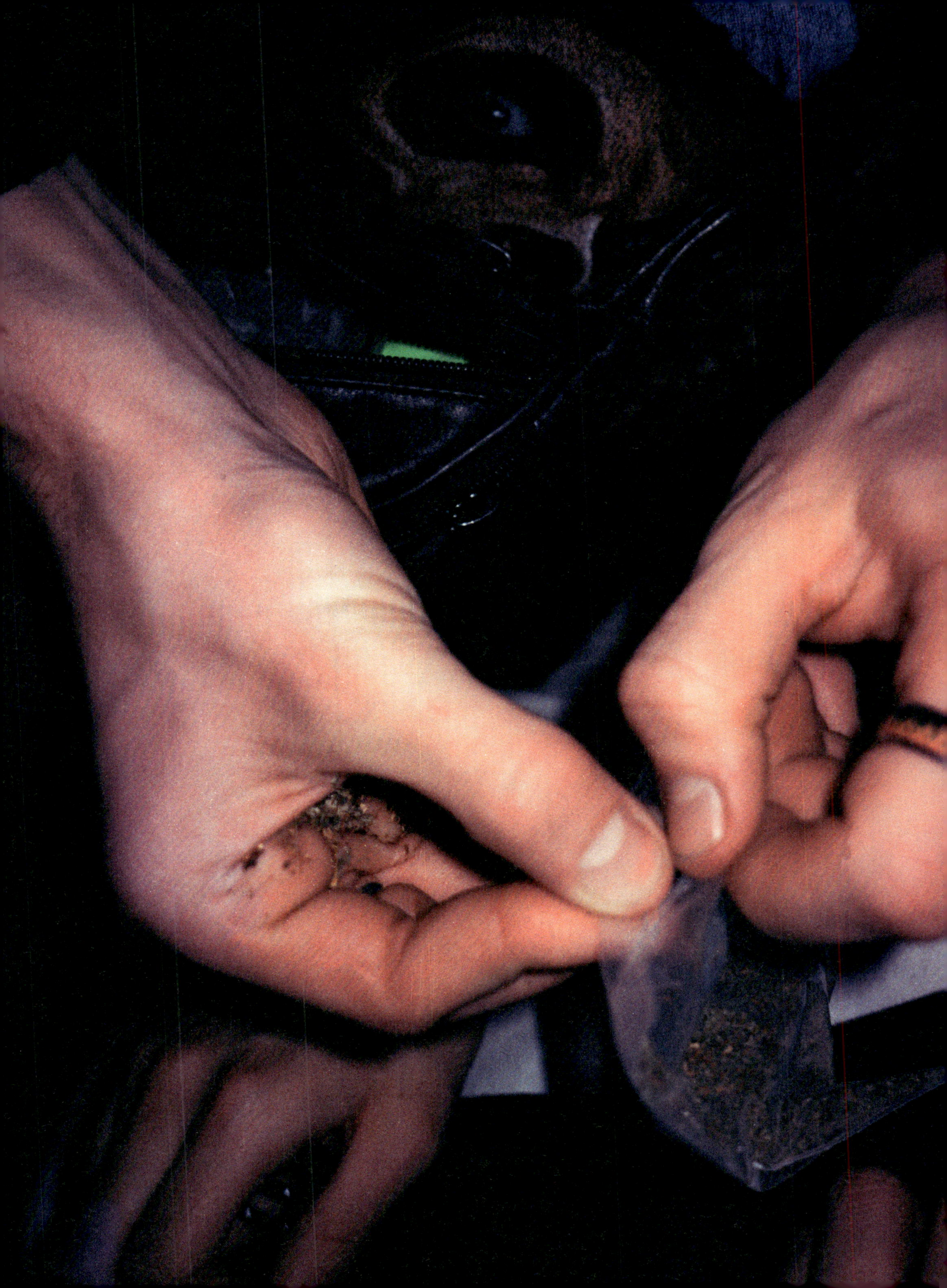

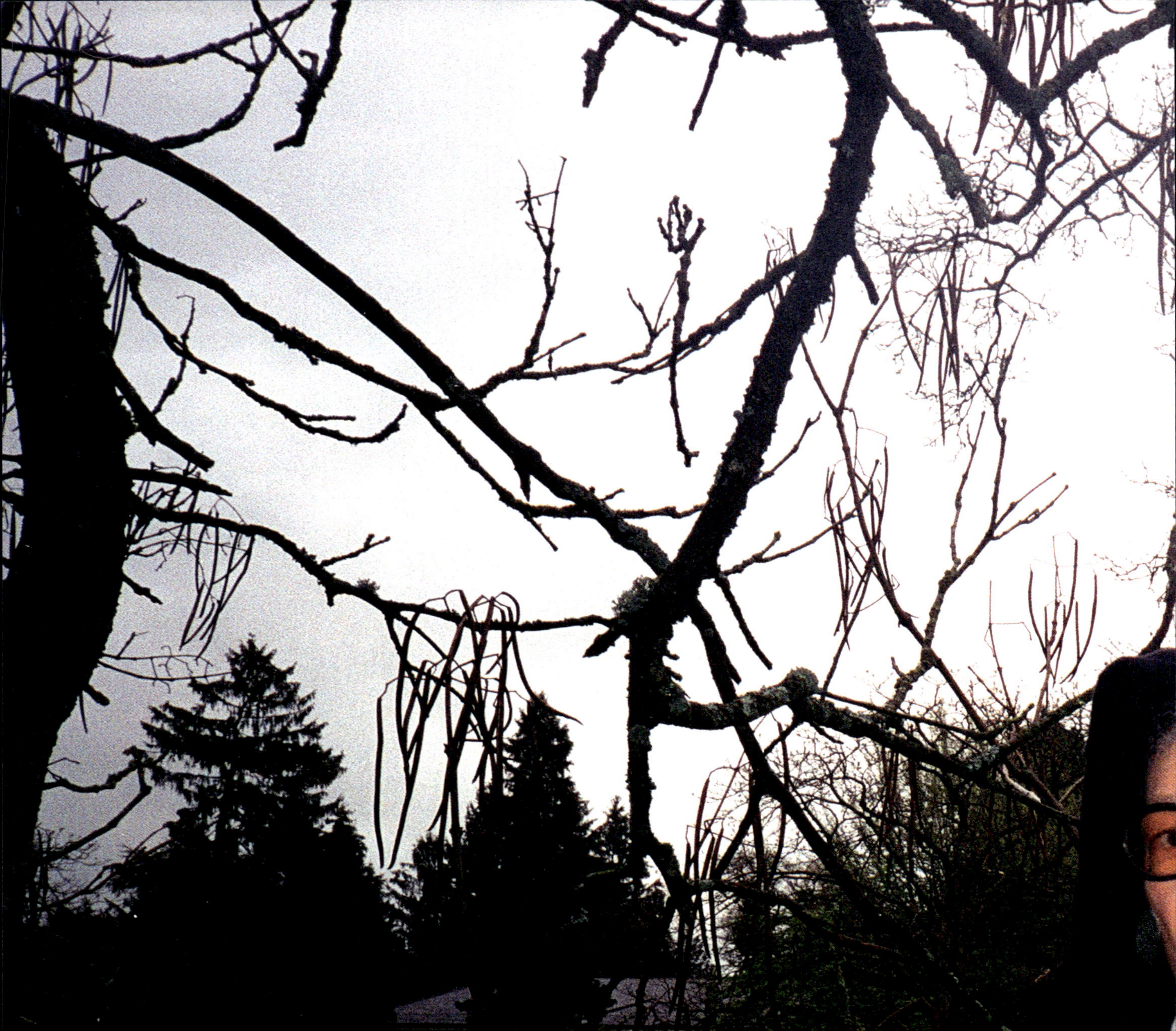

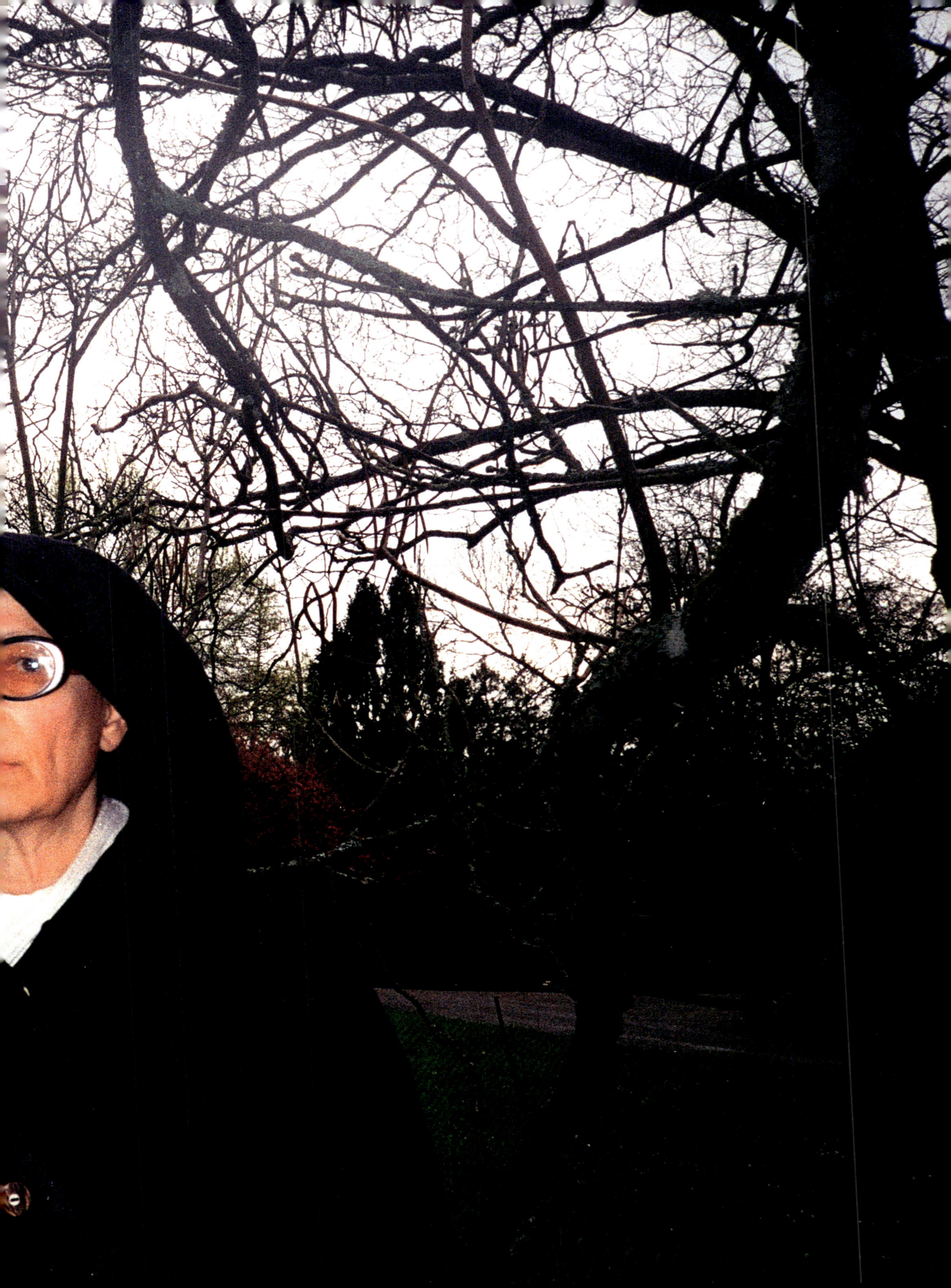

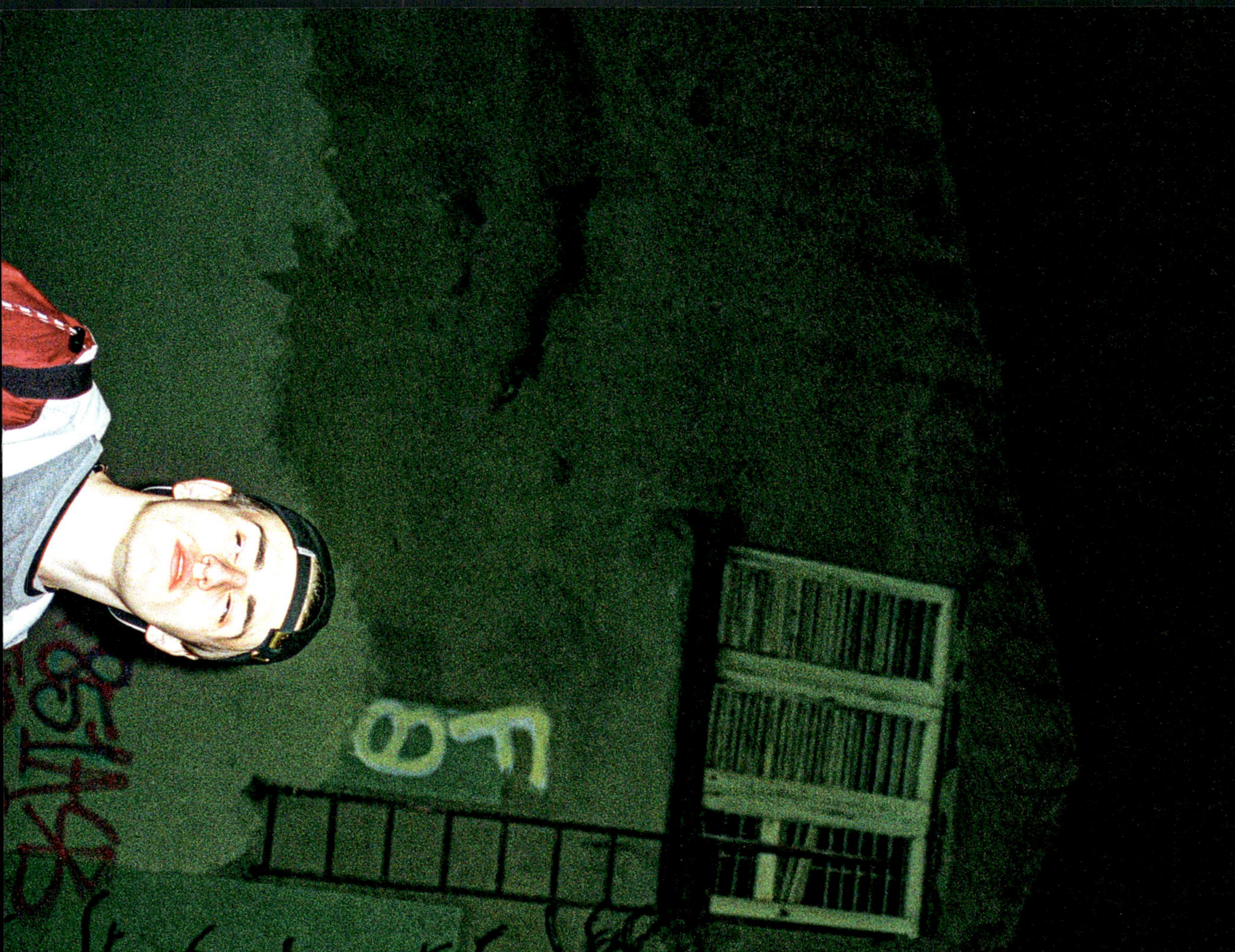

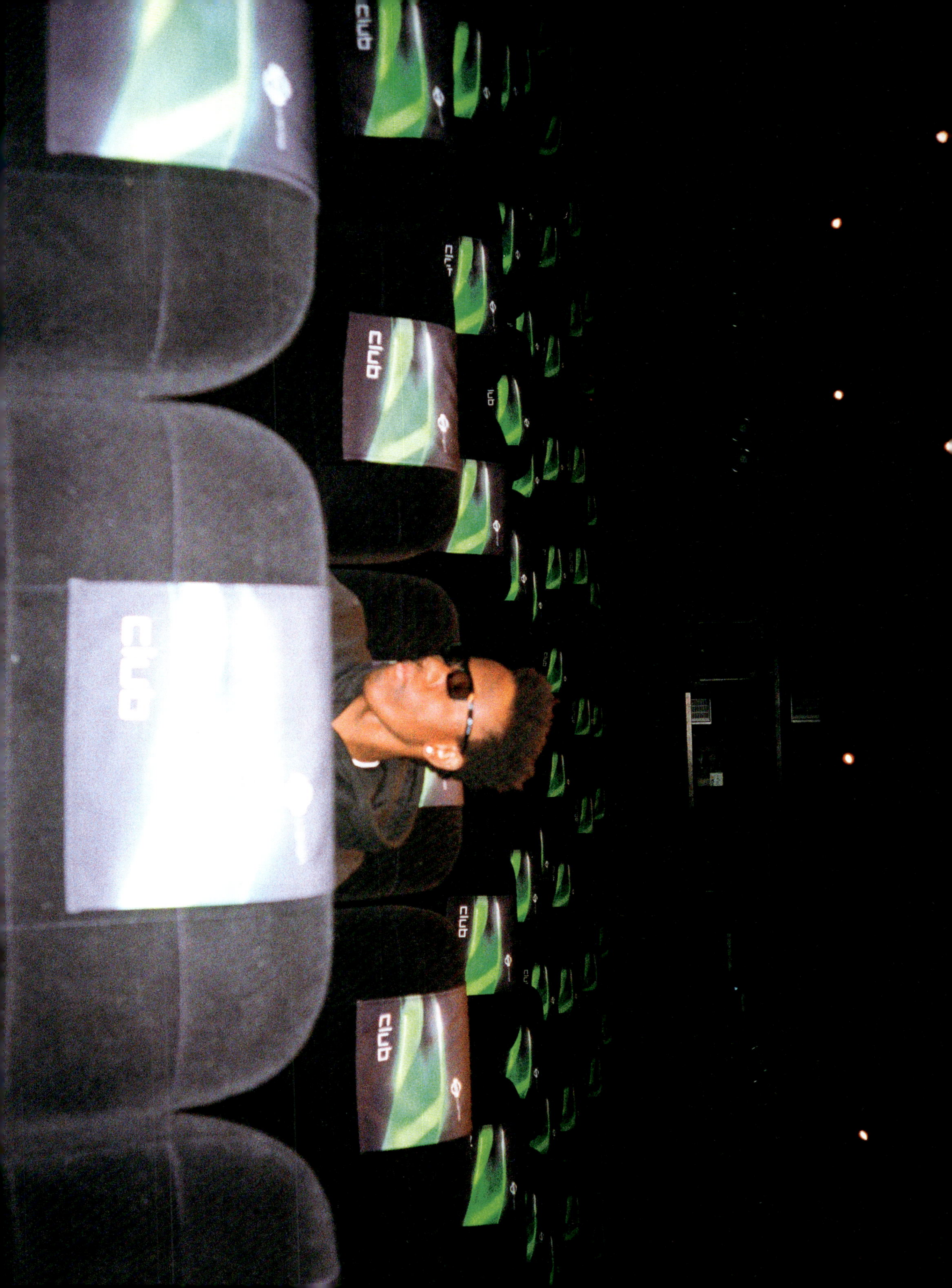
club

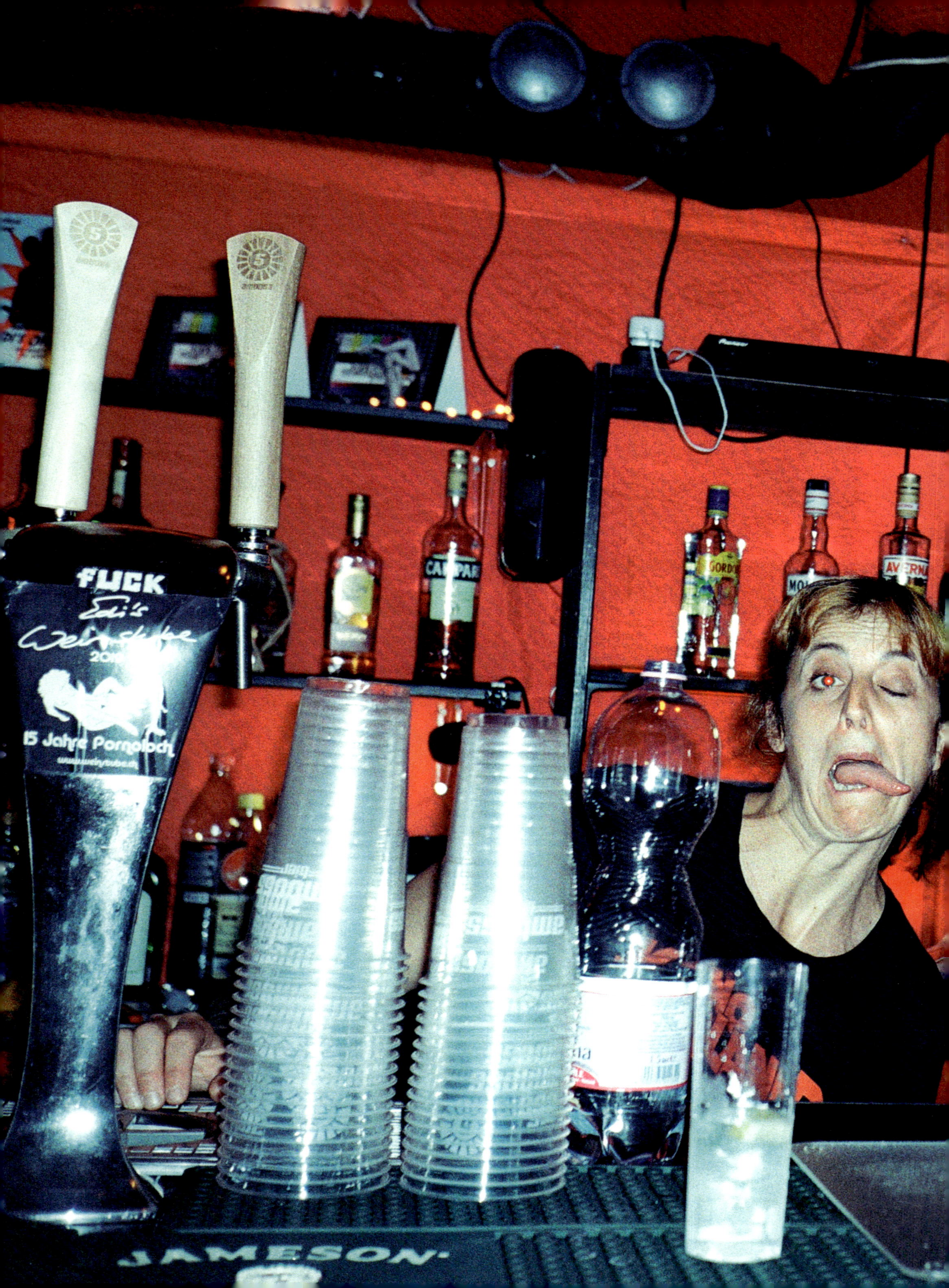
FUCK
15 Jahre Pornoloch
JAMESON

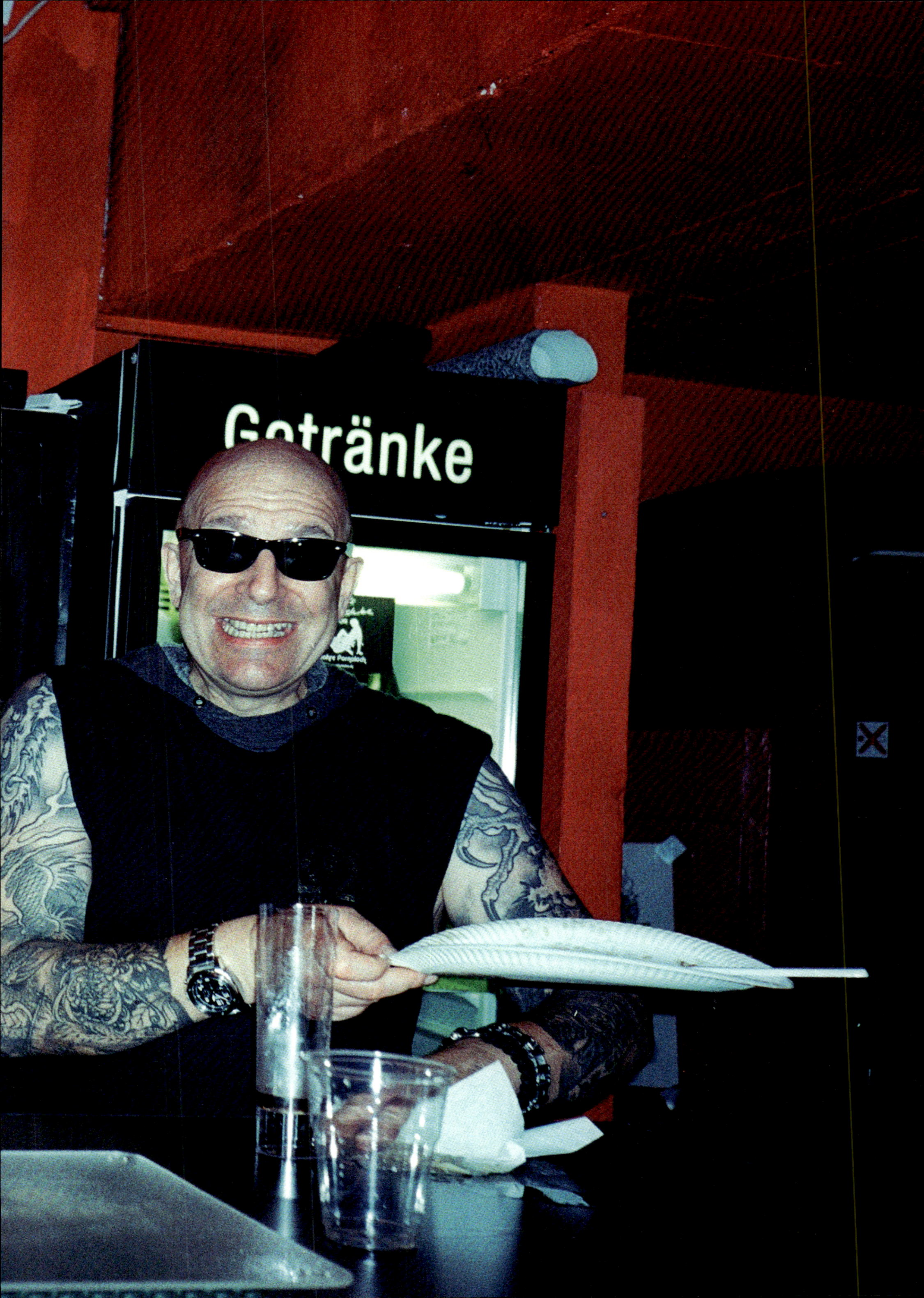

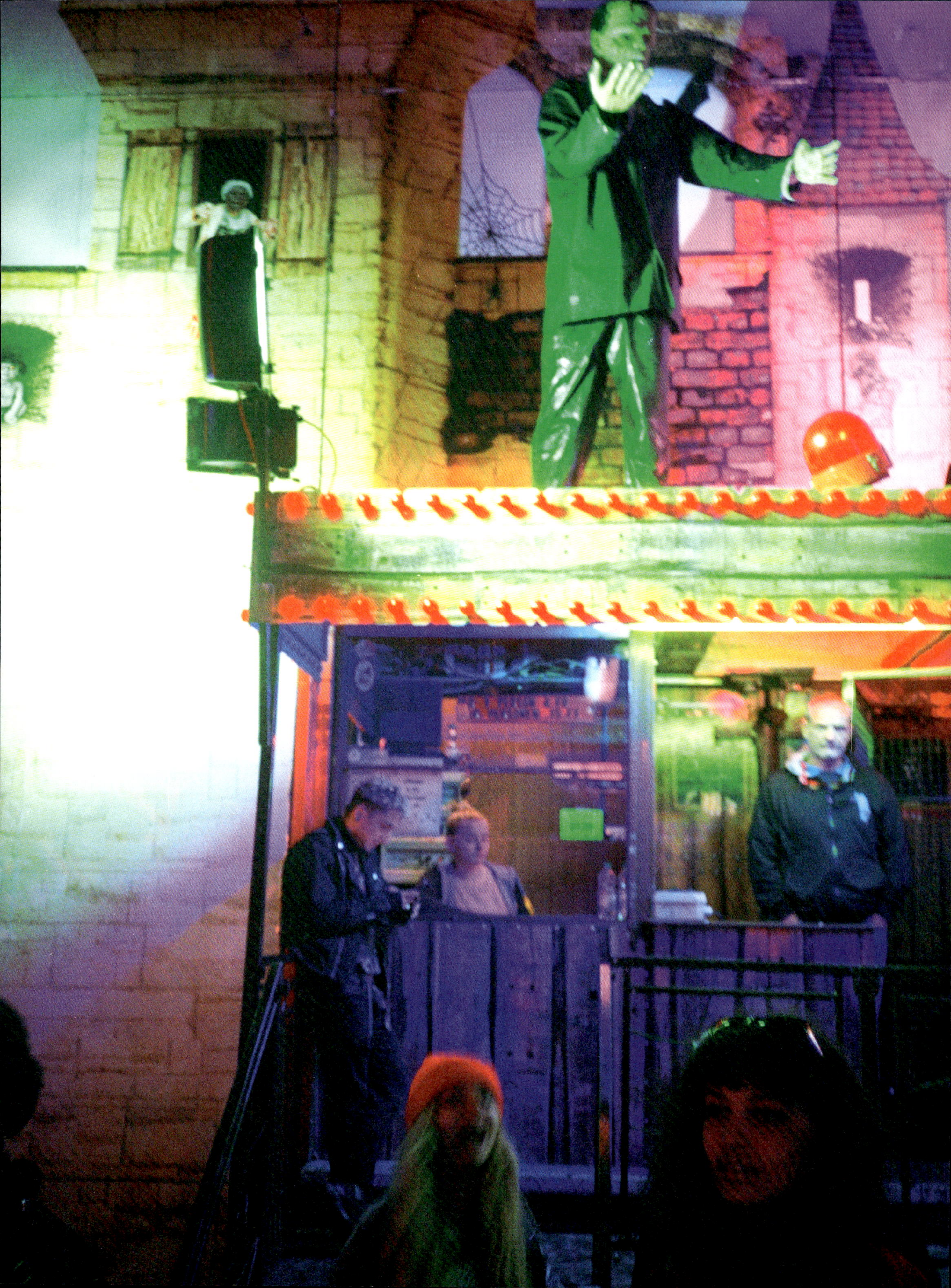

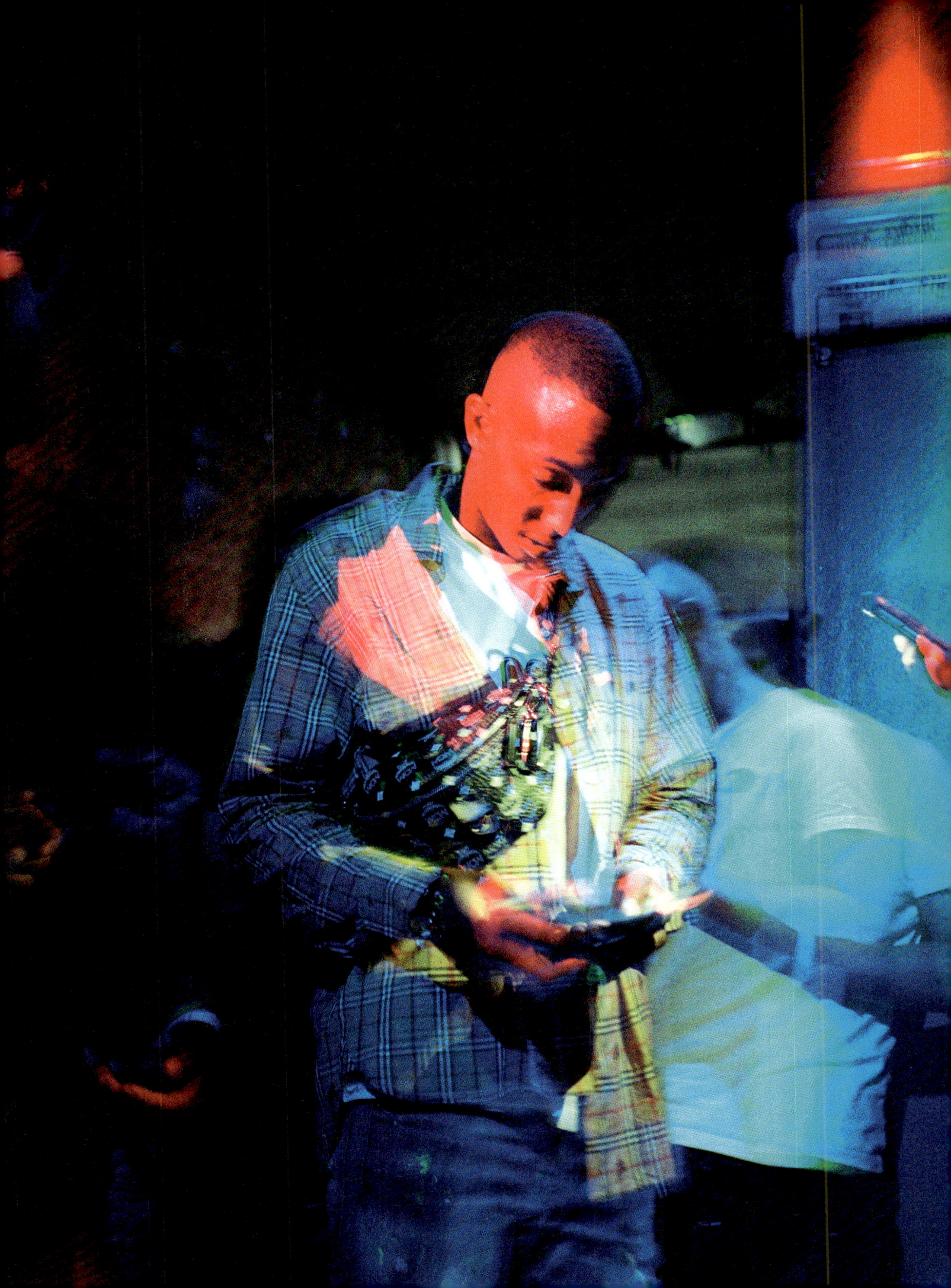

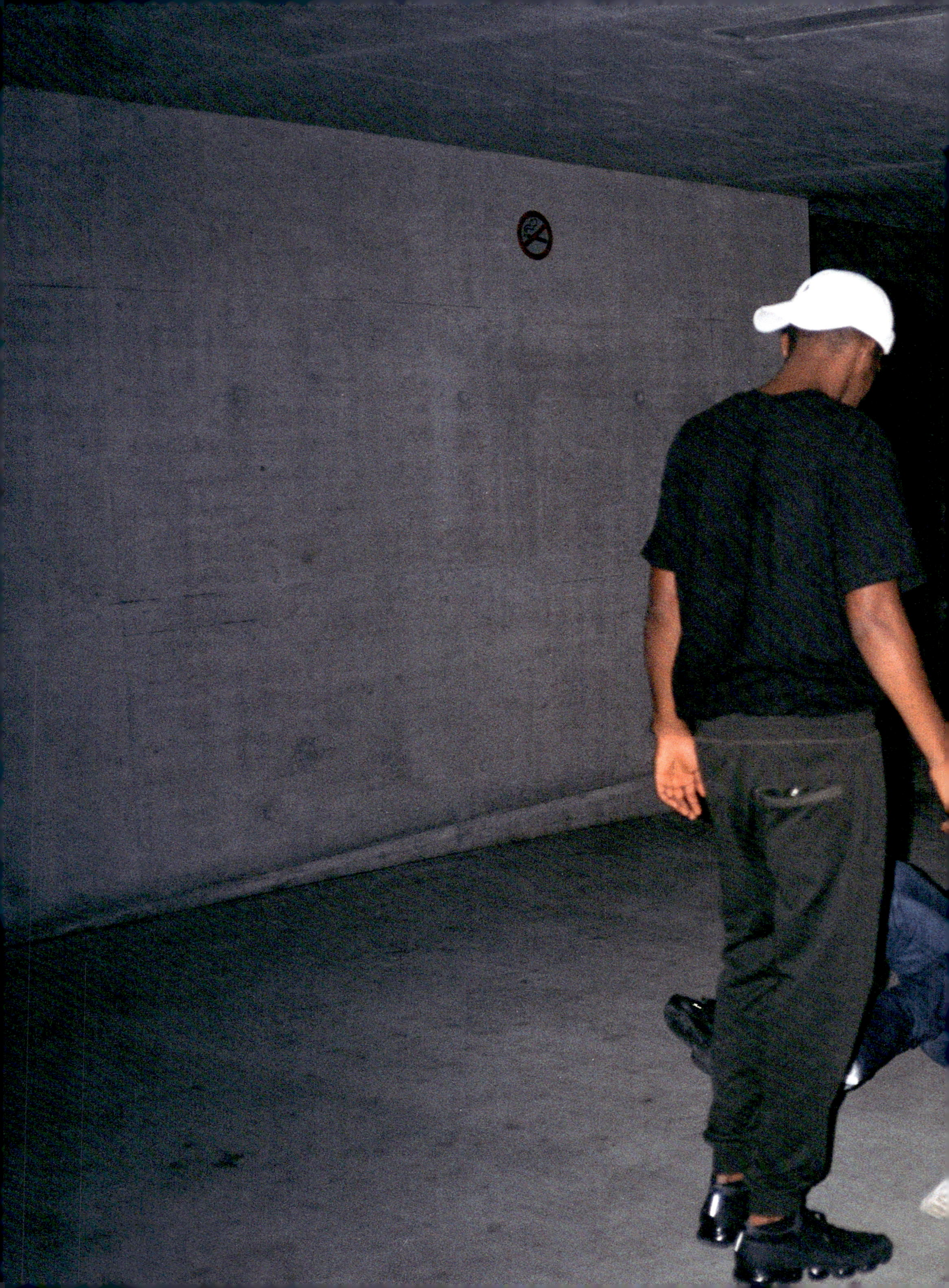

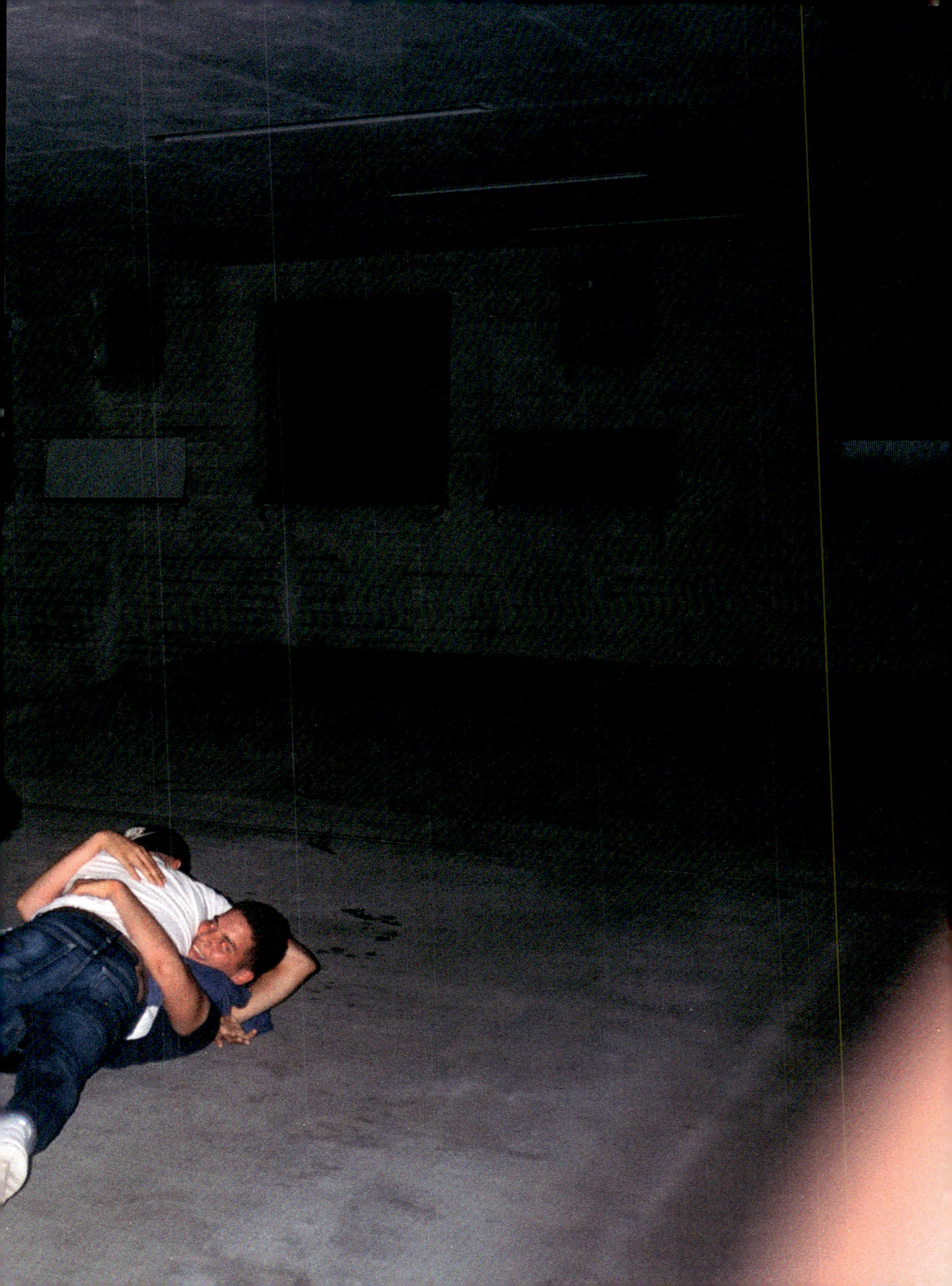

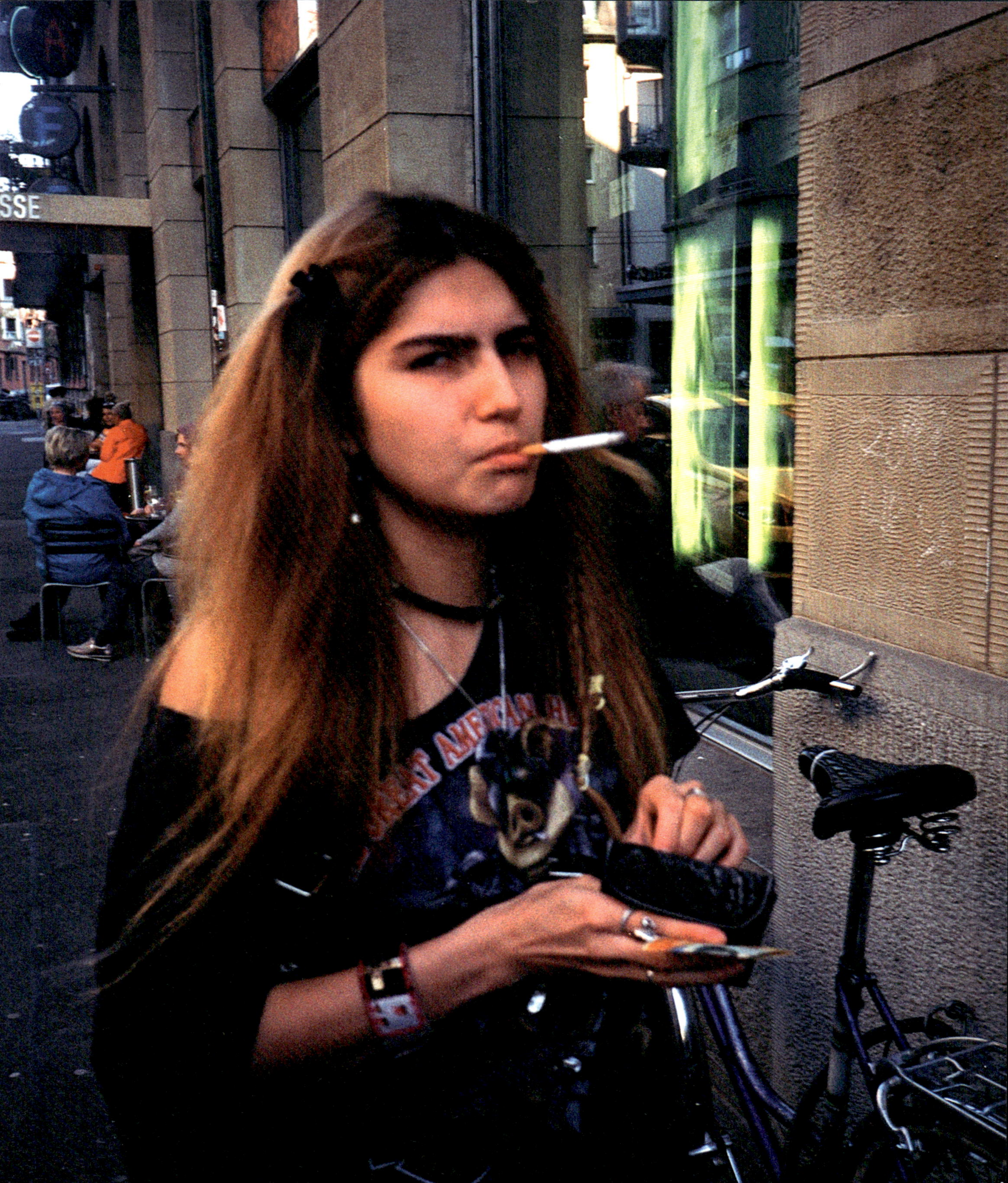
SSE
AMERICAN

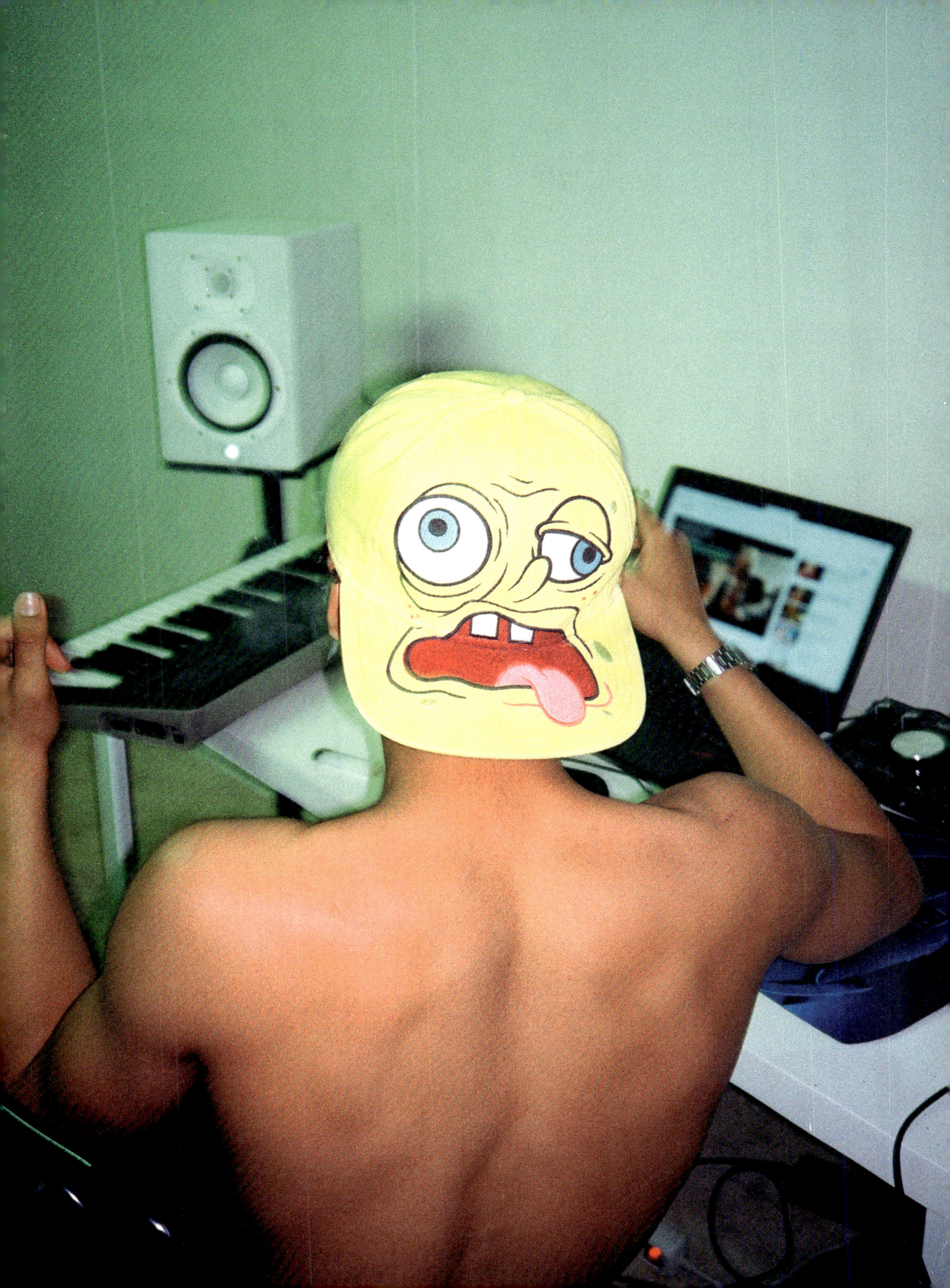

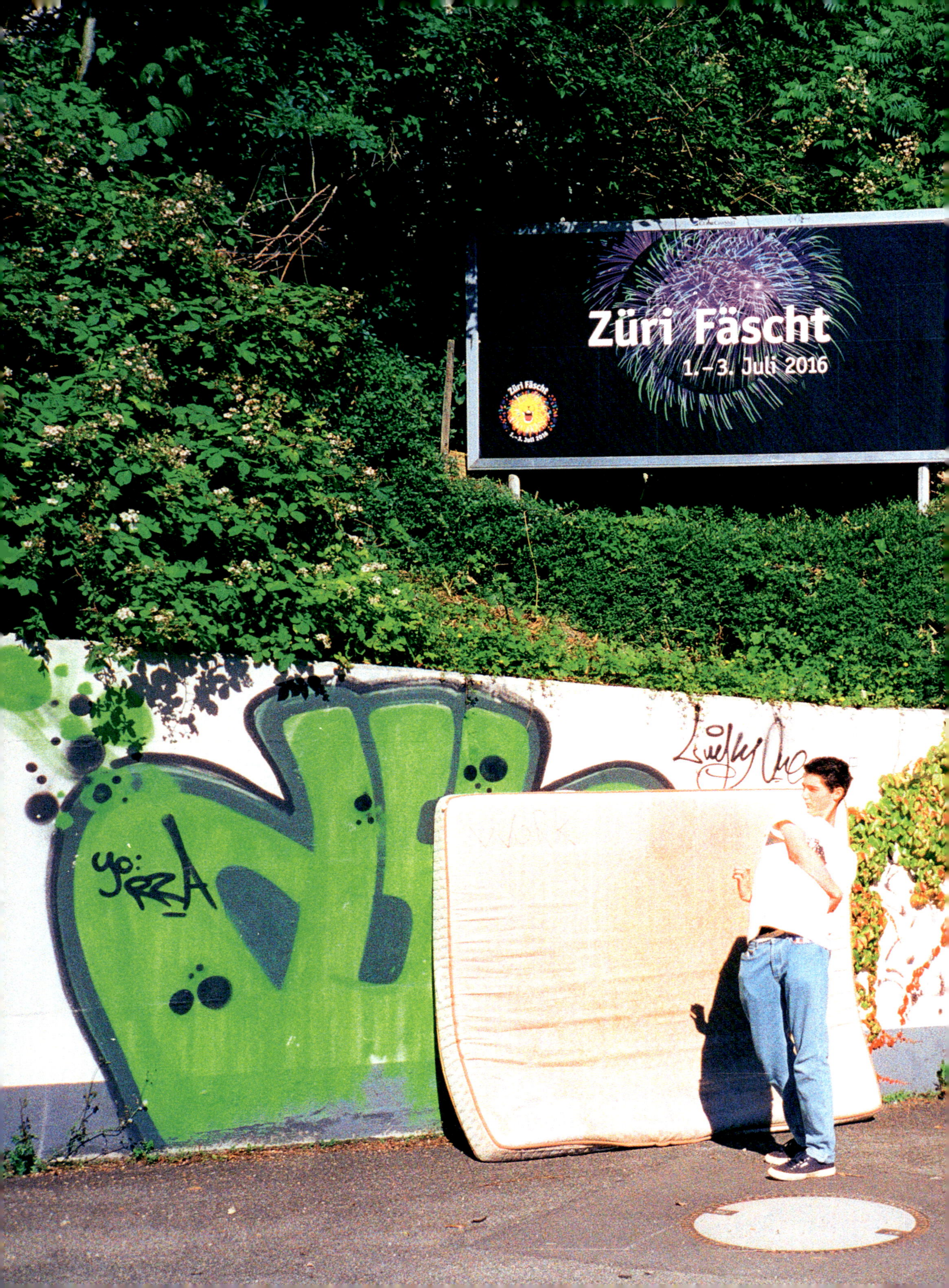
Züri Fäscht
1.–3. Juli 2016

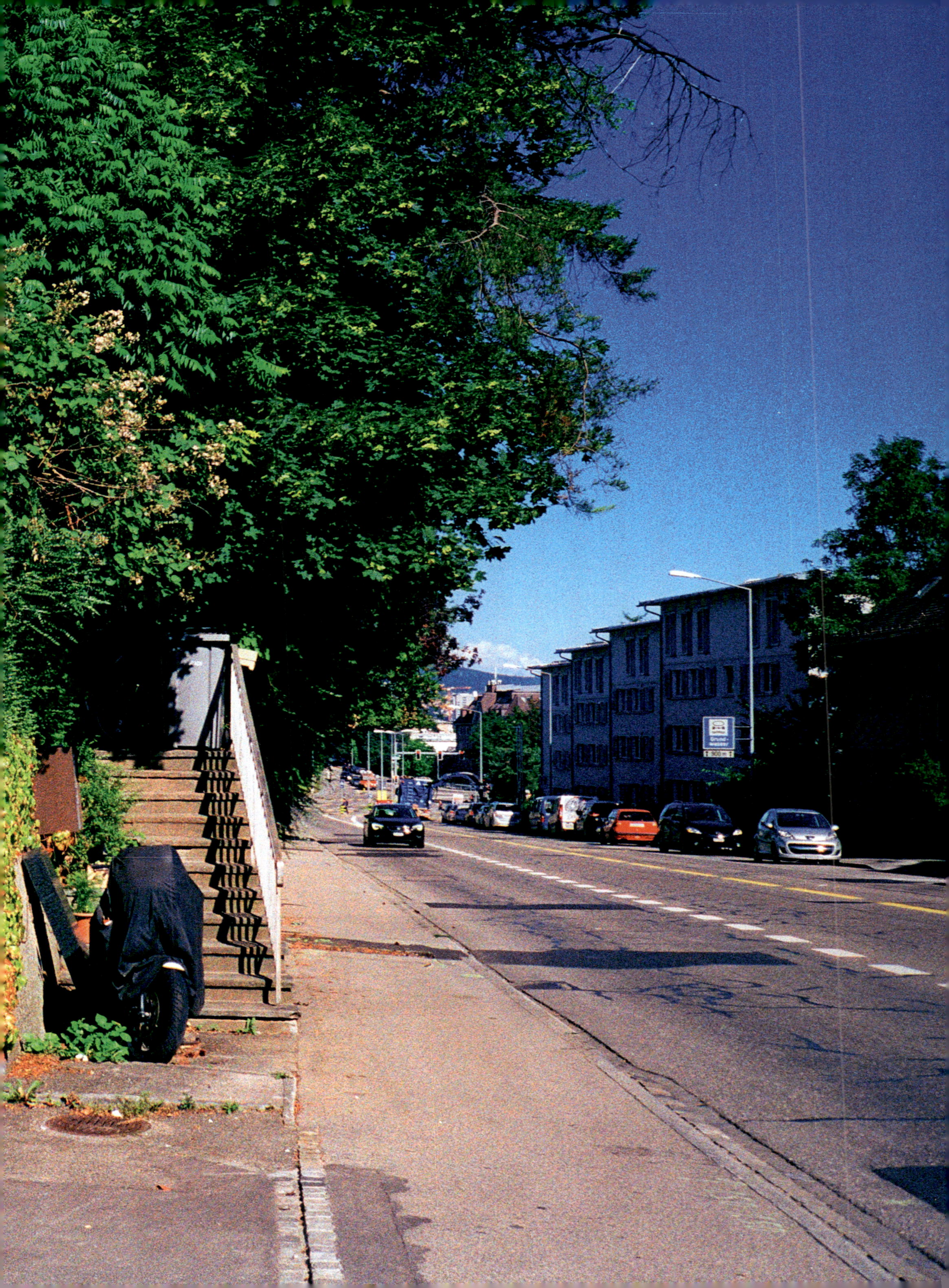

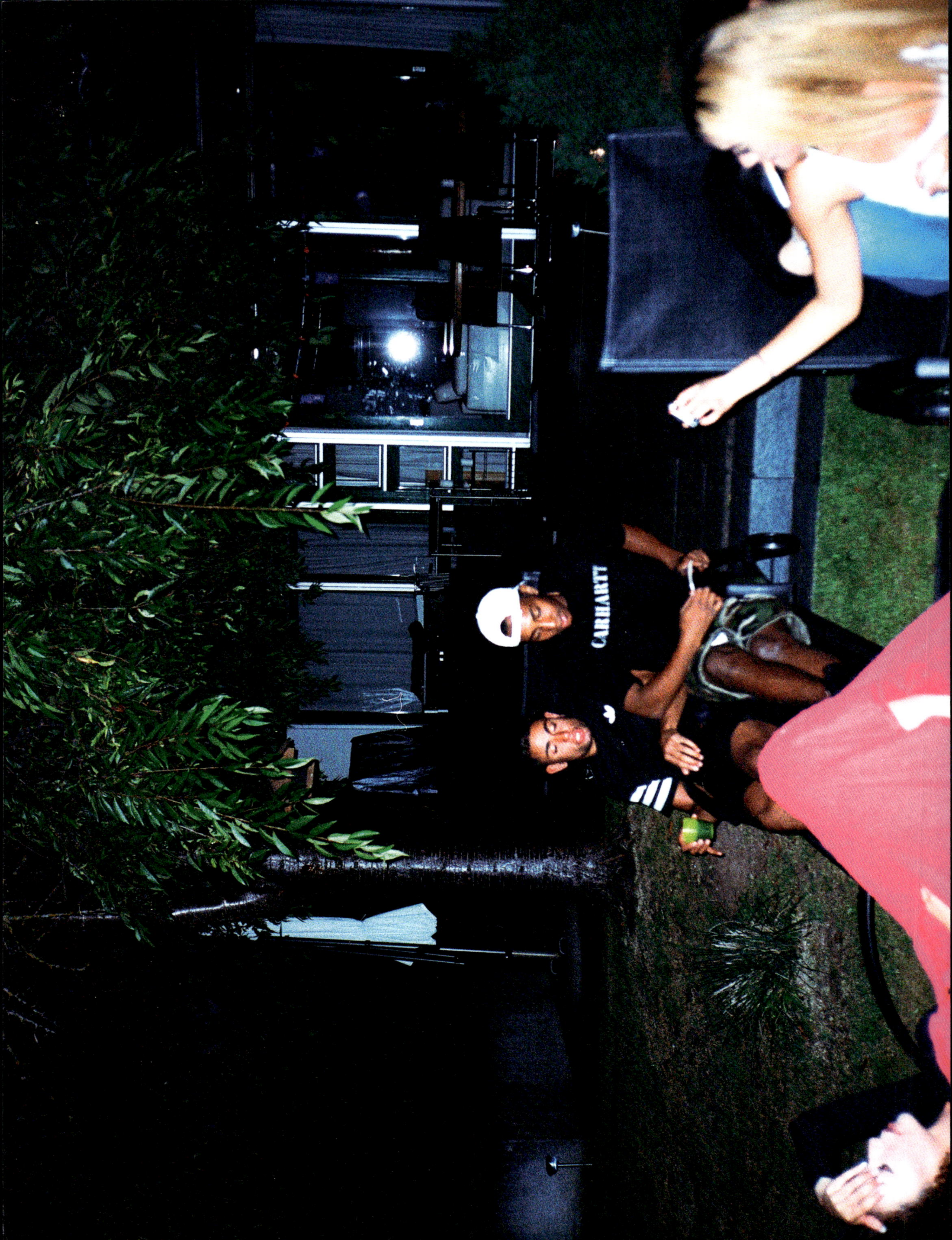
CARHARTT

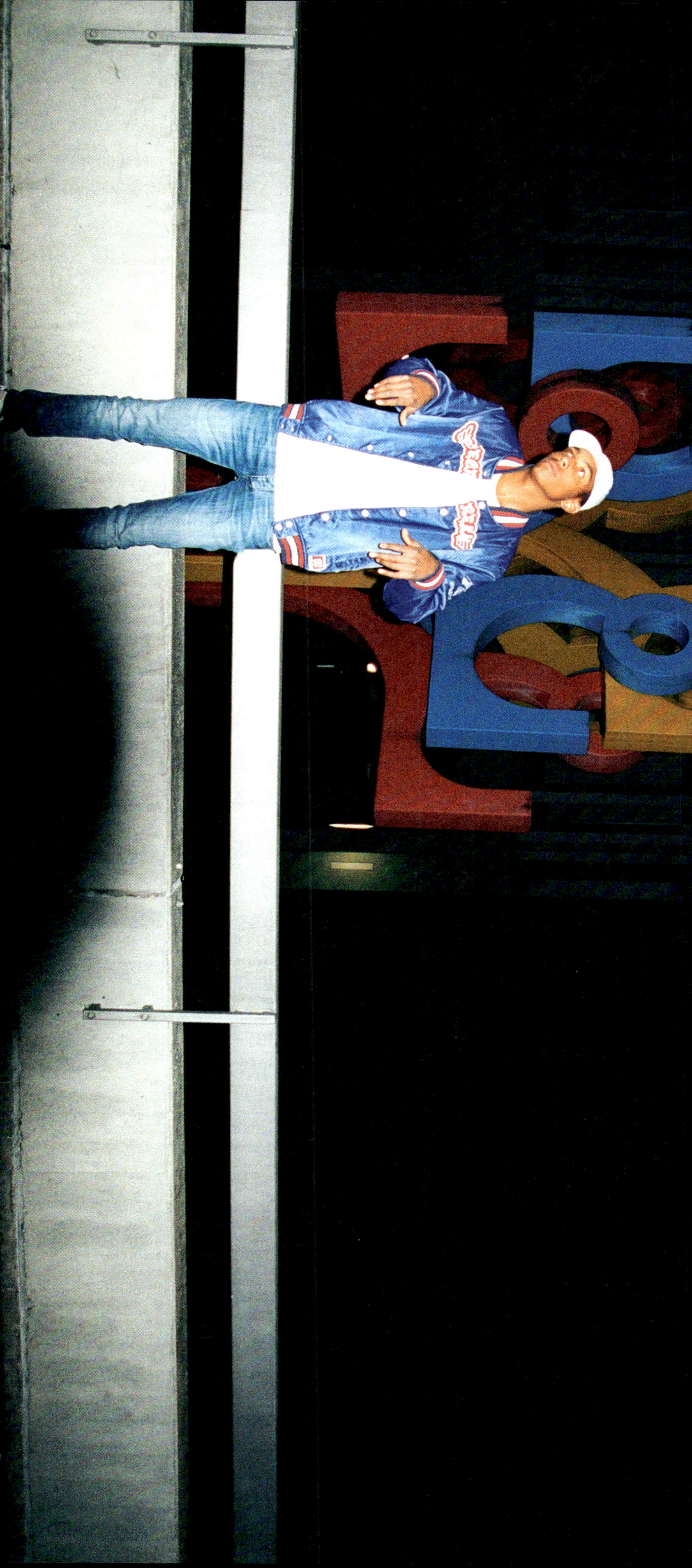

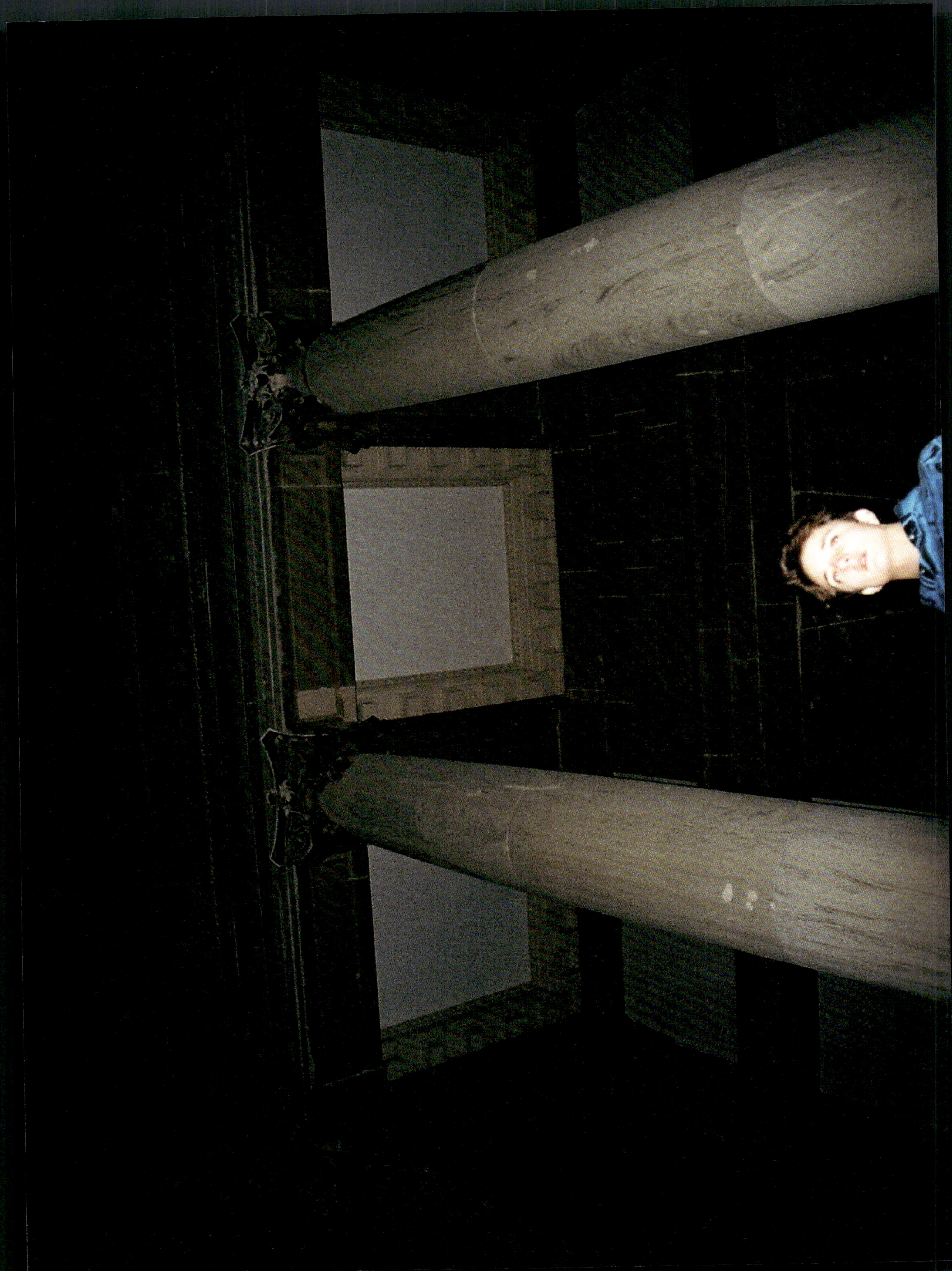

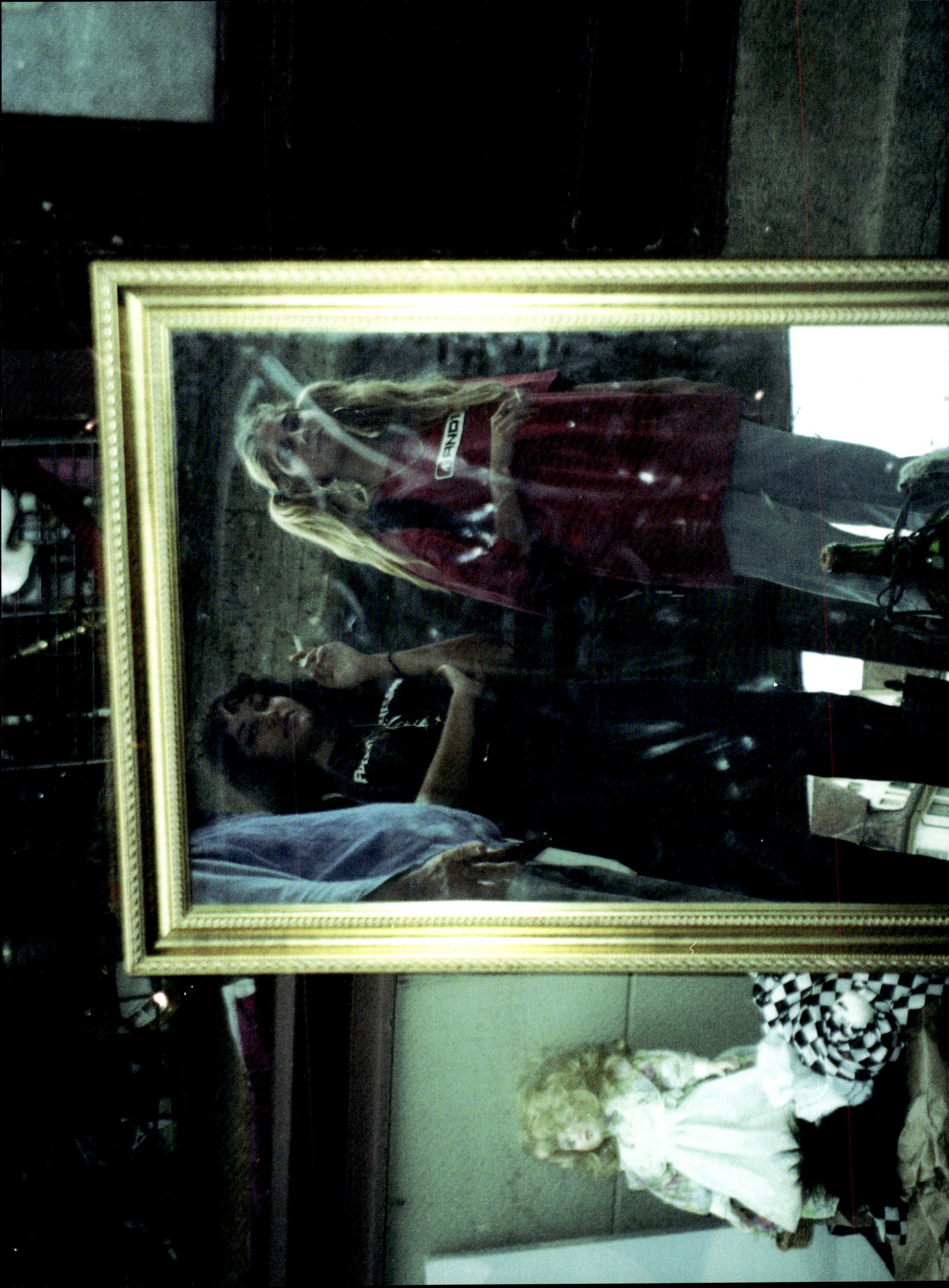

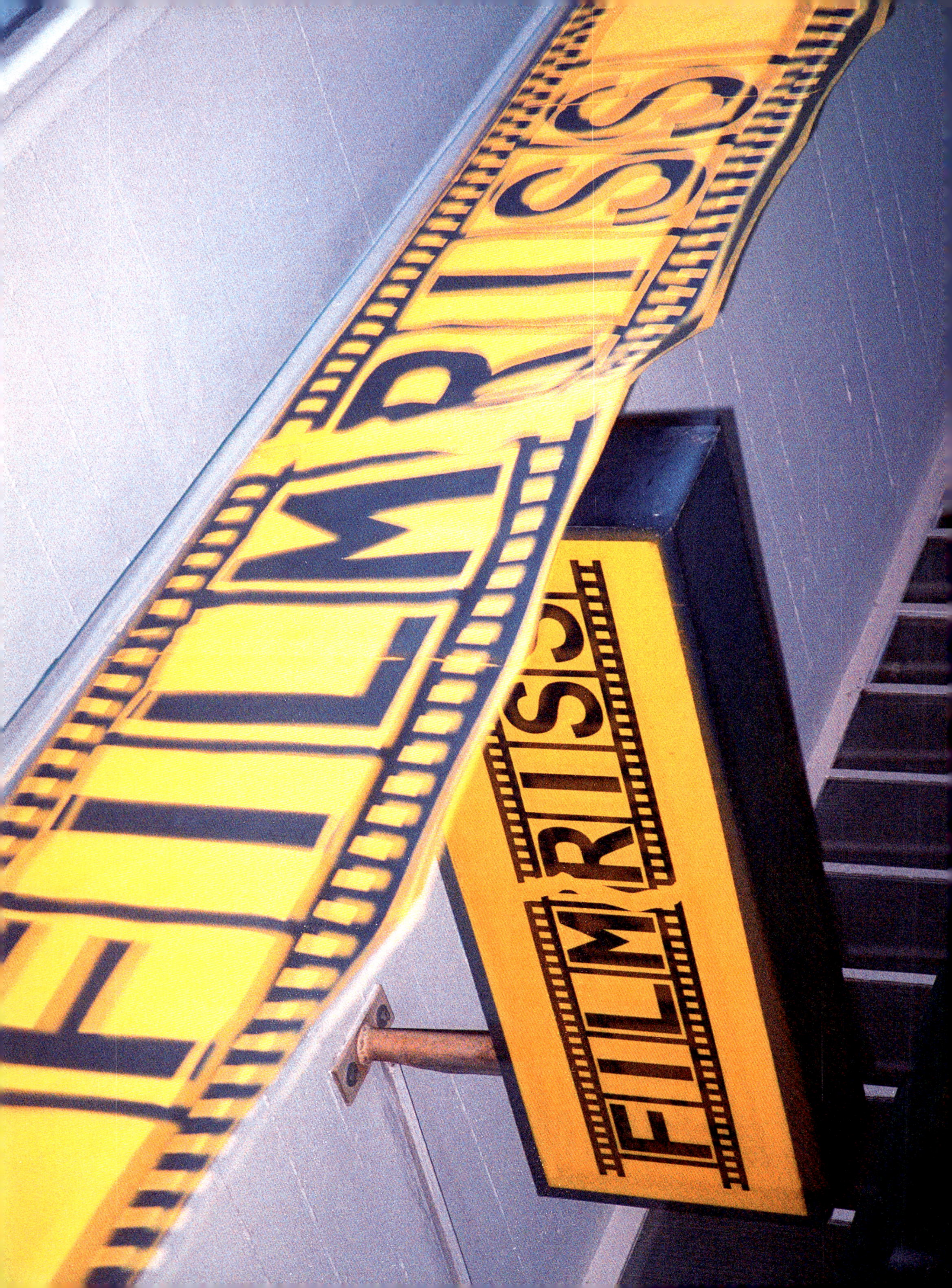
FILMRISS
FILMRISS

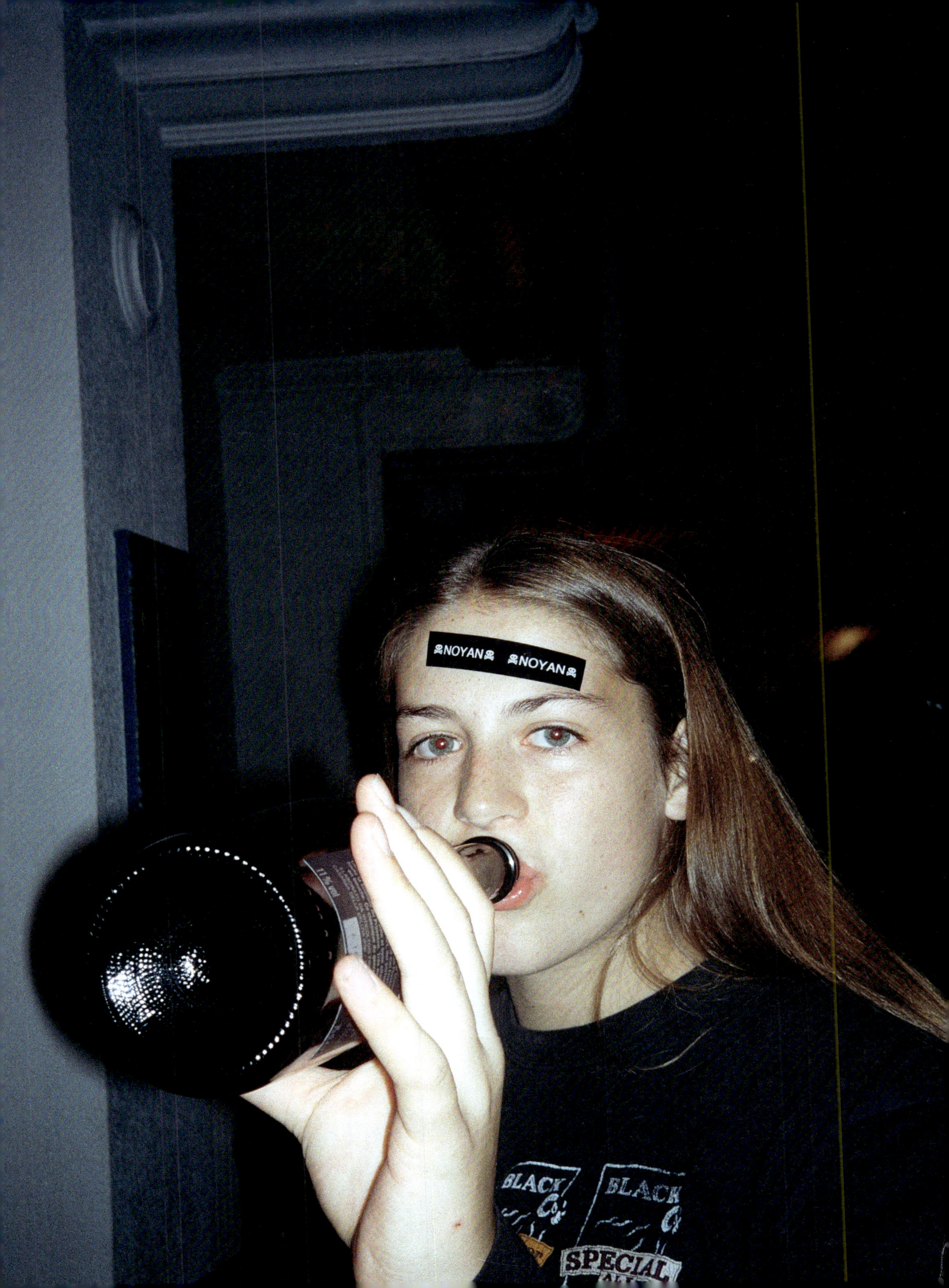
NOYAN
NOYAN
BLACK
BLACK
SPECIAL

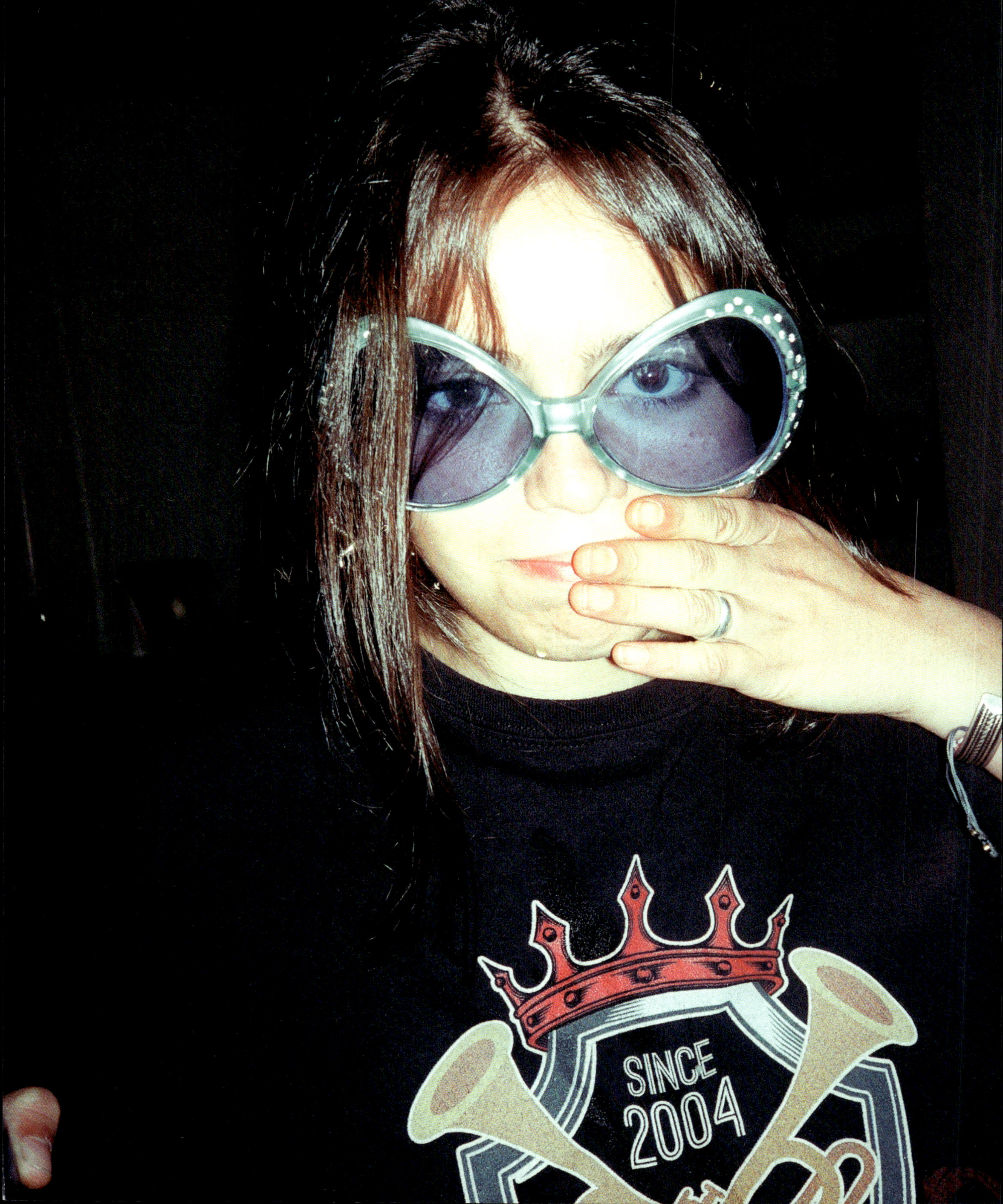
SINCE
2004

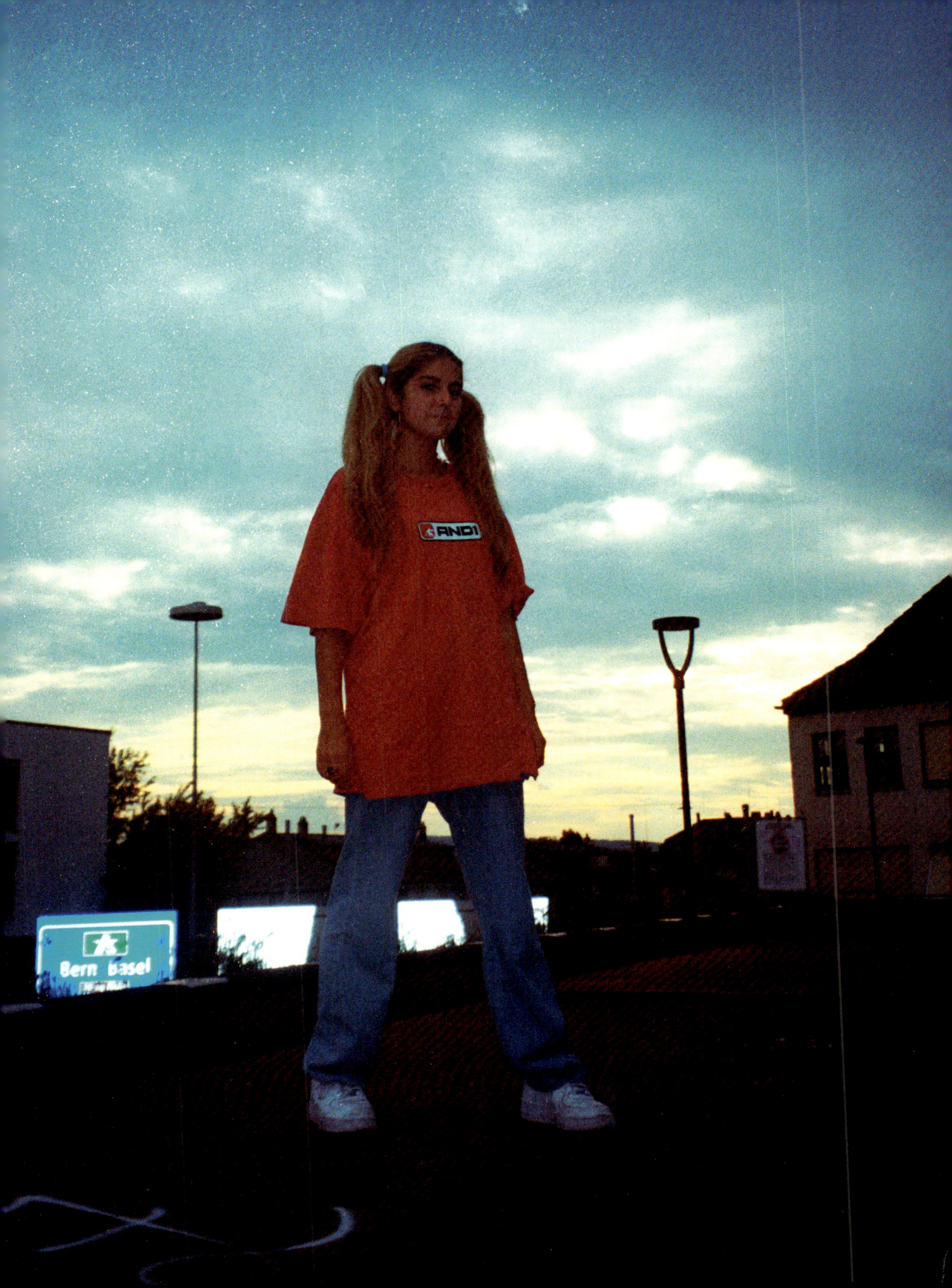
AND1
Bern Basel

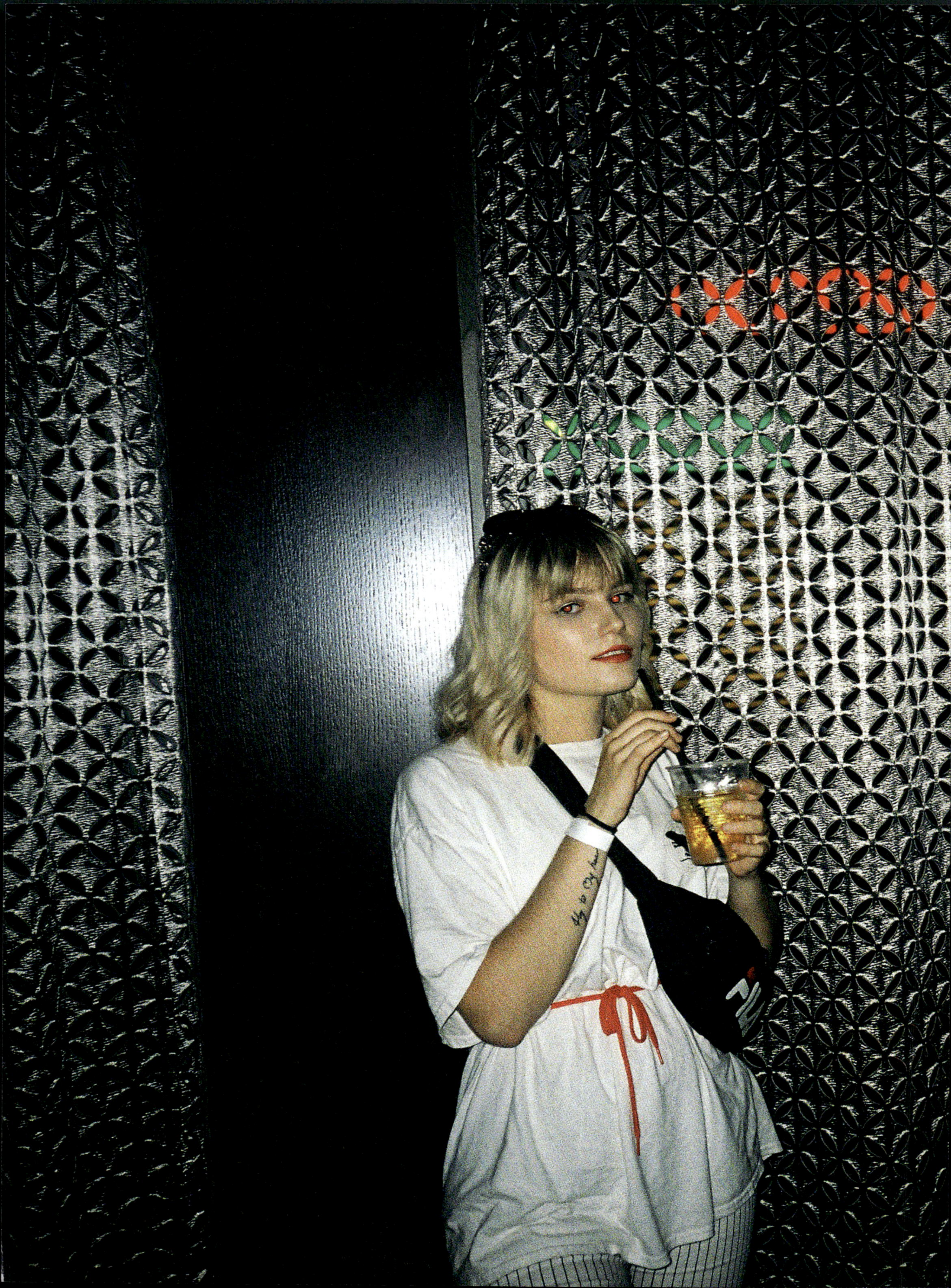

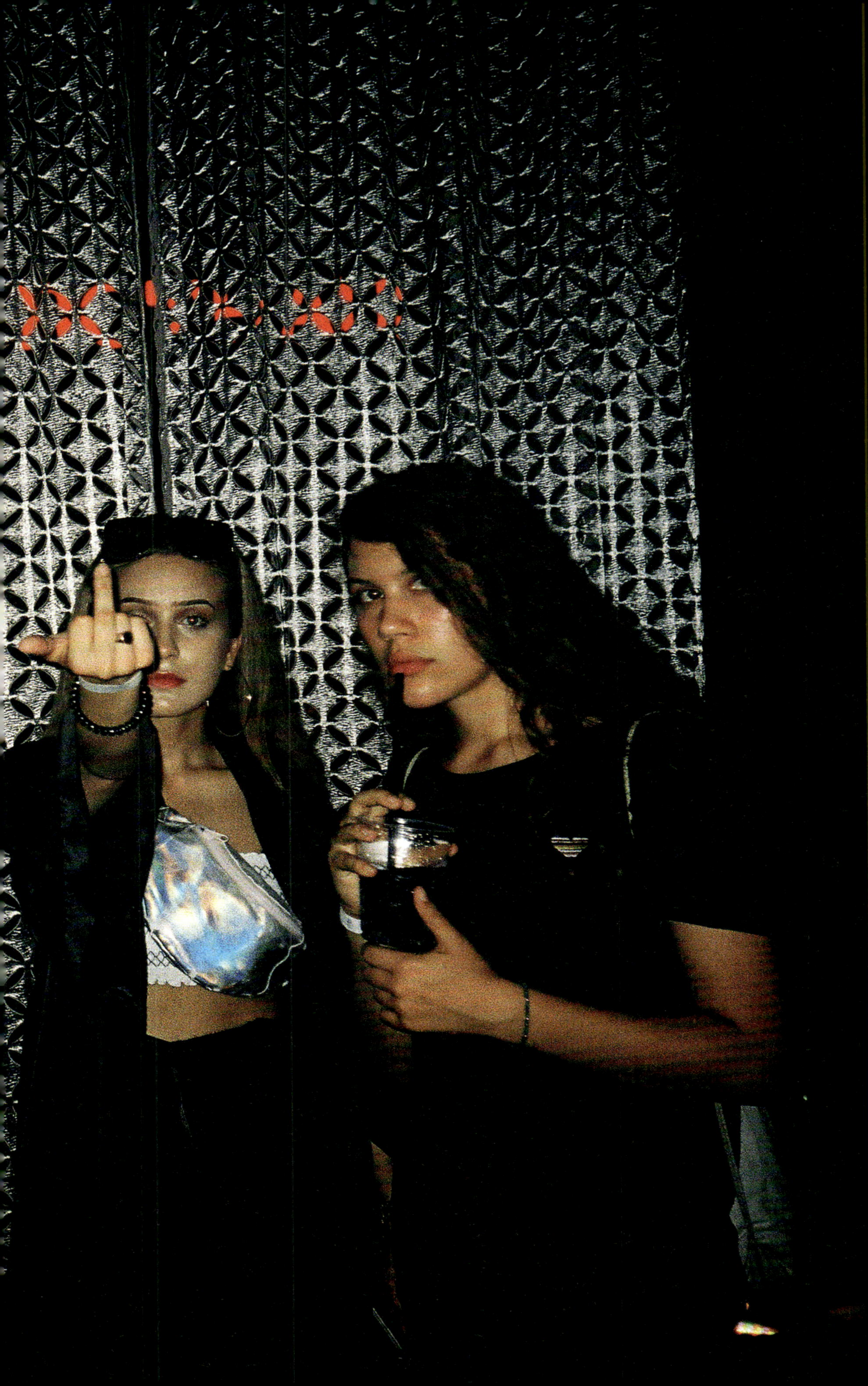

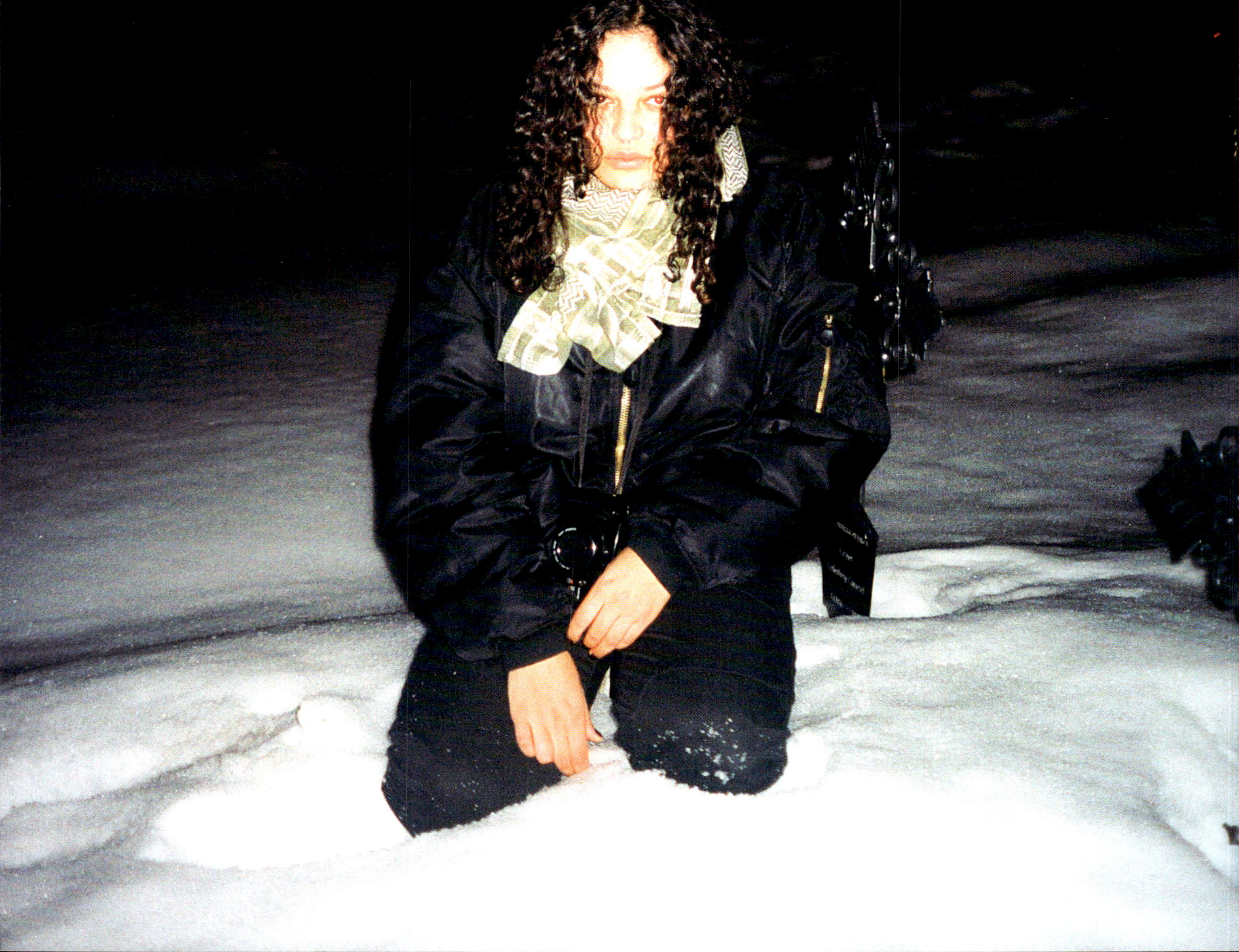

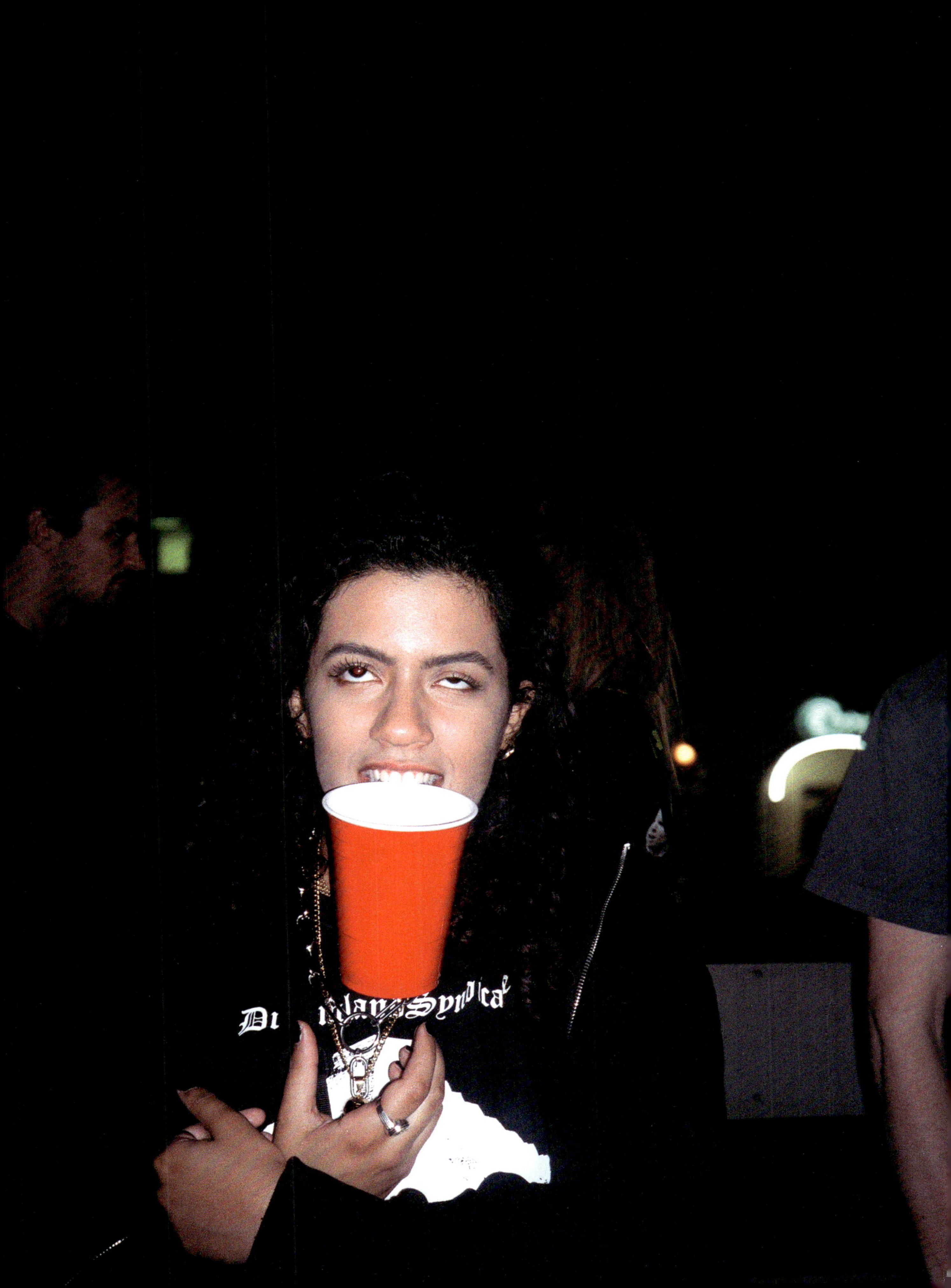

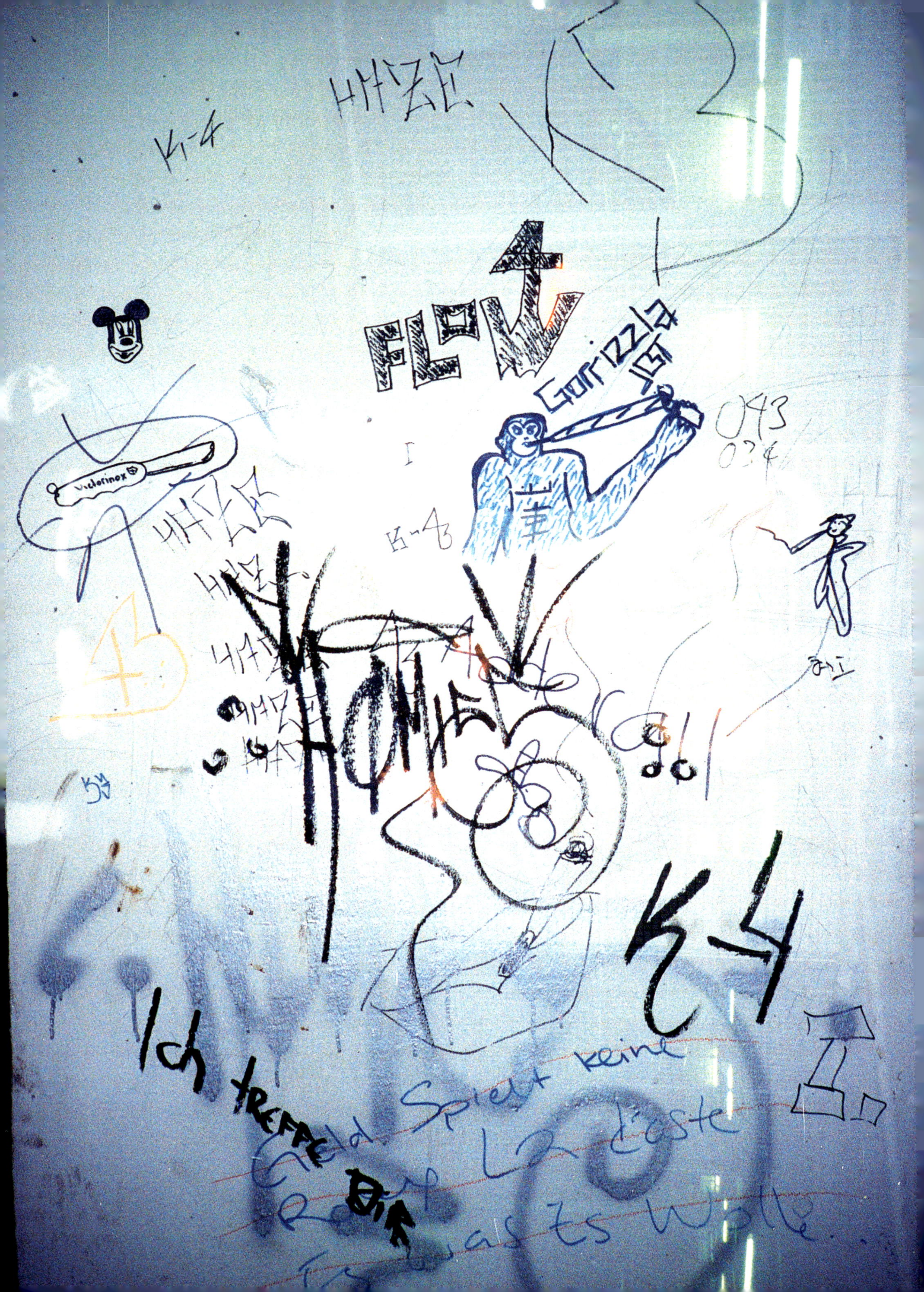
FLOW
Gorizzla
Victorinox
K-4
K4
Ich TREFFE DIR

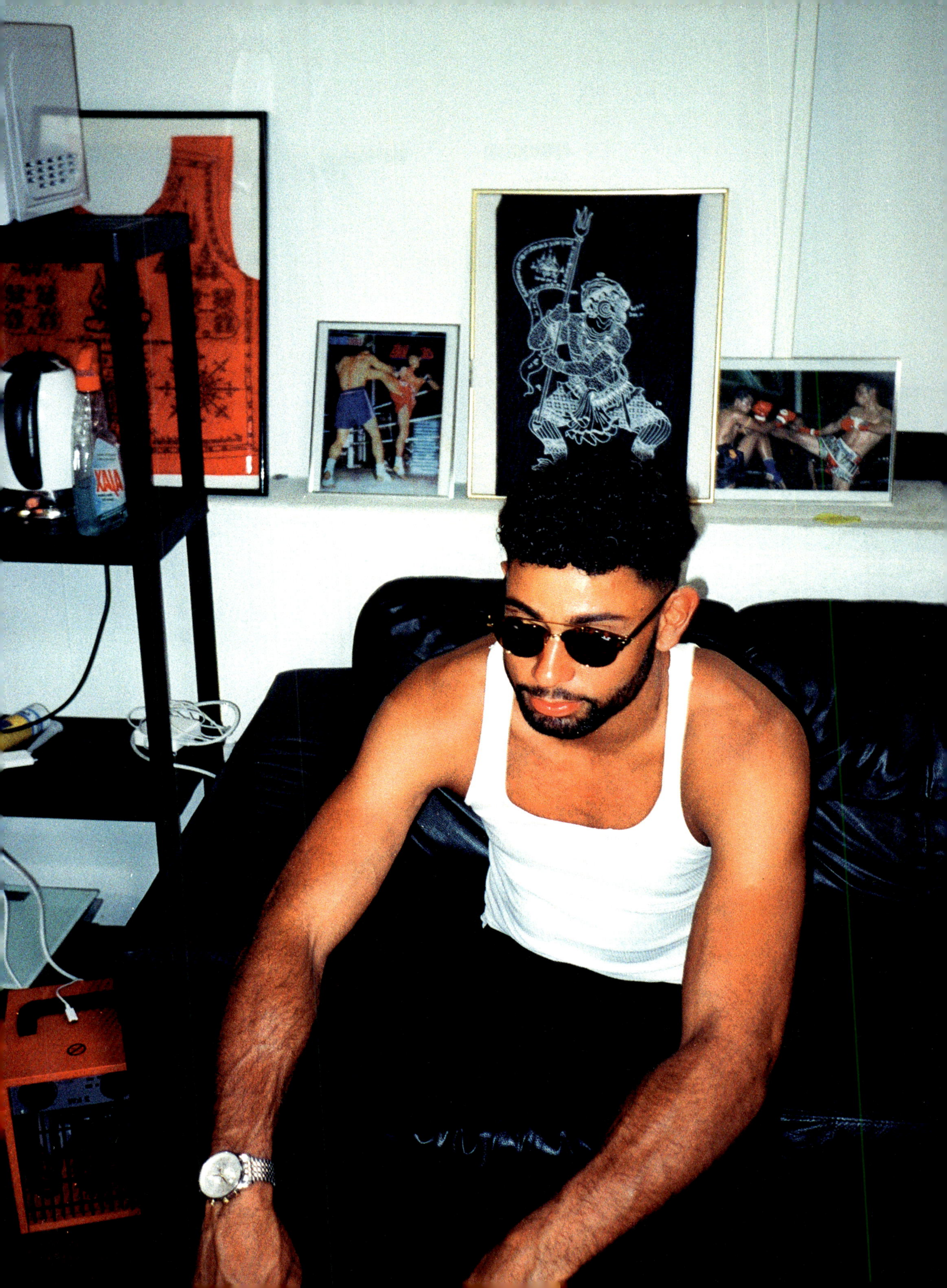

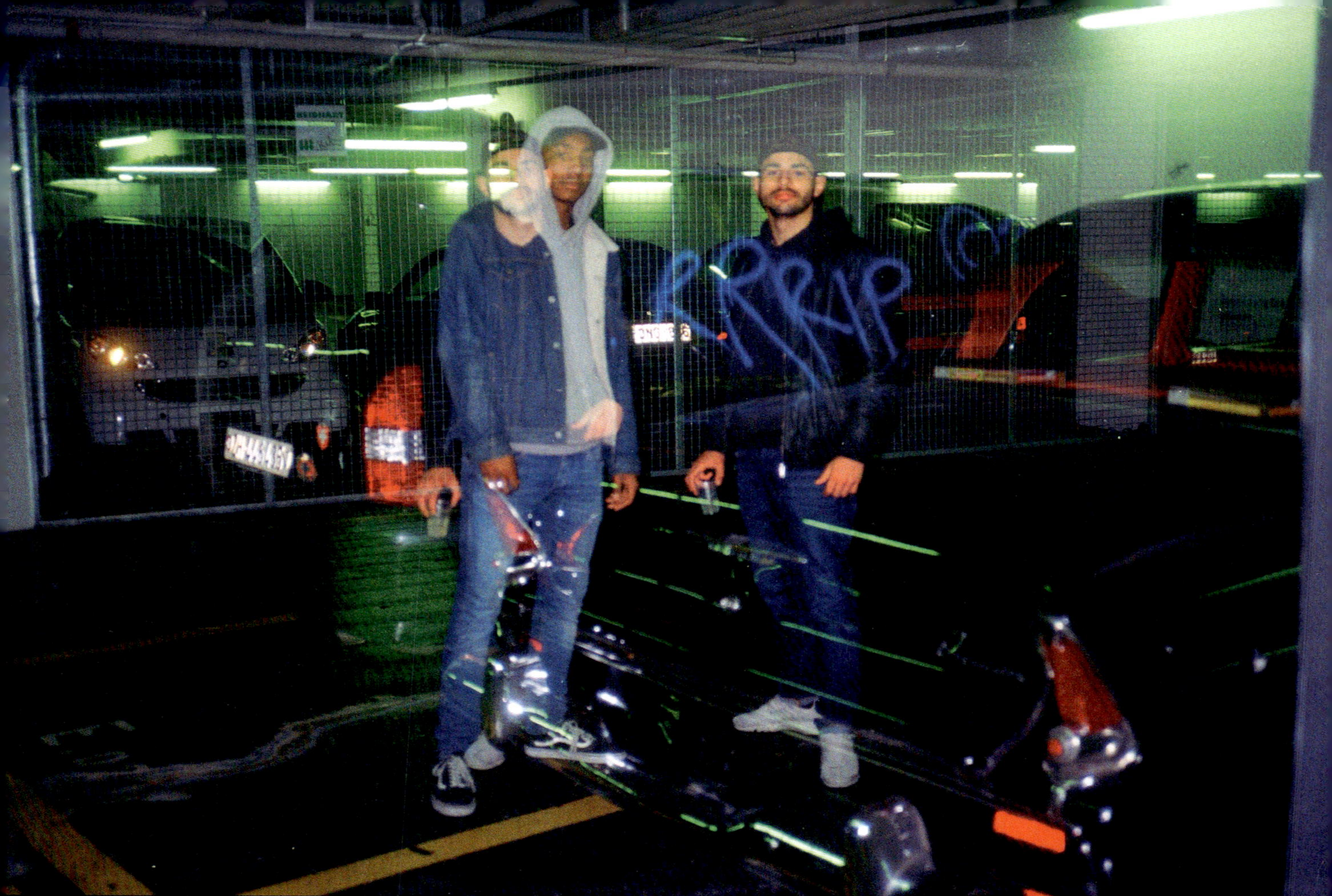

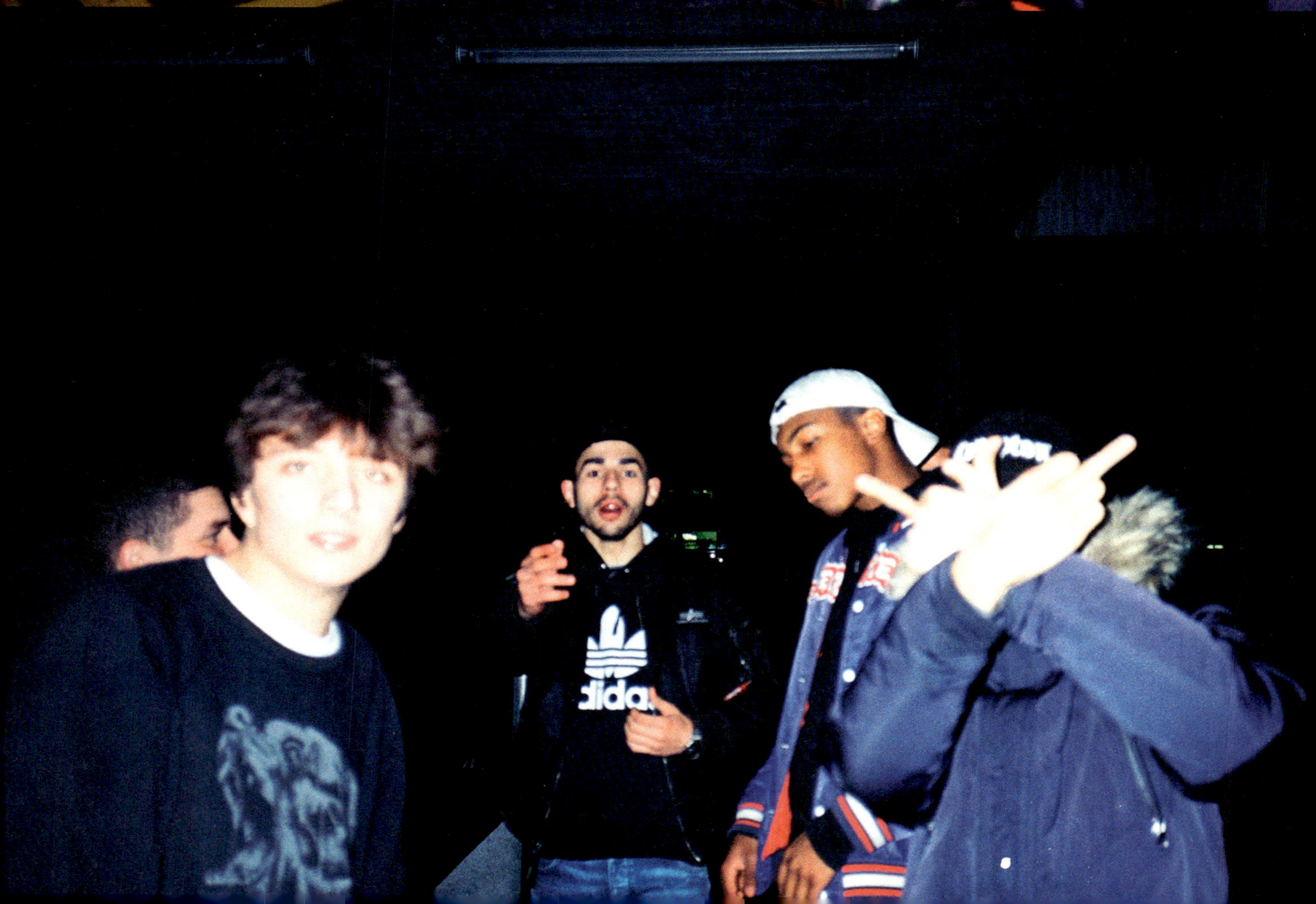

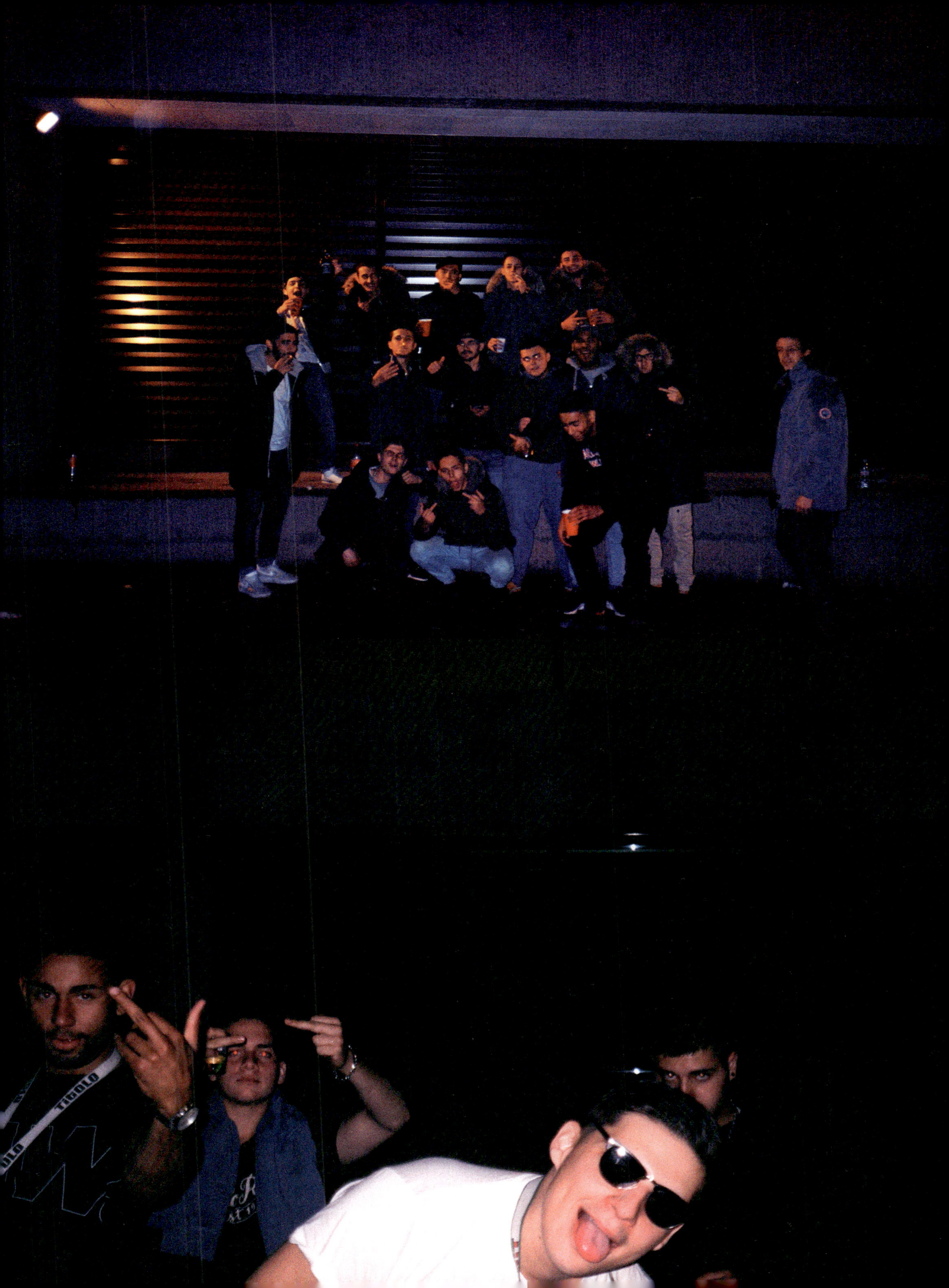
TIGOLO

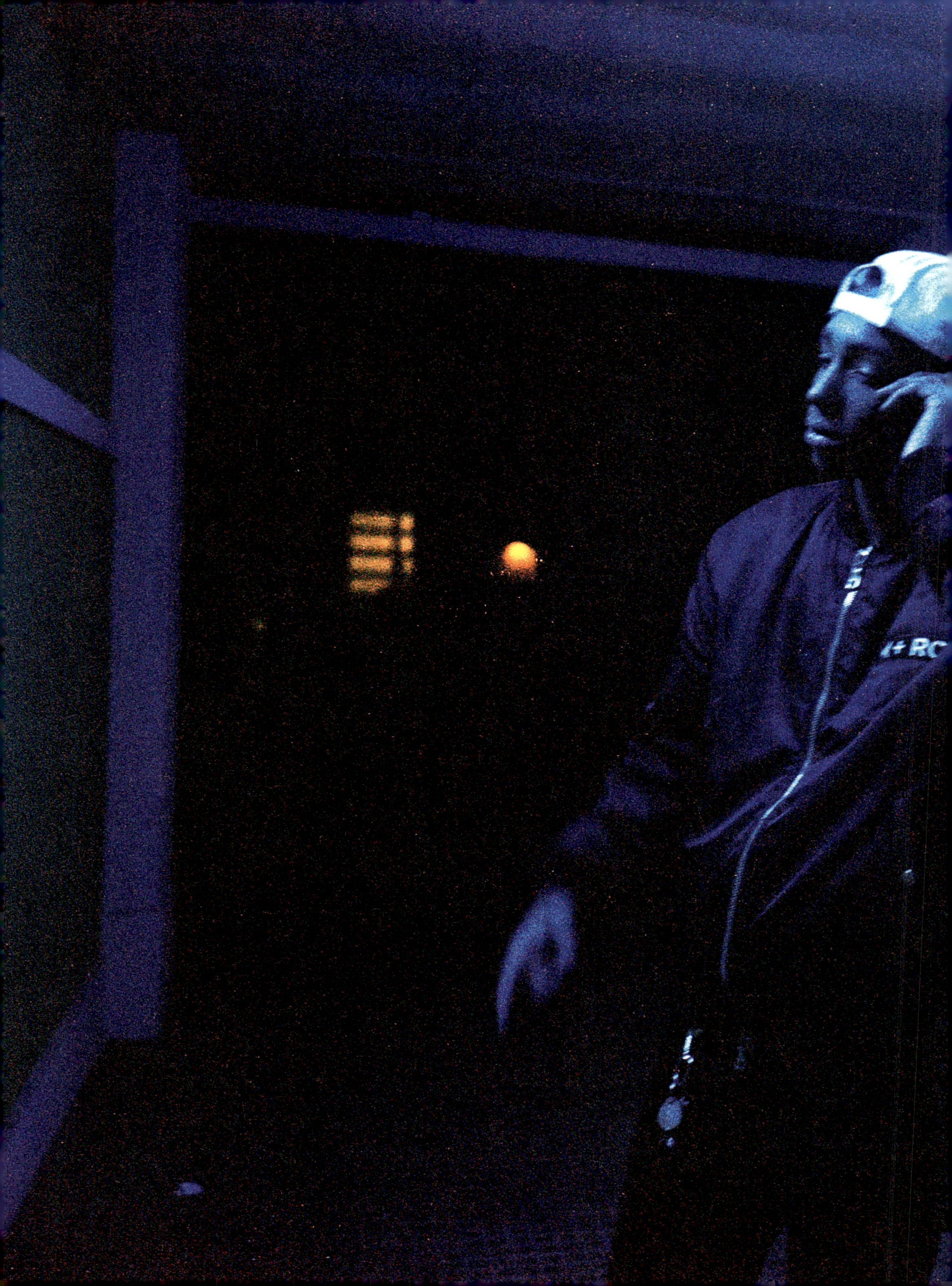

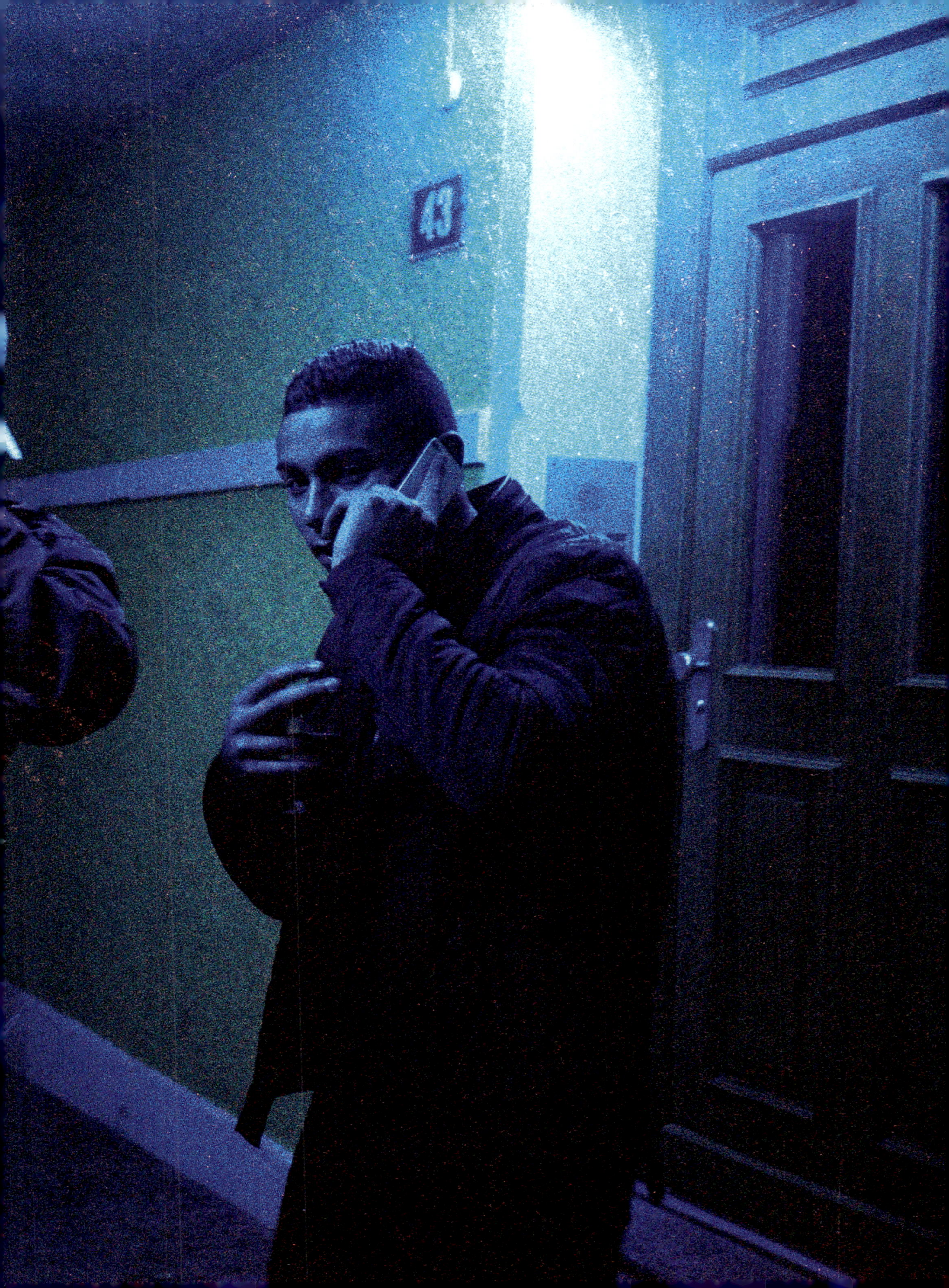
43

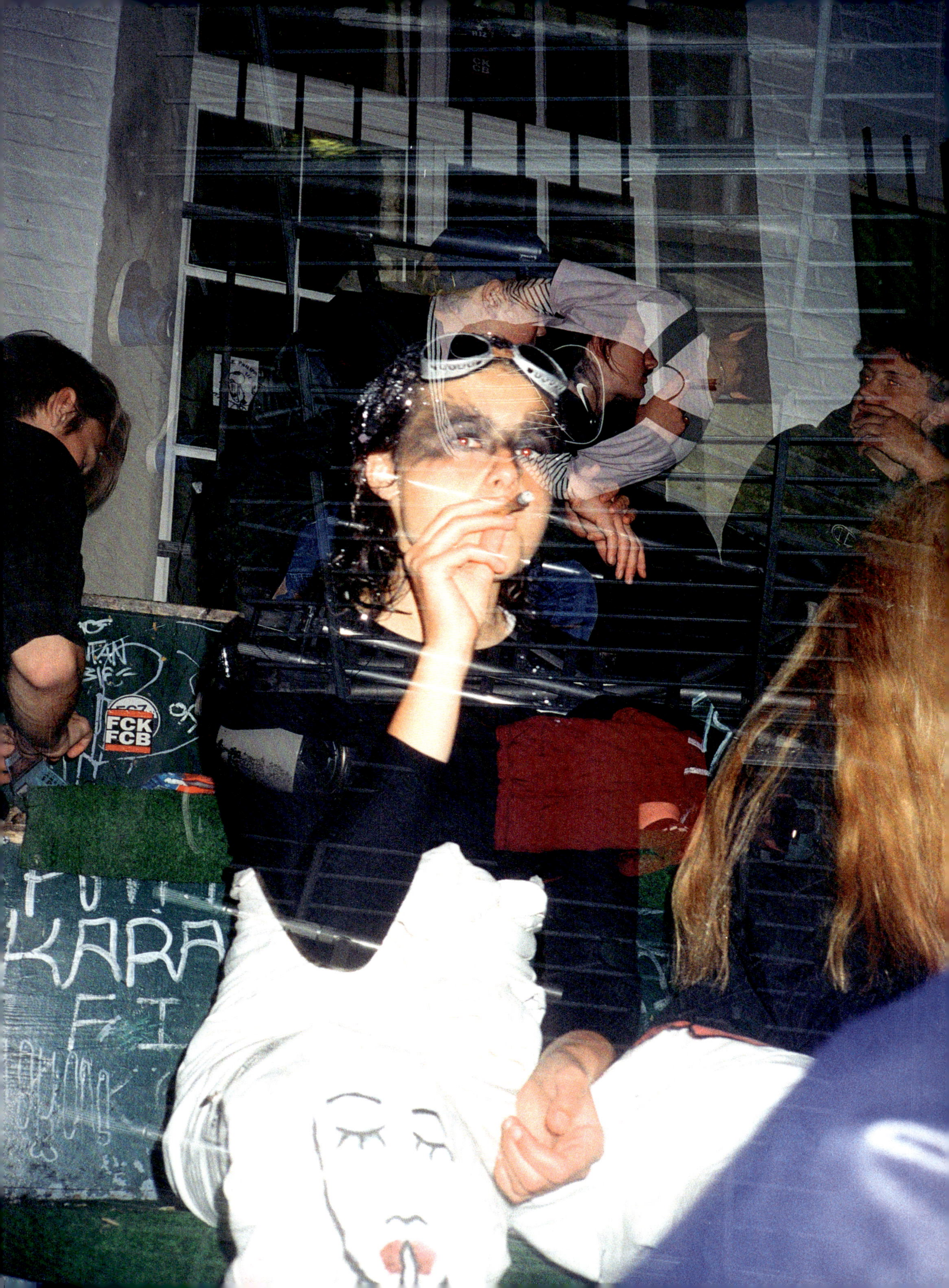
FCK
FCB

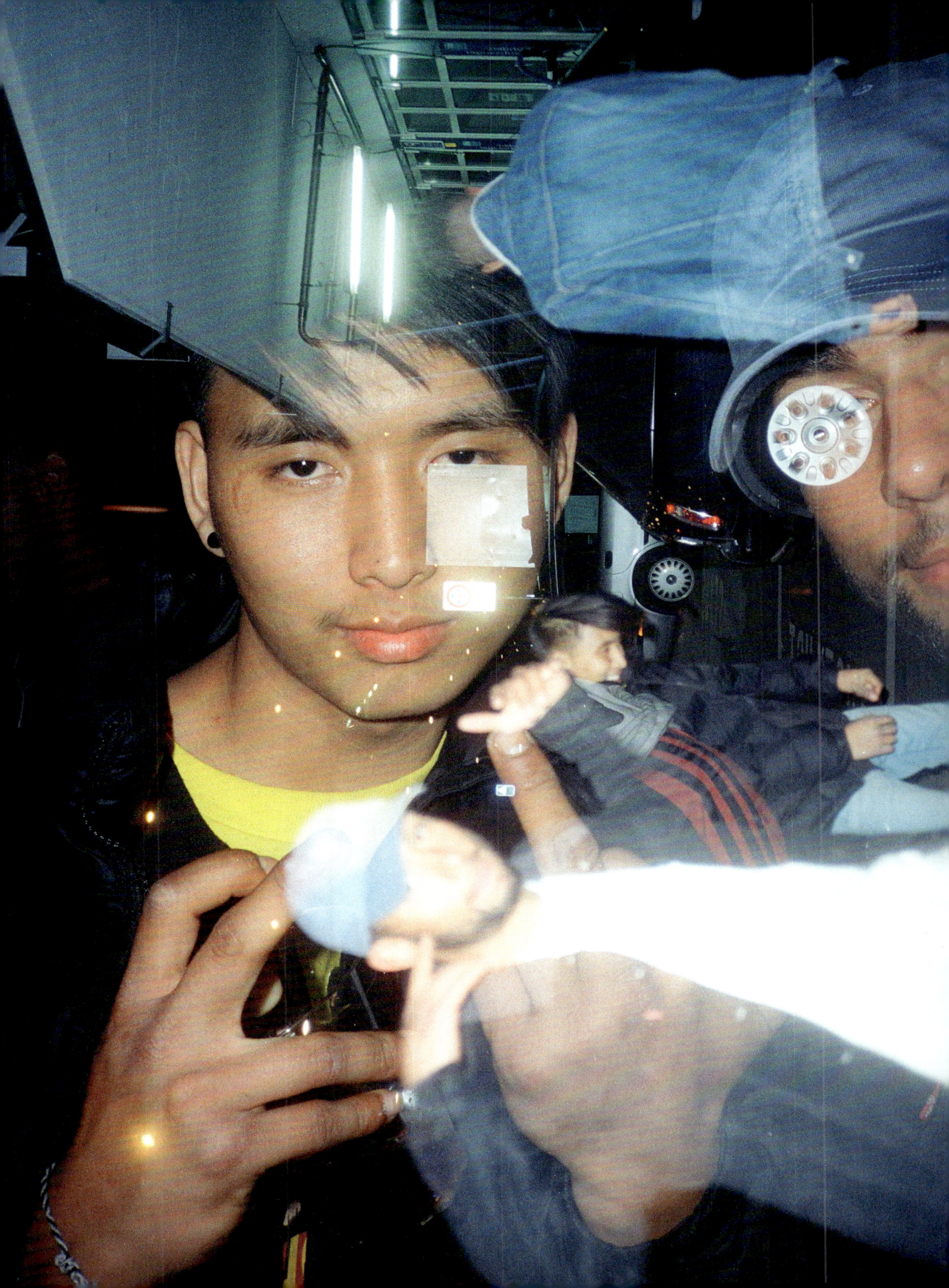

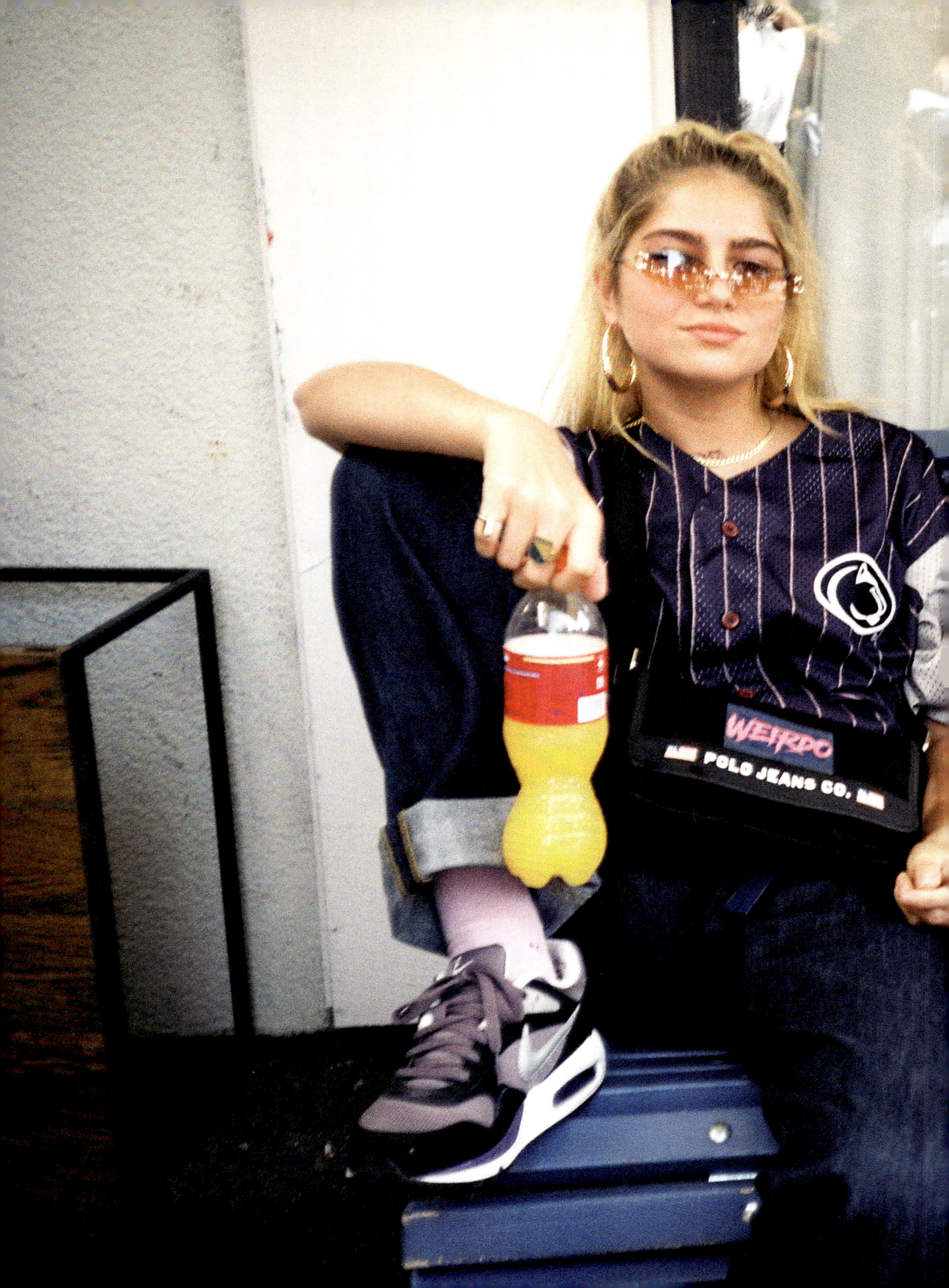
WEIRDO
POLO JEANS CO.

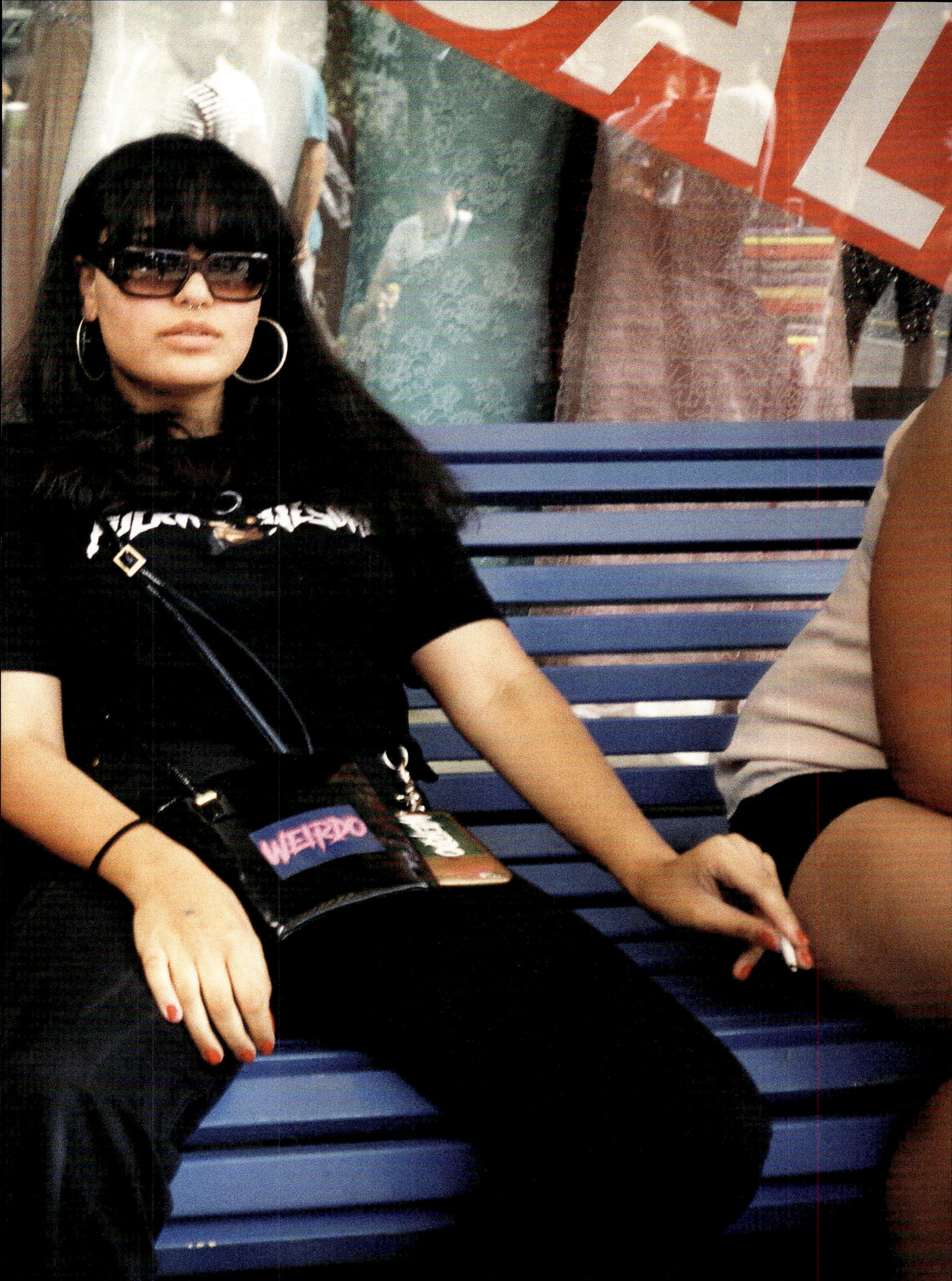
WEIRDO

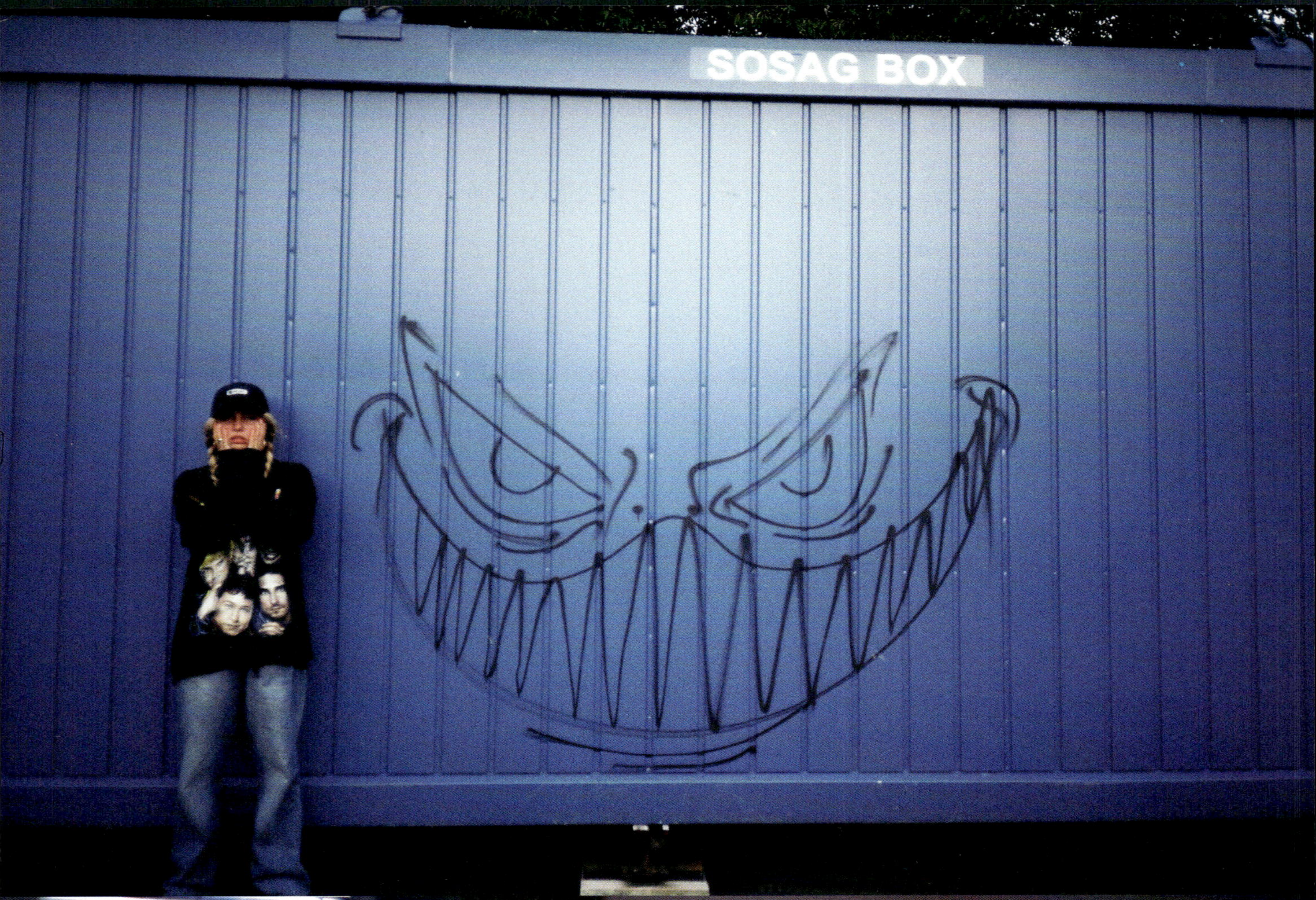
SOSAG BOX
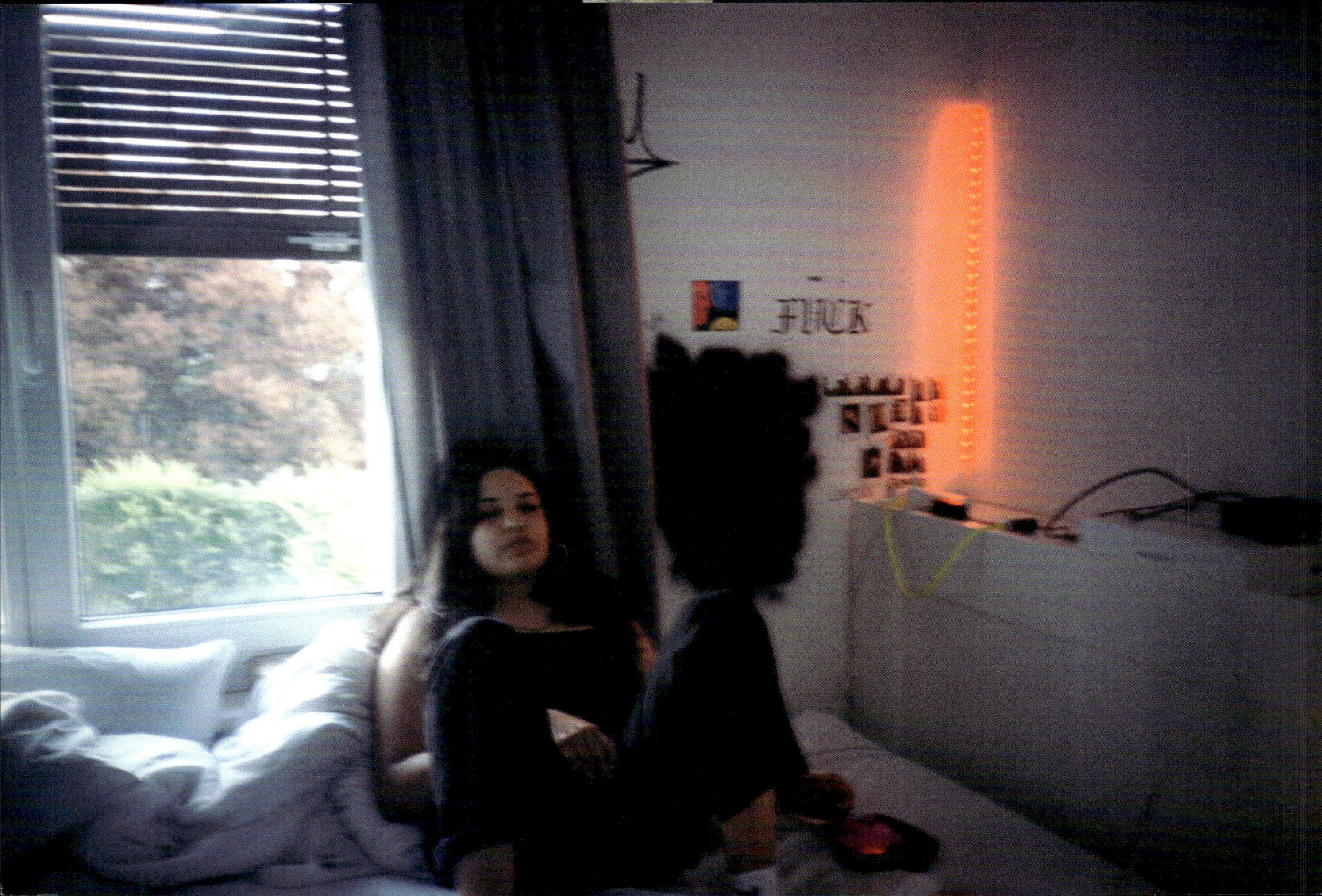

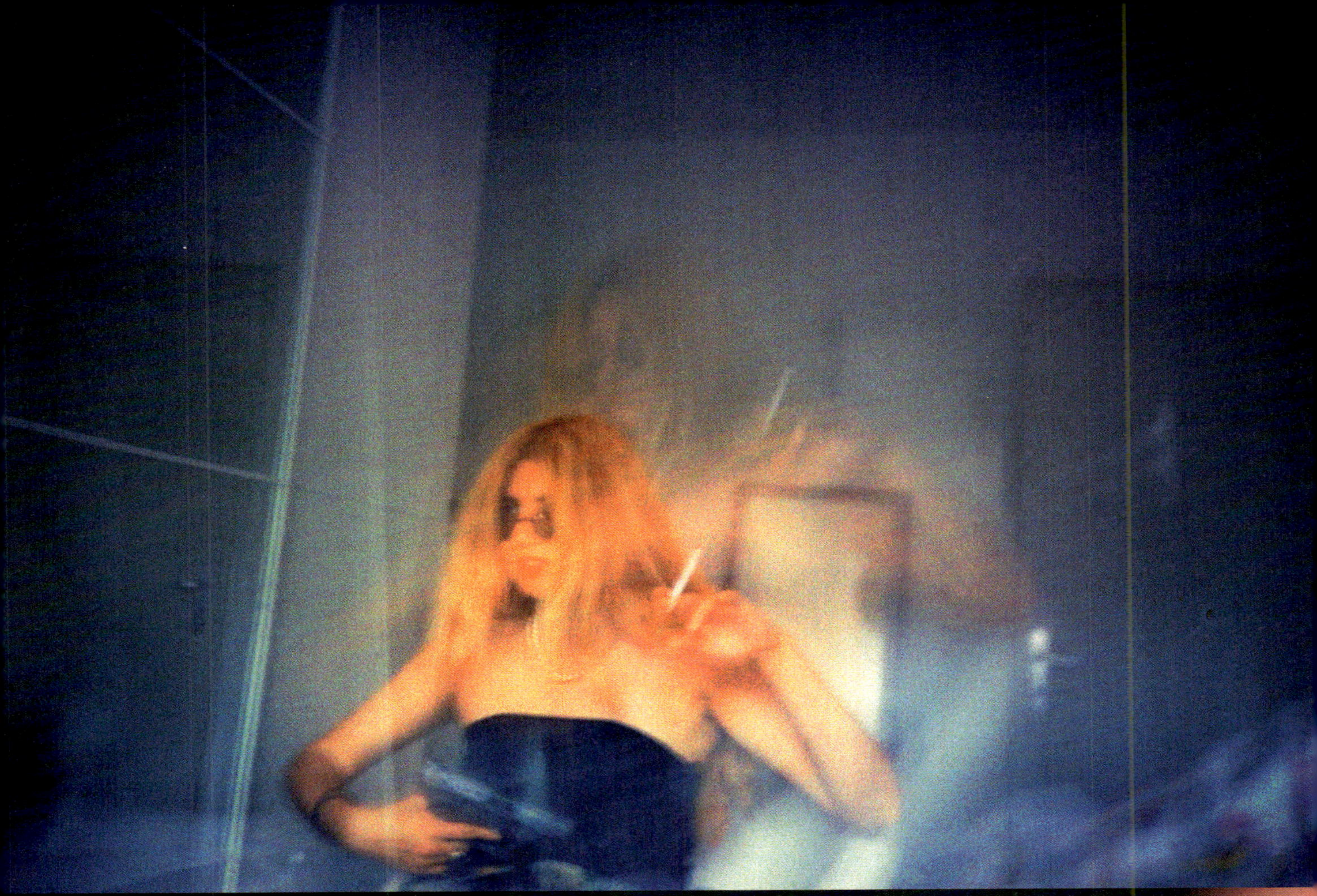

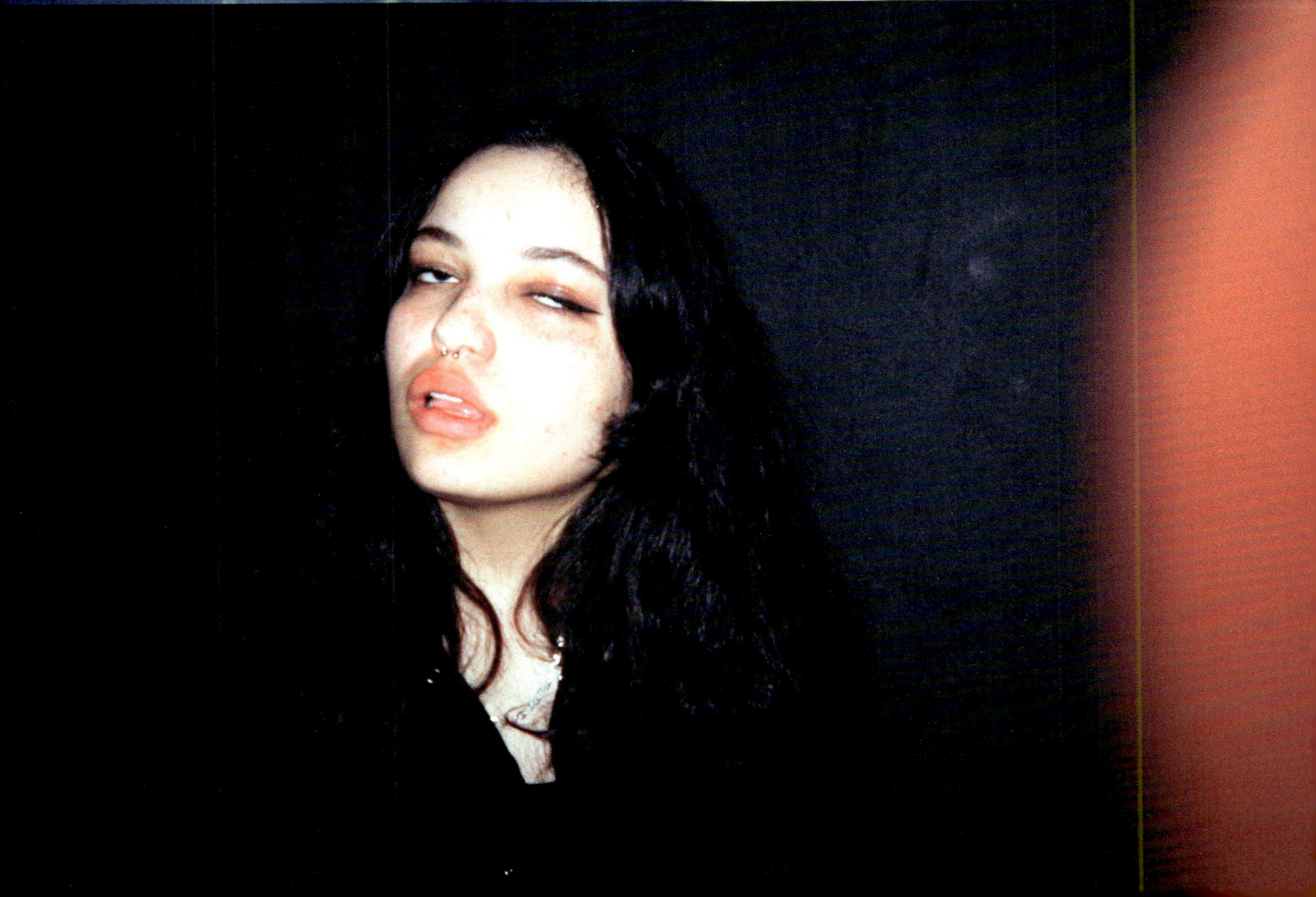

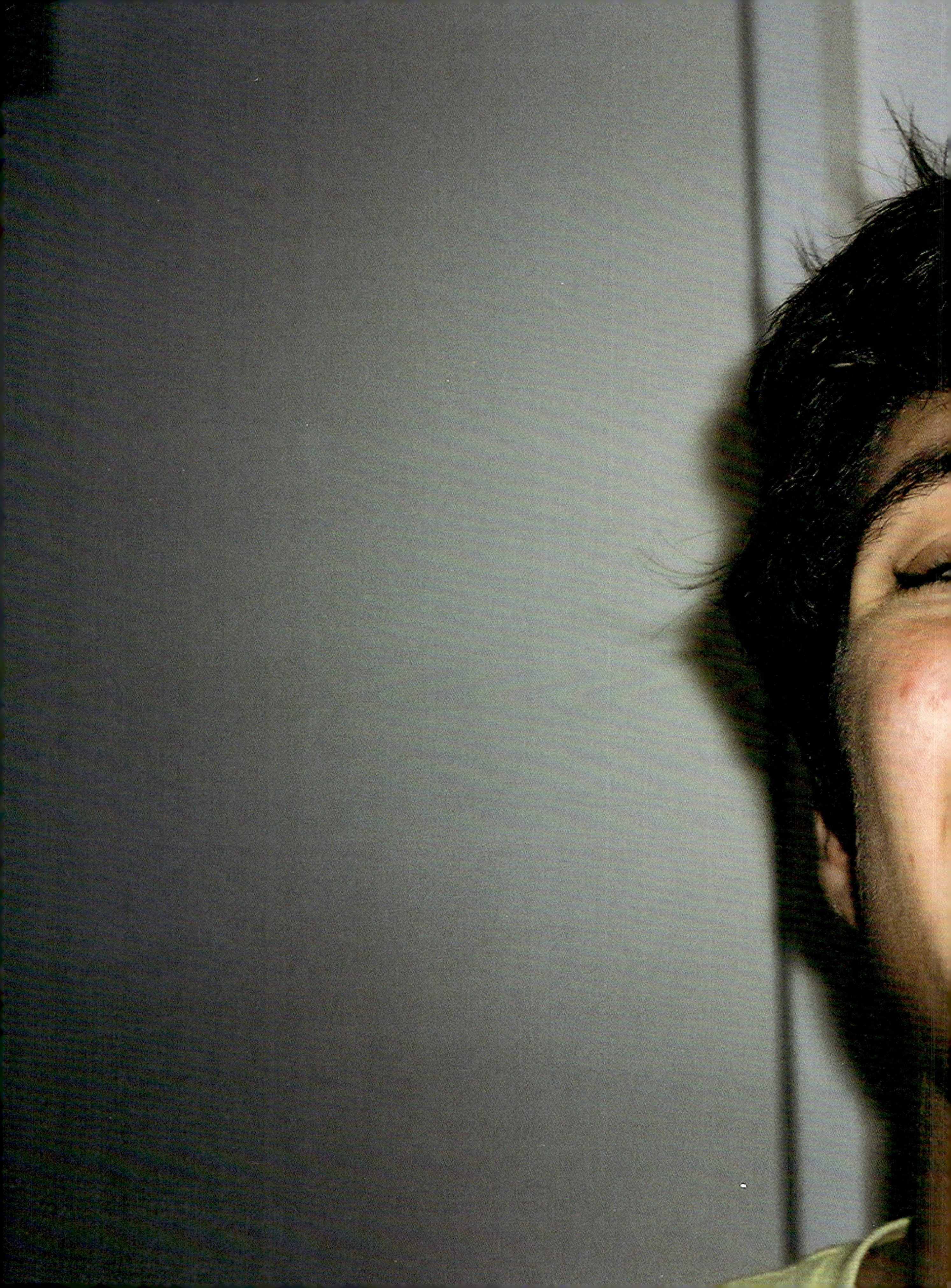

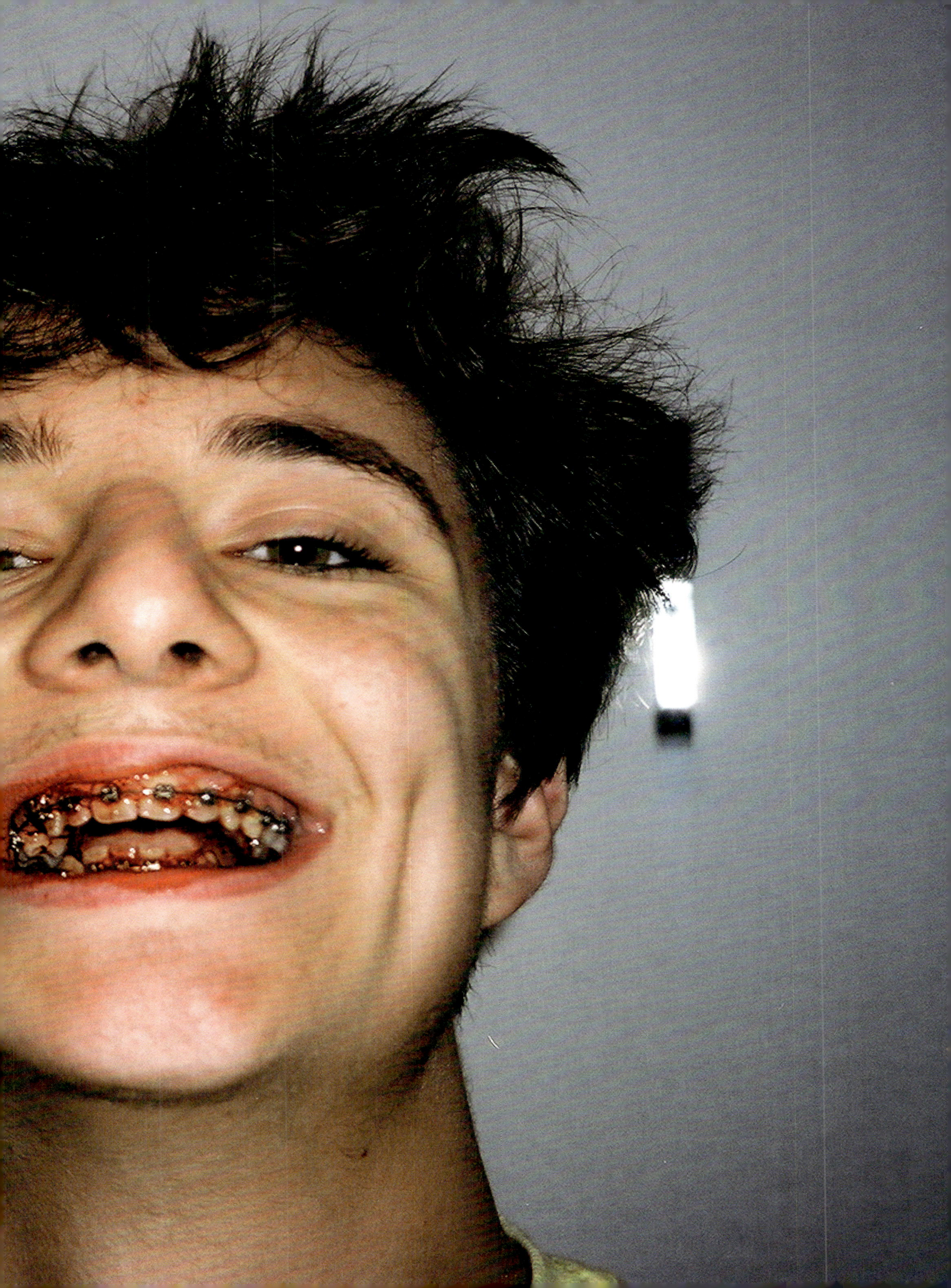

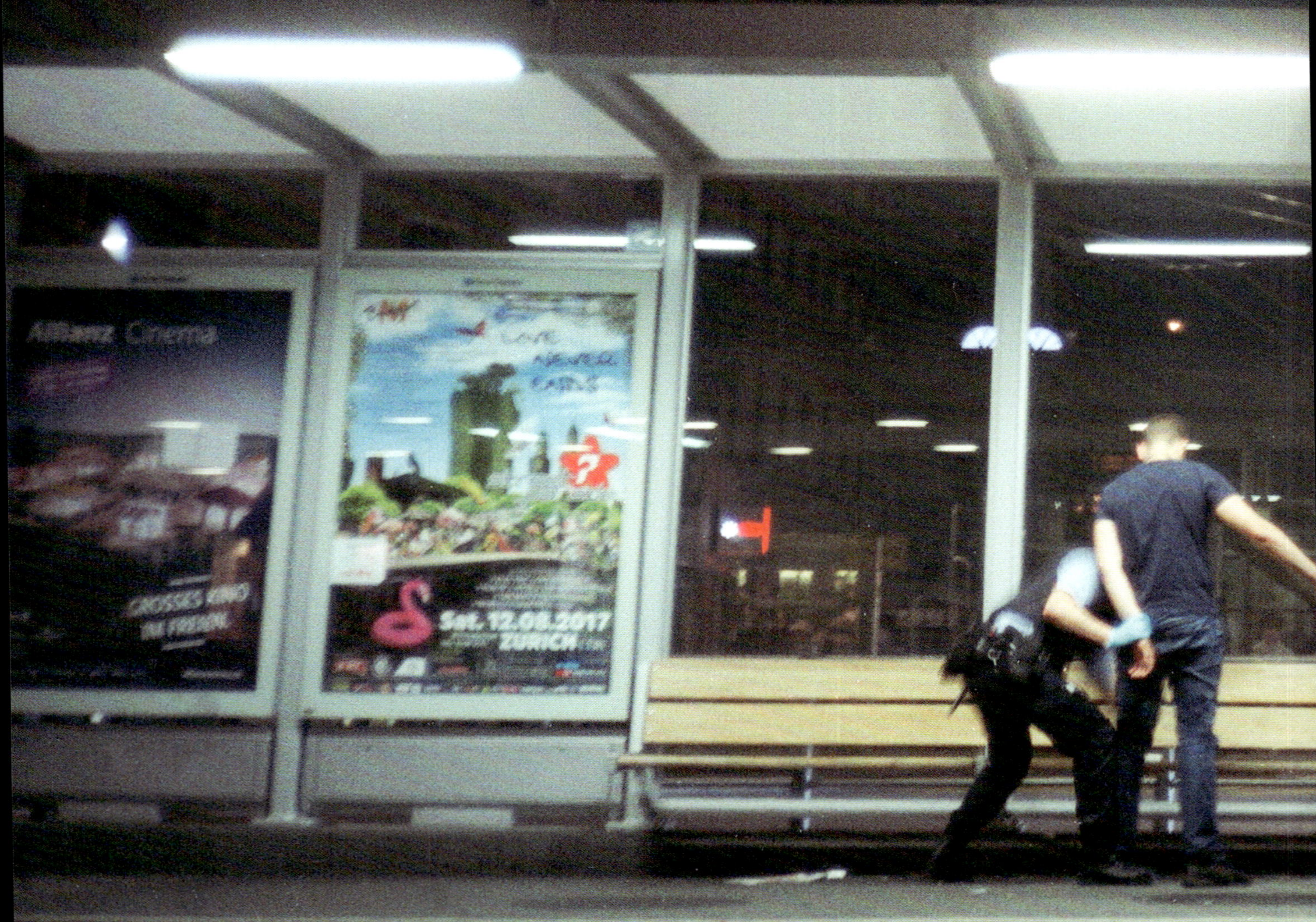
Allianz Cinema
GROSSES KINO IM FREIEN
Sat. 12.08.2017
ZURICH

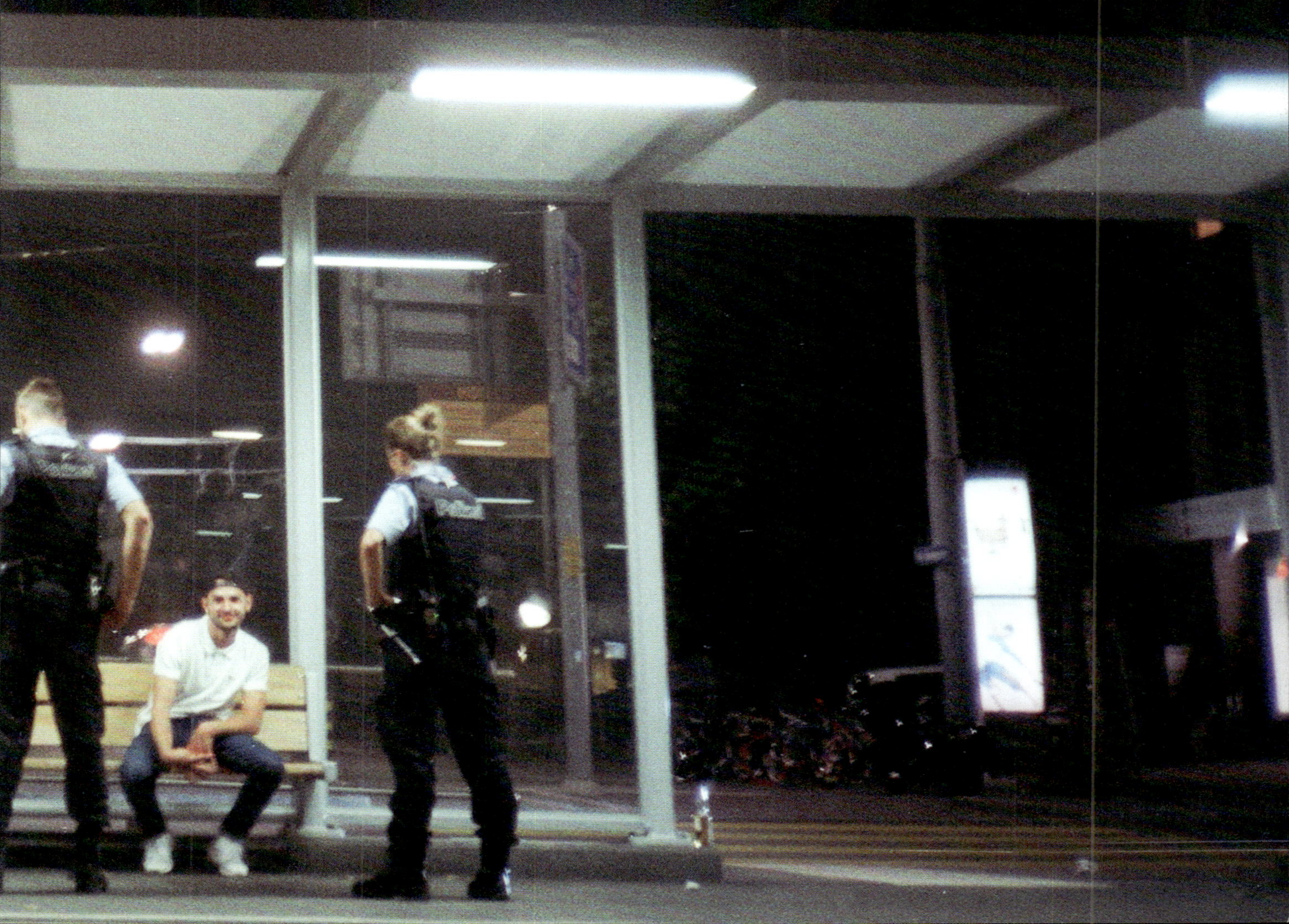

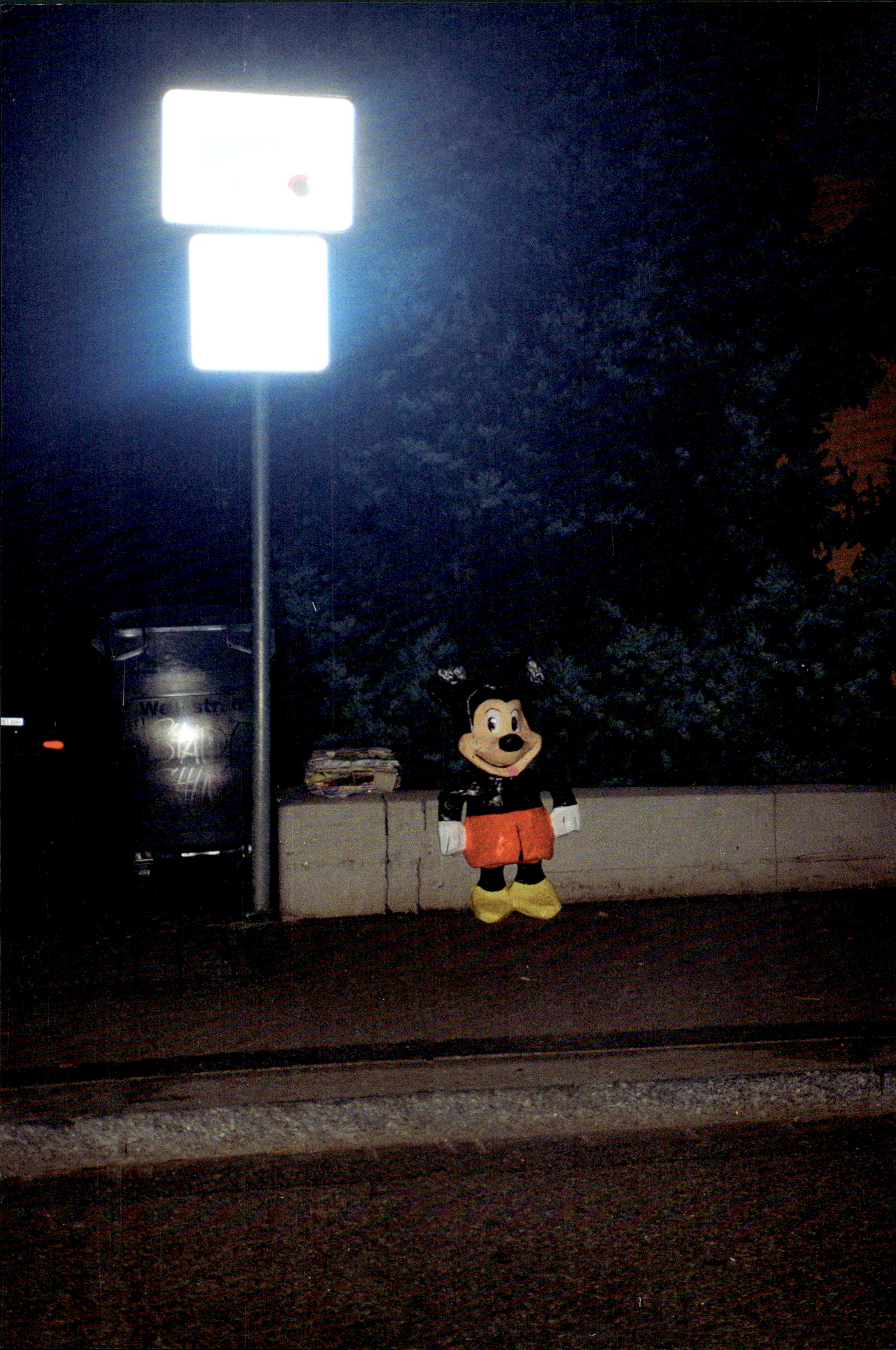

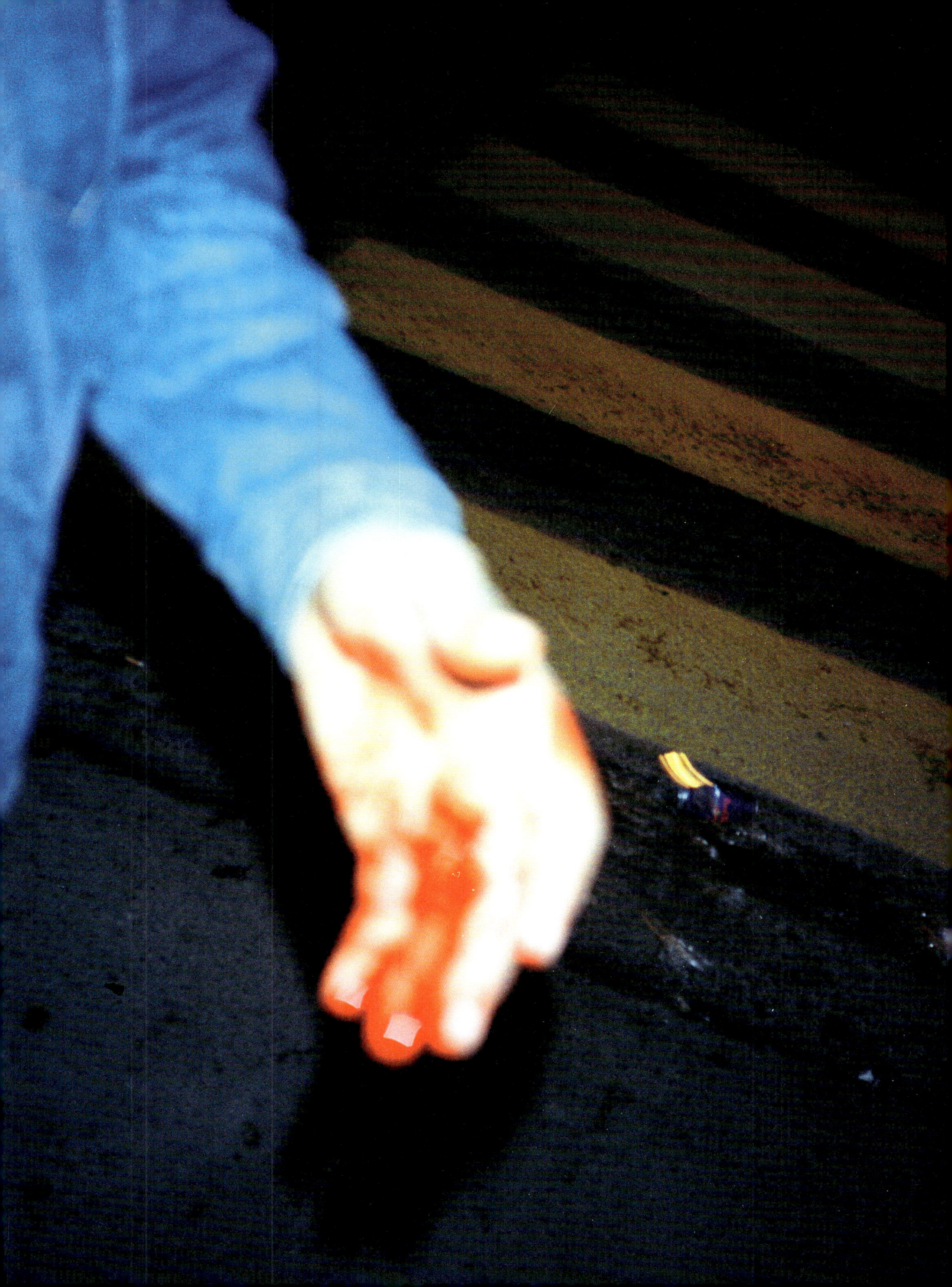

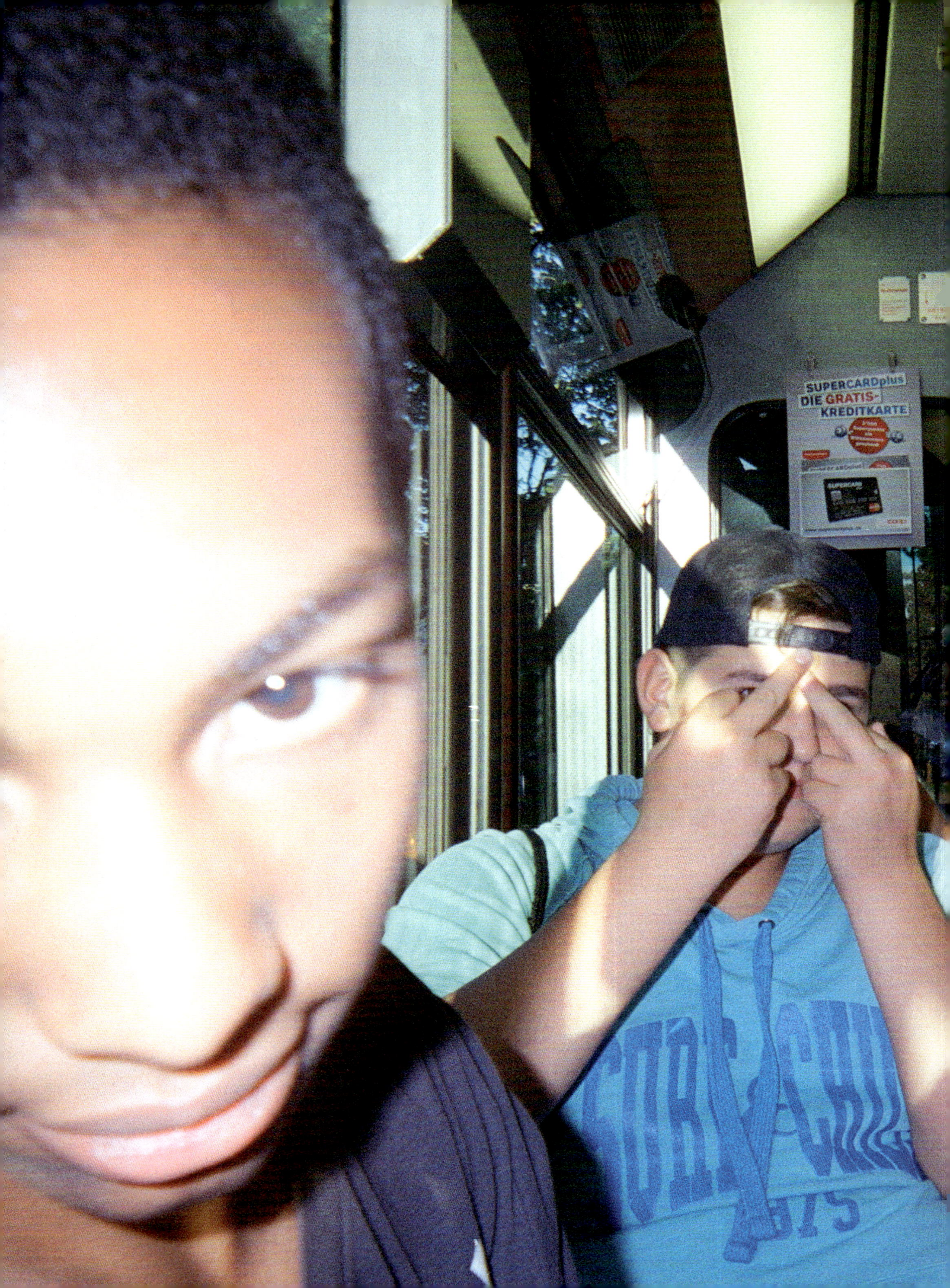
SUPERCARDplus
DIE GRATIS-
KREDITKARTE

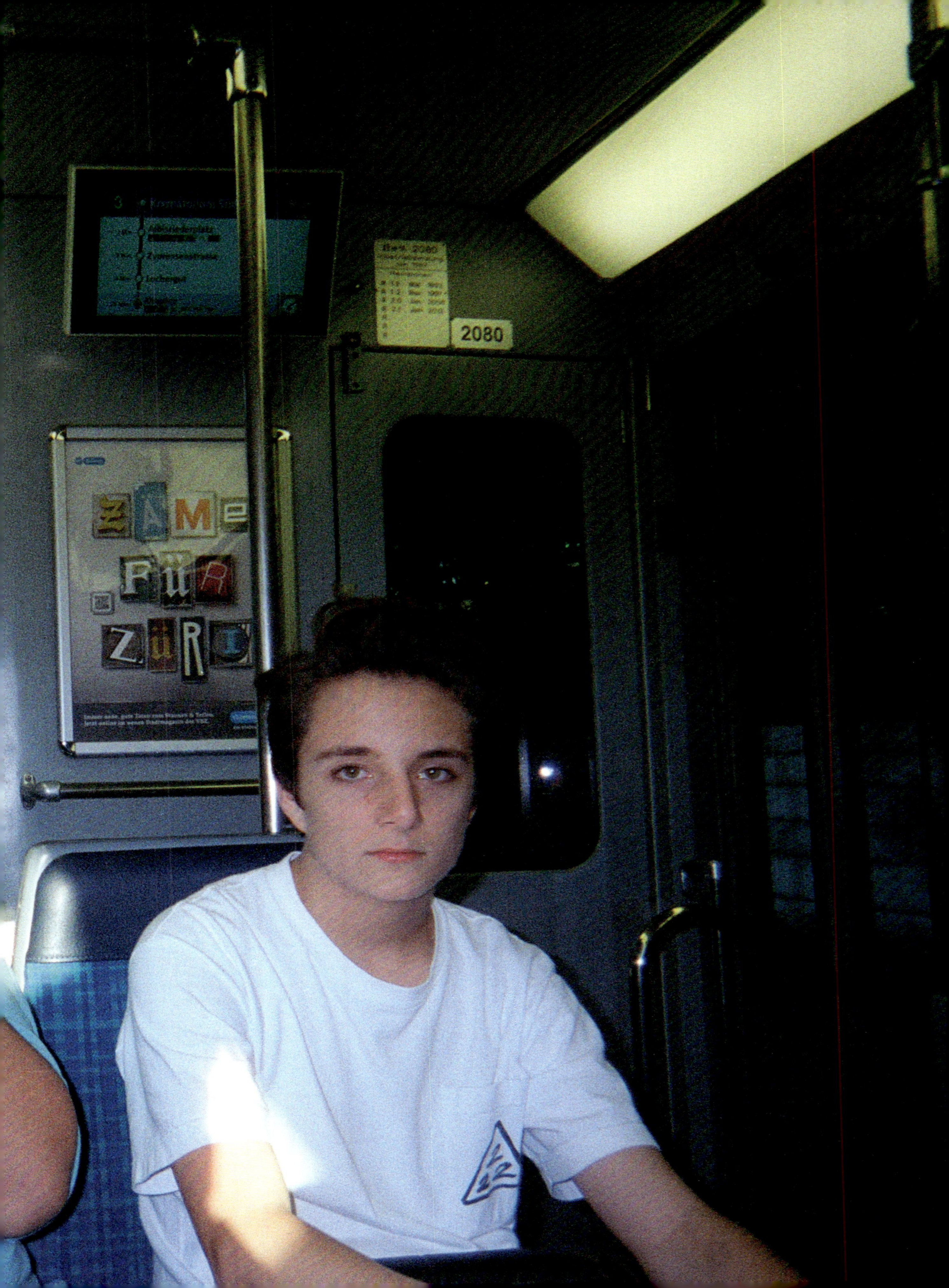
2080
ZÄME
FÜR
ZÜRI

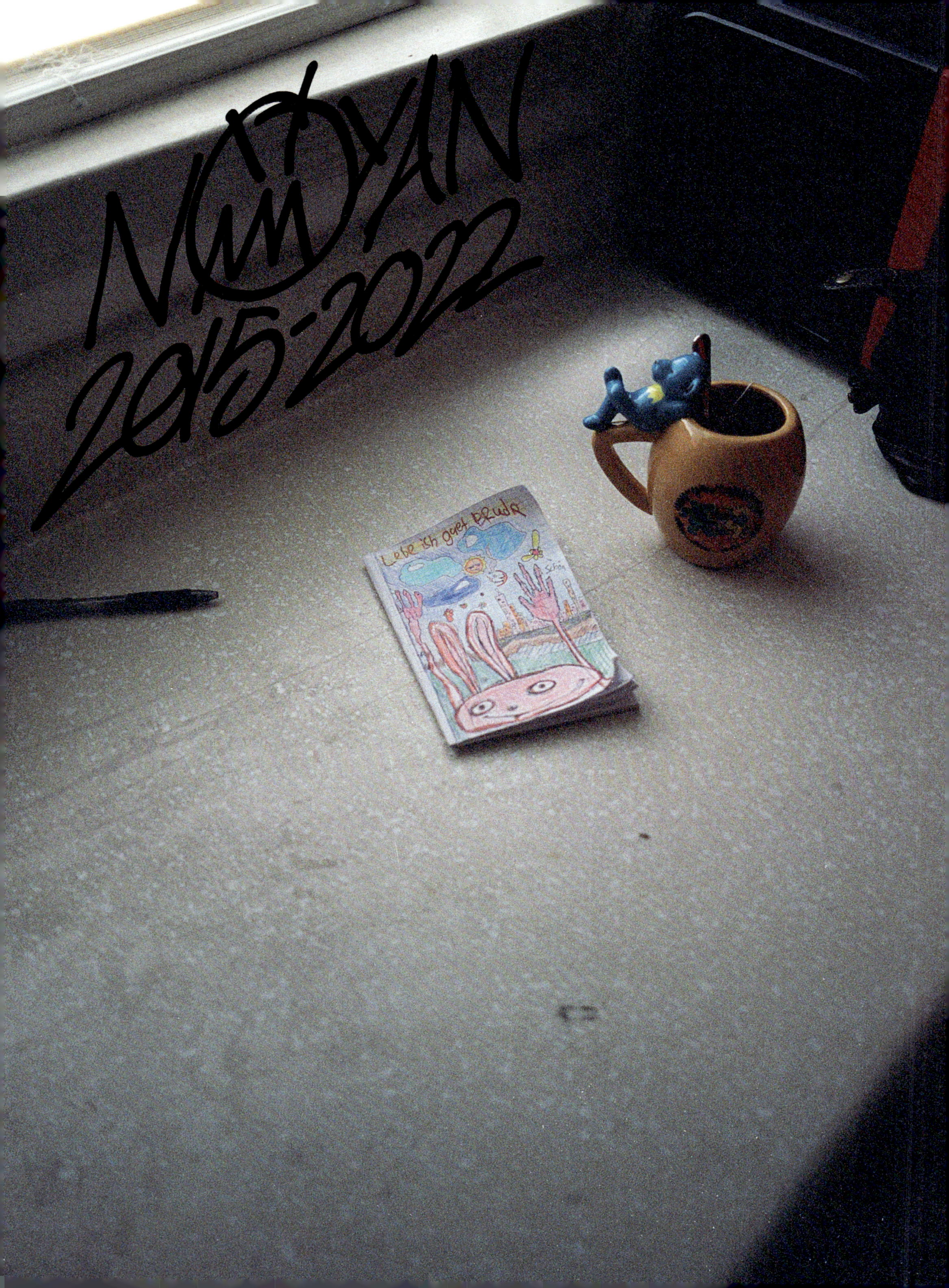
2015-2022

22 Uhr, im Herzen von Zürich an einem verregneten Mittwoch. Wir sitzen in Noyans verrauchtem, heimeligem Zimmer auf seinem Knautschsofa, vor uns steht sein streng schnaufender Laptop. Noyan befindet sich gerade im Endspurt für eine Kampagne, die er bis 00:00 Uhr abgeben soll. Ich bin umgeben von zahlreichen Memorabilia in allen Formen und Farben, an der Wand hinter mir Filmplakate und endloses Gekritzel. Ich lenke ihn ab mit Fragen und werde dabei von seiner simultan erstellten Spotify-Playlist begleitet.

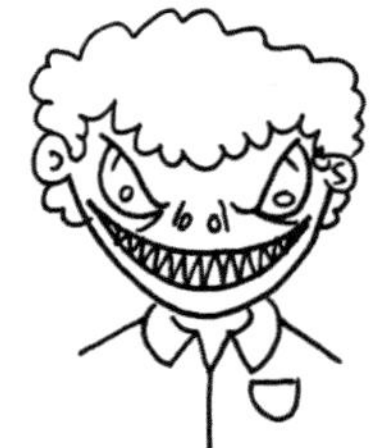

Tim Frey im Gespräch mit dem Zürcher Künstler Noah «Noyan» Wenzinger

Noyan erzählt gerade von einem Model beim Shooting für Prototypes, einer Modemarke aus der Schweiz.

N: Sie tanzte umher, wie eine Zirkusfrau. Sie setzte meine Vorstellungen um, ohne dass ich sie hätte aussprechen müssen. Crazy. Witchcraft.

T: Also inspirierte sie dich?

N: Ja, es gibt Personen, bei denen es direkt funktioniert und du voll interagieren und kreativ werden kannst, während es bei anderen Menschen anstrengend ist, bis es überhaupt läuft.

T: Wie vergleichst du das jetzt mit Freund:innen, die du in deiner Fotografie hast?

N: Naima bspw. (S. 7) ist extrem stark im Posieren, ohne es zu forcieren, sie ist sehr natürlich. Sie hat diese Coolness, eine sehr unaufgeregte Art vor der Kamera. Anders Jemima (S. 37/38), bei der trotzdem alles immer ästhetisch bleibt und immer funktioniert. Jemima lacht bspw. wie ein Psycho, *but she's owning it.* Deshalb ergänzen sie sich auch so gut. (Bild mit den Puppen, S. 193/194)

T: Geht es dir bei Bildern, deren Protagonist:innen dir weniger nahestehen oder die dich als Sujets eigentlich nicht so überzeugen, eher darum, ein Ereignis festzuhalten?

N: Es ist unterschiedlich. Oft kommt es auf die Verknüpfung mit dem Abend an, was dieser Moment in mir auslöst. Als ich zum Beispiel in Amerika war, gab es viel mehr *strangers,* die offen gegenüber einer Kamera waren, da konnte ich mich viel mehr ausleben, da rückte auch das Ereignis in den Hintergrund. Hier verspüre ich eine andere Einstellung gegenüber der Kamera, die Menschen verstellen sich: Eine Tausendstel-Sekunde, und das Bild ist Trash.

T: Ist die Analogfotografie vielleicht auch ein Ausdruck des Wunsches unserer Generation, einen Ausgleich zur überlastenden Digitalität zu finden?

N: Ja genau. Wir schätzen dieses Medium, weil es viel zu viel geworden ist. Wir werden ertränkt von Bildern, die jeder zu jedem Zeitpunkt mit seinem Handy schiessen kann, vor allem im Nachtleben. Oftmals haben diese Bilder gar keine wirkliche Bedeutung mehr. Ich merke, dass einige Menschen in ihrer Fotografie etwas anderes wollen, aber gar nicht wissen, was. Die haben keine Ahnung. Die wollen so ein bisschen *raw, real vibes,* und denken, das könnte man herbeizwingen, doch das geht nicht. Manchmal vielleicht, aber in der Regel nicht. *You're not God.*

T: Du hast die Situation in Amerika so geschildert, dass diese Leute viel kamerafreudiger seien und es dennoch weniger künstlich wirkt.

N: Ich fühlte mich dort einfach viel mehr *confident,* ein Bild zu machen, gerade im Nachtleben. Hier gibt es so viele Situationen, in denen ich etwas sehe, was sich perfekt für ein Bild eignen würde, aber dann ist es schon wieder vorbei. Ich verpasse es, weil ich mich nicht getraut habe. Das passiert mir immer wieder, vor allem auf der Strasse, da ich diese Konfrontation scheue. Im Nachtleben oder an einem Konzert geht es leichter, weil die Leute es gar nicht erst bemerken, die sind dann irgendwo anders. Aber tagsüber, im Tram beispielsweise, getrau ich mich dann nicht.

T: Du suchst in deiner Fotografie diese Qualität der Echtheit, selbst wenn die Leute wissen, dass sie fotografiert werden? Wie hat sich das entwickelt?

N: Also ja, das ist der Idealfall, und ich spürte während meines Aufenthalts in Amerika, wie leicht es mir fiel. Ich weiss noch, als ich zu fotografieren anfing, kam ich gerade mit der Kamera meiner Mutter aus den Ferien zurück. Danach hatte ich die Kamera einfach immer bei mir und habe konstant Bilder gemacht. Beispielsweise an Homepartys, die ich im alten Haus veranstaltete, wo ich hauptsächlich Momente mit meinen *homies* festhalten wollte, wie sie *dumbass-shit* machten. Als wir 15 Jahre alt waren und die ersten Male besoffen, machten wir fast schon Shootings und haben sie dann am nächsten Tag angeschaut und waren geflasht. So fing das eigentlich an. Zu dieser Zeit sehnte ich mich aber insgeheim schon nach einem gewissen anderen Verständnis für das, was ich mache, wie ich es heute glücklicherweise erlebe. Ich wollte einfach immer Menschen, die interessiert sind, egal an was, einfach interessante und interessierte Menschen um mich haben. Man sieht es auch jetzt an meinem Freundeskreis, der so durchmischt ist. Ich habe die verschiedenartigsten Freunde, die man sich vorstellen kann, einfach weil ich nicht in diesem Gruppendenken festgefahren sein will. Diese Schubladisierung von: «Ah, du bist doch immer mit diesen Leuten unterwegs und gehörst also zu dieser Gruppe», dieses Gefangensein in Bubbles hat mich schon immer gestört. Ich kann es nicht so betrachten, das ist zu einseitig für mich.

T: Aber denkst du nicht, dass die Leute, die dich und die Menschen in diesem Buch nicht kennen, darin auch wieder eine spezielle Bubble erkennen?

N: *Good point.* Das ist ja auch das Geile, da kann sich dann jeder selbst seine Vorstellungen machen. Ich wollte nie erklären, sondern nur zeigen. Ich denke, es ist nicht eine Bubble, sondern es sind viele Bubbles, die darin zu sehen sind. Eher das. Ich habe Zugang zu vielen Kreisen, was mir schon immer einfach fiel, vielleicht, weil ich mich nicht so leicht zuordnen lasse. Das ist für mich so Szene-Scheiss, mit dem ich nichts zu tun haben möchte. Ich denke, ich bin in der Szene, aber auch nicht in der Szene … aber ich mache mir auch nicht zu viel Gedanken darüber, sonst ist es wieder *overthinking,* und ich kehre lieber wieder dahin zurück, wo ich einfach nur mein Ding mache und Leute sich selber Gedanken machen können. Ob ich jetzt «Szeni» bin oder nicht, ist mir doch egal. Ich bin einfach fucking interessiert und versuche möglichst viele Menschen und Orte zu sehen.

T: Wie verhält sich dieser ephemere Moment von Echtheit, den du in deinen Schnappschüssen von fremden Personen festhalten möchtest, zu den Bildern vertrauter Menschen, wo du mit Geduld das beste Bild kreieren oder aussuchen kannst?

N: Ich lerne die Leute lieber zuerst kennen, doch es gibt immer Ausnahmen, bei denen es gleich Klick macht. Es gibt Leute, die in der Lage sind, diesen einen flüchtigen Moment zu rekonstruieren und real zu bleiben. Wie Sandy Kim (Fotografin aus Oregon) in einem Interview mal erklärt hat: Es geht darum, dass die Menschen vor der Kamera eine gute Zeit haben und sich wohlfühlen mit dir, so werden die Bilder auch ehrlicher und weniger gestellt. Ich meine, Jemima und Naima inspirieren mich direkt, und ich sehe fast schon mathematisch, welche Bilder funktionieren. Als ich mit 15 Jahren angefangen habe, war das noch nicht so. Es geht und ging mir in erster Linie aber immer darum, diese Illusion zu kreieren und die Seele, oder sollte ich sagen, die Essenz, auf meine ganz eigene Art und Weise aus einem Bild herauszuholen.

T: Hast du damals schon geahnt, was für ein Wert in deiner Fotografie steckt?

N: Heute viel mehr als damals. Zu dieser Zeit war alles, was ich gemacht habe, so natürlich und unschuldig. Ich habe einfach gemacht, und irgendwann hatte es dann eine Bedeutung. Es ist interessant: Wenn du etwas einfach machst, kommen neue Werte, wie Ambitionen, Wünsche oder Träume, die du zu Beginn gar nicht hattest, dazu. Mir hat es einfach Spass gemacht, und ehrlich gesagt, hat mich einfach alles andere damals aufgeregt. Ich wollte einfach zeigen, was ich sehe, und dass mir niemand reinredet.

T: Vielleicht zeigt sich darin auch, worin die Qualität dieses Buches liegt, nämlich wie du über die Jahre hinweg einfach immer gemacht und gemacht hast, und es erfährt jetzt seine Würdigung.

N: Ja, dieses Buchprojekt – ich habe es selbst gemerkt – hat mich einfach angeregt, über alles nachzudenken. Was für einen Weg ich gegangen bin. In den letzten Monaten ist mir nochmals klar geworden, was für einen Wandel ich durchgemacht habe, auch innerhalb dieses Projekts. So sehr, dass sich dieses Buch schon fast wieder alt anfühlt *(lacht)*, wirklich crazy.

T: Wo siehst du den grössten Wandel in deiner Fotografie?

N: Gute Frage. Ich wurde definitiv besser im direkten Erkennen meiner Sujets. Du trainierst das Auge. Jedes Mal, wenn du fotografierst, wirst du besser, und ich habe jetzt über Jahre hinweg immer versucht, diesen einen Moment einzufangen, und würde nun sagen, dass ich das sehr gut kann. Auch von mir selbstbewusst behaupten zu können, dass ich gut darin bin, das ist gross für mich. Hier zeigt sich auch ein Wandel in meinem Selbstvertrauen. Ich fand meine Sachen damals schon geil, aber von mir selbst konnte ich das damals nicht behaupten. Das meine ich auch mit Älterwerden, du überlegst anders. Es kommen andere Werte und Herangehensweisen hinzu, und du siehst, wie andere in deinem Umfeld agieren. Dabei erkenne ich mich immer wieder selbst und die Wichtigkeit dieser Bilder für mich. Ich sehe darin die Menschen, die aus meinem Leben gehen oder aber auch wiederkehren. Diese Bilder, diese Erinnerungen sind so stark und emotional, die bleiben für immer, das sieht man auch in diesem Buch.

T: Walter Pfeiffer, bei dem du ja in der Schule warst, hat sich selbst nie als professionellen Fotografen bezeichnet, wie hat er dich beeinflusst?

N: Interessant, das wusste ich gar nicht. Aber genau, als ich Schule bei ihm hatte, war das eines der besten Module, ich habe sehr viele Ähnlichkeiten in unserem Denken erkannt. Weniger der Inhalt der Arbeit, was wir machen, sondern eher das Denken, wie wir es machen und wieso, und was wir geil finden und was uns interessiert. Ihn faszinieren auch eher die interessanten Personen, weniger die Models mit ihren Modelblicken. Ich war 17, 18 Jahre alt, für mich war das sehr wichtig zu dieser Zeit, eine Person zu sehen, die so gross ist und das sagt, was auch ich denke. Das gab mir viel Bestätigung und ein Gefühl der Freiheit: *like we good.*

T: Was bedeutet dir Freiheit in deiner Fotografie?

N: Es ist für mich halt ein Medium, worin du die ganze Zeit denselben Scheiss siehst. Ich denke, das war bei mir am Anfang meiner Ausbildung auch das Problem. Ich hatte eine zu grosse Fresse und sagte ihnen immer, dass ich niemals Studio-Fotograf und allgemein nie Fotograf werden wolle, sondern dass mein Ziel es sei, mit Fotografie zu arbeiten, und dachte mir dabei, es ist alles scheissegal, was ihr mir sagt. Es gibt so viele Welten in der Fotografie, und es hat mich dann aufgeregt, dass sie so taten, als gäbe es nur die eine. Dies hängt wohl auch mit der Erziehung meiner Eltern zusammen, die mich gelehrt haben, stets frei zu sein und an sich und sein Können zu glauben. Solch ein Selbstbewusstsein zu bekommen ist wichtig. Ein Beispiel ist auch Liam (S. 164). Als wir einen meiner ersten Kodak-Filme entwickelt haben, 2015, war er einer der Ersten, die mir sagten, dass meine Fotografie Potenzial habe. Keine Ahnung, ob es wirklich so war. Mir war damals nicht bewusst, wie wichtig so ein Zuspruch in diesem Alter für mich gewesen ist. Solche Momente kamen dann viel stärker hervor, als ich das Buch gemacht habe, und man schätzt diese kleinen Erinnerungen. Wer weiss, was passiert wäre ohne diesen Moment mit Liam. Auch die beste Freundin meiner Mutter ist Fotografin/Künstlerin und hat meine Bilder 2015 begutachtet und gemeint, ich solle mehr *confidence* haben und mich mehr getrauen. Also habe ich damit angefangen, immer meine Kamera mit dabei zu haben, sodass ich auch mehr und mehr Bilder schiessen und mich selbst überwinden konnte. Sie war es denn auch, die mich zum Kauf dieser einen Analogkamera angeregt hat.

T: Das Buch zeigt auch deine Geschichte auf, die du zwischen 15 und 23 Jahren erlebt hast. Es ist zu sehen, wie dieses Selbstvertrauen gewachsen ist und auch du in deiner Fotografie erwachsen wirst.

N: Ich hoffe es, *I don't know.* Die Fotos wurden cleaner über die Jahre, früher fand ich dieses Rauschige, Unbearbeitete geil. Ich war gegen das Bildbearbeiten, weil ich die Nase voll von diesen bearbeiteten Bildern hatte. Ich bin auch heute noch sehr dezent, aber von nichts auf ein Bisschen macht schon einen grossen Unterschied, und jetzt kann ich nicht mehr ohne.

T: Francis Bacon spricht immer von einem Diego-Velázquez-Gemälde von Papst Innozenz X., das ihn verfolgt, weil es für ihn das vollkommene Bild ausmacht, nach dem er in seiner eigenen Kunst strebt. Gibt es bei dir auch diesen Wunsch? Oder Bilder, die dich verfolgen?

N: Ich kann mich immer sehr lebendig an Bilder erinnern, die ich gemacht habe, aber vor allem verfolgen mich die Bilder, die ich verpasst und eben nicht gemacht habe. Ich habe mich auch schon mit vielen Fotografen darüber ausgetauscht. Die Bilder, die du in deinem Kopf gesehen hast, aber weg sind, die vergisst du nie, die verfolgen dich.

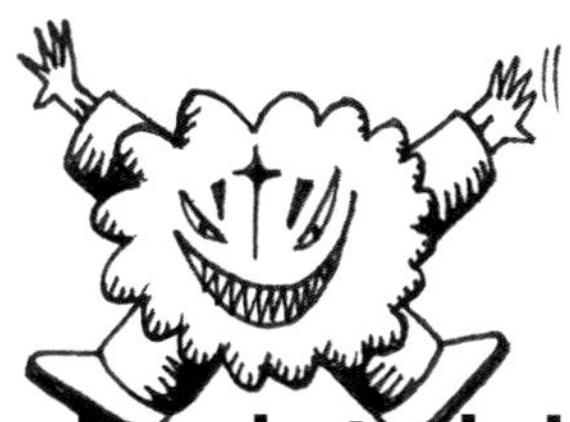

Der Abend neigt sich dem Ende, und ich rappele mich mühselig aus diesem Baseballhandschuh ähnelnden Sofa hoch. Ich verlasse dieses geordnete Chaos, eng begleitet von Blicken der figürlichen Darstellungen sowie Gedankenfetzen an der Wand, die wie in einem Fiebertraum unaufhörlich auf mich einprasseln. So in etwa, stell ich mir vor, sieht es in Noyans Kopf wohl aus.

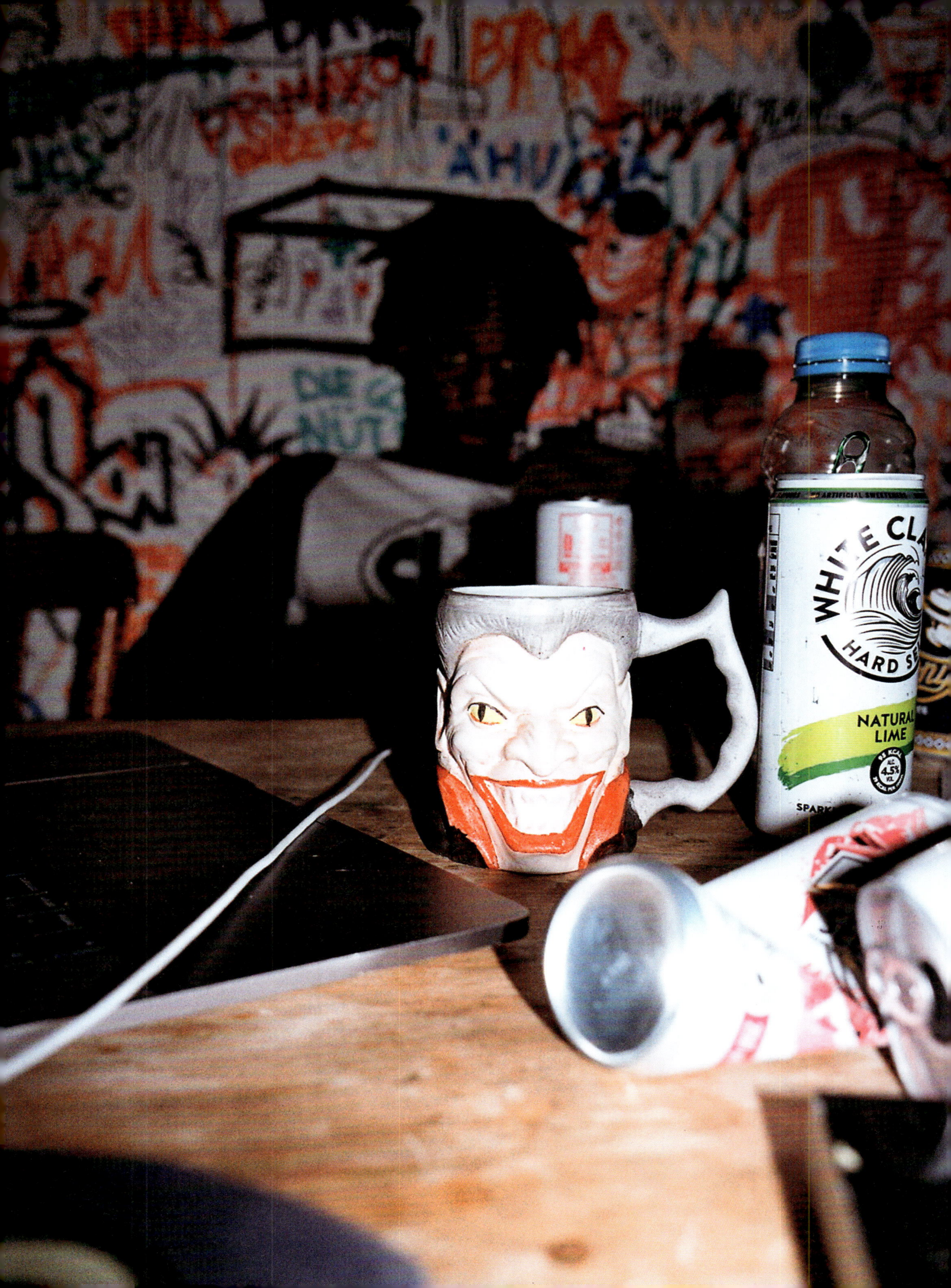
NATURAL
LIME

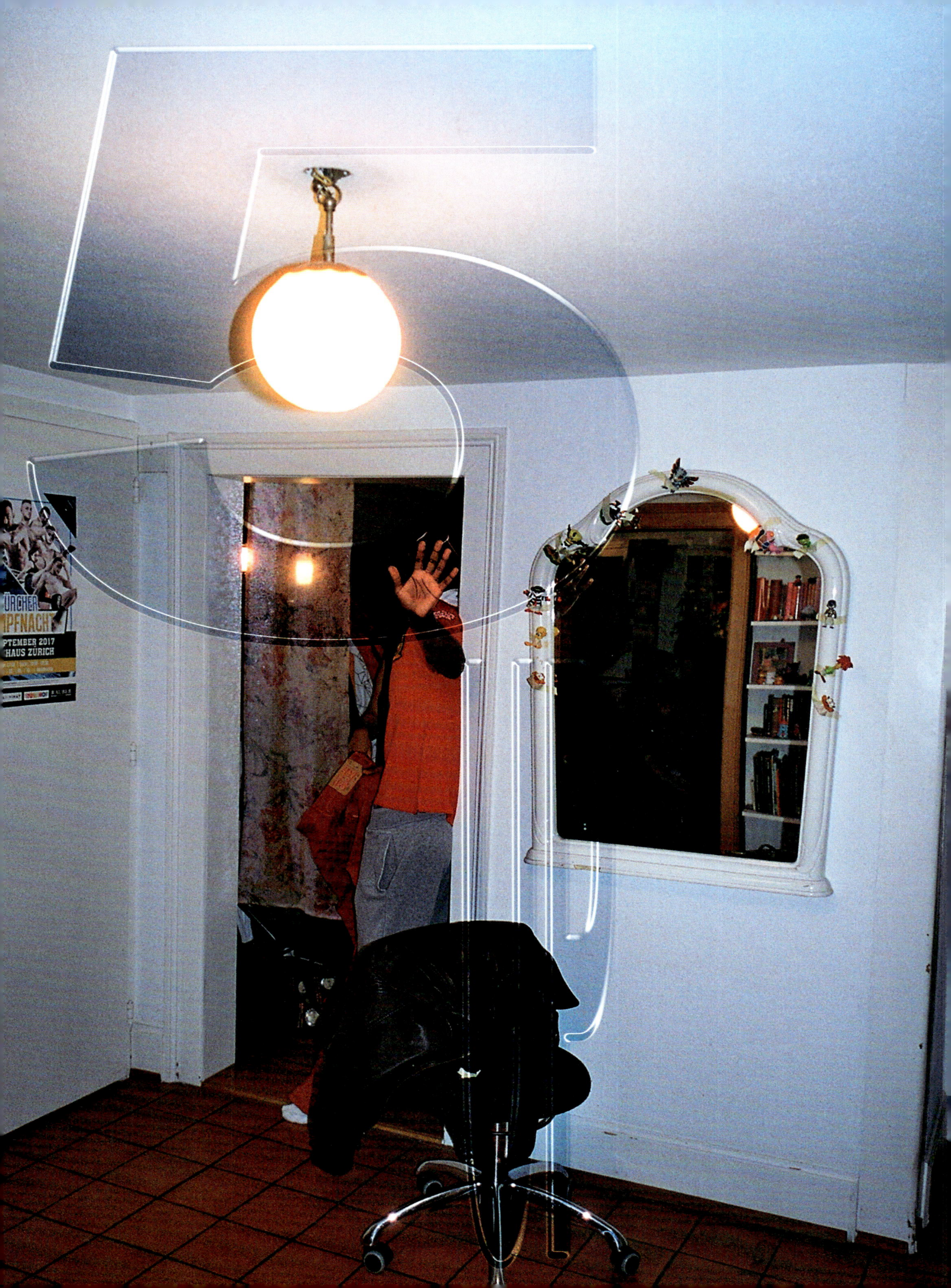
ÜRCHER
PTEMBER 2017
HAUS ZÜRICH

Wir befinden uns in Weinfelden, TG in einem älteren Gebäude, das Paxslim «Pax» mit zwei befreundeten Brüdern teilt. Wir bekommen einen kleinen Rundgang und realisieren, dass wir uns erst in einer frühen Phase des DIY-Umbaus befinden und noch einige Dinge in Planung sind. Schon jetzt befinden sich im Erdgeschoss neben dem riesigen Raum, wo wir Platz genommen haben, ein Fitnessraum, eine Siebdruckanlage, ein Zimmer mit Waffenschrank und, als wäre das nicht absurd genug, auch noch zwei alte Feuerwehrautos.

Paxslim ist ein 22 Jahre alter aufstrebender Musiker und Künstler. Seine intensive Zusammenarbeit mit Noyan lässt sich ablesen an den vielen gemeinsamen Musikvideos, die in kürzester Zeit entstanden sind, und auch an den Projekten, die noch folgen. Die steigenden Zahlen auf Streaming-Anbietern sowie Kollaborationen mit Künstler:innen aus dem Ausland und Artikeln in führenden Kulturzeitschriften sprechen für sich.

Tim Frey im Gespräch mit Noyan und Pax

T: Hast du immer hier im TG gelebt?

P: Meine ersten vier Jahre lebte ich in Nigeria und dann kam ich hierher. Im Alter von sieben zogen wir für fünf Jahre nach Toronto. Mein Vater spricht nur Englisch.

T: Woher kennt ihr euch?

P: Du kanntest meine zwei Mitbewohner schon vor mir.

N: Ja, aber eigentlich kennen wir uns über einen gemeinsamen Freund, der auch Musik macht (Maq22, S. 127) und zu dieser Zeit sehr intensiv damit beschäftigt war, ein Link-up mit anderen interessanten Künstler:innen zu machen, die ihm gefallen, unter anderem Paxslim. Es war alles extrem natürlich. Wir haben uns nie geschrieben. Wir waren einfach zusammen im Studio aufgrund dieses gemeinsamen Freundes, und darauf folgte die Zusammenarbeit.

T: Weil ihr von ähnlichen Dingen begeistert oder inspiriert wart?

N: Ich fühlte seine Musik, und er kannte meine Bilder schon länger von Instagram. Vor ihm hatte ich noch wenig Erfahrung mit dem Drehen von Musikvideos.

T: Wie geht ihr vor, wenn ihr für ein neues Lied ein Musikvideo gestalten müsst?

N: Immer unterschiedlich. Für das neueste Musikvideo (Song: «Occupation») beispielsweise beschloss ich, in den Thurgau zu kommen und hier zu shooten. Wir überlegten kurz, welchen Song wir wählen sollten, und sind einfach mit dem Auto losgefahren.

P: Vieles passiert so. Auch wenn wir im Studio sind.

N: Das Auto ist wichtig, ich merkte es erst kürzlich wieder: Diese Spontaneität, mit der wir an verschiedenste Orte gelangen, passt zu unserer Arbeitsweise.

P: Vieles ist «einfach machen» und nicht viel darüber sprechen.

N: So entsteht eigentlich das Beste.

T: Das merkte ich auch, als ich mit euch im Studio war. Pax betrat die Booth, mit dem Beat im Hintergrund, ohne vorher zu wissen, was er sagen möchte, und am Schluss ist da ein fertiger Song.

P: Das war so, seitdem ich damit angefangen habe. Ich habe mich mal mit einem erfolgreichen Producer, Kurtis McKenzie (Produzent u.a. von Doja Cat, Kendrick Lamar etc.), ausgetauscht, und er fragte mich: «Was ist der Plan?» Ich sagte ihm dann, ich hätte nie einen Plan, sondern ich mache halt einfach drauflos. Ich kann verstehen, weshalb er eine Struktur braucht, er lebt schliesslich von diesem Beruf. Aber bei mir läuft es nicht so.

T: Wie hat er reagiert?

P: Er war überrascht, aber er fühlt mich und die Art, wie ich arbeite. Er fragt sich halt einfach, was mein Plan ist *in a bigger picture.* Es passiert zurzeit sehr viel bei mir (Hypebeast, Blogs etc.), aber die kommen auf mich zu, nicht ich auf sie. Aber einen grösseren Plan gab es eigentlich nie.

N: So sollte es auch sein.

P: Ich bin so eine Person, und Noyan auch. Wenn uns jemand fragt: «Was ist der Plan?», dann haben wir keine Antwort, wir könnten morgen in *freaking nowhere* sein. Ich kann schon sagen, vielleicht habe ich zwar keinen Plan, aber ich weiss, was ich will. Aber ganz ehrlich, vieles passiert einfach. Ich geh ins Studio und mache ein Lied, das ich fühle, und entscheide ganz intuitiv, welches wir jetzt nehmen.

T: Also die perfekte Mischung aus keinem Plan und wissen, was man will?

P: Ja, das ist es eigentlich.

N: In etwa so ist es auch bei mir.

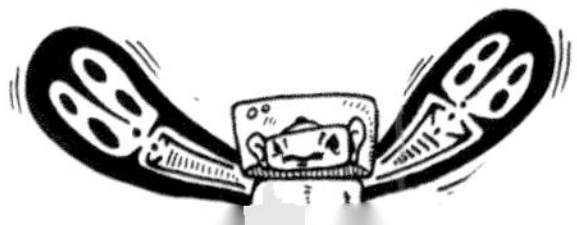

T: Verbindet euch dieses Mindset als kreatives Duo?

N: Ja, wirklich einfach machen. Rausgehen und machen. Ich denke, sehr viele Leute könnten das nicht. Egal, ob Videos machen oder Bilder, viele Leute sind zu verkopft oder einfach *tryhards,* die versuchen, etwas klar Artifizielles natürlich wirken zu lassen. Der Schweizer Rapper Pronto sagte einmal in einem Song («Hong Kong»): Du hast keinen Erfolg, deshalb erklärst du dich (du hesch kei Erfolg, wege dem erklärsch).

P: Es wird zu viel erklärt, vor allem in der Kunstszene. Viel zu viel. Das geht alles wieder in dieses Planerische hinein.

N: Bereits in meiner Ausbildung habe ich es gehasst, dass alles auf dieses Konzeptionelle ausgerichtet war. Das ist so langweilig. Die Bilder müssen für sich selbst sprechen. Wenn das Bild schon geil ist, dann brauchst du gar keinen Text. Ein Text kann dann ein Bild noch ergänzen, aber das Bild darf nicht vom Text leben.

T: Ihr wart vor Kurzem gemeinsam in Atlanta und habt dort unter anderem Musikvideos gedreht, wie kam es dazu?

P: Ich war schon zweimal in Atlanta. Schon als 14-Jähriger wusste ich, dass ich in die USA, nach Atlanta gehen wollte. Auch die Leute von da habe ich über die Musik kennengelernt. Ich wurde einfach auf Instagram angeschrieben. Einfach alles durch Musik.

N: Sowohl die Musik(-videos) als auch die Fotografie haben uns an verschiedenste Orte gebracht.

P: Ich weiss noch, früher Migos, Young Thug, einfach Atlanta Bro.

N: Unsere Generation wurde so sehr geprägt von Atlanta. Egal, ob man die Musik fühlte oder nicht, es ist ein Fakt. Migos allein war schon extrem wichtig, und das ist nur ein kleiner Teil, dazu kommen dann noch Future, 21 Savage, Playboi Carti oder ganz YSL, Gucci Mane usw. Es ist absurd, es hört einfach nicht auf, bis heute nicht. Und dabei ist Atlanta gar nicht mal so gross.

P: Ja, es ist etwa so gross wie Zürich. Stell dir das mal in Zürich vor, Riesenszene *(lacht).*

T: Wie sieht so eine Community aus in Atlanta, und wie wurdet ihr aufgenommen?

N: Extrem schnell. Wir hatten das Gefühl, als würden wir uns schon seit zehn Jahren kennen. Ich fühlte mich direkt in eine Familie aufgenommen. Ich wurde so angenommen, wie ich bin. Ich konnte 100% ich selbst sein. Ich fühlte mich mehr in dem verstanden, was ich mache, als hier, ohne mich erklären zu müssen. Für die Leute von dort war es auch spannend zu sehen, dass Menschen aus Europa beziehungsweise der Schweiz oft dieselben Schwierigkeiten haben, auch wenn wir sonst ganz anders leben.

P: Es ist Fun. Es kann manchmal aber auch seltsam sein. Hier weiss ich, wie mein Alltag aussieht, aber dort, in Atlanta, kannst du es vergessen.

T: Kein Plan?

N: Du kannst nichts planen. Wir wollten uns einige Dinge fürs Musikvideo überlegen …

P: Du kannst nicht mal aufstehen und sagen: Vielleicht passiert heute das, und eventuell geschieht heute jenes. Es passiert, was passiert. Es ist wirklich so.

T: Deshalb funktioniert ihr beide auch gut dort. Wie ist es mit euren Friends hier?

P: Hella spontan. Gerade erst kürzlich haben wir ein Video gedreht für meine zwei Freunde und ihre Fashion-Brand Clava. Von der Idee bis zum fertigen Clip sind vielleicht zwei bis drei Stunden vergangen, mit Filmen und allem. Einfach kreieren. Wenn du zu viel darüber nachdenkst, wird's wieder uncool.

N: So siehst du schlussendlich auch, was funktioniert und was nicht oder was du fühlst oder nicht fühlst. *Trial and error,* so habe ich mir selbst Fotografieren beigebracht.

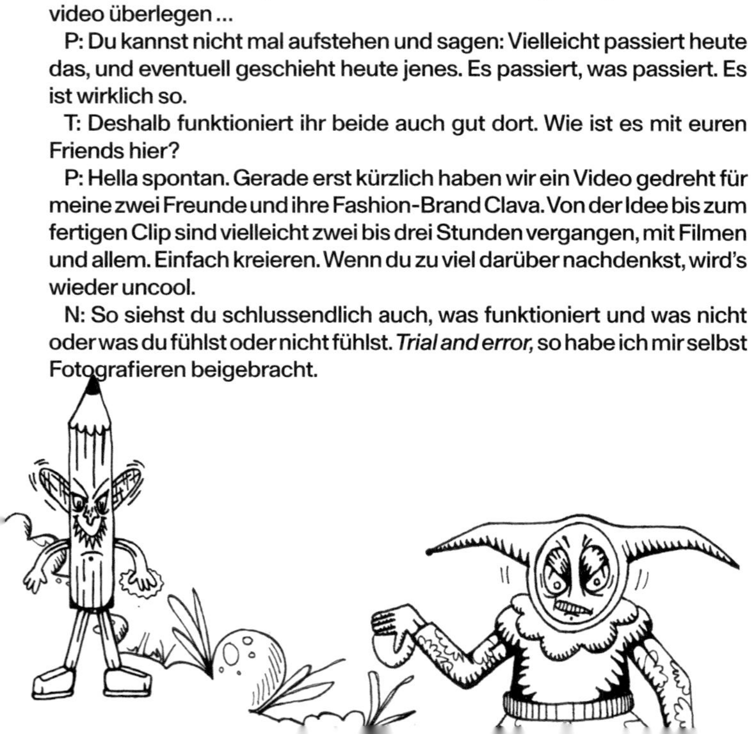

P: Bei den Liedern dasselbe. Einfach aufnehmen und nicht im Vorhinein zu viele Gedanken darüber verlieren.

T: Überlegst du dir, was du sagen möchtest in deinen Songs?

P: Nein. Meistens, wenn ich den Beat hör, weiss ich genau, was ich sagen möchte.

T: Was antwortest du, wenn dich Leute fragen, was du mit deinen Texten aussagen willst?

P: Meistens antworte ich, dass die Message für mich eine Gefühlssache ist. Ich fühle mich in diesem Moment so und verbinde das dann mit dem jeweiligen Beat. Und so kommen Gefühle, Wörter und Melodien dabei heraus. Aber ich gehe nie so vor, dass ich mir im Vorhinein Dinge vornehme.

N: Das kann ich nur unterschreiben.

T: Lässt sich dieses unverkopfte intuitive Vorgehen nicht auch auf deine Fotografie übertragen, Noyan? Wenn du wie immer deine Analogkamera bei dir hast, wissen wir nie, wer oder was dein nächstes Sujet sein wird.

N: Ja, es ist in meinen Kopf eingebrannt. Ich kann gar nicht denken, ob das jetzt gut oder schlecht ist. Ich denke immer fotografisch. Ich sehe etwas und denke die ganze Zeit, das wäre gut für ein Foto oder ein Video usw. Immer.

P: Mir geht es ähnlich.

N: Ich glaube auch immer, dass sich diese Leute gegenseitig anziehen. Egal, wo du hingehst, dazu gehören einfach geteilte Interessen und Ziele. Alles macht einfach Sinn. Wie wir uns alle kennengelernt haben, auch schon nur, wenn ich dieses Buch anschaue, bestätigt es mich nochmals darin.

T: Woher kommt dieses Motiv der ausgespreizten, vor sich hingehaltenen Hand?

P: Das kam von Nana (gemeinsamer Freund, S. 129, links), der auch liebevoll «The Leader» genannt wird. Als wir spontan nach einem gemeinsamen Coiffeur-Besuch ein Selfie machen wollten, hielt er die Hand auf diese eigentümliche Art und Weise in die Kamera, und von da an haben wir es alle getan. Von da an wurde dieses Five Up so unser Ding. Man verdeckt nichts, die einzige Bedeutung dahinter ist, Positives zu suggerieren.

N: Es fühlte sich einfach richtig an, dieses Motiv zu wählen. Das Motiv der Hand strahlt eine Power aus, und ich habe mich schon seit Längerem damit auseinandergesetzt. «Gravity Falls» war eine andere Inspiration für mich fürs Cover. In dieser Cartoon-Serie stellt das Buch eigentlich das Zentrum der Geschichte dar, mit dem sie jegliche Antworten auf unterschiedlichste Fragen finden. Es ist wie ein Schlüssel, um die Welt besser zu verstehen. Und in diesem Fall vielleicht die Meinige.

Noyan zeigt Pax das neue Cover, währenddessen ruft Pax' Freundin aus Miami an, um zu facetimen. Noyan grüsst sie übers Telefon. «My life is a lunchbreak», antwortet er auf die Frage, ob wir gerade Mittagspause machen.

T: Wir erlebt ihr die Schweizer Kultur?

P: Ich brauche gar nicht mehr zwingend ein Record-Label, das mich unter Vertrag nimmt, und eigentlich müssten wir unsere eigenen Events organisieren, wo unsere Leute kommen, die uns wirklich fühlen, wie wir es auch vereinzelt schon getan haben. Ansonsten, lass sein. Es geht um Community und Friends, die Leute sollen für dich kommen. Das fehlt hier einfach in der Schweiz. Hier wird man für zu wenig Geld gebucht, als Vor-Acts von Künstler:innen, die wir nicht kennen oder die uns nicht kennen. Meine Freundin aus Amerika erzählte mir, dass XXX Tentacion in Florida Zelte aufgestellt hat und seine Konzerte kurzerhand selber auf die Beine stellt, weg vom Kommerz.

N: Das war wirklich inspirierend, es gab auch hier eine Vorreiter-Gruppe, die 306-Crew. Da ging es zwar in erster Linie um Partys, aber sie waren eine Gruppe, eine Community, die für mich die Schweiz geprägt hat. Sie haben einfach Partys und Scheiss gemacht, sie waren jung, divers und richtig frech. Sie haben es verstanden, den Style und die Songs richtig zu vermitteln, da spielte dann auch dieses Community-Gefühl wieder mit, man fühlte sich als Teil davon. Sie haben einfach ihr Ding gemacht, egal, ob es jemandem passt.

P: So ist auch nichts *awkward,* weil du willst ja auch niemandem dein Zeugs erklären müssen. Stell dir vor, die Leute, die dich verstehen, sind einfach da, und sie haben eine gute Zeit, und du hast eine gute Zeit, man kennt sich, und es ist persönlich. Es geht nicht darum, dass ich auf der Bühne stehe und die wichtigere Person bin. Es geht darum, dass wir alle zusammen sind und feiern und die Lieder gemeinsam singen. Dann gibt es eine Afterparty, und dann chillen wir noch … *(lacht)*. Community-Shit.

N: Ich glaube, viele Leute hier verstehen das nicht. Für uns war es noch nie ein Konkurrenzkampf. Ich sehe niemanden als Konkurrenz oder als wichtigere Person, ich mache einfach meinen Shit.

Wir betrachten gemeinsam das Layout des Buches, jedes Bild weckt Erinnerungen, und eine Anekdote folgt auf die andere.

T: Als unsere Freundeskreise sich kennenlernten, spürte ich direkt diese Wärme den anderen gegenüber. Deine Gastfreundschaft ging sogar so weit, dass sich alle in deinem Zuhause an deiner Wohnzimmerwand verewigen konnten, und niemand hat je länger als fünf Sekunden darüber nachgedacht, was er an diese Wand schreiben oder zeichnen sollte. Somit ist es eigentlich das zufällige Ergebnis aus einer Community, die halt einfach macht. Ein eigener Raum beziehungsweise ein eigenes Universum wurde geschaffen.

N: Schon als Kind war mir das wichtig. Ich bin als Einzelkind aufgewachsen, und meine Mutter fand es immer essenziell, dass sich meine Kolleg:innen bei uns willkommen fühlten und jederzeit vorbeikommen konnten. Jede Woche haben Leute bei mir übernachtet.

P: Neujahr, nicht zu vergessen, war immer legendär bei dir zu Hause.

N: Ja, «Noyar», schon seit mehreren Jahren eine Tradition. Ich wollte unbewusst wahrscheinlich immer einen Raum haben, in dem die Leute sich selbst sein konnten und sich wohlfühlten. Viele Freunde kamen auch einfach immer vorbei, und ich fand schön, dass man sich hier bei mir verstanden fühlte und sich ausleben konnte. Es war so wichtig, dass mir meine Mutter diesen Raum, diesen Space gegeben hat, denn es war nicht selbstverständlich. Das Vertrauen ihrerseits war riesig. Sie impliziert somit für mich eigentlich den Anfang von allem, so macht es auch Sinn, dass ihr Bild auf dem Buchdeckel zu sehen ist.

T: Wie war es während der Pandemie?

N: Als Pax und ich uns während der Corona-Zeit getroffen haben und die Clubs nicht geöffnet waren, verschlug es uns oft zu mir oder an sonstige Homepartys.

P: In dieser Zeit hat sich extrem viel für die Community getan. Im Sommer wurden die Boxen irgendwo aufgedreht, und alle trafen sich draussen, tanzten, es gab Moshpits, und alle hatten ihre ganz eigenen Clubs und einfach eine gute Zeit.

T: Gehst du ansonsten viel an Partys?

P: Nein, sehr selten. Ich trinke auch nichts und auch sonst nichts, nie.

N: Holy Boy.

Wir schweifen ab in Geschichten aus dem Zürcher Nachtleben. Es werden Erinnerungen über schillernde Figuren und Events wach, aber auch kläglich gescheiterte Veranstaltungen bekommen ihr Fett weg. Wir verlassen dieses riesige improvisierte Wohnzimmer, das früher einmal zu einer Feuerwehr gehörte, und gehen ins obere Stockwerk, wo sich die Küche sowie Paxslims Schlafzimmer befinden. Wir nehmen am Küchentisch Platz und wundern uns, ob es draussen am Schneien ist, was sich bei näherer Betrachtung aber doch nur als Mischung aus Kirschblüten und Sturmböen entpuppt.

T: War es schon mal ein Thema, auf Deutsch zu rappen?

P: Nein, das kam mir nie in den Sinn. Ich habe Songs auf Schweizerdeutsch gemacht, aber nie allein. Ich verstehe auch nicht, wieso es immer wieder ein Thema ist von Bekannten oder in den Kommentaren auf Insta oder wo auch immer.

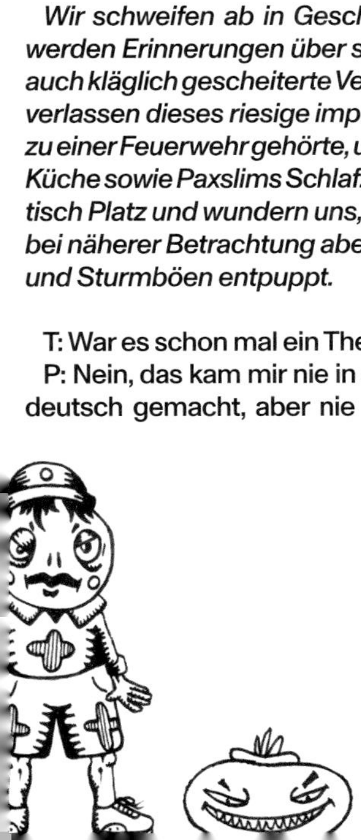

N: Wir leben in einer so multikulturellen Welt, Englisch ist eine Weltsprache, aber eigentlich ganz egal, ob es Deutsch, Englisch, Französisch oder Tamilisch ist, Hauptsache, es ist geil.

P: Viele fragen mich das auch, weil sie wissen, dass der deutsche Markt riesig ist, und man schnell bekannt werden kann. Aber ich will nicht einfach wechseln, nur weil es der Markt von mir verlangt oder es meinen Weg vereinfachen könnte, dem Trend zu folgen.

N: Es ist schon so, dass du im schweizerdeutschen Markt sehr schnell an deine Grenzen kommst, wo du auftreten und mit wem du zusammenarbeiten kannst, aber einige Künstler:innen haben doch gezeigt, dass es möglich ist, und zumeist waren es diejenigen, welche sich treu geblieben sind.

P: Community ist wichtig, ja, aber es soll auch einfach Community bleiben, man darf sich in seinem künstlerischen Schaffen nicht zu sehr nach ihr richten.

N: Schlussendlich wissen die Leute auch nicht, was sie wollen. Sie denken zwar, dass sie es wissen, aber du musst ihnen das geben, von dem sie noch nicht wissen, dass sie es wollen.

P: Egal, welches Lied ich droppe, sie müssen es akzeptieren, und sie können keinen Einfluss nehmen. Es ist lustig, ich kann eigentlich anhand der Aufrufe bei meinen Liedern erkennen, was die Formel wäre für einen erfolgreichen Song. Aber das ist nicht mein Ziel, ich will einfach machen, was mir gefällt.

N: Wir wollen uns nicht in eine Schublade stecken und in unserer Kreativität einschränken lassen.

T: Unsere Generation hat ganz neue Möglichkeiten, sich zu vernetzen, wie zeigt sich das bei euch?

N: Gerade vor Kurzem bemerkte ich wieder, dass eine meiner treuesten Supporterinnen eine Freundin aus Berlin ist, mit der ich gar nicht so viel Kontakt pflege, aber ich weiss, ich kann auf sie zählen – im Sinne von reposten oder kommentieren –, und das *appreciate* ich sehr. Das müssen aber auch überhaupt nicht alle tun, ich kenne viele Leute, die zu vernarrt sind in dieses Social-Media-Game und da nur unglücklich werden, weil sie sich ständig darin verkopfen und all dem zu viel Bedeutung beimessen. Es ist nicht so *deep*, es ist Insta, es geht darum, einen Song oder ein Bild in seine Story zu reposten. Wenn das für dich richtiger Support ist, dann weiss ich auch nicht. Man sollte nicht den Bezug zur Realität verlieren und immer noch unterscheiden können, was es heisst, richtigen Support und Love zu zeigen. Wenn du beginnst, so zu denken, dann bist du *lost in the sauce. Never get lost in the sauce.*

P: Ich habe mir überlegt, Instagram zu löschen und mich mit YouTube und Tumblr zu beschäftigen, aber meine Freunde haben mir davon abgeraten.

N: Das hätte ich dir jetzt auch nicht angeraten. Nur schon deshalb, weil du so viele Kontakte dadurch knüpfen konntest.

P: Früher haben mir Leute auch auf Soundcloud geschrieben. So habe ich auch meine Freundin kennengelernt *(lacht)*.

N: Früher, bei meiner Fotografie-Ausbildung, war Instagram ein Riesenthema. Du brauchst keine Websites mehr als Fotograf, sondern einfach deinen Feed. Instagram ist alles: Social Media, Work Life, Kaufen/Verkaufen und ja, sogar Politik findet da statt. Es schmilzt alles zusammen und wurde dadurch auch immer ernster. In meiner Lehre empfand ich es als lächerlich, wie sie mich für Instagram schulen wollten, und ich dachte mir nur, sobald mir Insta keinen Spass mehr macht, müsste ich es löschen.

Der eine Mitbewohner von Pax benötigt die Küche, und wir wechseln erneut unseren Standort. Wir finden uns nun in einem selbst erbauten Podcast-Studio wieder. Das wäre eigentlich von Anfang an der ideale Ort für ein Gespräch gewesen, was soll's, uns knurrt bereits der Magen, und wir ziehen langsam von dannen in Richtung eines Tex-Mex-Schuppens, der das einzig akzeptable Restaurant der Gegend sei. Noyan zeigt Pax zum Schluss noch die Rohfassung des neuen Videoclips: «Occupation».

Pax wirkt zufrieden, er wünscht sich lediglich noch ein, zwei Änderungen, aber das Colorgrading gefällt. Ein dumpfer Beat fällt mir besonders auf, doch es ist nur ein Symptom des schwerkranken und allgemein um sein Leben kämpfenden Computers von Noyan und weniger als künstlerisches Stilmittel gedacht.

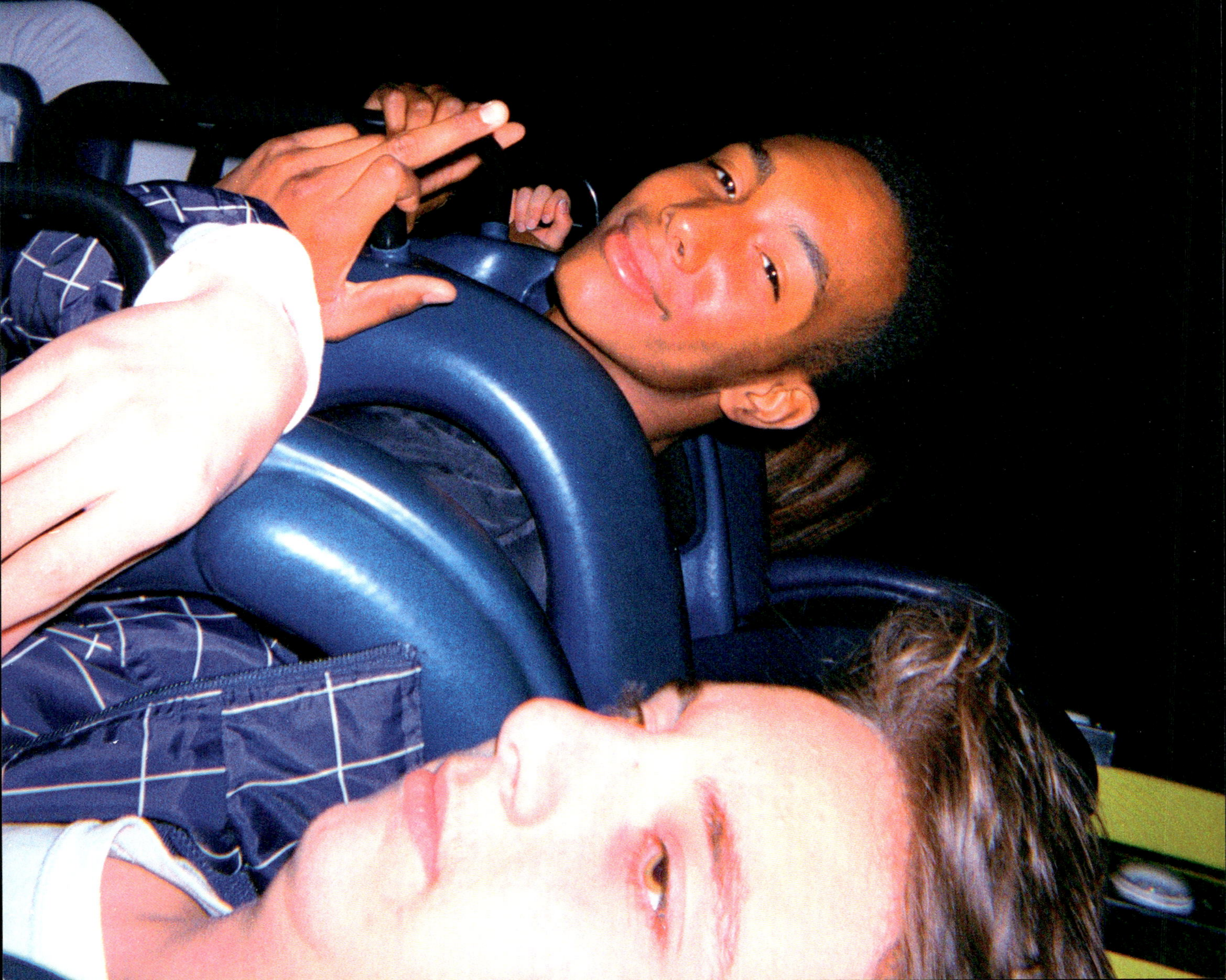

It's 10 o'clock on a rainy Wednesday night in the heart of Zurich. We're sitting in Noyan's cozy, smoky room on his rumpled leather bean bag sofa with his open laptop wheezing away on the coffee table in front of us. Noyan is under the gun tonight: he's supposed to finish up a promotional campaign and turn it in by midnight. We're surrounded by a profusion of memorabilia in all sorts of different shapes and colors, including movie posters and scribble-scrabble all over the wall behind me. I'm distracting him with questions while he's simultaneously putting together a Spotify playlist.

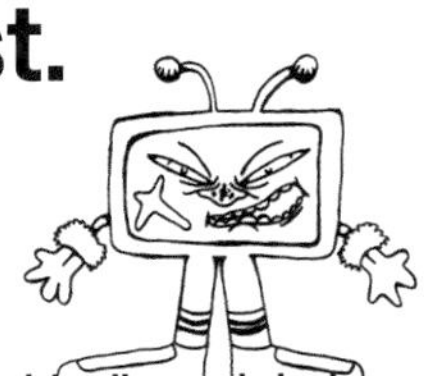

Tim Frey in conversation with Zurich based artist Noah "Noyan" Wenzinger

Noyan is telling me about a model at the shoot for a Swiss fashion brand called Prototypes.

N: She danced around like a circus lady. She executed my ideas without me having to say them out loud. Crazy. Witchcraft.

T: So she inspired you?

N: Yes, with some people it gels from the get-go, you can really interact and get creative with them, where as with others you have to knock yourself out to get anything going at all.

T: How does that compare to taking pictures of friends?

N: Naima, for example, is terrific at posing without forcing it, she's a natural. She's got this calm, cool, collected way in front of the camera. Jemima is different, though it's always aesthetic and it always gels with her. Jemima laughs like a psycho, but she's owning it. That's why they round each other out so well.

T: When taking pictures of people who aren't as close to you or aren't quite as convincing subjects, is it more about capturing an event?

N: It varies. It often depends on my connection to the evening in question, what the moment triggers in me. When I was in America, for example, a lot more strangers were at ease on camera, so I could really go for it, and the event itself faded into the background. Here, I sense a different attitude towards the camera: people play-act for the camera – just a thousandth of a second and the picture is trash.

T: Is analog photography maybe an expression of our generation's desire to offset all this digital overkill?

N: Yes, exactly. We appreciate this medium because it's all become much too much. We're drowning in pictures, which anyone can snap on their cell phones whenever they feel like it, especially party pics – many of which don't have any real meaning anymore. But I've noticed that some people want something else out of their photographs, though they've no idea what. They want a bit of real raw vibes and they think you can force it, but you can't. Maybe sometimes, but generally not. You're not God.

T: You describe Americans as being a lot camera-friendlier and yet seeming less artificial.

N: I just felt a lot more confident taking pictures there, especially of nightlife. In so many situations here, I see something that would make a perfect picture, but then it's already gone. I miss the shot because I didn't have the guts. Happens to me all the time, especially on the street, because I shy away from confrontation. It's easier shooting nightlife or at a concert because people don't even notice, their minds are on other things. But during the day, on the tram, for example, I just don't dare.

T: So you try to get that quality of authenticity in your pictures even when people know they're being photographed?

N: Yes, ideally, and during my stay in America I could feel how easily it came to me. I remember when I first started taking pictures: I'd just got back from vacation and I had my mother's camera. After that, I took the camera with me wherever I went, and I was taking pictures all the time. At home parties in our old apartment, for instance, where I was mainly keen on capturing moments with my homies doing dumb-ass shit. When we were fifteen and getting drunk the first few times, we'd do sort of photo shoots, and looking at them the next day, we were pretty flashed. That's actually how it started. Even then, though, I was already secretly yearning for a different take on what I was doing, the way I experience it now. I always wanted to be around people who take an interest in something, whatever that may be, people who are interested and interesting – you can tell by my very mixed circle of friends. I have the most diverse friends you can imagine because I don't want to get stuck in groupthink. Being pigeonholed, like "You're always hanging with those people, therefore you're part of that group," being trapped in a bubble, has always rubbed me the wrong way. I can't look at things that way, it's too one-sided for me.

T: But don't you think people who don't know you or the people in this book will see a specific bubble there?

N: Good point. Which is also what's cool about it, because everyone can put their own construction on it. I never wanted to explain, just to show. I think what you see here isn't a single bubble, but many bubbles. I'm in with various crowds, which has always come easy to me, maybe because I'm not so easy to label. I don't want anything to do with all that scene shit. I figure I'm in the scene as well as not in the scene.... But I don't bother too much about that, else I'll end up overthinking things again, and I'd rather get back to just doing my thing and let others think it over themselves. I couldn't care less whether I've "made the scene" or not, I'm just fucking interested in seeing as many different people and places as possible.

T: How does the fleeting moment of authenticity you try to capture in your snapshots of strangers compare to portraying familiars, for which you can patiently create or pick out the ideal shot?

N: I prefer getting to know people first, but there are always exceptions where it just clicks. Some people are capable of reenacting that single fleeting moment and keeping it real. As Sandy Kim (a photographer from Oregon) once put it in an interview, it's about people having a good time in front of the camera and feeling comfortable with you, which makes the photos more candid and less posed. I mean, I'm immediately inspired by Jemima and Naima, and I can see almost mathematically which shots are going to work. It wasn't like that when I started out at age 15. But my aim is – and has always been – to create this illusion and bring out the soul – or should I say, essence – of a picture in my own unique way.

T: Back then, did you have any inkling of the quality of your work?

N: Much more now than I did then. In those days, everything I did was so natural and innocent. I just did it, and at some point it took on meaning. It's interesting: just doing it can give rise to new values, to ambitions, desires, dreams, that you didn't have at all at the start. I just got a kick out of doing it and, to tell you the truth, I was excited about everything else in those days too. I just wanted to show what I see, without anyone butting in.

T: Maybe that also goes to show where the quality of this book lies: in that you've just kept at it year after year, and now your work is getting some hard-earned recognition.

N: Yes, I've noticed that this book project has got me thinking it all over. The road I've taken. Over the past few months, it's become clear to me what a change I've undergone, even during this project. So much so that this book almost feels old already (*laughs*) – it's really crazy.

T: Where do you see the biggest change in your photography?

N: Good question. I've definitely gotten better at picking out my subjects on the spot. You train your eye. Every time you shoot, you get better. And for years now, I always try to capture that one moment, and I'd say I'm very good at it now. Being able to say confidently that I'm good at it, that's a big thing for me. It's another way my confidence has changed over the years. I already thought my stuff was fly back in the day, but I wasn't capable of saying that about myself at the time. That's what I mean about getting older, you think differently. Other values and approaches come along, and you see how others are acting around you. It gives me a clear-cut sense of myself and how important these images are to me, in which I see the people who go out of my life or come back into my life. These images, these memories, are so powerful and emotive, they keep forever, as you can see in this book.

T: You had a class with Walter Pfeiffer, who has never called himself a professional photographer. How did he influence you?

N: Interesting, I didn't even know that. The module I had with him was one of the best. I noticed a lot of similarities in our ways of thinking. Not so much in terms of the subject matter of our work, but the thinking behind it, how we go about it and why, what we find cool and what interests us. He's more into interesting people than, say, models with their model looks. At 17 or 18 years old, it was hugely important for me at the time to see a person who's so big saying what I think too, which gave me a big boost and a sense of freedom – like, we good.

T: What does freedom mean to you in your photography?

N: To me, it's just a medium in which you see the same shit all the time. I think that was the problem I had at the start of my training. I was too much of a loudmouth, always telling them I never wanted to be a studio photographer – or a photographer at all – but that my goal was to work with photography, and thinking to myself, I don't give a shit what you say to me. There are so many different worlds in photography, it aggravated me that they acted as though there were just the one. This is probably owing to my upbringing: my parents taught me to always be free and believe in myself and my abilities. It's important to get this kind of self-assurance. Liam is another example. When we developed one of my first rolls of Kodak film back in 2015, he was one of the first to tell me my photographs had potential. No idea whether that was true. I didn't realize at the time how vital such encouragement was to me at that age. Moments like that welled up while I was putting the book together, and you cherish these little recollections. Who knows how things might have turned out had it not been for that moment with Liam. My mother's best friend, who's a photographer/artist too, appraised my pictures in 2015 and she said I ought to have more confidence and be more daring. So I started keeping my camera with me at all times so as to take more and more pictures and overcome my inhibitions. She was the one who later inspired me to buy this particular analog camera.

T: This book retraces your experiences from age 15 to 23. One can tell from the photos how this self-assurance grew and how you came of age in your photography.

N: I hope so, though I don't know. Over the years the pictures have become cleaner, but I used to find this noisy, unedited look real fly. I was opposed to editing because I was sick and tired of all those "photoshopped" pics. I still go easy on the editing to this day, but going from no editing to a little bit makes a world of difference, and now I can't do without it anymore.

T: Francis Bacon is always talking about a Velázquez painting of Pope Innocent X that haunts him because he considers it the perfect painting that he's aspiring to in his own art. Do you have the same aspiration? Or images that haunt you?

N: I always remember pictures I've taken quite vividly, but I'm haunted by the pictures I've missed, the ones I never shot. I've discussed this with a number of photographers. You never forget images you've seen in your head but are now gone – they come back to haunt you.

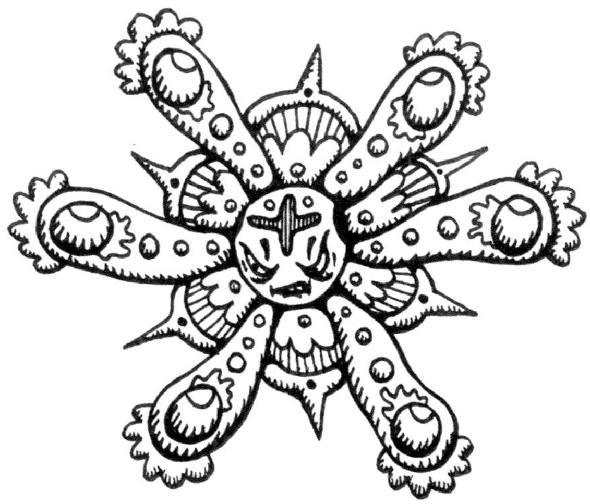

The evening is drawing to a close and I have a hard time extricating myself from this baseball-mitt-shaped sofa. As I leave this realm of ordered chaos, the eyes of the human figures painted on the wall seem to be following me and the fragmented thoughts scrawled beside them rain down on me as in a feverish dream. This, I imagine, is what it must look like inside Noyan's mind.

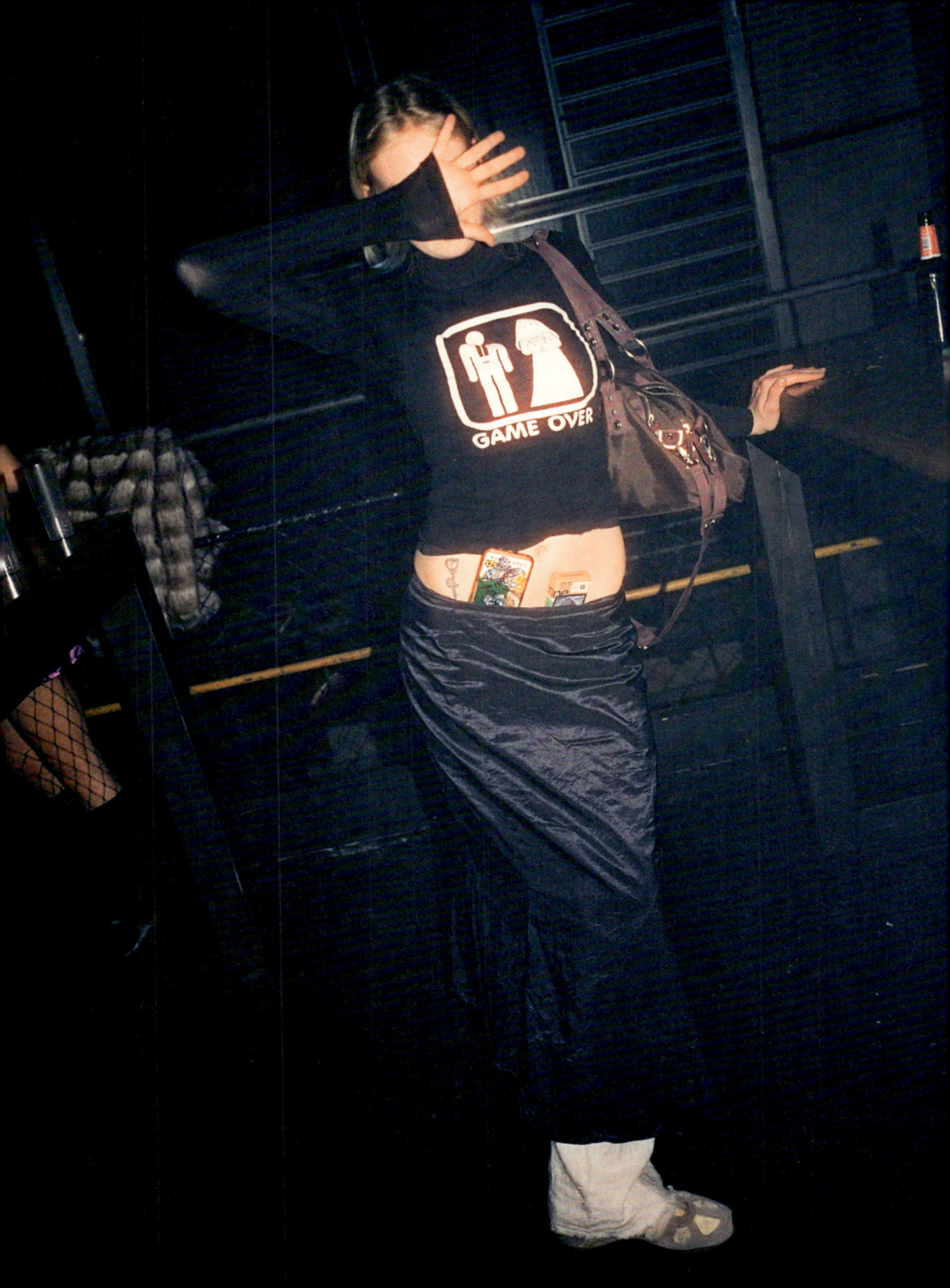
GAME OVER

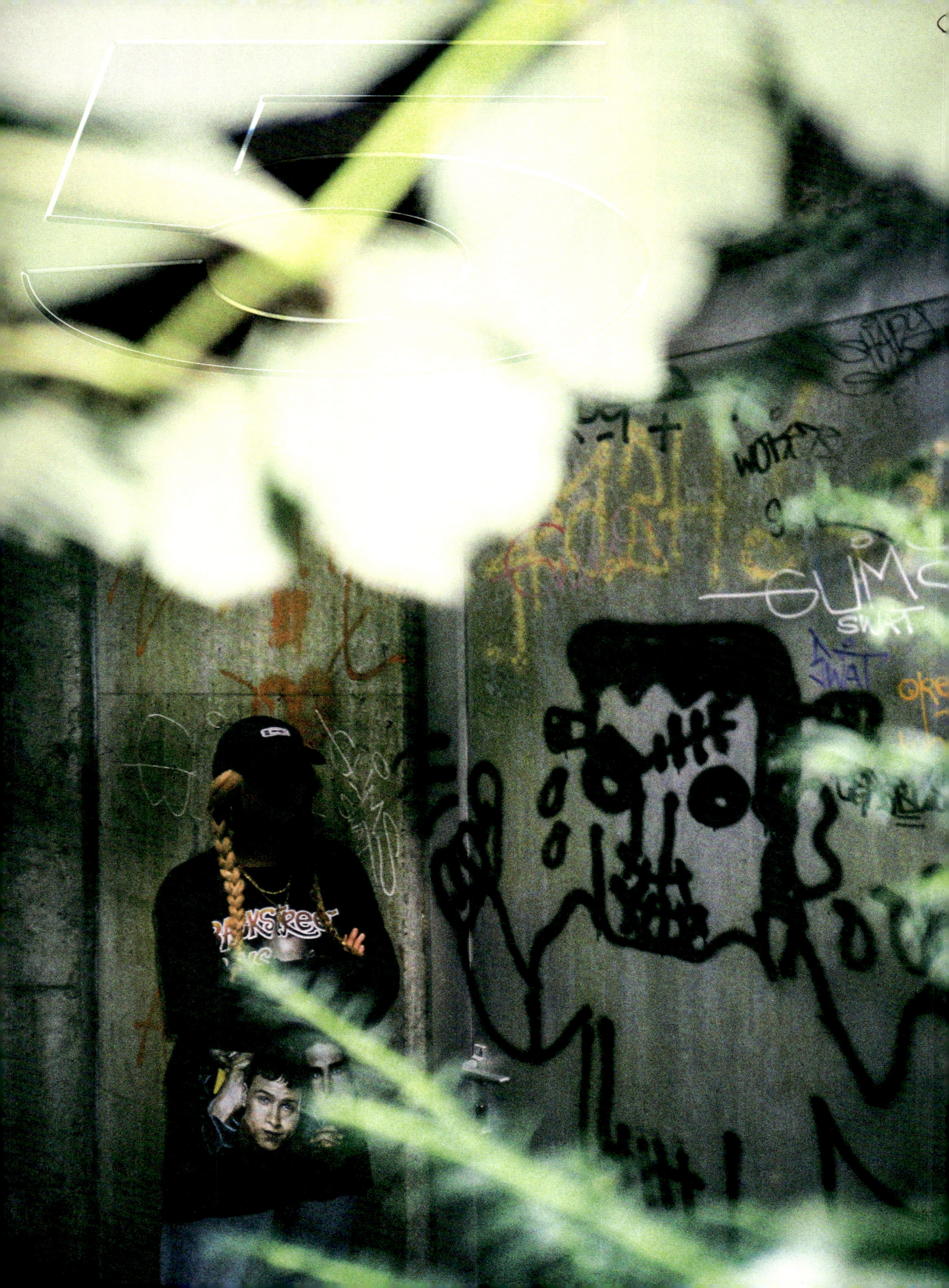

We're in Weinfelden, a town in the Swiss Canton of Thurgau, in a pretty old building that Paxslim (or "Pax" for short) shares with two friends of his, who happen to be brothers. He gives Noyan and me a little tour of the place, which is clearly still in an early phase of a DIY conversion. The repurposing will evidently take some doing.

On the ground floor, for starters, there's a gym, a silk screen printing machine, a room with a gun locker and, as if that wasn't absurd enough already, two old fire engines to boot! After the tour, the three of us take a seat in a huge adjacent room.

Paxslim is an aspiring 22-year-old musician and artist. He has worked closely together with Noyan on a slew of music videos they put together in no time, and a whole bunch of other projects are still in the pipeline. Their rising stream counts, collaborations with artists abroad and articles published in leading cultural magazines attest to their success.

Tim Frey in conversation with Noyan and Pax

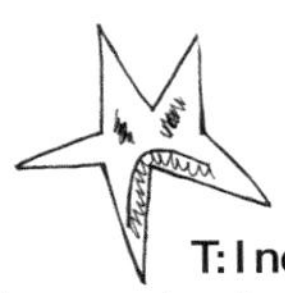

T: Have you always lived here in Thurgau?
P: I spent my first four years in Nigeria, then I came here. When I was seven, we moved to Toronto for five years. My father speaks nothing but English.
T: How do you two know each other?
P: You met my two roommates before I did.
N: Yes, but we actually know each other through a mutual friend who makes music too and who was very busy at the time linking up with artists of interest to him, including Paxslim. It was all quite natural. We never wrote to each other. We simply found ourselves in the studio together thanks to this mutual friend and ended up working together.
T: Because you found similar stuff exciting or inspiring?
N: I felt his music, and he'd known my Instagram pictures for a while. Before meeting him, I didn't have much experience making music videos.
T: How do you go about putting together a music video for a new song?
N: It's different every time. For the latest video (song: "Occupation") I decided to come up to Thurgau and shoot here. We briefly discussed which song to do and then just drove right up here.
P: A lot of stuff goes like that, even when we're in the studio.
N: The car is important, as I realized again just recently: being able to drive off to all sorts of different places on the spur of the moment meshes with our M.O.
P: A lot comes down to "just doing it": less talk and more action.
N: Which is actually how the best things come about.
T: I noticed that in the studio with you. Pax entered the booth with the beat going in the background, though without knowing what he wanted to say, and by the end of the session there was a finished song.
P: It's been like that ever since I got started. I once talked to a successful producer, Kurtis McKenzie (producer of Doja Cat, Kendrick Lamar et al.), who asked me, "What's the plan?" "I never have a plan," I said, "I just go for it." I get why he needs structure: after all, it's his livelihood. But I don't work that way.
T: How did he react?
P: He was surprised, but he feels me and the way I work. He's just wondering about my plan, what's the bigger picture for me. I've got a lot of irons in the fire these days (Hypebeast, blogs, etc.), though they come to me, not the other way around. But there was never really a bigger plan.
N: And that's the way it should be.
P: That's the kind of person I am, and so is Noyan. If someone asks us, "What's the plan?" we have no answer, we could be in freaking nowheresville tomorrow. I may not have a plan, but I know what I want. But to tell you the truth, a lot just happens. I go into the studio and make a song that I feel, and decide intuitively which one to pick next.
T: A perfect mix, in other words, of having no plan and yet knowing what you want?
P: Yes, that's actually it.
N: That's roughly the way I am too.
T: Does this mindset unite you as a creative duo?
N: Yes, really just do it. Go out and do it. I think a lot of people couldn't

do that. Whether it's a matter of making videos or taking pictures, a lot of people are too cerebral about it or just try-hards trying to make something that's clearly artificial seem natural. (Swiss rapper) Pronto once said in one of his songs ("Hong Kong"): You have no success, that's why you explain yourself *"du hesch kei Erfolg, wege dem erklärsch"*.

P: There's too much explaining, especially in the art scene. Much too much. This all comes back to the planning thing.

N: Even in my classes, I hated the way everything had to be conceptualized. It's so boring. Pictures have to speak for themselves. If a picture is already fly, then you don't need any explanation at all. An explanation can still complement a picture, but the picture mustn't depend on it.

T: You were recently in Atlanta together shooting music videos, among other things. How did that come about?

P: I've been to Atlanta twice. Even as a 14-year-old, I knew I wanted to go to the USA, to Atlanta. I also met people from there through music. They'd message me on Instagram. Everything just through music.

N: Music (videos) and photography have taken us to all sorts of different places.

P: I remember back in the day Migos, Young Thug, Atlanta Bro.

N: Our generation was so heavily influenced by Atlanta. Whether you felt the music or not, it's a fact. Migos alone was extremely important, and that was just a small part of it, then there was Future, 21 Savage, Playboi Carti and all of YSL, Gucci Mane and so on. It's crazy, there's no end to it, to this day. And Atlanta isn't even that big.

P: Yeah, it's about the size of Zurich. Imagine that in Zurich, huge scene (*laughs*).

T: How would you describe a community like that in Atlanta, and how were you received?

N: Right off the bat. We had the feeling we'd known one another for ten years. I felt like I was immediately taken in by a family. They accepted me as I am. I could be a hundred percent myself. I felt more understood than I do here, without having to explain myself. People there found it interesting to see that folks in Europe and Switzerland often face the same problems, even though we live very differently.

P: It's fun. But it can also be strange sometimes. Here I know what my life is going to be like from one day to the next, but over there in Atlanta you can forget about it.

T: No plan?

N: You can't plan a thing. We wanted to discuss some stuff for the music video....

P: You can't even get up in the morning and say to yourself, maybe

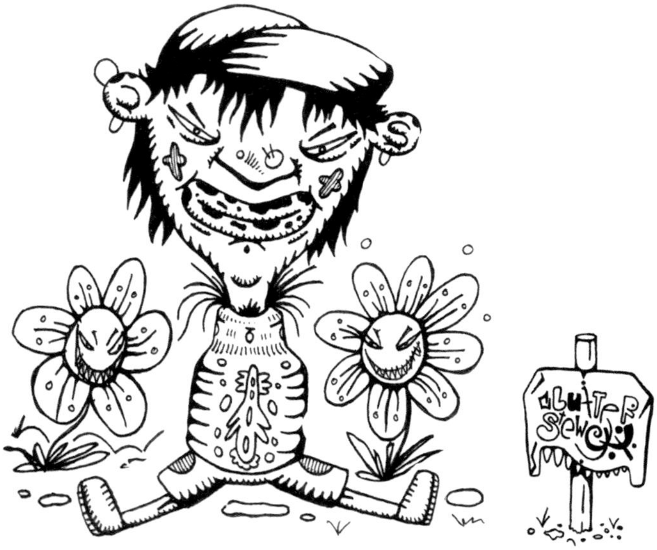

this or that will happen today. Whatever happens, happens. It's really like that.

T: That's why you both work well over there. How does it go with your friends here?

P: Hella spontaneous. Just recently we shot a video for my two friends and their fashion brand (Clava). From idea to finished clip it took us maybe two or three hours, filming and all. Just create. If you overthink it, it'll turn out uncool.

N: That's how you ultimately see what works and what doesn't, what you feel and what you don't. Trial and error – that's how I taught myself how to photograph.

P: Same goes for songs. Just record and don't overthink them beforehand.

T: Do you think about what you want to say in your songs?

P: No. Most of the time, soon as I hear the beat, I know exactly what I want to say.

T: What do you answer when people ask what you are trying to say in your lyrics?

P: Most of the time, I say the message depends on how I'm feeling. I feel a certain way at this moment and then tie that into the given beat. That's how emotions, words and melodies crystallize. But I never plan things out beforehand.

N: Couldn't agree with you more.

T: Doesn't this intuitive, non-cerebral approach also apply to your photography, Noyan? When you've got your camera on you, as you always do, we never know who or what your next subject's going to be.

N: Yes, it's etched in my mind. I can't even think whether it's good or bad. I always think photographically. I see something and think to myself the whole time: this would make a good shot or video or the like. All the time.

P: Same here.

N: And I believe these people attract each other. Wherever you go, it's all about shared interests and goals. Everything just makes sense. How we all met, even just looking at this book, it all confirms my thinking.

T: Where did this motif of the hand spread out in front of one's face come from?

P: From (our mutual friend) Nana, affectionately known as "The Leader". After getting our hair done together, we took a selfie and he spontaneously held his hand up to the camera in this peculiar way, and from then on we all did it. From then on, this "five-up" became our thing. Nothing to hide, the only meaning behind it is to suggest positivity.

N: This motif just felt right. I've been thinking about it for a while and I'd say the hand motif radiates power. Gravity Falls was another inspiration for me for the cover. This cartoon series revolves around a journal used to find answers to all sorts of different questions. It's like a key to a better understanding of the world – and in this case, maybe my world, too.

While Noyan is showing Pax the new cover, Pax's girlfriend calls from Miami to facetime. Noyan says hi and, when she asks whether we're on a lunch break, he quips, "My life is a lunch break."

T: What's your take on Swiss culture?

P: I don't necessarily need to sign to a record label anymore, and we really ought to hold our own events, where our crowd come and really feel us, as we've done sporadically in the past. Otherwise, don't even bother. It's all about community and friends: people should come to see you. Which is something that's missing here in Switzerland. Here they book us – for not enough money – to open for artists we don't even know or who don't know us. My American friend told me XXXTentacion would pitch tents in Florida and simply go ahead and put on his own concerts, away from all the commercialism.

N: That was really inspiring. There was a pioneering act here, too: the 306 Crew. They were mainly about parties, but they were a group, a community that influenced my take on Switzerland. They just partied and did shit, they were young, diverse and cheeky as hell. They knew how to put the style and songs across the right way – and that communal feeling that makes you feel you're part of it. They just did their thing, take it or leave it.

P: There's no awkwardness either, because you don't want to have to explain your stuff to anyone. Imagine the people who get you are there, having a good time, so are you, everyone knows everyone, it's personal. It's not about me being on stage and being more important than the others. It's about all of us being together, partying and singing songs together. Then there's an afterparty, and then we do some chilling (*laughs*).... Community shit.

N: I think a lot of people here just don't get it. For us, it's never been about competition. I don't regard anyone as competition or as a more important person, I just do my shit.

As we check out the layout of the book together, each photo brings back memories – and one anecdote after another.

T: When our circles of friends met, I immediately felt this warmth towards the others. Your hospitality went so far as to allow everyone there to leave their mark on your living room wall, and no one took more than five seconds to think about what to write or draw on that wall. So the result is the random product of a community that just does it, that created a space, or rather a universe, of its own.

N: That was important to me even as a kid. I grew up an only child, and my mother considered it essential for my classmates to feel welcome and free to come over anytime. I had sleepovers at my place every week.

P: And not forgetting New Year's at your place, which was legendary.

N: Yes, "Noyar" (a pun on "Noyan" and "*Neujahr*", which is German for "New Year") has become a tradition of several years' standing! I guess deep down inside I'd always wanted to have a space where people could just drop in and feel at home, where they'd feel understood and could let their hair down. It was so important that my mother gave me this space. Because it wasn't a matter of course: it involved an enormous amount of trust on her part. She's to thank for getting me started in every way, so it makes sense for her picture to grace the cover of the book.

T: What was it like during the pandemic?

N: When Pax and I met up during Covid and the clubs were closed, we often ended up at my place or others' home parties.

P: There was a tremendous amount of stuff going on for the community during that period. In the summer, they'd turn up the speakers somewhere and everyone would meet up outside and dance, there were mosh pits, everyone had turned their home into a club for a night and we just had a good time.

T: Do you still party a lot?

P: No, very seldom. I don't drink either, or anything else, ever.

N: Holy Boy!

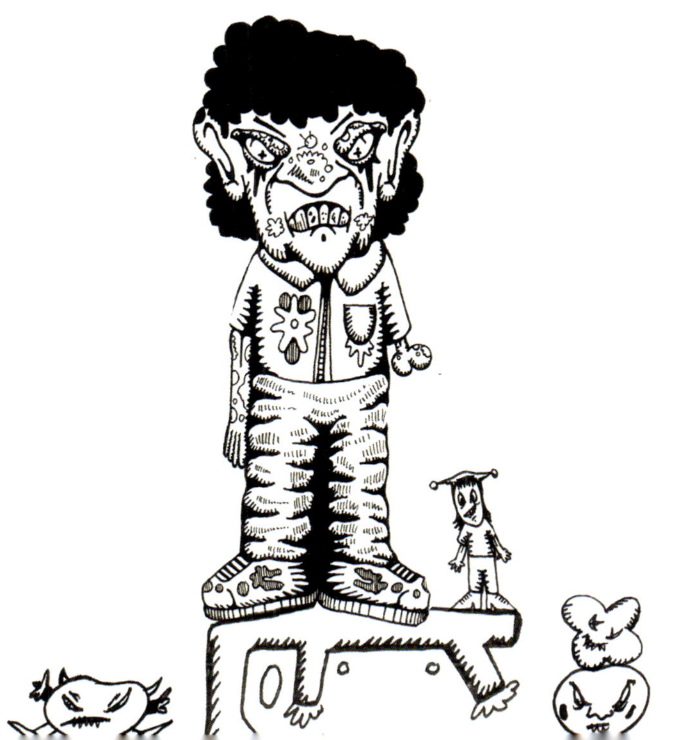

We then digress, sharing anecdotes about Zurich nightlife, memories of colorful characters and events – and laughs about the ones that failed miserably. Leaving this huge makeshift living room, which once formed part of a fire station, we head upstairs to the kitchen. Sitting at the kitchen table, we wonder whether it's snowing outside, but it turns out to be cherry blossoms blown this way and that by stormy gusts of wind.

T: Have you ever considered rapping in German?

P: No, never even crossed my mind. I've done some songs in Swiss German, but never alone. I don't understand why that's constantly an issue with people I know and in comments on Insta or wherever.

N: We live in such a multicultural world, English is a global language, but it really makes no difference if it's German, English, French or Tamil: the main thing is it's got to be fly.

P: One reason a lot of people ask me that question is that they know the German market is huge and you can make a name for yourself there in no time. But I don't want to switch just because the market is forcing me to or because it might be easier to get ahead by following the trend.

N: It's true that in the Swiss-German market your options are quite limited in terms of where you can play and who you can work with, but some artists have shown that it's possible – mostly those who've remained true to themselves.

P: Community is important, sure, but it should stay just that: community. You shouldn't bend over backwards to conform to its demands in your artistic pursuits.

N: When it comes down to it, people don't know what they want anyway. They may think they know, but you have to give them what they don't yet know they actually want.

P: They have to accept whatever song I drop, and they can't influence it either. It's funny: I can actually tell from the shout-outs I get to my songs what the formula would be for a successful song. But that's not my goal. I just want to do what I like.

N: We don't want to be pigeonholed or circumscribed in our creativity.

T: Our generation has whole new ways of connecting. How does that manifest in your case?

N: Just recently I noticed that one of my staunchest supporters is a friend from Berlin I don't keep in touch with a whole lot, but I know I can count on her (to repost and comment etc.), and I really appreciate that. That's not something everyone has to do, though. I know lots of folks who obsess over this social media game and they're unhappy because they just keep getting caught up in it and fixating on it. It's not that deep, it's just Insta. It's about reposting a song or picture to your Story. If that's what real support means to you, then I don't know what to say. One shouldn't lose touch with reality and what it means to show real support and love. Start thinking like that and you get lost in the sauce. Never get lost in the sauce.

P: I considered deleting Instagram and going with YouTube and Tumblr, but my friends advised me against it.

N: I wouldn't advise you to leave Insta either – if only because it enabled you to make so many contacts.

P: People used to write to me on SoundCloud, too. That's how I met my girlfriend (*laughs*).

N: Instagram was a must back in the day when I was studying photography. But photographers don't need websites anymore: all you need's your feed. Instagram is everything: social media, work life, buying and selling, and yes, even politics goes on there. Everything gets fused together there, which is why it's become increasingly serious. When I was learning photography, I thought the way they tried to train me for Instagram was ridiculous, and I figured once I got tired of Insta I'd have to delete it.

One of Pax's housemates needs the kitchen now so we move again, this time to his self-built podcast studio. This would have been the ideal spot for the interview from the get-go, but whatever. Now our stomachs are growling so we head out to a Tex-Mex joint, the only palatable restaurant in the hood, where Noyan shows Pax the rough cut of the new "Occupation" video clip.

Pax seems satisfied, he digs the color grading, and only suggests an edit or two. I notice a conspicuous muffled beat, but it turns out to be just another symptom of what's ailing Noyan's computer, which is fighting for its life, and not an intentional artistic or stylistic device.

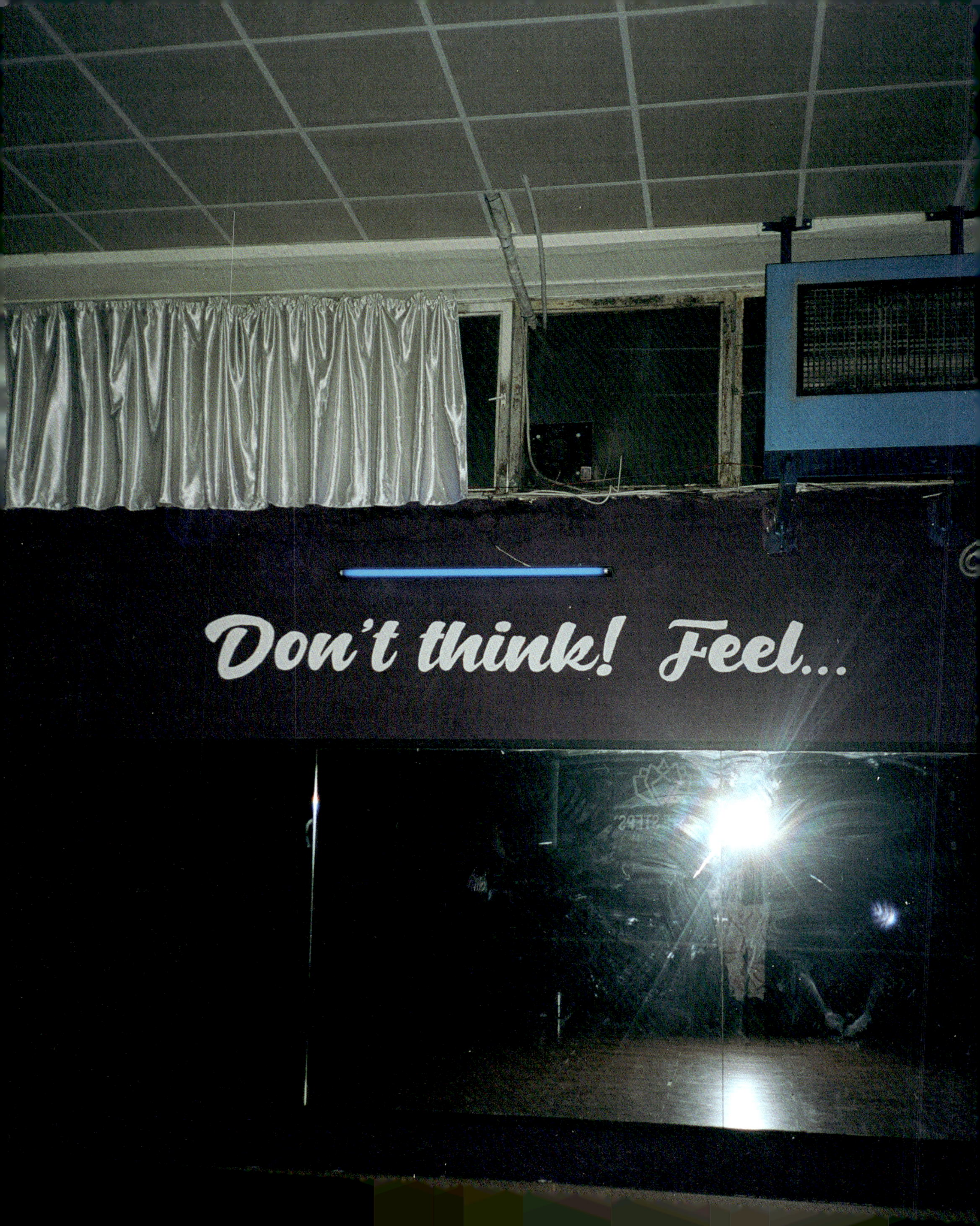
Don't think! Feel...

Noah Noyan Wenzinger
Noyan 2015 - 2022

Text: Tim Frey
Translation: Eric Rosencrantz
Proofreading: Miriam Wiesel, Eric Rosencrantz
Copyediting: Tim Frey

Photo credits: Noah Noyan Wenzinger
Scans: Noah Noyan Wenzinger, Kilian Blattner
Image processing: Noah Noyan Wenzinger, Kilian Blattner
Book design: Kilian Blattner

Printed and bound by Memminger MedienCentrum, Germany
Paper for text: 100 g/qm Magno Vol.
Paper for photographs: 100 g/qm Munken Polar
Font: Monument Grotesk

First edition: Edition Patrick Frey, 2023
800 copies
ISBN 978-3-907236-62-8

Printed in Germany

Edition Patrick Frey, Schlossgasse 5, CH-8003 Zürich
www.editionpatrickfrey.com
mail@editionpatrickfrey.ch

Special thanks to: die wo wüssed, wüssed

With the kind support of
Kanton Zürich
Kulturstiftung Liechtenstein

Kanton Zürich
Fachstelle Kultur

kulturstiftung
liechtenstein

Distribution
Switzerland:
AVA Verlagsauslieferung, CH – Affoltern am Albis
ava.ch

Germany, Austria:
GVA Gemeinsame Verlagsauslieferung, DE – Göttingen
gva-verlage.de

France, Luxembourg, Belgium:
Les presses du réel, FR – Dijon
lespressesdureel.com

United Kingdom:
Antenne Books, GB – London
antennebooks.com

United States:
ARTBOOK / D.A.P., USA – New York
artbook.com

Japan:
twelvebooks, JP – Tokyo
twelve-books.com

Australia, New Zealand:
Perimeter Distribution, AU – Melbourne
perimeterdistribution.com

Rest of the world:
Edition Patrick Frey, CH – Zürich

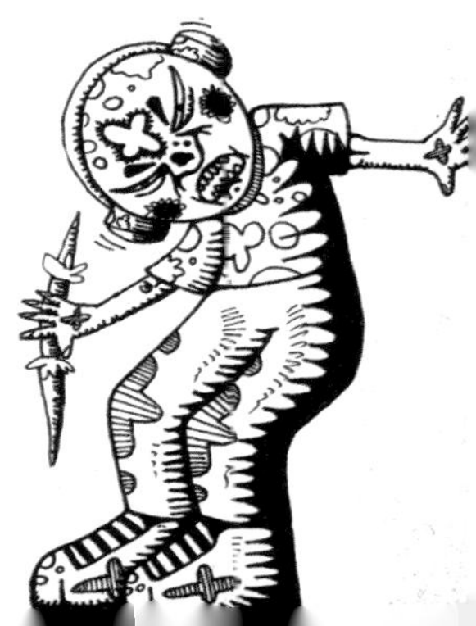